北京2022年
冬奥会和冬残奥会
法务印记

北京冬奥组委法律事务部 / 组织编写

法律出版社 LAW PRESS · CHINA | 北京

图书在版编目(CIP)数据

北京2022年冬奥会和冬残奥会法务印记/北京冬奥组委法律事务部组织编写. -- 北京：法律出版社，2022
ISBN 978-7-5197-6753-2

Ⅰ. ①北… Ⅱ. ①北… Ⅲ. ①冬季奥运会-法律-工作-北京-2022-文集②世界残疾人运动会-奥运会-法律-工作-北京-2022-文集 Ⅳ. ①D922.164-53

中国版本图书馆CIP数据核字(2022)第083805号

北京2022年冬奥会和冬残奥会法务印记
BEIJING 2022 NIAN DONGAOHUI HE DONG CANAOHUI FAWU YINJI

北京冬奥组委法律事务部 组织编写

策划编辑 肖 越 魏艳丽
责任编辑 肖 越 魏艳丽
装帧设计 汪奇峰

出版发行 法律出版社
编辑统筹 法商出版分社
责任校对 杨锦华
责任印制 胡晓雅
经　　销 新华书店

开本 787毫米×1092毫米 1/16
印张 34.5 **字数** 700千
版本 2022年5月第1版
印次 2022年5月第1次印刷
印刷 三河市龙大印装有限公司

地址：北京市丰台区莲花池西里7号(100073)
网址：www.lawpress.com.cn
投稿邮箱：info@lawpress.com.cn
举报盗版邮箱：jbwq@lawpress.com.cn

销售电话：010-83938349
客服电话：010-83938350
咨询电话：010-63939796

书号：ISBN 978-7-5197-6753-2
定价：158.00元
凡购买本社图书，如有印装错误，我社负责退换。电话：010-83938349

2022 年 4 月在首钢料仓合影

2022 年 1 月在首钢冬奥园合影

2022 年 4 月在首钢 N3 转运站合影

2022 年 4 月在首钢冬奥园火车头前合影

2022 年 4 月在首钢冬奥园区与雪宝合影

2022 年 4 月在首钢冬奥园升旗广场合影

2017 年 9 月李富莹同志带队赴英国、西班牙与有关机构就防范隐性营销和未经授权涉奥转播等开展交流

2017 年 12 月参加会徽发布仪式

2018 年 12 月马福威同志带队出访国际奥委会

2019 年 4 月赴武汉大学参加北京 2022 年冬奥会法律问题研讨会

2019 年 5 月刘洪波同志带队出访英国交流奥运市场开发法律问题和大型体育赛事数据保护工作

2019 年 7 月赴崇礼参加北京冬奥会张家口赛区冬奥法律事务工作座谈会

2019 年 7 月与北京市仲裁委员会交流

2019 年 8 月刘笑晗同志随团赴瑞士洛桑向国际奥委会主席巴赫介绍北京冬奥会吉祥物形象方案

2019 年 9 月参加吉祥物发布仪式

2019 年 11 月赴河北参加北京冬奥会法律事务学术研讨会

2020 年 11 月组织合同审核程序及法律风险防范实务培训

2021 年 12 月李富莹同志带队到延庆冬奥村检查“清洁场馆”工作

2018 年 10 月赴国家速滑馆开展主题党日活动

2019 年 11 月组织干部职工参加文体活动

2020 年 10 月到世园公园开展健步走工会活动

2020 年 11 月召开党员大会

2021 年 4 月全体党员重温入党誓词

2022 年 3 月赛时实习生工作体会分享暨送别会

李富莹

刘洪波

马福威

贺淑芳

杨　晋

郝拴明

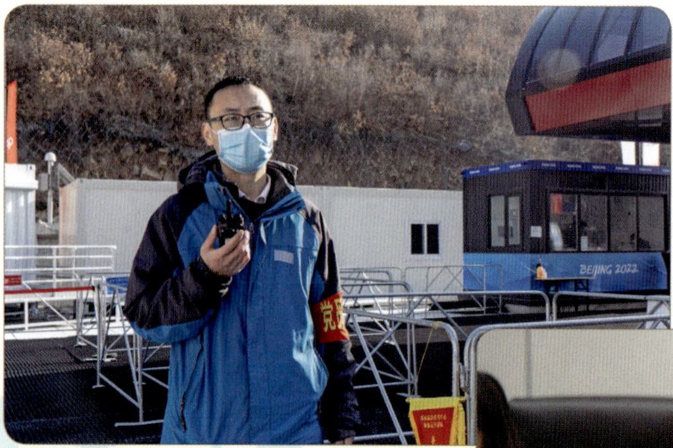

吴根松

易　晨

王洪霞

曹克宇

李天骄

刘笑晗

王琼瑶

武雨佳

季馨源

李　蕊

鹿　原

陈　璐

谢　湉

方傲兰

刘欣戎

杭州亚组委选派到北京冬奥组委
法律事务部挂职干部张海平

首批驻会志愿者（北京大学法学院研究生）
卢亮辰

天达共和律师事务所徐宪律师

BEIJING 2022
福

冬奥会筹办工作延伸到哪里
法律服务就跟进到哪里

做尊法 学法 守法 用法的模范
—— 习近平
BEIJING 2022

办公区掠影一

办公区掠影二

带头遵守法律、执行法律，
带头营造办事依法、遇事找法、
解决问题用法、化解矛盾靠法
的法治环境。
——习近平

要做尊法的模范，带头尊
崇法治、敬畏法律；做学法的
模范，带头了解法律、掌握法
律；做守法的模范，带头遵纪
守法、捍卫法治；做用法的模
范，带头厉行法治、依法办事。
——习近平

要把对法治的尊崇、
对法律的敬畏转化成思维
方式和行为方式，做到在
法治之下、而不是法治之
外、更不是法治之上想问
题、作决策、办事情。
——习近平

办公区掠影三

序

历经7年的精心筹备、25天的紧张赛事，在全世界的见证下，北京2022年冬奥会和冬残奥会圆满闭幕，渐行渐远。

惜别怀远，折柳寄情；留声记忆，温暖永恒。随着北京2022年冬奥会和冬残奥会的闭幕，中国向国际社会呈现了“真正无与伦比”的奥运典范和“未来冬残奥会的标杆”，特别是在奥密克戎毒株全球肆虐的背景下，北京2022年冬奥会和冬残奥会克服疫情影响，赛事顺利、安全进行。全世界冰雪健儿相聚北京，一同见证了简约、安全、精彩的冬奥盛会。这是奥林匹克运动蓬勃发展的时代印记，也是“双奥之城”创造奇迹的历史荣光，必将成为所有参与者心中倍感自豪、骄傲的永恒记忆。

习近平总书记指出：“中国办冬奥会，言必信、行必果。”某种意义上讲，筹办、举办冬奥会的过程，也是我们兑现申办承诺、履行《主办城市合同》等一系列法律文件规定义务的过程。法治为冬奥盛会提供了坚实保障，冬奥也有力彰显了新时代法治中国建设的成就，法治水平和办奥水平相互印证、相互促进。北京2008年夏奥会的成功举办留下了宝贵的法治财富，对提升城市治理水平起到了重要推动作用。近年来，国际标准、奥运规则不断发展，对主办国和主办城市提出了更高要求。冬奥会筹办工作的有序开展，离不开国家、社会、民众等各方面对国际规则的充分尊重和对承诺义务的充分履行，彰显了国家和城市更高层次的治理水平，展现了我国践诺负责的大国形象。冬奥的法治实践作为宝贵的冬奥遗产，必将助推法治中国建设迈上更高水平。

冬奥盛会前台的高光时刻虽然没有法律人的身影，但其背后深藏法律人的智慧、执着和专业。北京冬奥组委法律事务部是北京冬奥组委承担法律服务和保障工作的核心部门，也是北京冬奥组委早期成立的部门之一，法律事务伴随冬奥筹办工作始终，为冬奥筹办提供全方位、全流程的法治保障是法律事务部责无旁贷的初心和使命。在委领导的坚强领导和委内各兄弟部门的大力支持下，法律事务部出色完成了各项任务，作为北京冬奥组委涉法事务的参谋、助手和法律顾问，积极履职，担当作为，加强对重要涉奥问题法律研究，完成数十份有分量的法律分析报告，为北京冬奥组委依法决策提供支撑；作为合同归口管理部门，通过构建全生命周期的合同管理体系，确保5000余份合同依法签订、依约履行，保障各项筹办工作规范、科学、高效；作为涉奥知识产权归口管理部门，构建严密的涉奥知识产权保护体系，采取高标准、立体式的保护措施，有效保障北京冬奥组委各项权益；作为法务协调部门，参与有关商务谈判，出具法律文件，处理涉法涉诉事务，妥善、有效化解纠纷。可以说，以实际行动践行了“冬奥会筹办工作延伸到哪里，法律服务就跟进到哪里”这一服务理念和宗旨。

作为法律事务部团队带头人，我为我的团队感到骄傲和自豪，他们政治忠诚可靠，业务能力扎实过硬，工作作风严谨细致，有朝气、有热情、有活力、有干劲，部门氛围团结向上，相关法律工作多次获得国际奥委会、国际残奥委会的高度评价，法律事务部的工作也始终得到委领导的支持和肯定。这部《北京 2022 年冬奥会和冬残奥会法务印记》是体现部门工作脉络、实践经验和探索思考的重要成果。文集收录法律事务部领导班子及部门成员、部分参与冬奥法律事务的实习生、志愿者、律师、挂职干部、一线执法人员的研讨文章，包括工作综述、专题研讨、工作纪实、媒体报道、工作随想、大事记等板块，有以下特色：

一是注重奥林匹克规则解释和本土化适用相结合。涉奥规则体系复杂严密，以奥林匹克知识产权规则、市场开发规则最具代表性，具有很强的学习和借鉴意义。文集注重相关国际规则在中国法律体系框架下的具体适用，突出奥林匹克规则主要特点和中国经验，可以对我国今后举办大中型体育赛事和文化活动提供有益借鉴。

二是注重工作体系梳理和重难点前沿问题深入研究相结合。面对体系庞大、纷繁复杂的冬奥法律事务，通过综述类文章、媒体报道、大事记等内容展开的提纲挈领式重点解读，便于读者了解冬奥法律工作主要内容；同时，面对新形势下的实务新挑战，比如个人信息保护、互联网侵权行为识别防范、新冠肺炎疫情对合同履行等方面的影响，提出相应解决思路和方案，有对冬奥实践经验的总结，也有在前期成果基础上的延伸思考，为相关法律实务研究贡献冬奥智慧。

三是注重实务要点梳理和制度建设成果呈现相结合。文集附录部分收录的规章制度文本，凝聚着同事们集体辛勤工作的心血，也反映几年来冬奥法律事务的制度建设重要成果。这些成果是彰显法律事务部以制度建设为引领统筹谋划筹办工作制度化、规范化的一个缩影。今天大家愿意公开出版这些成果，相信可以对更多机构、市场主体在日常法务实践工作中起到很好的借鉴作用。

最后，谨以此序，作为我和我的团队结束冬奥法务旅程的一段记忆，也希望更多人能够通过这本文集共享冬奥法治遗产，共建奥林匹克法律共同体，大力弘扬奥林匹克精神和法治精神，同心筑梦，一起向未来！

北京冬奥组委法律事务部部长　李富莹

2022 年 4 月 7 日

CONTENTS 目 录

第一部分 工作综述

第二部分 专题研讨

第三部分　工作纪实

第四部分　媒体报道

第五部分　工作随想

第六部分　北京冬奥组委法律事务部大事记

第七部分　附　录

第一部分　工作综述

本部分从总体上介绍了北京冬奥组委法律事务部的基本工作，包括职责定位、人员构成和主要工作，国际奥委会的地位，权益保护、合同工作概述，共4篇。

北京 2022 年冬奥会和冬残奥会法律事务工作综述

李富莹*

【内容摘要】北京 2022 年冬奥会和冬残奥会大幕已经落下，但冬奥法务工作并没有结束。奥运会，在体育人眼里是一场体育的盛会，在法律人眼里是一份合约的履行。冬奥法务工作与北京冬奥会、北京冬奥组委如影相随，贯穿始终，它是北京冬奥组委依法决策、依法运行的有力支撑，是冬奥筹办工作顺利、安全、有序开展的重要保障，是奥林匹克价值得以传承和提升的必要抓手。本文意在对冬奥法务工作尽可能地进行全景式展示，包括法律顾问、合同管理、权益保护、法务协调等方面，以期对我国未来大型体育赛事的法务支持和法务保障工作提供参考和借鉴。

历经 7 年的精心筹备、25 天的紧张赛事，在全世界的见证下，中国向国际社会奉献了一场“真正无与伦比的奥运盛会”和“未来冬残奥会的标杆”。简约、安全、精彩的奥运盛会背后，离不开法务部门的努力与付出。奥林匹克运动是建立在契约基础上的一整套规则体系，包括《奥林匹克宪章》《主办城市合同》《主办城市合同—运行要求》以及在此基础上签署的一系列契约。北京冬奥会申办、筹办、举办的过程，实际上是构成民法意义上的要约邀请、要约、承诺、履行承诺的一个过程，是主办城市签约、履约以及实现权利、履行义务的过程，这本身就是一种法律行为，法律事务当然无处不在。北京冬奥组委是经批准依法设立的、具体负责冬奥筹办工作的机构，其每一项决策的作出、采购的实施、活动的组织、创意成果的产生都要做到依法、合规，这同样离不开法务部门的专业支持。法律事务部是北京冬奥组委早期成立的部门之一，法律事务涉及筹办工作的方方面面，贯穿冬奥筹办全过程。值此冬奥结束之际，对相关法务工作进行系统梳理和总结，希望可以为我国今后举办大型国际赛事等文体活动积累可复制、可推广的法治保障经验。

一、部门概况、职责定位和工作特点

（一）概况

2015 年 12 月 22 日，国务院批准成立北京 2022 年冬奥会和冬残奥会组织委员会（以下

---

* 李富莹，女，研究生学历，法学博士，北京冬奥组委法律事务部部长。

简称北京冬奥组委），具体负责冬奥筹办工作。北京2022年冬奥会和冬残奥会（以下简称北京冬奥会）的法律事务工作最初由总体策划部下设的法务处承担。2017年5月，法律事务部（以下简称法务部）正式成立，内设综合处、法务审核处和权益保护处，除了部领导班子，控制编制数18人。

（二）职责定位

法务部的职能大体可以概括为四个方面：一是作为北京冬奥组委的内部法律顾问，负责组织起草、编纂、整理北京冬奥会相关工作所需的重要法律文件，参与起草、论证北京冬奥组委涉及法律问题的重要规范性文件，代表北京冬奥组委起草向人大和政府提出的立法建议，配合立法、司法和执法机关加强与北京冬奥会工作相关的法治环境建设；负责组织研究与北京冬奥组委工作相关的法律问题并提出应对方案，为北京冬奥组委重大决策提供法律意见，并根据授权就有关法律问题对外表态。二是作为法务审核部门，参与涉奥商务谈判并提供法律意见，归口管理北京冬奥组委合同类法律事务，协调联络境内外有关机构办理合同登记、签证、公证、备案、批准等法律手续；归口管理北京冬奥组委法律服务机构，对选聘的律师事务所、公证机构等进行管理，并组织、协调、监督其日常工作。三是作为权益保护部门，归口管理北京冬奥组委知识产权保护事务，办理相关知识产权的登记、注册和备案等法律手续，并就知识产权使用许可状况对外答复；归口办理对外许可非商业使用北京冬奥会徽记等奥林匹克知识产权及相关权益事宜。四是作为法务协调部门，组织、指导相关领域或者行业开展涉奥法治宣传、培训和教育等活动，普及涉奥法律知识，提高奥林匹克知识产权及相关权益的保护意识和水平，参加或者处理诉讼、仲裁事务，商请并配合境内外司法、执法机关处理侵犯北京冬奥组委和其他相关利益主体合法权益的行为；归口管理北京冬奥组委涉外法律事务，参加体育仲裁工作以及承办委领导交办的其他事项。

根据国际奥委会的规定，北京冬奥会筹办工作划分为57个业务领域，包括3000多项里程碑任务。其中，法务部牵头负责法律（40项）和权益保护（28项）两个业务口的工作，涵盖68项任务，另有国际奥委会确定的法律清单任务45项。

（三）工作特点

1. 法务工作覆盖面广，法律保障要做到全方位、全流程。法务部的职责定位，决定了其工作内容涵盖冬奥会筹办工作的方方面面，通俗一点讲，具有“点多、面广、线长”的工作特点。一是“点多”。冬奥会筹办工作涉及57个业务领域3000多项里程碑任务，各项事务推进的合法合规是基本前提，同时，还要符合国际奥委会、国际残奥委会制定的相关要求与标准。所有这些任务的完成都离不开法务的支持和保障。二是“面广”。法务工作体现在筹办工作的各个层面。从全委决策层面看，与筹办工作相关的各项制度制定和决策部署，需要法务部提供法律咨询意见，供决策参考。从具体工作层面看，无论是市场开发、仪式庆典、文化活动、票务、注册、交通、住宿、技术服务等业务领域，都需要法律服务的支撑与保障，涉奥知识产权、个人信息保护、合同管理、权益保护等专项工作，更是法务部的主责。三是“线长”。法务部工作伴随北京冬奥会及北京冬奥组委始终，起始于北京冬奥会筹备以及北京冬奥组委设立、贯穿于北京冬奥会筹办举办以及北京冬奥组委运行、终结于北京冬奥运会结束以及北京冬奥组委解散的全过程，即使在赛后阶段，也需要“站好最后一班岗”，有序完成合同事项清查、债权债务清结、知识产权转移、个人信息数据跨境传输、机构清算注销等重要事务，最终为北京冬奥组委画上一个圆满的句号。

2. 法务工作政治性强，维护权益要做到讲政治、讲站位。北京冬奥会是我国重要历史节点的重大标志性活动，是展现国家形象、促进国家发展、振奋民族精神的重要契机。北京冬奥会筹办受到国内外广泛关注，尤其是在新冠肺炎疫情以及全球国际局势日趋复杂多变的大背景下，成为具有敏感性的话题，加之法务工作本身就是政治性、政策性特别强的工作，需要讲政治、讲站位。在北京冬奥组委签订的合同中，涉外合同占了多数，在协议文本起草、审核、谈判过程中，法律主权特别是在法律适用、争议解决等条款需要特别关注，要尽可能掌握法律适用与管辖的主动权，尽最大可能争取对北京冬奥组委有利的条件。以个人信息保护为例。个人信息保护是近年来世界范围内的新课题，不同国家对个人信息保护的理念、制度和措施虽不尽相同，但其高度敏感是共性。北京冬奥会作为全球范围内规模最大的综合性体育赛事之一，在赛事筹办工作中，不可避免地会涉及个人信息的收集、存储、使用、加工、传输等，在签署相关合同中，涉及个人信息保护事项的法律适用也就不可避免地成为各方关注的焦点。欧盟作为冰雪运动强国的聚集地，又是个人数据保护立法最早、最严的经济体，《欧盟通用数据保护条例》（GDPR）往往成为国外合同商在个人数据保护法律适用上的首选。在这个问题上，法务部对域外法律适用采取审慎态度，坚持具体情况具体分析，尽量排除域外法的直接适用，将域外法的合理部分转化为具体的合同义务，转化为具体的个人信息保护政策。此外，在《中华人民共和国个人信息保护法》正式公布前，对于赛后涉及的个人数据跨境传输问题，法务部经综合分析国内外立法以及相关技术标准等，提前做出预判，向外方明确，个人数据跨境传输必须履行安全评估程序，体现国家立场，获得外方的理解和尊重。再如，面对新冠肺炎疫情的全球蔓延、东京奥运会延期，叠加百年未有之大变局下的全球政治局势和政治生态出现的诸多不确定性，法务部保持高度敏感，对于可能影响赛事筹办的国际局势及相关事件，运用法治思维研判、解读国际国内相关规则和政策，提出风险防范和应对措施等方面的法律意见，比如，有关《奥林匹克宪章》第50条的修改、北京冬奥会“二选一”防疫措施的法律基础、《主办城市合同—运行要求（2018）》有关敏感章节内容等均是法务部持续关注的重点。

3. 法务工作带有阶段性特点，工作开展要做到有条不紊、有序推进。根据运行要求，北京冬奥会筹办工作带有明显的阶段性特点，法务部需要紧紧围绕各阶段的工作任务和工作重心，有序开展。整体而言，对于涉法事务基本遵循“事前预防、事中规范、事后救济”的整体工作思路。以知识产权为例，对于会徽、吉祥物等重要知识产权成果，在开展征集前，配合业务部门起草法律条款齐备、知识产权约定明确的征集文件，在相关候选方案发布前，借助外部专业力量，开展检索及查重比对，避免与其他在先权利发生冲突，通过这些事前防范手段有效避免和化解重大法律风险；知识产权成果产生后，有针对性地对相关成果开展著作权登记、商标注册、专利申请、特殊标志或者奥林匹克标志公告，确保事中保护工作的规范化和标准化；知识产权成果定型后，及时对涉嫌侵权行为进行监测监督，为侵权线索处置提供有理有力有节的法律救济。以合同事务为例，作为全委合同归口管理部门，法务部构建起全链条合同管理制度，通过科学、规范的合同管理、合同履行监管以及配套的电子化监督管理平台，规范合同不同阶段的需要重点关注的事项。其中，在合同签署前，侧重于合同标的采购、文本起草、谈判、签署等方面工作的依法依规，做到高效规范；在合同履行中，以电子化监管平台为抓手开展合同履行情况的监督管理，关注无市场开发权、可持续发展、保密义务等条款的履行情况；对合同履行出现异常情况的，通过法律意见支持、争议解决谈判等工作提供救济方案。以全委筹办工作为例，在赛前筹备阶段，法务工作侧重涉法事项的法律服务支持；在赛时阶段，侧重应急事项的风险应对和处置；在赛后阶段，侧重各类事项的收尾处理，比如合同清查、知识产权转移等。服务性特点决定了法务工作需要围绕其他工作而开展，需要结合筹办工作的特点，按阶段有序推进。

4. 法务工作专业性突出，做好工作要做到具备多法域专业能力。法务工作在任何一个公司或者机构中均具有突出的专业性特点。北京冬奥会作为国际大型体育赛事活动，在筹办国际标准高、实践性、前沿性强的背景下，这一特点更为凸显。一是需要兼顾不同法域、国际法以及涉奥规则这类“准国际法”等法律及规则要求。《主办城市合同》以及一些与国际奥委会密切相关的合同，基于国际奥委会在奥林匹克运动中的特殊地位，约定适用的法律均为瑞士法；在一些重要的赛会事项中，如注册文件、参赛资格确认文件等法律文件，涉及外国法的效力问题；基于个人信息保护的人身属性，在涉及个人信息的收集、存储、使用、传输等数据处理活动中，要关注和研判国外相关法律规定；涉奥知识产权保护，需要充分利用《保护工业产权巴黎公约》《保护文学和艺术作品伯尔尼公约》《世界知识产权组织版权公约》等国际条约的规定，配合国际奥委会构建世界范围内的涉奥知识产权保护体系。此外，《奥林匹克宪章》是关于奥林匹克运动的最高效力法律文件，一定程度上具有“准国际法”特性，它是冬奥筹办工作的最直接依据和基石。二是需要实时跟进国内外影响筹办工作的各种因素，根据需要提供相关法律支持、妥善应对。比如，在《防疫手册》制定过程中，需要全面梳理我国关于传染病防治、国境卫生检疫、出入境管理、突发事件应对等方面的法律规定，需要研究国家公布的最新版疫情防控方案，还需要全面分析研究世界卫生组织制定的《国际卫生条例》有相关要求，只有在全面掌握这些规定的基础上，才能为北京冬奥会期间的疫情防控政策提出专业的法律分析意见；在北京 2022 年冬残奥会期间，国际局势发生深刻变化，为妥善处理各方诉求，法务部深入分析研判《国际残奥委会手册》以及有关规则中关于参赛资格、意见表达及违规后果的相关规定，提出有针对性的法律分析意见以及应对策略。三是需要持续关注新法要求，及时应用于冬奥实践。冬奥会筹办期间，国家层面新制定或者修订了多部法律法规，特别是《中华人民共和国民法典》《中华人民共和国著作权法》《中华人民共和国个人信息保护法》等法律法规的颁布或者修订，对冬奥筹办工作均有直接影响，需要及时跟进调整、完善相关法务工作，这背后需要扎实的专业支撑。

二、主要工作

（一）完成北京冬奥组委法人登记、年检等手续，为赛事筹办奠定组织基础

1. 组织完成北京冬奥组委事业单位法人登记。2015 年 7 月 31 日，北京携手张家口成功获得 2022 年冬奥会的主办权。12 月 22 日，经国务院批准成立北京冬奥组委，具体负责冬奥会筹办工作。2016 年 4 月 6 日，中央机构编制委员会办公室批复北京冬奥组委机构性质、主要职责、内设机构以及人员和领导职数等；同年，6 月 8 日，法务部牵头完成北京冬奥组委在中编办事业单位登记管理局的事业单位法人登记。

2. 完成事业单位法人年检和换证工作。作为事业单位法人，北京冬奥组委受《事业单位登记管理条例》《事业单位登记管理条例实施细则》的规制。法务部会同委内相关部门，根据前述法规规章的规定，按要求完成组委会每年度的事业单位法人报告、年检工作，并于 2021 年 6 月完成事业单位法人证书的换证工作。

（二）开展涉奥重要事项法律问题分析研究，发挥涉法事务方面的参谋、助手和法律顾问作用

1. 主动担当作为，加强对涉奥重要事项的法律分析研判。结合冬奥法律实务，针对各方面关注，及时跟进涉奥重要事项，先后形成重要法律研究报告 30 余份，为北京冬奥组委依法决策提供法律参考。在新冠肺炎疫情暴发伊始，迅速研究分析疫情的法律属性，形成多份有关新冠肺炎疫情对赛事筹办以及涉奥相关合同履行风险的法律分析及应对报告，提出需要重点关注的问题以及应对策略、措施等，向全委进行工作情况通报。再如，跟踪奥林匹克规则变化的重要动态，在美国以美国队种族与社会公正理事会名义公开提出修改《奥林匹克宪章》第 50 条规则时，提前就可能修改的内容、法律效力及《奥林匹克宪章》修改程序等，形成专项研究报告，在国际奥委会执委会通过运动员委员会的修改建议后，就其对北京冬奥会可能产生的影响进行分析，提出解决思路和应对方案。此外，先后就防疫政策的合法性基础、赞助商权益、赛时人身损害、第三方音乐使用、体育仲裁、《罗琴科

夫反兴奋剂法案》的域外效力及应对、知识产权争议等筹办工作涉及的其他重要事项，形成多份专项法律分析报告。

2. 发挥合规职责，做好重要制度重大事项的法律审核。一是针对委内各部门制定的制度文件进行法律审核，事项涵盖人员管理、住宿、医疗、交通、注册、安保、反兴奋剂等与赛事运行保障相关的各项政策文件，也包括涉及倒计时、火炬传递、各类发布等仪式庆典和文化活动的各类工作方案，还涉及社会各界主体申请开展各类涉奥文化活动相关授权事项等。二是根据委内决策程序，针对筹办工作中的重要事项进行法律审核，涉及重要采购、赛事运行、资产处置等。在合规性审核工作中，重点以我国法律法规规定、《主办城市合同》约定以及奥林匹克规则为基础，合计对近1850多项文件以及915项会议议题研提法律意见，为北京冬奥组委依法决策和日常运行提供重要支撑。

（三）全面参与北京冬奥会筹办各项工作，为各业务领域提供全方位法律服务和支持

1. 全程深度参与市场开发活动。一是为赞助协议的谈判、起草、翻译、审核和签署工作提供全流程法律服务。在研究吃透《主办城市合同》《主办城市合同—运行要求》《市场开发计划协议》《联合市场开发计划协议》等合同规则框架的基础上，全程参与各层级赞助商的商业谈判、合同模板起草、与国际奥委会的对接等工作，合计完成4类赞助协议中英文模板的制定，11家官方合作伙伴、11家官方赞助商、10家官方独家供应商、13家官方供应商相关中英文赞助协议，以及8份现金等价物供应协议的谈判、审核工作。二是全程参与特许类协议的相关工作，积极发挥法律服务的支持和保障作用。完成特许生产协议、特许零售协议、特许经营协议中英文模板的制定，参与特许生产企业和特许零售企业的征集、评审、实地踏勘等工作，合计完成29份特许生产协议、58份特许零售协议、7份场馆特许零售协议的起草、审核和签署工作；完成冬奥会纪念币协议、冬残奥会纪念币协议、澳门元钞票发行协议、澳门纪念邮票（邮品）特许经营协议的起草、谈判、审核等工作。三是积极开展奥林匹克全球合作伙伴（TOP）供应权落地协议的起草、谈判、审核工作。积极配合相关部门与国际奥委会及14家TOP赞助企业进行商业谈判和协议审核，合计完成12份框架协议、35份工作说明书的起草、翻译和审核工作。四是积极为可能出现的商事纠纷提供法律意见，最大限度维护组委会权益。全力配合处理市场开发活动中的争议解决，深入开展法律研究，与国际奥委会、赞助企业及利益相关方开展法律谈判；协助做好新冠肺炎疫情下相关政策和协议变更事项的审核，并提供法律意见。

2. 为重要仪式庆典及文化活动提供法律保障。一是为重要仪式庆典提供全流程法律支持。全程参与“平昌八分钟表演及交接仪式”工作，负责相关法律文件的起草、审核，确保仪式表演涉及的所有视频、照片、音乐作品等不存在知识产权瑕疵；承担开闭幕式四场仪式合同模板起草、审核工作，完成总导演、总监（美术、服装造型、音乐、视频、文字撰稿）、作曲家、表演者、知识产权授权等9类协议模板起草、翻译以及与国际奥委会的沟

通、审核等工作；完成开闭幕式涉及的仪式制作、技术保障、运行管理等 3 类总包协议的起草和审核工作；会同业务部门负责颁奖仪式相关法律文件的起草、审核，并提供全程法律支持。二是为重要奥林匹克财产取得提供全方位法律支持。为会徽、吉祥物、开闭幕式创意文案、制服、火炬、奖牌、歌曲、雕塑、颁奖服装、宣传海报、青年电影人招募等 11 项征集工作提供全程法律服务，完成征集文件及配套合同文本和法律文件的起草、审核以及报国际奥委会批准、签署等工作，最大限度降低重要奥林匹克财产的知识产权风险。三是为重要文化活动事项开展提供法律服务保障。承担倒计时活动、重要事项发布活动的法律保障工作，参与和国际奥委会、实施主体的谈判沟通，完成相关法律文件的起草、审核以及报国际奥委会审批和签署等工作；作为火炬专项工作组成员，起草、审核北京冬奥会和冬残奥会采火协议，并为火炬传递工作提供法律支持。四是为涉奥影视剧项目提供专业法律服务。参与官方电影制作及许可协议、官方电影导演协议、动画电影协议、儿童剧协议、情景喜剧协议、特许电影协议等 6 类涉奥题材影视剧协议文本的起草、翻译和审核等工作，参加与国际奥委会、制片方的谈判，配合完成协议签署。

3. 积极做好重要赛会事项法律服务工作。一是完成全部注册相关法律文件起草、审核工作，包括负责单位承诺书、注册条款和条件、注册卡背面文字、参赛人员确认表、未成年人监护人同意书、账户申请表等法律文件的起草、审核工作。二是完成住宿、餐饮及交通领域法律事项，包括北京 2022 年冬奥会/冬残奥会住宿接待协议、住宿分配协议、大家庭酒店住宿协议、住宿接待协议补充协议、住宿接待协议解除协议等多类协议模板的起草、审核以及报国际奥委会审批等工作，配合完成与上百家酒店数百份协议的审核、签署工作，配合完成近千份住宿分配协议审核、签署工作；完成 3 个奥运村餐饮供应商协议起草、审核；配合开展与车辆筹措及轮胎供应相关工作，研究赞助商权益边界，为谈判和决策提供法律依据；完成交通场站使用协议、赛时交通服务协议等重要协议的起草、审核工作。三是深度参与医疗、卫生与反兴奋剂相关工作。与国际奥委会法务部通力合作，完成《防疫手册》个人数据处理、违规与罚则部分内容的起草，并从法律角度完成对《防疫手册》的全面审核；完成反兴奋剂检测合作协议、反兴奋剂检查框架协议以及医疗卫生保障相关协议的起草、审核工作。四是配合票务、转播等业务领域开展相关工作。全程参与票务相关协议、文件起草、审核和报国际奥委会审批等工作，包括与票务网站相关的票务系统和服务协议（TSP）、个人信息保护政策、注册服务协议、购票服务协议、门票持有及使用条款和条件、持票须知等 14 份文件，与票务销售相关的门票销售协议（TSA）、行为准则、销售政策等文件；协助做好电视转播相关协议，完成与奥林匹克转播服务公司（OBS）就北京 2022 年冬奥会/冬残奥会电视转播合作协议的多轮谈判、审核工作；完成与国际残奥委会（IPC）就辖区外冬残奥会电视转播销售代理协议的起草、审核等工作。五是全方位参与其他赛事服务保障工作。配合各业务领域开展重要复杂事项的法律文件起草、审核工作，主要包括场馆使用备忘录、文化广场合作备忘录、场馆形象景观实施协议、档案协议等重要协议；大型体育器材、医疗直升机、场馆家具家电及日常用品、赛时物流服务等大宗采购协议；冬奥通 APP 个人信息保护政策、用户协议等重要法律文件。

在北京冬奥会周期内，共完成审核各类合同协议 5000 余份，其中，大型复杂协议约 1500 份，英文版协议 1200 多份。

（四）构建涉奥知识产权保护体系，全力维护北京冬奥组委合法权益

1. 推动修订《奥林匹克标志保护条例》。新修订的《奥林匹克标志保护条例》，一是扩大了奥林匹克标志的保护客体，将原本保护第 29 届奥运会相关标志扩大为保护所有在中国境内申办、举办的奥林匹克运动会的相关标志。二是简化奥林匹克标志权利确认程序，以权利人将奥林匹克标志提交知识产权部门由知识产权部门公告取代原来的备案、公告手续。三是对残奥会标志提供了同等的保护，体现了“两个奥运，同样精彩”的理念。四是将利用与奥林匹克运动有关的元素开展足以引人误认为其与奥林匹克标志权利人之间有赞助或者其他支持关系的隐性营销行为纳入了立法规制。此外，加大了对奥林匹克标志侵权行为的处罚力度。这些内容的修订为涉冬奥知识产权保护奠定了坚实的制度基础。

2. 扎实做好重要标志的知识产权保护取得工作。在征集文件中对知识产权归属做出明确、清晰的约定，对经评选拟发布的重要标志，比如，会徽、吉祥物、奖牌造型、火炬造型、主题口号、志愿者标志、颁奖服装、海报、颁奖器具、休战墙等 20 余项设计，委托第三方专业机构和国家知识产权局进行国内外查重，并组织相关专家进行风险研判分析，避免与在先权利发生冲突。对会徽、吉祥物等重要标志采取全方位、立体式知识产权保护措施。至今，北京冬奥组委先后就“北京 2022”“Beijing 2022”，北京 2022 年冬奥会和冬残奥会会徽以及吉祥物的形象和中英文名称等获得 450 件注册商标，就会徽和吉祥物形象获得 14 项外观设计专利和 4 项著作权登记，并协调国家知识产权局累计公告 71 件奥林匹克标志和残奥会标志。此外，配合国际奥委会和国际残奥委会完成会徽、吉祥物形象及英文名称等部分标志的境外商标注册工作。这种知识产权保护实践为大型活动特别是体育赛事的知识产权保护树立了标杆，提供了可复制、可推广的经验。

3. 规范北京冬奥组委标志非商业使用许可工作。推动出台《北京 2022 年冬奥会和冬残奥会组织委员会有关标志非商业使用规则》，平衡社会公众参与奥运热情与维护赞助企业权益、保护奥林匹克品牌价值之间的关系，允许各类机关事业单位、学校、社会团体等非营利组织在符合条件、承诺遵守奥林匹克规则的前提下使用北京冬奥组委的有关标志。累计办理非商业使用申请 200 余件。

4. 开展务实精准的宣传培训。通过发表主题演讲、接受媒体采访、进行专家点评等多种形式向社会公众宣传奥林匹克知识产权知识，提高公众的知识产权保护意识。制作针对社会大众、新闻媒体、工作人员和志愿者等不同主体的系列宣传册，并面向场馆业主、执

法人员、媒体等各类群体进行专题培训一百余场，培训总计上万人次，达到了良好的普法效果，有效提升了相关人员奥林匹克知识产权保护意识和水平。

5. 加强与各知识产权职能部门的沟通协调。协调支持国家知识产权局、国家市场监督管理总局开展奥林匹克标志知识产权保护专项行动；协调海关总署发布《奥林匹克标志专有权海关保护备案目录》；会同北京冬奥组委市场开发部与北京市市场监管综合执法总队签署《市场监管执法合作备忘录》；配合国家版权局、国家网信办、中央广播电视总台等开展防范和打击非法转播赛事的专项行动；与中国互联网络信息中心建立域名审查机制，对2884件域名申请提出审核建议，其中建议不予通过审核域名232件。通过强化协作会商、加强执法衔接、查处涉奥违法行为等一系列措施，极大强化了北京冬奥会的知识产权保护力度。

（五）有序开展“清洁场馆”工作，不断强化赛时权益保护

“清洁场馆”是英文“Clean Venue”的直译，是国际奥委会、国际残奥委会对场馆在特定时间段商业展示的一种限制性政策，即在北京冬奥会开幕式前2周（2022年1月21日）到北京冬残奥会结束3日（2022年3月16日）内，所有场馆及其周边一定范围的区域不得出现未经国际奥委会、国际残奥委会许可的商业展示。其目的主要是确保在奥运会中体育高于任何商业活动，保护奥运会的独特性和完整性，保护奥林匹克运动支持者的权利以及奥林匹克运动的知识产权。

1. 梳理、研究政策，因地制宜制定各场馆的“清洁场馆”方案。一是系统学习《奥林匹克宪章》《国际残奥委会手册》《主办城市合同—运行要求》等相关文件中有关清洁场馆的要求，并赴平昌冬奥会和东京奥运会观摩学习、参与“清洁场馆”工作，获得实践经验。二是实地踏勘各场馆，针对各场馆的具体情形逐个起草“清洁场馆”报告，经与国际奥委会先后召开20多次专题会的研讨，形成“一馆一策”的“清洁场馆”方案。三是推动出台《北京2022年冬奥会和冬残奥会组织委员会关于开展“清洁场馆”工作的实施意见》，根据商业展示管控的不同程度将场馆划分为五个等级不同的区域，对进入不同区域的注册人员和观众的穿着和所持物品、进出场馆或者专用于赛会的车辆等明确具体的“清洁”要求，为各场馆团队开展“清洁场馆”工作提供直接依据。

2. 从实处、细微处入手，严格落实“清洁场馆”各项要求。一是有针对性地开展培训，向可能受到政策影响的利益相关方，比如，场馆原有的赞助企业、广告主、店铺，特别是业主，讲清政策，解释规则，争取理解和支持。二是与各利益方深入沟通、反复协商，共同寻找最小代价解决问题的办法，既履行承诺，确保赛时的场馆清洁，又最大程度减少利益相关方的损失。在各方面的共同努力下，特别是在业主单位的大力配合和支持下，解决了不少国际奥委会曾一直认为很难解决的问题，顺利通过国际奥委会在北京冬奥会开幕前夕对各场馆“清洁场馆”工作的专项核查，其认为“清洁场馆”工作

“完美（perfect）”。

3. 加强赛时巡查巡视，确保随时可能出现的违规展示得到及时处置。赛时阶段“清洁场馆”工作的重点，是对场馆内人员的衣着和携带物品以及进入场馆的车辆和货物进行实时监管，一旦出现不合规的商业展示，立即处置。难点在于，事前不知道违规商业展示是否会出现以及会在哪里出现。赛时进入场馆人员较多，同时，各种物资还在不断进场，及时检查和处理。权益保护团队克服疫情原因导致的人员减少（由 90 人减少至 50 人）所带来的压力，在属地政府、业主和各业务领域的共同支持和配合下，圆满完成各项工作，得到国际奥委会、国际残奥委会的高度评价。国际奥委会权益保护团队在给法务部的感谢信中称，“你们值得为你们对北京冬奥会的成功所做出的贡献感到骄傲”。

（六）跟踪国内外数据保护立法最新进展，统筹推进冬奥会筹办工作中的个人信息保护

1. 加强个人信息保护法律法规研究。跟进国内外个人信息保护相关的立法动态，研究相关法律法规对冬奥会筹办工作的潜在影响，逐条研究我国《个人信息保护法》与冬奥筹办工作的关联，深入分析“知情—同意”、单独同意、跨境传输合规义务等规则与冬奥会场景下的结合与应用场景；对比研究《欧盟通用数据保护条例》（GDPR）及相关指南，对域外管辖条款的适用及应对进行深入研讨；梳理涉外合同中数据保护适用的准据法并甄别相应合规义务。

2. 建立健全个人信息保护工作机制。牵头成立北京冬奥组委个人数据保护工作领导小组，统筹全委个人信息保护工作，研究制定北京冬奥组委《个人信息处理工作管理办法》，保持与国家主管部门沟通，建立工作对接机制，在国家主管部门和相关数据专家的专业指导和建议下开展工作。

3. 制定专项个人信息保护政策文件。按照数据保护合规要求，分别制定注册、住宿、票务、抵离、医疗、志愿者及火炬手选拔等事项及系统的专项个人信息保护政策；起草完成官网 cookie 政策、官方 APP 和冬奥通 APP 个人信息保护政策；同时，还制定了“数据安全和个人信息保护”通用合同条款等。通过上述个人信息保护政策和合同条款，确保北京冬奥组委及合同商在开展相关业务活动中依法依规处理个人信息。

4. 严格落实个人信息跨境传输合规要求。根据《个人信息保护法》关于向境外提供个人信息的相关规定，在与国家主管部门对接基础上，严格按照法律要求和主管部门建议开展个人信息跨境传输自评估工作，并向国家主管部门申请安全评估。在工作过程中，对国际奥委会的个人信息出境需求客观分析、逐项研究，加强委内自评估工作的统筹谋划，坚持按照“出境需求最小化”的基本原则，与国际奥委会开展多轮沟通和谈判，确保北京冬奥组委践行《主办城市合同》承诺，依法合规推进个人信息跨境传输工作。

（七）保持常态化沟通，顺利完成国际奥委会、国际残奥委会确定的各项里程碑任务

1. 保持与国际奥委会和国际残奥委会法务部的良好沟通，合作推进重要法律事务。一

是建立邮件常态沟通对接机制，通过各方确定的联络人，保持日常工作沟通交流，确保所有问题快速、及时、高效地处理，实现工作的实时跟踪和反馈。各类邮件达1500余次。二是建立定期视频会议制度，通过月度会、双周会以及赛时周例会等方式，与国际奥委会和国际残奥委会法务部建立和保持良好工作信任关系和合作关系。共召开39次视频会和3次项目审议会。三是合作推进重要法律事务，顺利完成重要协议签署工作。完成《主办城市合同—运行要求（2016）》的审核工作，并协调完成国际奥委会、北京市政府、中国奥委会、北京冬奥组委的四方签署工作；完成《合同弃权协议》《转播退款协议》的法律研究、审核、签署工作；按照国际奥委会道德合规要求，协调公安部、国家体育总局等国家主管部门，建立单一联络人工作机制，落实《道德合规联合政策与程序》要求。

2. 严格遵守时间节点安排，顺利完成里程碑任务。国际奥委会和国际残奥委会根据历届奥运会和残奥会的筹办经验，为每一个业务领域确定了筹办工作不同阶段的里程碑任务，以确保各节点任务圆满完成，推动筹办工作顺利进行。北京冬奥会的筹办工作共划分为57个业务领域，共有3000余项里程碑任务，法务部承担法律和权益保护2个业务领域共68项里程碑任务，其中国际奥委会任务54项，国际残奥委会任务15项（其中有1项任务是共同的），除赛后知识产权转移相关的里程碑任务目前正在按照时间节点推进外，其余均已按时结项。

（八）为“相约北京”冬季系列体育赛事提供法律支持

1. 组织完成“相约北京”组委会事业单位法人设立登记和年度报告工作。牵头完成“相约北京”系列冬季体育赛事组织委员会事业单位法人登记，为其以独立民事主体地位进行市场开发、财务结算、承办赛事等奠定法律基础。同时，按照《事业单位登记管理条例》《事业单位登记管理条例实施细则》的规定，按期完成“相约北京”组委会事业单位法人年度报告工作。

2. 推动出台“相约北京”组委会合同管理制度。推动出台《关于规范“相约北京”系列冬季体育赛事合同管理工作的指导意见》《“相约北京”系列冬季体育赛事组织委员会合同管理办法暨各单项赛事组织委员会合同管理办法（示范文本）》，作为赛事首批通用政策供各赛事组委会参考。同时，制定“相约北京”组委会四类合同模板及合同通用条款，以及可适用单项赛事组委会的合同模板及通用条款，为测试赛法务工作奠定坚实基础。

3. 全面参与“相约北京”系列赛事市场开发工作。完成三个层级的赞助协议模板起草审核工作，并根据市场开发实际需求，分别形成纯现金、纯VIK、现金加VIK等三种赞助模式的协议模板。配合完成君太百货、京东、中国银行、北京银行、华夏银行、中国联通、北汽集团、首旅集团、中石油、中钞造币、同仁堂、燕京啤酒等赞助商的协议谈判、审核等工作。协助完成可适用于单项赛事的特许零售协议模板。

4. 做好首场测试赛权益保护服务保障。推动出台《“相约北京”系列冬季体育赛时权益保护指导意见》，并结合延庆办赛实际，制定、完善三版运行计划，形成赛时权益保护工作标准。在法务部的直接推动下，逐渐形成由当地司法局、市场监管局共同组成的权益保护团队和法务团队。

5. 为“相约北京”系列赛事其他事项提供法律支持。参与高山滑雪世界杯延庆站赛事赛会承办协议审核工作，并提供相关法律意见。牵头完成与冬运中心及相关单项协会赛事权益转让工作，起草授权转让协议模板，与冬运中心沟通并推进相关签署工作。配合做好测试赛兴奋剂检查检测协议的审核工作，完成相约北京组委会签署的框架协议以及各单项赛事组委会签署的具体协议的审核工作。推动延庆赛事电视转播信号制作有关协议的起草、审核工作。

三、工作体会

（一）高位推动，发挥体制优势，合力构建冬奥法治环境保障机制

举办北京 2022 年冬奥会和冬残奥会是以习近平同志为核心的党中央着眼于我国改革开放和现代化建设全局作出的重大决策，是我国重要历史节点的重大标志性活动。习近平总书记亲自谋划、亲自推动，在每个关键节点都作出重要指示，为办好北京冬奥会提供了根本遵循。北京、河北两地各级部门在北京冬奥会运行指挥部的统一协调下，担当作为、有机衔接、高效协同，有力有序保障冬奥会筹办工作顺利举行。正是借助我国独特体制优势下的高位推动，各方全力支持，合力构建起良好的冬奥法治环境。

在立法层面，不断健全法制基础。根据申办期间做出的加强奥林匹克知识产权保护的承诺，国务院及时修订颁布了《奥林匹克标志保护条例》，全面回应世界范围内奥林匹克和残奥会知识产权保护的新要求；北京市先后制定或者修订《北京市志愿服务条例》《北京市无障碍环境建设条例》等 12 项立法，为做好冬奥志愿服务、无障碍环境建设等提供制度支撑。此外，各级机关结合实际制定出台多部行政规范性文件，为北京冬奥会筹办相关专项工作提供工作指引，比如，财政部等出台《关于北京 2022 年冬奥会和冬残奥会税收优惠政策的公告》，国家市场监管总局等出台《北京 2022 年冬奥会和冬残奥会奥林匹克标志知识产权保护专项行动方案》等。

在执法和司法层面，高效提供法治保障。各级机关针对京津冀等跨地区协调协作、冬奥法律服务、涉奥纠纷解决等，不断完善涉奥行政执法、司法程序，营造良好法治环境。北京市、张家口市市场监管、文化执法等部门与法务部、市场开发部等先后签署工作备忘录，开展专项执法行动，全面排查和严厉打击涉奥侵权违法行为。在市委政法委统筹领导下，北京市高院指导各级法院、专业法院加强与法务部的工作对接，就涉奥知识产权风险研判提供帮助和专业法律意见支持。河北省高院出台法治护航冬奥筹办十项举措，设立张家口崇礼法院、太子城专业法庭和雪场法官工作站，为冬奥会筹办工作提供有力的司法

支持。

在守法层面，营造法治冬奥良好氛围。赞助企业、合同商积极参与冬奥并遵守奥林匹克规则，社会各界法律人士、行业协会、高校积极开展冬奥法治保障理论与实务研讨，司法行政机关发挥法宣职能作用，开展冬奥法治专项宣传活动，营造城市、社会、公民讲法治、讲规则的良好氛围。

（二）理解尊重规则，展现我国践诺守信负责任大国形象

奥林匹克运动的基础是一套建立在契约基础上的规则体系，奥运会筹办相当于《奥林匹克宪章》《主办城市合同》《主办城市合同—运行要求》以及在此基础上签署的一系列契约支撑下的项目运作。在冬奥会筹办工作中，北京冬奥组委充分尊重奥运规则、充分履行承诺义务，以如期举办的一场奥运盛会对外向全世界充分展示了我国践诺守信的负责任国家形象，对内促进全社会树立契约精神，形成崇尚规则、尊重规则的良好社会氛围，助力法治中国建设。

北京携手张家口申办冬奥会成功不久，在北京冬奥组委的推动下，国家即启动了《奥林匹克标志保护条例》的修订工作，按照申办承诺，加大对奥林匹克标志的保护力度，同时将残奥会标志纳入适用范围，切实兑现“两个奥运、同样精彩”的承诺。这只是国际奥委会确定的冬奥会筹办 3000 多项里程碑任务的冰山一角。在冬奥会筹办过程中，北京冬奥组委 57 个业务领域潜心研究我国冬奥申办报告、对外承诺、《主办城市合同》以及国际奥委会制定并不时修改的《主办城市合同—运行要求》《赛事指南》等各项规则和办赛要求，法务部指导各业务领域将相关规则、要求和任务通过一份份合同、协议转化为具体的筹办实践，在向全世界奉献“简约、安全、精彩”的奥运盛会的同时，也向社会传达平等协商、互相尊重、诚实守信的契约精神，并且始终践诺守信，一诺千金。

（三）坚持制度先行，发挥制度建设在冬奥会筹办工作中的规范、指导和引领作用

习近平总书记多次强调，制度是关系党和国家事业发展的根本性、全局性、稳定性、长期性问题，要把制度建设摆到更加突出的位置。北京冬奥组委在冬奥会筹办过程中始终注重发挥制度固根本、稳预期、利长远的作用。

1. 构建全链条合同管理制度。合同是落实冬奥会筹办任务、履行主办城市义务的主要手段和方式，合同无时无处不在，合同管理直接影响冬奥会筹办工作质效。仅 2021 年，以北京冬奥组名义签订的合同就近 2000 份。法律部成立后的第一项工作就是研究起草北京冬奥组委《合同管理办法》，并随着冬奥会筹办工作的推进，适时对合同管理制度进行修改、完善，同时，聚焦合同履行问题，制定专项《合同履行和监督管理办法》，秉持规范和高效的管理理念，推动北京冬奥组委合同管理科学化、制度化、规范化，此外，配套开发合同监督管理电子平台，对全委合同进行实时的跟踪，构建起全链条、全生命周期的合同管理体系。

2. 创新完善涉奥知识产权保护工作制度。首先，针对涉奥知识产权的复杂性和特殊性，法务部及时总结工作经验，以保护权利和规范使用为核心，坚持问题导向和底线思维，对 7 大类具体事项的涉奥知识产权保护工作提出 3 个方面 11 项共性指导意见，同时针对仪式庆典、音视频、APP、小程序等 7 大类典型场景下的创意成果制定权益保护工作的个性实施导则，为涉奥创意类成果的知识产权保护工作提供法律指引。其次，在遵守奥林匹克市场开发规则的基础上，充分考虑我国社会公众参与奥运热情较高的实际，本着平衡公众参与热情和尊重奥运规则的原则，推动出台北京冬奥组委《有关标志非商业使用规则》，允许机关、事业单位、居民委员会等非商业主体在承诺遵守奥林匹克规则的前提下使用冬奥组委的有关标志，用以宣传奥林匹克运动，普及奥林匹克精神，并在授权许可环节针对特殊情况设置了简化程序，努力寻求标志保护、赞助商权益维护和鼓励社会参与三者之间的平衡。此外，推动出台《北京 2022 年冬奥会和冬残奥会组织委员会关于开展“清洁场馆”工作的实施意见》，将这一最具奥运特点的工作落实到岗、到人、到细微处，做到了奥运场馆赛时的“清洁”，得到了国际奥委会权益保护团队的高度认可。

3. 探索符合我国国情的个人信息保护制度规则。个人信息保护是北京冬奥组委面临的新课题。在冬奥会筹办过程中，难免会涉及收集各利益相关方的个人信息，包括外籍人士，这就使个人信息保护成为高度敏感的事项。法务部运用法治思维，以充分尊重和保护个人信息为基础，推动出台北京冬奥组委《个人信息处理工作管理办法》，并指导票务、住宿、注册等各业务领域制定若干专项个人信息保护政策，依法履行数据跨境传输法定程序，由此形成的冬奥会个人信息保护实践为其他大型活动的个人信息保护工作提供了范例。

（四）坚持底线思维，始终将防范组委会法律风险挺在前面

冬奥会和冬残奥会是主办国乃至全世界瞩目的盛会，无论是筹办者还是社会各界，期盼扩大影响和参与其中的愿望和热情都非常强烈。与此同时，北京冬奥组委作为承办奥运赛事的具体组织单位，从赛事筹办、举办到组委会的日常运行管理，都需要在法律的框架内依法进行。法务部作为合规审核部门，在面对奥运热情时仍需要保持冷静和理性，坚守和规则的底线，将防范北京冬奥组委法律风险始终放在重要位置，确保筹办工作经得起法律和历史的检验。

首先，坚守底线，避免在合法性上出现问题。比如，针对冬奥会疫情防控措施，特别是针对疫苗接种、隔离等政策的选择，法务部充分结合我国相关法律法规及有关国际条约的规定，对防疫政策进行合法性论证，实现防疫政策与国际条约、国家立法及主办城市防疫政策相衔接，为冬奥会防疫政策的顺利实施奠定合规基础。再如，针对域外法的“长臂管辖”，为确保法律风险的可控性，法务部及时跟进《欧盟通用数据保护条例》（GDPR）的实践，分析其直接在我国适用的潜在风险，在合同事项中通过具体约定执行层面政策的方式，有效避免直接适用上的诸多不确定性。

其次，强化风险意识，注意将防范法律风险融入日常法务工作，注重事前防范，在法律框架下最大化、全方位维护北京冬奥组委的权益。例如，对于会徽、吉祥物等重要知识产权成果，在发布前依托技术手段和专业机构开展查重，在奖牌公布前，还进行了不太常用的专利检索的查重手段，有效化解侵犯他人在先权利的法律风险；对于会徽、吉祥物这类的重要知识产权成果，穷尽现行法律法规以及国际条约项下的保护措施，包括著作权登记、商标注册、专利申请、奥林匹克标志公告、特殊标志登记等，全方位、多角度维护北京冬奥组委权利。

最后，注重风险预判，制定赛时法律风险处置预案，为组委会应对赛时突发紧急状况提前做好准备，以实现快速响应、快速处置。针对赛时特定风险，制定法律风险应对预案，细化工作流程，并根据可能发生的事项类型，分别制定知识产权、个人信息保护、人身财产损害、疫情防控、涉奥敏感事项，以及道德合规、反兴奋剂、仲裁等方面的具体预案，全面梳理、研判北京冬奥组委在各种可能发生的事件中的责任边界及法律风险，提出处理应对措施，并与相关业务领域充分沟通，一方面，立足做好相关风险的事先防范；另一方面，做好风险发生后应对处置的法律准备，切实维护北京冬奥组委权益。

（五）坚持服务为上，以服务全委及委内各部门工作为根本

法务部最重要的职能，就是作为北京冬奥组委涉法事务的参谋、助手和法律顾问，为北京冬奥组委以及委内各部门、各业务领域工作提供法律支持，为北京冬奥会筹办过程中各项工作的顺利开展进行合规审核。法务部成立之初，即确立“冬奥会筹办工作延伸到哪里，法律服务就跟进到哪里”的服务理念，竭诚为全委及各部门中心工作提供法律服务和保障。从这个意义上说，法务部是服务部门、保障部门，当然更是专业部门，以专业法律服务为冬奥筹办提供全方位、全流程、全天候的法律服务。

在具体工作中，一方面，法务部与委内各部门、各业务领域保持紧密联系，切实了解各方面的具体需求，注意站在各部门、各业务领域的角度和立场上考虑问题，不是单纯机械地就法律谈法律，而是就事项谈法律、就事项谈合规，在合规底线与部门实际需求中寻找最优解决途径。另一方面，坚持提前介入、全程参与，将法律合规审核程序提到前端，将合规理念向各部门、各业务领域传达。以合同事项为例，在项目采购阶段，法务部就提前介入，与相关业务部门一起工作，提前了解情况，便于相关事项从始至终都是在合规的框架下实施，以降低后期发生争议或者纠纷的风险。此外，不断提高法律服务水平，提供优质服务。冬奥会筹办工作覆盖面广、领域跨度大，各业务领域的工作有着截然不同的特点，这就需要法律服务在方方面面都有所涉猎，从合同审核、权益保护，到个人信息保护、侵权损害赔偿，还包括保险、医疗、人力资源、技术运行等，各方面业务和相关法律知识都需要有所了解，这样才能确保提供有针对性的、高质量的法律服务。单就合同而言，北京冬奥组委日常签订的合同种类非常繁杂，除买卖、租赁、技术、委托、劳务、劳动、仓

储、赠与、工程建设等民法意义上的有名合同几乎都有涉及外，还有大量的无名合同。比如，市场开发计划协议、赞助协议、特许协议、文化广场合作备忘录等具有奥运特色的各类合同协议。可以说，法律服务与冬奥筹办如影相随，相依相伴。

（六）坚持专业支撑，发挥内部法律团队的根本保障作用

冬奥会筹办工作涉及范围广泛，每一项决策的作出、采购的实施、活动的组织、创意成果的产生都要做到依法、合规，这离不开法律部门的专业支持。冬奥盛会前台的高光时刻虽然没有法律人的身影，但其背后深藏法务人的智慧、执着和专业。法务对风险的提前预判、化解和处置的贡献换来了赛时的风平浪静、风和日丽。

作为北京冬奥组委早期成立的部门之一，法律事务涉及筹办工作的方方面面，贯穿冬奥会筹办全过程。作为北京冬奥组委涉法事务的参谋、助手和法律顾问，通过数十份有分量的法律意见报告，上千份的法律审查意见，为北京冬奥组委日常运行和依法决策提供重要支撑；作为合同归口管理部门，通过全生命周期的合同管理，完成5000余份合同的审核、签署、履行监督，保障各项筹办工作的规范、科学、高效；作为涉奥知识产权归口管理部门，构建高标准的涉奥知识产权保护体系，有效保障冬奥组委权益；作为法务协调部门，参与有关谈判，出具法律文件，代表冬奥组委参加或者处理诉讼、仲裁事务等妥善、有效化解矛盾，真正做到“冬奥会筹办工作延伸到哪里，法律服务就跟进到哪里。”

从冬奥会筹办工作实践看，做好冬奥法律事务，既要有较高的法律专业能力、娴熟的英语运用，同时还要具备对政策的宏观分析能力，对具体问题的解决能力；既要预测法律风险，还要提出化解法律风险的有效途径。北京冬奥组委的法律事务工作兼具政府法治、公司法务、数据合规管理职责特点，既要有政府的站位，也要有公司的视角。法务部共有授薪人员21名，由机关择优选调人员、校园招聘、社会招聘人员三部分构成，是组委会人数最少的团队之一，部领导班子政治可靠，专业能力强，全部拥有博士学位，团队成员90%以上具有法学专业研究生以上学历，一半以上人员具有公职律师或者社会律师身份，不少成员具有国外留学经历，多数成员可以使用英语作为工作语言，一半是“90后”，有朝气、有热情、有干劲，学习能力强，团结向上，经过奥运会的锻炼，迅速成长，必将成为日后大型活动法务管理的重要人力资源。

法务部主要的费用预算包括法律服务费用和权益保护费用两部分。对于法律服务费，预算编制坚持了最大限度节俭的原则，在国际奥委会进行预算审议时，其提出从往届奥运会法务实践看，北京冬奥组委的法务费用预算是最低的，甚至有关人员直率地指出，怀疑当时的预算是否够用，虽然出于保密的原因，不便具体透露预算额度，但是从实际花费支出看，在预算编制已经偏低的情况下，法务最终的实际支出又节约了近一半。之所以能进一步节约预算费用，主要有这样几个原因：一是更多地培养、使用内部授薪工作人员。主观上本着锻炼队伍的想法，考虑团队人员比较年轻，很多人员是从校门直接到工作岗位，

从为社会培养后奥运法治人才的角度出发，只要时间允许尽可能由部内授薪工作人员自己直接完成相关工作，通过压担子、压任务，促其快速成长，内部工作人员的无私奉献客观上减少了外部法律服务费用的支出。二是结合人员计划安排，对于参与到法务部工作的志愿者、赛时实习生、驻场律师，在工作中不搞区别对待，都由部里统筹使用，统一安排到各专项工作小组中，承担与授薪人员一样的工作，通过这样内部挖潜方式，客观上节约了部分外部法律服务的使用。三是采购外部法律服务机构，按照组委会要求采取了政府采购方式，市场竞争客观上降低了费用标准，而且不少法律服务机构以参与冬奥法律事务为荣，在投标报价时更多考虑了社会责任。此外，在使用外部法律服务时，部内制定了内部使用规范，确定了外部法律服务使用的情形、程序、核算要求等，避免外部法律服务使用的随意性，将节俭的理念和要求落实到细微处。

对于权益保护费用，主要费用涉及辖区外知识产权保护费用以及侵权事项处理费用。对知识产权辖区外保护费用，本着节俭的原则，对于国际奥委会提出的费用清单，严格审核，逐项核对；对于侵权事项处理及监控方面，依托体制优势，建立与有关方面的协调机制，尤其是在国内现有资源可以利用的情况下，优先利用现有资源，不另起炉灶。比如，在反盗播事项中，联合有关职能部门如中国版权局，还有持权转播商中央电视台，利用其出于维护自己合法权益的目的从而打击盗播的动力比较强的契机，依托央视已有的反盗播系统实施监控，没有再聘请另外的社会机构，不仅取得不错的效果，而且仅此一项节约预算上百万元。

北京2022年冬奥会和冬残奥会权益保护工作概述

刘洪波*

【内容摘要】北京冬奥会和冬残奥会的权益保护工作，基本内容是对国际奥委会和国际残奥委会财产权的保护，其客体就是奥运会和奥林匹克财产、残奥会和残奥财产。《奥林匹克宪章》《国际残奥委会手册》《主办城市合同》等法律文件对此有一系列的要求，包括法律制度、知识产权保护措施、打击违法行为等。北京冬奥会申办成功后，我国不断完善相关立法，政府机构相继出台有关政策，北京2022年冬奥会和冬残奥会组织委员会积极推动具体工作开展，各方认真全面地履行《主办城市合同》义务，较好地完成了权益保护工作任务。

权益保护是北京2022年冬奥会和冬残奥会组织委员会（以下简称北京冬奥组委）一个非常重要的业务领域，它与北京冬奥会和冬残奥会的市场开发、形象景观、文化活动、宣传推广、场馆运行等工作息息相关。权益保护工作是维护奥运会和残奥会品牌价值、保障奥林匹克运动和残奥运动经济来源的重要手段，国际奥林匹克委员会（以下简称国际奥委会）和国际残奥委员会对此高度关注，可以说，权益保护工作完成质量的高低是这两个组织评价筹办工作的重要指标。本文旨在通过对北京冬奥会和冬残奥会权益保护工作的梳理和介绍，促进社会公众对其了解，为我们国家今后举办奥运会或其他大型运动会留下一些参考资料，供业内人士批评指正。

一、与权益保护相关的背景知识

（一）两个运动会及其相关组织机构

2015年7月31日，北京携手张家口申办第24届冬奥会成功，同时获得第13届冬残奥会举办权。虽然第24届冬奥会和第13届冬残奥会都由北京冬奥组委负责筹办，但这两个运动会的管理机构和相关权利归属完全不同。冬奥会的全称是冬季奥林匹克运动会，它的管理机构是奥林匹克运动的领导者——国际奥委会；冬残奥会的全称是冬季残奥运动会，

---

* 刘洪波，男，研究生学历，法学博士，北京冬奥组委法律事务部副部长。

领导残奥运动的国际残奥委会是它的管理机构。这两个管理机构分别是两个运动会的组织、利用、市场开发、音像记录和音像传播以及其他相关权利的所有人。

（二）几个重要的法律文件

1.《奥林匹克宪章》①

《奥林匹克宪章》（以下简称《宪章》）是奥林匹克运动的宪法性文件，也是国际奥委会的章程。它汇总了奥林匹克主义的基本原则、规则和细则，国际奥委会、国际单项体育联合会、国家（地区）奥委会以及各个奥运会组委会（以下简称奥组委）都要遵守。

2.《国际残奥委会手册》②

《国际残奥委会手册》（以下简称《残奥手册》）在残奥运动中的地位和作用与《宪章》在奥林匹克运动的地位和作用相当。《残奥手册》规定了残奥运动的愿景、使命以及相关规则，国际残奥委会和残奥运动各成员都受其约束。

3.《申办报告》

《申办报告》是申请城市在取得所在国（地区）的国家（地区）奥委会批准后向国际奥委会提出的申请主办奥运会的法律文件，用于陈述承办理念、愿景、举措和承诺。

4.《主办城市合同》

《主办城市合同》是申请城市申办奥运会成功、经国际奥委会同意作为主办城市后，国际奥委会和主办城市、主办城市所在国（地区）奥委会签订的关于规划、组织、资助和举办奥运会有关权利和义务的法律文件。《2022 年第 24 届冬季奥林匹克运动会主办城市合同》（以下简称《主办城市合同（2022）》）约定，《主办城市合同义务细则》是合同的组成部分，其内容将随政策、技术和其他因素变化而有所改变，国际奥委会保留修订的权利。《主办城市合同义务细则》现在已更名为《主办城市合同——运行要求》（以下简称《运行要求》）。北京市政府、中国奥委会和北京冬奥组委和国际奥委会签署了 2016 年版的《运行要求》（以下简称《运行要求（2016）》），此文件对各合同签署方具有约束力。

根据《主办城市合同（2022）》，主办城市与所在国（地区）奥委会应于合同签订后五个月内成立奥组委，奥组委应在成立后一个月内作为签约方加入该合同。《主办城市合同（2022）》于 2015 年 7 月 31 日签署，北京冬奥组委在 2015 年 12 月 15 日成立后，已按要求签署了相关法律文件，从而成为加入该合同的签约方。

由于国际奥委会和国际残奥委会之间持续合作的关系，奥运会主办城市的遴选过程中整合了残奥会的要求，申请城市会充分考虑成功举办奥运会和残奥会所需要的条件，国际残奥委会也参与对申请城市的评估，因此《残奥手册》规定，奥运会主办城市自动成为残

① https://olympics.com/ioc/documents/international-olympic-committee/olympic-charter.

② https://www.paralympic.org/ipc-handbook.

奥会的主办城市。《主办城市合同》和《运行要求》包含了关于残奥会的相关约定，无须再另行签订关于残奥会的主办城市合同类的法律文件。

二、权益保护的客体

权益即权利和利益。一般认为，民事权利可分为人格权、身份权和财产权。[①] 并非所有与北京冬奥组委或北京冬奥会和冬残奥会有关的民事权利保护职责都归权益保护业务领域承担，其负责保护的“权益”范围是依据《宪章》《残奥手册》《主办城市合同（2022）》《运行要求（2016）》等法律文件确定的。根据这些文件，权益保护的客体包括两个运动会和两类财产，即奥运会和奥林匹克财产，残奥会和残奥财产。

（一）奥运会和奥林匹克财产

1. 奥运会

（1）奥运会是国际奥委会的专有财产。《宪章》规定，“奥运会包括奥林匹克运动会和冬季奥林匹克运动会”；[②]“奥运会是国际奥委会的专有财产，国际奥委会拥有与之有关的全部权利和数据”。[③]

（2）与奥运会有关的各项活动也属于国际奥委会的专有财产。不仅是奥运赛事本身，与奥运会有关的各项活动，如开闭幕式、颁奖仪式、火炬传递活动等，都是国际奥委会的专有财产。《主办城市合同（2022）》第41. a条约定，“奥运会及该城市、国家（地区）奥委会及/或奥组委组织的有关奥运会的各项活动，包括但不限于奥运会竞赛项目的赛事及所有仪式，均属国际奥委会专有财产，国际奥委会在全球范围内永久拥有与之相关的所有权利和数据”。

（3）国际奥委会就奥运会所享有的权利内容。《宪章》第7. 2条规定，国际奥委会拥有与奥运会有关的全部权利，“特别是但不限于关于下列各项的所有权利：（1）奥运会的组织、利用和市场开发，（2）授权拍摄奥运会静态和动态图像以供媒体使用，（3）奥运会音像制品的注册，和（4）以已知的或未来开发的任何方式，转播、传输、转发、复制、展示、传播、开放或以其它方式公开含有奥运会音像注册或录制内容的作品或信号”。《主办城市合同（2022）》第41. a条约定，国际奥委会拥有的独家权利“应特别包括奥运会的和与奥运会相关的所有知识产权[④]及与之相关的声誉，以及与奥运会规划、组织、资助和举办

---

① 参见王泽鉴：《民法概要》，北京大学出版社2011年版，第31页；魏振瀛主编：《民法》，北京大学出版社、高等教育出版社2021年版，第36页。

② 参见《奥林匹克宪章》第6. 2条。

③ 参见《奥林匹克宪章》第7. 2条。

④ 根据该条约定，“知识产权”一词应涉及并包括：版权、专利、数据库权、商标权以及设计、专门知识和保密信息的权利（不论是否已注册）；申请注册及申请注册上述任何权利的权利；其他知识产权及全球任何地方存在的同等或类似形式的保护；以及上述权利的续约、恢复及展期。

相关的其他权利、所有权和权益，包括奥运会转播、报道和展览，以及其他形式的通过各种方法或机制对奥运会的利用、记录、表现、营销、复制、获得及传播，且不论是现有或今后开发的权利”。根据《宪章》的表述，笔者认为可以将国际奥委会对奥运会所享有的权利归纳为奥运会的组织、利用、市场开发、音像记录和音像传播五项基本权利。尽管《主办城市合同（2022）》约定的内容比《宪章》更详细，但相关权利要么包含在五项基本权利之中，要么以这五项权利为基础。

将奥运会及其相关的活动视为一种财产，确实与人们日常观念中理解的财产形式不太符合。“财产”一词，含义非常广泛，用法律词汇准确地对其进行界定的确是一件非常困难的事情。法律学者多从财产权的角度去研究财产问题。根据德国民法学的通说，财产权大体上包括大陆法系一般所说的物权、债权、知识产权以及其他无形财产权这些民事权利。[①]我国学者一般都接受大陆法广义的财产概念，认为财产权是指权利标的具有财产上的价值的权利，物权、债权、知识产权皆为财产权。[②] 王泽鉴先生则从权利角度解释财产，“通常所谓财产，指具有金钱价值的权利所构成的集合体”，“其构成财产者，如物权、债权、智慧财产权（无体财产权）、社员权（如公司的股票）”。[③] 按照大陆法系的观点，能否将奥运会这种体育赛事及其相关活动列入无体财产（无形财产）之中，可能会有较多争议。

在英美法系中，财产权的客体也经历了从有体物到无体物和利益的扩展。现代英美法中，财产权有以下几个特点：其一，不仅包含对有体物的权利，还包括对各种无体物和利益的权利；其二，不是人对物的关系，而是人与人之间的关系；其三，并不是绝对的权利，而是受限制的权利和利益。依照学者的一般观点，英美法中的财产权不包括合同权利，有关合同权利的内容属于合同法的范畴，这一点与大陆法系的理论是不同的，但是显然英美法中对财产权范围的理解更加宽泛。“各种财产权都是从各种法律关系中产生出来的请求权和利益，并不必然与一定的实物联系在一起。”“财产权一词包含的范围十分广泛，它常被用来指存在于任何客体之中或之上的完全的权利，包括占有权、使用权、出借权、转让权、用尽权、消费权和其他与财产有关的权利，也就是说，凡涉及上述某一项权利内容，都可以冠之为‘财产权’。”按有的学者的观点，养老金、就业机会、营业执照、补贴、政治特许权利都属于财产权的范畴。[④] 营业执照代表的是从事某种经营活动的资格，政治特许权利是从事某种特种活动的资格，如这些都属于财产权范畴的话，奥运会的组织、利用和市场开发等活动自然也可被视为一种财产权，奥运会就是这些权利的客体。财产并不一定是实物，无体物和利益均可成为财产。如果在法律关系中主体能够基于某一客体而享有能够被

① 崔文星：《民法物权论》，中国法制出版社2017年版，第5页。

② 王利明：《物权法研究》（上卷），中国人民大学出版社2016年版，第35页。

③ 王泽鉴：《民法总则》，北京大学出版社2009年版，第217页。

④ 王利明：《物权法研究》（上卷），中国人民大学出版社2016年版，第34、35页。

法律承认的请求权和利益，这一客体同时又具有经济价值，无论其是物、无体物还是利益，都能够被视为财产（合同权除外）。奥运会完全符合这一特征。国际奥委会就奥运会所享有的权益能够被法律承认，奥运会本身具有巨大的经济价值。因此，从英美法角度看，把奥运会视为一种财产似乎更容易被理解。

当然，在实务中不必纠结于奥运会究竟是否属于无体财产的概念之困，完全可以从另外一个角度来看待问题，把国际奥委会对奥运会的财产权理解为对奥运会组织、利用、市场开发、音像记录和音像传播五项基本权利即可。对这五项权利的保护，既有法律文件的明确要求，也是历届奥运会的惯例，人们非常容易取得共识。只要国际奥委会的这些权利能够在某个国家（地区）受到法律保护，在事实上就是承认并保护了国际奥委会对奥运会的财产权。

2. 奥林匹克财产

（1）奥林匹克财产的范围。《宪章》第7.4条通过列举加概括的方式对奥林匹克财产的范围进行了界定：奥林匹克五环标志、会旗①、格言②、会歌③、称谓（包括但不限于“奥运会”和“奥林匹克运动会”）、标识④、徽记⑤、圣火⑥和火炬⑦，以及国际奥委会、国家（地区）奥委会和/或奥组委委托制作的与奥运会相关的音乐作品、音像作品或其他创造性作品或手工艺品，可单独或统称为“奥林匹克财产”。⑧

奥林匹克五环标志、会旗、格言和会歌，是国际奥委会重要的传统财产，它们对应的客体是单一的。⑨ 而奥林匹克称谓、标识、徽记、圣火和火炬，相应的概念外延是开放的，对应的客体不是唯一的，而是由符合其概念内涵条件的若干单一客体组成的集合。比如，“奥林匹克称谓”，与奥林匹克运动有关的名称及其简称、译文名称等，像“奥运”“冬奥会”“冬奥”“奥林匹克”“奥林匹亚”等，都可归入其中；历届奥运会的会徽和申办徽记都属于奥林匹克徽记；同样地，历届奥运会的圣火和火炬也都属于奥林匹克圣火和火炬；奥林匹克标识更是一个外延极为宽泛的概念，从理论上讲，所有能被看到或听到的与奥运会、奥林匹克运动或其组成部分产生关联的客体，都属于奥林匹克标识。

关于国际奥委会、国家（地区）奥委会和/或奥组委委托制作的与奥运会相关的作品或

---

① 白底、无边、中间是五色的奥林匹克五环标志的旗帜。

② “更快、更高、更强——更团结”。

③ 斯皮洛斯·萨马拉创作的音乐作品“Olympic anthem”。

④ 指任何与奥运会、奥林匹克运动或其组成部分相关联的视觉或听觉上的表现形式。

⑤ 把奥林匹克五环标志与另一独特元素结合在一起的某种组合图案。

⑥ 经国际奥委会授权在奥林匹亚点燃的火焰。

⑦ 经国际奥委会批准的、用于奥林匹克圣火燃烧的、可手持的火炬或该火炬的复制品。

⑧ 这一概念是2015年8月2日修订生效的《奥林匹克宪章》的表述，在此前的版本中，即2015年7月31日第24届冬奥会《主办城市合同》签订时，是没有“以及国际奥委会、国家（地区）奥委会和/或奥组委委托制作的与奥运会相关的音乐作品、音像作品或其他创造性作品或手工艺品”这部分内容的。

⑨ 尽管奥林匹克五环有单色和五种颜色的表现形式，但就其图形来说，客体是单一的。

手工艺品，在奥林匹克财产中数量占比很大。在奥运会筹办过程中，涉及的工作领域众多，特别是文化活动、宣传推广、仪式表演和市场开发业务领域，需要创作或委托创作音乐、美术、视频、照片、特许商品等种类繁多、数量庞大的各种作品或手工艺品，它们都是权利归属于国际奥委会的奥林匹克财产。《主办城市合同（2022）》第41.d条专门对“奥运会相关财产”作出了约定：国际奥委会可视情况授权主办城市、国家（地区）奥委会及/或奥组委创造、开发、使用或利用（包括特许第三方）与奥运会相关的文学或艺术领域的某些特有的标识、资产、作品或其他财产。此类与奥运会相关的财产属于奥林匹克财产。① 许多没有参与或接触过奥林匹克财产创作工作的人士对这一规则不理解，经常会有艺术工作者提出这样的疑问，自己创作的作品怎么成了他人的财产？但规则就是如此，要参与这样的活动，就必须以接受此规则为前提。

（2）国际奥委会对奥林匹克财产所享有的权利。《宪章》第7.4条规定：对任何和全部奥林匹克财产的一切权利，以及一切使用的权利，包括但不限于营利、商业或广告目的的使用，归国际奥委会独家所有。根据国际奥委会执委会制定的条款和条件，国际奥委会可以特许使用其全部或部分权利。

（二）残奥会和残奥财产

1. 残奥会

（1）残奥会是国际残奥委会的专有财产。《残奥手册》规定，残奥会包括夏季残奥运动会和冬季残奥运动会；国际残奥委会是残奥会的唯一所有人，拥有与残奥会有关的所有权利。②

（2）残奥会包括所有残奥会运动项目的预赛、资格赛、初赛、半决赛和决赛，以及（a）作为残奥会庆祝活动的一部分而举行的开幕式、闭幕式、颁奖和其他官方仪式；（b）由国际残奥委会或各个奥组委组织、提供或正式授权的与残奥会有关的文化、教育和体育赛事；（c）火炬接力；和（d）由国际残奥委会或各个奥组委组织、提供或正式授权的体育展览和体育展示（不属于官方体育计划的一部分）。③

（3）国际残奥委会对残奥会所享有的权利。《残奥手册》规定，国际残奥委会对残奥

---

① 根据《主办城市合同（2022）》第41.d条的约定，与奥运会相关的财产包括申办委员会、该城市、国家（地区）奥委会或奥组委在申办和候选过程中及规划、组织、资助和举办奥运会过程中创造或以其名义创造或供其使用的所有财产，尤其包括以下内容：申办委员会会徽（申请城市会徽和候选城市会徽）；徽记与吉祥物，包括其图片和三维表现形式；体育图标；奥运会景观的元素；官方海报设计；奥林匹克火炬设计及其相关模具；徽章及其相关模具；奥林匹克优胜者奖牌和纪念奖牌设计及其相关模具；证书；官方出版物；域名；文学作品；音乐作品及内容；音像制品及/或电影作品和产品；官方电影；艺术作品与造型艺术；照片、图片及形象（静态与动态）；戏剧或戏剧音乐作品、舞蹈与舞台作品；实用艺术作品；图形作品与元素；多媒体作品与计算机程序；作品和/或元素的收藏、汇编及/或选集；官方纪念币及纪念钞；官方邮票。

② 参见《国际残奥委会手册》第一部分第2.9章第1.1条。

③ 参见《国际残奥委会手册》第2.9章第1.1条。

会所享有的权利包括，特别是但不限于与残奥会的组织、商业和文化开发、播放以及残奥会所有静态和动态图像的记录有关的所有权利，以及通过视听（或仅限音频）播放的任何技术手段向公众提供这些信息的权利。国际残奥委会拥有残奥会的所有营销和商业权利，包括销售赞助包、建立联合关系、授予供应商地位以及创建许可和商品计划的权利。国际残奥委会拥有为组织和推广残奥会而制作或产生的创意作品的所有数据和知识产权，并管控这些数据和创意作品的分发和使用条件。[①]《运行要求（2016）》约定，国际残奥委会对残奥会所享有的权利包括但不限于与残奥会的组织、利用、转播、录制、表现、复制、访问和传播相关的，已经存在或将于未来开发的，通过任何方式和方法或途径的一切权利。[②]

2. 残奥财产

（1）残奥财产的范围。根据《残奥手册》第 2.9 章第 1.2 条的规定，"残奥会财产"是指残奥术语[③]、三色带标志、会旗[④]、格言[⑤]、会歌[⑥]、标识[⑦]和称谓、徽记[⑧]以及圣火[⑨]和火炬[⑩]。

（2）国际残奥委会对残奥财产享有的权利。国际残奥委会享有残奥财产的所有权利，包括使用和许可使用残奥财产，为营利、商业或广告用途使用残奥财产，以及与国际残奥委会的愿景、使命和抱负相关的非商业使用残奥财产。[⑪]

《残奥手册》中的相关规定，除多出"残奥术语"外，其余残奥财产的种类和奥林匹克财产基本相同，特别是关于标识、徽记、圣火和火炬的规定都非常近似。

从《残奥手册》对残奥会和残奥财产的规定可以看出，国际残奥委会借鉴吸收了《宪章》的诸多经验和成果，财产范围和权利内容与《宪章》对奥运会和奥林匹克财产的规定大体相同，不再重复分析。

---

① 参见《国际残奥委会手册》第 2.9 章第 1.1 条。

② 参见《运行要求（2016）》第 6.5 节"权利保护"部分"RPP 19——国际残奥委会知识产权"。

③ 根据《国际残奥委会手册》的规定，残奥会术语由单词"Paralympic"及其派生词，如"paralympypian""Paralympic ism""paralympypiad"，以及在该规则通过之日被国家认可普遍使用的相关术语（如"Paralympic ski""paralympypique"和"Paralympic isch"）组成。前缀"Para"用于与体育（包括与体育有关的礼仪和仪式）和为文化或教育目的向公众展示的音乐或视觉艺术活动时，是残奥会术语的一部分。

④ 白底、中心为残奥三色带标志的旗帜。

⑤ "精神寓于运动"。

⑥ 蒂埃里·达尼斯为管弦乐队创作的音乐作品"Anthem of The Future"。

⑦ 残奥标识是任何残奥会或残奥运动以及与之相关联的书面、视觉或听觉上的表现形式。

⑧ 将残奥标志与特定的、独特的创意元素结合在一起的完整设计。

⑨ 指在国际残奥委会和奥组委合作授权下点燃并被指定为残奥圣火的火焰或一系列火焰。

⑩ 指用于传递残奥圣火的可手持的火炬，包括其所有复制品。

⑪ 参见《国际残奥委会手册》第 2.9 章第 1.2 条。

三、权益保护的要求

（一）关于奥运会和奥林匹克财产的保护要求

1. 主办国（地区）政府对国际奥委会关于奥运会和奥林匹克财产所享有权利的承认和保护

申请城市申办奥运会的前提条件之一，是其国家（地区）政府承诺遵守《宪章》。《宪章》第33.3条规定，任何申请城市的国家（地区）政府必须向国际奥委会提交一份具有法律约束力的文件，承诺并保证该国（地区）和它的政府机构将遵守和尊重《宪章》。每一个奥运会主办国（地区）政府，都在申办时作出过这样的承诺，因而也都是遵守《宪章》的义务主体。在《北京2022年冬季奥林匹克运动会申办报告》（以下简称《北京2022申办报告》）中，由李克强总理致国际奥委会巴赫主席和各位委员的信函，其中明确承诺“中国政府在举办奥运会的过程中将恪守《奥林匹克宪章》及《主办城市合同》”。由此可见，按照《宪章》和《主办城市合同（2022）》的要求，尊重并保护国际奥委会对奥运会和奥林匹克财产所享有的权利，不仅是北京市、张家口市、中国奥委会和北京冬奥组委的义务，也是中国政府的义务。

2. 主办国要有相应的法律制度保护国际奥委会的权利

主办国除了承诺尊重和保护国际奥委会的权利外，还要有相应的法律制度来保护国际奥委会的权利能够实现。主办国要按照国际奥委会的要求，为所有奥林匹克财产提供充分持续的法律保护；① 主办国要有符合国际奥委会要求的立法和执法措施，以确保国际奥委会对奥运会（包括与奥运会相关的知识产权）所享有的权益，防止未经授权使用奥林匹克财产、隐性营销和未经授权的奥运会转播、报道或展览，并有能够及时解决相关争议的程序与解决方法，特别是奥运会期间产生的争议。②

3. 对奥林匹克财产保护的特别要求

（1）在主办国的保护。确保“主办城市+2022”的奥运会称谓、奥组委的会徽和吉祥物在主办国受商标或外观保护；确保奥运会景观的特有元素和其他奥运会相关财产，按照国际奥委会的规定在主办国得到及时注册和保护；③ 确保国家（地区）奥委会的会徽能够以国家（地区）奥委会的名义得到保护。④

（2）国际保护。国际奥委会应与奥组委协商，以国际奥委会的名义对奥运会相关的标识实施国际商标保护，费用由奥组委承担；⑤ 确保受版权或类似保护的奥运会相关财产在全

① 参见《主办城市合同（2022）》第42.a条。
② 参见《主办城市合同（2022）》第41.b条。
③ 参见《主办城市合同（2022）》第42.b条。
④ 参见《主办城市合同（2022）》第42.c条。
⑤ 参见《主办城市合同（2022）》第42.b条。

球范围内按国际奥委会的要求得到充足的保护。①

（3）权利转让。主办国内所有奥运会相关标识的权利全部免费且不受任何限制地转让给国际奥委会，转让从2022年12月31日起生效；奥运会相关财产在主办国内的全部权利于2022年12月31日前免费转让给国际奥委会，在主办国之外的权利于财产产生时转让给国际奥委会。②

（4）监控和打击未经授权使用奥林匹克财产的行为。奥组委应在主办国内监控未经授权使用奥林匹克财产的行为。若国际奥委会有要求，还应监控其他领土范围的未经授权使用的行为。如奥组委知悉已经发生或将要发生未经授权使用的行为，应立即通知国际奥委会，并按照国际奥委会的要求和决定，迅速采取适当的必要措施（包括法律或行政措施），防止或制止上述未经授权使用的行为及其再次发生。③

4. 对奥运会保护的特别要求

（1）确保奥运会的转播、报道和展示，包括电视与广播信号，得到充分保护。④ 奥组委应采取监控措施，配合国际奥委会、奥林匹克转播服务公司、奥林匹克频道服务公司及持权转播商，防止、终止和打击未经授权转播、报道和展示奥运会的行为。⑤

（2）确保在“奥林匹克成绩与信息服务”范围内汇总、处理及安排的所有数据与信息，归国际奥委会独家所有，并按国际奥委会的要求，以适用或有效的知识产权保护方式进行充分保护。⑥

5. 防范和打击隐性营销

根据《主办城市合同（2022）》作出的界定，“隐性营销”是指故意或非故意造成与奥林匹克运动或奥运会之间虚假或未经授权的直接或间接商业联系，尤其是任何第三方通过创造型的方式造成与奥运会的虚假联系，违反保护奥林匹克形象的法律或干扰奥林匹克赞助商、供应商、特许商的合法市场开发行为。⑦ 根据造成的商业联系性质，隐性营销行为可以分为“虚假”型和“未经授权”型两大种类。虚假型隐性营销，是与奥林匹克运动或奥运会之间没有联系而制造关联；未经授权型隐性营销是与奥林匹克运动或奥运会之间存在事实上的关联，在不享有相关对外宣传的权益的情况下对外宣传这种关联。

主办城市、国家（地区）奥委会和奥组委应自费采取一切必要措施，防止或终止隐性营销行为，并将其影响控制在最小范围内，包括采取制订与实施持续教育、监控与反应管

---

① 参见《主办城市合同（2022）》第42.d条。
② 参见《主办城市合同（2022）》第43条。
③ 参见《主办城市合同（2022）》第44.a条。
④ 参见《主办城市合同（2022）》第42.e条。
⑤ 参见《主办城市合同（2022）》第44.c条、第44.d条。
⑥ 参见《主办城市合同（2022）》第42.f条。
⑦ 参见《主办城市合同（2022）》第44.b条。

理计划在内的措施。①

在国际奥委会与奥组委签订的《市场开发计划协议》约定之外，在主办国境内不得有其他市场开发、广告和宣传计划，应确保没有任何公立或私立实体开展有关奥运会、任何奥运会代表团或奥运会年份的市场开发、广告或宣传计划，或暗示与奥运会、奥运会代表团或奥运会年份相关的市场开发、广告或宣传计划。②

6. 赛时商业展示限制

为了确保奥运会中体育高于商业活动，提升赛会形象，并保护国际奥委会的知识产权和奥林匹克全球合作伙伴、奥组委市场开发合作伙伴的权利，防止侵权和隐性营销行为，国际奥委会对奥运村开村期间各个场馆的商业展示和城市公共广告均有严格的限制性要求，这两项要求分别被称为“清洁场馆”和“公共广告管控”政策。

（1）关于赛时场馆的商业展示限制。根据《宪章》第 50. 1 条规定，除国际奥委会执委会特殊授权外，在体育场、场馆和其他被视为奥林匹克场地构成部分的区域以及其他比赛区域内及其上空，不得进行任何形式的广告或其他宣传活动，不得设立商业装置和广告牌。根据《宪章》第 50 条规则的细则，这种对商业展示的限制延伸到运动员、随队官员、其他随队人员或其他参加奥运会的人员穿着或使用的任何衣物或器材上，国际奥委会执委会通过相关指南，对相关限制标准提供详细说明。《主办城市合同（2022）》第 48 条、《运行要求（2016）》“权利保护”部分和《国际奥委会关于北京冬奥会的授权标志指南》，对奥运场馆和举办赛事的城市空域的商业展示限制有更为具体的要求。

（2）关于赛时主办城市的公共广告限制。《北京 2022 申办报告》“法律事务”部分，有“在冬奥会开幕式前 2 星期至闭幕式期间，……控制广告牌、公共交通广告等广告空间和空域空间（确保在此类空域中不会出现广告宣传）”的承诺。《运行要求（2016）》“权利保护”部分中约定，主办国要有“公共与私人宣传场地的管控措施（如广告牌、公共交通上的广告、空中等）相关的立法”。北京冬奥组委和国际奥委会签订的《市场开发计划协议》约定，在奥运会期间及奥运会前两周内，北京冬奥组委应对以下位置的所有展示拥有控制权：其一，供人们前往任何奥林匹克场所的主要道路、奥林匹克场所与任何机场、火车站和公共汽车站之间的主要道路，和任何机场与奥运会主办城市及协办城市中心区之间的主要道路；其二，奥林匹克场所所在城市的机场、火车站和公共汽车站的周边区域和内部区域；其三，火车、公共汽车和其他交通工具的内部；其四，奥林匹克场所周边区域。这些区域的户外广告计划应得到国际奥委会批准，除奥运会景观展示和奥林匹克市场开发合作伙伴的广告外，不得出现其他商业主体的广告。

---

① 参见《主办城市合同（2022）》第 44. b 条。

② 参见《主办城市合同（2022）》第 49. d 条。

（二）关于残奥会和残奥财产的保护要求

《北京2022申办报告》第4.3节“保护奥林匹克知识产权”部分，对保护残奥会知识产权作出了承诺：“确保以国际奥委会的名义或代表国际奥委会保护奥林匹克知识产权。冬残奥会的所有知识产权也将受到同等对待。”根据这一承诺，我们对残奥会和残奥财产的保护水平应该同奥运会和奥林匹克财产的保护水平一致。《运行要求（2016）》“序言”中明确表述，残奥会应根据《主办城市合同》《运行要求》以及国际奥委会与国际残奥委会签署的协议中的相关条款进行组织；若《运行要求》未提到残奥会的具体需求，将以奥运会标准为基础讨论关于该领域的残奥会标准。根据这一约定，除双方另有约定外，残奥会筹办和组织工作的标准原则上应该参照奥运会的标准执行。

《运行要求（2016）》关于残奥会和残奥财产保护的有关约定有：（1）承认国际残奥委会是残奥会的唯一所有人，拥有与残奥会相关的一切权利和数据。（2）承认国际残奥委会是残奥三色带标志、会旗、口号、会歌、会徽、圣火和火炬的唯一所有人，上述所有项目统一或单独提及时均称为“国际残奥委会知识产权”。国际残奥委会可按照国际残奥委会理事会规定的条款特许使用其所有或部分权利。[①]（3）奥组委在与国际残奥委会协商并经国际残奥委会批准后，设计残奥会的会徽、吉祥物、商标、标志和其他与残奥会相关的标记。（4）奥组委在主办国对残奥会会徽进行商标注册；承担国际残奥委会在美国和欧盟对残奥会会徽进行商标注册的费用。（5）确保奥组委所持有的一切与残奥会直接或间接相关的、来源于残奥财产的任何权利，正式转让回国际残奥委会。（6）监控主办国的残奥财产，采取措施禁止一切违背国际残奥委会知识产权附则规定的正当用途的使用，保护所有特许知识产权和衍生作品，防止滥用和侵权。[②]（7）赛时商业展示限制。国际奥委会的“清洁场馆”政策原则上适用于残奥会，例外之处是国际残奥委会可以授权在比赛号码布和比赛场地上设置广告。[③] 关于公共广告管控政策，《运行要求（2016）》没有直接约定，但根据“序言”部分就工作标准的约定，奥运会期间的这一政策也适用于残奥会。

上述约定在文字篇幅上虽然不如关于奥运会和奥林匹克财产保护的表述多，但是从内容框架上看，它包括了国际残奥委会对残奥会、残奥财产的专有权利、奥组委对残奥知识产权的利用与使用来自国际残奥委会的授权、对残奥会会徽的国内商标注册和国际保护、在赛后将奥组委持有的残奥财产权利移交给国际残奥委会、监控与打击侵权行为以及残奥会赛时的“清洁场馆”政策。这些规定与奥运会和奥林匹克财产的保护基本相同。有差异的地方主要是以下两处：（1）在国内外商标保护要求方面，国际残奥委会只要求保护残奥

① 参见《运行要求（2016）》第6.5节“权利保护”部分“RPP 19——国际残奥委会知识产权”。

② 参见《运行要求（2016）》第6.5节“权利保护”部分“RPP 20——国际残奥委会商标和所有权”。

③ 参见《运行要求（2016）》第6.5节“权利保护”部分“RPP 15——从奥运会至残奥会的过渡”、第6.2节“商业开发”部分“BUS 11——国际残奥委会的残奥全球合作伙伴”。

会会徽，而国际奥委会要求保护会徽、吉祥物和“北京 2022”。“北京 2022”是奥林匹克财产，国际残奥委会对此不可能再享有商标权利。残奥会吉祥物形象作为作品，受到著作权保护，而且它的上面有残奥会会徽，会徽受到商标保护，这种保护自然也就延伸到了对吉祥物形象的保护上。因此，这一差别不会实质影响残奥会和残奥财产的保护水平。（2）残奥会赛时可以在比赛号码布和比赛场地设置广告。这是奥运会与残奥会在权益保护业务领域的最大区别。

四、北京冬奥会和冬残奥会权益保护工作实践

（一）我国的相关立法

1.《反不正当竞争法》和《奥林匹克标志保护条例》的修订

在 2015 年 7 月 31 日北京冬奥会申办成功之时，我国的法律状况还不能完全满足《北京 2022 申办报告》和《主办城市合同（2022）》关于奥林匹克财产保护、防范和打击隐性营销行为的要求，对残奥财产的保护也缺乏立法依据。

尽管有北京 2008 年奥运会的立法遗产——《奥林匹克标志保护条例》（以下简称《奥标条例》）的存在，但它是为第 29 届奥运会专门制定的。《奥标条例》第 2 条规定了要保护的奥林匹克标志的范围，第（1）、（2）项和第（3）项分别是国际奥委会和中国奥委会的标志，第（4）项和第（5）、（6）项分别是第 29 届奥运会申办委员会和组织委员会的标志。① 北京冬奥组委的相关标志无法依据该法规得到保护。同时，对虚假型隐性营销行为的规制，我国法律当时也没有明确而直接的法律规定。

2017 年 11 月 4 日，全国人大常委会修订《反不正当竞争法》，其第 6 条明确禁止经营者实施引人误认为是他人商品或者与他人存在特定联系的混淆行为。虚假型隐性营销完全落入该条款的规制之中。《反不正当竞争法》的修订，完美地兑现了《北京 2022 申办报告》中作出的“进一步完善法律法规，明确规定反对隐性市场营销行为”的承诺，为履行《主办城市合同（2022）》义务，防范和打击制造虚假商业联系的隐性营销行为提供了立法依据。

国家体育总局、原国家工商总局于 2017 年 7 月向国务院报送了《奥林匹克标志保护条例（修订草案送审稿）》。原国务院法制办会同上述两部门以及北京冬奥组委反复研究论证，多方征求意见，形成了《奥林匹克标志保护条例（修订草案）》。2018 年 6 月 28 日，

---

① 2002 年《奥标条例》（已修订）第 2 条规定：“本条例所称奥林匹克标志，是指：（1）国际奥林匹克委员会的奥林匹克五环图案标志、奥林匹克旗、奥林匹克格言、奥林匹克徽记、奥林匹克会歌；（2）奥林匹克、奥林匹亚、奥林匹克运动会及其简称等专有名称；（3）中国奥林匹克委员会的名称、徽记、标志；（4）北京 2008 年奥林匹克运动会申办委员会的名称、徽记、标志；（5）第 29 届奥林匹克运动会组织委员会的名称、徽记，第 29 届奥林匹克运动会的吉祥物、会歌、口号，‘北京 2008’、第 29 届奥林匹克运动会及其简称等标志；（6）《奥林匹克宪章》和《第 29 届奥林匹克运动会主办城市合同》中规定的其他与第 29 届奥林匹克运动会有关的标志。”

国务院修订了《奥标条例》。修订后的条例扩大了要保护的奥林匹克标志范围，其第 2 条第（4）（5）（6）项做了调整，把原来有关第 29 届奥运会的表述调整为在中国境内申办或举办的奥运会，这样我们国家以后申办或举办任何奥运会，相关标志都能受到保护。修订后的《奥标条例》除完善标志确认和许可程序、延长标志有效期、加大对侵权行为的行政处罚力度之外，还有两大亮点。一大亮点是对隐性营销行为的规制。其第 6 条规定，“利用与奥林匹克运动有关的元素开展活动，足以引人误认为与奥林匹克标志权利人之间有赞助或者其他支持关系，构成不正当竞争行为的，依照《中华人民共和国反不正当竞争法》处理”。这一条是《反不正当竞争法》第 6 条在《奥标条例》中的落地条款。在《奥标条例》修订调研期间，是否写入反隐性营销条款存在较大争议。反对者认为，对于制造与奥林匹克运动或奥运会虚假关联的隐性营销行为，如果使用了奥林匹克标志，可直接依据该条例其他条款处理，没有必要再另行规定；如果没有使用奥林匹克标志，则不应由《奥标条例》来规制，《奥标条例》不能也不应约束没有使用奥林匹克标志的行为，否则有违逻辑。支持者认为，《反不正当竞争法》第 6 条对禁止的引人误解的混淆行为进行了列举并用兜底条款作出了规定，如果在《奥标条例》中对这一条款有所体现，能起到很好的提示和引导作用，既对意图制造与奥林匹克运动和奥运会虚假关联的经营者产生威慑，又便于行政执法者在执法工作中参考。在 2017 年 12 月 26 日原国务院法制办委托原北京市法制办组织的座谈会上，笔者提出了“在生产经营活动中使用运动员、场馆、比赛项目等奥林匹克元素，足以使他人误认为与奥林匹克标志权利人之间有特定联系的，构成不正当竞争，适用《中华人民共和国反不正当竞争法》处理”的入法表述建议，理由是这样的表述因涉及奥林匹克标志权利人，所以可以写入《奥标条例》当中，但对这种未直接使用奥林匹克标志却构成隐性营销的行为《奥标条例》不规定罚则，而是引向适用《反不正当竞争法》，保持了《奥标条例》罚则的独立性，逻辑上完全能够自洽。这一观点得到了与会代表特别是原国务院法制办和原国家工商总局有关领导的认可，并最终为立法借鉴采纳。另一大亮点是《奥标条例》第 17 条的规定，“对残奥会有关标志的保护，参照本条例执行”。据此，残奥会标志的保护有了明确的立法依据。

《反不正当竞争法》和《奥标条例》修订完成后，结合《商标法》和《著作权法》，我国的法律制度对奥林匹克财产和残奥财产的保护已经完全能够满足《宪章》和《主办城市合同（2022）》的要求。对比《宪章》第 7.4 条的规定，《奥标条例》已将国际奥委会的传统财产中的奥林匹克五环标志、会旗、格言、会歌、称谓、徽记列入保护范围。关于奥林匹克标识，因为其概念外延特别大，不适宜直接规定为标志来保护。奥林匹克标识和奥林匹克火炬的保护方式相同，如果构成作品，且在法定保护期内，则可以依据《著作权法》来保护。如果不构成作品或超过了作品保护期限，则可作为奥林匹克元素来保护，奥林匹克圣火亦是如此，有利用它们从事隐性营销行为的，可以依据《奥标条例》《反不正当竞争法》来处理。类似地，《宪章》规定的国际奥委会、中国奥委会、北京冬奥组委委托制作的与冬奥会相关的音乐作品、音像作品或其他创造性作品或手工艺品，以及《主办城市合同（2022）》约定的其他北京冬奥会的相关财产，绝大部分构成作品，可以依据《著作权法》来保护；不构成作品的，适用奥林匹克元素的保护方法，可依据《奥标条例》《反不正当竞争法》进行保护。例如，《主办城市合同（2022）》第 41. d 条规定的域名，可以依照《反不正当竞争法》第 6 条第（3）项的规定予以保护。《残奥手册》规定的残奥财产，依照前述法律法规得到同等保护，不再赘述。

2.《数据安全法》的制定

2021 年 6 月 10 日，全国人大常委会通过了《数据安全法》。该法将数据界定为“任何以电子或者其他方式对信息的记录”，明确规定国家保护个人、组织与数据有关的权益，任何组织、个人不得窃取或者以其他非法方式获取数据。这一法律的出台，使《主办城市合同（2022）》第 42. f 条约定的奥林匹克成绩与信息服务范围内汇总、处理的数据与信息，有了法律上的保护依据。

（二）奥林匹克财产和残奥财产保护的实践

1. 精心制作各项创意工作法律文件

北京冬奥组委的创意工作，大致分为三种形式：内部工作人员创作、委托创作和征集创作。法律事务部和相关业务领域加强合作，针对各种不同需求制作相应的法律文件，对成果的原创性、使用他人作品需得到完整授权、可转让的知识产权归属于北京冬奥组委、不能转让的知识产权限定行使条件、创作者无市场开发权、违约责任等事项作出清晰约定，从法律文件上把好权利保护第一道关口。

2. 认真做好重要标志候选方案的查重比对工作

北京冬奥会和冬残奥会是世界性综合体育盛会，备受关注，任何标志出现权利瑕疵，都会给筹办工作造成负面影响。北京冬奥组委建立了重要标志法律风险防范机制，对候选方案由相关业务部门委托第三方进行知识产权查重，法律事务部组织专家对查重结果分析判断，排除有法律风险的候选方案。这一机制在筹办工作中发挥了重要作用，并得到了原国家工商总局商标局和国家知识产权局的大力协助。对于会徽和吉祥物的候选方案，还通过国际奥委会进行了境外查重，力求万无一失。法律事务部始终坚持底线思维，对权利瑕疵零容忍，为北京冬奥组委重要标志权利的充分性和完整性提供了可靠保障。

3. 积极实施全方位的知识产权保护方案

原国家工商总局商标局、国家知识产权局、中国互联网络信息中心等部门对北京冬奥组委的知识产权保护工作高度重视，给予了大力支持。北京冬奥组委对重要标志采取了高标准的保护措施，先后全类别申请注册“北京 2022”和“Beijing 2022”，冬奥会会徽，冬残奥会会徽，冬奥会吉祥物形象和中、英文名称，冬残奥会吉祥物形象和中、英文名称等商标，对48件奥林匹克标志（含国际奥委会的标志18件）、23件残奥会标志（含国际残奥委会的标志9件）提交公告，均依法得到核准或公告；就两个会徽和两个吉祥物形象进行著作权登记并申请外观设计专利，国家知识产权局依法授予了专利权；配合国际奥委会、国际残奥委会完成了“Beijing 2022”、两个会徽和两个吉祥物形象及英文名称的国际商标注册工作。上述工作的开展，为这些重要标志的保护构筑了坚实的民事权利基础。中国互联网络信息中心与北京冬奥组委建立了沟通联系机制，定期征询意见建议，在域名申请审核中，确保通过的域名不会与北京冬奥组委有关标志产生混淆和不当关联，防止不正当竞争行为的发生。

4. 主动指导各业务领域做好知识产权保护工作

法律事务部针对各业务领域涉及知识产权的具体工作，特别是各类文化活动、宣传活动、征集活动、创意成果使用授权等事项，加强专业指导，并提供相关法律文件文本予以支持。在总结前期经验的基础上，为规范文化创意工作，防范法律风险，北京冬奥组委审议通过了法律事务部起草的《关于进一步加强知识产权保护工作的指导意见》，并印发执行。该文件明确了北京冬奥组委知识产权保护工作的指导思想、工作机制、实施措施等共性层面要求，针对七大类工作事项制定了知识产权保护工作实施导则，提供板块化、标准化、程序化、便捷化的具体操作指引，规范并便利相关工作。

5. 严厉打击侵权和隐性营销行为

未经授权使用奥林匹克或残奥财产的行为，认定标准客观，较易识别。未使用奥林匹克或残奥财产的虚假型隐性营销行为，因涉及是否引人误认为与奥林匹克运动会或奥运会、残奥运动或残奥会存在关联的主观判断标准，不同的人可能会有不同的认识，识别起来有一定难度。在工作调研中，曾有个别观点认为，《奥标条例》第6条的规定没有办法执行，因为没有具体的认定标准。这种认识显然是不对的。《奥标条例》第6条规定的认定标准是清晰而明确的：一是利用与奥林匹克运动有关的元素开展活动，足以引人误认为与奥林匹克标志权利人之间有赞助或者其他支持关系；二是构成不正当竞争行为（《反不正当竞争法》第6条禁止的行为）。只不过是上述标准增加了主观判断的因素，在执法过程中运用起来相对于单纯的客观标准难度要大一些，但不能因为认定标准有主观判断和裁量因素就拒绝采用。《反不正当竞争法》第6条的规定也包含了“引人误认为是他人商品或者与他人存在特定联系”的主观判断标准，难道这条法律规定在实践中不应该依法遵照执行吗？当然，认定虚假型隐性营销有时候确实存在一定难度，会让一线执法人员承担一定的工作压力，一旦标准掌握不好所在机关有成为行政诉讼被告的风险，但这个问题应通过加强宣传、培训提高执法人员的相关知识水平和执法能力来解决，而不能以弃法不用、拒绝执法来应对。

对未经授权型隐性营销，主要通过在和对方订立的合同中加入无市场开发权条款来约束。对于普通合同商，完全禁止就相关商业联系对外宣传；对于有一定宣传权益的各类市场开发合作伙伴，禁止在享有的权益范围以外进行宣传。违反合同约定，未经授权擅自对商业联系进行宣传的，需承担违约责任。如果在这些宣传中使用了相关商标或奥林匹克标志等财产的，行政执法机关可依照相关法律法规进行处罚；如果未使用，仅仅是对事实上存在的商业联系进行宣传，只能追究违约责任，无法依据《反不正当竞争法》来处理，因为商业联系是真实存在的，不存在引人误认的情况；如果宣传中的商业联系有超出事实的虚构成分，则这部分行为构成虚假型隐性营销，可依据《反不正当竞争法》来处理。

对于侵权和隐性营销行为，权利人的救济手段分为私力救济和公力救济。私力救济主要是主动联系对方进行交涉，要求立即停止违法行为并可提出赔偿要求。公力救济主要包括向行政执法部门举报要求进行查处和提起民事诉讼，对于情节严重构成刑事犯罪的，可以向刑事侦查部门报案。

私力救济是国际奥委会倡导的处理侵权或隐性营销行为的方式。在国际奥委会的《权益保护指南》中，与私力救济相关的通用原则包括：要首先使用适度的教育和告知方法；使用一定的外交手段，避免可能出现的不必要的对抗升级；以最少的公开和最少的干扰手段解决问题等。国际奥委会的法务专家认为，及时制止侵权和隐形营销行为，是首选追求目标。因此，在发现侵权和隐性营销行为时，迅速与对方沟通制止这种行为，应该成为首选行动方案。当然这样的行动，有时候可能会面临对方的拒绝与刁难，不一定能做到百分之百有效，但不应该放弃这种尝试。

在公力救济中，我国的法律法规对打击侵犯奥林匹克和残奥财产以及隐性营销行为作出了完善的规定，行政执法有充分的法律依据，违法者的法律责任也明确具体，因此向行政执法部门举报是一种便捷高效的处理方式，通常能达到非常好的法律效果。提起民事诉讼，处理纠纷时间长、成本高，有时候还能为被告带来关注度，一般是在通过私力救济和行政执法仍无法有效解决问题时才采用。

根据北京冬奥组委内部职责分工，打击商业侵权和隐性营销行为由市场开发部负责。市场开发部和行政执法机关紧密合作，积极推动此项工作开展，国家有关部门给予了极大的支持。国家知识产权局、国家市场监督管理总局印发了《北京2022年冬奥会和冬残奥会奥林匹克标志知识产权保护专项行动方案》；海关总署发布了《奥林匹克标志专有权海关保护备案目录》；北京市市场监管综合执法总队与北京冬奥组委市场开发部、法律事务部签署了《北京2022年冬奥会和冬残奥会市场监管执法合作备忘录》，对查处涉奥违法行为、执法衔接、协作会商、开展宣传培训等方面做了一系列制度安排。整个社会形成了保护奥林匹克和残奥财产的良好氛围。

6. 依规许可非商业使用冬奥组委的标志

在打击未经授权使用奥林匹克和残奥财产的同时，给予非商业实体使用奥组委品牌的一定权利，是历届奥组委的惯例，也是权益保护工作的一项重要内容。北京冬奥会和冬残奥会的举办，是全中国的一件大事，得到了社会各界的支持和帮助。为了回馈政府机构、社团、社区组织对赛会所做的贡献和热情支持，满足他们对一些重要标志的使用需求，北京冬奥组委制定了《北京2022年冬奥会和冬残奥会组织委员会有关标志非商业使用规则》，对可申请非商业使用的标志范围、申请主体条件、申请程序、使用方式等进行了规定。至冬残奥会结束时，法律事务部共处理了三百余件非商业使用标志申请，满足了众多政府部门、社团、社区组织宣传和欢庆冬奥会和冬残奥会的需求。

（三）北京冬奥会和冬残奥会的保护实践

如前文所述，对北京冬奥会和冬残奥会财产权的保护，主要体现于对这两个运动会组织、利用、市场开发、音像记录和音像传播五项权利的保护。在我国的国情下，两个运动会的组织权很难被侵害，利用权和市场开发权虽有受到侵害的可能，但这样的行为主要是利用两个运动会的相关财产或声誉从事商业活动，构成侵犯奥林匹克、残奥财产权或隐性营销行为，可依照相关法律法规予以处理。最需要关注的是两个运动会音像记录和音像传播权的保护，这也是国际奥委会和国际残奥委会的核心关切。保护这两大权利，重点是做好音像记录和音像传播两个环节的授权和限制工作。

有条件对两个运动会进行音像记录的不外是能够进入场馆观看赛事或仪式的人，包括注册人员和观众两类群体。国际奥委会于2021年11月发布了《北京2022年第24届冬奥会社交与数字媒体指南》①。该指南适用于北京冬奥会注册人员，其中规定：注册人员可以使用非专业器材拍摄有关奥运会的照片和录制音视频，并在个人社交媒体账户或网站上分享，但分享内容不得包含比赛场地、场馆工作区或限定区域的音视频；分享内容不得用于商业目的，不得出现在发给任何个人赞助商或其他第三方非奥林匹克赞助商的“致谢”信息中，不得发至他人的社交媒体账户或网站中，也不得以新闻工作者、记者或任何其他相关媒体身份行事。如果不遵守该指南规定，国际奥委会或者相关国家（地区）奥委会可能采取法律措施或行动。北京冬奥组委2022年2月2日发布的《北京2022年冬奥会和冬残奥会组织委员会门票持有及使用条款和条件》②，则规定了观众对两个运动会进行音像记录和传播的政策：持票人同意将其录摄音像的知识产权和其他任何权利转让给国际奥委会或者国际残奥委会，持票人仅被授予有限及可撤销的许可，以私人的、非商业的和非广告宣传的目的使用上述内容；未经国际奥委会或国际残奥委会事先同意，持票人不得通过电视、广播、互联网或任何其他电子媒体传输或分发（或以其他方式提供）在场馆内录摄的任何动态影像和/或声音。

关于奥运会的传播，国际奥委会授予持权转播商在各自地区转播和展示奥林匹克内容

① https://stillmed.olympics.com/media/Documents/Olympic-Games/Beijing-2022/SMGs/Beijing-2022-Social-Media-Guidelines-CH.pdf?_ga=2.169011622.600391942.1647853979-1553094818.1627878030.

② https://www.beijing2022.cn/wog.htm?cmsid=EYS2022020200130700.

的独家权利。非持权转播商为报道冬奥会而使用奥林匹克内容，需遵守国际奥委会2021年12月发布的《北京2022年第24届冬奥会新闻准入规则》①。该规则就签署新闻准入规则承诺书的非持权转播商对奥林匹克资料的访问、电视非持权转播商和广播新闻非持权转播商对奥林匹克内容使用的限制②、所有非持权转播商需遵守的限制性条款等作出了规定。在限制性条款中，包括在不带设备和无传播权的情况下进入奥运场馆，参加和报道新闻发布会的规定，不得使用评论和其他专题报道，无GIF、实况报道评论或其他类似的报道，不得更改奥林匹克内容，遵守《国际奥委会关于媒体组织编辑使用奥林匹克财产指南》，不得将奥林匹克内容用于广告或任何形式的商业行为，鸣谢规则，禁止使用互联网，地域屏蔽和其他安全措施，正当使用、公平交易或任何其他版权限制等内容。

国际残奥委会于2021年1月发布了《北京2022年冬残奥会数字媒体指南》③ 和《北京2022年冬残奥会新闻准入规则》④，内容与国际奥委会的两个文件近似，不再赘述。

国际奥委会和国际残奥委会的上述四个文件以及北京冬奥组委的票务政策，就注册人员、观众和媒体对两个运动会的音像记录和音像传播，作出了相关授权和限制性规定，明确界定了各方的权利义务，从法律文件上为识别和打击对两个运动会进行非法音像记录和音像传播的行为奠定了基础。

国家有关职能部门积极履行《主办城市合同》义务，全力做好防范和打击未经授权转播、报道和展示冬奥会和冬残奥会的行为。2021年1月20日，中央广播电视总台、国家版权局联合发布北京2022年冬奥会“版权保护集中行动”暨“版权守护计划”。国家版权局与工业和信息化部、公安部、文化和旅游部、国家广播电视总局、国家互联网信息办公室于1月至3月联合开展冬奥会和冬残奥会版权保护集中行动。国家版权局等六部门成立冬奥反盗版工作组，建立赛时反盗版工作专班及涉奥侵权快速反应处置机制，对发现非法传播冬奥会和冬残奥会赛事节目的，依法从快从严处置。⑤ 上述工作机制和措施，为监控、防范和打击未经授权转播、报道和展示冬奥会和冬残奥会的行为提供了有力的技术和执法保障，并取得了极佳的工作成果，得到了国际奥委会的高度肯定。

---

① https://stillmed.olympics.com/media/Documents/Olympic-Games/Beijing-2022/Media-Guidelines-and-Access-rules/Beijing-2022-News-Access-Rules-CN.pdf?_ga=2.114486528.600391942.1647853979-1553094818.1627878030，最后访问日期：2022年4月9日。

② 对电视非持权转播商的限制包括内容量、新闻节目数量、时长及新闻摘要间隔、仅在持权转播商转播后播放、使用时长等方面。对广播新闻非持权转播商的限制包括有限用于广播新闻、报道窗口持续时间、电视报道评论的使用、仅在持权转播商转播后播放等方面。

③ https://www.paralympic.org/sites/default/files/2022-01/Beijing%202022%20Digital%20Media%20Guidelines-final.pdf.

④ https://www.paralympic.org/sites/default/files/2022-02/Beijing%202022%20News%20Access%20Rules_Generic_2022_FINAL.pdf.

⑤ 《国家版权局等六部门联合开展冬奥版权保护集中行动》，载光明网，https://m.gmw.cn/baijia/2022-01/21/35464968.html。

（四）“清洁场馆”和公共广告管控工作

1. “清洁场馆”工作的开展

围绕国际奥委会针对“清洁场馆”工作的要求，法律事务部未雨绸缪，在成立伊始即着手学习相关知识，收集资料，研究工作开展方案。2020年开始，权益保护团队在进行实地踏勘后，开始起草各个场馆的“清洁场馆”报告，并与国际奥委会逐个进行专题讨论，研究共性与个性问题，确定工作标准和解决方案，为后期工作的推动奠定了坚实基础。2021年10月，北京冬奥组委审议并通过了法律事务部起草的《北京2022年冬奥会和冬残奥会组织委员会关于开展“清洁场馆”工作的实施意见》。该文件根据管控商业展示的严格程度将竞赛场馆分为五个等级不同的区域，对非竞赛场馆根据具体情况逐一划定了相应区域的管控等级；对进入场馆的注册运动员、官员、技术人员、工作人员和观众的穿着和所持物品、进出场馆或专用于赛会的车辆，均作出了不同等级的商业展示限制要求。文件印发后，权益保护团队下沉场馆一线，广泛深入开展宣传培训工作，各场馆运行团队统筹相关业务领域积极推进落实，各业主单位识大体、顾大局，高度配合，多方共同努力对原有设施和空间中的商业展示根据不同情况分别采取移除、遮挡、粘贴等处理措施，确保场馆满足“清洁场馆”政策要求。国际奥委会验收小组于赛前对各场馆进行了验收检查，对前期工作非常满意，给出了“perfect（完美）”的评价。北京冬奥会开幕后，“清洁场馆”工作的重心转移到对赛时进入场馆的人员穿着和所持物品、有关车辆和进入场馆货物上的商业展示进行检查和处理方面。在前期的知识储备和工作经验基础上，各场馆运行团队严格监管，及时处置出现的违规展示，高标准完成了冬奥会和冬残奥会期间的工作任务。大家密切合作、真抓实干的工作态度和作风赢得了外方的认可和尊重。赛事结束后，国际奥委会的工作人员专门为“清洁场馆”工作向权益保护团队发了感谢信，信中称，“你们应该对为北京冬奥会的成功做出的贡献感到骄傲”。

2. 公共广告管控工作的开展

公共广告管控工作由市场开发部和法律事务部共同负责。市场开发部负责划定广告管控区域和空间，制定户外广告计划；法律事务部负责协调政府部门出台公共广告管控政策。两个部门与北京市和张家口市的相关职能部门积极对接，扎实推动工作开展。市场开发部在深入调研的基础上，借鉴北京2008年奥运会经验，结合疫情防控和赛时闭环管理措施，科学地划定了广告管控区域，制定了户外广告计划。在此基础上，经广泛征求意见，两地政府于2022年1月12日分别出台了《北京市人民政府关于北京2022年冬奥会和冬残奥会期间对广告设施采取临时管理措施的通告》和《张家口市人民政府关于北京2022年冬奥会和冬残奥会期间采取户外广告临时控制措施的通告》。文件公布后，两地的相关单位和商户积极配合，认真落实，《北京2022申办报告》中的相关承诺和《运行要求（2016）》中约定的相关义务顺利兑现完成。

（五）赛后相关工作

北京冬奥会和冬残奥会已经闭幕，并取得了圆满成功。后期，权益保护业务领域将按照《主办城市合同（2022）》的约定，如期做好分别向国际奥委会、国际残奥委会转让冬奥会、冬残奥会相关财产的工作。

综上所述，我们国家按照《北京 2022 申办报告》的承诺和《主办城市合同（2022）》的约定，全面完成了相关立法工作，形成了完备的保护国际奥委会和国际残奥委会财产权益的法律制度。北京市政府，张家口市政府，以及中国政府各部门，各司其职，各尽其责，认真履行《主办城市合同（2022）》义务，全力做好权益保护工作。北京冬奥组委上下齐心、众志成城，各部、中心团结协作，共同努力，绘就了权益保护工作的华彩篇章。中国向世界奉献了一届简约、安全、精彩的奥运盛会。权益保护工作不仅为这场奥运盛会的精彩提供了有力的保障，它本身就是精彩的一部分。

从国际法看国际奥委会的法律地位和作用

马福威*

【内容摘要】国际奥委会是世界上最有影响力的体育组织，从法律依据、成员构成、权利和行为能力等方面来看，它并不是严格意义上的国际法主体。在权威性、组织架构、工作机制，以及与联合国的关系等方面，国际奥委会具有类似政府间国际组织的部分特征。国际奥委会秉持和平、平等和尊重人权原则，不断推进奥林匹克规则体系，对国际法的实践和发展起到了积极作用。

经过120多年的发展演进，国际奥委会已经成为世界上最有影响力、最有代表性、最具权威性的综合性国际体育组织。它一方面不像政府间国际组织那样拥有国际法上的权利能力和行为能力，不具有国际法主体地位；另一方面又因其特殊的地位和规则体系，具有类似国际组织的部分特征，甚至对国际法的实践和发展也起到了一定的积极作用。从国际法角度探讨国际奥委会的法律地位和作用，对于更加准确地认识和理解其演进过程、运行机制、重要作用、成就经验以及自身局限性等，都具有基础性作用。

一、国际奥委会不是传统意义上的国际法主体

根据一般国际法，国际法主体（Subject of International Law），是指独立参加国际关系、直接在国际法上享受权利和承担义务，并具有独立进行国际求偿能力者。基于该概念，国际法主体必须具备三个要件：独立参加国际关系的能力、直接承受国际法上权利和义务的能力、独立进行国际求偿的能力。①

国家是国际法的基本主体，既是国际法的制定者，又是国际法的主要实施者。第二次世界大战之后，国际组织在国际法上的地位问题也日益受到重视。特别是1949年国际法院做出“关于为联合国服务而受损害的赔偿问题”的咨询意见之后，国际组织的国际法主体

---

* 马福威，男，研究生学历，法学博士，北京冬奥组委法律事务部副部长、奥林匹克大家庭酒店场馆副主任。

① 王铁崖主编：《国际法》，法律出版社1995年版，第64页。

资格逐渐得到一般的确认。[1] 即便如此，国际法主体一般也只能是国家间或政府间的国际组织。[2]

《奥林匹克宪章》（以下简称《宪章》）第 15 条“法律地位”规定：“国际奥委会是一个国际性、非政府、非营利、无期限的组织，采取协会形式，拥有法人地位，并依据 2000 年 11 月 1 日签署的一项协议，得到瑞士联邦议会的承认。”从国际法角度分析这一规定，可以看出国际奥委会并不构成一般意义上的国际法主体，主要有以下几方面原因。

（一）从赋予其权利和职责的法律依据来看

国家主权是国际组织权利的来源，这种赋权一般通过作为国际组织基本文件的条约来实现。“任何国际组织的法律人格都不是其本身所固有的，而是依据组织的基本文件及其制定者的意志。”[3] 对于政府间国际组织而言，“国际组织的基本文件通常就是一份国际多边条约，如同承担一般条约的国际义务一样，成员国均负有忠实履行组织章程的义务”[4]。

国际奥委会的基础性文件是《宪章》，是为奥林匹克运动发展而制订的总章程。[5] 尽管《宪章》在国际奥委会的规范体系内处于“根本大法”的地位，但性质上也只是瑞士国内法律框架下的“私人协议”（Private Agreement），只是该组织内部自我设定、自我约束的规范性文件，并非由多个国家共同签署的国际条约。从理论上讲，它并未也无法对国家或其他国际法主体创设国际义务，对任何国家或其他国际法主体也没有法律上的约束作用。

（二）从成员构成来看

国际组织是国家之间的组织，其参加者主要是主权国家，国家是国际组织的发起者、组成者。一般情况下，成员国会向国际组织派驻外交代表，代表该国官方立场，参加国际组织的各种会议和活动。从《宪章》第 16 条关于国际奥委会“委员”的规定中可以看出，国际奥委会的委员不是国家，而是单纯的“自然人的组合”，这些自然人虽然具有不同的国籍，是不同国家的国民，甚至在各自国家具有很高的地位、职务或威望，但从法律上讲，

---

① 王铁崖主编：《国际法》，法律出版社 1995 年版，第 75 页。

② 关于个人和非政府间国际组织的国际法主体问题，确实也存在一些不同的学说和实践，例如在区域性国际法范围内，1986 年 4 月 24 日部分欧洲理事会成员国签订的《关于承认国际非政府间组织的法律人格的欧洲公约》（European Convention on the Recognition of the Legal Personality of INGOs），就明确承认非政府间国际组织的法律人格。但这种实践并不具有普遍代表性，也尚未形成主流或权威观点。笔者更认同“国际法学所着重研究的主要是严格意义上的国际组织，即若干政府所设立的国家间机构”。参见梁西：《梁西论国际法与国际组织五讲》，法律出版社 2019 年版，第 54 页。

③ 王铁崖主编：《国际法》，法律出版社 1995 年版，第 534 页。

④ 饶戈平主编：《国际组织与国际法实施机制的发展》，北京大学出版社 2013 年版，第 21 页。

⑤ 《宪章》是随着奥林匹克运动的发展而逐渐完善的。1894 年国际奥委会成立时没有制定具体的规章制度，只是确定了一些基本的意向与原则，如每 4 年举办一次奥运会以及国际奥委会与政府的关系等。第一个具有宪章性质的文件是 1908 年由顾拜旦起草的《国际奥委会的地位》，这一文件对国际奥委会的任务、组织管理、委员产生方式等做了比较明确的阐述，在此文件基础上逐渐形成了奥林匹克运动的规章。在很长一个时期里，这些规章的名称用语混乱，如“奥林匹克规则”（Olympic Rules）、“奥林匹克章程”（Olympic Statues）和“奥运会规则”（Olympic Games Rules）等。从 1978 年开始，国际奥委会将过去几十年间规章的集合总汇为《奥林匹克宪章》，正式使用“奥林匹克宪章”这一名称。在实践中为了表述方便，人们将以前这些名称不同的规章也都称为“奥林匹克宪章”。

这些自然人并非其国家或政府的官方代表。委员选举采用的是“逆向代表制”原则，即委员更像是国际奥委会在其所在国（地区）或组织的代表，而不是该国（地区）或组织在国际奥委会的代表，该国（地区）或组织也无权撤换或干预委员的选举工作。

（三）从权利能力、行为能力来看

国际组织具有缔约权、对外交往权（使节权）、承认与被承认的权利、国际索赔和国际责任等方面的权利能力和行为能力。国际组织本身、国际组织职员、常驻代表团等有必要的特权和豁免，例如1946年《联合国特权及豁免公约》就专门规定了联合国及其专门机构的特权和豁免权。相对而言，国际奥委会并不具备国际组织的权利能力和行为能力，无法与国家或其他国际法主体缔结双边或多边条约，无法设定国际法上的权利义务关系。无论国际奥委会本身，还是其工作人员，都不具有类似国际组织的特权和豁免权，不享有在各国国内法上的管辖权豁免。实践中，国际奥委会享有的某些特权（如公共税收的减免等）是由该组织所在地地方政府授予，国际奥委会在奥运会举办国享有的税收减免、人员便利等优待，也是基于举办国国内法做出的特殊安排，与国际法层面的特权与豁免权在性质上是完全不同的。

综上可见，国际奥委会和其他的非政府间组织一样，“虽然在范围和组织上是国际的，但不是由国家或政府组成的，并且是依据私法而不是依据国际法进行工作的。这种非政府间组织在意义和地位上很不相同”①。

二、国际奥委会具有政府间国际组织的部分特征

“现代国际组织的基本特征之一在于它的制度化。这种制度化表现于他们有完整的组织结构和职能。”② 尽管国际奥委会不是一般意义上的政府间国际组织，但是却具有政府间国际组织的部分特征。

（一）具有完整的组织架构和有效的工作机制

一般来讲，政府间国际组织的内部机构虽然名称不尽一致，多少也不尽相同，但是大致包括议事决策机构即最高权力机构、执行与主管机构、行政与管理机构、辅助与工作机构等。经过长期实践，国际奥委会也形成了比较完整的组织架构，具有履行上述职责的各个内设机构，包括全体委员会议、执行委员会、总部和专门委员会等。

全体委员会议（the Session），简称全会，是国际奥委会的最高权力机构，拥有一切重大问题的决策权，包括通过、修改和解释《宪章》，批准接纳国际奥委会新委员，选举主席、副主席和执委会成员，挑选奥运会主办城市等。全会的决定也是最终决定。

---

① ［英］詹宁斯：《奥本海国际法》，王铁崖等译，中国大百科全书出版社1995年版，第12页。

② 王铁崖主编：《国际法》，法律出版社1995年版，第541页。

执行委员会（the Executive Board），简称执委会，是处理国际奥委会日常事务的机构，职责包括批准国际奥委会的内部组织、体制以及内部规章，日常财务管理及年度报告，向全会推荐委员候选人名单，采取措施确保《宪章》实施和奥运会的顺利举办等。

主席（the President），是国际奥委会的法定代表人，主持全部活动，有权建立常设或临时性的委员会和工作组，主席本人是所有委员会和工作组的当然成员。

此外，经过长期实践，国际奥委会有了固定的位于洛桑的总部，还形成了很多行政机构，诸如国际合作和发展部、财务和行政部、奥运会部、运动部、国家奥委会关系部、法律部、技术部、全球广播和媒体权利部等，以及各个专委会，诸如运动员委员会、道德委员会、委员选举委员会、团结基金委员会、奥运会协调委员会等。国际奥委会内设机构的完整性、运行机制的规范性，与政府间国际组织并无明显区别。

（二）在本领域内具有极高的权威性

一般来讲，政府间国际组织在条约和宗旨规定的范围内享有参与国际事务活动的独立地位，且不受国家权力的管辖。除了联合国属于综合性全球性国际组织外，其他绝大多数全球性国际组织只专注于某一领域，基于相关国际条约，缔约国会把该领域的很多权力和职责让渡给这种国际组织，使其在特定领域具有很高的权威性，如国际经贸领域的世界贸易组织、核能核武领域的国际原子能机构等。

与此类似，国际奥委会在国际体育运动领域，也具有极高的权威性。这一点体现在多个方面。

首先，奥运会无疑是世界上涵盖项目最广、参与国家和运动员最多的运动盛会。参加奥运会是各国运动员职业生涯的高光时刻，奥运会奖牌也无疑是运动员最高的荣誉和证明。对主办国来讲，能够申办举办世界上最高规格的运动盛会，绝对是国家综合实力的一次集中体现，是扩大主办国国际影响、提升国家形象，甚至促进主办城市经济社会发展的不可替代的良好契机。

其次，根据《宪章》规定，国际奥委会是奥林匹克运动的最高权力机构，对国际单项体育联合会也有很多制度上的约束，比如承认与被承认的关系，甚至在《宪章》中规范国际单项体育联合会的权利义务，规定后者在奥林匹克运动中的规章、做法和活动必须与《宪章》一致等。

最后，国际奥委会拥有与奥运会相关的任何问题的最终决定权。对于有关争议，国际奥委会根据《宪章》条款做出的“决定是最终决定，涉及这些决定的执行或者解释的任何争议，也只能由国际奥委会执行委员会解决，在某些情况下，可由体育运动仲裁庭裁决”。尽管运动员、体育组织或团体和一些国家对国际奥委会的决定或裁决未必认同，甚至存在很大争议，但是从根源上讲，“因为参加奥运会是自愿的，因此参加奥运会的国家和个人便自愿置于国际奥委会制定的规章制度之下，以至于自愿接受违反规则导致的处罚”①。

（三）在国际领域具有类似政府间国际组织的活动资格

鉴于国际奥委会在体育运动领域的特殊地位，2009年联合国大会第64/3号决议，给予其联合国大会观察员地位，作为“得到长期邀请以观察员身份参与大会届会和工作的实体和组织”，可以参加联合国大会的所有会议。“这是通常为非成员国和政府间组织保留的一种荣誉，很少有非政府组织获得此地位。这种地位使得国际奥委会能够直接影响联合国大会的决策。另外，选择国际奥委会作为长期观察员，也揭示了联合国的许多优先选项和价值倾向。在新自由主义的大气候下，联合国为了强化其国际地位及其合法性，表明继续致力于和平与公平发展的决心，也自然会将国际奥委会视为一个有吸引力的机构，某种程度上两者也是一种盟友关系。”②

除了在联合国这一平台发挥作用之外，国际奥委会也积极推动政府间合作，甚至与有关国家直接进行交流对话。尤其需要注意的是，国际奥委会并不是就体育论体育，其长期关注与体育相关的全球性问题，注重把体育放在全球发展进步的时代背景中审视和反思，努力争取以体育为杠杆，与时代同频共振。比如，促进奥运会期间各国休战；借助国际奥林匹克运动组织体系，增进不同国家间的对话交流；借助与体育相关的议题比如环境友好和可持续发展等，倡导甚至引领全球性讨论等。1999年，国际奥委会制定并通过的《奥林匹克运动21世纪议程》，2014年通过的《奥林匹克2020议程》，均突出可持续性问题，使其成为继体育、文化之后，现代奥林匹克运动三大支柱之一。

三、国际奥委会的长期实践推进了现代国际法的发展

（一）奥林匹克的宗旨和原则对强化国际法基本原则具有积极意义

所谓国际法基本原则，是指那些各国公认的、具有普遍意义的、适用于国际法一切效力范围的、构成国际法的基础的法律原则。尽管奥林匹克运动和国际奥委会基本属于体育范畴，但其坚持和宣扬的许多原则和主张，对于强化国际法基本原则也具有重要的意义。

1. 和平共处原则。提倡和平解决国际争端，坚持和平共处原则，无论在理论上还是实践中都是一个逐渐演进的过程。“一部国际法史，就是国际法对战争态度的变迁史，就是曾经用以解决国家间争端的战争手段从被视为合法到受到限制直至被禁止的历史。防止和消弭武装冲突、维护和平与安全，是以联合国为代表的政治性国际组织的重要职责。《联合国宪章》强调‘力行宽恕，彼此以善邻之道，和睦相处’，把不使用武力或武力威胁规定为

① Ettinger, D. J., The Legal Status of the International Olympic Committee, Pace Y. B. International Law, 1992, Vol. 4 (97).

② Nicolien van Luijk, The International Olympic Committee: A United Nations Permanent Observer of post-politics? International Area Studies Review, 2018, Vol. 21 (2).

成员国的义务，将之发展为国际法的一项强行法规则。”①

古代奥运会与战争紧密相连，古希腊各城邦为了保证战争优势，都注重努力培养和训练士兵，促使各种竞技活动推广流行，因而出现了奥运会和其他一些节日庆典中的竞技比赛。但同时，大家也认识和体会到战争的严重破坏性甚至毁灭性，为此把追求和平的愿望寄于所谓的“奥林匹克神圣休战”，要求遵从所谓“神圣休战条约”，在奥运会期间，禁止携带武器入场。这样也使得奥运会很早便有了和平的色彩，友谊的成分。

现代奥运会虽多次历经战争干扰，但是传递和平、追求和平的主旨没有动摇。《宪章》在基本原则部分明确奥林匹克主义的宗旨是“为人的和谐发展服务，以促进和平社会的发展”。经过长期实践，奥运会举办的很多例行环节和特色活动，如期间放飞和平鸽、传递点燃圣火等，也以不同形式传达人们对和平的向往与追求。

1993 年 10 月，联合国第 48 届大会上，一致通过了由国际奥委会倡议的“奥林匹克休战”提案即第 48/11 号决议，明确呼吁会员国在奥运会开幕前七天到闭幕后七天遵守奥林匹克休战，各成员国放下武器，停止战争行动。2000 年 9 月《联合国千年宣言》（United Nations Millennium Declaration）中也提出：“我们促请会员国从今以后个别及集体遵守奥林匹克休战，并支持国际奥林匹克委员会努力通过体育和奥林匹克理想促进和平及人与人之间的相互谅解。”2003 年 5 月，国际奥委会、红十字会与红新月会国际联合会签署备忘录，共同强调“在普遍的基本道德准则的基础上，所有人类均享有在肉体和精神上憧憬和谐发展，享受和平并具有尊严生活的权利”，国际奥委会和奥林匹克运动的整体目标是“为建设一个和平和更加美好的世界做出贡献”。

除此之外，国际奥委会也充分利用自己比较超脱的身份优势，利用奥运会这种重大国际场合，多次巧妙做出一些活动安排，传递和平共处理念。例如，朝韩两国代表团多次共同参加奥运会开幕式。2018 年韩国平昌冬奥会期间，朝韩两国代表团不仅共同入场，还组成了女子冰球联队共同参赛，具有开创性意义。这些设计和安排，无疑让奥运会成为宣传和推进和平共处的重大国际活动。

2. 平等原则。国际法上的平等原则，主要是指国家不分大小强弱、人口多寡、政治制度和经济制度如何，都具有平等地位，都应该互相尊重，平等相处。“国际组织最基本的原则是所有成员国主权平等。在国际合作中，各成员国不论大小强弱，也不论其社会、政治与经济制度如何，在国际法上的地位应一律平等，不得有任何歧视。”②

国际奥委会和《宪章》一再强调，奥运会是运动员之间的比赛，不是国家之间的比赛。在奥运赛场上，不会因国家大小强弱而有竞赛规则的区别，各国运动员的参赛资格和获胜后的荣誉是平等的。公开的比赛、公开的规则、平等的参与，国际奥委会的体育竞技所主

① 饶戈平主编：《国际组织与国际法实施机制的发展》，北京大学出版社 2013 年版，第 14 ~ 15 页。

② 梁西：《梁西论国际法与国际组织五讲》，法律出版社 2019 年版，第 55 页。

张的这些赛事原则，本身也是对主权平等原则的再现和强化。

现实中，奥运会举办国在地域和国别上具有相对集中的现象，但《宪章》规定的奥林匹克主义的基本原则中，明确奥林匹克运动在五大洲开展。在更广范围、不同国家举办奥运会，始终是国际奥委会希望和追求的一大目标。此外，在奥运参与者、奥林匹克文化、奥林匹克活动以及奥林匹克价值等诸多方面，也注重并体现着平等的国际原则。

可以说，奥林匹克运动中宣示的各种平等原则，既强化了国际法中的国家平等原则，也是保证国际奥委会、奥运会具有长久影响，获得广泛认可的重要原因之一。

3. 尊重人权原则。尊重和保护人权，是《联合国宪章》《世界人权宣言》等重要国际法文件明确规定的内容，是现代国际法的基本原则之一。传统人权包括公民和政治权利以及各种各样的经济社会文化权利，由相关的国际人权条约所规范。

《宪章》明确规定了奥林匹克运动的七项基本原则，其中第四项基本原则明确表示，“体育运动是一项基本的人类权利，每个人都应在没有任何歧视可能的情况下，本着相互理解下的友谊、团结和公平竞争的奥林匹克精神从事体育运动”。国际奥委会将体育权作为人权并作为一项基本原则，对于强化人权观念，尤其丰富经济社会文化权利的内涵具有重要意义。

国际奥委会在促进人权方面也有很多实践。20世纪50年代，南非当局推行“种族隔离”政策，禁止不同种族间开展体育竞赛，对不同种族的体育运动分别管理。对此，国际奥委会于1963年决定禁止南非参加奥运会，导致后来南非对外体育联系全部中断，被踢出“国际体坛”。此后，南非政府被迫逐步改变种族隔离的体育政策，直至后来重回国际体育大家庭。一定程度上讲，国际奥委会所主张的体育权，对推动解除种族隔离也做出了贡献，因此，曼德拉说“体育具有改变世界的力量”。

（二）丰富了国际机构，促进形成了国际体育组织体系

从19世纪末开始，国际单项体育联合会相继问世，各类运动项目逐步有了统一的国际领导核心。正是这些组织制定了国际公认的竞赛规则，才使得相关运动项目真正走向了国际化。由于国际奥委会的业内权威和向心力，国际奥委会通过《宪章》和长期实践，以国际奥委会为中心，国际单项体育联合会和国家（地区）奥委会为支撑，① 逐步形成了庞大而有序的国际体育组织体系。已获得国际奥委会承认的国家（地区）奥委会206个、国际单项体育联合会近70个。还有不同地区的国家（地区）奥委会组成的洲际协会、单项体育

① 国际单项体育联合会具有管理其运动项目的独立权和自主权，如果要得到国际奥委会的承认，其章程和活动须与《宪章》一致，包括接受和实施《世界反兴奋剂条例》。国家（地区）奥委会是根据《宪章》建立，得到国际奥委会承认，负责在一个国家（地区）开展奥林匹克运动的组织，它是奥林匹克运动的基本功能单位。国际奥委会和国际单项体育联合会组织的各种奥运活动，最终都要由国家（地区）奥委会来执行和完成。

联合会组成的协会等。①

此外，由时任国际奥委会主席萨马兰奇提议，体育仲裁法庭（Court of Arbitration for Sport，CAS）于1984年6月成立。经国际奥委会倡议，世界反兴奋剂机构（World Anti-Doping Agency，WADA）于1999年11月成立。这两大机构虽然成立时间不算长，但作为国际体育运动领域的重要专业机构，在各自领域都树立了很高的权威。

（三）长期实践助推国际规则的形成和发展以及向国内法的转换

一是推进国际条约的缔结。推进1981年《保护奥林匹克会徽内罗毕条约》（Nairobi Treaty on the Protection of the Olympic Symbol）的缔结。该条约规定缔约国有义务保护奥林匹克会徽，制止未经国际奥委会许可，将其用于商业目的的行为。"内罗毕条约的一个重要后果是，国际奥委会授权在一个条约的签署国使用奥林匹克标志，该国的国家奥林匹克委员会就有权获得因这种授权而获得的任何收入的一部分。"② 此外，世界反兴奋剂机构于2003年3月通过了《世界反兴奋剂条例》，联合国教科文组织以此为蓝本，起草并于2005年10月通过了《反对在体育运动中使用兴奋剂国际公约》（International Convention against Doping in Sport），规定缔约国依照《世界反兴奋剂条例》的原则和标准开展相关工作。该公约是全球第一个旨在反对兴奋剂的国际条约。

以上两个条约，虽然内容完全不同，但都把奥林匹克运动的内部规范，以条约的形式转化成了国际准则，成为有关国家的国际法义务。

二是国际奥委会的很多规则通过《主办城市合同》等转化为主办国国内法，进而促进相关国际惯例的形成。《主办城市合同》是国际奥委会、主办城市及其所在国家奥委会签订的书面协议，根据《宪章》规定，主办城市一经选出，立即由各方签署生效。根据《宪章》《主办城市合同》规定，主办城市、国家奥委会及奥组委对于合同项下的各种承诺和义务承担连带责任，且应"确保主办国各政府部门恪守并履行其做出的有关奥运会的所有承诺"。

现实中，各国奥委会和奥组委无一不具有政府或官方背景，甚至直接由高级官员兼任奥委会主席，各国奥委会和奥组委的日常运作包括申办承办奥运会，本身就是国家意志的

---

① 为了更好地使国家（地区）奥委会在区域范围内加强合作，在五大洲还成立了洲际协会，包括亚洲奥林匹克理事会（OCA）、欧洲国家奥委会总会（AENOC）、非洲国家奥委会总会（ANOCA）、泛美体育组织（ODEPA）、大洋洲国家奥委会总会（ONOC）、中美洲和加勒比体育组织（ODECABE），各洲所有国家（地区）奥委会都是该洲洲际奥运组织的当然成员。此外，还有所有国家（地区）奥委会组成的全球性组织——各国奥委会协会，总部设在巴黎，每两年举行一次全会。国际奥委会承认的体育组织还包括一些由国际单项体育联合会组成的协会：国际单项体育联合会总会（GAISF）、夏季奥林匹克项目国际单项体育联合会总会（ASOIF）、冬季奥林匹克项目国际单项体育联合会总会（AIWF）等。

② Patrik Klimko and Anetta Caplanova，Intellectual Property Protection and Olympic Games，Economic and Social Development，International Scientific Conference on Economic and Social Development：The Legal Challenges of Modern World 22（2016 – 2018）.

体现。《主办城市合同》中的很多规定，尤其与主办国国内法不相一致的内容，均需通过国内立法或其他方式转化成符合主办国国内法的各种规范或制度。这一特征在涉及奥林匹克标志保护问题上尤为突出。由于国际奥委会和奥运会对奥林匹克标志保护的原则规则与很多国家甚至一般意义上的知识产权保护规范存在差别，各国申办奥运会成功后，大多会就此修订或完善国内法律，以履行《主办城市合同》义务和办赛需要。美国、澳大利亚、英国、加拿大等举办过奥运会的国家，一般均就奥林匹克标志保护问题进行了专门的国内立法。①

根据一般国际法，“一个在国际上已生效的条约，其规定在各国国内得到执行，以得到各国国内法的接受为前提条件。接受条约规定的各国国内法，可以是宪法、议会制定法或者判例法。接受本身可以分为两种：（1）将条约规定转变为（transformation）国内法；（2）无须转变而将条约规定纳入（adoption）国内法”②。

与此相对应，尽管各主办国法律体系不同，采取的立法方式、立法层级，在保护奥林匹克标志等的手段措施程度上也存在很大区别，但是都注意把奥运相关元素纳入法律保护之中。“国际奥委会成功地运用了它的强制力，促使主权国家仅为保护奥林匹克而制定国家立法，保护奥运品牌以及与奥运会相关的商业组织的利益和收入，在这方面可以说国际奥委会成果非凡。”③ 这种把国际上的规则、协议中的规范“转变或纳入”国内法的做法，与条约在国内的执行有很大的相似性。从这个角度来讲，《主办城市合同》在法律性质上不是条约，但是在国际奥委会和主办国关系上担当着条约的角色，在一定程度上也起着条约的作用。

经过国际奥委会的长期努力以及奥林匹克规则和各国国内法的长期互动，促进了国际体育运动领域中一些基础性、普遍性规则的形成和发展，甚至形成了所谓的“奥林匹克法”。有的学者清晰地分析了这种“造法”方式的原因和过程，“国际奥委会没有可以直接管理的体育活动，没有与政府方面持续的合作关系，也没有基于公共或私人部门授予它的职责。然而因为举办奥运会和宣传奥林匹克主义，又需要通过合同约束民族国家。因此，国际奥委会被迫以一种非常独特的方式，满足造法的实际需要，进而形成一个有趣的、游离于传统类别之外的跨国法领域。这些法律随后成为强制法律移植的模板，进一步运用在后来的奥运会和其他大型体育赛事中，推动了跨国体育法的发展，并最终形成奥林匹

① 例如，1973年加拿大制定的《奥林匹克法》（The Olympic Act），以及1975年制定的该法修正案。1987年澳大利亚制定的《1987年奥林匹克徽章保护法》（The Olympic Insignia Protection Act 1987），和1996年《悉尼2000年奥运会标识与图像保护法》[Sydney 2000 Games（Indicia & Images）Protection Act]），1995年英国制定的《奥林匹克标志（保护）法》[Olympic Symbol Etc.（Protection）Act]，2007年加拿大制定的《奥林匹克和残奥会标志法》（The Olympic and Paralympic Marks Act）等。

② 李浩培：《条约法概论》，法律出版社2003年版，第314页。

③ Stephen A. Stuart and Teresa Scassa, Legal Guarantees for Olympic Legacy, Entertainment and Sports Law Journal, 2011, Vol. 9（1）.

克法律”①。

四、结论

综上所述，国际奥委会不是政府间国际组织，不是一般意义上的国际法主体。它以奥林匹克精神为圭臬，在历任主持者、组织者的积极推进下，其规则体系逐渐完善、组织结构明晰完备、运行机制顺畅有效，日渐成为国际体育领域最高权威、最大影响、最多成员的非政府间国际组织。在国际体育运动领域缺少相应政府间国际组织的背景下，国际奥委会无疑补充并担当了统领全球各国国际体育运动、推进世界体育交流合作这一重要角色。

国际奥委会既有民间组织、非政府组织的灵活自主特征，又拥有类似政府间国际组织的行业权威和活动能力。它虽不是国际法主体，却能坚持相关国际法基本原则，虽在职能上囿于体育领域，却与各国和包括联合国在内的一些政府间国际组织，进行着积极的互动，推进相关国际规则的形成。

与此同时，国际奥委会也有自身缺陷和不足，时常面对一些议论和指责，也有很多声音希望其在遵循国际法原则的基础上，敢于自省和革新。“无论什么情况下，奥林匹克运动组织都应将对其没有约束力的国际法视为对自身有用的外在压力，不断审视其各项承诺和自身程序，以确保其不仅与少数利益相关方的利益同步，也能够与广大公众的长期福祉同步。”②

从国际法角度看国际奥委会的这些属性特征，有助于我们进一步理解其既有所为、又有所难为的角色特征，其既显强势、又务实灵活的规则特征，其既强化主导、又有赖八方的运行特征，其既身负使命、又探求创新的时代特征。这对于我们筹办好北京冬奥会，继续推进与国际奥委会的长期合作关系，借鉴其特殊规则和成功经验以推进国家体育事业发展，都是有帮助的。

---

① Mark James and Guy Osborn，The Olympics，transnational law and legal transplants：the International Olympic Committee，ambush marketing and ticket touting，Legal Studies，2016，Vol. 36（1）.

② Doriane Lambelet Coleman，The Olympic Movement in International Law，AJIL Unbound 114（2020）.

北京冬奥组委合同管理工作的实践与探索

贺淑芳*

【内容摘要】冬奥会是合同规则体系下的项目运作，从某种意义上讲，冬奥组委是一组合同体系构建的组织，是《奥林匹克宪章》《主办城市合同》《市场开发计划协议》等一系列合同支撑着冬奥组委的运行。合同管理贯穿筹办工作的全过程，合同构成了冬奥会筹办工作的纲目，既是工作成果的结晶，也是工作开展的依据和保障。有效、有序的合同管理，为各项筹办工作的顺利开展起到了关键保障作用。本文以冬奥组委筹办期间的合同管理为视角，在客观展现冬奥组委合同管理基本情况的基础上，进一步阐述了在法治治理思维下对合同内容审核和风险防控、重要知识产权事项、解决新问题迎接新挑战等方面的具体实践与探索，从冬奥法治保障的角度探讨法治及法务工作在冬奥会筹办工作中的基础性作用。本文也试图提供一个法治思维下项目治理的样本模式，最终试图探究行政契约在社会治理中的应用途径及空间。

前　言

2015年7月31日，北京2022年冬奥会和冬残奥会申办成功，12月15日，北京2022年冬奥会和冬残奥会组织委员会正式成立，具体负责冬奥会和冬残奥会筹办工作，2022年3月13日北京冬残奥会胜利闭幕，完成赛后相关事务后，北京冬奥组委将解散并依法注销登记。北京冬奥组委作为临时机构，围绕冬奥会和冬残奥会筹办工作展开，从一张白纸开始，完成整个冬奥会项目的运作后解散。

从社会科学研究的角度看，北京冬奥组委的运行模式、冬奥会的项目模式，提供了一个非常理想的社会治理制度试验场所，尤其对现有政治学、管理学、经济学方面的研究成果，是可以得到集中体现的试验场。因为无论是组织机构还是项目本身都不是自然演化的，而冬奥会和冬残奥会作为周期性很强的项目，其项目运行模式及进行的制度创新，都具备条件输出单纯，具有即时反馈和可验证性的特点。

---

* 贺淑芳，女，研究生学历，法学硕士，北京冬奥组委法律事务部法务审核处处长。

本文试图从合同管理的角度提供项目运行的数据和模式，期待更多学者以此为样本作更多的研究和提升，并为社会治理模式的探索提出可能的路径参考。

冬奥会和冬残奥会申办、承办的过程，从法律上讲，是要约邀请、要约、承诺、缔约、履行的过程。合同管理贯穿冬奥会和冬残奥会筹办全过程，贯穿北京冬奥组委每个业务领域和每个工作环节，高效、规范、有序的合同管理，对各项筹办工作的顺利开展起到了关键保障作用。

一、合同在冬奥会筹办工作中的基础地位

（一）合同规则体系是奥林匹克运动法律体系的最核心部分

奥林匹克运动法律制度体系的构成主要包括三部分：一是以遵守《奥林匹克宪章》获得加入承认为核心的惯例性规则体系；二是以《主办城市合同》为基础的一系列合同构成的合同规则体系；三是主办国政府通过制定相关法律法规的方式完善奥林匹克法律体系，也可能通过修法或者公布相关政策的方式，适应奥林匹克运动的法律要求。

在上述法律体系的三部分构成中，第二部分合同规则体系是最核心、最基础的。这是因为基于《主办城市合同》的约定，《奥林匹克宪章》属于《主办城市合同》的组成部分，对冬奥组委而言，遵守《奥林匹克宪章》既属于承诺也属于履行《主办城市合同》义务，此外，我国政府及有关行政主管部门制定的适应性立法及规范性文件确定的事项，多数都需要通过合同的方式，将保护奥林匹克知识产权、禁止隐性营销等要求进行合同义务传导，从而得到切实履行。因此，从这个意义讲，合同规则体系是奥林匹克法律体系的核心基础。

（二）冬奥会本质上是合同体系下的项目运作

《主办城市合同》是冬奥会申办成功后，由主办城市、主办国奥委会与国际奥委会签署的法律文件，是一届冬奥会组织筹办工作的基础法律文件。根据《主办城市合同》的要求，主办城市需要成立冬奥组委负责具体筹办组织工作，冬奥组委成立后即履行协议加入程序，成为《主办城市合同》主体。《主办城市合同》中通过效力认定的方式，将《奥林匹克宪章》、申办承诺（无论是口头形式还是书面形式）都纳入《主办城市合同》的效力范围，成为主办城市、主办国奥委会、冬奥组委的合同义务。《主办城市合同》在法律性质上属于委托合同和授权合同，就冬奥会的组织筹办而言，是国际奥委会委托主办城市、主办国奥委会、冬奥组委负责冬奥会的规划、组织、举办；就奥林匹克财产而言，是国际奥委会授权冬奥组委按照有关合同的约定，授权开发、使用及获得收益。以《主办城市合同》为基础，需要进一步签署市场开发计划协议、电视转播合作协议、赞助协议、TOP 赞助商落地协议等。此外，就仪式庆典、赛会服务保障、大型体育器材、票务、注册、制服、火炬接力等方面，也都是通过合同方式作出的约定和规制。

因此，冬奥会是合同体系下的项目运作。冬奥组委虽然是在中央编办登记成立的事业单位，但是由于没有任何其他社会公共管理职能，从某种意义上讲，冬奥组委是一组合同体系构建的组织，是《奥林匹克宪章》《主办城市合同》《市场开发计划协议》等一系列合同支撑着冬奥组委的运行。合同管理贯穿于《主办城市合同》以及申办承诺的履行，贯穿于市场开发、赛事服务、仪式庆典、场馆建设与使用、人力资源、后勤保障等每个业务领域和每个工作环节。合同构成了冬奥会筹办工作的纲目，既是工作成果的结晶，也是工作开展的依据和保障。有效、有序的合同管理，为各项筹办工作的顺利开展起到了关键保障作用。

（三）合同管理的本质是体系化的法治治理思路

合同是对外有序合作、对内规范管理的重要法律文件形式。对外，合同体现的是契约精神，通过合同使冬奥会规则与中国规则相协调；对内，合同体现的是创新精神，合同是决策的载体，是监控的标准。通过合同管理对外减少风险，对内实现责任落实，可以说，合同管理的本质是体系化的法治治理思路。

合同管理的目标就是通过法律制度框架落实《主办城市合同》以及申办承诺，保护奥林匹克知识产权，保护赞助商的市场开发权益，规范各项赛事保障工作，防范和最大限度降低各类法律风险所带来的消极结果，为举办一届“简约、安全、精彩”的冬奥盛会提供法律保障。而法务工作就是以合同协议及相关法律文件的审核为切入点，将法律顾问、法律服务和法律保障职责嵌入冬奥会和冬残奥会筹办工作中，从而确保冬奥组委在筹办工作中的依法依规、合法合规，实现法治治理工作模式。

二、冬奥会筹办周期内合同管理的基本情况

（一）构建了全生命周期的合同管理制度体系

为保障合同管理制度化、规范化，冬奥组委加强制度建设，构建了规范化的合同管理制度体系。具体包括：

1. 制定了综合性的合同管理办法，并根据筹办工作各阶段实际，适时修订调整制度办法。其中，2016年11月冬奥组委印发《北京2022年冬奥会和冬残奥会组织委员会合同管理办法（试行）》，试行办法主要参照2008年奥组委合同管理制度的体系和思路，确立了合同立项、谈判、审批、签署、履行、监管等各环节的实体性和程序性要求。办法试行一年后，结合实际工作需要，本着“精简程序、优化流程，实现规范、高效合同管理”的思路，对合同管理制度进行了修订优化，将试行办法11章76条修订为7章48条，减少了4章28条，并于2017年12月正式印发施行《北京2022年冬奥会和冬残奥会组织委员会合同管理办法》（以下简称《合同管理办法》）。此后，随着筹办工作进入赛事测试阶段，基于工作时间紧、任务重的情况，为最大限度适应筹办工作需要，对特定阶段、特定类型合同签署

的报批手续进行优化，进一步提高合同管理效率。《合同管理办法》是冬奥组委合同管理的顶层制度设计，通过合同管理办法的多次修订和完善可以看出，冬奥组委秉持的合同管理思路的核心是“规范、高效”。冬奥组委作为临时性工作机构，所有工作节奏都需要与赛事筹办工作节奏相一致，合同管理作为保障性工作，在制度建设方面也是秉持服务、保障的根本定位来开展。

2. 制定了专项性的合同履行和监督管理制度，并配套开发了电子化监督管理平台。如果说《合同管理办法》是冬奥组委合同管理的顶层制度设计，那么《北京 2022 年冬奥会和冬残奥会组织委员会合同履行和监督管理办法》（以下简称《合同履行和监督管理办法》）则是专项配套制度。《合同管理办法》侧重于合同谈判、合同文本审核、合同签署等环节的规定，对合同签署后的履行、变更及争议处理规定较为原则，而《合同履行和监督管理办法》则是侧重于合同签署后的后端程序，重点是规范合同履行阶段。《合同履行和监督管理办法》于 2020 年 2 月印发，9 月配套的合同监督管理系统上线，此后签署的合同都纳入电子化系统，通过系统实现了合同履行情况的实时填报和定期监督，运用数据统计功能监管全委合同履行情况，特别是设置了履行确认完毕的环节，适应临时性机构的特点，为赛后合同事项清算奠定了基础。

3. 围绕外部法律服务使用制定了法律服务机构管理制度。由于冬奥组委法律事务的复杂性和特殊性，无论是从工作任务量承担，还是从法律风险监控角度，都需要依托和借助外部律师的专业力量开展工作。2017 年 12 月冬奥组委印发了《北京 2022 年冬奥会和冬残奥会组织委员会法律服务机构管理办法》，从法律服务机构使用、服务成果审定、服务费用核算、考核和监督等方面作出了规定。法律服务主要是知识和智力类服务，需要的是专业律师在长期执业中积累的法律工作经验，靠的是律师个人能力和执业水平。而合同审核的核心是最大限度地减少法律风险，对工作模式提出的相应要求就是要对所有的法律文件进行逐条、逐字的审核把关。该办法对于合同审核智力保障提供了基础。

4. 针对相约北京赛事（暨冬奥会和冬残奥会测试赛活动）组委会的合同管理工作，根据相约北京组委会及单项赛事组委会的组织运行模式，制定了合同管理工作指导意见，并同步制定了合同管理制度示范文本。

冬奥组委合同管理工作，整体上就是按照制度先行，通过委内规范性制度，横向上前后延伸管理半径，实现合同全生命周期的管理，纵向上搭建了委内各部门的责任制度体系，实现了各司其职的合同管理模式。

（二）冬奥组委合同的基本特点

1. 日常合同呈现类型多样性。冬奥组委严格内部管理，每一项支出都需要履行采购和财务制度，都需要以合同作为支付要件，因此日常合同呈现种类繁杂的主要特点，基本上涵盖了《民法典》规定的有名合同。其中，买卖类合同包括货物采购、服务采购、货物及配套服务采购等；租赁类合同包括场地租赁、大型体育器材租赁等；技术类合同包括技术开发、技术监理、技术检测等；委托类合同包括课题研究、设计制作、委托创作等；劳动合同包括人才支持类、招聘类、国内国外专家类等；劳务合同包括外籍专家、外籍紧缺人才等。

2. 重要合同需要遵守特殊程序规定。这类合同主要是与冬奥会和冬残奥会运行有关的重要合同，涉及冬奥会和冬残奥会筹办、举办直接相关的事项，主要体现了需要遵守特殊规定的特点。具体来说，一是要与特定签约主体在一定时间内签署合同。这类合同主要是冬奥组委与国际奥委会、国际残奥委会或者其指定的第三方直接签署的协议，比如市场开发计划协议、电视转播合作协议等，《主办城市合同》中对合同主体及合同签署时间等都做出了规定，需要按约定执行。二是需要履行审批流程。根据《主办城市合同》约定，国际奥委会保留了重要合同的审批权，要求与赛会事项密切相关的合同及法律文件，在签订前履行报国际奥委会、国际残奥委会批准、同意或者备案的程序，并通过《弃权协议》（Waiver Protocol）的方式，明确了需要履行报批程序的合同类型及事项，特别是针对市场开发类协议，以国际奥委会批准为生效条件。这类合同主要包括市场开发类、仪式庆典类、酒店住宿类、重要知识产权类、票务类、注册类、数字媒体类等。三是需要按照规定提交合同及法律文件，特别是与创意类成果有关的合同，需要在签署后实时将合同签署文本扫描件及翻译文本通过特定平台系统传输给国际奥委会备案。

3. 部分合同条款的特殊性。按照奥林匹克规则，冬奥组委每份合同中都需要包含无市场开发权、可持续发展、保密、知识产权等通用条款，国际奥委会对上述通用条款进行了审核。其中，无市场开发权条款是最有特色的奥运规则条款，是禁止隐性营销（Ambush Marketing）规定在合同条款中的具体落实，而可持续发展条款，体现了奥运会人文主义和社会责任，强调对消费者保护、产品安全、广告真实性、公平贸易惯例、工作条件、环境保护和低碳生产生活、劳动者权益保护、社会责任等方面要求。此外，相对于一般合同，保密和知识产权条款也具有特殊性，比如保密时限较长、知识产权条款中多数约定了国际奥委会的权利溯及等。

4. 合同规模体量较为庞大。从合同数量看，随着冬奥会和冬残奥会筹办工作的开展，合同数量逐年递增，特别是在赛前一年，合同数量激增。整个冬奥组委存续周期共签订合同5000余份。与北京2008年奥运会合同规模相比，数量有所减少，一方面由于冬奥会赛事体量没有夏奥会大；另一方面也与我们采取的合同处理方式有关系，补充协议方面的数量较少。从合同内容体量看，近一半合同为大型复杂合同，一般都为中英文合同，多数长达几十页，有不少合同页码达几百页。比如，2019年大型复杂协议171份，约5700页，340万字；2020年大型复杂协议共208份，约6600页，370万字；2021年大型复杂协议共612份，约19,000页，1000万字。

三、法律治理思维下的法务审核工作实践与探索

（一）对合同内容审核及风险防控的实践与探索

正如前述分析，冬奥会作为一个赛事项目，实际上是由一组合同体系构建而成。由于合同类型及签署主体的不同，在合同风险把控方面，根据每份合同的实际情况，分别有所侧重。具体来说，大致有以下几类：

1. 涉外合同中体现以我为主的审核原则。由于国际奥委会在奥运会项目上的特殊地位，特别是绝大多数重要涉外合同都需要使用国际奥委会提供的合同模板，可以协商谈判的空间有限。但即使在特别有限的空间内，我们依然坚持以我为主的基本原则，也做了很多尝试。一是从符合我国法律法规规定的角度进行审核研判，对国际奥委会提供的合同模板中与我国法律法规有冲突或者不一致的条款进行修改和调整，并注意与国际奥委会或者相关方做好解释和沟通，并提供充分的依据。对于这类调整，国际奥委会都给予了充分尊重。二是将法律适用和争议管辖作为重点坚持的合同条款，法律适用和争议管辖既是合同风险防控的核心点，更是在合同中掌握主动，体现国家主权的基准点，但是囿于《主办城市合同》对适用法律和争议解决方式的限定性约定，在合同谈判实践中难度较大，国际奥委会对法律适用和争议解决条款几乎没有谈判的空间。我们在实务中寻求的突破点主要是在合同条款中进行分类约定，比如，在奥林匹克全球合作伙伴（The Olympic Partner，TOP）落地协议中，针对北京冬奥组委与 TOP 合作伙伴之间，约定适用中国法律和国内仲裁机构管辖，如果争议涉及国际奥委会，则适用瑞士法和体育仲裁院（the Court of Arbitration for Sport，CAS）仲裁管辖，这种处理减小了谈判难度，而且从合同事项来看，该类合同属于 TOP 合作伙伴向北京冬奥组委提供产品和服务的合同，如果发生与北京冬奥组委有关的争议也主要可能发生在与 TOP 之间，因此，从合同需求角度看，这种分类处理能够满足北京冬奥组委的风险防控需求。此外，与各利益相关方签署的住宿分配协议、票务开发系统协议都是按照这个思路进行了合同安排。在实务中，针对争议解决条款，我们还多次探索争取由国内仲裁机构进行案件管理的方式，即尝试约定由国内仲裁机构进行案件管理，同时约定适用 CAS 或者其他仲裁机构的仲裁规则、仲裁员，仲裁语言为英文。三是在合同本土化方面下功夫，特别是对中英文双语合同，在力争保持中文版本与英文版本一致性的前提下，对于中文版本在合同语言表述上追求中文语境下的准确并易于理解，以便于审核中风险把控，利于执行和履约。

2. 依托体制优势合理把控合同风险审核尺度及重点。一是合理处理甲方合同地位。北京冬奥组委作为事业单位法人，与所有的合同相对方，尤其是冬奥组委的赞助商、合同商等国内合同主体，在法律关系上是完全平等的民事主体法律关系，但是由于冬奥组委的甲方地位，所有赞助商及合同商对冬奥组委提出的合同要求，尤其是与冬奥会有关的特殊规

则条款一般都能给予充分理解和接受，在合同文本方面冬奥组委具有明显的优势地位。但是，我们在合同文本起草和审核中，坚持在充分维护冬奥组委利益的前提下，秉持平等协商，体现合同公平的原则。一方面，是因为只有公平的合同，才能得到更好的履行；另一方面，是因为只有秉持互相尊重的合同条款，才能体现法的价值，更能彰显冬奥会的社会责任。二是体制优势和政府信用为合同事项进行背书。北京冬奥组委是在中编办登记成立的事业单位法人，因此，冬奥组委的合同有政府信用背书的显著特点。正是基于这种信用背书，合同相对方对与冬奥组委之间的合同履行有比较高的信任度。另外，基于我国的体制优势，国家及主办城市对冬奥组委及冬奥会各项工作给予了充分保障，对于合同相对方的合同履行问题有体制优势的保障。因此，冬奥组委的合同审核把关更侧重于规范性角度，有利于冬奥组委内部监控和推进工作开展。

3. 防范风险与提高效率并重原则下的审核程序。一是围绕采购制度实行两轮合同审核程序。冬奥组委的合同事项绝大多数都是通过采购方式确定的合同相对方，虽然冬奥组委的资金不属于财政资金，但是委内参照政府采购实行严格的采购制度。而根据政府采购有关法律法规规章规定，政府采购完成后，不能对合同条款做实质性变更。为了确保冬奥组委采购合同合法合规，我们在审核时，将审核关口前移，对采购文件中的合同文本进行审核把关，在采购文件阶段就确保合同条款的完整、规范、合法。在采购完成后，再根据招标文件、投标文件、中标文件等材料，对合同文本进行第二轮审核。二是注重合同模板与通用条款的基础积累与运用。结合冬奥组委合同类型及冬奥会规则要求，制定了通用合同条款，主要包括两类：一类是与冬奥会规则有关的条款，包括定义、无市场开发权、保密义务、可持续发展、知识产权、赛事延期或者取消等条款；另一类是通用性法律条款，包括合同转让变更解除、违约责任、不可抗力、法律适用及争议解决、合同生效与效力等。根据冬奥组委合同实际，本文第二部分中提及的所有日常合同都分别制定了合同模板，共计10类模板，并保持动态调整。而对于大型复杂合同，国际奥委会要求的工作模式核心也是确定合同模板，比如，与所有利益相关方签署的《住宿分配协议》，根据不同的主体，形成了5类协议模板。通用条款和模板化协议的运用，可以在确保冬奥组委合同标准化、规范化的基础上，大大提高工作效率。

（二）对重要知识产权事项文本体系的实践与探索

根据《奥林匹克宪章》，奥运会是国际奥委会专有财产，而奥林匹克运动本质上就是围绕奥林匹克知识产权进行的IP项目运作。知识产权保护的核心是维护奥林匹克的品牌价值，确保奥林匹克运动发展获得可持续的支持，特别是资金支持。

1. 涉奥知识产权保护具有独特且鲜明的特点。一是权利归属的特殊性导致国际奥委会拥有绝对强势的话语权。《主办城市合同》第7章专门规范知识产权相关事项，国际奥委会引入奥林匹克财产的概念，涵盖范围非常广泛。简而言之，即奥运会以及与奥运会相关的各项活动，无论现在与将来，所有权利都是国际奥委会的，而且永远是它的，即使一时不是它的，最终也要转移给它。在奥运会相关财产项下，明文列举的有24种财产，包括传统的知识产权保护客体，也有些非传统的保护客体。而且根据《主办城市合同》约定，围绕冬奥会筹办工作产生的所有知识产权成果都属于奥林匹克财产，并永久、独家归属于国际奥委会，北京冬奥组委需要取得相关知识产权并向国际奥委会转让。鉴于上述权利归属的特殊性，国际奥委会通过各种方式针对知识产权保护提出各项要求，包括书面法律文件形式、具体保护程度等。二是应用场景的复杂性对知识产权保护提出了高标准要求。涉奥知识产权成果应用场景多，范围广，影响大。多数涉奥知识产权成果都需要向社会公布或者发表，需要在公共领域，特别是通过互联网进行展示、播放或者表演，国际奥委会也可能同步或者将来在全世界范围内以多种形式使用相关成果。这就要求确保所有涉奥知识产权成果没有任何权利瑕疵。三是相关权利的法定性决定了涉奥知识产权保护的程序要求。知识产权权利内容以及取得方式具有法定性。我国著作权法及相关法律法规明确规定了包括著作人身权、著作财产权在内的各项权利，涉及权利转让、专有权利许可的，法律还明确要求应当订立书面合同。涉及奥林匹克标志、特殊标志、商标等事项时，法律规定应当依法履行公告、登记、注册等程序。此外，知识产权的法定性也决定了在知识产权保护方面事前做好风险防范更便捷、更经济，否则事后应对、补救难度更大，成本更高，还可能造成不可逆的负面影响。

2. 围绕重要奥林匹克财产征集工作进行的文本体系实践。在冬奥会和冬残奥会筹办工作中，全面体现开放办奥的理念，强调社会广泛参与度。绝大多数重要标志性的奥林匹克财产，比如会徽、吉祥物、火炬造型、奖牌、雕塑、歌曲、制服、颁奖礼服等，都是采取面向社会公开征集模式。公开征集可以实现艺术创作的优中选优，但从知识产权保护的角度看，公开征集也会带来法律风险的不确定性，法律保护工作的难度更大。因此，需要征集文件文本体系更为周严、规范。经过多次征集工作的实践，形成了有冬奥会特色的征集文本体系。一是在内容上包括技术文件和法律文件两部分。技术文件主要包括征集要求、参与方式、评审安排等；法律文件主要包括知识产权约定与要求、保密义务、禁止隐性营销及宣传限制、法律后果、入围或者中选后的法律要求等。二是分阶段加强知识产权保护。在应征阶段，要求应征人提交有关知识产权事项和要求的承诺函，承诺提交作品的原创性，承诺提交作品不存在任何知识产权瑕疵，承诺提交作品的知识产权将按照征集文件的规定进行转移，承诺著作人身权的行使限制等；在入围阶段，签署候选协议，明确约定作品修改责任及修改后的知识产权归属，入围作品的知识产权转让、奖金等事项，在部分征集事项中，对于中选作品，还签署了中选协议。前述组合型的法律文件，为征集作品提供充分的法律保护，避免后续争议。三是秉持最大限度尊重知识产权的原则，从降低冬奥组委法律风险的角度考虑，在征集文件中要求所有应征作品自应征提交起相关知识产权就全部归属于冬奥组委是最保险的方式，但是每次征集活动社会公众参与度很高，而最终入围的方案仅有几名，最终中选方案为 1 名，这就意味着没有中选的那些创意类成果，应征人再也不能使用，这是对创意类成果的极大浪费，也是对作者权利的不尊重。因此，在冬奥会所有征集事项中，绝大多数约定的都是仅要求应征作品入围后再转移知识产权。这样的制度安排充分体现了对知识产权的尊重，体现了冬奥组委的社会责任。

3. 围绕知识产权保护制定规范制度和示范法律文本。一是制定了规范涉奥知识产权保护工作的指导意见和实施导则。按照安全、精彩办赛要求，以法律规定和合同义务为基础，以保护权利和规范使用为核心，坚持问题导向和底线思维，建立关口前移的风险防范体系，按照板块化、标准化、程序化、便捷化的思路，对知识产权保护工作提出共性指导意见和个性操作指引。制定了《北京 2022 年冬奥会和冬残奥会组织委员会进一步加强知识产权保护工作的指导意见》，以北京冬奥组委文件形式于 2021 年 6 月正式印发施行。指导意见由正文及配套实施导则两部分构成，其中，正文部分侧重于知识产权保护工作的共性要求，配套实施导则侧重于七大类具体事项的知识产权保护操作指引，主要包括：仪式、庆典类活动；征集类活动；音视频及其他创意类成果；工作人员创意成果；对有关标志及创意类成果的使用；网页、APP、小程序；创意类成果及相关法律文件提交。二是制定完善知识产权事项的法律示范文本。围绕开闭幕式四场仪式制定了 9 类协议模板，包括总导演协议、总监类协议（美术、服装造型、音乐、视频、文字撰稿）、作曲家协议、表演者协议、许可协议等。此外，还根据开闭幕式工作需求，在总导演协议基础上，根据协议模板中关于知识产权范围、规范性要求、履行程序等条款，制定了适用于制作公司、演出公司的合同示范文本，通过合同条款方式，实现开闭幕式中涉及知识产权重要事项义务传递。针对冬奥会筹办工作事项的特点和需求，还制定了适用于创意类成果授权使用的《授权许可协议》，适用于各类演出活动中由演艺人员签署的《表演者承诺函》，适用于参与创意类成果工作的各类员工及各类驻场人员签署的《工作人员承诺函》等法律文件模板。这些示范性法律文件，为冬奥会和冬残奥会各类创意类成果的知识产权保护工作提供了坚实的法律基础和保障。

（三）以法律思维解决新问题迎接新挑战的实践和探索

与北京 2008 年奥运会相比，在北京 2022 年冬奥会和冬残奥会筹办工作中，个人信息保护工作是面临的新问题，而新冠肺炎疫情则是特殊的挑战。而法务工作的特点和职责决定了需要运用法律思维为新问题、新挑战提供法律保障和支持。

1. 以充分尊重和保护个人信息为基础，坚持政治主权和法律主权原则，开展个人信息保护工作。个人数据权利是一项受法律保护的基本权利，是个人隐私保护在网络空间的延伸，具有重要性、复杂性和敏感性等特点。特别是近年来世界各国就个人信息保护相继颁布了专项法律，将个人信息提升到人格权、隐私权的高度进行保护。

在冬奥会和冬残奥会筹办中期，欧盟《通用数据保护条例》（General Data Protection Regulation，GDPR）于2018年5月25日正式施行，GDPR被称为“史上最严格”“覆盖范围最广”的数据保护法律，并通过“长臂管辖原则”将涉及收集、接收、处理欧盟成员国个人数据的任何行为都纳入管辖和适用的范围。由于绝大多数冬季国际体育单项组织都在欧盟境内，多数欧盟成员国也是传统冬季项目强国，是冬奥会的主要参与者，因此，在冬奥会筹办中不可避免地将会受到GDPR规定的影响。国际奥委会和国际残奥委会对数据保护工作的关注度提高，在各类合同协议中提出了个人信息保护条款，各类信息系统开发设计中，对个人信息保护提出了具体要求。特别是针对GDPR的适用性问题，进行了很多的沟通和争论，并在一定程度上达成了共识。一是通过除外性原则的规定，尽量避免因GDPR适用造成法律责任的不确定性。2018年5月GDPR刚刚正式施行，总部在西班牙马德里的奥林匹克电视转播公司就发来邮件，要求在已经完成谈判正在签署程序的《冬奥会电视转播合作协议》中增加“数据保护”条款，并要求直接适用GDPR。经过学习和谈判，在尊重合同相对方的法律要求前提下，按照“除外性原则”对协议条款作了处理，增加“其他法律的适用不得与中华人民共和国的法律法规相抵触”的补充性规定。二是通过吸收性的规定，在合同条款中尽量避免GDPR的直接适用。在合同谈判中坚持将GDPR的要求和标准转换为合同约定，要求合同相对方遵守北京冬奥组委已经或将要制定的个人数据保护政策。比如，国际奥委会在审核与所有酒店签署的《酒店住宿分配协议》时，提出应当按照适用GDPR的要求，制定个人信息保护条款，经协商谈判，最终采取了吸收性的原则，约定“遵守中国与个人信息保护有关的法律法规，以及北京冬奥组委现行或不时制定的与个人信息保护相关的政策”。三是坚持跨境传输前履行安全评估程序。虽然我国当时有效的法律法规对不属于关键信息基础设施的，没有硬性要求跨境传输应当进行安全评估的规定，但是考虑冬奥会筹办中涉及的个人信息数量巨大，从安全合规角度，我们坚持进行安全评估后，才能向国际奥委会进行跨境数据传输。四是结合个人数据保护工作需要，制定完善了冬奥会个人信息保护政策，特别是针对官网、北京2022 APP、票务网站、志愿者招募、全球招聘、住宿系统、火炬手选拔、抵离、冬奥通APP等系统，分别制定了个人信息保护政策。

在冬奥会和冬残奥会进入赛前全面冲刺阶段后，2021年8月，《中华人民共和国个人信息保护法》（以下简称《个人信息保护法》）公布，对比GDPR，《个人信息保护法》的规定更为严格，对个人信息的保护水平更高，比如，“单独同意”的形式要求，敏感个人信息的范围等。特别是关于个人信息跨境传输规则的确定，对之前我们在工作层面坚持的安全评估制度提供了充分的法律支持。在工作实践中，冬奥组委严格按照法律规定，在自评估的基础上依法开展了数据跨境传输的安全评估，为大型赛事数据跨境传输工作提供了实验样本，同时也树立了我国充分保护个人信息的国际形象。

2. 以法治思维研判新冠肺炎疫情和疫情防控带来的法律风险和应对措施。一是研判疫情对冬奥组委合同的影响及风险应对。在新冠肺炎疫情暴发初期，针对疫情及首场测试赛取消问题，快速全面梳理全委合同履行情况，研究分析疫情法律定性问题，形成法律风险分析报告，作为决策参考。东京奥运会延期后，针对冬奥会可能的取消或者延期问题，深入研究对合同履行可能造成的影响及法律后果，形成风险研究及应对工作报告，作为决策参考。二是以法律为准绳研判疫情下冬奥会赛时的保障措施。本届冬奥会和冬残奥会面临的最大挑战就是防疫问题，反映在法律事项上，一方面是防疫政策的合法性问题。法律业务领域需要充分发挥法律顾问作用，对疫苗接种、隔离措施、阳性病例治疗等要求的法律基础进行论证和研判，以多份法律分析报告的形式，作为决策参考。另一方面是基于防疫政策带来的赛事保障工作变化。比如，因压缩来华人员，导致的酒店住宿需求的变化，因闭环管理政策，导致的签约酒店数量和地域范围的变化等，都需要与不同的合同相对方通过变更合同、签署补充协议等方式确保法律文件的有效支撑。此外，在防疫手册的制定工作中，对防疫措施的界定，违反防疫措施的法律边界及后果，以及专项针对防疫措施的个人信息处理通知等，都有法务的贡献。

四、法治保障冬奥会的基本作用及思考

（一）培植冬奥会项目法治小环境

作为国际性大型体育赛事，一届冬奥会项目从申办到举办需要近十年时间，筹办的时间就需要七年，但依然是一个阶段性的项目。由于奥运会的特殊规则体系，与此有关的组织设置、运行模式等都是基于项目本身属性，而不是一个普世规则。举一个不太恰当的例子，奥运会项目类似植物园中的温室展览馆，温室可以让热带植物在北方生长，可以让花反季节开放，只要制造一个生态小环境就可以。温室里的植物，不是要求其一定适应外部大环境，而是根据实际需要打造内部适应性的小环境。

冬奥组委就是在打造适应奥运会这个项目需求的小环境，当然这个小环境不能与外部大环境冲突太大，但又要有内部的独特性，这个内部环境就是制造培育出来的生态环境。法律人最容易理解，法制是以国家强制力为基础，而冬奥会项目的运作最主要的不是靠外部的法律强制力，而是通过各方的规则认同和目标共识。合同契约是项目运作的核心，法制只是提供一个框架和边界，解决问题、冲突的手段往往并不是一定要通过法律的强制力，出现了矛盾和理解差异，需要的是大量的协商、谈判，甚至是相互妥协。

因此，冬奥法治应当更多的用社会治理的思维和模式，适用奥林匹克法律体系构建打造冬奥会规则小环境。在这里法治提供的是边界，小环境也不能与主办国家法律有很大冲突。在工作中，法务团队人员不仅需要风险管理的思维，更需要营造规则和制度的环境，通过大量的沟通协调和统筹，促使各方形成合意，完成目标，法治起到的主要作用是价值

认同。法律更大作用的发挥是基于冬奥会的架构、奥林匹克法律体系、冬奥会的合同规则体系提出法治治理的解决方案，法务工作提供的法治服务，不是简单的律师思维，也不是简单的立法思维，而是类似园丁的构建协商平台的服务性工作。

（二）法务工作的核心能力及价值作用

法务工作的核心能力是什么？我们可以借助一个管理学“VRIO”的框架来分析这个问题，“V”是 value（价值），“R”是 rarity（稀缺性），“I”是 inimitability（不可复制性），“O”是 organization（组织）。

法务工作的价值主要体现在防范风险的主要关卡上，通过重大决策法律审查、合同起草审核、制度制定修订、工作流程再造、法律风险提示防范等体现法务的基本价值。可以说，从风险防范的角度看，法务工作的核心价值在于其构建性、统筹性、基础性、统一性。由于冬奥会需要遵循的就是由一系列合同构成的规则，冬奥组委本身就是通过合同体系构建的组织，是《奥林匹克宪章》《主办城市合同》《市场开发计划协议》等一系列合同支撑着冬奥组委的运行。国家的法律体系是通用的资源，在这个基础上的冬奥组委的合同体系才是专用的资源。而合法性是合同体系核心和逻辑的出发点，赛事筹办组织的所有决策、行动和调整都应该从合法性的视角进行构建，每个业务领域的工作要统一到基础合同上，也要在基础合同上产生下一层的子合同来规范具体的行为，保证各局部工作的统筹推进和时间轴上的前后一致。

结　语

现代社会治理模式中，一类是小政府，更强调社会自治；另一类是大政府，行政色彩更多，这两种模式越来越倾向于相互融合、互相借鉴。而合同管理模式，是行政管理中很值得探索的一种模式和途径。行政管理与普通的合同管理，各有优劣势。普通的合同管理是民间自发的双方合意，政府是旁观者；而行政管理确定的政策和规则往往是“一刀切”的，是底线思维，确定的是社会管理的底线。从新冠肺炎疫情在世界范围蔓延发展来看，很多国家在处理大灾大难时，行政力量自动后退，应对做的不如中国好，就是因为西方国家过于强调小政府，其实是不利于以政府为引擎引导社会发展的模式。当然，政府介入也有政府介入的弊端，政府模式更像大机械化作业，对于具体事项的规制相对粗放，对社会生活往往带来需要削足就履的痛苦和困境。如果行政刚性太强，社会需要去适应行政管理，而不是行政管理去适应社会，这与服务型政府的理念是背道而驰的。而行政契约可能是两种管理模式借鉴融合的可选模式。

北京冬奥组委在冬奥会和冬残奥会筹办工作中的合同管理，与行政契约有很多相似之处。冬奥会和冬残奥会的筹办工作是有中国特色的，主办城市的领导同时又是冬奥组委的领导，中央层面在冬奥会筹办中也承担重要角色，冬奥会和冬残奥会是伴随国家力量和社会力量共同作用的。正是由于行政信用的背书，冬奥组委的合同与一般平等民事主体之间的合同是不同的，各项筹办工作通过合同方式的规制，为行政介入的刚性传统带来了很多柔性手段和结果，可以视为行政契约在社会治理实践中的应用，而冬奥组委的合同管理实践，也是行政契约理论在治理实践中的一次很好的试验。比如，通过合同方式北京冬奥组委对赞助商、合同商在品牌声誉、产品质量、社会责任等方面提出了高于社会标准的要求，合同中也通过权益的限制行使、违约金等这类准强制措施，确定了惩罚性手段。在一定程度上，通过冬奥会的背书，相关赞助商的产品及品牌更能得到社会及消费者的认可。该模式类推到产品质量为例看，行政手段的规制确定的是产品质量的低线标准，如果企业生产的产品质量更高，只能通过广告宣传的方式，但是可能由于无序竞争，良币经常会被劣币驱逐，更加减少了企业生产高质量产品的动力；而如果探索通过行政契约，对于企业生产更高质量的产品，政府通过契约的方式对产品质量进行背书和监管，可能也是提升中国制造的一种方式。

北京 2008 年奥运会成功举办后，北京城市管理水平有了很大的提升。北京 2022 年冬奥会和冬残奥会成功举办后，无论是国家还是北京，在社会治理方面，一定也可以充分继承冬奥遗产，将社会治理水平提高到新的层次。而结合行政管理的痛点来看，合同管理模式是可以探索和尝试的，如何灵活运用行政契约模式，是值得花大力气去探索的。

第二部分　专题研讨

本部分收录了关于北京冬奥会和冬残奥会法律事务工作的专题研讨探讨文章，既有授薪工作人员的思考，也有律师和实习生的探讨，共30篇。

奥林匹克财产权利确立中的法律问题研究

王洪霞*

【内容摘要】 国际奥委会通过《奥林匹克宪章》《主办城市合同》等法律文件构建出了奥林匹克财产保护的奥运规则，强化其作为奥林匹克财产专属权利人法律地位的同时，也把对奥林匹克财产的保护义务传递给了奥运会主办城市和奥运会组委会。本文结合北京2022年冬奥会的筹办情况，详细分析了不同创作模式下产生的奥林匹克财产的权利归属及法律风险，并针对如何在遵守我国法律法规前提下，确保奥林匹克财产权利无瑕疵，避免与《主办城市合同》产生冲突，提出了具体法律建议和应对策略。

国际奥委会通过《奥林匹克宪章》《主办城市合同》等法律文件构建出了奥林匹克财产保护的奥运规则，强化其作为奥林匹克财产专属权利人法律地位的同时，把对奥林匹克财产的法律保护义务传递给了奥运会主办城市和奥组委。本文结合北京2022年冬奥会的筹办情况，详细分析了不同创作模式下产生的奥林匹克财产的权利归属及法律风险，并针对如何在遵守我国法律法规的前提下，确保奥林匹克财产权利无瑕疵，避免与《主办城市合同》产生冲突，提出了具体法律建议和应对策略。

一、奥林匹克财产概念界定

奥林匹克财产的概念表述源自《奥林匹克宪章》（Olympic Charter）。概括地讲，奥林匹克财产是指国际奥委会享有一切权利的一系列专有财产。国际奥委会对于奥林匹克财产含义及范围的认知，也是随着奥运会的不断发展及国际奥委会对奥运无形财产认知和运营的变化而不断深入的。目前现行有效的《奥林匹克宪章（2020）》对奥林匹克财产的表述非常详细，既包括国际奥委会享有专有权利的奥林匹克五环标志（Olympic Symbol）、奥林匹克旗（Olympic Flag）、格言（Olympic Motto）、徽记（Olympic Emblems）、会歌（Olympic Anthem）、圣火和火炬（Olympic Flame and Torch）以及奥林匹克称谓（Olympic

* 王洪霞，女，研究生学历，法学、体育双硕士，北京冬奥组委法律事务部法务审核处副处长。

Identifications）和标识（Olympic Designation）等创意成果①，也包括国际奥委会以及国家（地区）奥委会、奥组委委托制作的与奥运会相关的各类音乐作品、音像制品以及其他创造性成果。

由国家（地区）奥委会和/或某届奥运会组委会因国际奥委会授权而在本辖区内创作并享有权利的奥林匹克财产，也称为奥运会相关财产（Game-related Properties），是奥林匹克财产的重要组成部分。针对奥运会相关财产的详细界定和权利约定在《主办城市合同》中有具体表述。以2022年冬奥会《主办城市合同》为例，奥运会相关财产是指为规划、组织、资助和举办奥运会之目的，国际奥委会通过转让、授权等形式将全部或部分权益授予奥运会举办国国家（地区）奥委会和/或该届奥组委，由该国家（地区）奥委会和/或该届奥运会组委会创作或以其名义创作的特定奥林匹克称谓、标识、徽记、奥运会相关音乐作品、音像作品或其他创造性作品或手工艺品②。

二、奥林匹克财产的权利性质分析

奥林匹克财产，尤其是奥运会相关财产，范围广泛、种类繁多、时间跨度长。从创作时间和创作主体而言，在奥运会主办城市申请以及筹办、组织奥运会过程中，申办（主办）城市、国家（地区）奥委会或奥组委创造或以其名义创造或供其使用的所有财产均属于奥林匹克财产；从知识产权客体角度而言，奥林匹克财产几乎涵盖了目前我国著作权法规定的所有作品类型，实际工作中还会涉及商标、专利等知识产权保护客体，甚至还包括目前不受我国传统知识产权保护的其他类型的创作成果。而且，尽管奥运会相关财产权利人是国家（地区）奥委会和/或该届奥运会组委会，但是作为奥林匹克财产的重要组成部分，其全部知识产权及其他相关权利均应在特定时间转让给国际奥委会。所以奥林匹克财产自创作产生之日，其知识产权权利归属及法律保护等问题便非常复杂。以下将以北京2022年冬奥会为例，从作为赛会主办方和组织者的奥组委视角出发，研究奥林匹克财产，尤其是与奥运会相关财产的创造、权利确立及保护的法律风险并提出应对措施。

（一）《主办城市合同》对奥林匹克财产的权利要求

根据《主办城市合同》规定，奥组委应承诺签署国际奥委会认为有必要的文件或采取相关措施，确保涉及创造奥运会相关财产的自然人或法人均已认可其参与的奥运会相关财

① International Olympic Committee, Olympic Charter 2020, [2021-05-12]. https://library.olympics.com/default/digitalCollection/DigitalCollectionAttachmentDownloadHandler.ashx?parentDocumentId = 172334&documentId = 172337&skipWatermark = true&skipCopyright = true.

② Section 41d, Host City Contract-XXIV Olympic Winter Games, 2022 [2021-01-12]. https://stillmedab.olympic.org/media/Document% 20Library/OlympicOrg/Documents/Host-City-Elections/XXIV-OWG-2022/Host-City-Contract-for-the-XXIV-Olympic-Winter-Games-in-2022.pdf#_ga=2.171201832.967964712.1614595870-342208518.1560775614.

产的创作及其成果和收益均是受奥组委特别委托为国际奥委会所为，并且此类创作应被视为“雇佣作品”（work-made-for-hire）；上述自然人或法人在开始创作之前，必须能够不受任何限制且有完全权利按国际奥委会规定的格式与内容，签署国际奥委会可能要求其签署的知识产权转让文件。①

根据上述表述，在委托相关自然人或法人从事奥运会相关财产的创作时，虽然奥组委为委托人，但其对委托作品并不具有完全的权利。在与创作人签署委托创作合同时，对于创作作品的权属约定必须符合国际奥委会在《主办城市合同》中的要求：首先，受托人应认可该创作系为国际奥委会利益而为，且其创作成果和权利最终应归国际奥委会所有；其次，该类创作的性质应被视为“雇佣作品”；最后，受托人在开始创作之前，有完全的权利（受托人有权作出该意思表示）与国际奥委会签署任何知识产权转让文件。

实践中，很多人将此处的“雇佣作品”直接理解为我国著作权法中的“职务作品”，也有观点认为“雇佣作品”与我国的委托作品相似。这些不同理解，致使对奥运会相关财产权利性质的界定出现了误解。要准确理解国际奥委会规定的这项合同义务，非常有必要区分“雇佣作品”和我国职务作品、委托作品的异同。

（二）“雇佣作品”的含义及界定标准

雇佣作品的概念源于美国版权法，与我国著作权法中规定的职务作品有很大差异。根据美国《版权法》规定，雇佣作品包括两种不同情形②。第一种情形强调创作人是雇员，并且作品是在被雇佣范围内创作完成的；第二种情形强调作品可以是委托创作完成，但必须在法律规定的九种范围内，并且双方当事人必须都认为作品为雇佣作品且有书面约定。而对于雇佣作品的权属，美国《版权法》规定，除非双方另有书面约定，雇主应该被视为作者，享有版权中的所有权利。

界定雇佣作品最典型的判例为 CCNV 诉里德案③。下面将结合该判例简要分析雇佣作品的特点，以更准确地理解雇佣作品与我国著作权法下的职务作品、委托作品的异同，厘清委托关系下国际奥委会对于奥运会相关财产权利归属的要求与我国法律规定的差异。

CCNV，全称为 Community for Creative Non-Violence，是一家非法人慈善机构，其计划举办一个雕塑展览。施耐德是机构负责人，他构思了雕塑的基本轮廓，并邀请雕塑家里德为其进行作品创作。双方就此达成一致，但并未提及与该雕塑创作的版权问题。雕塑作品完成并展出一个月后，运回里德的工作室进行维修。此后，里德拒绝退还作品并将雕塑作

① Section 43v，Host City Contract-XXIV Olympic Winter Games，2022［2021－01－12］.

② 根据美国《版权法》第 101 条规定，雇佣作品主要包括两种：第一种是雇员在受雇范围内创作的作品；第二种是作为特约作品或者委托作品而使用的作品（包括以下类型：集体作品中的撰稿、电影或其他声像作品的构成部分、译文、辅助作品、编辑作品、教材、试题、试题答案资料或者地图），并且当事人应以书面形式明确约定该作品为雇佣作品。

③ Commun for Non-Violence v. Reid，490 U. S. 730（1989）.

品做了版权登记。之后CCNV向哥伦比亚联邦地区法院提起诉讼，主张该雕塑作品的版权应归CCNV所有。该案件随后经历了联邦地区法院、巡回法院、最高法院三级审理，并且三级法院审理观点和判决各不相同。美国《版权法》规定，“作品的原始版权属于作者”[①]。本案中，由于双方没有签订书面协议约定作品的版权归属，所以应该首先判定该作品的法定作者，然后再根据认定的作者来判定版权的归属。作为一审法院的哥伦比亚联邦地区法院认为，原告CCNV主持了该雕塑作品的创作，机构负责人施耐德构思出了该雕塑作品意欲表达的目的和雕塑的基本轮廓细节，其聘请被告只是想利用他的表现技巧。原告在整个创作过程中还对其进行了指导并为此支付了约定的全部报酬。因此，该雕塑作品属于雇佣作品，原告享有全部、完整的版权。上诉至哥伦比亚地区巡回区联邦法院后，双方的争议点集中在本案争议双方是否存在雇佣关系，诉争作品是否属于雇佣作品上。法院对美国《版权法》第101条的解释进行了分析，认为“文义解释”才是最佳解释。[②] 该判决认为，第101条之所以将雇佣作品分为两类，将非雇佣关系下独立缔约人创作的“委托作品”以列举的方式限定为九类，就是要明确只有法定列举范围内的委托作品才能解释为“雇佣作品”，并且当事双方应对此有书面约定。该案诉争作品为雕塑作品，不属于法条所列举的九类委托作品，并且诉争双方也没有就该作品是否为“雇佣作品”进行书面约定。因此，判决诉争作品不符合雇佣作品的条件，雕塑家里德作为独立缔约人，应享有该作品的全部版权。美国最高法院支持了巡回法院的判决，认为里德与CCNV之间并不存在雇佣关系，而是一名独立缔约人。在判决书中还对“雇佣”“雇员”等概念进行了进一步的解释和分析。

美国最高法院对于CCNV诉里德案的最终判决，使得雇佣作品与委托作品的划分有了清晰的标准。要确定一部作品是否属于雇佣作品，首先应当确定该作品的创作人是雇员还是独立缔约人。确定创作人的身份之后，才可适用美国《版权法》第101条规定中的两种情形。创作人是雇员，且作品是在雇佣范围内创作的，则应认定为雇佣作品，雇主是“作者”，享有作品的完整版权；创作人为独立缔约人，且创作的作品不属于九类法定清单范围内的，或者属于九类法定清单范围内但当事双方未书面约定作品为雇佣作品的，其作品仅为委托作品，不属于雇佣作品，作为受托人的创作人为“作者”，作品版权归受托人[③]。

厘清“雇佣作品”与我国著作权法下的“职务作品”“委托作品”的区别，对于正确理解《主办城市合同》中将奥组委委托自然人或法人创造的奥运会相关财产“视为雇佣作品”的规定非常重要。“视为雇佣作品”，意味着奥组委应该作为“雇主”享有“作者”的权利，即享有上述作品的所有版权。进一步分析，从我国《著作权法》角度而言，此处的

① Copyright Act of 1976, § 101, 17 U. S. C. (2012).

② 樊宇：《论视为作者原则——以中美两起著作权纠纷案为视角》，载《政法论坛》2020年第2期。

③ 樊宇：《我国著作权法对雇佣作品原则的移植》，载《电子知识产权》2018年第2期。

“所有版权”既包括著作人身权也包括著作财产权。而我国《著作权法》对于职务作品和委托作品的著作权都有非常明确的界定，作品的“所有版权”并不一定属于“雇主”或“委托方”。这无疑与《主办城市合同》的上述规定存在差异和冲突。不同创作模式下，奥组委对于创作作品的著作权归属并不相同。如果不对此进行具体分析，很难保证奥组委对所有奥运会相关财产都能享有《主办城市合同》中国际奥委会要求的权利状态。因此，总结奥运会相关财产的创作、产生方式以及著作权及相关知识产权的归属约定，并分析论证其中可能产生的法律风险对于确保奥运会主办方履行合同义务非常重要。

三、奥林匹克财产的不同创作模式

奥林匹克财产，特别是奥运会相关财产，在表现形式和产生方式上都非常复杂。在表现形式上，其类型既包括徽记、体育图标等各类标志，也包括因筹办过程中的特定主题活动而创作产生的各类海报、音乐作品、音像制品、影视作品、照片及形象（静态与动态）、官方出版物等作品，以及因市场开发活动（包括特许经营）而创作产生的官方纪念币及纪念钞、官方邮票等产品，还包括可能不能直接归属于传统知识产权客体下的其他智力成果，如奥运会口号①、数据库、域名等。因奥运筹办事项的复杂性，奥运会相关财产在创作和产生方式上也呈现方式和性质的多样性，下面仍以2022年冬奥会奥林匹克财产的创作模式为实例，根据创作方式和创作主体性质的不同，对涉及的相关法律问题进行具体分析。

（一）北京冬奥组委自行创作

北京冬奥组委作为北京2022年冬奥会筹办的主要负责机构，承担着奥运筹办方方面面的工作，很多业务领域，如形象景观、新闻宣传、仪式庆典、活动策划、教育培训等，在日常工作中，就会创作完成很多智力成果，如文字作品、摄影作品、美术作品、类电作品以及不属于著作权法意义上的其他智力成果。而参与创作的人员组成也较为复杂，既有北京冬奥组委招聘的工作人员，也有从其他企事业及机关单位通过借调、短期帮助等各种形式参与筹办工作的受薪人员，还有各类志愿者、实习生等。根据各类人员与北京冬奥组委的不同关系，这些奥林匹克财产的性质也各不相同。

不管是自行招聘人员还是从其他单位借调的人员，一般是基于劳动关系为北京冬奥组委工作。该类工作人员在北京冬奥组委工作期间进行的创意类成果创作，只要是为完成奥运筹办工作而进行的，依据我国《著作权法》规定，具备作品属性的，均应属于职务作品。

基于体育赛事筹办的特殊性质，北京冬奥组委还有大量志愿者、高校实习生以及其他各类服务商的驻场人员等特殊类型的工作人员。上述各类人员创作的各类工作成果因冬奥组委与上述各类人员之间的不同法律关系而具有不同法律性质，可能表现为基于劳务关系

① 口号是否属于作品，目前观点不一，仍旧存在争议。

而产生的作品或基于委托关系而产生的各类委托作品等。

（二）专业服务机构创作

一般来说，奥运会筹办过程中大量创意成果是通过采购专业的服务商创作产生的。很多重要奥林匹克财产，如北京冬奥组委发布的各类宣传片、短视频、体育图标、专业图片/照片以及官方网站、各类软件系统的设计与开发等大部分作品都是通过采购程序确定的服务机构创作完成的。按照著作权法、合同法的基本原则，此类创作服务为委托创作，创作成果的知识产权等权利归属均可以在委托合同中进行明确约定。

（三）公开征集

公开征集方式是我国举办大型活动时，比较普遍存在的一种选拔创意类成果或作品的方式。北京2022年冬奥会的会徽、吉祥物、颁奖礼服、火炬、奖牌等重要奥林匹克财产均通过此种方式创作产生。通过面向全球公开征集优秀设计方案，能够在兼顾设计方案全球性的同时体现民族性、艺术性、创新性等多种因素，提升设计方案的设计水平，也能提高普通民众对奥运筹办的参与性，宣传推广奥林匹克运动。但是，目前对于因征集方式产生的创作成果的知识产权等权利归属问题仍存在争议，这也对征集文件中相关法律条款的起草提出了挑战。如何既能满足奥林匹克财产权属的要求，又符合我国法律法规的要求，是需要探讨的重点。

四、不同创作模式下权利取得的法律风险分析及建议

（一）职务作品

承前所述，就北京2022年冬奥会的创作人员而言，不管是北京冬奥组委自行招聘人员还是从其他单位借调的人员，一般是基于劳动关系为奥组委工作的。该类工作人员在奥组委工作期间创作完成的创意类作品，是为完成奥运筹办工作任务而创作，应属于我国《著作权法》规定的职务作品。我国《著作权法》规定了两种不同情形的职务作品。一般职务作品的著作权人为创作该作品的员工，但单位可以在该作品完成后的两年内优先使用。同时，著作权法中还规定了三种不同情形的特殊职务作品，在该三种情形下，除署名权之外的其他著作权都由单位享有。[①] 由此可见，我国法律规定下的职务作品，著作权全部或部分归属于作为作者的员工，单位仅在一定时间和范围内具有优先使用权。

很显然，如果北京冬奥组委按照一般职务作品的法律规定处理员工完成的可作为奥林

① 《著作权法》第18条第2款规定："有下列情形之一的职务作品，作者享有署名权，著作权的其他权利由法人或者非法人组织享有，法人或者非法人组织可以给予作者奖励：（一）主要是利用法人或者非法人组织的物质技术条件创作，并由法人或者非法人组织承担责任的工程设计图、产品设计图、地图、示意图、计算机软件等职务作品；（二）报社、期刊社、通讯社、广播电台、电视台的工作人员创作的职务作品；（三）法律、行政法规规定或者合同约定著作权由法人或者非法人组织享有的职务作品。"

匹克财产的创意作品，则创意作品的全部或部分著作权应属于作为作者的员工，这与《主办城市合同》第41条与第43条中关于奥运会相关财产的权利归属规定相冲突，北京冬奥组委将会面临违约风险。在这种情况下，建议考虑适用《著作权法》中关于特殊职务作品的规定，即北京冬奥组委与其员工就员工创作的可归于奥林匹克财产范围内的职务作品，通过书面协议的形式明确约定，北京冬奥组委作为工作单位可以享有除作者署名权之外的其他著作权。北京冬奥组委作为该类职务作品的权利人，即可向国际奥委会履行奥林匹克财产权利移交的合同义务。这样的话，既能合乎我国法律关于职务作品的规定，也能满足国际奥委会对于奥林匹克财产权利归属的要求。

（二）委托作品

奥运筹办过程中大量的图文作品及音像视频作品均由第三方机构受北京冬奥组委委托创作而产生，如大量的奥运宣传片（短视频）、图书、图片等。委托作品的著作权归属在我国《著作权法》中有明确规定①。根据法律规定，北京冬奥组委可以通过签署委托合同，明确约定委托作品的著作权归其所有，并且明示北京冬奥组委将在特定时间将其对作品享有的知识产权转让给国际奥委会。但要达到将该类委托作品的全部知识产权完全转让给国际奥委会且使其能够在全球范围内永久免费地拥有与之相关的所有权利的目的，还应结合我国的知识产权相关法律法规对其中存在的法律问题进行细致梳理和分析。

1. 委托作品与职务作品竞合情况的分析及建议

虽然委托法律关系下，委托人为自然人的情况最为常见。但鉴于与奥运会相关财产的创作，尤其是各类音乐、视听作品以及与仪式相关的作品创作，艺术要求标准高，情况复杂并且专业性强，受托人为法人或其他组织等专业机构的比例非常大。

在已经明确约定委托作品的著作权归委托人所有的前提下，如果受托人未就该委托作品的权利归属与其员工进行约定便要求其员工进行了创作，依据《著作权法》第18条关于职务作品的规定，受托人的员工以完成本职工作的形式对委托作品的创作，应认定为职务创作行为，该委托作品的著作权应归作为创作人的员工享有。这便与委托人与受托人根据《著作权法》第19条在委托合同中约定的该委托作品归委托人所有的情况相冲突了。

为了避免出现以上委托作品与职务作品竞合而产生的权利冲突问题以及其他任何可能的著作权纠纷隐患，北京冬奥组委作为委托人与受托人签署委托合同时，应该要求受托人确保对委托作品享有完整权利，并明确约定委托作品的知识产权归北京冬奥组委所有。除此之外，依据《著作权法》第18条第2款关于特殊职务作品的规定，可以要求受托人单位所有参与创作的员工在实际创作之前，通过签署承诺函之类的法律文件对其享有的著作权

① 根据我国《著作权法》第19条的规定，受委托创作的作品，著作权的归属由委托人和受托人通过合同约定。合同未作明确约定或者没有订立合同的，著作权属于受托人。

权利归属做出承诺，在尊重实际创作者的权利的同时，满足国际奥委会对于奥运会相关财产知识产权的特殊要求。

2. 签署委托合同时应特别注意时间要件

如果委托人与受托人在作品创作完成后再对权利进行约定是否可行，即关于权利归属的合同约定是否必须在作品创作之前？我国法律并未就此作出具体约定。但根据我国《著作权法》第 19 条规定，委托创作法律关系下，如果双方就委托作品的著作权约定不清或者未约定的，著作权应该归作品的实际创作者，即受托人。因此，为防止在作品创作过程中出现对权利归属的不同理解，尤其在北京冬奥组委作为委托人确定需要取得作品著作权的情况下，应该在作品创作之前就将委托作品的著作权权利归属进行详细而具体的书面约定，以免出现因未及时进行合同约定而导致不能依法获得奥林匹克财产著作权的法律风险。

3. 避免出现奥林匹克财产著作人身权纠纷的法律风险

鉴于奥林匹克财产的特殊性，北京冬奥组委、国际奥委会在一定情况下需要使用包括发表权、修改权在内的著作人身权。针对著作人身权是否可以转让，我国法律中没有明确规定，而且实践中也有很大争议。所以，“一刀切”式地约定一切知识产权归属北京冬奥组委或国际奥委会的形式，并不能保证其能够真正获得与该作品相关的所有知识产权，还有可能造成对作者权利的侵犯。

我国相关法律对于著作人身权是否可以转让或许可他人行使并无明确规定。在学界和司法实践中，对于委托合同中的著作人身权归属是否可以约定也有各种不同看法。有学者认为，委托合同中不能约定人身权归属。[①] 也有学者认为，《著作权法》原第 17 条（现第 19 条）所指“著作权的归属由委托人和受托人通过合同约定”，此处“著作权”既包括著作财产权也包括著作人身权，所以可以通过合同约定著作人身权归属。[②] 司法实践中，很多法院判决认为，著作人身权中的发表权、修改权和保护作品完整权可以允许合同双方约定，因为发表权与著作财产权的各种使用方式难以截然分开，修改权和保护作品完整权与使用也是紧密联系的。[③] 笔者认为，签署委托创作合同的重要目的是在委托创作作品的同时约定作品的使用权，本质上是对著作财产权的交易。但是，作者行使著作人身权应当服从著作财产权交易的特定目的，不能片面强调或保护作为原始作者的创作人的著作人身权而限制或者阻碍委托人对于委托作品的正常使用。

对受托人著作人身权的限制应该根据委托目的的不同而区别对待。对北京冬奥组委的委托创作合同而言，鉴于对国际奥委会的合同义务（《主办城市合同》中对奥运会相关财产的规定），又考虑到奥运筹办的重大影响和具体事项的特殊要求，北京冬奥组委作为委托

① 李琛：《知识产权关键词》，法律出版社 2006 年版，第 84 ~ 190 页。

② 李明德、徐超：《著作权法》，法律出版社 2003 年版，第 132 页。

③ 陈锦川：《著作权审判：原理解读与实务指导》，法律出版社 2014 年版，第 71 页。

人，需要视情况对委托作品进行修改或对作品内容进行增减；并且视具体情形，还有可能需要对作者的署名方式进行特殊约定或进行一定限制；国际奥委会在对委托作品后续使用时，亦有可能对作品进行修改或编排。如果不对著作人身权做出约定，不能实现对以作为奥林匹克财产的“委托作品”的正常使用，不符合“委托创作的特定目的”。

因此，北京冬奥组委在起草制作委托创作合同时，需要充分考虑到上述问题的复杂性，对委托作品的著作权归属进行详细、规范的约定，才能避免出现权利冲突。应该明确约定，委托作品的著作权、邻接权等知识产权，自作品创作产生时起，全部转让给北京冬奥组委，约定作者不可撤销地授权北京冬奥组委、国际奥委会在全球范围内独家行使相应著作人身权的权利，并对具体权利进行明确列举，如对作品的发表、对作品进行修改完善（对作品进行修改、优化、完善，对作品进行改编、截取、加工，将不同作品的不同部分、元素、材料等进行修改或组合等），保护作品不受歪曲、篡改。鉴于署名权的特殊人身属性，可约定保留创作者的署名权，但根据其所创作作品的性质，在双方同意的前提下，可以对作者的署名权进行一定的限制性约定，如对署名形式进行具体约定。

（三）征集作品

1. 关于征集行为法律性质的理论争议

鉴于增强民众参与性、宣传推广奥林匹克运动以及最大化吸纳世界优秀设计方案的双重目的，与奥运会筹办、举办相关的众多重要奥林匹克财产，包括北京 2022 年冬奥会的会徽、吉祥物、奖牌、火炬等奥林匹克标志，以及颁奖服装设计、制服装备外观设计、音乐作品、宣传海报等各类作品均通过面向社会公开征集形式而产生。然而，对于（作品）征集行为以及征集作品的法律性质问题在学术界争论已久，目前也并未达成一致。有学者认为，征集行为是一种向不特定人发出的单方法律行为，符合征集内容和要求的人都可以成为征集行为的相对人；[①] 并且一经做出，无须相对人做出承诺即可成立，相对人只要自行完成了征集指定的行为，就可以要求征集人兑现征集公告中的约定，给付报酬。也有学者认为，征集公告仅仅是针对不特定人发出的一种要约邀请。持这种观点的学者认为，要约是针对特定的人，对象是具体而明确的，而征集不针对特定的人，而是通过预设一定的条件来吸引不特定的公众，并与之建立联系，因此征集行为本身的法律性质应认定为要约邀请。[②] 与之相对，还有学者认为，征集行为应被认定为要约而非要约邀请。该观点认为，虽然征集公告是向不特定的公众发出的意思表示，但如果征集文件对创作的要求、评选条件、奖励标准等有明确详尽的规定，这种公告便是针对具体委托创作的要约。按照征集文件要求创作、提交作品，并且在提交时没有对原公告中各项要求进行更改的应征行为便构成承

---

① 唐正荣、颜炜：《广告征集用语的著作权保护》，载《法学杂志》2004 年第 4 期。

② 刘春田主编：《中国知识产权评论》（第 1 卷），商务印书馆 2002 年版，第 70 页。

诺,[①] 双方之间实际上构成了委托创作的合同关系。征集行为及征集作品的法律定性，直接影响着征集活动的法律有效性以及征集法律文件的起草。下面将结合一个具体案例对征集行为的法律性质进行分析，以便能针对冬奥会筹办活动的特点提出具体法律建议。

2. 典型案例分析

由于相关著作权法律法规对征集作品性质及权利归属没有具体规定，并且对于征集行为法律性质的认识在理论界也有很大分歧，使各地相关案件的司法审判意见也不统一。2005年广西两级法院针对一则广告语的著作权纠纷案判决比较有代表意义。一审、二审法院判决结果截然相反，体现了两种不同但非常有代表意义的观点。下面力求通过对该典型案件的梳理与分析，厘清征集作品的性质、著作权归属以及处理征集活动时应该避免和注意的各类法律风险。

（1）案件事实与法院判决

被告真龙广告公司受被告广西南宁卷烟厂委托，征集“真龙”香烟的广告语，并在征集启事中明示，入围作品将被用于“真龙”香烟的广告宣传及广告品制作，作品著作权归广西南宁卷烟厂所有，真龙广告公司享有入围作品的使用权。征集启事中对广告语的创作要求、评选及奖励规则等做了明确规定。[②] 原告刘某的应征广告语获得入围奖。但原告表示未见到获奖公告，也没有获得奖金。征集活动结束后，广西南宁卷烟厂将原告的应征广告语做了部分修改，并将其用于各类广告和促销活动中。原告诉称两被告没有依据征集启事对其支付奖金，并且在双方没有签署著作权使用许可或转让合同，也未经其同意的情形下，擅自修改应征作品，并以广告宣传的形式将应征作品发表的行为侵犯了其著作权。

一审法院认为原告创作的应征广告语具有独创性，在创作完成之日原告即享有该广告语的著作权。被告刊登的征集启事是合同法意义上的要约邀请，因此，即使原告作品入围，原被告之间也不存在著作权转让的合同约定，不当然产生征集启事中声明的入围作品的使用权和所有权当然归被告所有的法律后果。并且，二被告在未与原告签订合同的情形下，将原告的入围作品进行改编和使用，侵害了原告针对入围作品的著作权，应当针对侵权结果承担连带责任。二审法院认为一审判决将征集广告语启事认定为要约邀请不当。真龙广告公司受广西南宁卷烟厂委托发布的广告语征集启事应认定为要约行为。刘某按照征集要求创作涉案作品，并且投稿时也没有对征集的各种约定提出不同意见，所以其应征行为实际上是对征集的承诺，至此，委托创作合同成立，涉案广告语应为委托作品。但同时二审法院还认为该合同应为附条件生效，只有作品被选为入围，并被公布获奖时合同才生效。

（2）总结与分析

涉案作品是否为委托作品以及如何判断著作权归属是该案件的主要争议所在。结合上

---

① 周冕：《对广告语著作权纠纷案件的审理》，载《人民司法》2005年第9期。

② 广西壮族自治区高级人民法院民事判决书，（2005）桂民三终字第3号。

述案例，笔者认为，判断是否为委托作品的关键是如何认定征集行为和应征行为的法律性质和委托创作合同的法律特征。

根据《民法典》中对于合同要约的规定，委托创作合同的要约，首先，应具有明确希望委托他人创作特定作品的意思表示，并且该意思表示应清晰、具体；其次，应明确表示一旦受要约人做出接受创作特定作品的承诺，要约人即应受其前述要约所列各项条件的约束，不得再行变更。在上述案件中，一审法院认为征集公告是向不特定人发出，不应被视为要约；而二审法院认为征集公告要求明确、指向具体，符合要约的构成要件。笔者同意二审法院的观点，征集公告如果已经表明征集的目的、所征集作品的内容、字数等技术要求、并对投稿地点及截止日期、评选及获奖规则等进行了详细说明，则应被视为清晰、具体地表达了希望委托他人进行特定作品创作的意思表示，符合法律规定的合同要约要件。至于能否对不特定人发出要约，法律并未作禁止性规定。并且《民法典》合同编在规定要约邀请时还特别提及符合要约条件的商业广告和宣传也构成要约。可见，要约并不一定仅可向特定人发出。

在征集活动中，应征人按照征集要求进行创作，并按规定将作品寄至征集人，则该应征行为便是同意征集人的要约，应该认定为承诺。应征作品一经确认接收，理论上即可认定该委托创作合同成立。一旦该应征作品根据征集公告中的评选规则被确认入围获奖，征集人应按约定支付奖金和奖品。

但是，如果征集文件中对于上述要求和规则规定得不细致、不明确，无法达到法律要求的要约构成要件，便会存在征集行为无法认定为要约的可能性，继而出现委托创作合同不成立的风险。在此情况下，征集人将拿不到征集公告中列明的作品著作权，使用应征作品也会出现侵权风险。

3. 针对北京冬奥组委进行征集活动的法律建议

根据著作权相关法律的一般原则，作品的著作权应归作者所有。如上所述，如果征集行为不被认定为委托创作的要约行为，则征集人与应征人之间的委托创作合同关系便不存在，征集人以在征集文件中已约定应征作品的知识产权归征集人所有来主张应征作品著作权的做法并不具备强有力的法律依据。鉴于上述案例分析，为保障奥运会相关财产的知识产权能完全归属于北京冬奥组委和国际奥委会，必须结合我国合同法和知识产权相关法律规定对应征文件的法律条款进行审慎设计。

首先，应在征集文件中对所征集作品的技术要求和标准进行详尽说明，对于征集评选及奖励规则，应征作品的知识产权权利归属等进行明确规定。无论作品征集行为的法律性质有何争议，毋庸置疑，征集行为是一种民事法律行为，在不违背法律强制性规定的前提下，行为人可以依照自己的意思表示决定其民事法律关系的设立、变更和终止。在已经明确知悉征集人对于征集作品权利归属处理方式的情形下，应征人仍决定参加应征活动应视为已经接受征集文件的要求和活动安排。

其次，尽量在征集文件中加入应征人可以做出明示同意遵守征集人相应安排的法律文件，以增加双方权利义务表示的法律效力。在 2022 年冬奥会及冬残奥会吉祥物征集、音乐作品征集、制服外观设计征集、颁奖服装设计征集等诸多征集活动中，征集文件中增加了应征人承诺书、法人及其他组织授权书等法律文件，以应征人承诺的形式对征集文件中的作品原创性、权利完整性、保密、针对征集文件的评选程序以及奖励办法等安排予以明示承诺确认，便是一个很好的体现。

此外，尽管上述法律文件已经通过明示同意的形式取得了应征人对作品知识产权归属的承诺，但对于需要进行知识产权转让的应征作品，还是建议能够签署正式的知识产权转让合同，明确、详尽地约定双方的权利义务。以北京 2022 年冬奥会和冬残奥会吉祥物征集活动为例，征集文件中规定应征方案被评为候选方案后，应征人需要与北京冬奥组委就相关知识产权等问题进行约定并签署书面法律文件。[①] 在签署相关法律文件时，对于应征作品的修改权、候选作品的限制使用、中选作品知识产权转让等问题均予以明确约定，避免了因知识产权归属不清带来的法律纠纷隐患。

① 《北京冬奥会和冬残奥会吉祥物设计征集文件正式发布》，载北京 2022 年冬奥会和冬残奥会组织委员会官网，https://www.beijing2022.cn/a/20180831/064703.htm。

奥林匹克财产权的合理使用

周　迪*

【内容摘要】出于市场开发和品牌保护的需要，对奥林匹克财产的保护是奥林匹克运动会筹办过程中最重要的工作内容之一，但奥林匹克运动的社会属性又一定程度上要求在对奥林匹克财产的保护过程中，应兼顾和平衡好经济利益与社会公益。因此，厘清奥林匹克财产权的合理使用制度与知识产权保护、隐性营销行为之间的关系，对完善奥林匹克财产权的保护意义重大。

合理使用有广义和狭义两层含义。从广义上理解，合理使用是指对特定财产权的使用是无须经过权利人许可且不被认定为侵犯权利人利益的使用行为；从狭义上理解，“合理使用”是一个专有名词，根据我国现行《著作权法》第24条规定，在特定情况下使用作品“可以不经著作权人许可，不向其支付报酬”且属于以非穷尽式列举方式划定的情形范围才属于合理使用范畴。本文从广义含义对奥林匹克财产权的合理使用进行分析，将奥林匹克财产的合理使用定义为非权利人无须经过权利人许可，依法以一定方式、在一定范围内使用奥林匹克财产的行为和制度，因此讨论内容会突破传统著作权范畴。

一、奥林匹克财产权与知识产权

根据《奥林匹克宪章》的定义，奥林匹克五环标志、会旗、格言、会歌、识别（包括但不限于“奥运会”和“奥林匹克运动会”）、标识、徽记、圣火和火炬，以及国际奥委会、国家（地区）奥委会和/或奥组委委托制作的与奥运会相关的音乐作品、音像作品或其他创造性作品或手工艺品，可单独或统称为“奥林匹克财产”。其中，会旗、格言、会歌和音乐作品、音像作品等符合著作权保护的一般客体范畴；奥林匹克五环标志、识别、标识、徽记等可起到识别商品或服务来源的作用，通常属于商标权的客体范围，圣火和火炬的造型设计则可能涉及外观设计专利或著作权的保护问题。因此，对奥林匹克财产权不仅可以通过《奥林匹克标志保护条例》（以下简称《奥标条例》）等专门法进行规范，也可以以知

---

* 周迪，女，中国政法大学在读硕士研究生，北京冬奥组委法律事务部赛时实习生。

识产权相关法律为依据。实践中确实如此操作，甚至知识产权保护是奥林匹克财产保护最重要的方式。

（一）奥林匹克与著作权合理使用

原《著作权法》列举了12项具体的合理使用情形，2020年修订的《著作权法》增加了第13项兜底条款。如前文提到，奥林匹克财产中的会旗、格言、会歌和音乐作品、音像作品等是著作权人具有独创性的创作，因此属于具体的作品类型，在著作权的保护范畴内，因此《著作权法》第24条非穷尽式列举的合理使用情形均适用于奥林匹克财产的合理使用。例如在评论、新闻报道中使用奥林匹克标志。各类媒体在进行新闻报道时使用奥林匹克标志，或在滑稽模仿中，文学艺术工作者通过一定的艺术手法引用奥林匹克会歌等财产来委婉表达自己的意见或合理的评论，只要不损害奥林匹克机构和奥林匹克运动的荣誉和形象，都应当认定为合理使用。

（二）奥林匹克与商标"合理使用"

当奥林匹克财产用于区分奥林匹克商品和服务与非赞助的普通商品与服务时，奥林匹克财产实际上就起到了识别来源的商标作用，如在运动商品包装上印有冬奥会会徽或吉祥物，就可能会被普通消费者认为是冬奥会特许商品。在商标制度中有指示性使用和描述性使用两种特殊列别的商标使用行为，虽然对特定商标进行了使用，但却不构成商标侵权。指示性使用是指为了说明自己的产品或者服务而使用他人的标志；描述性使用是指采用不具有显著性特征的表达方式使用商标。适用到奥林匹克财产上，就演化为经营者为了描述自己产品或服务的特点而使用奥林匹克财产，即描述性使用；经营者因使用涉及奥林匹克财产的产品作为自己产品的零部件，因而在自己的商品上提及或带有奥林匹克财产，即指示性使用。例如1980年，在"禁止奥林匹克监狱"（Stop the Olympic Prison，STOP）诉美国奥委会案中，原告散发了一种带有奥林匹克标志的海报，以此作为宣传手段并吸引公众的支持以反对政府将位于普莱西德湖（Lake Placid）的奥运村在奥运会结束后改造成为监狱。经过一系列的争论，法院最终通过判决确认STOP印发海报行为不构成对美国奥委会的商标侵权，因为这类使用也属于对奥林匹克财产的合理使用。

此外，商标中还有先用权制度。对一般商标而言，在申请商标注册时，如果存在在先使用人，在先使用人应该在法定期限内提出异议。即使不提出异议，只要能证明自己在商标注册之前早已将与别人申请注册的商标相同或近似的商标使用于其指定商品相同或类似的商品之上，则可以在原有范围内继续使用。但对奥林匹克标志而言，如果主办奥组委或其他权力机构并未对该奥林匹克标志进行商标注册，该奥林匹克标志仍然受到《奥标条例》等法律法规的保护，此时先前使用人并不存在异议的可能，所以应该允许适用"先前使用例外"，即先前使用人可以在原有范围内继续使用奥林匹克标志，但是不得注册相关商标。如国际数学奥林匹克竞赛，该竞赛使用"奥林匹克"字样早于奥林匹克运动，经过长期使用已经具有极强的显著性，一般公众不会将其与奥林匹克运动发生混淆误认。

二、合理使用与隐性营销之间的区分

隐性营销原本是一种营销传播的技巧，但在对奥林匹克财产进行强保护的要求下，奥林匹克领域的隐性营销通常是侵权主体非采取直接侵权，而是企图通过使其产品或服务引起消费者的不洁联想，误以为其与奥林匹克之间存在某种特殊联系。既能够增强市场对其商品或服务的信任度和评价，又避免对奥林匹克知识产权的直接侵权，这对赞助体系的同业竞争企业来说具有莫大的吸引力，因此隐性营销是奥林匹克财产保护过程中最为突出的问题，也是奥林匹克财产保护不能容忍的。但反隐性营销并不否认合理使用情形的存在，二者的制度设置目的是完全不同的。反隐性营销目的在于识别出不良竞争者的隐性营销行为，避免赞助商的利益被直接或间接侵害；而合理使用是保护正当的奥林匹克财产使用行为，强调其社会意义。

我国保护奥林匹克标志专用权的《特殊标志管理条例》《奥标条例》等法律法规并未对奥林匹克财产的合理使用进行规定。缺乏明确的奥林匹克财产合理使用制度使得奥林匹克财产权合理使用规则和标准难以统一，加之实践中相关部门过于强调国家和政府作出的奥林匹克财产保护承诺或国际形象、国际义务，导致实践中对奥林匹克财产权可能呈现一定程度的保护过度，一些明显属于合理使用的情况却被有关职能部门以反隐性营销为由认定为侵权。如中国财政经济出版社曾在2008年北京奥运会开幕前因为使用“奥运加油中国加油”字样而被法院直接认为侵权，而不考虑该使用行为是否会使公众误以为其与奥林匹克标志权利人之间存在某种特殊联系。

同时，与旧《奥标条例》相比，2018年6月28日修订的《奥标条例》扩大了奥林匹克标志保护范围和保护力度。其第6条将奥林匹克标志保护范围扩展到“与奥林匹克运动有关的元素”，而何为“与奥林匹克运动有关的元素”则没有规定。其第12条规定，“未经奥林匹克标志权利人许可，为商业目的擅自使用奥林匹克标志，或者使用足以引人误认的近似标志，即侵犯奥林匹克标志专有权”，而不论是否会误导公众，使公众误以为使用者和奥林匹克标志权利人存在赞助、支持等特殊关系。上述修订会强化公众和有关部门的认识，认为只要使用奥林匹克标志就构成侵权，这可能会给公众和有关经营者带来更多困扰，行政和司法部门在工作中也可能会有更多偏差。因此要注意隐性营销与合理使用之间的区别，二者并非冲突矛盾关系。

综上所述，奥林匹克财产权的合理使用应当同时受到知识产权和反隐性营销的双重限制，因此其合理使用的范围小于后两者，实际上在合理引入合理使用的条件下，保证了对奥林匹克标志更为严格和高标准的保护要求。

三、国际经验

自1896年首届奥林匹克运动会举办以来，各国已经对奥林匹克财产权的保护以及合理使用制度的适用积累了丰富的经验和启示。

在二战后业余体育蓬勃发展但又纠纷迭起的背景下，美国1998年修改通过《奥林匹克和业余体育法》，其中规定了一项例外条款成为奥林匹克标准合理使用的经典依据——“在1950年9月21日前已经合法使用奥林匹克标志的人可以在满足一定条件下继续使用奥林匹克标志”，即“祖父条款”（Grandfather Clause），类似于先用权在奥林匹克财产领域的延伸。同时还规定“不以商业目的进行宣传和教育的机构可以使用奥林匹克标志”，同时附带前提为“该使用行为不得损害奥林匹克标志权利人和第三方人的利益”。至此，美国奥委会依然拥有奥林匹克标志权的排他使用性，但这一权利不再是绝对的、垄断的。当符合某种特殊条件时，对应的特殊主体也可依法使用相关标志，奥林匹克影响力快速发展扩大。

澳大利亚在《悉尼2000年奥运会标记和形象保护法》引入合理人制度，对奥林匹克知识产权的界定、侵权认定、禁令救济三个制度层面使用了“合理人”的判断标准，符合特定标准的“合理人”在奥林匹克活动中的特定情形下，即使未经授权使用奥林匹克财产也不构成侵权，例如，合理人为传播奥林匹克信息，或研究、评论乃至批评的目的使用奥林匹克财产。

在英国，奥林匹克标志保护规则主要集中在1995年的《奥林匹克标志法》，该法第4条专门规定了奥林匹克标志合理使用的有关情形。该条规定，在新闻、艺术作品及法定程序中使用奥林匹克标志，即便未经授权也不构成侵权；当奥林匹克标志使用行为不足以引起个人、产品或服务与奥运会之间存在某种特定联系，可认定为合理使用。

四、合理使用的意义

毫无疑问，我们应该对奥林匹克财产权进行全面有效的保护，尤其是在我国知识产权制度完善和全民知识产权意识塑造的过程中，但也不可忽视对奥林匹克财产的合理使用。对奥林匹克财产的合理使用更多考虑社会意义，不能因为知识产权保护的需要导致奥林匹克财产被过度保护，从而影响知识产权保护体系的公平与正当性，扼杀社会公益事业对奥运的热情。因此需要在“强化奥林匹克财产保护”与“正当适用合理使用”之间实现利益平衡。这是对公众言论自由的宪法权利的遵守，也是知识产权保护利益平衡原则的要求。

奥林匹克知识产权保护的预防性措施

鹿　原* 　林艺婷**

【内容摘要】 采取预防性措施对奥林匹克知识产权进行保护具有必要性。为满足奥林匹克知识产权保护要求，可以采取多种预防性措施，包括推动有关立法，完善法律保护；依法合规进行知识产权确权；推动形成相关政策，如反盗播政策和户外广告控制政策；制定相关内部规则，如制定知识产权保护工作指导意见、有关标志非商业使用规则、“清洁场馆”工作实施意见，要求在相关合同中纳入无市场开发权条款；建立相关保护机制，如建立侵权和隐性营销线索监控和处理机制、反盗播工作机制；进行宣传教育和培训等。奥林匹克知识产权保护应与各国国内法相衔接，与一国国情相适应。

与一般民事侵权相比，知识产权侵权具有侵权行为实施较为便捷、成本低廉、侵权行为难以查实和损害后果极易扩大等特点，传统知识产权保护方式以司法保护和行政保护为主导，偏重于事后保护。与传统知识产权保护相比，奥林匹克知识产权保护更偏重事前的预防性保护和事中保护。原因在于国际奥委会极重视品牌效应，秉持快速解决、减小负面影响等理念，尽可能在事前做好保护和培训、充分防范，事中积极协调沟通、快速处理、减小影响，即使事后涉及知识产权纠纷，也多通过事前建立的简易可行的特殊机制进行解决。

一、采取预防性措施的必要性

（一）奥林匹克知识产权保护的价值要求

奥林匹克五环图案标志被视为世界上最具认知度的品牌。作为权利人，国际奥委会极为看重品牌价值，站在奥林匹克品牌持续性、整体性和统一性①的高度，对包括奥林匹克五

* 鹿原，女，研究生学历，人权法学、知识产权与技术法双硕士，北京冬奥组委法律事务部权益保护处项目工程师、张家口山地新闻中心运行团队权益保护业务领域经理。

** 林艺婷，女，中国政法大学在读硕士研究生，北京冬奥组委法律事务部赛时实习生。

① 杨晋：《奥运会财产在主办国之外的保护》，载微信公众号“吹 IP”2019 年 3 月 14 日，https://mp.weixin.qq.com/s/x6hx4zhN1anRi_c_aioHpA。

环图案标志在内的奥林匹克财产的知识产权保护要求极为严格。基于严格保护的目的，结合历届办奥经验，国际奥委会建立起一套严格高效的管理机制，从事前、事中和事后等各流程阶段，对奥林匹克知识产权的保护给予全面且细化的管理和监督。

除了严格的保护要求，国际奥委会还崇尚效率为先，更倾向于事前采取预防性措施或者事中快速解决，而不是在事后进行“补救”。此外，为了保持良好声誉，防止品牌“被污染”，国际奥委会更加倾向于采取事前和事中的预防和解决措施。其中，国际奥委会要求采取的各种预防性措施包括全面确权，形成相关政策、内部规则和保护机制，宣传教育等，从前期、源头上避免知识产权侵权案件的发生。

（二）奥林匹克知识产权保护规则的特殊要求

1. 奥林匹克知识产权保护规则在知识产权确权方面要求严格

无论从传统知识产权保护层面，还是奥林匹克知识产权保护层面，首先都需要对相关知识产权进行确权，这本身就属于一种预防性措施。

国际奥委会对奥林匹克知识产权确权方面的保护要求十分严格。根据《奥林匹克宪章》和《主办城市合同》，国际奥委会要求北京2022年冬奥会和冬残奥会保护两类财产，分别为奥运会和奥林匹克财产。国际奥委会对奥运会的财产权益主要体现为对奥运会的组织、市场开发和转播权。奥林匹克财产又可以分为两类：一类是国际奥委会的传统财产，如奥林匹克五环图案标志、奥林匹克旗帜、格言、会歌、徽记和“奥运会”“奥林匹克”“奥林匹亚”等称谓；另一类奥林匹克财产是国际奥委会授权奥运会的申办委员会和组织委员会在申办和筹办过程中创作的各种创意类成果，如冬奥会的会徽、吉祥物、歌曲、口号、火炬、奖牌、图片、官方电影、纪念钞和邮票等。上述需要保护的都是无形财产，是广义上的知识产权。无论是在签署的合同中，还是沟通交流的口径中，国际奥委会一般采取“定义＋列举＋兜底”的方式，尽可能全面地扩大奥林匹克知识产权的客体保护范围。①

具体在上述知识产权归属方面，国际奥委会要求与奥运会相关的所有知识产权均归国际奥委会所有，国际奥委会在全球范围内永久拥有与之相关的所有权利和数据。② 在《主办城市合同》存续期间，国际奥委会一般会将与该届奥运会相关的知识产权以转让或者许可使用等方式转交给奥组委，③ 也会根据实际需要授权主办城市、国家（地区）奥委会或者奥组委创造、开发或者使用有关知识产权，④ 但是要求有关主体严格遵守《主办城市合同》

---

① 比如，在某份合同模板中，国际奥委会要求“知识产权”应当涉及并包括：（1）著作权，专利权，数据库权，商标权，以及设计、专门知识和保密信息的权利（不论是否已注册）；（2）申请注册及申请注册上述任何权利的权利；（3）其他知识产权及全球任何地方存在的同等或类似形式的保护；以及（4）上述权利的更新（renewals）、归复（reversions）和续展（extensions）。

② 参见《主办城市合同》第41（a）条。

③ 参见《主办城市合同》第41（c）条。

④ 参见《主办城市合同》第41（d）条。

等相关约定，特别是符合国际奥委会关于保护奥林匹克知识产权的严格要求，确保需要注册的所有奥林匹克知识产权（包括著作权、商标或外观设计专利等，视情况而定）在主办国进行有效注册。[①] 同时，以奥组委或者国家（地区）奥委会名义进行保护的，有关主体应当在举办奥运会当年的12月31日前，将主办国内的所有奥林匹克知识产权全部免费且不受任何限制地转让给国际奥委会。[②]

2. 奥林匹克知识产权保护规则对采取预防性措施的需要

（1）采取预防性措施能够有效防范和制止侵权和隐性营销行为

国际奥委会极其重视保护奥林匹克知识产权的一个表现是积极采取各种措施（如侵权和隐性营销线索搜集、举报和处理机制）防范和制止侵权和隐性营销行为。作为奥林匹克知识产权保护的特殊规则，“隐性营销”是指故意或者非故意造成与奥林匹克运动和奥林匹克运动会之间虚假或者未经授权的商业联系的行为。为更加有效且高效地防范和制止侵权和隐性营销行为，禁止、限制和规范涉奥行为和活动中的商业因素，奥林匹克知识产权保护规则要求采取与执法机关和潜在侵权方（如非持权互联网平台）等主体之间建立沟通和快速解决机制、宣传教育等预防性措施。

（2）非商业使用有关标志的许可制度属于预防性措施

非商业使用制度是奥林匹克知识产权保护的独特制度。为防范侵权和隐性营销行为，要求机关法人、基层群众性自治组织法人、事业单位等非营利法人或者组织，需经国际奥委会或者奥组委事先许可后，方可不以营利为目的、在非商业活动中使用奥林匹克有关标志。奥林匹克知识产权保护规则要求建立的这种旨在进行事前审查的事先许可制度也属于预防性措施。

（3）采取预防性措施能够确保其他特殊规则顺利实施

除上述规则外，国际奥委会针对奥林匹克知识产权保护还“发明”了一些特殊规则，如户外广告控制、“清洁场馆”以及防范和制止未经授权转播、报道和展示奥运会的行为（特别是赛时线上盗播行为）等。为确保这些规则的顺利实施，从前期、源头上避免发生奥林匹克知识产权侵权案件，更好保护相关权利，上述奥林匹克知识产权保护规则同样对采取全面确权，形成相关政策、内部规则和保护机制，宣传教育等各种预防性措施有所要求。

---

① 参见《主办城市合同—运行要求（2016）》RPP03—许可与注册。对于奥林匹克知识产权的国际保护，国际奥委会作为奥林匹克运动的领导机构，负责在主办国境外对奥林匹克知识产权进行保护，比如实践中，国际奥委会一般需要在全球超过90个国家（地区）对一届奥运会的会徽进行商标注册，参见杨晋：《奥运会财产在主办国之外的保护》，载微信公众号“吹IP”2019年3月14日，https://mp.weixin.qq.com/s/x6hx4zhN1anRi_c_aioHpA。

② 参见《主办城市合同》第43条。

二、采取预防性措施以满足奥林匹克知识产权保护要求

（一）推动有关立法，完善法律保护

在申办冬奥阶段，我国政府就向国际奥委会做出了加强奥林匹克知识产权保护立法的庄严承诺。在《申办报告》中，我国政府承诺，将根据国际奥委会的具体要求，有针对性地制定和颁布保护国际奥委会权益的法律法规，有效保护奥林匹克知识产权，防范和整治隐性营销行为。[①] 在获得了北京2022年冬奥会和冬残奥会的主办权后，我国政府与国际奥委会签署的《主办城市合同》也对奥林匹克财产保护和反隐性营销行为提出了详细而明确的要求。

但是传统知识产权法从国际条约细化到国家立法，保护客体仅限于著作权、专利权、商标权等内容，无法完善而周延地保护奥林匹克知识产权的全部内容。例如，按照传统知识产权保护规则，奥林匹克知识产权如会徽印鉴（主办城市加年份），就超出了保护的范围。再加上国际奥委会对于权益保护的要求还包括了对隐性营销、"清洁场馆"、户外广告控制和线上盗播等方面的相关规制，这些都超出了传统知识产权法的规制范围，因此产生了专门立法或者修改相关法律以完善法律保护的需求。

国务院2002年颁布的《奥林匹克标志保护条例》（以下简称《奥标条例》）是我国奥林匹克知识产权专门立法的"开山之作"，对北京2008年奥运会有特色、高水平的成功举办起到了重要法律保障作用。[②] 北京2022年冬奥会和冬残奥会申办成功后，为履行申办承诺、满足筹办工作的现实需要，在北京冬奥组委的协调推动下，《奥标条例》的修订工作于2016年启动，并于2018年完成。[③] 修订后的《奥标条例》扩大了奥林匹克标志及其权利人的范围，完善了确认和许可程序，增设了有效期和续展程序，加大了行政处罚力度，并对利用涉奥元素进行隐性营销的不正当竞争行为进行了规制。[④] 相应地，2019年修订的《中华人民共和国反不正当竞争法》（以下简称《反不正当竞争法》）同样为防范和制止涉奥隐性营销行为提供了法律依据。[⑤]

现在，《中华人民共和国民法典》（以下简称《民法典》）、《中华人民共和国著作权法》

---

① 参见《北京2022年冬奥会和冬残奥会申办报告》（第1卷），第40、43页。

② 李富莹：《贯彻落实〈奥林匹克标志保护条例〉奉献精彩、非凡、卓越的北京冬奥盛会》，载北京冬奥组委法律事务部主编：《〈奥林匹克标志保护条例〉及相关解读材料》，第16～17页。

③ 《奥标条例》（2002年2月4日中华人民共和国国务院令第345号公布，2018年6月28日中华人民共和国国务院令第699号修订），载中华人民共和国中央人民政府官网，http://www.gov.cn/zhengce/content/2018-06/30/content_5302468.htm。

④ 《奥标条例》第6条规定："除本条例第五条规定外，利用与奥林匹克运动有关的元素开展活动，足以引人误认为与奥林匹克标志权利人之间有赞助或者其他支持关系，构成不正当竞争行为的，依照《中华人民共和国反不正当竞争法》处理。"

⑤ 《反不正当竞争法》第6条规定，经营者不得实施足以引人误认为是他人商品或者与他人存在特定联系的混淆行为。

（以下简称《著作权法》）、《中华人民共和国商标法》（以下简称《商标法》）、《中华人民共和国专利法》（以下简称《专利法》）、《特殊标志管理条例》以及新修订的《反不正当竞争法》和《奥标条例》，形成了完整的法律保护体系，从立法层面充分满足国际奥委会关于奥林匹克知识产权保护的要求，也能够很好地从预防性角度对奥林匹克知识产权进行保护。

（二）依法合规进行知识产权确权

依法合规进行知识产权确权本身就属于一种预防性措施。根据国际奥委会要求，结合工作实际，北京冬奥组委会在与相关方通过约定明确知识产权归属、确保相关知识产权无瑕疵后，选择合适方式对相关知识产权进行确权保护。

1. 与相关方通过约定明确知识产权归属

国际奥委会对奥林匹克知识产权归属有明确要求，而奥林匹克知识产权的产生需要由具体人员落实完成，因此，北京冬奥组委会与相关创作者通过具体合同中的知识产权条款对相关奥林匹克知识产权的权属进行约定，以明晰权属、避免争议。

2. 确保相关知识产权无瑕疵

为满足国际奥委会有关要求，确保相关知识产权无瑕疵，一方面，北京冬奥组委会在相关合同中与相关创作者约定，或者要求相关创作者通过签署承诺函等方式承诺相关知识产权无瑕疵，包括通过做出原创性承诺以确保相关知识产权的原创性，以及通过承诺使用第三方素材已经许可、保证相关权利人的法定权利等方式确保相关知识产权不侵犯他人权利；另一方面，为了做好重要涉奥知识产权的法律风险防控工作，在进行确权之前，会与各相关业务部门进行密切配合，组织对重要涉奥知识产权有关方案的查重结果进行专业分析，排除法律风险，确保相关知识产权无瑕疵，防患于未然。

3. 选择合适方式进行保护

为满足国际奥委会有关要求，同时兼顾“廉洁办奥”理念，北京冬奥组委还结合我国法律法规，选择最为合适的保护方式，做好有关商标和专利申请、提交奥林匹克和残奥会标志公告、特殊标志登记申请和著作权登记等工作。

实践中，北京冬奥组委先后就“北京2022”中英文专有名称、冬奥会和冬残奥会的会徽、吉祥物在中国境内进行了全类商标注册申请，已有450件核准注册；向国家知识产权局提交了涉及冬奥会、冬残奥会会徽的14件外观设计专利申请，均获得专利授权；就“北京2022”，冬奥会、冬残奥会的会徽、吉祥物，体育图标，火炬造型以及文化教育等二级标志向国家知识产权局提交奥林匹克和残奥会标志公告申请，已公告71件；完成“冬奥”、“冬奥会”和“北京冬奥组委”等17件特殊标志的登记，取得了特殊标志登记证书；在中国版权保护中心完成了冬奥会、冬残奥会的会徽和吉祥物等4个作品的著作权登记。

（三）推动形成相关政策、内部规则和保护机制

1. 推动形成相关政策

（1）反盗播政策

2008年北京奥运会举办前夕，国家版权局、工业和信息化部、国家广播电影电视总局出台了《关于严禁通过互联网非法转播奥运赛事及相关活动的通知》，取得了很好的防范和打击盗播行为的效果，得到了国际奥委会的高度评价。为防范和制止未经授权转播、报道和展示北京2022年冬奥会和冬残奥会的行为（特别是赛时线上盗播行为），北京冬奥组委参与推动国家市场监管总局、国家知识产权局出台《北京2022年冬奥会和冬残奥会奥林匹克标志知识产权保护专项行动方案》，推动中宣部版权管理局等六部委联合出台《关于开展冬奥版权保护集中行动的通知》，对防范和打击相关领域知识产权侵权行为做出全面部署，禁止在赛时非法转播奥运和残奥节目。

（2）户外广告控制政策

赛时主办城市内未经管控的市场开发和广告活动会侵犯市场开发合作伙伴的合同权益，削弱奥林匹克市场开发的价值，有损主办城市的形象，并削弱奥林匹克品牌价值。因此国际奥委会也十分看重对主办城市的户外广告控制。

户外广告控制政策涉及户外广告控制的时间区间、控制区域、控制程度、控制内容等。以北京2008年奥运会为例，2007年7月27日，北京市第十二届人民代表大会常务委员会第三十七次会议通过《关于为顺利筹备和成功举办奥运会进一步加强法治环境建设的决议》，授权北京市人民政府可以针对户外广告控制问题采取临时性行政管理措施，制定临时性政府规章或者发布决定。北京市人民政府根据上述决议，于2008年6月10日通过发布《关于2008年北京奥运会残奥会期间采取户外广告临时控制措施的通告》，制定了针对北京2008年奥运会和残奥会赛时的北京市相关户外广告控制区域采取的临时控制措施。北京市市政管理委员会也依据该通告发布了一系列通知，针对临时控制措施的执行、公共汽车电车车身广告、赞助商广告相关内容制定了具体执行规定，如2008年7月2日出台的《关于奥运会残奥会期间采取户外广告临时控制措施的通知》（京政管函〔2008〕489号），2008年6月25日出台的《关于依法查处利用违规户外广告设施发布奥运赞助商广告的通知》（京政管函〔2008〕564号）等。

为做好北京2022年冬奥会和冬残奥会户外广告控制工作，北京冬奥组委和有关职能部门协商，参照2008年的成功经验，推动出台了符合现阶段我国法律环境的相关政策，例如张家口市城市管理委员会办公室于2022年1月5日发布的《关于北京2022年冬奥会和冬残奥会期间采取户外广告临时控制措施的通告》（张城管办字〔2022〕1号），北京市人民政府于2022年1月14日发布的《关于北京2022年冬奥会和冬残奥会期间对广告设施采取临时管理措施的通告》（京政发〔2022〕3号）等。

2. 制定相关内部规则

（1）知识产权保护工作指导意见

为加强自身建设，防范法律风险，进一步规范知识产权工作，确保所有知识产权事项都有法律文件支撑，在前期工作基础上，北京冬奥组委结合国际奥委会、国际残奥委会具体要求，制定了《北京 2022 年冬奥会和冬残奥会组织委员会关于进一步加强知识产权保护工作的指导意见》及配套的《关于进一步加强知识产权保护工作的实施导则》，以规范性文件形式印发执行，针对工作中发生频率比较高或者比较重要的七大类情形，对涉及的知识产权工作进行了规范。

（2）有关标志非商业使用规则

非商业使用是国际奥委会在 2012 年伦敦奥运会后推出的新规则，目的在于在防范侵权和隐性营销行为的前提下，扩大奥林匹克运动的影响和推动公众的更广泛参与。对于北京冬奥会来说，非商业使用规则的制定是一个全新的挑战，没有 2008 年的经验，几乎没有先例可循。2019 年，北京冬奥组委发布了《北京 2022 年冬奥会和冬残奥会有关标志非商业使用规则》（以下简称《非商规则》），[①] 明确了政府机构、社区组织、事业单位等非商业实体使用北京冬奥组委有关标志的适用主体、许可范围、申请流程、违规后果等内容，为落实“共享办奥”理念，弘扬奥林匹克精神，鼓励社会公众积极参与冬奥会筹办工作，起到了积极作用。

（3）“清洁场馆”工作实施意见

“清洁场馆”是国际奥委会、国际残奥委会对场馆在特定时间段商业展示的一种限制性政策，要求在北京冬奥会开幕式前 2 周到北京冬残奥会结束后 3 日内，所有场馆及其周边区域不得出现未经国际奥委会、国际残奥委会许可的商业展示。为做好“清洁场馆”工作，北京冬奥组委印发了《北京 2022 年冬奥会和冬残奥会组织委员会关于开展“清洁场馆”工作的实施意见》，制定规范、统一的“清洁场馆”工作标准，明确各场馆运行团队、各业务领域、各场馆业主单位和属地政府的主要工作职责和完成工作任务的时间节点，确保工作的可执行性、系统性和协同性，保障高效有序完成“清洁场馆”各项工作。

（4）要求在相关合同中纳入无市场开发权条款

除了知识产权条款，北京冬奥组委在签署的每份合同中都纳入了无市场开发权条款，限制未从北京冬奥组委获得相关市场开发权利的第三方将其自身或其产品和服务与奥运会相关联或发布其与奥运会存在关联的任何声明，[②] 对未经许可使用涉奥知识产权或者与之产

---

① 《非商规则》，载北京 2022 年冬奥会和冬残奥会组织委员会官网 2019 年 10 月 29 日，https://www.beijing2022.cn/rpps/UncommercialUse.htm。《非商规则》第 3 条对“非商业使用”含义进行了界定：“非商业使用有关标志，是指不以营利为目的、在非商业活动中使用有关标志的行为。”

② 参见《主办城市合同—运行要求（2016）》RPP 09—“无市场开发权”条款。

生关联的行为进行限制，以更好地保护涉奥知识产权，保护市场开发合作伙伴权益，防范侵权和隐性营销行为。

3. 建立相关保护机制

（1）建立侵权和隐性营销线索监控和处理机制

为防范针对奥林匹克知识产权的侵权行为，北京冬奥组委法律事务部和市场开发部十分关注使用北京冬奥会知识产权及相关权益的动态，接受社会各界和北京冬奥组委各部门提供的侵权行为线索，分别建立线索收集机制，及时固定相关证据。原则上，对于商业主体未经许可使用北京冬奥会知识产权的，由市场开发部负责处理；对于非商业主体未经许可使用北京冬奥会知识产权的，由法律事务部负责处理。如非商业主体组织的活动中涉及商业主体的侵权行为，或者法律事务部认为监控到的侵权行为线索需要移交执法部门处理的，法律事务部将相关证据材料及时移交市场开发部，由市场开发部自行解决或者请求执法机关进行处理。法律事务部对收到的各种侵权线索及时进行分析筛选，定期向市场开发部移交有价值的线索。两个部门密切配合，工作开展非常顺利。

（2）反盗播工作机制

为做好防范和打击非法转播工作，北京冬奥会沿袭北京2008年奥运会的做法，推动成立了新闻宣传工作协调小组，由国家版权局牵头，国家广播电影电视总局、国务院新闻办公室、工业和信息化部、央视国际网络有限公司和北京冬奥组委共同完成有关工作，通过该机制尽量在事前解决有关问题，以预防盗播行为的发生。

（四）思想意识方面注重宣传教育和培训

加强宣传教育和培训是保护奥林匹克知识产权卓有成效的预防性措施。有针对性的宣传教育和培训是向利益相关方传授市场开发和权益保护知识的有效方式，用于防范和制止侵权和隐性营销行为，增强核心受众的意识，让他们更加深刻地认识到奥林匹克知识产权保护对于赛会成功举办、支持运动员以及奥林匹克运动未来发展的重要性。在理解“预防是最好的打击”这一原则的基础上，北京冬奥组委不断完善对公众、执法机关、北京冬奥组委其他业务领域和赞助企业等各利益相关方的宣传教育和培训，在思想意识方面强化各利益相关方对奥林匹克知识产权的保护意识。

宣传教育和培训活动通常以两种方式进行：一种是通过强化关键信息，“正面防范”侵权和隐性营销行为；另一种是通过处理并曝光严重的侵权和隐性营销行为，“反面震慑”潜在的侵权和隐性营销行为。

从实际操作的角度来看，通过开展各类培训活动、针对利益相关方举办讲座、联络新闻媒体进行宣传报道等方式，可以达成“正面防范”的效果，即告知利益相关方“为”或“不为”的界限。例如，北京冬奥组委针对一般受众、新闻媒体、国家（地区）奥委会、国家（地区）残奥委会、行政执法机关、非赞助企业和场馆业主单位、非营利法人或者组织、工作人员和志愿者等主体，形成并发布《北京2022年冬奥会和冬残奥会权益保护指南》，对奥林匹克知识产权的保护进行了细致通俗的宣传普及。[①] 又如，权益保护业务领域也在工作过程中，针对不同阶段（例如赛前、赛时等）、不同主体（如内部工作人员、利益相关方、社会大众等），通过不同方式（如出文、回文、与各利益相关方进行线上或者线下交流、培训座谈、模拟演练等）的培训，进行奥林匹克知识产权保护的宣传教育和培训。

通过与相关执法机关和新闻媒体的沟通协作，对严重侵犯奥林匹克知识产权的违法行为的宣传报道，也可以达成"反面威慑"的效果，即警示潜在利益相关方侵犯奥林匹克知识产权将会承担严重后果，从而预防侵权和隐性营销行为的发生。

三、评价和思考

（一）采取相关预防性措施对保护奥林匹克知识产权的好处

1. 注重事前预防，能够有效保护奥林匹克知识产权，普及保护意识，保护并维持奥林匹克的品牌价值，防止品牌淡化。

2. 采取的各种预防性措施很务实，能够充分适应奥运会办赛情况，满足奥林匹克知识产权保护的需求。

3. 使奥林匹克知识产权保护体系更加完整周延，经过一段时间的发展，能够成为"他山之石"，为其他相关主体、相关体育赛事的知识产权保护工作提供经验借鉴。

（二）相关反思

尽管奥林匹克知识产权存在一定的特殊性，但知识产权保护需要与各国国内法相衔接，与一国国情相适应，"因地制宜"，否则难以在实践中有效执行。

1. 奥林匹克知识产权保护需与一国法律法规相衔接

在奥林匹克知识产权保护规则"落地"的过程中，出现了一些与我国法律法规不相适应的情况，需要通过推动有关立法或者制定内部规则的方式对有关知识产权进行保护。

首先，奥林匹克知识产权保护规则所指"知识产权"本身，就已经远远超出了我国传统知识产权法的规制范围。以"主办城市+年份"这一保护对象为例，并不符合我国知识产权法尤其是《商标法》对权利客体的条件要求[②]。虽然《奥标条例》将其纳入规制范围，但是奥林匹克标志和残奥会标志属于权利人就《奥标条例》规定的客体所享有的专有的权利，而不属于我国《民法典》第123条第2款第8项规定的"法律规定的其他客体"，因此，奥林匹克标志和残奥会标志从严格意义上来讲也并不属于我国知识产权保护的客体。

① 《北京2022年冬奥会和冬残奥会权益保护指南》，载北京冬奥组委官方网站，https://www.beijing2022.cn/wog.htm?cmsid=EYS2021081100660700。

② 参见《商标法》第10条。

不过正是因为推动产生了《奥标条例》，方能使其受到我国法律法规保护，再加上《非商业使用规则》，使这类奥林匹克知识产权保护规则能够很好地在我国“落地”。

再如非商业使用规则。我国《专利法》、《商标法》和《奥标条例》等法律法规规制的是“为生产经营目的”①，或者“在生产经营活动中”② 或者“为商业目的”③ 的商业使用行为，并未对非商业使用行为进行规制。虽然《著作权法》对著作权的侵权判定并不以相关行为是否具有商业营利目的为构成要件，但是总体来说，尤其是对于涉奥有关标志来说，国际奥委会对非商业使用行为的管控要求对于适用传统知识产权法的国家有一定挑战，奥组委就相关权益保护问题与社会相关主体进行沟通时也会面临诸如“缺少法理支持”等困难。从另一个角度来看，其实并没有绝对“纯粹”的“非商业使用”概念，知识产权使用行为一定会存在赞助之类的商业因素，也就存在隐性营销的风险。因此，为严格达到限制和规范相关商业因素的管控目的，除了要对非商业使用申请进行审批，还需要要求非商业主体对其非商业使用行为进行承诺，并需要对活动进行实时监督，否则极易出现侵权和隐性营销行为。而仅仅依靠传统知识产权法并不能够满足上述对非商业使用行为的规制要求，因此，奥组委需要推动有关立法，或者通过制定内部规则的方式，以达到国际奥委会对非商业使用行为的规制目的。

2. 奥林匹克知识产权保护需与一国国情文化相适应

在奥林匹克知识产权保护规则“落地”的过程中，也出现了一些与我国国情文化不相适应的情况，给相关工作的推进造成了一定困难。

一方面，奥林匹克知识产权保护规则在某些层面可能过于严苛。例如，反隐性营销制度规制的是所有与奥林匹克运动和奥林匹克运动会之间产生虚假或者未经授权的商业联系的行为，比我国传统的防止侵权制度在要求上更为严苛；又如，“清洁场馆”的要求在某种程度上也是反隐性营销制度的外部延伸，要求赛时在奥林匹克场地内都不能出现未经授权的商业展示，甚至细致到极微小的制造商标志，处理起来难免费时费力，可能存在保护过度的问题。

另一方面，国际奥委会的有关要求或者要求采取的规制方式也会有些“水土不服”。例如，国际奥委会提倡通过发律师函的方式解决纠纷，这种方式在我国却不太适合、收效甚微；又如，户外广告控制政策对城市相关利益主体的影响过大，针对奥运会这一短期赛事的全方位、宽领域的商业展示规制，也可能存在保护过度的问题。

但是，我国为履行国际承诺、遵守合同义务，还是采取相关措施，尤其是预防性措施，将国际奥委会的有关要求完美“落地”，既展现出我国履约守诺的大国形象，又体现出我国法治能力和法治体系的长足进步。

---

① 《专利法》第11条。

② 《商标法》第4条。

③ 《奥标条例》第4、5条。

涉冬奥影视化知识产品的知识产权保护规则研究

鹿　原*

【内容摘要】 国际奥委会非常重视奥林匹克这一品牌价值，要求北京冬奥组委对自行制作、委托制作或者许可相关方制作的涉冬奥影视化知识产品的知识产权进行保护，包括明确涉冬奥影视化知识产品的知识产权权属，确保与它们相关的权利无瑕疵，并对未经许可使用相关知识产权的行为进行限制。

在筹办和举办北京2022年冬奥会和冬残奥会（以下简称赛事）过程中，北京2022年冬奥会和冬残奥会组织委员会（以下简称北京冬奥组委）基于教育培训、宣传推广等目的，会自行制作、委托制作或者许可相关方制作一些包含冬奥元素的影片、视频等，比如，围绕“冬奥”名称、吉祥物等冬奥元素创作的电影、电视剧，或者是介绍冬奥知识的宣传视频等，我们统称它们为“涉冬奥影视化知识产品”（以下简称该等知识产品）。

国际奥委会非常重视奥林匹克这一品牌价值，要求北京冬奥组委对该等知识产品的知识产权进行保护，一般应当至少包含以下内容：一是明确该等知识产品的知识产权权属；二是确保与该等知识产品相关的权利无瑕疵；三是对未经许可使用相关知识产权的行为进行限制。

一、明确该等知识产品的知识产权权属

关于该等知识产品的知识产权归属，我们首先需要判断其属于北京冬奥组委自行制作、委托制作，还是许可相关方制作中的哪一种情形，再根据该种情形下的相关规则，结合具体情况进行具体分析。关于北京冬奥组委自行制作、委托制作和部分许可制作的该等知识产品，一般情况下，国际奥委会要求应当取得相关知识产权。但是对于部分北京冬奥组委许可制作的该等知识产品，知识产权归属首先需要结合具体情况进行研判。

* 鹿原，女，研究生学历，人权法学、知识产权与技术法双硕士，北京冬奥组委法律事务部权益保护处项目工程师、张家口山地新闻中心运行团队权益保护业务领域经理。

（一）关于北京冬奥组委自行或者委托制作的该等知识产品

1. 国际奥委会要求应当取得相关知识产权

北京冬奥组委各部门在工作中，可能会根据业务领域工作需要或者工作人员特长，安排工作人员创作并产生该等知识产品；也可能会基于教育培训、宣传推广及业务领域其他工作需求，委托委外单位或者人员创作并产生该等知识产品。上述北京冬奥组委自行或者委托制作的该等知识产品与赛事密切相关，属于在筹办、举办赛事过程中形成的与赛事直接相关的创意类成果，根据《奥林匹克宪章》和《主办城市合同》，是奥运会相关财产，属于奥林匹克财产，原则上应当归国际奥委会独家所有。

但是由于很多项目的宣传范围和对象主要在国内，很多相关权利人也是国内主体，国际奥委会对我国法律和国情的了解不足以支撑其直接保护和管理相关权利，因此，为便于更好地进行权益保护和宣传，对于那些主要供北京冬奥组委在筹办赛事期间使用的该等知识产品，国际奥委会在办赛前期与北京冬奥组委根据《主办城市合同》等相关规定，约定原则上由北京冬奥组委在筹办赛事期间以其自身名义对上述知识产品进行知识产权保护，但应在2022年12月31日前将所有相关权利全部免费且不受任何限制地转让给国际奥委会。

赛事筹办中，国际奥委会对其十分关注的该等知识产品（如官方电影），一般会直接与被委托方和北京冬奥组委签署三方协议，约定该等知识产品及其相关的全部知识产权由国际奥委会在全球范围内不受限制地独家所有。对于要求相关知识产权在特定时间和范围内归属于北京冬奥组委的该等知识产品，为避免产生权利争议，国际奥委会要求北京冬奥组委与有关权利人签署相关法律文件，如合同、承诺书、自愿使权利受到限制的文件等，以保证北京冬奥组委有合法、充分的权利取得知识产权并风险最小化地使用。相关约定不仅需要符合我国法律法规的有关规定，还需要满足国际奥委会的相关要求，是北京冬奥组委法务审核工作的重要内容之一。

2. 我国法律法规无相反规定

北京冬奥组委委托制作的该等知识产品，属于《中华人民共和国著作权法》（以下简称《著作权法》）第19条规定的“受委托创作的作品”，其著作权归属由委托人北京冬奥组委和受托人通过合同进行约定。因此，为符合国际奥委会对相关知识产品知识产权归属的要求，北京冬奥组委可以通过合同与制作方约定该等知识产品的著作权属于北京冬奥组委。

北京冬奥组委自行制作的该等知识产品，是北京冬奥组委或者各业务领域出于工作需要而安排北京冬奥组委的工作人员进行制作的，工作人员代表北京冬奥组委的意志进行创作，北京冬奥组委在整个过程中是主导者和组织者的角色，全方位把控着创作过程，因此该等知识产品应当属于《著作权法》第11条第3款规定的法人作品,[①] 而不属于第18条规定的“自然人为完成法人或者非法人组织工作任务所创作”的职务作品。北京冬奥组委作为该等法人作品的作者，自然享有相关知识产权，符合国际奥委会对相关知识产品知识产权归属的要求。即使实践中可能因为难以对“该等知识产品属于法人作品”进行证成而难以直接、当然地享有该等知识产品的知识产权，北京冬奥组委也可以通过委托创作的方式，与制作者等相关方约定该等知识产品的权利归属。

3. 北京冬奥组委工作实践

（1）保护形式

对于北京冬奥组委委托制作的该等知识产品，为符合国际奥委会相关要求，同时根据我国法律法规规定，工作实践中，为确保依法对该等知识产品享有完整的知识产权，避免知识产权侵权风险，北京冬奥组委会自行或者根据国际奥委会要求，考虑该等知识产品的具体情况，与相关权利人就该等知识产品知识产权相关事项进行约定。一般情况下，我们会选择与受托人通过合同方式进行约定，同时通过承诺函等法律文件对相关权利人进行约束，确保北京冬奥组委或者国际奥委会拥有该等知识产品完整的、无瑕疵的知识产权。

对于北京冬奥组委自行制作的该等知识产品，根据我国法律法规规定，此类该等知识产品一般属于法人作品，北京冬奥组委作为作者，自然享有该等知识产品的相关知识产权，无须就该等知识产品的知识产权归属问题进行约定。但是为确保北京冬奥组委对该等知识产品依法享有完整的知识产权，避免因约定不明产生争议，为筹办工作带来负面影响，北京冬奥组委一般会要求各部门安排参与或者可能参与创作的工作人员签署相关法律文件。根据人员类别，具体而言，针对受薪人员及赞助企业派驻北京冬奥组委的全职工作人员，一般会采取承诺函的方式，要求该类人员统一签署，或者在实际创作前，要求具体创作人员签署；针对志愿者，考虑其体量较大、情况复杂，无论是否进行创意类工作，都需要与他们就知识产权问题进行约定，根据志愿者招募工作安排，志愿者需要统一签署相关法律文件，在该法律文件中会同时约定相关知识产权的权利归属；针对合同商驻场人员，同样需要就其参与创作的该等知识产品的知识产权相关问题，采取合适方式与其通过法律文件进行约定。

（2）约定内容

一般情况下，相关约定内容包括：

一是相关方需要确保该等知识产品及因制作该等知识产品产生的全部内容（包括但不限于完整的该等知识产品及其中全部内容、素材、组成部分，以下简称服务成果）的著作人身权（包括但不限于发表权、署名权、修改权、保护作品完整权等），著作财产权（包

① 《著作权法》第11条第3款规定：“由法人或者非法人组织主持，代表法人或者非法人组织意志创作，并由法人或者非法人组织承担责任的作品，法人或者非法人组织视为作者。”

括但不限于复制权、发行权、出租权、展览权、表演权、放映权、广播权、信息网络传播权、摄制权、改编权、翻译权、汇编权、获得报酬权以及其他权利），邻接权（包括但不限于许可他人复制、发行、出租、通过信息网络向公众传播并获得报酬的权利，以及决定该等工作成果的发表、修改、保护制品完整的权利），法律规定的其他知识产权、所有权和任何其他权利，以及北京冬奥组委不时根据修订后的中国法律、相关国际条约或其他任何管辖地法律可获得的且无论是已存在或将来产生的权利，自创作/制作完成时即在全世界范围内不受限制、永久且独占性地属于北京冬奥组委或者国际奥委会所有。

二是对于受托人创作/制作的或者工作人员在北京冬奥组委工作期间创作/制作的该等知识产品（包含任一阶段性成果或完成品，整体或部分，任一相关元素或素材等），其需要确认并同意北京冬奥组委对其创作/制作的该等知识产品是否属于服务成果享有最终决定权。

三是如果在委托合同、承诺书或者其他相关法律文件生效之前，相关方已经开始开展相关创作，则因委托服务或者工作安排已产生的智力成果应当视为服务成果不可分割的组成部分，列入委托合同、承诺书或者其他相关法律文件的范围并受到相应的约束。

四是北京冬奥组委有权自行决定如何行使（或不行使）任何该等知识产品包含的或与该等知识产品相关的权利和利益；相关方对该等知识产品不享有任何权利和利益，也不会对该等知识产品主张任何权利（包括知识产权、知识产权申请权及其他权利）。

此外，相关方需要保证不以任何方式在全球范围内以该等知识产品为基础设计、创作、发表、公开、复制、发行任何形式的具有演绎性质的作品或智力成果。对相关演绎作品或智力成果的发表、公开、复制、发行以及对此进行任何形式的、商业性或非商业性的市场开发或宣传活动等，均构成对北京冬奥组委权利的侵犯，可能承担违约和/或者侵权责任。

（二）关于北京冬奥组委许可制作的该等知识产品

并不是所有该等知识产品的知识产权都应当归属于北京冬奥组委或者国际奥委会。相关方未出于北京冬奥组委安排或者委托，而是经北京冬奥组委许可后自行制作的该等知识产品，根据奥林匹克规则，并不必然属于奥林匹克财产，因此其知识产权并不必然应当归属于北京冬奥组委或者国际奥委会，需要根据相关具体情况进行分析。

工作实践中，出于对创作者/制作者和知识产权价值的尊重，结合对该等知识产品的相关分析，国际奥委会也曾明确表示不需要取得一些该等知识产品的知识产权。例如，对于某一北京冬奥组委市场开发合作伙伴申请使用北京冬奥会吉祥物制作的一部动画片，经国际奥委会审核，决定该主体可以保留该知识产品的知识产权。

1. 知识产权归属需要根据相关具体情况进行分析

出于对冬奥事业的热情，为积极参与、广泛宣传赛事或者冰雪运动，或者为了自身的利益和发展，相关方会通过制作该等知识产品、举办冬奥主题活动等方式表达对冬奥事业的支持。由于该等知识产品以冬奥元素为主题或者内容，北京冬奥组委是权利人，因此除非属于合理使用等特殊情形，相关方应就使用北京冬奥组委有关标志或者创意类成果、制作该等知识产品等相关方案或者事项向北京冬奥组委提出申请，获得北京冬奥组委许可。

在审核相关事项时，北京冬奥组委一般会首先根据相关主体和该等知识产品本身的属性，对该等知识产品是否可以将“冬奥”作为名称和主题，是否可以使用北京冬奥组委有关标志和创意类成果等问题进行研判。判断维度一般包括：相关方是否属于商业主体，是赞助体系内的商业主体还是赞助体系内商业主体的竞争对手，还是不属于前述两类商业主体的一般商业主体；该等知识产品与赛事的关联程度；国际奥委会或者北京冬奥组委享有该等知识产品知识产权的必要性；如果相关方享有该等知识产品的知识产权，是否会对奥林匹克运动产生负面影响等。

总体而言，相关方的商业或者非商业属性对奥林匹克赞助体系和资金支持等正面影响越大、隐性营销等消极影响越小，国际奥委会或者北京冬奥组委对享有该等知识产品知识产权的需求越低，相关方享有该等知识产品知识产权对奥林匹克运动的宣传效果等积极影响越大、隐性营销等消极影响越小，在不违反我国法律法规和奥林匹克相关规则的前提下，考虑相关主体在支持、关注、参与和宣传等方面对赛事的贡献，我们会倾向于同意由相关主体保留该等知识产品的知识产权，以尽可能地保护相关主体的权益。

2. 北京冬奥组委工作实践

工作实践中，北京冬奥组委会自行或者根据国际奥委会要求，结合该等知识产品的具体情况和工作需要进行判断，并根据实际需求，与相关方就该等知识产品知识产权权属相关事项进行约定。

如果经分析研判，同意许可相关方制作该等知识产品并且保留其知识产权与相关权利，此时，根据我国相关法律法规，关于该等知识产品的知识产权归属，适用《著作权法》中关于视听作品的相关要求①。而为了避免出现争议，给赛事造成负面影响，我们一般也会根据具体情况，与相关方（一般是制作者）就该等知识产品的知识产权归属、署名权以及对该等知识产品的使用等事项通过法律文件进行约定。

如果经分析研判，同意许可相关方制作该等知识产品且需要其知识产权归属于北京冬奥组委（或者国际奥委会），通过与相关方协商，此种情形往往会转变成为北京冬奥组委委托相关方制作该等知识产品，适用相应情形下的相关规则。

---

① 从立法意旨和语义分析来看，《著作权法》中的“视听作品”与现行有效的2013年修订的《中华人民共和国著作权法实施条例》第4条第11款规定的“电影作品和以类似摄制电影的方法创作的作品”类似，可以被解释为“摄制在一定介质上，由一系列有伴音或者无伴音的画面组成，并且借助适当装置放映或者以其他方式传播的作品”，因此根据该等知识产品的属性，我们认为其属于《著作权法》规定的“视听作品”。根据《著作权法》第17条规定，若该等知识产品属于第1款规定的电影作品或者电视剧作品，其著作权属于制作者；若该等知识产品属于第2款规定的除电影作品和电视剧作品以外的视听作品，其著作权归属由当事人约定，没有约定或者约定不明确的由制作者享有。

二、确保与该等知识产品相关的权利无瑕疵

知识产权争议往往敏感性强、公众关注度高、社会影响大，同时，不论约定该等知识产品的知识产权归属于哪一主体，由于该等知识产品涉奥，产生争议时很有可能会对筹办工作产生负面影响，因此更需要我们关注和避免相关风险。

关于对该等知识产品的知识产权保护，与我们密切相关的法律风险主要有两大方面：一是他人可能会侵犯我们的知识产权；二是我们可能会侵犯他人的知识产权。为避免他人侵犯我们的知识产权，除了按照国际奥委会要求，对一些特别重要的该等知识产品进行著作权登记外，我们需要对未经许可使用该等知识产品的行为进行限制，此事项留待本文第三部分讨论。

为了防止和避免侵犯他人知识产权，或者为了避免产生抄袭等争议，北京冬奥组委一般需要在与相关方约定该等知识产品的知识产权归属时，要求相关方做出承诺，确保该等知识产品的权利无瑕疵：一方面要确保该等知识产品的原创性；另一方面要确保对该等知识产品的使用不侵犯他人权利。

（一）确保该等知识产品的原创性

1. 需要相关方做出原创性承诺

为确保该等知识产品的原创性，一般会要求具体创作方在相关法律文件中进行作品原创性保证，保证服务成果由其独立完成（或者在北京冬奥组委或北京冬奥组委认可的第三方的参与下完成），其对服务成果的拍摄、制作、发行、使用等不违反任何约定。

2. 北京冬奥组委工作实践

对于北京冬奥组委自行制作的该等知识产品，为确保相关权利无瑕疵，仍需要北京冬奥组委及具体履行相关制作职责的工作人员强化风险意识，确保作品原创性，避免侵犯第三方权利。

对于委托或者许可制作的约定知识产权属于北京冬奥组委的该等知识产品，鉴于后者一般会转变成委托制作的形式，我们一般会要求受托人在委托合同中，或者在其附件中通过承诺书等形式，就该等知识产品的原创性进行保证。

对于许可制作的经研判知识产权不需要属于北京冬奥组委的该等知识产品，为避免侵权风险，我们一般也会根据该等知识产品的具体情况，通过合同约定或者承诺书等方式，要求相关方对该等知识产品的原创性进行保证。

（二）确保对该等知识产品的使用不侵犯他人权利

1. 承诺使用第三方素材已经许可

根据国际奥委会要求，如果涉及使用受知识产权保护的第三方素材（如图片、音乐、画外音等）作为该等知识产品的一部分，应当要求代表北京冬奥组委的一方通过与相关方

签署法律文件，确保在约定的范围内获得相应许可（包括但不限于表演者、肖像权人、原作品著作权人、演绎作品著作权人以及合作者的许可），以确保国际奥委会和北京冬奥组委能够合法使用服务成果所包含的相关第三方素材（包括但不限于发行、复制、商业化、播放、再许可和传播）。

2. 保证相关权利人的法定权利

根据《著作权法》第 17 条第 1 款和第 2 款，编剧、导演、摄影、作词、作曲等作者（以下简称相关作者）都应当享有署名权和获得报酬的权利；根据该条第 3 款，该等知识产品中的剧本、音乐等可以单独使用的作品的作者有权单独行使其著作权。因此，为确保不侵犯他人权利，还需要确保相关作者享有署名权和获得报酬的权利，该等知识产品的剧本、音乐等可以单独使用的作品的作者有权单独行使其著作权。

在确保相关权利人的上述法定权利不受侵犯的前提下，根据相关奥林匹克规则，国际奥委会和北京冬奥组委往往会与制作者和相关作者通过合同对后者的署名方式（包括但不限于是否署名、署名内容、署名顺序、署名位置）进行约定，并确保署名方式不影响北京冬奥组委及北京冬奥组委认可的第三方对该等知识产品的权利、权益。

3. 北京冬奥组委工作实践

为避免侵权风险，我们一般会根据该等知识产品的具体情况，通过合同约定等方式，与相关方就该等知识产品使用受知识产权保护的第三方素材，以及相关作者的署名权、获得报酬权和其他法定权利保护等相关问题进行明确约定，并要求其保证服务成果及北京冬奥组委（包括北京冬奥组委认可的第三方）使用服务成果均不存在任何侵权、违约以及其他任何违法或不当情形，避免后续产生争议。

三、对未经许可使用相关知识产权的行为进行限制

在知识产权保护方面，与我们密切相关的另一大法律风险在于他人可能会侵犯我们的知识产权。为规避相关风险，我们需要对未经许可使用相关知识产权的行为进行限制。

（一）相关规则

对于约定相关知识产权属于北京冬奥组委的该等知识产品，北京冬奥组委作为权利人，有权根据法律法规和奥林匹克规则，采取措施对未经许可使用该等知识产品知识产权的行为进行限制，相关措施主要包括全面确权、宣传教育、积极维权等。

除了该等知识产品本身的著作权等知识产权，与其相关的知识产权还包括“冬奥”和“北京 2022”等奥林匹克知识产权。原因在于，该等知识产品与冬奥密切相关，不论是使用了赛事吉祥物、会徽，还是仅仅出现了“冬奥”和“Beijing 2022”等涉冬奥相关词汇，都属于对北京冬奥组委或者国际奥委会有关标志的直接使用。因此，由于该等知识产品涉奥，本身带有奥林匹克知识产权的属性，无论北京冬奥组委是否享有其知识产权，都需要

对第三方使用该等知识产品的行为（尤其是具有商业性质的行为）进行限制，除非属于“合理使用”等法定情形，否则会构成第三方与赛事之间未经授权的或者虚假联系，使社会公众产生误认，构成奥林匹克规则中的“隐性营销”。除了在被侵权时进行维权外，更为主动且有效保护的方式在于与相关方通过法律文件等形式进行约定，防范和打击侵权和隐性营销行为。

除了传统知识产权法上的防范和制止侵权制度，根据《奥林匹克标志保护条例》（以下简称《奥标条例》）①，未经权利人许可，任何人不得为商业目的使用奥林匹克标志和残奥会标志。② 同时，隐性营销行为也被《奥标条例》第6条和《中华人民共和国反不正当竞争法》所规制。

为防范和打击针对涉奥知识产权的侵权和隐性营销行为，《主办城市合同—运行要求（2016）》要求奥组委确保在其签订的所有合同中纳入无市场开发权条款，以限制未从奥组委获得市场开发权利的第三方将其自身或其产品和服务与奥运会相关联或发布其与奥运会存在关联的任何声明。③ 同时，在授予市场开发权的合同中也应当纳入无市场开发权条款，但应根据赞助企业的赞助事实和权利范围作出相应调整。这一要求十分“严格”，限制了北京冬奥组委的合同商谈论其为奥运会所做的工作，限定了赛会带来的商业利益，甚至可能会引发对北京冬奥组委或者奥林匹克运动/残奥运动的负面评价。因此，实践操作中，经与国际奥委会协商，北京冬奥组委可以适当允许合同相对方做一些事实陈述，但必须得到谨慎控制，不能影响市场开发合作伙伴的合法权益。

（二）北京冬奥组委工作实践

首先，由于该等知识产品涉奥，为防范和避免第三方利用与该等知识产品的关系与冬奥产生未经授权的或者是虚假的关联（隐性营销行为），该等知识产品中均不能出现任何未经授权的商业展示，如中插广告、制造商标志等。

对于使用该等知识产品，尤其是围绕或者利用该等知识产品进行宣传的行为，根据相关方是否为市场开发合作伙伴，分为两种情形。

对于非市场开发合作伙伴，需要确保其不得就被委托或者被许可制作该等知识产品这一事项获得任何市场开发权。我们一般会通过合同等形式约定，确保相关方认可其自身未

① 《奥标条例》（2002年2月4日中华人民共和国国务院令第345号公布，2018年6月28日中华人民共和国国务院令第699号修订），载中华人民共和国中央人民政府官网，http://www.gov.cn/zhengce/content/2018-06/30/content_5302468.htm。《奥标条例》是我国针对奥林匹克标志和残奥会标志保护进行的专门立法，要求对残奥会有关标志与奥林匹克标志进行同等保护。奥林匹克标志和残奥会标志属于权利人就《奥标条例》规定的客体所享有的专有的权利，而不属于《民法典》第123条第2款第8项规定的“法律规定的其他客体”，因此奥林匹克标志和残奥会标志从严格意义上来讲并不属于知识产权保护的客体，但是仍受我国法律法规保护。

② 参见《奥标条例》第4条第2款、第17条。

③ 《主办城市合同—运行要求（2016）》RPP 09—“无市场开发权”条款。

被授予任何市场开发权利或以任何方式与国际奥委会、国际残奥委会、冬奥会、冬残奥会、奥林匹克运动或者残奥运动相关联的任何权利，并保证不会自行或授权任何第三方（无论故意或非故意）与之建立虚假或未经授权的联系（无论直接或间接），亦不会将自身任何产品或服务与冬奥会、冬残奥会、奥林匹克运动、残奥运动、北京冬奥组委、国际奥委会、国际残奥委会、中国奥委会、中国残奥委会和/或与该等实体的活动建立虚假联系或未经授权建立联系；未经事先书面批准，不会基于任何目的（无论商业或其他）使用或授权他方使用任何《奥林匹克宪章》中规定的“奥林匹克财产”、任何“残奥财产”，以及任何参加冬奥会和/或冬残奥会的运动员、教练员或官员的姓名、肖像或身份。

对于市场开发合作伙伴，由于其根据与北京冬奥组委或者国际奥委会间的赞助协议，被授予了一定范围和程度的市场开发权，可以在赞助协议约定的范围内使用相关涉奥财产，但是对于赞助协议中没有约定的部分，以及单独与该等知识产品相关的权利，市场开发合作伙伴应当和非市场开发合作伙伴一样，就相关事项与北京冬奥组委重新进行约定，并遵守禁止侵权和隐性营销等相关规则。我们一般会通过合同等形式确保相关方承诺其未依据委托合同享有任何市场开发权益，但明确委托合同不会影响其依据北京冬奥组委与其签署的赞助协议所享有的市场开发权益，且相关市场开发权益行使的条件、程序，应当依照赞助协议的相关约定行使。同时，在使用服务成果进行商业宣传及营销时，不得侵害冬奥会、冬残奥会和/或奥林匹克运动、残奥运动、北京冬奥组委、国际奥委会、国际残奥委会、中国奥委会、中国残奥委会及上述主体的市场开发合作伙伴（包括但不限于官方合作伙伴、赞助商、供应商、特许经销商、电视转播商）的合法权益。

同时，考虑事实陈述的需要和对宣传行为的限制，北京冬奥组委一般会允许相关方在征得其事先同意的情形下在指定平台按照相关要求播放服务成果，或者在遵守北京冬奥组委和国际奥委会相关要求的前提下对服务成果进行非商业性的宣传（比如，可以以制作者名义在服务成果及相关宣传海报中体现受托人名称）。

总体上来看，由于国际奥委会非常重视奥林匹克品牌价值，对北京冬奥组委自行制作、委托制作或者许可相关方制作的涉冬奥影视化知识产品的知识产权保护要求是极为严格的。实践中，鉴于该等知识产品多数有着强烈的宣传、推广奥林匹克运动的目的，对于北京冬奥组委自行制作、委托制作和大部分许可相关方制作的该等知识产品，国际奥委会都要求知识产权归属于其自身或者北京冬奥组委。与此同时，为了维护奥林匹克品牌价值、避免知识产权侵权风险，对于该等知识产品，不论权利归属，都需要利益相关方签署书面法律文件，确保与该等知识产品相关的权利无瑕疵，并对未经许可使用相关知识产权的行为进行限制。

冬奥作品征集活动法律问题研究

——以宣传海报征集为例

刘欣戎*

【内容摘要】 北京冬奥会筹办工作涉及会徽、吉祥物、音乐作品、宣传海报等奥林匹克创意类成果征集活动，这些活动规模较大、影响较广，需要严格遵守法律法规要求，同时符合国际奥委会、国际残奥委会制定的奥林匹克知识产权规则。本文以宣传海报征集活动为例，在梳理征集活动主要环节、法律文件组成及基本内容的基础上，厘定征集文件法律性质，研判奥林匹克知识产权规则特殊性，从“一般＋特殊”两个方面研判全部作品及中选作品的知识产权条款基本法律问题。此外，指出北京冬奥会互联网征集平台新型业态带来的法律实务重难点，研判个人信息保护等各方面应对措施。

冬奥筹办过程中，北京冬奥组委先后面向社会发布了会徽、吉祥物、音乐作品、宣传海报等奥林匹克创意类成果征集活动。相较于其他国家主办的往届奥运会，“征集”在一定程度上体现了我国举办奥运会等大型体育赛事的中国思维与中国特色，即借助社会征集形式，号召社会公众参与冬奥，在推动产生更多冬奥文化创意灵感的同时，发挥冬奥筹办良好社会效应。但是，征集活动涉及知识产权法律实务问题，且受众范围广、影响较大，需要在法律审查方面，厘清各方法律关系，确保活动遵守涉奥知识产权规则及相关合法合规要求。

一、征集活动法律文件性质认定

北京冬奥组委组织的各类征集活动，其具体活动安排及要求因征集对象特点而异，但整体而言均遵循基本活动程式及流程标准：北京冬奥组委发布征集公告，其中，除活动概述外，主要通过征集文件列明征集作品技术要求及法律约定。应征人在活动期间内提交应征作品及征集文件要求签署的《承诺函》等文件，北京冬奥组委通过评审环节选出中选作

---

* 刘欣戎，女，研究生学历，法律硕士，北京冬奥组委法律事务部法务审核处项目助理、国家游泳中心场馆运行团队权益保护业务领域经理。

品后，与中选人签署一定形式的作品协议，此后向社会公布征集结果。

一般而言，作品征集行为在民法理论上被称为悬赏广告行为或悬赏法律行为，依部分学者观点，属于优等悬赏广告行为。① 我国《民法典》合同编在立法过程中借鉴原《关于适用〈中华人民共和国合同法〉若干问题的解释（二）》第 3 条的内容，于第 499 条明定悬赏广告的具体规则，即“悬赏人以公开方式声明对完成特定行为的人支付报酬的，完成该行为的人可以请求其支付”。针对该种行为的法律属性，学术认定尚有分歧，目前大体分为合同说（契约说）、单方允诺说（单方行为说）与折中说。② 笔者认为，按照冬奥作品征集活动向社会公众发布的具体内容及活动安排，冬奥作品征集活动法律属性应采合同说，其中，征集文件法律性质应认定为要约，应征人提交《承诺函》等文件构成针对要约的承诺，北京冬奥组委与应征人之间构成委托创作法律关系，作品中选后签署的相关协议则属于对上述法律关系的书面确认，具体如下：

1. 征集文件主要内容决定了其法律性质构成要约。北京冬奥组委各类作品征集文件均包含了详细的技术要求和法律条款。以宣传海报征集活动为例，征集文件正文部分包含引言，应征人须知，应征目标、内容和要求，应征方案的提交，征集活动的程序安排和奖金，注意事项以及应征人应遵守的重要法律条款七大部分，明确了委托创作具体内容及要求（应征设计方案应当体现的设计主题、色彩及元素应当遵守的技术规则、像素等基本形式要求等）、作品交付（分为在线提交和电子邮件提交、邮寄方式提交等）、作品权利归属、奖金安排（每件优秀方案的奖金为 8000 元）等，同时，根据奥林匹克有关规则要求，征集文件还列明了应征人应当遵守的保密及宣传限制等义务。上述内容构成了明确的、具体的意思表示，符合要约条件。构成要约后对于北京冬奥组委产生的法律效果在于，一旦应征人提交了符合征集文件要求的作品，北京冬奥组委也应当按照征集文件要求完成形式审查、作品评审等工作，不得随意撤销或变更。简而言之，征集文件内容对于北京冬奥组委具有法律约束力。

2. 应征人提交《承诺函》等文件属于作出承诺的行为。承诺是受要约人（应征人）同意要约的意思表示，且应当与要约的内容保持一致，此为大陆法系通行规则，也是美国合

---

① 姚明斌：《〈民法典〉第 499 条（悬赏广告）评注》，载《南京大学学报》2021 年第 2 期。

② 合同说（契约说）认为，悬赏广告意思是悬赏人向相对人发出的不特定的要约，相对人作出承诺时即构成合同，见江必新主编：《民法典重点修改及新条文解读》，中国法制出版社 2020 年版，第 138 ~ 139 页；最高人民法院民法典贯彻实施工作领导小组主编：《中华人民共和国民法典理解与适用》，人民法院出版社 2020 年版，第 264 页；单方允诺说（单方行为说）认为，悬赏广告的法律属性是单方行为，是发生单方行为之债，与合同之债特征不合，没有明确的要约承诺过程，见王利明主编：《中国民法典释评 · 合同编 · 通则》，中国人民大学出版社 2020 年版，第 161 页；杨立新：《悬赏广告的单方允诺之债属性之辨》，载《扬州大学学报（人文社会科学版）》2021 年第 2 期。折中说认为，将悬赏广告的性质认定为单纯的合同性质，或者认定为单独法律行为，均有不足，应当根据不同情形，将符合合同特征的悬赏广告作为合同对待，将不符合合同特征的悬赏广告作为单独法律行为对待，以处理悬赏广告各类纠纷。

同法理论所称“镜像规则”。[①] 按照征集文件，有意愿参加征集活动的应征人，应当严格按照征集文件要求，完成作品创作并提交应征作品及相关法律文件，其中《承诺函》列明了应征人遵守征集活动全部要求、就知识产权等事项作出保证并承诺等。因此，应征人不得对征集文件的内容进行扩张、限制或者变更，也无法在提交应征作品和法律文件时与北京冬奥组委进行谈判。

3. 双方形成附条件的委托创作法律关系。我国《民法典》第158条约定了附条件民事法律行为制度。所谓“附条件”，是指在冬奥作品征集活动中，明确了不同情形下对委托作品的不同安排。例如，宣传海报征集活动明确经过评审的优秀方案、入围方案、未成年人特别奖及未入围方案四类作品，权利归属约定及是否有权获得奖金安排等均有所不同。针对获选优秀方案的作品，约定知识产权归属于北京冬奥组委（或其指定的第三方）；针对其他类别作品没有知识产权权利移转的约定，仍归属于原作者，仅授权北京冬奥组委作品使用权或展览展示权（针对入围方案）等权利。

4. 针对优秀方案签署的作品协议，不属于新创设的法律关系，而是对上述委托创作法律关系的书面确认。作品协议主要内容实质上是对征集文件、《承诺函》等内容的重申，双方确认应征人参与该项征集活动，其作品获选优秀方案，有权获得相应奖金，同时负有确保知识产权无瑕疵、保密及无市场开发权等义务。北京冬奥组委从风险管理、工作规范角度出发，通过订立书面协议形式确认双方权利义务，作品协议没有实质性变更前期委托创作法律关系内容。

二、涉奥知识产权规则特殊性与应征作品知识产权归属

综观《奥林匹克宪章》《主办城市合同》，奥林匹克知识产权是现代奥林匹克运动发展的重要基础，对奥林匹克知识产权的保护也是成就奥林匹克运动有序发展的重要条件。涉奥知识产权规则具有特殊性，主要在于根据《主办城市合同》《主办城市合同—运行要求(2016)》等法律文件约定，围绕冬奥会和冬残奥会筹办工作产生的所有知识产权成果都属于奥林匹克财产，永久、独家归属于国际奥委会，北京冬奥组委需要取得相关知识产权并向国际奥委会转让。根据赛事筹办工作实际，面向社会公开征集的各类作品，往往属于重要奥林匹克财产，因此需要严格遵守涉奥知识产权保护规则。

整体而言，冬奥作品征集活动中针对应征作品知识产权权利归属的约定分为“一般+特殊”两方面，分别约定所有应征人提交的作品及相关中选作品，具体而言：

1. 针对所有应征人提交的作品，主要在于对知识产权无瑕疵的确认及约定北京冬奥组委在征集活动中对作品的使用权，属于一般性约定。征集文件约定，应征人保证及承诺其

---

① 崔建远：《合同法》（第6版），法律出版社2016年版，第323页。

对应征设计方案享有完整无瑕疵的权利。“完整”包括应征设计方案内容组成上的完整性以及权利类别的完整性；“无瑕疵”包括权利在归属及使用上的无瑕疵，广义上也包括应征人没有发表、公开作品或进行著作权登记、商标申请和专利申请等内容。北京冬奥组委举办作品征集活动，强调无论作品中选与否，均应符合合法合规条件，确保征集活动中的任何作品均不存在侵犯他人权利等法律风险。

2. 针对评审中选的作品，主要在于对知识产权权利归属的约定，相较于上述第一方面更为特殊、个性化。不同作品征集活动，对不同类型作品的权利归属要求存在一定差异，但整体而言均对一定范围的作品（例如，宣传海报征集活动中的优秀方案作品，一般是根据赛事筹办需要拟对外公布、使用的作品），在征集文件中即约定其全部权利和权益自应征设计方案创作完成时起，全部自动无偿永久转让给北京冬奥组委（包括北京冬奥组委认可的第三方），并通过作品协议对著作权人身权的行使、著作权财产权的转让等事项进行明确约定。此外，国际奥委会作为第三方主体也出现在了上述约定中，如认可北京冬奥组委将在 2022 年 12 月 31 日前将作品知识产权在内的所有权利转让并移交给国际奥委会等，这主要是涉奥知识产权规则的特殊性使然。

知识产权部分是冬奥作品征集活动中至关重要的一方面，也是法务部门在审核相关文件时最为关注的内容。相较于社会上已举办的其他作品征集活动，冬奥组委发布的征集文件可能更为严谨、全面，专业水准较高。这主要在于知识产权权利内容以及取得方式具有法定性，需要在活动中按照法律要求明确相关内容，是北京冬奥组委合法合规管理要求，也是工作规范的体现。另外，涉奥知识产权规则具有特殊性，对知识产权的保护工作也是北京冬奥组委履行《主办城市合同》的必然义务，是在复杂的国际环境及国际社会对知识产权保护的普遍关注等背景下，展示我国尊重和保护知识产权，树立践诺负责任国家形象的重要机会。

三、互联网征集平台带来的实务难点及应对

随着冬奥筹办工作的不断推进，部分作品征集活动将互联网平台列为征集平台之一，这种模式操作简单，便于提交和收集作品，但也引发一些法律实务难题，需要在制定审核活动方案、法律文件时做好应对。具体而言，分为三个方面：

1. 个人信息保护等合规性要求。冬奥作品征集活动要求应征人主体信息明确，避免产生争议，在通过互联网平台征集的情况下，则通过应征人填写提交《应征人信息表》的方式，明确应征人的具体身份信息。由此，线上征集往往涉及个人信息的收集、存储、使用等，此种情形下，应当制定个人信息保护政策，明确如何收集、使用个人信息，如何使用 cookie 和同类技术，如何共享、转让、公开披露个人信息等具体内容。

值得探讨的是，冬奥筹办工作实践中，北京冬奥组委往往委托某第三方主体负责征集

活动具体执行工作，包括由该主体管理互联网征集平台。上述情形下，值得讨论的问题是个人信息保护政策如何明示“信息处理者”主体。北京冬奥组委的法律实务经验，是明示北京冬奥组委与具体执行机构共同作为相关个人信息保护政策的制定主体，同时，鉴于北京冬奥组委不会实际参与信息处理工作，因此协议层面会与执行机构约定双方就个人信息保护的法律责任承担或追偿等问题。

2. 平台具体操作的规范性要求。互联网征集平台相较于线下邮寄提交、现场提交等，仅是提交途径的不同，其他方面均应保持操作及标准的一致性，确保符合征集文件的规定。法律审查在互联网征集模式下的工作重点在于确保平台具体操作的规范性：一是审查监督平台开发建设情况是否与征集文件保持一致，如相关页面是否能够满足在提交作品时同时提交法律文件的窗口设计，平台操作是否符合征集文件规定的“应征文件不得更改或撤回”等具体要求；二是针对征集文件涉及互联网平台的具体内容，根据平台实际情况进行调整，提供准确无误的文件指引，确保北京冬奥组委在活动中顺利履行相关义务。

3. 无市场开发权等特殊性要求。根据前述内容，如果北京冬奥组委委托的第三方执行机构是营利性主体，除非其本身属于北京冬奥会赞助企业，否则该主体不享有市场开发宣传营销权利，征集平台也应当符合无市场开发等奥林匹克规则。具体而言，该平台不应存在第三方执行机构任何商业标志展示，不得明示或暗示其与北京冬奥组委或北京冬奥会存在某种联系。此外，如果北京冬奥组委委托的第三方执行机构是非营利性主体，则应符合《北京 2022 年冬奥会和冬残奥会组织委员会有关标志非商业使用规则》相关规定。

四、结论

冬奥作品征集活动社会公众参与度较高、影响较大，配套较高要求的法律审查工作标准。结合法律文件实际情况，北京冬奥组委在发布征集公告时公示的征集文件因其内容的明确性，具有要约的法律效果，应征人提交《承诺函》等文件属于作出承诺的行为，双方形成附条件的委托创作法律关系。在冬奥作品征集活动中，知识产权约定因知识产权法定性及涉奥知识产权规则的特殊性，是法律审查工作最为关注的重点部分，除要求所有应征作品均确保权利无瑕疵外，对一定范围内的作品约定全部权利或权益均归属于北京冬奥组委，并通过作品协议进行重申或再次明确。此外，针对互联网征集等新型业态，法律实务也进行了各方面合规及规范应对，以期裨益冬奥筹办工作顺利开展，全面落实安全、精彩的办赛要求。

奥林匹克财产在中国的著作权保护研究

杨　晋*

【内容摘要】对奥林匹克财产进行保护，是推动奥林匹克运动和残奥运动持续发展、维护赛会形象和声誉的必要条件，也是国际奥委会极其重视的工作之一。对奥林匹克财产的保护要求，从权属来看，奥林匹克财产完全属于国际奥委会，但国际奥委会可以根据一定条件对奥运会相关财产进行许可转让；从保护的主体来看，国际奥委会、各国奥委会、奥组委和主办城市都有义务保护奥林匹克财产；从保护的方式来看，国际奥委会采取实用原则，以不将保护对象与保护方式直接框定为原则。鉴于著作权保护的重要性，国际奥委会对奥运会相关财产提出了直接的要求。但对于著作权保护中的特殊问题，仍提出了具体要求，如涉奥书法相关作品只能作为美术作品进行保护、对著作人身权进行必要限制等。

出于市场开发和品牌统一的需要，国际奥委会对自身奥林匹克财产的保护极其重视，不仅在《奥林匹克宪章》中明确要求各个国家奥委会在本国辖区内做好保护，更在《主办城市合同》中对筹办、举办奥运会的奥组委和主办城市提出了更加明确和严格的保护要求。国际奥委会对奥林匹克财产的保护方式采取实用主义原则，以不明确何种客体受哪类知识产权的保护为原则，而是要根据具体情况采取较为适宜的保护策略。但对于著作权保护，仍提出了一些具体要求。毋庸置疑，著作权是奥林匹克财产最重要的保护方式之一，奥林匹克财产在中国的保护，需要找到中国著作权保护的合适路径。笔者试对奥林匹克财产在中国的著作权保护进行简要分析。

一、国际奥委会对奥林匹克财产保护的著作权要求

（一）奥林匹克财产权的定义

奥林匹克财产（Olympic Properties），根据《奥林匹克宪章》第7条的规定，是指奥林匹克五环图案标志、奥林匹克旗、奥林匹克格言、奥林匹克会歌、奥林匹克徽记、奥林匹

* 杨晋，男，研究生学历，法律硕士，北京冬奥组委法律事务部权益保护处处长、张家口云顶场馆群运行团队权益保护业务领域经理。

克圣火和火炬、奥林匹克标识，以及国际奥委会、国家奥委会和奥组委委托制作的与奥运会相关的音乐作品、音像作品或其他创造性作品或手工艺品，为方便起见，上述对象单独或统称为“奥林匹克财产”。《奥林匹克宪章》第 8 ~ 14 条，对第 7 条所述的奥林匹克五环图案标志等奥林匹克财产，分别进行了具体的规定（见表 1）。

表 1 《奥林匹克宪章》对奥林匹克财产的列举*

序号	奥林匹克财产	定 义
1	奥林匹克五环图案标志	奥林匹克五环图案标志由五个大小一致、两两相交的圆环（奥林匹克环）组成，单独使用，可以是一种颜色或五种不同的颜色。如使用五种颜色，其从左到右依次为蓝、黄、黑、绿、红
2	奥林匹克旗	奥林匹克旗为白底，无边，中间是五色的奥林匹克五环标志
3	奥林匹克格言	奥林匹克格言“更快、更高、更强”表达了奥林匹克运动的强烈愿望
4	奥林匹克徽记	奥林匹克徽记是把奥林匹克五环标志与另一独特元素结合在一起的某种组合图案
5	奥林匹克会歌	奥林匹克会歌是由斯皮洛斯·萨马拉创作的名为“奥林匹克会歌”的音乐作品
6	奥林匹克圣火和火炬	奥林匹克圣火是经国际奥委会授权在奥林匹亚点燃的火焰；奥林匹克火炬是经国际奥委会批准的、用于奥林匹克圣火燃烧的、可手持的火炬或该火炬的复制品
7	奥林匹克标识	奥林匹克标识指任何与奥运会、奥林匹克运动或其组成部分相关联的视觉或听觉上的表现形式

* Olympic Charter，8 – 14，p. 23 – 24，In force from 15 September 2017.

当获得一届奥运会的举办权后，这届奥运会的组委会还将为这届奥运会专门开发会徽、吉祥物、体育图标等，这些标志和作品被称为“奥运会相关财产”（Games-related Properties）。根据《主办城市合同》的规定，奥运会相关财产属于奥林匹克财产（见表 2）。

表 2 《主办城市合同》对奥运会相关财产的列举**

序号	奥运会相关财产
1	申办委员会会徽（申请城市会徽和候选城市会徽）
2	徽记与吉祥物，包括其形象和三维表现形式
3	体育图标
4	奥运景观元素
5	官方海报设计
6	奥林匹克火炬设计及其相关模具
7	徽章及其相关模具

续表

序号	奥运会相关财产
8	奥林匹克优胜者奖牌和纪念奖牌设计及其相关模具
9	证书
10	官方出版物
11	域名
12	文学作品
13	音乐作品及内容
14	音像制品及电影作品和产品
15	官方电影
16	艺术作品与造型艺术
17	图片（静态与动态）
18	戏剧或戏剧音乐作品、舞蹈与舞台作品
19	实用艺术作品
20	图形作品与元素
21	多媒体作品与计算机程序
22	作品和元素的收藏、汇编及选集
23	官方纪念币及纪念钞
24	官方邮票

* * Host City Contract XXIV Olympic Winter Games in 2022，Art. 41（d）. 本文所称《主办城市合同》，皆以《2022 年第 24 届冬季奥林匹克运动会主办城市合同》为参考。

（二）对奥林匹克财产的保护要求

首先，从权属来看，奥林匹克财产完全属于国际奥委会，但国际奥委会可以根据一定条件对奥运会相关财产进行许可转让。根据《奥林匹克宪章》第 7 条规定，对任何和全部奥林匹克财产的一切权利，均归国际奥委会独家所有。《主办城市合同》在遵从宪章的基础上，明确了国际奥委会可以将本届奥运会将产生的奥运会相关财产转让或许可给奥组委①，并在举办奥运会当年的 12 月 31 日前再将已转让的奥运会相关财产转让给国际奥委会。② 但是，这种转让和许可是附有条件的，即主办城市、奥委会和奥组委确保在《主办城市合同》签署后 2 年内，以国际奥委会名义并按国际奥委会要求，对所有奥林匹克财产提供充分、持续的法律保护。③

① Host City Contract XXIV Olympic Winter Games in 2022，Art. 41（c）.
② Host City Contract XXIV Olympic Winter Games in 2022，Art. 43（iii）.
③ Host City Contract XXIV Olympic Winter Games in 2022，Art. 41（b）.

其次，从保护的主体来看，国际奥委会、各国奥委会、奥组委和主办城市都有义务保护奥林匹克财产。作为权利人，国际奥委会对奥林匹克财产的相关权益进行保护毋庸置疑。根据《奥林匹克宪章》要求，各国奥委会也必须为国际奥委会的利益，努力使国际奥委会拥有的奥林匹克财产在本国获得保护。而对于筹办、举办奥运会的主办城市、奥委会和组委会来说，要对所有奥林匹克财产提供充分、持续的法律保护，无论奥林匹克财产是否许可转让给奥组委。

最后，从保护的方式来看，国际奥委会采取实用原则，以不将保护对象与保护方式直接框定为原则。国际奥委会认为，保护奥林匹克财产应该依据一国相关知识产权法律进行。国际奥委会要求的知识产权保护类型包括：（1）著作权、专利权、数据库权、商标权，以及外观设计和商业秘密；（2）对上述权利进行申请注册的权利；（3）其他知识产权保护形式，以及同等或类似的保护形式；（4）上述权利的更新、复原和延展。[①]

二、国际奥委会对奥林匹克财产的著作权保护要求

（一）直接要求

鉴于著作权保护的重要性，国际奥委会对奥运会相关财产提出了直接的要求。

《主办城市合同》中明确要求：主办城市、国家奥委会及奥组委应确保，奥运会相关财产应在全球范围内无障碍地以奥组委的名义（或以国际奥委会的名义，如国际奥委会有此指示）受著作权保护或类似的保护，并在上述财产上注明适当的版权信息。

对于奥运会的赛事转播，《主办城市合同》中明确要求：主办城市、国家奥委会及奥组委应按照国际奥委会的要求，通过版权登记或类似保护措施，确保奥运会的转播、报道和展示，包括电视信号与广播信号，得到充分保护，防止未经授权的奥运会转播、报道和展示。

（二）奥林匹克财产在我国著作权法上的对应安排

从著作权角度，奥林匹克财产对应的作品多种多样，大体可以分为以下几类（见表3）：

表3　奥运会相关财产对应的作品类型

作品类型	奥运会相关财产
文字作品	文学作品、官方出版物
美术作品	申办委员会会徽与吉祥物、体育图标、奥运景观元素、官方海报设计、奥林匹克火炬设计及其相关模具、徽章及其相关模具、奥林匹克优胜者奖牌和纪念奖牌设计及其相关模具、证书、艺术作品与造型艺术、实用艺术作品、官方纪念币及纪念钞、官方邮票

① Host City Contract XXIV Olympic Winter Games in 2022, Art. 41.

续表

作品类型	奥运会相关财产
音乐作品	音乐作品
摄影作品	图片（静态与动态）
影视作品	官方电影
音乐、戏剧、舞蹈作品	戏剧或戏剧音乐作品、舞蹈与舞台作品
图形作品	图形作品与元素
计算机软件	多媒体作品与计算机程序

三、奥林匹克财产在我国著作权法保护的一些特殊问题

（一）关于文字作品的一些考虑

1. 关于涉奥书法相关作品的保护。近年来，以书法作品作为运动会标志的情况屡见不鲜，特别是北京2022年冬奥会的会徽就是以“冬”字为原型设计的。那么这种作品是作为文字作品还是美术作品受到保护呢？一般来说，会徽独创部分的书法，其本身只有一个字，无法因其遣词造句和内容等作者思想的外在表达获得保护，只能作为美术作品进行保护。

2. 关于会徽和吉祥物名称是否属于文字作品受到保护。由于会徽和吉祥物的名称，一般缺乏必要的长度和深度，无法达到“最低限度创造性”的要求，因此原则上无法作为作品受到著作权法保护。

（二）关于美术作品的一些考虑

1. 关于奥运标识和景观元素的保护。奥运标识是表明某类运动和设施功能的特殊符号。奥运景观元素，是指以奥运为主题的特定色彩、条纹、形状等艺术元素的综合运用。对于独创性程度较高的奥运标识和奥运景观元素，以美术作品进行保护并无争议。但对于元素比较简单且已经存在类似在先形象的奥运标识和景观元素，是否受到著作权法的保护？虽然简单，但是奥运标识和奥运景观元素往往结合了一届奥运会的思想内涵和举办国的文化特色，在原有作品基础上具有一定独创性，应认定为演绎作品加以保护。

2. 关于实用艺术品的保护。奥运会的特许商品，从小摆件、首饰、装饰品、服装等，琳琅满目。是不是所有的特许商品都能够作为美术作品受保护？对于能够将实用功能和艺术美感相互分离、具有独创性且达到较高水准的艺术创作高度的实用艺术品，是可以作为美术作品受到著作权法保护的。

（三）关于摄影作品的一些考虑

关于摄影作品是否属于“时事新闻”从而符合合理使用的规定。实践中在涉及奥运的新闻报道里常用照片搭配文字来说明事件。如果这样的照片反映了时事，是否像对待文字

一样，认为其仅仅是单纯的记录事实，而不能受到著作权法的保护呢？考虑到我国对于摄影作品采取较低的独创性标准，因此对新闻照片所采取的保护标准也不应有分别，即使是独创性很低的新闻照片也不应属于“时事新闻”的范畴。

（四）关于著作权人以及相应权属的一些考虑

关于委托作品著作人身权的归属。国际奥委会对奥林匹克财产享有绝对的所有权。但在现实中，大部分奥林匹克财产无法由国际奥委会、国家奥委会或奥组委创作完成，都需要委托专业艺术人员进行创作。这就需要作出明确的约定，以满足国际奥委会对于作品所有权的需要。

因此，在签订委托合同时，委托人会对著作权的权属作出非常明确甚至有一点“霸道”的约定。除了著作财产权全部归属于委托人外，委托人还会对著作人身权作出一定限制。比如，对于署名权的行使，受托人作为作者应当表明作者身份，但如何表明、由谁表明等，都有特殊的约定。又如，对于修改权的行使，鉴于作品的重要性，委托协议中往往会约定受托人同意委托人进行修改的情形，而对于超出原作者基本表达的修改，实际是创作出了新作品，这种行为已不再是修改，而是改编了。因此，基于修改结果的不同情况，委托协议都会作出明确的约定。这些对于著作人身权的必要限制，注意到了奥林匹克规则与作者人身权的平衡，也符合司法认定的相关精神。

冬奥音乐作品著作权取得与许可使用的法律研究

刘笑晗*

【内容摘要】音乐是每一届奥运会和残奥会留给全世界印象最深的文化和体育遗产之一，北京冬奥会和冬残奥会的很多重要场景都使用了大量的音乐作品，其中既有第三方音乐作品，也有北京冬奥组委享有著作权的作品。北京冬奥组委取得音乐著作权的方式主要是公开征集和委托创作。笔者从冬奥音乐作品著作权取得及许可使用的方式和场景出发，对法律文件框架设计以及涉及的著作权问题进行浅析。

音乐由于其脍炙人口的旋律、易于传播的性质，是每一届奥运会和残奥会留给全世界印象最深的文化和体育遗产之一，时至今日《我和你》《北京欢迎你》等北京奥运会歌曲依然动人心弦。冬奥会和冬残奥会（以下统称冬奥会）在很多场景都要使用大量的音乐，如开闭幕式、体育展示、颁奖仪式、奥运村、宣传活动等，其中一部分是第三方音乐作品，还有一大部分是北京冬奥组委①享有著作权的音乐作品。北京冬奥组委取得音乐著作权②的方式主要有两种，一种是通过公开征集方式选定获奖音乐作品，并签署相关法律文件；另一种是委托词曲作者或者制作公司直接创作并约定著作权归属。后续根据实际情况，北京冬奥组委又将拥有著作权的音乐作品许可给相关单位使用。著作权取得及许可使用，都涉及一系列法律问题，笔者试从冬奥音乐作品著作权取得及许可使用的方式和场景出发，对法律文件框架设计及涉及的著作权问题进行浅析。

一、音乐作品的公开征集

（一）公开征集方式

以征集方式评选出具有代表性的音乐作品并签署法律文件约定著作权归属并非常见的模式，但在宣传奥林匹克运动和残奥运动，扩大公众参与等方面有重要意义，因此是北京

---

* 刘笑晗，女，研究生学历，法律硕士，北京冬奥组委法律事务部法务审核处项目工程师。

① 指北京2022年冬奥会和冬残奥会组织委员会，为了简便起见，本文使用简称。

② 此处“著作权”并非法律意义上的完整概念，准确地说应为“著作财产权以及在著作人身权方面进行特殊约定和限制”，笔者将在后文进行论述。

冬奥组委产生重要奥林匹克财产和残奥会财产的主要方式，如会徽、吉祥物、火炬、奖牌、音乐作品等。北京冬奥组委于2019年和2020年组织举办了2次音乐作品公开征集活动，面向全社会征集优秀的音乐作品。

（二）公开征集的法律性质

征集活动一般包括征集文件发布、应征作品评审、法律文件签署等阶段，后期还可能包括许可使用。音乐作品的性质从著作权法意义上讲没有争议，那么如何认定征集活动或者发布《征集文件》[①] 行为的性质是首先要解决的问题。

对于此问题目前主要有两种观点，一种观点认为，发布《征集文件》的行为属于要约，应征人按照《征集文件》的要求完成一定的行为并将其应征作品投稿属于承诺，此时合同成立，但是合同生效以评选获奖为前提条件，因此征集活动的此过程形成附生效条件的合同。另一种观点认为，发布《征集文件》的行为为要约邀请，应征人按照《征集文件》的要求完成一定的行为并将其应征作品投稿为要约，告知应征人获奖为承诺。

笔者赞同第一种观点，根据《民法典》第472条的规定，要约应内容具体确定，且表明经受要约人承诺，要约人即受该意思表述约束。从学理的角度来说，要约的要件包括：是特定人所为的意思表示；具有缔结合同的主观目的并表明一经承诺即受拘束的意旨；内容具体确定；向要约人希望与之缔结合同的相对人发出。要约邀请是希望他人向自己发出要约的意思表示，其与要约的区别主要体现在：要约邀请是希望对方主动向自己提出订立合同的意思表示，要约邀请对于对方的意思表示有决定承诺与否的自由。[②] 两者的根本区别在于要约有成立合同的具体确定的内容，而要约邀请则不必也不应具备满足合同成立的内容，否则为要约而不是要约邀请。从此角度分析，发出《征集文件》的行为符合要约的构成要件，应认定为委托创作合同的要约，按照《征集文件》的要求进行创作，在应征时对《征集文件》的条款没有提出异议，应认定为承诺，委托创作合同成立。但合同成立后并未生效，只有当应征人的作品获奖且收到通知时才生效，实质上属于附条件生效的合同。此种观点也是司法判决中的主流观点[③]。

从学理的角度，发出《征集文件》的行为应作以上性质认定，但需要注意的是，对于征集启事的性质也有很多专家学者持不同的观点，因此，为了进一步明确应征人应遵守的具体要求和双方的权利义务，降低因此引发的法律风险和纠纷，应征人还需要签署《承诺函》，对于获奖作品，北京冬奥组委也应与应征人签署《获奖音乐作品协议》，对权利义务

---

① 本处《征集文件》为泛指，后续《征集文件》的引文内容引自《北京2022年冬奥会和冬残奥会2020年度音乐作品征集文件》。

② 参见韩世远：《合同法总论》（第4版），法律出版社2018年版，第119～120页。

③ 参见刘毅诉广西壮族自治区南宁卷烟厂等侵犯著作权案，广西壮族自治区高级人民法院（2005）桂民三终字第3号；袁兵诉杭州娃哈哈集团有限公司侵害作品复制权、发行权纠纷案，浙江省高级人民法院（2016）浙民申3200号等。

进一步明确和约定。

（三）征集相关文件的法律框架设计

1. 法律文件框架设计

征集相关的文件包括：《征集文件》及其附件《承诺函》、应征人填写表格以及《获奖音乐作品协议》。

《征集文件》是对征集活动背景、要求、程序、各方权利义务等问题的规定和说明。《征集文件》一般包括技术部分与法律部分，技术部分主要包括应征人资格、征集内容和要求、程序和时间安排、提交方式、评选安排与奖金等；法律部分主要包括知识产权、个人信息保护、保密、禁止隐性营销、权利保留等。《承诺函》主要对征集文件中重要的内容进行重述，并且要求所有应征人签署，如果未签署则不符合形式要求，无法通过形式审查，也不会进入后续的评审环节。《获奖音乐作品协议》主要规定获奖应征人的权利义务，包括奖金、知识产权、保密、无市场开发权及宣传限制等，获奖应征人需要签署。

从笔者此前多次参与征集活动法律保障的经验看，征集相关文件的法律框架设计大多比较一致，区别主要存在于不同项目特殊的业务需求，或者因作品性质而产生的不同要求。

2. 征集相关问题的法律分析

在征集相关文件起草的过程中，需要考虑的问题很多，既包括业务部门的实际操作模式，也包括法律文件框架的适配性，以及后期合同的内容安排。从整体上看，核心问题为知识产权、个人信息保护、禁止隐性营销、权利保留。《征集文件》与《获奖音乐作品协议》的很多内容较为类似，因此笔者下文不再进行文件区分，以相关法律文件中具有代表性的条款设置为例，阐述法律框架设计时思考的几个问题。

第一，著作权转让问题。一般而言，获奖作品最重要的作用是后续的开发利用，因此确保北京冬奥组委获得完整无瑕疵的知识产权十分重要。在征集相关文件中，主要通过三层保障来防范可能的知识产权风险，分别为《征集文件》中的知识产权说明、《承诺函》的知识产权承诺，以及后续《获奖音乐作品协议》中的知识产权条款。

对于著作权财产权的转让问题，根据《著作权法》的规定，进行书面合同约定即可，但是《著作权法》中并没有明确说明人身权的问题，因此一直以来学界有很多不同讨论，主流观点认为，著作人身权带有民法上一般人身权的特征，是不可转让、继承或者受遗赠的①。但是，北京冬奥组委征集评选出的作品大部分为重要的奥林匹克财产或残奥会财产，后续一般都需要进行开发利用，同时根据国际奥委会在《主办城市合同》中的要求，奥林匹克财产为国际奥委会的专有财产，在奥运会结束后北京冬奥组委需要把相关的知识产权转移给国际奥委会，因此获奖作品的著作财产权都需要转让给北京冬奥组委，对于发表权、

① 参见王迁：《知识产权法教程》（第7版），中国人民大学出版社2021年版，第147页。

修改权、保护作品完整权，采取不可撤销地永久独占授权北京冬奥组委行使的方式。当然，对于发表权，如果作者已经转让著作财产权或者许可他人以特定方式利用作品，通常可以视情况推定作者许可发表作品①，否则将会导致已经签署的合同丧失意义。对于署名权，考虑到作品性质（如吉祥物、会徽等）以及在一些场合署名的限制，除了限制行使之外，还需要尊重北京冬奥组委的署名安排和决定。同时，考虑到对应征人知识产权的尊重以及给予应征人更多的选择权，在《征集文件》和《承诺函》中只是要求或单方承诺，如果应征作品获奖，应征人需在收到通知后，与北京冬奥组委签署《获奖音乐作品协议》，对知识产权相关问题比如原创性、无瑕疵等进行更细致的约定。如果应征人拒绝签署，则不会将应征作品选为获奖作品。

第二，在征集阶段使用的授权问题。根据北京冬奥组委的工作需要会使用应征作品，如记录工作过程等，另外根据相关业务部门的工作安排，可能在征集活动进行的过程中通过网络或者广播播放应征作品。因此在《征集文件》和《承诺函》中纳入了相关条款，比如“应征人确认并同意本次征集办公室和北京冬奥组委有权自行按本次征集活动的评选安排，为评选目的使用应征方案及应征方案中的应征作品，包括但不限于为记录工作过程和本次征集活动宣传进行的相关拍摄、录制、刊发、播放等活动”“应征人并无偿独家授权北京冬奥组委自应征人提交应征方案之时起至本次征集活动获奖作品公布之日止，在全球发表并通过信息网络传播、广播等方式向公众提供、广播、传播及使用应征作品”。据笔者后期了解到的情况，业务部门实际并没有在征集活动进行的过程中即进行音乐作品的公开和播放，但从法务工作的角度出发，还是需要将全部可能的需求纳入法律文件中。

第三，未获奖作品的后续使用。根据音乐作品征集知识产权转移时间和方式的设置，未获奖应征作品的知识产权还归属于应征人享有，征集活动结束后应征人许可北京冬奥组委使用的期限也截止，应征人可以根据其意愿使用。但是，考虑到音乐作品的歌词中可能包含奥林匹克标志或残奥会标志，因此需要在承诺函中对于后续使用的行为限制进行规定，主要是关于奥林匹克标志使用和隐性营销。比如“承诺人保证……在使用未能终评获奖应征作品时，不得将含有奥林匹克标志或残奥会标志的歌词用于宣传、营业性演出及其他任何商业活动，且该等使用在任何情形下均不得与北京2022年冬奥会和冬残奥会、北京冬奥组委……建立虚假或未经授权的联系（无论直接或间接），亦不得产生与北京2022年冬奥会和冬残奥会、北京冬奥组委……或与上述实体的活动存在其他关系的混淆或误认，亦不得违反《反不正当竞争法》《奥林匹克标志保护条例》等法律法规”。

第四，个人信息保护问题②。《民法典》第六章对个人信息保护进行了原则性规定，虽

---

① 参见王迁：《知识产权法教程》（第7版），中国人民大学出版社2021年版，第150页。

② 鉴于音乐作品征集活动开展时间为2019年和2020年，2020年1月1日《民法典》已生效，但《个人信息保护法》尚未公布及生效，因此《征集文件》只是根据《民法典》要求进行内容设计。

然音乐作品征集只是通过邮寄信息表的方式收集一定的应征人信息以组织开展活动，不涉及线上征集的情况，但依然要遵守《民法典》中的相关规定，例如，征得个人信息主体的同意、公开处理规则、明示处理的目的方式等，并且对应征人提供的个人信息采取保密措施，在不需要使用时进行销毁和删除处理等，这些内容在《征集文件》中都进行了说明。

第五，禁止隐性营销条款。根据《主办城市合同》中的定义，隐性营销（ambush marketing）是指未经许可与奥林匹克运动或奥运会建立直接或间接商业联系，违反保护奥林匹克形象的法律及/或干扰奥林匹克赞助商、供应商、特许商的合法市场开发行为。禁止隐性营销原则是奥运会这个百年品牌得以延续的重要原因之一，因此国际奥委会十分注重对隐性营销的防范，禁止隐性营销条款也是北京冬奥组委签署的各类合同中都包括的内容。

音乐作品征集活动作为一项有较大影响力的冬奥会和冬残奥会宣传活动，为了避免应征人的隐性营销行为，在《征集文件》及《承诺函》中都加入了“宣传限制”条款，要求“应征人不得在任何时间、任何地点以任何形式对是否响应本征集文件及是否参加本次征集活动进行商业性宣传，亦不得以任何明示或者暗示的方式表示与北京2022年冬奥会和冬残奥会、北京冬奥组委……存在任何关联”。

第六，权利保留和说明条款。虽然权利保留条款在很多法律文件中属于格式性条款，但是考虑到征集活动的性质、实际操作以及涉及国际奥委会和国际残奥委会等情况，权利保留条款和说明条款也进行了适应性调整。比如考虑到征集活动周期长、变化大，因此要强调“北京冬奥组委有权就任何文件之间的矛盾或歧义进行解释、澄清、补充、说明和/或采取其他必要措施”“应征人应负责对上述网站信息进行检查以便使用最新的文件”，征集活动涉及多个主体及关联方，因此说明“北京冬奥组委、国际奥委会、国际奥委会关联方、国际残奥委会……在任何情况下均不会就本次征集活动对应征人承担任何责任”等。

二、音乐作品的委托创作

直接委托创作是一种更为常见的方式，其操作模式和协议条款设置与公开征集不同。当然，委托创作协议内容与《获奖音乐作品协议》都涉及对知识产权内容的约定，并且都包含国际奥委会要求的内容，与征集方式有差异性的内容主要有以下两方面：

第一，内容上增加委托事项及成果要求。委托合同是在音乐作品创作前与创作人签署的，这一点与公开征集不同，因此需要增加对委托事项的要求、履行时间安排、验收等业务条款。

第二，体例上与一般合同类似。虽然并无明文规定合同应该包含哪些具体内容，但是通常合同文本的内容都比较类似，只是根据具体事项的不同有条款的修改或者增删，《获奖音乐作品协议》因为是基于公开征集评选而签署的，因此有很多条款是在重述《征集文件》和《承诺函》中要求的基础上，又增加了一些在征集环节没有约定的内容，如付款安排等，但在这一点上委托创作合同没有特殊性。

三、音乐作品的许可使用

（一）音乐作品许可使用情况

音乐制品的权利构成十分复杂，以一首被制作成CD发行的歌曲为例，涉及的主体包括音乐作品的词作者、曲作者、演唱者、演奏者、录音制作者、出版者、发行者等。音乐作品的表现形式不仅是纸面上的词曲，还包括基于词曲而录制的音乐制品。同时，音乐的使用场景也非常的多样，如活动背景音乐、现场演唱、视频配乐等。出于宣传冬奥的需要，除北京冬奥组委之外的其他单位或者组织也会在相关活动中使用北京冬奥组委的音乐作品，这就涉及音乐作品的许可使用。当然考虑到隐性营销等问题，目前许可使用的主体都为非商业主体和非商业活动，具体事宜都由北京冬奥组委自己处理并签署许可使用协议①。

1. 与北京冬奥组委有关标志许可使用的异同

北京冬奥组委有关标志是指北京冬奥组委享有专有权的标志②，包括北京2022年冬奥会和冬残奥会的名称及其简称、会徽、吉祥物等。北京冬奥组委有关标志的使用分为商业使用和非商业使用两种规则。商业使用是指使用主体为营利性主体，或者在任何商业活动中使用北京冬奥组委有关标志。根据国际奥委会有关市场开发规则，只有纳入国际奥委会或者北京冬奥组委市场开发体系的活动，才可以进行规定范围内的商业使用。非商业使用是指不以营利为目的、在非商业活动中使用北京冬奥组委标志，非商业使用应当根据不同的情况提出申请，并遵守《北京2022年冬奥会和冬残奥会组织委员会有关标志非商业使用规则》。

音乐作品的许可使用与有关标志不同，音乐作品（包括其他创意类成果）的使用，目前主要根据实际情况以合同的形式进行约定。

2. 许可使用协议

虽然北京冬奥组委音乐作品的许可使用情形剔除了商业元素，但是对许可使用协议内容影响并不大。根据笔者的经验，许可使用的方式主要为播放和表演，根据具体情况的不同，涉及的权利类型主要为表演权、广播权、信息网络传播权等。《著作权法》第26条规定，许可使用合同中包括许可使用作品的权利种类，许可类型，许可使用的地域范围、期间，付酬标准和办法，违约责任，双方认为需要约定的其他内容。《著作权法》列举的内容是许可使用合同的核心，笔者认为其中最重要的是权利种类和许可类型条款，虽然许可权

---

① 根据本文写作时间，该时间截至2021年8月31日。

② 参见《北京2022年冬奥会和冬残奥会组织委员会有关标志非商业使用规则》，载https://www.beijing2022.cn/rpps/UncommercialUse.htm，最后访问日期：2021年9月1日。

利类型是使用方式的法律化抽象，两者具有一致性，但抽象化的前提是对著作权权利束中每一项专有权控制的范围有清晰的理解。例如，在活动现场演唱歌曲，并通过广播电台、网络电视直播，涉及的权利类型为表演权、广播权，如果需要进行复制还涉及复制权。前面场景的描述比较简单，具体的使用场景可能会比较复杂，并且在不同阶段有不同的使用方式，因此需要仔细厘清。

另外，考虑到对于自身权利的保护，在许可使用协议中会增加无默示授权条款和可撤销条款，比如“本协议项下权利类型仅限以本协议约定的使用方式进行使用。除授权人在本协议中明示授权外，授权人未向被授权人授权关于授权作品的其他任何权利。被授权人如需行使授权作品的其他任何权利，均需另行获得授权人的书面授权许可”；“被授权人违反本协议约定的，授权人有权撤销授权，撤销通知送达被授权人后，授权人应立即停止使用授权作品”。

（二）表演者承诺函

另一种较多的情况虽然不涉及授权许可，但是涉及表演和表演者，笔者也在这里稍做提及。比如在北京冬奥组委举办的活动中邀请演员演唱歌曲，此种情况下，将要求表演者签署承诺函，以确保表演产生的任何成果的相关权利（包括知识产权及其他权利）归属于北京冬奥组委（国际奥委会）。对于表演者权，除了表明表演者的身份外，其余的权利由北京冬奥组委（国际奥委会）永久独占享有。除了上述知识产权约定外，表演者还需要承诺允许为该活动之目的使用其肖像、声音，承诺不会自行或授权第三方拍摄、记录、翻拍活动内容，承诺保密、遵守禁止隐性营销以及不会贬损奥林匹克运动和残奥运动的声誉等。

难美类体育运动项目的著作权保护

刘宸缨*

【内容摘要】本文选取了冬季奥运会中的花样滑冰运动作为难美类体育运动项目代表，通过分析其历史源流、赛事实践以及舞蹈艺术与竞技运动融合的潮流，并参照具有代表性的舞蹈作品、杂技艺术作品著作权判例，建议《著作权法》在立法和适用中将难美项目作品纳入保护范围。

一、问题的提出

2019 年 4 月 26 日是第 19 个世界知识产权日，年度主题是“奋力夺金：知识产权和体育”。这是世界知识产权组织倡办的世界知识产权日首次聚焦体育主题，标志着体育领域知识产权问题的日趋复杂和重要。①

我国的知识产权法十分年轻，处于快速发展变化的阶段；而中国作为现代体育史上第一个先后主办夏季奥林匹克运动会与冬季奥林匹克运动会的“双奥之国”，加快完善体育法包括体育领域的知识产权保护，是“为世界奉献一届精彩、非凡、卓越的奥运盛会”的必然要求，也是充分把握举办重大体育赛事利好，实现跨越式发展的必由之路。在此背景下，不少专家学者呼吁尽快修改《体育法》《著作权法》等基本法律，扩大权利保护范围以符合发展需要和国际奥林匹克委员会相关规则。②

在各种建言献策中，国家体育总局政策法规司原司长、时任中国法学会体育法学研究会会长刘岩和中华全国律师协会会长王俊峰均提议将难美类体育运动中形成的成果纳入知识产权法保护范围。③ 刘岩指出，以花样滑冰、艺术体操为典型的体育运动项目类作品强调

---

* 刘宸缨，女，研究生学历，法学硕士学位，北京市炜衡律师事务所律师助理。

① World Intellectual Property Organization, *World Intellectual Property Day 2019 "Reach for Gold: IP and Sports"*, Apr. 25, 2019, https://www.wipo.int/pressroom/en/articles/2019/article_0006.html#: ~: text = This%20year's%20theme%20is%20%E2%80%9CReach, expected%20in%20the%20coming%20days.

② 姜旭：《体育赛事亟待“严保护”》，载人民网，http://ip.people.com.cn/n1/2019/0412/c179663-31026836.html。

③ 林德韧、王恒志、王春燕：《专访中国法学会体育法学研究会会长刘岩：中国体育知识产权保护前路漫漫》，载新华网，http://www.xinhuanet.com/2019-04/26/c_1124421594.htm。

新颖、独特、高难，“这些项目具有独创性、艺术性、表达性、可复制性，另外音乐、服装、器材、灯光等方面的编排，都需要创作和创新，体育工作者为此做出了创造性的辛勤劳动，应当得到尊重和保护。”此类成果“既不属于著作权的排除对象，又符合作品的特征，可以认为是著作权意义上的智力表达，理应受到法律保护”。[①] 因此，刘、王二君共同建议修改《著作权法》中“作品”的定义，并适当调整著作权人、表演者等定义和相关权利。[②] 笔者在北京2022年冬奥会和冬残奥会组织委员会法律事务部工作期间，开始关注比赛项目中以花样滑冰为典型的难美类体育运动——包括体操、花样游泳、跳水、健美操等，由创编成套的形体姿态、技术动作、动作路线组成的体育运动项目。[③] 我国在世界难美类体育运动竞赛中战绩辉煌，仅在体操一项，已经有43个动作被冠以中国运动员的名字以标志其成就。该领域对我国体育事业发展的重要意义不言而喻。[④]

难美类体育运动中的个体节目（以下简称难美节目）的独创性、艺术性、表达性和观赏性，以创造性的编排为前提，在这个意义上，它们融合了与音乐作品、舞蹈作品、杂技艺术作品等相同或相似的创意元素。然而，诚如刘、王二君所言，难美节目并不在我国现行著作权法律法规保护范围内。受此启发，笔者欲以本文浅析难美节目是否形成了我国《著作权法》范畴中的“作品”，及据此是否应将“体育作品”纳入《著作权法》保护范围。因篇幅有限，本文对难美节目可能适用的其他知识产权不做讨论。

二、体育与舞蹈的“作品”属性争议

现行《著作权法》第2条第1款确定了“著作权”的客体为“作品”：中国公民、法人或者非法人组织的作品，无论是否发表，依照本法享有著作权。《著作权法》第3条将“作品”定义为文学、艺术和科学领域内具有独创性并能以一定形式表现的智力成果，包括：（1）文字作品；（2）口述作品；（3）音乐、戏剧、曲艺、舞蹈、杂技艺术作品；（4）美术、建筑作品；（5）摄影作品；（6）视听作品；（7）工程设计图、产品设计图、地图、示意图等图形作品和模型作品；（8）计算机软件；（9）符合作品特征的其他智力成果。全国人民代表大会《中华人民共和国著作权法释义》（以下简称《著作权法释义》）中则称：“受著作权法保护的作品应当具备以下几个条件：（一）必须是自己创作的，不是抄袭别人的；（二）必须是属于文学、艺术和科学技术范围内的创作；（三）必须具有一定的表现形

① 林德韧、王恒志、王春燕：《专访中国法学会体育法学研究会会长刘岩：中国体育知识产权保护前路漫漫》，载新华网，http://www.xinhuanet.com/2019-04/26/c_1124421594.htm。

② 林德韧、王恒志、王春燕：《专访中国法学会体育法学研究会会长刘岩：中国体育知识产权保护前路漫漫》，载新华网，http://www.xinhuanet.com/2019-04/26/c_1124421594.htm。

③ 赵丽、董佳莹：《赛事直播侵权争议不断　体育知识产权亟需法治护航》，载新华网，http://www.xinhuanet.com/legal/2019-04/26/c_1124417663.htm。

④ 王思硕：《43个名字，承载中国体操辉煌！你能叫出几个?》，载中国新闻网，http://www.chinanews.com/ty/2020/04-08/9150565.shtml。

式；（四）必须是不属于依法禁止出版、传播和作品。”①

细考之，作品首先要求有一定思想内容，如计算机软件有运行的目的，如输出某种信息或解决某类问题，否则也难符合《计算机软件保护条例》中对“计算机软件”的定义。②同时，“著作权不保护纯粹的思想，但是对某一思想的具体表达，无论是口头的，还是书面的，都受著作权法保护。”③ 因此，思想内容须以一定形式表现，“能够固定于某种有体物上，并能复制使用。”④ 文字、图像、声音、动作、代码……林林总总。其中，《中华人民共和国著作权法实施条例》（以下简称《著作权法实施条例》）第4条定义了“口述作品”为“即兴的演说、授课、法庭辩论等以口头语言形式表现的作品”。《著作权法释义》进一步解释了口述作品自有的保护困境：“口述作品虽未固定于某种有体物上，除众人皆知的外，也须符合能以某种有体物将其固定下来的条件。如能以纸张、磁带将其记载、录制下来，否则也难以保护。”⑤ 而“无论是文字形态还是录音形态，承载的仍然是口述作品本身，并不会因此就变为文字作品或录音制品。”⑥ 此外，作品应具有独创性，系创作而非抄袭所得，并且“有别于……专利法的新颖性、具有前所未有性和强烈的排他性，著作权法的独创性……只要作品是自己创作的，就具有独创性，且不排斥他人再创作同样的作品。”⑦

如果认为，现行《著作权法》适用范围限定在文学、艺术和科学领域，似乎未给“体育作品”这一概念留下生长空间，那么，我们不妨发问：难美节目是否符合“作品”特征？

在《著作权法》第3条列举的（1）～（8）类作品中，与难美节目最接近的当属“音乐、戏剧、曲艺、舞蹈、杂技艺术作品”。而对舞蹈作品、杂技艺术作品、难美节目均有关注的读者，应该不难想见三者间诸多形神俱似之处。《著作权法实施条例》规定：“舞蹈作品，是指通过连续的动作、姿势、表情等表现思想情感的作品”，而“杂技艺术作品，是指杂技、魔术、马戏等通过形体动作和技巧表现的作品”。⑧《著作权法释义》中解释：“舞蹈

① 《中华人民共和国著作权法释义》，载中国人大网，http://www.npc.gov.cn/zgrdw/npc/flsyywd/minshang/2002-07/15/content_297588.htm。

② 《计算机软件保护条例》第3条规定：“……（一）计算机程序，是指为了得到某种结果而可以由计算机等具有信息处理能力的装置执行的代码化指令序列，或者可以被自动转换成代码化指令序列的符号化指令序列或者符号化语句序列。同一计算机程序的源程序和目标程序为同一作品。”

③ 《中华人民共和国著作权法释义》，载中国人大网，http://www.npc.gov.cn/zgrdw/npc/flsyywd/minshang/2002-07/15/content_297588.htm。

④ 《中华人民共和国著作权法释义》，载中国人大网，http://www.npc.gov.cn/zgrdw/npc/flsyywd/minshang/2002-07/15/content_297588.htm。

⑤ 《中华人民共和国著作权法释义》，载中国人大网，http://www.npc.gov.cn/zgrdw/npc/flsyywd/minshang/2002-07/15/content_297588.htm。

⑥ 袁博：《“口述作品”如何进行版权保护？》，载中国知识产权资讯网2018年11月14日，http://www.iprchn.com/cipnews/news_content.aspx?newsId=112172。

⑦ 袁博：《“口述作品”如何进行版权保护？》，载中国知识产权资讯网2018年11月14日，http://www.iprchn.com/cipnews/news_content.aspx?newsId=112172。

⑧ 《著作权法实施条例》第4条。

作品是指以舞谱形式或未以舞谱形式出现的仅可通过经提炼、组织和艺术加工的人体动作、姿态、节奏、表情来表达思想感情的作品……”乍看之下，上述定义中描述性的部分放之于难美节目毫不违和。概言之，三者都是通过连续的动作、姿势、表情等表现思想情感，往往都以新颖、独特、高难动作挑战和展现人类形体极限，并且同时配合音乐、服装、器材、灯光等，从而实现最佳表达效果。

以冬奥会中历史最悠久的花样滑冰（figure skating）为例。[①] 早在19世纪下半叶，花样滑冰已经流行于欧美，但当时主流的“英国风格”花样滑冰动作简单机械，与今日不可同日而语。这项运动的脱胎换骨，离不开被誉为“现代花样滑冰之父”的Jackson Haines等先驱。正因Haines本人身兼芭蕾舞演员与花滑选手二职，因此才能创造性地融合舞蹈与体育，并开始使用音乐伴奏，极大地增加了花样滑冰的观赏性、艺术性、技巧性与丰富性。[②] 就此而言，不妨说现代花样滑冰有突出的舞蹈艺术基因。Haines之后，花样滑冰运动员历经不断探索与创造，才形成了震撼人心的力与美的极致结合。今天，我们点击北京2022年冬奥会和冬残奥会官网的“花样滑冰”项目介绍，会发现这项运动被评价为“冰上技术技巧和音乐舞蹈艺术的结合，兼具音乐美、姿态美和力量美”，实在恰如其分。[③]

冬奥会花样滑冰比赛现设有五个项目，分别为男子和女子单人滑、男女双人滑、冰上舞蹈（ice dance）以及团体赛。花样滑冰得分由技术动作分和节目内容分相加减去扣分项。节目内容分包括滑行技术、动作连接、表演完成、节目构成和音乐表达。[④] 此外，正式比赛之后的表演滑自由度更高，没有规定动作（因此也可以表演比赛中禁止的动作），还可以使用比赛中不允许使用的道具，因此是运动员团队挥洒创意、展现魅力的绝佳机会，对于观众而言亦是一票难求的视觉盛宴。[⑤]

其中，五个项目中的冰舞于19世纪末发端，20世纪初流行，20世纪30年代成为竞技体育项目，1976年成为冬奥会比赛项目。其形成和发展与当时流行的华尔兹等交谊舞密不可分，并始终贯穿舞蹈艺术追求，而非纯粹的“更高更快更强”的竞技。[⑥] 也正如此，冰舞与双人滑虽然形式相似，但二者打分标准和具体动作要求大为不同。[⑦] 冰舞的自由舞环节

---

① *Figure Skating*, Beijing 2022, https://www.olympic.org/figure-skating.

② Jackson Haines, *The Father of Figure Skating*, *Roy Blakey's Icestage Archive*, https://www.icestagearchive.com/jackson-haines-the-father-of-figure-skating/.

③ 北京2022年冬奥会和冬残奥会组织委员会官网，https://www.beijing2022.cn/cn/olympics/figure_skating.htm，最后访问日期：2022年3月20日。

④ 北京2022年冬奥会和冬残奥会组织委员会官网，https://www.beijing2022.cn/cn/olympics/figure_skating.htm，最后访问日期：2022年3月20日。

⑤ Sarah Friedman, *This Exhibition Gala is Figure Skaters' One Chance to Let Loose at the Games*, Bustle (Feb. 21, 2018), https://www.bustle.com/p/what-is-the-figure-skating-exhibition-gala-the-olympic-event-lets-athletes-have-some-fun-8282970.

⑥ Ice dancing, Britannica, https://www.britannica.com/sports/ice-dancing.

⑦ U.S. Figure Skating Scoring Guide, https://usfigureskating.org/sites/default/files/media-files/Scoring%20Cheat%20Sheet.pdf.

与韵律舞相比，运动员在编排、动作上有更大的创造和演绎空间，与音乐的配合和表现力的要求也更高。①

如今，运动员们正在主动打破作为体育运动的花样滑冰与舞蹈间的“壁垒”。2018年来，中国花样滑冰协会结合花样滑冰项目的特点和2022年北京冬奥会备战的实际需要，与北京舞蹈学院合作，启动跨界选拔冰舞运动员的计划，拓宽花样滑冰人才培养渠道。②“舞蹈专业基础对跨界练习花样滑冰的学生们提高基础柔韧性，强化舞姿意识提供了得天独厚的优势，对冰上技术、双人配合以及提高艺术表现力都有非常大的帮助，这也正是中国花样滑冰协会与北京舞蹈学院合作跨界选材成功的基础和保障”，《中国体育报》报道如此说。③

在花样滑冰的世界中，不仅有体育在主动吸纳舞蹈，同时，舞蹈也在实现与体育结合的“双向奔赴”。近年风行的冰上芭蕾舞剧等新型表演形式，无疑与冰舞项目同出一源。个中翘楚的《天鹅湖》主演团队等便是由退役冰舞运动员组成。④冰上演出的形式为世界观众耳熟能详的《天鹅湖》《胡桃夹子》等古典芭蕾剧目开发了新的观赏性、技巧性维度，经典作品焕发新鲜魅力，何尝不是进一步模糊了舞蹈艺术与体育运动的界限？⑤

如果说在许多人心目中，花样滑冰仍属于纯粹的体育运动，则不难想象一般大众可能也会视国标舞、拉丁舞为纯粹的舞蹈，毕竟无论是“桃李杯”等专业舞蹈比赛⑥还是《舞蹈风暴》《舞林争霸》等综合性舞蹈节目中，都不乏此类选手和芭蕾舞、现代舞、民族舞、中国舞等舞种舞者同台竞技。⑦但实际上，国标舞属于“体育舞蹈”（dance sport），包括摩登舞和拉丁舞两个项群。⑧世界体育舞蹈联合会（WDSF）定义体育舞蹈为“一项结合体育与舞蹈的活动，让参与者提升身心健康，建立社会关系并能在各级比赛中有所收获”。⑨在秉承“舞蹈如运动”（Dance as sport）宗旨⑩的WDSF领导下，国标舞正坚定不移地朝体育

---

① International Skating Union, Handbook for Referees and Judges (Ice Dance) (2020.07.30), https://www.isu.org/figure-skating/rules/id-handbooks-faq/26041-handbook-for-ice-dance-referees-and-judges/file，第9页。

② 《花样滑冰跨界选材结硕果》，载北京2022年冬奥会和冬残奥会组织委员会官网，https://www.beijing2022.cn/a/20210113/010034.htm。

③ 《花样滑冰跨界选材结硕果》，载北京2022年冬奥会和冬残奥会组织委员会官网，https://www.beijing2022.cn/a/20210113/010034.htm。

④ *The Imperial Ice Stars*, https://www.tvguide.com/tvshows/imperial-ice-stars-swan-lake-on-ice/cast/1030073548/.

⑤ Rachel Read, Swan Lake On Ice by The Imperial Ice Stars @ Hong Kong Cultural Centre review, Through the Looking Glass (May 2, 2016), https://rachttlg.com/2016/05/02/swan-lake-on-ice-review/.

⑥ 《2019“桃李杯”舞蹈艺术展演》，载中国艺赛网，http://www.chn-art.org/show-19-589-1.html。

⑦ 舞蹈风暴，载百度百科，https://baike.baidu.com/item/%E8%88%9E%E8%B9%88%E9%A3%8E%E6%9A%B4/23786271?fr=aladdin#3；舞林争霸，载百度百科，https://baike.baidu.com/item/%E8%88%9E%E6%9E%97%E4%BA%89%E9%9C%B8/6235832#2。

⑧ 摩登舞下属舞种包括华尔兹、维也纳华尔兹、探戈、狐步和快步舞。拉丁舞下属舞种包括伦巴、恰恰、桑巴、牛仔和斗牛舞。WDSF, *Dance Styles*, https://www.worlddancesport.org/Division/Professional/Teacher_and_Student/Dance_Styles.

⑨ WDSF, *Dancesport for All*, https://www.worlddancesport.org/About/All.

⑩ WDSF, *Within World Sports*, https://www.worlddancesport.org/About/Olympic.

竞技方向发展，并已屡次角逐加入奥运会比赛项目。

更耐人寻味的是，2020 年 12 月，国际奥委会执行委员会会议决定，同意 2024 年巴黎奥运会增设霹雳舞、滑板、攀岩和冲浪四个大项，以落实“精简办赛、性别平等和关注年轻人的需求”的办奥精神。[①] 之前，在 2018 年布宜诺斯艾利斯夏季青年奥运会中首次作为竞赛项目出现的街舞舞种霹雳舞（Breaking）属于体育舞蹈，由 WDSF 管理。[②] 奥运大门向霹雳舞打开后，亚洲运动会主办机构亚洲奥林匹克理事会也接力宣布霹雳舞成为 2022 年杭州亚运会正式竞赛项目。[③] 从纽约黑人贫民社区内的自娱自乐到风靡全球，随着以霹雳舞为代表的街舞登堂入室成为世界体育竞技的新热点，中国也正在倾注国家力量建设中国街舞专业体系：中国霹雳舞国家队开始组建，中国体育舞蹈联合会发布了霹雳舞赛事计划，中国街舞联赛等全国性大型赛事负责为奥运和国家队建立人才库……[④]虽然不乏业内外人士对体育舞蹈登上竞技运动场表示怀疑，担忧这些项目在适应竞技体育规则的同时能否保持舞蹈的“初心”，但 2018 年青奥会的成功经验和 WDSF 尊重各舞种现有规则的基本态度又使不少体育舞蹈舞者吃下“定心丸”。[⑤]

对于一支为参加奥运会而创造的霹雳舞，其是否构成作品或适用《著作权法》，笔者以为，答案毫无疑问是肯定的。因为它仍然是舞蹈作品，是艺术领域具有独创性并能以一定形式表现的智力成果，而新增的竞技运动属性只是丰富了其内涵，拓展了其边界，开发了新空间，并不构成对其作品属性的颠覆。同理类推，如果一项体育运动中也能产生具有艺术性、独创性并能以一定形式表现的智力成果，是否也应一视同仁地确认其创作者的著作权？如果商业演出冰上舞蹈《天鹅湖》毫无疑问属于我国《著作权法》定义的“作品”，那么，与其构成元素和表达效果高度类似，可以认为构成艺术领域具有独创性并能以一定形式表现的智力成果的冰舞节目，或至少是其中的表演滑节目或自由滑节目，何以被排除

---

① *Gender equality and youth at the heart of the paris* 2024 *olympic sports programme*, Olympic. org（Dec. 7, 2020）, https://www. olympic. org/news/gender-equality-and-youth-at-the-heart-of-the-paris-2024-olympic-sports-programme.

② 《定了！霹雳舞等 4 个项目成为 2024 年巴黎奥运会正式比赛项目》，载国际在线 2020 年 12 月 8 日，https://baijiahao. baidu. com/s?id = 1685489936196096279&wfr = spider&for = pc。

③ 《霹雳舞红遍中国后，20 亿年轻人把它送进了奥运》，载腾讯网，https://new. qq. com/omn/20210318/20210318A0EKAA00. html。

④ 《霹雳舞红遍中国后，20 亿年轻人把它送进了奥运》，载腾讯网，https://new. qq. com/omn/20210318/20210318A0EKAA00. html。

⑤ Tom Shad, *Breaking, also known as breakdancing, becomes an Olympic sport and some hope the move won't dilute its soul*, USA Today（Dec. 7, 2020）, https://www. usatoday. com/story/sports/olympics/2020/12/07/breakdancing-breaking-becomes-olympic-sport-2024-olympics/3849970001/；Rick Tija, *Inside Breaking's Debut at the Olympics*, Dance Magazine（Mar. 10, 2021）, https://www. dancemagazine. com/breaking-in-the-olympics-2650996087. html? rebelltitem = 5 # rebelltitem5. 另有不少霹雳舞者认为，霹雳舞原有的表演形式斗舞（battle）就具有鲜明的竞争性，因此融入奥运会等体育比赛毫无难度。2018 年青奥会霹雳舞项目仍然是斗舞赛制，据称 2024 年巴黎奥运会也会沿用这一传统规则。Jesse Washington, *Born out of competition, breaking is a natural for the Olympics*, the Undefeated（Feb. 27, 2019）, https://andscape. com/features/born-out-of-competition-breakdancing-is-a-natural-for-the-paris-olympics/；WDSF, *qualification rules for breaking at the 2018 youth olympic games*, https://www. breakingforgold. com/rules.

在著作权保护范围之外？仅仅因为冰舞的传统舞台在体育赛事而非舞蹈比赛吗？霹雳舞的例子或许足以证明舞蹈作品并不因登上奥运赛场而丧失其舞蹈属性，而传统概念下的体育运动中产生出艺术性表达的智力成果，似乎也不应受“出身”所限而与著作权无缘。

如能推而广之，我们是否可以重新思考著作权视野下的冰舞小项目、花样滑冰大项目，乃至于难美类体育运动领域整体，究竟应如何定位。或有论者认为，冰上舞蹈仍属体育与艺术交汇的特例——即便如此，我们似乎也难否认它确实展示了舞蹈、体育间微妙的一线之隔。霹雳舞成为奥运项目这一变化更宣示了竞技体育金字塔顶端发起革新的大势，并且这一革新绝不会止步于此。随着国际奥委会持续尝试在奥运会中增加吸引年轻观众的看点，体育和其他流行文娱活动间“莫须有”的“壁垒”将会进一步消解。

理论上，“文学、艺术和科学领域”与其他领域的成果间若有若无的一线之隔，使其在著作权法视域中的命运迥然不同，其公平合理性值得商榷；现实中，修改《著作权法》，放宽甚至放弃“作品”定义中“文学、艺术和科学领域”的限制固然颇有难度，但通过目的解释或者合理扩大解释，将符合“作品”形式、实质、独创性标准的难美节目纳入保护范围，免于突破《著作权法》现有结构，也实现了《著作权法》的保护目的，似颇为可行。其间的关系如图 1 所示。

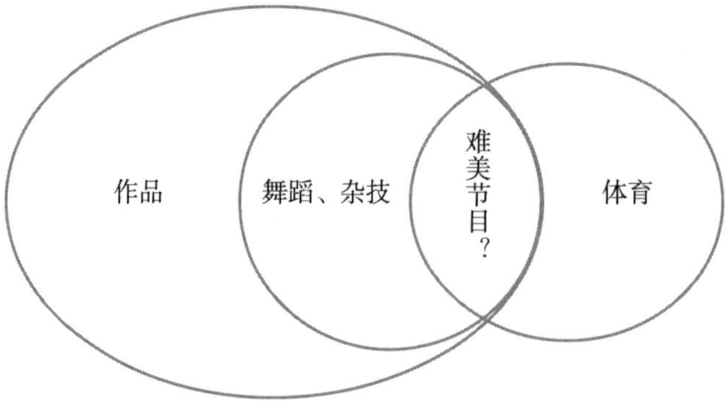

图 1　难美节目的“作品”属性

另外，《著作权法释义》还提供了另一种思路。《著作权法释义》承认“文学、艺术和科学范围的创作只是智力劳动的一种，除此之外……如在体育比赛中和对方斗智，出人意料地摆出新的阵容、阵式，战胜对手等，这些也属于智力劳动，但如果未以文字、图表等具体表现形式将其表达，就不属于文学、艺术和科学范畴的创作，不能称为作品。”若依此解，则“文学、艺术和科学技术领域”不再是硬性要求，其他领域的智力劳动通过一定的表现形式表达为《著作权法》列举的作品类型近似或相同的成果时，也可成为作品。依此类推，难美节目的编创和表演经文字、图表、动画等形式记录下来后，即可成为文学、艺术和科学范畴的创作，从而成为受《著作权法》保护的作品。

三、舞蹈作品、杂技艺术作品的著作权保护实践

上文谨以一些实例探讨了《著作权法》现有“作品”定义的局限性。假如《著作权法》果真将（部分）难美节目纳入著作权保护范围，还应做出哪些体系变化以实现自洽？实务中可能遇到何种挑战？我们不妨再参照舞蹈作品、杂技艺术作品著作权纠纷案例，预判难美节目成为作品后的影响。

目前我国已有一定数量的舞蹈作品侵权诉讼或纠纷，其中较受关注者主要为以下三类。一是未获得著作权人授权表演动作、编排均较为相似的舞蹈，如爱奇艺《青春有你2》[①] 和湖南卫视《舞蹈风暴2》[②] 中的选手舞蹈以及浙江卫视《王牌对王牌》中表演的《千手观音》[③]；二是未经著作权人授权对在先作品进行改编，如江苏卫视2020年某晚会中将舞剧《杜甫》片段《丽人行》改编为网络流行曲的伴舞[④]和中央电视台2009年元宵晚会中的《牵手》[⑤]；三是未经著作权人授权利用作品，如云海肴餐厅被诉其装饰物上未经授权使用了杨丽萍的《月光》舞蹈。[⑥]

争议较多的《月光》案中，主要争点是涉案舞蹈展现的是人体连续的舞蹈动作，而涉案装饰图案为静态呈现。那么，静态画面是否可以侵犯连续动态画面著作权权益？被告辩称，杨丽萍的舞蹈所受法律保护针对的是舞蹈的编排，并不意味着杨丽萍对其中的某个动作享有著作权。且涉案装饰物所展现的动作均为孔雀舞中的基本动作“三道弯”，在很多知名舞蹈中都有呈现，应视为公有领域的舞蹈表达。[⑦]

目前国内外普遍公认的著作权侵权判定方法为“接触加实质性相似”，我国也基本确立了这一标准和原则，即创作在后者是否对创作在先者的作品具有接触的可能，二者核心表达内容是否构成相似。[⑧]

---

① 胡玉菡：《〈青春有你2〉林小宅深陷舞蹈抄袭风波，编舞师维权路怎么走》，载正义网，http://news.jcrb.com/jsxw/2020/202003/t20200324_2134871.html。

② Yes娱乐新闻中心：《关于北京现代舞团〈舞蹈风暴〉王韬瑞〈传承〉涉嫌抄袭举行新闻说明会》，载Yes娱乐网2020年10月23日，http://m.fansyes.com/news_1_1_20201223185335158855620.html。

③ 孟马：《舞蹈表演该如何确权?》，载中国知识产权报，http://ip.people.com.cn/n1/2019/0227/c179663-30904787.html。

④ 宜晶：《“绝美”〈芒种〉，为何让舞者喜忧参半?》，载中国新闻网，https://www.chinanews.com.cn/yl/zyxw/news/2009/02-12/1560442.shtml。

⑤ 刘青青：《舞蹈〈牵手〉闹“双胞” 原编导怒斥央视编导抄袭》，载中国新闻网，http://www.xinhuanet.com/ent/2020-06/23/c_1126148244.htm。

⑥ 李杨芳：《云海肴“动中取静” 杨丽萍维权胜诉》，载中国知识产权资讯网2020年12月22日，http://www.iprchn.com/cipnews/news_content.aspx?newsId=126555。

⑦ 李杨芳：《云海肴“动中取静” 杨丽萍维权胜诉》，载中国知识产权资讯网2020年12月22日，http://www.iprchn.com/cipnews/news_content.aspx?newsId=126555。

⑧ 白小莉：《如何判断著作权纠纷中的“实质性相似”?》，载人民网，http://ip.people.com.cn/n1/2017/0731/c179663-29438603.html。

一审法院认为，被诉装饰图案所展现的舞蹈动作均能够与《月光》舞蹈作品的相应动作一一对应，而上述《月光》舞蹈中结合了人物造型、月光背景、灯光明暗对比等元素的特定舞蹈动作，并非进入公有领域的舞蹈表达，系《月光》舞蹈作品具有独创性表达的组成部分。且被诉使用行为整体更加清楚地表明被诉装饰图案是摘取自《月光》舞蹈作品，被告提交的现有证据均非被诉装饰图案的实际来源，其未说明亦未举证证明被诉装饰图案的创作过程或合法来源。因此，一审法院认定被诉装饰图案使用了《月光》舞蹈作品具有独创性表达的部分内容。①

学者阮开欣指出，在判断著作权侵权时，应判断被控侵权作品与权利作品之间的相似性部分是否构成源于权利作品的独创性表达，而无须考虑实质性相似部分是否构成权利作品的作品类型。《月光》案被告的主张正是混淆了著作权保护客体与著作权侵权之间的认定。只有在著作权法采取作品类型法定的情况下，判断著作权保护客体是否属于法律规定的作品类型才具有意义，因为不能纳入法定类型的独创性表达无法受到著作权法的保护。而在著作权侵权的认定环节，不存在作品类型的认定限制。即使实质性相似的独创性表达能够独立呈现，且不能纳入现有的作品类型之中，也不影响侵权认定的结果。②

在2018年开庭审理的我国首例杂技作品著作权纠纷案中，中国杂技团起诉腾讯视频网站所播放河南省许昌县广播电视台③举办的2017年春节联欢晚会中的杂技节目《俏花旦》，与中国杂技团知名获奖杂技节目《俏花旦——集体空竹》高度相似，侵犯了其相关著作权益。④ 原告据此请求判令演出主体、电视台及视频网站三被告停止侵权，在指定媒体公开道歉并赔偿侵权损害赔偿金10万元。⑤

该案被告辩称，“空竹技术是民间技艺、民间文化，杂技有27种，只要是杂技，在表达上都有相似的成分。空竹为民间技艺，不应因版权登记来限制民间艺人的演出，否则不利于民间技艺的传承和发展。”⑥ 而原告指出，抖空竹这一杂技形式本身虽然是一项常见的

---

① 白小莉：《如何判断著作权纠纷中的“实质性相似”?》，载人民网，http://ip.people.com.cn/n1/2017/0731/c179663-29438603.html。

② 阮开欣：《从〈月光〉舞蹈作品案看著作权侵权的认定》，载中国知识产权教育网2021年1月18日，http://www.cipedu.com/News/Detail/1016.html。

③ 该电视台现为许昌市建安区广播电视中心。侯伟：《曾获多项国内外大奖的杂技节目〈俏花旦——集体空竹〉卷入版权纠纷!》，载中国知识产权资讯网2018年5月7日，http://www.cn12330.cn/cipnews/news_content.aspx?NewsId=108000。

④ 侯伟：《曾获多项国内外大奖的杂技节目〈俏花旦——集体空竹〉卷入版权纠纷!》，载中国知识产权资讯网2018年5月7日，http://www.cn12330.cn/cipnews/news_content.aspx?NewsId=108000。

⑤ 左燕燕：《全国首例杂技作品著作权纠纷案在北京市西城法院开庭》，载新京报，https://www.sohu.com/a/229364969_267106。

⑥ 左燕燕：《全国首例杂技作品著作权纠纷案在北京市西城法院开庭》，载新京报，https://www.sohu.com/a/229364969_267106。

民间技艺，“但原告在表演使用过程中加入了大量的创作性成分，例如节目的名称俏花旦、京剧花旦的服装、独创的音乐、利用抖空竹的形式表演杂技、编剧和编排杂技表演的每一个动作环节等，即原告的节目不仅仅停留在简单呈现杂技技巧的层面，而是涵盖音乐、服装、道具、灯光、布景、造型、动作编排、情节安排等多种表现形式，且这些独立创造性表现形式与已有表达（抖空竹）相比具有明显个性，产生该作品与作者的特定化，构成著作权法上一般意义的作品，该作品区别于既有的民间技艺，应当受到独立保护。”① 此外，原告还提供了《俏花旦——集体空竹（法国版）》著作权登记证书、作品编导著作权、作品音乐著作权与“俏花旦”的注册商标等材料，证明《俏花旦——集体空竹》节目演出在先，并且其知识产权归属于原告。②

一审法院认定，《俏花旦——集体空竹》为杂技艺术作品。在没有相反的证据的情况下，可以认定，该作品的节目编导、曲作者、服装设计师系接受单位指派工作任务而参与编创工作或根据委托创作合同约定而进行编创工作，根据当事人之间的合同约定，原告享有该作品除各作者的署名权之外的著作权。他人未经许可，亦不能将该作品全部或部分抄袭作为自己的作品使用。因此，被告杂技团侵犯了原告对《俏花旦——集体空竹》享有的表演权、获得报酬权，电视台侵犯了原告的广播权、信息网络传播权。由于涉案视频已经由被告电视台、上传者分别删除，现有证据不能证明腾讯公司存在对被告电视台、被告杂技团涉案行为之间有帮助、教唆侵权行为，因此腾讯公司对该二被告涉案行为亦不构成帮助侵权责任。③

华东政法大学知识产权研究中心研究员阮开欣的理解与原告主张相似。④ 清华大学副教授何隽则认为，在杂技艺术中单纯的动作编排很难达到独创性的高度，著作权法单独设立杂技艺术作品并无必要，可以通过其他途径保护杂技艺术作品：一是将杂技节目的背景音乐、舞蹈表演、舞台布景、演员服饰等部分分别作为音乐作品、舞蹈作品、美术作品单独获得保护；二是由杂技表演者行使表演者权，包括表明表演者身份权、保护表演者形象不

---

① 胡波、孙硕：《全国首例杂技作品著作权纠纷案 “俏花旦”花属谁家静待终审》，载炜衡律师事务所，http://www.weihenglaw.com/news_view.aspx?TypeId=28&Id=1053&Fid=t2：28：2。

② 胡波、孙硕：《全国首例杂技作品著作权纠纷案 “俏花旦”花属谁家静待终审》，载炜衡律师事务所，http://www.weihenglaw.com/news_view.aspx?TypeId=28&Id=1053&Fid=t2：28：2。

③ 胡波、孙硕：《全国首例杂技作品著作权纠纷案 “俏花旦”花属谁家静待终审》，载炜衡律师事务所，http://www.weihenglaw.com/news_view.aspx?TypeId=28&Id=1053&Fid=t2：28：2。

④ “对于杂技艺术作品赋予排他性的权利并不能延及于特定动作的垄断。在一些个案中，是否侵犯杂技艺术作品的版权需要考虑原告主张的内容是否具有版权，其中关键在于其编排的杂技艺术内容是否具有独创性，以及被告是否模仿了原告具有独创性的部分。杂技艺术作品的独创性主要体现在对于各个杂技动作的编排、顺序和组合，以及背景音乐、演员服装、道具的融合。如果这些内容达到一定的独创性高度，那么是可以根据我国著作权法受到保护的。如果被告的模仿内容包含了原告杂技艺术作品的独创性部分，那么被告就可能侵犯了原告对于其创作的杂技艺术作品的著作权。但是，单独的杂技动作不能获得版权保护。”侯伟：《曾获多项国内外大奖的杂技节目〈俏花旦——集体空竹〉卷入版权纠纷!》，载中国知识产权资讯网2018年5月7日，http://www.cn12330.cn/cipnews/news_content.aspx?NewsId=108000。

受歪曲权、现场直播权、首次固定权以及复制、发行权和信息网络传播权；三是对所创作的节目申请商标保护。①

如前所述，《著作权法释义》界定的“独创性”门槛相当低。② 据此理解，对独创性的判断是有或无的清晰二分，而不是高低程度的微妙把握。“按照有无标准，文学、艺术、科学领域内的表达，只要与他人的表达不同，且不属于司空见惯的表达，即不能否定其独创性。”③ 究其缘由，首先，“著作权法的趣旨在于追求文化多样性，不同于专利法追求的技术先进性。对相同主题或者事物的表达，只要不同于他人的表达，即可满足并实现著作权法的趣旨，造就一个丰富多彩的文化世界。”④ 其次，独创性高低之见因人而异，“主观判断色彩强烈，应该交给市场，而非立法者和司法者判断和选择。”否则不仅“……著作权人也无法举证证明……甚至可能导致某些法官在个案中判断作品独创性时任意行使自由裁量权。”⑤ 因此，不如依循有无标准，让司法的归司法，市场的归市场，或专业评论。笔者以为，何教授对“在杂技艺术中单纯的动作编排很难达到独创性的高度”的判断根据的是独创性高低标准，故在对这一结论或前提保留意见的基础上提出几点商榷。

诸如杂技等通常包含多种创造性元素的综合成果只要其中一项或若干项能明显区别于前作，便可能被视为具有独创性的作品。反之，如果对组成部分一一分解，可能只有少数符合作品的构成要件。如果依据独创性高低标准，则大量新颖性不强或并非全面创新的作品将无法得到保护，更难以鼓励和保护创作者积少成多、跬步千里的发展。此外，即便对于可以分解成若干小作品的大作品分别保护，但是，这种化整为零的立法思路似乎并不符合观赏逻辑与创作规律。杂技观众的感官冲击是音台形表、声光化电结合的综合效果，杂技创作者的创作过程中也往往以动作、技巧为主干，选取能配合呈现最佳表现效果的其他元素——但法律赋予的保护反而是支离破碎的，有何益处？且设想一个杂技节目因盛名在外而惨遭多次不同表现形式的侵权，相比将杂技节目整体作为一个作品加以保护，要求权利人分别证明其中所用的音乐、服装、舞美等如何分别构成作品并且如何被分别侵权，是否不合理地加重了权利人的负担？

---

① 侯伟：《曾获多项国内外大奖的杂技节目〈俏花旦——集体空竹〉卷入版权纠纷!》，载中国知识产权资讯网 2018 年 5 月 7 日，http://www.cn12330.cn/cipnews/news_content.aspx?NewsId=108000。

② “有别于……专利法的新颖性具有前所未有性和强烈的排他性……只要作品是自己创作的，就具有独创性，且不排斥他人再创作同样的作品。”见《中华人民共和国著作权法释义》，载中国人大网，http://www.npc.gov.cn/zgrdw/npc/flsyywd/minshang/2002-07/15/content_297588.htm。

③ 李扬：《浅析作品独创性的几个常见争议》，载中国知识产权资讯网 2020 年 8 月 20 日，http://www.iprchn.com/cipnews/news_content.aspx?newsId=124256。

④ 李扬：《浅析作品独创性的几个常见争议》，载中国知识产权资讯网 2020 年 8 月 20 日，http://www.iprchn.com/cipnews/news_content.aspx?newsId=124256。

⑤ 李扬：《浅析作品独创性的几个常见争议》，载中国知识产权资讯网 2020 年 8 月 20 日，http://www.iprchn.com/cipnews/news_content.aspx?newsId=124256。

至于表演者权，乃是在演出内容构成作品的基础上衍生而得。[①] 如果杂技艺术节目不再构成作品，杂技演出者的表演者权从何而来？再者，对杂技表演进行商标保护虽然没有理论上的障碍，但申请、注册、异议、公告、实质审查等程序无一不耗时费力，除了诸如中国杂技团等实力相对雄厚的“国家队”，又有多少杂技表演团体能够为多少作品取得商标保护？总之，何教授提出的三种其他保护途径，或不合理，或不成立，或不可行，而让杂技艺术作品跻身“作品”之列却似乎并没有什么明显突出的理论或实践问题。上述分析和结论，对于与杂技作品形神俱似的难美节目著作权保护规划，或许也有值得借鉴之处。

四、再思难美节目知识产权

结合《俏花旦——集体空竹》案与《月光》案，对难美项目知识产权保护有以下启发：

首先，未成为独创性表达的思想和动作均不受著作权法保护。前文已述，法律是有限的，而思想不可名状，无远弗届，因此著作权保护注定难以惠及其自身所不能及者。同时，“正如竞技体育中花样滑冰运动员在比赛过程中运用了大量技巧和高难度动作，但这些技巧和动作本身并不受著作权法保护。”[②] 虽然舞蹈作品和杂技艺术作品的核心是动作、技巧，但著作权保护的是动作、技巧与思想内容相互依存、有机结合而形成的能够区别于已有作品的综合成果。中国传统杂技中的空竹技术，中国民族舞中的“三道弯”形态[③]，芭蕾舞中的5个基本脚位和7个基本手位，花样滑冰中的跳跃、旋转、托举等动作，并未被赋予个性思想内涵，因此无论其完成质量如何，也无论其内部进行何种排列、组合、叠加，也不会质变为著作权法保护客体。

然而，如果这些技巧与动作的关系并非简单随机的组合，而是贯穿了特定的逻辑，被赋予了特定的内涵，成为思想的载体和表达，则得以发生“1+1>2”的质变，进而成为具备“可版权性”（copyrightability）的作品。例言之，尽管芭蕾舞中的基本脚手位本身不构成作品，但假如一个舞蹈作品中包含了舞者练习基本脚手位的情景，该片段仍应作为作品的部分而受到保护，只是权利人为区别该片段与一般脚手位动作组合可能承担的证明责任略重而已。由此可见，尽管动作本身并未变化，但原本近乎纯物理性的身体使用程式中被

---

① 无论是从《著作权法》以“作品”为核心的立法结构，抑或是其中“表演”一节的基础条款第38条（“使用他人作品演出，表演者应当取得著作权人许可，并支付报酬。演出组织者组织演出，由该组织者取得著作权人许可，并支付报酬。”），再或是《著作权法释义》的说明，“被表演的作品既可是尚受保护的作品，也可以是已经进入公有领域的作品，没有作品被表演的情况下，演出不能成为本法保护的客体”，毫无疑问，《著作权法》保护的表演者权均来源于作品。《中华人民共和国著作权法释义》，载中国人大网2002年7月15日，http://www.npc.gov.cn/npc/c2200/200207/7a800b60630743de89beb52c0f9f6545.shtml。

② 胡波、孙硕：《全国首例杂技作品著作权纠纷案 “俏花旦”花属谁家静待终审》，载炜衡律师事务所，http://www.weihenglaw.com/news_view.aspx?TypeId=28&Id=1053&Fid=t2：28：2。

③ 付明岩：《论舞蹈中“三道弯”的应用》，载https://www.zz-news.com/com/xijuzhijia/news/itemid-929412.html。

注入了具体的思想，因而成为个性的表达，存在方式与诠释意义遽然一变，蜕变为凝结着创作者思想活动成果的作品。此外，特定的服装造型、音乐、灯光、道具、布景等各种元素虽然未必能够独立构成作品，但无疑同样承载了作者的个性表达，并在与技巧、动作结合后，凭借其丰富内容充分展现思想性（而非物理性、机械性、随机性），进一步提高了个体性，均构成受保护的特定、完整作品中不可割裂的一部分。

正因为著作权法保护的要旨是以某种物理形式固定的个性思想成果和作者的创作积极性，因此保护范围并不仅限于相同、相似物理形式再现的作品，而可以跨越形态、媒介，扩展至以其他已知可感形式“移植”同一思想成果的物品，即便后者本身是否构成作品尚且存疑（如《月光》案中被诉餐厅的室内装饰物件）。

对于现阶段的难美项目而言，与舞蹈、杂技相比，其专业门槛较高、固定受众较少、市场化程度较低，因此遭受“剽窃”“移花接木”的现实可能性并不大。但是，随着北京冬奥会热度渐增，冰雪运动普及程度提高，不难想见极具观赏性的难美节目可能会广受关注，而部分顶尖选手将成为大众明星①。“天下熙熙，皆为利来”，由难美节目商业价值的提高和权利保护的空白催生出浑水摸鱼的纷繁乱象，恐怕并非杞人忧天。

我国《著作权法》第1条明确其立法目的系“为保护文学、艺术和科学作品作者的著作权，以及与著作权有关的权益，鼓励有益于社会主义精神文明、物质文明建设的作品的创作和传播，促进社会主义文化和科学事业的发展与繁荣……”当文学、艺术和科学的边界不断延展，越来越多此前被“拒之门外”的智力成果的“作品”属性将越发明显。难美项目或许眼下仍冷门小众，但可能有朝一日会走向千家万户；而承认难美项目以及其他领域的相似成果中有值得著作权保护的内容代表着一种严谨而开放的法治态度，或许可以为花样滑冰这样的糅合体育及文学、舞蹈、音乐、造型多种艺术，展现人体力与美之极致的创造性活动给予很大的鼓励。

① 一个鲜明的例子即日本花样滑冰运动员羽生结弦。《无缘世锦赛金牌的羽生结弦，还是那个冰上王者吗?》，载中国新闻网，http://www.chinanews.com/ty/2021/03-27/9441896.shtml。

浅析我国体育赛事转播权之法律保护路径

徐　宪*

【内容摘要】随着近年来体育产业的蓬勃发展，体育赛事转播费用逐年攀升，赛事转播权侵权行为也屡见不鲜。长期以来，由于体育赛事转播权的法律属性不明确，相关法律也没有明确规定，以至于司法实践中的裁判观点并不统一。2021 年 6 月 1 日最新修订的《著作权法》正式实施，其关于广播权、视听作品等相关规定弥补了这一领域长期存在的法律漏洞，对促进体育产业的健康发展起到了积极作用。笔者拟根据新《著作权法》的修改变化，结合近年来具有代表性的司法判例，分析我国体育赛事转播权的法律保护路径。

近年来，体育赛事作为新兴产业发展迅速，随着奥运会商业开发力度的加大，一些顶级赛事的转播权吸引了大量商业资本的投入，转播费用也逐年攀升，产生了丰厚的利润。与此同时，随之而来的盗播现象也屡禁不止，体育赛事转播权长期以来立法界定不够清晰，对体育赛事节目是否构成著作权法下类似摄制电影方法创作的作品的争议也一直存在。本文根据 2021 年 6 月 1 日开始施行的《著作权法》的修改变化，结合体育赛事转播权的特点以及近年来相关司法判例，分析探讨自媒体时代背景下，体育赛事转播权的法律保护路径。

一、体育赛事转播权研究现状

国内学者观点一般认为，体育赛事转播权是指体育组织或赛会主办单位举办体育赛事时，许可他人进行电视和新媒体技术现场直播、转播、录像并从中获取报酬的权利。① 但就其法律性质，法律没有给出明确规定，学术界也是观点不一，国内外对体育赛事转播权法律性质的界定先后经历了“赛事准入权说”“娱乐服务提供说”“企业权利说”“商品化权学说”“场地使用说”“肖像使用说”“知识产权说”“财产权劳动理论说”“表演者说”“契约权利说”“广播组织权说”“版权说”等学术观点。②

* 徐宪，女，研究生学历，法学硕士，北京天达共和律师事务所律师。

① 杨雁秋：《体育赛事转播权的法律性质探究》，载《法制博览》2016 年第 15 期。

② 张玉超、曹竟成：《体育赛事转播权的法律属性》，载《首都体育学院学报》2014 年第 6 期。

就司法实践而言，综观目前国内各地的司法案例，主要有两种分歧观点：一种认为体育赛事节目可以构成电影作品，另一种认为不构成电影作品，但构成录像制品。2020年4月上海市浦东新区人民法院在（2017）沪0115民初88829号央视诉聚力案一审判决中认定涉案的欧洲杯赛事直播节目属于《著作权法》意义上的作品。法院认为，连续画面是否构成作品的标准是独创性的有无而非独创性的高低。涉案足球赛事节目通过机位的设置、镜头的捕捉、切换和衔接，慢动作的回放、故事的塑造等，充分体现了创作者在其意志支配下对连续画面的选择、编辑和处理，彰显了节目制作过程中的人格因素，属于文学艺术领域的具有"独创性的表达"，且符合固定性要求，因此可以作为《著作权法》规定的类电影作品加以保护。①

2020年9月北京市高级人民法院再审新浪诉天盈九州中超侵权案，该案一审北京市朝阳区人民法院经审理认为，涉案体育赛事节目构成以类似摄制电影的方法创作的作品。而二审北京知识产权法院认为，涉案体育赛事节目未构成电影作品，因此撤销了一审判决。再审法院北京市高级人民法院经审理认为，根据《著作权法实施条例》第4条第11项规定："电影作品和以类似摄制电影的方法创作的作品，是指摄制在一定介质上，由一系列有伴音或者无伴音的画面组成，并且借助适当装置放映或者以其他方式传播的作品。"因此，认定某一客体是否构成电影类作品，既要考虑相关作品是否属于文学、艺术和科学领域内的智力创作，是否具有独创性，是否可复制；还要考虑相关作品是否表现为摄制在一定介质上，借助适当装置放映或者以其他方式传播的连续画面。从体系解释的角度，电影类作品与录像制品的划分标准应为独创性之有无，而非独创性之高低。著作权法意义上的录像制品限于复制性、机械性录制的连续画面，即机械、忠实地录制现存的作品或其他连续相关形象、图像。除此之外，对于在画面拍摄、取舍、剪辑制作等方面运用拍摄电影或类似电影方法表现并反映制作者独立构思、表达某种思想内容，体现创作者个性的连续画面，则应认定为电影类作品。如果对独创性门槛要求过高，就会造成许多理应归于作品著作权保护范围的视听作品被迫纳入"录像制品"范畴，因而无法享有充分的版权保护。② 最终，北京高院撤销了二审判决，维持一审判决认定体育赛事转播内容构成电影类作品。

二、相关立法修改变化及建议

（一）立法修改变化

我国《体育法》第34条规定："在中国境内举办的重大体育竞赛，其名称、徽记、旗帜及吉祥物等标志按照国家有关规定予以保护"，其中并未提及有关"体育赛事转播权"

---

① 央视诉聚力案一审判决书，上海市浦东新区人民法院（2017）沪0115民初88829号。

② 北京新浪互联信息服务有限公司与北京天盈九州网络技术有限公司不正当竞争纠纷再审民事判决书，北京市高级人民法院（2020）京民再128号。

的保护；实践中有学者主张援引《反不正当竞争法》第 2 条“经营者在生产经营活动中，应当遵循自愿、平等、公平、诚信的原则，遵守法律和商业道德”，将未经许可的盗播行为归于反不正当竞争行为予以规制，但这一原则性规定较为抽象，加之目前盗播手段的技术复杂性和多样性，容易造成权利人举证困难，且《反不正当竞争法》列举的十一种不正当竞争行为中也未囊括未经许可对体育赛事进行转播而获取报酬的行为。因此，笔者认为，体育赛事转播权法律保护不能援引《体育法》和《反不正当竞争法》。但未经许可转播体育赛事而获得利益行为符合侵权行为要件，具有财产权的特征，当其受到非法侵害时，体育赛事组织可依据《侵权责任法》对其进行规制。①

2010 年修订的《著作权法》第 45 条规定了广播权，广播电台、电视台有权禁止未经其许可将其播放的广播、电视转播和将其播放的广播、电视录制在音像载体上以及复制音像载体的行为，但对于未经许可通过互联网转播的行为未作明确规定。2020 年 11 月 16 日最高人民法院印发的《关于加强著作权和与著作权有关的权利保护的意见》中指出：“高度重视互联网、人工智能、大数据等技术发展新需求，依据著作权法准确界定作品类型，把握好作品的认定标准，依法妥善审理体育赛事直播、网络游戏直播、数据侵权等新类型案件，促进新兴业态规范发展。”在 2021 年 6 月 1 日正式施行的《著作权法》第 47 条中，将广播台、电视台有权禁止未经许可的行为扩大到“将其播放的广播、电视以有线或者无线方式转播”“将其播放的广播、电视通过信息网络向公众传播”，明确规定广播电台、电视台有权禁止未经其许可将其播放的广播、电视通过信息网络向公众传播的行为，将未经许可通过互联网转播行为纳入规制范畴，从而弥补了科技发展带来的互联网下体育赛事直播侵权问题的法律漏洞。

此外，之前法院判例中将体育赛事节目归于“以类似摄制电影的方法创作的作品”这一最为贴近的概念，在新《著作权法》第 3 条中，将《著作权法》“电影作品和以类似摄制电影的方法创作的作品”改为“视听作品”，明确了“视听作品”这一概念，为今后体育赛事直播节目可受到《著作权法》的保护提供了法律依据。从此，《著作权法》规定的视频类作品可分为视听作品和录像制品。

（二）立法建议

美中不足的是，新《著作权法》并没有对“视听作品”给出明确的定义，究竟符合什么条件才能构成新《著作权法》中的“视听作品”，实践中缺乏法律依据。根据现行《著作权法实施条例》第 5 条第 3 项，“录像制品，是指电影作品和以类似摄制电影的方法创作的作品以外的任何有伴音或者无伴音的连续相关形象、图像的录制品”。比较常见的如日常生活中手机拍摄的场景录像等。因此，在目前法律没有明确规定的情况下，除上述录像制

---

① 张志伟：《体育赛事转播权法律性质研究——侵权法权益区分的视角》，载《体育与科学》2013 年第 2 期。

品之外，应该都属于视听作品。对于盗播的侵权行为来说，建议法律对“视听作品”作准确解释，划定一个明确的范围，从而为打击未经许可的盗播行为提供法律依据。同时，应在《体育法》中加入体育赛事转播权条款，具体规定交易双方在体育赛事转播权设立、变更和消灭时的权利义务。从避免体育赛事转播权的行业垄断、抑制不正当竞争行为、维护社会公共利益、促进公平竞争角度而言，建议在《反不正当竞争法》《反垄断法》中加入体育赛事转播权条款，明确体育赛事转播权的法律地位，配合新《著作权法》全方位、多角度保护体育产业的健康发展。此外，实践中经常出现体育赛事现场观众通过个人手机等移动通信手段录制视频，上传微信朋友圈或者其他网络平台加以发布的行为，这一现象在当下自媒体时代难以避免，因此需要对市场中的网络终端平台进行有效管理，以规范这类视频的流通。

三、结语

体育赛事节目不同于“体育赛事”，体育赛事是指体育比赛现场的活动，而体育赛事节目，是指使用拍摄仪器将体育赛事现场活动记录下来形成影像或传输信号并进行传播的行为。其中也包含节目制作者对于画面的剪辑加工，需要大量资金和智力投入，理应得到保护。长期以来，由于体育赛事转播权的法律属性不明确，相关法律也没有明确规定，从而造成司法实践中的裁判观点不统一等诸多问题。近年来，随着奥运的推进，体育赛事也在不断升温，也涌现出许多新的问题，比如隐性营销，这些问题都亟待法律进一步予以规范。《著作权法》的修订，对于体育赛事转播权来说是一大进步，规范了非法转播侵权行为，保护了权利人合法权益，从而有效促进了体育产业的健康发展。当然，由于法律存在滞后性，新法也存在一定的不足，有待于未来立法的配套完善和发展，为将来可能出现的新型财产权益提供更加周延的法律保护。

对东京2020年奥运会“清洁场馆”工作的观察与思考

王琼瑶*

【内容摘要】“清洁场馆”是赛时权益保护业务领域最重要的任务之一，东京奥组委权益保护业务领域由市场开发部管理。东京奥运会“清洁场馆”工作基本遵照国际奥委会的五区标准执行，遵守时间安排，物料保障到位。具体执行方面，各个区域不符合规定的商业展示均已得到遮盖，但部分车辆车身上仍有一定的商业展示。通过本次考察，分析北京冬奥组委与东京奥组委在“清洁场馆”工作模式方面的差异，以及借鉴2008年北京奥运会的办赛经验，为北京2022年冬奥会权益保护工作提供有益的借鉴。

受新冠肺炎疫情影响，东京奥运会推迟一年举办，北京冬奥组委也在遵从奥运会惯例并严格遵守防疫要求的前提下，分4批派出34人赴东京观察学习，通过小范围研讨、场馆考察、赛事观摩等方式，向东京奥组委对口业务领域负责人学习，实地交流办赛经验。

作为北京冬奥组委权益保护业务领域的一员，我有幸参与了此次观察学习，共考察12个场馆，包括有明网球公园、有明体育馆、国立竞技体育场、东京国际论坛大厦等竞赛场馆，以及主新闻中心、奥林匹克大家庭总部酒店、赛事安全指挥中心等非竞赛场馆，重点考察场馆的商业展示和“清洁场馆”执行情况，并就相关问题与国际奥委会和东京奥组委权益保护负责人进行现场交流。根据观察情况，结合与国际奥委会、东京奥组委工作人员的经验交流，对东京奥运会“清洁场馆”落实情况进行总结，为北京冬奥会相关工作提供借鉴和参考。

一、“清洁场馆”（Clean Venue）

“清洁场馆”是国际奥委会、国际残奥委会的特殊要求，具体为在奥运会开幕式前2周到残奥会结束3日内，所有场馆及其周边区域，都不得出现未经国际奥委会、国际残奥委

---

* 王琼瑶，女，研究生学历，翻译硕士，北京冬奥组委法律事务部权益保护处项目工程师（2020～2022年在法务审核处工作）、国家雪车雪橇中心场馆运行团队权益保护业务领域经理。

会许可的商业展示（《奥林匹克宪章》第50条）。“清洁场馆”旨在确保奥运会中体育高于任何商业活动，保护奥运会的独特性和完整性，保护奥林匹克全球合作伙伴和奥组委市场开发合作伙伴的独家权利，以及保护奥林匹克运动的知识产权。“清洁场馆”主要在（临近）赛时进行，并且是赛时权益（品牌）保护业务领域最重要的任务之一。

二、东京奥组委品牌保护业务领域概况

东京奥组委品牌保护业务领域（Brand Protection Programme，BRP）由市场开发部管理，赛前有工作人员35名，赛时数量增加一倍，共70名。东京BRP团队赛时人员组成包括工作人员和3家合同商，东京奥组委将大部分“清洁场馆”工作外包给合同商，合同商参与人数高达500人。赛时，东京BRP团队在总部设立1个业务领域指挥中心，人员组成包括1名主管、1名市场经理、若干名权益保护工作人员、若干名市场开发工作成员；并在每个场馆设置1～2名常驻权益保护工作人员，合同商也参与场馆工作。

三、东京奥运会“清洁场馆”整体情况

权益（品牌）保护业务领域的使命是确保奥运会和残奥会相关知识产权得到正确使用，并在需要采取行动的时候迅速采取行动，以保护奥运会和残奥会的品牌形象。整体来看，东京奥运会“清洁场馆”工作基本符合国际奥委会相关规则，即遵照五区标准，遵守时间安排，物料保障到位。

1. 遵照五区标准。东京BRP团队执行“清洁场馆”的范围包括所有竞赛场馆和非竞赛场馆（含训练场馆），执行分区为国际奥委会规定的五区：第一区为新闻发布厅、混合采访区等新闻发布区域，仪式表演场地，奥林匹克大家庭区和贵宾休息室；第二区为比赛场地和比赛场地内视线所及区域，运动员和表演者休息室；第三区为场馆内的一般通行区域（如观众通行区域、工作人员办公区域）；第四区为安保线至场馆之间的一般通行区域；第五区为场馆周边区域（安保线外约500米直径范围内）。其中，第一区控制级别最高，第五区控制级别最低。每一区的商业展示都遵循特定准则。

2. 遵守时间安排。东京BRP团队于赛前2年完成所有已建场馆的调研工作，并制定“清洁场馆”指南；于赛前1年完成所有场馆的“清洁场馆”评估报告，并针对各场馆制定相应的“清洁场馆”政策；于赛前1个月启动“清洁场馆”工作；于赛前20天陪同国际奥委会开展场馆巡查。赛时，由常驻场馆的各权益保护工作人员牵头负责所在场馆的“清洁场馆”工作，巡查时间主要为每项赛事开始前2～3小时，以及结束后1～2小时，赛事期间也会进行不定期巡查。

3. 物料保障到位。从观察到的情况来看，东京BRP团队使用的“清洁场馆”物料主要包括各色非透明胶带（用于遮盖面积较小的商业展示，如电脑、空调开关、电梯等商标）、

白色防水布（用于遮盖面积较大的商业展示，如户外广告牌）。从遮盖情况来看，存在面积较大且位于高处的已遮盖广告牌，这些工作可能还涉及折叠梯等专业工具。

四、东京奥运会“清洁场馆”执行情况

1. 第一区：新闻发布厅、混合采访区等新闻发布区域，仪式表演场地，奥林匹克大家庭区和贵宾休息室。该区域原则上不允许出现任何商业展示（包括制造商标志），但是，代表团制服以及仪式或者活动所需的由赞助企业提供的技术设备上可以出现 1 处制造商标志。以国立竞技体育场为例，新闻发布厅内仅有松下和可口可乐的商业展示，挂钟、空气净化器以及全厅所有座椅（60 个）上的非赞助商标志都已遮盖；奥林匹克大家庭区仅有可口可乐和欧米茄的商业展示，可口可乐自动售卖机以及消毒液瓶身上的非赞助商标志都已遮盖。

2. 第二区：比赛场地和比赛场地内视线所及区域，运动员和表演者休息室。该区域除了需要遵守第一区相关要求外，可允许运动员比赛用着装和配饰以及比赛中使用的体育器材上出现 1 处赞助商标志。以国立竞技体育场、有明网球公园和东京国际论坛大厦为例，其比赛场地内仅有欧米茄和松下大屏的商业展示，观众座椅上没有标志；比赛场地内视线所及区域也没有发现明显商业展示。

3. 第三区：场馆内的一般通行区域（如观众通行区域、工作人员办公区域）。该区域不允许出现任何商业展示（包括制造商标志），但是，允许出现赞助协议明确授权的，或者国际奥委会、国际残奥委会特别许可的商业展示。以有明网球公园为例，国际单项体育联合会工作人员办公区域内有松下和佳能的商业展示，所有挂钟上的非赞助商标志已遮盖，但冰箱上的非赞助商标志没有遮盖。

4. 第四区：安保线至场馆之间的一般通行区域。该区域允许出现特定的商业展示（包括制造商标志），包括赞助协议明确授权的，或者国际奥委会、国际残奥委会特别许可的商业展示；不属于赞助企业赞助类别的物品，其制造商标志可以保留。以国立竞技体育场为例，正门外立钟上的标志已遮盖，场馆外围通行区域所有的空调等设备上的标志已遮盖，场馆安检口的人脸识别设备上没有标志，所有安检门上的标志都已遮盖。

5. 第五区：场馆周边区域（安保线外约 500 米直径范围内）。该区域允许出现商业展示（包括制造商标志），但要避免大幅出现产品或者服务属于赞助企业赞助类别的非赞助企业的商业展示。受疫情影响以及无观众政策，场馆周边没有明显的商业展示，也没有派发商业传单、发放带有标志的免费食品或饮料的行为。

6. 服装和车辆：东京奥组委工作人员全部统一穿着带赞助商标志“亚瑟士”的蓝色制服；技术官员的服装上有制造商标志，比如有明网球公园内技术官员穿着带赞助商标志“亚瑟士”和制造商标志“优衣库”的工作服；阿里巴巴工作人员穿着带阿里巴巴标志的制服；可口可乐售卖点工作人员服装上没有标志。在所有已观察场馆的外围，大部分车辆

都由赞助商“丰田”提供，但是，也有部分车辆车身上有商业展示，如大家庭酒店接送大巴上有“HATO BUS”商业展示。

五、总结与思考

通过本次考察，结合北京冬奥会实际情况，笔者认为最值得关注的是北京冬奥组委与东京奥组委在“清洁场馆”工作模式方面的差异。东京奥组委 BRP 团队赛时人员数量比赛前多一倍，总人数达 70 人，每个场馆有 1～2 名常驻工作人员，通过雇佣合同商完成大部分“清洁场馆”工作；而北京冬奥组委一共设置 9 名赛时常驻工作人员，平均每个工作人员要负责 2～3 个场馆，所有“清洁场馆”工作依靠受薪人员、短期帮助人员和志愿者完成，没有合同商参与。北京冬奥组委做法一方面是从节俭办奥理念出发，另一方面是借鉴北京 2008 年奥运会的经验。

“清洁场馆”虽然是幕后工作，但是它对维护奥运会和残奥会品牌形象，以及保证奥运会和赞助商权益至关重要。笔者为自己身为权益保护项目中的一员而感到骄傲，也希望在东京考察的收获能为北京冬奥会的权益保护工作添砖加瓦。

奥运会场馆商业展示限制研究

——以冬奥会“清洁场馆”实践操作经验为视角

谢　湉*

【内容摘要】本文介绍了奥运会举办期间针对赛场商业展示的限制性政策，即“清洁场馆”政策，以及该政策制定的目的和实践操作中的经验，并对比其他大型赛事深入讨论了限制赛场商业展示对于大型体育赛事举办的必要性并提出了实际操作层面上的建议。

前　言

随着体育产业商业化发展，各大国际体育组织针对旗下赛事都建立了商业展示规则，此类规则大多属于市场开发计划的一部分且只关注狭义的比赛场地的广告展示，例如，对环绕运动场周围的广告板的控制。与大部分国际体育组织不同的是，国际奥委会对商业展示制定了专门的政策，即“清洁场馆”政策，该政策为奥运会独有。所谓“清洁”是一个相对抽象的概念，特指对于商业元素的“清洁”，这一奥运会独有的政策使得奥运会区别于其他各大体育赛事。在体育高度商业化的21世纪，作为世界上最大型的赛事之一的主导组织国际奥委会不可能与潮流逆行，相反，国际奥委会通过赞助、特许经营与转播等商业开发计划建立了极为成熟完备的市场开发体系，但“清洁场馆”政策仍旧严格限制奥运会期间奥林匹克场地以及周边区域的商业展示。这个规则反映了奥运会的业余赛事的本源以及体育性至上的理念。近几年奥运会也逐渐接受职业选手参赛，但对商业性的约束是奥林匹克运动的发展中一以贯之的理念。与大部分大型赛事只控制广告位不同，“清洁场馆”政策不仅要求清除广告，还要求清除场馆内出现的产品上的部分小微制造商品牌标志。“清洁场馆”政策并不是单纯的对商业性的限制，而是奥林匹克财产保护、市场开发体系维护、赛会形象统一多重任务的平衡器。

---

* 谢湉，女，研究生学历，法学硕士，北京冬奥组委法律事务部权益保护处项目助理、古杨树场馆群运行团队权益保护业务领域经理。

一、奥运会赛场设立商业展示限制政策之目的

（一）奥林匹克运动与业余主义

现代奥林匹克运动会是世界上最重要的综合体育赛事之一，运动项目繁多、参赛运动员数量庞大，拥有无与伦比的世界影响力。奥运会还包括圣火传递、开闭幕式等独特文化传统，是全人类文化与体育的盛会。

随着奥运会的竞技水平越来越高，公众可能会认为奥运会是职业运动员角逐的舞台，但事实上现代奥林匹克运动自其发端就一直秉持“业余主义”（Amateurism）。奥林匹克之父顾拜旦曾对“业余主义”有过这样的定义：“一个人将其全部交给一项竞技运动，由于从事这项运动而致富，从而使竞技运动的高尚荡然无存，使肌肉凌驾于精神之上，而彻底毁坏了人的均衡。”作为领导奥林匹克运动、护卫奥运会的机构，国际奥委会提倡的奥林匹克精神是要尊重个人价值，希望人人都参与其中，认为奥运会是纯洁的，不应当商业化，认为商业化会玷污了奥运会的神圣的精神，因此要始终坚守“业余主义”。[①]

（二）国际奥委会的财政来源

自 20 世纪起，随着奥林匹克运动的不断发展壮大，国际奥委会建立了具备全球影响力的品牌，20 世纪下半叶，随着体育产业职业化、商业化发展，经过多方利益平衡，国际奥委会对于职业运动员参赛的态度逐渐宽容。为了更好支持世界各地的体育发展，作为非营利性机构，国际奥委会也开始商业化发展，根据国际奥委会披露的 2020 年财报，其将 90% 的收入用于筹办奥运会和推广奥林匹克运动，仅留 10% 用于国际奥委会的运作。

国际奥委会强大的财政基础是由其与赞助商和广播公司的伙伴关系所保障的。与赞助商和广播公司的合作关系，为其提供可持续的收入来源，确保了奥林匹克运动的独立财务稳定性。这些伙伴关系促进世界范围内的体育发展，支持奥林匹克运动会的举办，并协助国际奥委会在全球范围内宣传奥林匹克运动。

根据国际奥委会披露的 2016 ~ 2020 年周期的财报，其通过几个项目获得收入，包括转播计划（73%）、奥林匹克全球合作伙伴计划（The Olympic Partner，18%）、国际奥委会官方供应商和许可计划等。2020 年，国际奥委会确认的总收入为 6 亿美元。[②] 尽管新冠肺炎疫情给全世界体育产业带来了复杂的情况，但国际奥委会仍然保持了其品牌价值优势。

国际奥委会能够吸引商业投资的原因在于其巨大的品牌价值，公众对于奥林匹克五环的认知度非常高，而为每一届奥运会专门创设的会徽、吉祥物等创造性作品也具有很高的

---

① 任海：《奥林匹克主义与业余主义》，载《体育文化导刊》1992 年第 1 期。

② 国际奥委会：*ANNUAL REPORT* 2020，载国际奥委会官网 2021 年 7 月 29 日，https://stillmed.olympics.com/media/Documents/International-Olympic-Committee/Annual-report/IOC-Annual-Report-2020.pdf?_ga=2.202019986.2011677240.1643779576-778221511.1643458262。

认知度。这些创造性作品产生的商标权、著作权等狭义知识产权以及其他精神性权利受到了国际奥委会的高度重视,《奥林匹克宪章》第 7 ~ 14 条对奥林匹克财产进行了专门规定,典型的奥林匹克财产包括奥林匹克五环标志、奥林匹克旗、奥林匹克格言、奥林匹克圣歌等,以及国际奥委会、国家（地区）奥委会和/或奥组委委托制作的与奥运会相关的创造性作品。市场开发合作伙伴对国际奥委会的赞助一方面是支持奥林匹克运动和人类体育事业的发展；另一方面赞助并非单纯的慈善行为，而是希望借由奥林匹克的品牌价值推广自己的商业品牌，并用巨额的投资换取了对这些具有巨大品牌价值的“奥林匹克财产”的使用权，且有权进行与国际奥委会和奥运会关联的商业宣传。

（三）权益保护的必要性

为了保护有关利益相关方的合法使用，国际奥委会建立了完善的权益保护机制，全方位保护国际奥委会财产以及包括市场开发合作伙伴在内的利益相关方权益。为了保护奥林匹克财产，国际奥委会坚持严格打击第三方未经授权使用奥林匹克财产或第三方未经授权与赛事关联宣传，即隐性营销行为（Ambush Marketing）。

很多意识到奥运会赛事品牌巨大商业价值的企业并不愿意投资加入国际奥委会的市场开发体系，但又不愿意放弃这其中暗含的巨大商业机会，故而这些企业会在奥运会举办期间以及举办前后进行一系列商业宣传活动，以 1996 年亚特兰大奥运会为例，某体育用品制造商在奥运场馆周边购置了醒目广告牌，并在奥运村附近建设了宣传设施，同时在场馆周边区域给观众分发带有其品牌标志的旗帜。另一家体育用品制造商，让其赞助的知名运动员 Linford Christie 佩戴了带有其商标的隐形眼镜，在转播镜头的特写中，全球的观众都看到了该品牌的商标。这两家企业的行为都没有直接使用奥林匹克财产，但都通过极为隐秘和高明的手段侵犯了当届奥运官方合作伙伴 REEBOK（同为体育用品生产商）的权益，让公众产生误认，误以为这两家企业与奥运会或国际奥委会之间存在商业联系，也就是实施了隐性营销行为。所有市场开发合作伙伴赞助体育赛事除了支持体育事业发展之外，也是希望借由良好的平台推广自己的品牌，而非单纯的慈善行为，隐性营销行为严重打击了市场合作伙伴的积极性。

（四）权益保护在奥运场馆的落地

奥运场馆在品牌保护体系下有极其重要的地位且属性敏感，原因主要有两点。其一，观众观赛会给场馆以及周边区域带来巨大人流量；其二，国际奥委会最大的财政来源都来自赛事转播计划，场馆内的比赛场地以及新闻发布区正是转播镜头集中的区域，可能吸引全球数十亿的观众，如果场馆中出现不符合赛事品牌要求或是侵犯市场开发合作伙伴的商业展示，一方面会损害赛会形象；另一方面可能引起市场开发合作伙伴的投诉。因此，场馆（包括周边区域）的商业控制对于赛事品牌保护或是权益保护而言是必不可少的一环。

二、“清洁场馆”的定义与性质

（一）定义

“清洁场馆”政策是以《奥林匹克宪章》第50.1条为依据，针对奥林匹克相关场地进行商业广告展示的限制性规定。《奥林匹克宪章》第50.1条的规定如下：“除国际奥委会执行委员会在特殊情况下授权外，不得在体育场、场馆及其他被视为奥林匹克场馆一部分的比赛区域内外进行任何形式的广告或其他宣传。不得在体育场、场馆或其他运动场地内设置商业设施和广告标志。”①

“清洁场馆”政策是奥运会独有的政策，该政策使得奥运会区别于其他各大体育赛事。奥运会可能是现在唯一不在赛场周围为赞助企业提供广告的大型赛事。这个规则反映了奥运会的业余赛事的本源以及体育性至上的理念。国际奥委会对这一规则的解释如下：“保持场馆清洁不仅仅是遮盖标志。在奥运场馆内若未遮挡未经批准的品牌，杜绝商业广告和宣传，会影响奥运会对运动员、观众和全球转播观众的视觉呈现。它影响到奥林匹克品牌的定位，并使奥运会与其他活动区别开来”。

这一政策不仅要求清除特定场馆内的广告，还要求清除场馆内出现的产品上的部分显著品牌标志。部分制造商标志如果没有带有明显广告目的，可能可以保留，但如果过于醒目仍有可能被遮蔽。这一规则比大部分体育组织针对赛场的商业展示规则都更加严格，大部分体育组织的商业展示限制规则都设立在市场开发体系之下，目的旨在控制广告资源，将赛场的优质广告资源集中提供给市场开发合伙伙伴，排除第三方的商业展示。

体育产业商业化的大势已经让一些评论家将体育称为“娱乐产业”的一部分，因而体育产业的商业化程度提高也并非没有批评者。体育毕竟是人类追求超越自我的活动，在这个层面上而言体育竞技本身具有超越物质的精神价值，精神价值的追求与物质价值之间势必存在平衡上的困境。

奥林匹克运动具有追求精神价值的初始使命，这使这项大型赛事与其他赛事相比，对于不过度商业化更加坚持，始终限制商业元素侵占比赛场地和新闻发布区域（主要转播视觉呈现区），“清洁场馆”政策正是保护这一价值的重要手段。

（二）“清洁场馆”政策的性质

“清洁场馆”政策并非法律法规的落地，其规则来源并非法律规定，而是源自国际奥委会宪章的规定，并通过一系列法律文件对有关权利义务进行安排与固定。申办期间，根据国际奥委会的要求，申办城市需要对“清洁场馆”事项进行承诺，承诺主体除了申办城市还包括准备用于承办赛事与活动的场馆业主单位。获得主办权后，主办城市与国际奥委会

---

① 国际奥委会：*OLMPIC CHARTER*，载国际奥委会官网2021年8月8日，https://stillmed.olympics.com/media/Document%20Library/OlympicOrg/General/EN-Olympic-Charter.pdf?_ga=2.21606712.2011677240.1643779576-778221511.1643458262。

之间还将达成《主办城市合同》《市场开发计划协议》等一系列法律文件，这些法律文件都承诺了主办国和有关参与方需遵守《奥林匹克宪章》且对于“清洁场馆”进行了细致约定。[①] 因此，“清洁场馆”政策实则是主办城市契约属性的义务，“清洁场馆”政策在各个场馆以及周边区域的落地是履行国际承诺，是维护主办国家形象的重要一环。

三、“清洁场馆”政策的具体要求

“清洁场馆”政策的适用对象主要为以下三种：

其一，场馆内的商业广告以及商业标志展示。国际奥委会对于广告和商业标志展示的数量和尺寸都有较为细致的规定。

其二，参与人员以及观众所着服装以及随身携带的体育器材。对于这两类人的限制还可能根据场馆分区扩张到随身携带的物品（根据禁限带物品清单中商业相关部分）。对人员的“清洁场馆”规则同样有商业标志的数量和尺寸方面细致的规定。

其三，对车辆的要求。

（一）具体工作要求

1. 对空间的要求

国际奥委会的“清洁场馆”政策将竞赛场馆（含训练场馆）划分为5个区域，各分区执行标准的严格程度从5～1逐级递增，如表1所示。

表1 “清洁场馆”分区

分区	区 域	“清洁场馆”工作标准
第1区	新闻发布厅、混合采访区等新闻发布区域，仪式表演场地，奥林匹克大家庭区和贵宾休息室	除国际奥委会、国际残奥委会许可，不允许出现任何商业展示（包括制造商标志）。 但是，下列物品上可以出现1处制造商标志： （1）代表团制服，标志的尺寸应当符合国际奥委会关于人员穿着的要求； （2）仪式或者活动所需的由赞助企业提供的技术设备，标志的最长边边长须小于技术设备高度的1/10，且在10cm以内
第2区	比赛场地和比赛场地内视线所及区域，运动员和表演者休息室	除国际奥委会、国际残奥委会许可，不允许出现任何商业展示（包括制造商标志）。 但是，下列物品上可以出现1处制造商标志： （1）代表团制服、运动员比赛用着装和配饰、比赛中使用的体育器材，标志的尺寸应当符合《国际奥委会授权标志指南》和《国际残奥委会制造商标志指南》关于人员穿着和所持物品的要求； （2）比赛或者活动所需的由赞助企业提供的技术设备，标志的最长边边长须小于技术设备高度的1/10，且在10cm以内

① 国际奥委会：*Host City Contract-XXIV Olympic Winter Games-2022*，载国际奥委会官网2016年10月10日，https://stillmed.olympics.com/media/Document%20Library/OlympicOrg/Documents/Host-City-Elections/XXIV-OWG-2022/Host-City-Contract-for-the-XXIV-Olympic-Winter-Games-in-2022.pdf?_ga=2.223465624.2011677240.1643779576-778221511.1643458262。

续表

分区	区　域	“清洁场馆”工作标准
第3区	场馆内的一般通行区域（如观众通行区域、工作人员办公区域）	不允许出现任何商业展示（包括制造商标志）。 但是，赞助协议明确授权的，或者国际奥委会、国际残奥委会特别许可的商业展示除外
第4区	场馆封闭线至场馆之间的一般通行区域	允许出现特定的商业展示（包括制造商标志）： （1）赞助协议明确授权的，或者国际奥委会、国际残奥委会特别许可的商业展示； （2）不属于赞助企业赞助类别的物品，其制造商标志可以保留，原则上标志的最长边边长须小于该物品高度的1/10，且在10cm以内
第5区	场馆周边区域（场馆封闭线外约500米直径范围内）	允许出现商业展示（包括制造商标志）。 但应当避免大幅出现赞助企业竞争对手及其产品或者服务的商业展示
按照主办国法律法规要求，用于安全、消防或者其他公益用途的标志可以予以保留		

一般体育赛事只涉及运动场馆的使用，但奥运会由于涉及复杂的流程，除了竞赛场馆之外还涉及仪式、接待、媒体等功能的场馆，根据国际奥委会的要求，原则上所有的竞赛场馆以及非竞赛场馆都要执行“清洁场馆”政策，其中的重要非竞赛场馆，如奥林匹克大家庭酒店、媒体中心、奥运村等，都需要严格执行“清洁场馆”政策。

“清洁场馆”政策的特殊性还在于，大部分单项体育赛事对于商业展示的控制都集中在赛场，尤其是转播镜头下的赛场。部分市场开发体系较为完备的赛事，例如，国际冰球联合会主办的世界冰球锦标赛（Ice Hockey World Championships）也对赛场进行了分区，共分为三个区域黄区、红区和绿区，黄区是指环绕冰场的广告板、冰面、树脂玻璃挡板、等候板凳区、球场中心悬吊巨型屏幕等区域，该等区域可以有条件地允许广告展示；红区是指冰球场的第二层观众席、摄像机正常视野内的主场地等区域，该等区域禁止广告展示；绿区是指冰球场的高层观众席、摄像机视野外的主场地等区域，该等区域的广告展示需经国际冰球联合会的许可。可以看出，纵使世界冰球锦标赛已经是市场开发系统极为成熟的大型赛事了，但其对于商业展示的控制还是聚焦在狭义的比赛场地，且并不严格禁止商业广告的出现。

与国际奥委会类似的对赛场周边区域也有一定限制要求的体育组织是国际足联，其针对世界杯建立了完备的品牌保护体系，针对赛场周边的区域其设立了“商业控制区”（Commercial Restriction Area）。与国际奥委会严格限制赛场以及周边区域商业的要求不同，国际足联特别指出在商业控制区内的当地商业（非赞助企业）应执行保持常态“business as usual”。这一规则显示出国际足联对商业性相较于国际奥委会更加宽容，非刻意针对赛事与观众的营利性行为都不会被限制，且不会严格划分区域。事实上世界杯期间很多当地商业都会受益于“商业控制区”，因为很多非当地商业不会被允许在商业控制区内实施商业活动。可以看出国际足联划定商业控制区更多的是为了防范隐性营销行为，换言之，被控制的是非正常在周边区域营业、蹭赛事热度的商家。与国际足联世界杯对当地商业较为宽容不同，国际奥委会对场馆周边区域中与其市场开发体系直接冲突的店铺或广告位都有可能在赛时进行关停或是清除，但对安保线明确分割的商业店铺，国际奥委会经过个案审核（Case by case assessment），也可能适用“维持原状（Standstill）”原则允许保留。

2. 对人员穿着和所持物品的要求

国际奥委会对注册运动员、官员、技术人员等竞赛相关人员的服装有较为严格的要求，按照惯例，此类人群的服装设计是需要经过国际奥委会和奥组委双重审批才能在奥运赛时穿着使用的，总体要求如表2所示。

表2　人员穿着和物品的“清洁场馆”工作标准

<table>
<tr><th colspan="2">穿着和物品</th><th>“清洁场馆”工作标准</th></tr>
<tr><td colspan="2">服装</td><td>（1）每件服装上可以出现1处制造商标志，竞赛用一体式服装可以在腰部以上和以下各出现1处，每处制造商标志大小不超过30cm^2；
（2）服装上的拉链或扣子上可以出现1处不显著的制造商标志，但该制造商标志必须与拉链或者扣子配色相同；
（3）每件服装上可以出现1处产品技术标志，大小不超过10cm^2。</td></tr>
<tr><td colspan="2">运动装备/设备</td><td>（1）对于国家（地区）奥委会/国家（地区）残奥委会提供的，或者运动员携带的运动装备/设备（含轮椅、义肢等）：
运动装备/设备（含轮椅、义肢等）早于冬奥会/冬残奥会赛前6个月已在零售渠道公开销售的，可以保留销售时已存在的制造商标志；
原则上不允许在运动装备上出现运动员姓名，除非国际冬季单项体育联合会要求，或者早于冬奥会/冬残奥会赛前6个月，在零售渠道公开销售时该运动装备上已存在运动员姓名。这一要求也适用于个性化设备。
（2）北京冬奥组委提供的运动装备：
制造商标志不超过表面积的1/10，且大小不超过60cm^2。</td></tr>
<tr><td colspan="2">鞋履</td><td>（1）早于冬奥会/冬残奥会赛前6个月，在零售渠道公开销售的，可以保留销售时已存在的制造商标志；
（2）原则上不允许在鞋履上出现运动员姓名，除非国际冬季单项体育联合会要求，或者早于冬奥会/冬残奥会赛前6个月，在零售渠道公开销售时该运动装备上已存在运动员姓名。这一要求也适用于个性化设备。</td></tr>
<tr><td rowspan="3">配件</td><td>袜子</td><td>每只袜子可以出现1处制造商标志，大小不超过10cm^2。</td></tr>
<tr><td>帽子/头饰</td><td>每件可以出现不多于2处制造商标志：
（1）出现1处制造商标志的，大小不超过10cm^2；
（2）出现2处制造商标志的，2处制造商标志应当分别位于两耳上方，每个大小不超过5cm^2。</td></tr>
<tr><td>眼镜</td><td>如早于冬奥会/冬残奥会赛前6个月，在零售渠道公开销售，可以保留销售时已存在的制造商标志。
但是，对于镜片上的制造商标志，只有刻在镜片上的才能够保留。</td></tr>
</table>

续表

穿着和物品		“清洁场馆”工作标准
	袖标	每件可以出现 1 处制造商标志，大小不超过 $6cm^2$。
	手套	每件可以出现 1 处制造商标志，大小不超过 $8cm^2$。
	袋子	每件可以出现 1 处制造商标志，大小不超过表面积的 1/10，且大小不超过 $60cm^2$。
	其他配件	制造商标志大小不超过 $6cm^2$，国际奥委会、国际残奥委会另行许可的除外（比如，北京 2022 年冬奥会和冬残奥会工作人员、志愿者、技术人员制服装备中的脖套配件出现 1 处制造商标志，大小不超过 $9cm^2$）。
下列物品不得带有任何商业展示： 口罩和面罩、隐形眼镜、耳机、水瓶、雨伞、毛巾、绷带、耳塞、护口器、鼻夹、肌肉贴等。		

对于观众，购票条款中包含有关禁限带物品以及限制行为的要求，禁止观众携带带有商业展示的宣传品或者集体使用或者穿戴带有明显商业展示的物品或者服装。

3. 对车辆的要求

国际奥委会对于车辆上商业展示的控制主要是为了保障对新加入其市场开发计划的丰田的有关权益，对于市场开发合作伙伴，赛时在场馆同时享有供应权（Supply right）和展示权（Presence right），为了保障丰田的展示权，国际奥委会会要求限制进入场馆区域内车辆的商业展示，如车标与车身广告等。

（二）工作流程

在实践操作中，由于场馆在赛前都由业主单位自行运营，受业主单位的市场开发情况影响，商业展示状况始终是动态的，需要奥组委持续关注，对场地进行周期性评估，并保持与国际奥委会的积极沟通，平衡各利益相关方需求。

按照奥运会各届惯例，通常奥组委和场馆业主单位会逐一签订《场馆使用协议》（Venue use agreement），近几届奥运会都将“清洁场馆”条款作为格式条款放入了场馆使用协议中，将有关工作要求固定为场馆业主单位的合同义务。

除了法律文件的签署，具体落实还有赖于执行机构的执行。各届奥组委采取的模式都各不相同，2012 年的伦敦奥运会奥组委建立了特殊机构专门执行“清洁场馆”工作、假货控制等一系列权益保护工作，机构人数多达百来人；2020 年的东京奥运会，奥组委则采取了完全外包由合同商承担所有“清洁场馆”工作的模式；北京 2022 年冬奥会，奥组委本着节俭办奥的出发点，由不到 10 人组成权益保护核心团队，直接加入各竞赛场馆运行团队以及重要非竞赛场馆运行团队，直接在第一线统筹实施“清洁场馆”有关工作，通过在奥组委层面出台政策，建立场馆运行团队主责、各业务领域各负其责、场馆业主单位配合、属地政府外围保障的工作模式，多维共同推动“清洁场馆”有关工作的实施，可以说走出了一条人员精简、节俭务实的独特道路。

四、总结与反思

在职业体育高度发展的21世纪，奥运会作为全球最盛大的体育赛事之一仍旧保持着对商业性的限制和体育性至高的理念，追求“更快、更高、更强——更团结”的精神价值，彰显着奥林匹克运动的伟大精神，因此，“清洁场馆”政策这一独特的政策在赛时筹办、举办过程中的价值是值得重视的。奥林匹克运动一方面强调去商业化，另一方面国际奥委会的市场开发体系也是全球体育赛事中最为复杂和成熟的市场开发体系之一，“清洁场馆”政策其实是这一体系下的产物。

奥林匹克运动的市场开发合作伙伴为奥运赛事和奥林匹克运动的投入与赞助并非单纯的慈善，作为奥林匹克运动的支持者，他们的投入应当获得相应的保障，“清洁场馆”政策就成为这些企业的权益的保障以及各个利益相关方权益的平衡器。另外，很多承办比赛的场馆本身是商业组织，为了承办奥运比赛也作出了相应的贡献与牺牲，对于设立在场馆附近的与其有合同关系的商业设施，如商业店铺等，考虑到当地的民生，应当通过宣传教育等方式，在这些商业不扩张其商业行为的前提下，避免隐性营销行为，采取柔性手段保证“清洁场馆”政策的落地。为了更好护卫奥林匹克运动，保护奥林匹克财产与奥运会赛事的转播视觉呈现，“清洁场馆”的执行是一项随时需要考虑平衡的、充满智慧的“动态进程”。

主办城市在奥运赛时的户外广告控制研究

曹克宇*

【内容摘要】奥林匹克运动会作为全球瞩目的运动赛事，具有极高的品牌价值。这种价值的产生源于奥林匹克运动对于人类体育文明的推动，也源于其组织过程中严格的细节把控，其中，“清洁场馆”是奥林匹克运动会独具特色的办赛要求。“清洁场馆”要求依据《主办城市合同》以及《申办报告》对主办城市在奥运会赛时的户外广告进行控制，这主要是国际奥委会出于对赞助企业利益、奥林匹克运动纯洁性以及主办城市其他市场主体利益的维护。户外广告控制的具体措施主要是通过当地政府发布相关通告进行，这需要统筹制定合法合规的控制性措施、协调有关部门的立法和执法资源、注重控制措施的合法性和补偿、协调不同地区的广告控制措施，是一项系统的工程，需要周密的部署和实施才能取得良好的效果。

赛时主办城市和场馆内未经管控的市场开发和广告活动将严重削弱奥林匹克市场开发的价值，并侵犯市场开发合作伙伴和赞助企业的合同权益。主办城市和场馆内未经管控的市场开发活动，任何形式（如商业广告，街头贩卖）都有损主办城市的形象、奥运会赛时主办城市和场馆的形象景观，并削弱奥林匹克品牌价值。

一、户外广告控制的依据

对于主办城市户外广告控制的依据，主要来自两方面：

一是主办城市签订的《主办城市合同》中明确约定的主办城市遵守《奥林匹克宪章》，而根据《奥林匹克宪章》第50条第1款的规定，除国际奥委会执委会可能在特殊情况下给予授权外，奥运赛时在场馆和其他被视为奥林匹克场地构成部分的区域内，不得进行任何形式的广告或其他宣传活动，也不得设立商业装置和广告牌。

特别需要说明的是，虽然《权益保护赛事指南》并非奥林匹克规则体系下的强制性规

---

* 曹克宇，男，研究生学历，法学硕士，北京冬奥组委法律事务部权益保护处项目专家、国家体育馆场馆运行团队权益保护业务领域经理。

范，但是该指南在户外广告控制的标题是“公共广告控制：‘户外广告’项目”（“Public advertising controls：the‘Out of Home’programme”，OOH）。可见，户外广告强调更多的是控制。

二是在《申办报告》中，我国政府承诺对于场馆周边500米范围内实行户外广告控制。

在奥运会实际筹办和举办过程中，对于场馆周边500米的户外广告控制范围并非一个固定的距离。国际奥委会有权根据场馆周边广告设置情况对距离场馆安保线超过500米，但是在肉眼或摄像机可见范围内的户外广告要求组委会和主办城市实施管控。同时，对于城市的主要道路、通往赛场的主要道路、主要交通场站等人流量、车流量大的空间和点位的户外广告也要实施控制。

二、国际奥委会进行户外广告控制的考量

国际奥委会的主要考量基于三点：

1. 为国际奥委会合作伙伴、组委会的赞助企业提供商业展示和宣传的机会，同时控制他们的竞争对手品牌曝光的机会，为合作伙伴和赞助企业提供短时间内品牌集中曝光的平台，既是对他们赞助奥运会的回报，也换取他们进一步对奥运会的支持。

2. 尽可能对场馆及周边区域进行“清洁”，保持奥林匹克运动的纯洁性，同时兼顾合作伙伴和赞助企业的权益。另外，由于对场馆有“清洁”的要求，将合作伙伴和赞助企业在场馆内进行广告宣传的需求溢出，更能体现出在户外广告控制中对于“清洁场馆”与“展示广告”的平衡。

3. 基于广告资源的稀缺性和位置的独特性，对于部分广告位置，国际奥委会并未完全垄断，释放一部分广告资源给市场其他主体，保持与主办城市及其他市场良好的关系，换取他们对奥运会的支持。

三、主办城市户外广告控制的具体措施

户外广告控制涉及户外广告控制的时间段、控制区域、控制程度、控制内容等。以北京2008年奥运会为例，2007年7月27日，北京市第十二届人民代表大会常务委员会第三十七次会议通过《关于为顺利筹备和成功举办奥运会进一步加强法治环境建设的决议》，授权了北京市人民政府可以针对户外广告控制问题采取临时性行政管理措施，制定临时性政府规章或者发布决定。

（一）北京市政府发布通告

北京市人民政府根据上述决议，于2008年6月10日发布《北京市人民政府关于2008年北京奥运会残奥会期间采取户外广告临时控制措施的通告》（现已失效）。该通告制定了对北京2008年奥运会和残奥会赛时的北京市相关户外广告控制区域采取的临时控制措施。

（二）北京市市政管理委员会出台下位细则

北京市市政管理委员会也依据该通告发布了一系列通知，针对临时控制措施的执行、公共汽车电车车身广告、赞助商广告相关内容制定了具体执行规定，如2008年7月2日发布的《关于奥运会残奥会期间采取户外广告临时控制措施的通知》（京政管函〔2008〕489号），2008年7月28日发布的《关于依法查处利用违规户外广告设施发布奥运赞助商广告的通知》（京政管函〔2008〕564号）等。

四、户外广告控制的反思

（一）涉及户外广告空间利用的现行规范性文件较多，需要区分不同层级文件的效力，统筹制定合法合规的控制性措施

既包括《民法典》等基本的民事法律制度，也包括《城乡规划法》《广告法》《行政强制法》《行政处罚法》等行业法和部门法。从立法层次上看，甚至还包括《公益广告促进和管理暂行办法》等行政法规、部门规章和地方政府规章，层次多级、内容丰富、效力多元。

（二）户外广告控制的相关主体众多，需要协调有关部门的立法、执法资源

户外广告控制实际上分为广告区域和点位的控制以及广告内容的控制。在目前的行政管理体制下，广告规划由规划部门负责，区域和点位上广告位的设置由城管部门负责，广告内容违法由市场监管部门负责处理。但是对于一些特殊的区域，如机场、火车站、地铁等广告资源特殊的区域，则需要由交通主管行政部门协调，由这些区域的管理者协助进行户外广告控制。

（三）《民法典》时代对于私权利的保护应格外重视，注重控制措施的合法性及补偿

对于已经取得广告位的广告发布者和广告主，应当关注其合法权利。在《民法典》和行政法规、地方性法规规定的范围内，做好宣传工作，及早与权利人协商，引导其兼顾重大活动与私人权利的平衡，避免因控制措施引发诉讼和舆情风险。

《民法典》第117条规定："为了公共利益的需要，依照法律规定的权限和程序征收、征用不动产或者动产的，应当给予公平、合理的补偿。"《民法典》第245条规定："因抢险救灾、疫情防控等紧急需要，依照法律规定的权限和程序可以征用组织、个人的不动产或者动产。被征用的不动产或者动产使用后，应当返还被征用人。组织、个人的不动产或者动产被征用或者征用后毁损、灭失的，应当给予补偿。"

严格从文义解释看，广告位的经营权和使用权是一种权益，并非动产或不动产，即便是执行户外广告控制政策的征收和征用，其对象也只能是动产或者不动产，不能是权益。因此，在执行户外广告控制政策时存在无法适用该条款的可能性。同样地，大型体育赛事

活动也不符合《民法典》第245条规定的“因抢险救灾、疫情防控等紧急需要”，在价值位阶上无法等同，能否给予补偿也存在一定的讨论空间。

（四）多地户外广告控制措施的协调

北京2022年冬奥会和冬残奥会的赛区涉及北京和张家口两地。就户外广告控制事项，既涉及两地独立的政策，也涉及两地政策的协调。

1. 立法层面

从行政层级上看，北京市拥有直辖市层级的立法资源。张家口市在行政层级上比北京市低，允许张家口市进行地方立法的空间比北京市小很多。如何在这个空间内完成立法，对张家口市是个考验，如果当地立法资源不足以支撑，可能需要河北省一级的立法资源支持。

2. 执行层面

在执行户外广告的层面，按照北京市目前的行政执法改革，基层城管负责处理户外广告控制的规划和设置，市场监管部门负责处理内容，市交通委负责处理交通场站、地铁等区域的广告。张家口市的户外广告执行主要是由城管和市场监管部门分别负责。

北京冬奥会反隐性营销的理念与实践

方傲兰*

【内容摘要】通过涉奥财产排他使用权实现的商业化和市场化，维持着现代奥林匹克运动的经济命脉。北京2022年冬奥会和冬残奥会的筹办和举办中，涉奥知识产权和财产保护是重要基石。涉奥财产保护中最特殊也是最重要的一环是防范与打击隐性营销。2018年，我国修改了《奥林匹克标志保护条例》，创设了奥林匹克标志和奥林匹克元素两种无形财产客体。北京冬奥会的反隐性营销实践注重提升涉奥财产保护的公众意识与保护力度，并摸索出了比较成熟的执法经验，供其他大型赛事或活动参考。

一、涉奥知识产权保护与隐性营销辨析

2021年10月15日，国家知识产权局、国家市场监督管理总局联合印发了《北京2022年冬奥会和冬残奥会奥林匹克标志知识产权保护专项行动方案》（以下简称《专项行动方案》），将专项行动的保护对象界定为"奥林匹克标志知识产权"。这一客体形态没有出现在任何法律法规或者官方（包括北京冬奥组委）政策性文件之中，细究该《专项行动方案》内容，主要还是通过对"奥林匹克标志"专有权和附加在"奥林匹克标志"上的"知识产权"等客体形态的保护而实现。

与涉奥财产保护相关的概念有三。一是知识产权专有权保护，主要是依据《中华人民共和国著作权法》（以下简称《著作权法》）、《中华人民共和国专利法》、《中华人民共和国商标法》等法律规定，对著作权、外观设计专利、注册商标等各类型知识产权的保护，如北京冬奥会会徽和吉祥物、冬残奥会会徽和吉祥物，北京冬奥组委对其享有著作权、经核准的外观设计专利权和经核准的注册商标专有权等；二是奥林匹克标志专有权保护，依据是《奥林匹克标志保护条例》，如"冬奥会"、"北京2022"、奥林匹克格言、北京2022冬奥会和冬残奥会主题口号等，都经权利人提交国家知识产权局进行了公告；三是反隐性营销，这类保护的范围进一步扩大，任何与奥林匹克运动产生未经授权的虚假联系，均须予

* 方傲兰，女，研究生学历，法学硕士，北京冬奥组委法律事务部权益保护处项目助理、首都体育馆场馆群运行团队权益保护业务领域经理。

以防范和打击，如“相约北京”“相约2022”等营销或宣传活动。

狭义的隐性营销要剔除通过奥林匹克标志专有权进行保护的部分，否则就是直接侵权，是“显性”的；同时，隐性营销的英文为“Ambush Marketing”，经济学上的讨论中多译为“伏击营销”，强调的是营销效果而非手段，有些侵权的形式也的确“隐性”十足。为本文论证需要，也将奥林匹克标志专有权纳入讨论的范畴，称为广义的隐性营销。

二、反隐性营销的规制依据

涉奥反隐性营销概指利用与奥林匹克运动有关的元素开展活动，足以引人误认为与奥林匹克标志权利人之间有赞助或者其他支持关系，构成的不正当竞争行为予以防范和打击。奥林匹克运动不是反隐性营销的唯一舞台。许多大型体育赛事、演出、节目等都越发注意到知识产权的保护、赞助权益的排他对于营销的重要性以及保护手段的多元性。然而，一般商业竞争中，隐性营销的防范与打击是通过协议、承诺书等约定方式实现的，但奥林匹克运动中的“法益”更强，涉奥反隐性营销是通过法律等方式实现的。我国在申办奥运、筹办奥运中的国际承诺、行政法规的明确规定以及其他政策性文件中的执法依据等都是反隐性营销的依据。

（一）国际奥委会约定体系下的“涉奥财产保护”

自洛杉矶1984年奥运会依靠类别排他、数量控制建立的赞助体系获得巨大成功以来，历届奥运会和冬奥会的赞助都以奥林匹克财产为主要对价，赞助商通过金钱、供应等形式的支持，以获取对奥林匹克财产不同程度（如地域范围、使用方式）的使用权益。[①]

国际奥委会在《奥林匹克宪章》第7条界定了“奥林匹克财产”（Olympic Properties）包括奥林匹克五环图案标志、会旗、格言、会歌、专有名称[②]、标识、徽记、圣火和火炬，以及国际奥委会、国家（地区）奥委会和/或奥组委委托制作的与奥运会相关的音乐作品、音像作品或其他创造性作品。需要注意的是，《奥林匹克宪章》并非一部国际公约，它没有签署页和成员国，在“反向代表”的机制下，它作为一部奥林匹克运动的纲领性文件，是国际奥委会的自决事项，但拥护和遵守《奥林匹克宪章》是各国和各代表团的义务和参赛的前提条件。

《主办城市合同》的约定与《奥林匹克宪章》相比全面和细致了许多，以北京2022年冬奥会的《主办城市合同》为例，候选、筹办、举办奥运会过程中创造或以奥组委名义创造或供奥组委使用的所有财产都在此列。《主办城市合同》第42条和第44条分别从取得和救济两个角度约定了涉奥财产的保护问题。可以说，《主办城市合同》并不是一部体系性较

① 当然，权益的形式还包括了接待权（如使用奥林匹克接待空间、奥运会门票的分配等）和鸣谢权（如在官方活动和出版物末页的鸣谢）。

② 包括但不限于“奥运会”“奥林匹克运动会”等。

强的文件，从某些方面来讲，国际奥委会在签署时对于该主办国的知识产权法律体系现状、修改完善路径都缺乏全面和细致的理解。因此，在条文划分上并没有明确区分哪些通过注册商标专有权保护、哪些通过著作权保护，而笼泛地称为“财产”或者“知识产权”。

（二）《奥林匹克标志保护条例》与奥林匹克标志专有权

从知识产权法定性来看，若仅通过注册商标、著作权或者外观设计专利等传统知识产权客体形态，不可能对上述所有的“涉奥财产”实施充分保护。为履行申办承诺和《主办城市合同》，国务院于2002年颁布《奥林匹克标志保护条例》，创设了一种新的无形财产——奥林匹克标志。该条例经2018年修订后进一步扩大了保护范围和保护力度，通过第6条创设了一种新的无形财产——奥林匹克元素。但《奥林匹克标志保护条例》本身并不是经全国人大通过的法律，因此根据《中华人民共和国民法典》第123条规定，两种形态（奥林匹克标志和奥林匹克元素）都不是知识产权，这一点已由《奥林匹克标志保护条例》第16条本身作出清晰的界定。

先说奥林匹克标志。《奥林匹克标志保护条例》给部分涉奥财产保护的执法带来了依据上的保障。在许多方面，奥林匹克标志可以被视为“类知识产权”。例如，各级市场监管局和国家知识产权局负责奥林匹克标志的公告、保护等工作；[①] 出口货物涉嫌侵犯奥林匹克标志专有权的，由海关参照《知识产权海关保护条例》等规定的权限和程序查处。[②] 但在其他一些方面，奥林匹克标志又与传统知识产权形态有众多不同，从《奥林匹克标志保护条例》第4条和第5条侵权构成要件来看，保护程度不同于、甚至高于传统的知识产权。要件基本有二：一是未经授权使用了奥林匹克标志。二是有商业目的。例如，一商家仅在社交媒体平台上提及“为冬奥助力”也会被认为是侵犯奥林匹克专有权的侵权行为，因为“冬奥”本身就是奥林匹克标志，而商主体的行为很难逃脱商业宣传的嫌疑，在很多情况下都是与促进点击量、博取热度、赚取公众对产品的关注，或者使公众产生其与奥运的虚假联系等相伴随。

某种程度上，奥林匹克标志保护又极具其创新性：一是“标志”的含义比较广，可包括歌曲（如奥林匹克会歌）、专有名称等；二是权利人比较单一，基本上只有国际奥委会，国际残奥委会，北京冬奥组委和中国奥委会四大权利主体；三是保护对象比较有限，目前为止，仅有64项奥林匹克标志经权利人提交而公告。当然，从《奥林匹克标志保护条例》文义理解，奥林匹克标志的认定并不一定以公告为前提，国家知识产权局是否具有实质审查的职责也没有明文指引，[③] 但公告确实会有极大的公示效力与安定效力。

① 《奥林匹克标志保护条例》第7条。

② 《奥林匹克标志保护条例》第14条。

③ 实际上，国家知识产权局拒绝过一些奥林匹克标志的公告，但国际奥委会对此持反对意见。

（三）奥林匹克元素与《中华人民共和国反不正当竞争法》（以下简称《反不正当竞争法》）

对于其他涉奥财产，法律依据则主要是《奥林匹克标志保护条例》第 6 条和《反不正当竞争法》。对此，实践中存在两大争议。

一是奥林匹克元素究竟为何。司法部、国家体育总局、国家市场监管总局、国家知识产权局的负责人在就《奥林匹克标志保护条例》的答记者问中提到，第 6 条的立法原意在于对隐性营销行为进行规制。隐性营销规制立法是我国在《申办报告》中作出的承诺，也是北京冬奥组委的一项重要里程碑任务。但该条文出台后，几乎没有在执法层面适用。一方面，奥林匹克标志的范围较大，奖牌造型、火炬、体育图标等元素都已通过奥林匹克标志专有权的形式得到了保护；另一方面，若通过奥林匹克元素的形式保护，其在处罚机关、处罚力度等方面与奥林匹克标志别无二致，相当于绕过了国家知识产权局，在执行的层面直接加以认定，这对于基层执法大队来说很难抉择。近期，国际奥委会认为某服装品牌使用五环的五种颜色写就“2022”（主办年份）构成奥林匹克元素，并要求对其进行处罚，该事件对于奥林匹克元素的认定将具有一定的指导意义。

二是《奥林匹克标志保护条例》第 6 条是否是“法律适用法”，即是否只有使用了奥林匹克元素，才会构成反不正当竞争，从而直接适用《反不正当竞争法》中的法律责任条款，抑或是说，即使没有使用奥林匹克元素，也可以直接适用《反不正当竞争法》第 6 条，完全依据《反不正当竞争法》进行处理。尤其是在奥林匹克元素的含义没有得到明确的前提下，这一争议的定论十分重要。笔者认为，《奥林匹克标志保护条例》第 6 条的立法原旨是为隐性营销提供规制依据，落脚在因“奥林匹克元素”产生“支持关系”的误认或者混淆，而《反不正当竞争法》第 6 条落脚在因①相同/近似商品；②名称；③网页/域名等；④其他混淆行为而产生“特定联系”的误认或者混淆。《奥林匹克标志保护条例》第 6 条只可能是为认定反不正当竞争多提供一重情况，顶多理解为对上述④的一种拓展，而不是整个《反不正当竞争法》第 6 条的“特别法”，排除《反不正当竞争法》第 6 条的适用。

三、隐性营销的常见形态与特点

（一）隐性营销的类型

笔者认为，隐性营销的形态大致可分为如下三种：

1. 受益关联型隐性营销。最直接的例子是奥林匹克场地内外出现的非赞助商品牌标志。这种隐性营销最为特殊，某商品或者服务甚至无须包含任何奥林匹克标志或者奥林匹克元素，仅出现在奥林匹克场地即能使公众产生其与奥运会的关联；例如，短道速滑比赛的冰场防护垫上的制造商标志，抑或是使公众对该品牌产生与奥运会紧密相连的印象，如里约 2016 年奥运会女排颁奖典礼上，观众席“真美汉中”广告牌的摇摆永远与中国女排站上最高领奖台的画面捆绑在了一起。受益关联型隐性营销还包括“纯粹蹭热度”的行为，这多见于竞争对手之间。如华夏银行曾与 Mastercard 联名发售信用卡，请中国著名选手武大靖作为广告代言人，并使用其平昌夺冠的视频作为信用卡广告。虽然该视频中仅背景出现了奥林匹克五环图案标志，但仍旧被视为隐性营销。

2. 破坏型隐性营销。这种隐性营销形态目的在于通过诋毁竞争对手创造话题来蹭热度。公众不会混淆其与奥运存在任何联系，但也通过巨大的话题度，在公众心中创造了品牌印象。例如，利勒哈默尔 1994 年冬奥会前，国际奥委会全球合作伙伴 VISA 公司的竞争对手 Mastercard 放出大量宣传语称：“你不需要 VISA（也译作签证）也能去到挪威观赛”①，这里并未使用任何涉奥财产，但却对赞助商企业进行了一次极具破坏力的“伏击”。

3. 内部斗争型隐性营销。这种情形发生于都与奥运存在某种正当联系的实体之间，但由于每一赞助企业或者利益相关方仅能在自己的权益类别内排他获权，极易发生超越了类别范围侵权的事件。比较典型的例子是“类别入侵”，例如在 TOP 第 10 期中，三星电子公司与松下电器公司分别是无线电通信/计算机设备和视听/家庭设备类别的赞助商，然而两公司的市场经营范围极为相似，时常会出现类别入侵的事件，但比较容易协调解决。又如，利用赞助体系与持权转播体系开发平行性，阿里巴巴（国际奥委会全球合作伙伴）与腾讯（中央广播电视总台的子转播商）在中国的部分市场权益会有所冲突。再如，国际奥委会认可并允许国家（地区）奥委会对国家运动队的赞助，但这种赞助宣传有时也会在灰色地带或者“越界”成为侵权事件。

（二）隐性营销的特点

隐性营销呈现以下特点：一是体量巨大，经授权的赞助企业的数量十分有限，而这些赞助企业的竞争对手可谓多如牛毛。二是随着新媒体技术方式不断迭新，手段多样化，也更加隐蔽。三是并非所有的隐性营销都带有主观恶意。

四、北京 2022 年冬奥会的反隐性营销工作实践

（一）反隐性营销工作的特点

1. 反隐性营销工作具有兜底性

反隐性营销工作的保护对象有二，一是无法依著作权、专利、注册商标等传统知识产权相关立法保护，也不属于奥林匹克标志的财产，例如，在域名监测工作中，我们会将“owg”“chongli”“2022”等域名作为域名申请的重点监测并建议驳回的关键词。二是保护力度想要比传统知识产权保护更强的财产。该类型中，更纯粹的是也非奥林匹克标志。例如，关于体育赛事节目是否受著作权法保护，不仅在中国是一个热议的话题，在世界范围

① 因为两国之间无须签证。

内都是一个重要且有争议的问题。近年来，中国的司法实践已经对体育赛事节目的著作权保护进行了探索。一个是新浪诉天盈九州关于中超球赛赛事转播的侵权案；另一个是央视诉暴风影音关于世界杯赛事点播的侵权案。北京市高级人民法院的再审判决都认为体育赛事画面属于“以类似摄制电影的方法创作的作品”，从而受到《著作权法》的保护。但对于奥林匹克运动来说，奥运赛事的非法转播可以按照侵犯奥林匹克财产的角度依法予以打击。事实上，中央广播电视总台作为中国奥委会辖区内的持权转播商，在 2022 年 1 月 20 日发布了北京 2022 年冬奥会“版权守护计划”，与多部门一同对奥运赛事版权实施高效、强力度、全方位的保护。

2. 执行依据具有纷杂性

涉奥财产的形态、种类、独创性等过于丰富，导致反隐性营销的上位依据也纷繁多样。在实践中，多倾向于认定侵权，如知识产权侵权或者奥林匹克标志专有权侵权，而非模糊的狭义的隐性营销。执法部门鲜少用到《奥林匹克标志保护条例》第 6 条与《反不正当竞争法》，可以说几乎未在任何官方渠道看到该条的实际适用。

除了法律法规，“国际法”也扮演了重要的角色。四卷《申办报告》是我国政府对国际奥委会的庄严承诺；《主办城市合同》《市场开发计划协议》等是主办城市政府对外签署的合同，此外，日常工作中国际奥委会的要求可以成为这些承诺和协议的进一步解释。北京冬奥会筹办和举办期间，有一系列国家有权机关颁布的行政命令（后文详述）来落实和执行这些义务。由于新冠肺炎疫情的出现，并非所有国际承诺中的事项都确保了完成（观众上座率等），但这种“情势变更”并未对涉奥财产保护带来太多的影响。

涉奥财产保护领域的“软法”亦可枚举。北京冬奥组委并非立法、司法或者执法部门，但可以在对外签署的民事合同中约定相关事项，或者在对外研提的意见中提示中国、北京市政府或者北京冬奥组委已作出的国际承诺，以此来达到实际执行的效果。

还有学者提及通过商誉（Goodwill）相关权利的保护，这一点在国际奥委会法律事务部的邮件往来中也多有提及。但遗憾的是，我国目前从立法上对于商誉的保护尚少，《反不正当竞争法》中也未将商誉侵权作为一种独立的责任形式，在实践中几乎不会讨论到商誉。

（二）北京冬奥会的反隐性营销实践

1. 权利取得工作

在知识产权方面，北京冬奥组委就“北京 2022”中英文专有名称，冬奥会、冬残奥会的会徽和吉祥物在中国境内进行了全类商标注册申请，已有 450 件核准注册；向国家知识产权局提交了涉及冬奥会、冬残奥会会徽的 14 件外观设计专利申请，均获得专利授权；完成“冬奥”“冬奥会”“北京冬奥组委”等 18 件特殊标志的登记，并取得特殊标志登记证书；在中国版权保护中心完成了冬奥会、冬残奥会的会徽和吉祥物 4 个作品的著作权登记。此外，《奥林匹克标志保护条例》于 2018 年修订，其第 2 条扩张了奥林匹克标志的范围，之后，北京冬奥组委、国际奥委会等权利人已就文字、图形、音乐作品等64件标志提交国家知识产权局进行了公告。在其他方面，北京冬奥组委在对外签署的几乎所有合同中都有对于知识产权归属的约定，该合同条款的模板长达约2000字，详细约定了现有涉奥知识产权的使用限制和产生新的知识产权的权利归属。

2. 事前防范

一是宣传和教育。避免激化公众参与奥运的热情与奥运知识产权保护之间的矛盾，最好的方式就是宣传教育。北京冬奥组委法律事务部将防范隐性营销作为北京2022年冬奥会和冬残奥会的宣传重点，将对社会公众的普遍宣传与对重点领域和重点行业人群的系统培训相结合，如开展针对场馆业主、媒体从业人员、市场监管执法人员等的专题培训，从普及知识、公众教育的角度防范隐性营销的发生。

二是在对外签署的合同中纳入无市场开发权条款。由于奥林匹克巨大的商业价值，奥组委要确保日常合同往来，甚至是在与赞助商的协议中明确市场开发的权利范围与禁止类事项。在北京冬奥组委对外签署的合同中，一般有近千字的篇幅谈及合同相对方应遵循的无市场开发权条款，包括要求其不以任何方式与国际奥委会、国际残奥委会、北京冬奥组委、中国奥委会、中国残奥委会、冬奥会、冬残奥会、奥林匹克运动、残奥运动相关联，且该条款不受合同期限届满、提前终止、无效或履行完毕等情形的影响。

三是"清洁场馆"。"清洁场馆"规则来自《奥林匹克宪章》第50条，英语为"Clean Venue"。它字面意思很好理解，意为所有场馆在赛时，包括在赛前赛后的一定时间内，都必须是"清洁"的。这个"清洁"不是指环境卫生方面的清洁，而是指在商业宣传，还包括宗教、政治、种族性宣传方面的"清洁"。"清洁场馆"对涉奥主体和奥运会都有重要的意义，对涉奥主体而言，"清洁场馆"保证了赞助商拥有在场馆的独家权利，保护了奥林匹克运动的知识产权；对奥运会而言，"清洁场馆"确保了奥运会中体育高于任何商业活动，保护了奥运会的独特性与完整性。在其他体育赛事中也存在一些场馆品牌展示的规则，但只有奥运会中的相关要求能够达到"清洁场馆"的严格程度，例如，在奥运会的比赛场地内，是看不到任何除了奥运五环以外的展示的，运动员装备上的赞助商露出也比一般的世界锦标赛、世界杯等赛事要"谦抑"不少，在观众购票的票面协议上，也有禁、限带以及禁止展示的商业宣传等要求。

"清洁"的要求比较具体，这也是为何北京冬奥组委法律事务部在赛时派驻了近半数正式工作人员"下沉"到各场馆进行相关工作的沟通协调工作。例如，在新闻发布区会执行最严格的"清洁场馆"政策，除了各奥运代表队制服、竞赛和活动所必需的市场开发合作伙伴的技术设备以外，不允许出现任何品牌标识。即使是这些可以出现品牌标识的物品，品牌标识也有尺寸上的严格要求，且每件物品上只可以出现一次。又如，在安检和检票口以内，场馆主入口以外的公共区域，"清洁场馆"政策较为宽松，除了允许出现赞助商品牌外，对于与赞助商没有竞争关系的产品的其他品牌也可以出现。但是这些品牌宣传不能过度，以确保体育在竞赛场馆中的最高地位。

四是户外广告控制政策出台工作。《申办报告》《主办城市合同》《市场开发计划协议》等文件要求，主办城市须确保在北京2022年冬奥会开幕前2周至冬残奥会闭幕期间内，对竞赛场馆、主要非竞赛场馆及二者周边500米范围内的区域，以及通向上述地点的主要道路户外广告、公共交通广告、机场广告的控制权。为此，北京冬奥组委法律事务部与市场开发部共同协调张家口市政府和北京市政府，分别于2022年1月12日和1月14日发布了赛时的户外广告临时控制措施通告，为广告控制工作提供了强制力保障。

3. 隐性营销行为的监控与打击工作

北京冬奥组委同市场监管、知识产权等相关行政执法部门建立了沟通协作机制，加强对隐性营销行为的联动识别和打击。国家市场监管总局、国家知识产权局联合在2021年10月开展了全国范围的奥林匹克标志保护的专项行动；北京冬奥组委市场开发部、法律事务部也与北京市市场监管执法大队签署了执法合作备忘录；北京冬奥组委市场开发部与阿里巴巴、腾讯、抖音等社交媒体平台签署了“通知后48小时下架”的合作备忘录；根据北京冬奥组委法律事务部与中国互联网络信息中心的合作机制，每日都会对包含敏感信息的域名申请进行机筛和人工确认双重监测和驳回工作。此外，中央广播电视总台的“版权守护计划”约定了对于非持权转播商非法转播信号和视频“通知后1小时下架+3小时采取强制措施”的规制方法；海关总署牵头对于进出口的假冒商品进行查处。我们不断拓宽隐性营销行为甄别的覆盖面，来切实保护各权利人和赞助商的合法权益。

五、隐性营销的“善”与“恶”

涉奥反隐性营销工作的价值为何呢？谈及隐性营销，似乎永远是防范与打击的对象，这大概是由于善意的隐性营销非常少见①，大多数隐性营销会被视为对竞争秩序的破坏和规避侵权法的主观恶意。而奥林匹克元素的模糊界定以及隐性营销手段的不断迭新也给执法带来了难度。

前文提及，涉奥反隐性营销工作的一大特点是有国家强制力的介入。这份国家强制力来自申奥承诺、来自奥林匹克运动的品牌形象。反过来说，能否守住这份国际承诺，展现大国形象、执法力度成了涉奥反隐性营销工作的一大推手。如何抬高违法成本、如何维护稳定的市场秩序等执法尺度也影响了一国的国际贸易形象和国际竞争力。

“隐性营销”为人诟病最多的是其对奥林匹克市场开发体系的破坏，从而对奥林匹克运动产生资金、形象减损等方面的负面影响。赞助商经济利益的减损将无法估量，受90%市

---

① 反例包括非新建奥运场馆的固有设施上存在的制造商品牌标志，如灯具、空调等设备。

场开发供给的各国运动队也会受到影响。该市场开发体系以涉奥知识产权为基础，通过类别排他的方式，在近 40 年的奥林匹克历史上被证明十分成功。

同时，我们也需要意识到，奥运经济具有一定的垄断性，隐性营销现象的疯长，也是对这种垄断市场“不满”的一种体现。从隐性营销行为人的角度考虑，隐性营销真的总能为他们创造利益吗？商家们付出成本去创造内容、付出成本去刊登广告，违法成本与实际收益该如何衡量与取舍？到什么程度算是恶意破坏竞争？我们始终需要考虑民众参与奥运的热情如何维护。反隐性营销工作是一个试验，法律对私有财产的保护到了如此的限度，公众是否有接受的能力。

当然，在北京冬奥会的反隐性营销中，国际奥委会站在权利人的角度，北京冬奥组委站在权利人和权利人的代理人的角度，国家市场监管总局和国家知识产权局站在主权国家角度，同时也会有内部的博弈。在制度选择上，每一国家在每个历史阶段有不同的价值考量，但这些举措、协调机制乃至对公众忍受度的“试验”上都积累了立法、释法、执法的经验，随时被发散到其他赛事或者大型活动中。

隐性营销及保护措施初探

王一诺*

【内容摘要】本文结合在北京冬奥组委的工作经验，对隐性营销问题进行探究。首先，通过隐性营销概念的变化，了解其背后的法律关系，并简要介绍可行的保护路径。其次，通过案例展示各类隐性营销行为，了解其隐蔽性和创造性，体现保护的难度。最后，结合赞助协议介绍打击隐性营销行为的具体措施。

一、什么是隐性营销

“隐性营销”一词是20世纪80年代J. 韦尔什（Jerry C. Welshd）在美国运通公司担任市场经理时创造的，他认为隐性营销是一种广告主使用与赞助商相同的主题，占据本属于赞助商的空间，以便在竞争中获得优势的营销策略。隐性营销发展到现在，出现了更多的形式、更丰富的内涵，但在一般人看来，它已经从一个中性词演变成了贬义词，即从赞助商处“窃取”利益。

国际奥委会将隐性营销描述为故意或非故意造成与奥林匹克运动或奥林匹克运动会之间虚假或未经授权的商业联系（不论是直接或间接联系），其是任何第三方通过创造性的方式造成与奥运会之间的虚假联系，违反保护奥林匹克形象的法律及/或干扰奥林匹克赞助商、供应商、特许商的合法市场开发行为。① 这一约定相当于在合同中创设了一种针对不特定的一般人的所有权。但因为《主办城市合同》仅对合同当事人有约束力，无法约束合同外的第三人，且仅凭合同也不能直接设立物权，因此，要打击隐性营销，就必须借助强制性法律规范和其他各种权利保护措施。而且，因为隐性营销的隐蔽性、创造性，赛事组织者往往无法立刻想到所有针对隐性营销的权利保护措施。

---

* 王一诺，女，研究生学历，法学硕士，时任北京天达共和律师事务所律师。

① 《主办城市合同》第44条第b款，载国际奥林匹克委员会网，https://stillmed. olympics. com/media/Document% 20Library/OlympicOrg/Documents/Host-City-Elections/XXIV-OWG-2022/Host-City-Contract-for-the-XXIV-Olympic-Winter-Games-in-2022. pdf?_ga = 2. 123773007. 49667721. 1622878687-2095037890. 1622878677，最后访问日期：2022年2月1日。

二、隐性营销的形式

虽然无法穷尽所有表现形式或明确界定出所有属于隐性营销的行为，但可以试着通过案例了解哪些行为可能与隐性营销有关。

隐性营销通常可分为两类，均会稀释赞助商获得的注意力，并造成消费者的混淆。一种是建立联系式营销。指商家通过明示或暗示某种关联的方式造成其与奥林匹克运动或奥林匹克运动会之间虚假或未经授权的商业联系。如生产含有受保护标识的未被授权商品、在宣传活动中使用受保护标识、抢注与奥林匹克运动或奥林匹克运动会相关的域名。另一种是非法侵入式营销。指商家利用场馆周边的空间来寻求公众注意力。此时商家不需要暗示其与奥林匹克运动或奥林匹克运动会的关联，甚至可能表现为一种完全正常的宣传活动。此时商家会试图与参加赛事的各类人群产生联系，以便获得仅凭其宣传活动无法获得的、额外的公众注意力。例如赞助电视转播商，如 1984 年奥运会，柯达赞助了美国 ABS 转播公司；赞助参赛队或运动员，如 1988 年奥运会，富士赞助了美国奥林匹克游泳队；1992 年奥运会，耐克赞助了迈克尔・乔丹，后者在获得金牌后，遮挡了队服上的锐步商标；购买赛事转播间隙的广告时段，如 1992 年奥运会，Wendy's 购买了赛事转播间隙的广告时段，使观众误以为其为奥运会赞助商；购买场馆周边的广告牌，如 1996 年奥运会，耐克购买了场馆周边所有的广告牌；在场馆附近使用气球，并通过媒体曝光，如 1994 年，耐克放气球飞过场馆；在场馆周围分发帽子等赠品、将赛事门票作为奖品的抽奖活动，如 2003 年世界杯，飞利浦启动一项“购买飞利浦音响，赢世界杯门票”的活动；利用奥运圣火点燃仪式照片宣传产品，如 2013 年，Zippo 在社交媒体上发布了一张点燃奥运圣火的照片。

三、权益保护措施

随着隐性营销的发展，保护范围已由防止非赞助商的隐性营销行为扩大到了防止赞助商的隐性营销行为。

（一）禁止联合推广

对奥林匹克标识的保护同样需要赞助商的协助。如果一家饮料官方赞助商向一家非赞助商的快餐店提供其获得的门票配额或其他与官方赞助商身份相关的物品，这一行为将侵害食品（包括快餐类）官方赞助商的权益，进而构成隐性营销。因此，赞助协议规定了未经北京冬奥组委事先批准，官方赞助商不应从事任何联合推广活动，或与任何第三方一同行使任何权益，或就任何第三方的产品或服务行使任何权益。同样地，分配给官方赞助商的所有门票仅限其员工、嘉宾或竞争优胜者（如适用）使用。

（二）禁止背书

虽然为了让消费者便于识别，将官方赞助商冠以“官方合作伙伴”“官方赞助商”“官方独家供应商”“官方供应商”等名称，但是这一称呼不能被用于证明由官方赞助商提供的产品比其他同类产品的质量更好。相反，官方赞助商这一称呼仅能说明其是该体育赛事的赞助者。因此，官方赞助商不得为任何目的使用其为北京冬奥组委、中国奥委会或国际奥委会所选择、批准、保证或优选的表述或任何类似的背书。“奥林匹克”（Olympic）一词不得用作表明产品或服务、产品或服务的特性或官方赞助商的任何活动的质量的形容词。

论体育赞助合同的法律性质

宋鹏辉*

【内容摘要】随着体育产业的发展，体育赞助合同得到了广泛的实践，其法律性质认定的争议导致了其在发生法律纠纷时法律适用的困难，进而也影响了体育赞助的进一步发展。本文将以目前我国的立法现状以及理论争议为出发点，结合我国体育产业发展规律，深入讨论确定体育赞助合同法律性质的基本原则，以期为体育赞助合同的实践提供理论支持。

随着体育运动的市场化、商业化、国际化，体育赞助在增加赞助商销售额、提高赞助商知名度方面发挥着重要作用，体育赞助业已成为体育市场运作和发展的主要资金来源之一。体育赞助合同是指赞助方与被赞助方基于真实的意思表示签订的协议。体育赞助双方行使权利、履行义务均围绕体育赞助合同展开。但是无论在学理上，还是在司法实践中，我国对于体育赞助合同法律性质的认定一直存在较大的争议。如果对体育赞助合同的法律性质认定不清，赞助商就难以在合同签订时预见合同签订后的权利义务关系，发生纠纷时也难以正确适用相应的法律条文解决纠纷，从而影响赞助商进行体育赞助的积极性，进而阻碍体育事业的健康发展。

本文将从体育赞助合同的诸多学术观点和我国关于体育赞助合同法律性质的立法进程入手，分析体育赞助合同定性困难的原因。依据《民法典》对各典型性合同的相关规定，讨论确定体育赞助合同法律性质的基本原则。

一、体育赞助合同法律性质的立法缺失

我国尚未出台直接规范体育赞助合同的相关立法，但是存在一些行政性质的法律法规，可以根据此类法规探析我国在立法层面对体育赞助合同法律性质的认识过程。

1989 年国家体委出台的《关于国家体委各直属企事业单位、单项体育协会通过体育广告、社会赞助所得的资金、物品管理暂行规定》（以下简称《体育广告、社会赞助暂行规定》，现已失效）第 2 条，虽未直接规定体育合同的法律性质，但规定了向体育活动提供资

---

* 宋鹏辉，男，中国政法大学在读硕士研究生，北京冬奥组委法律事务部赛时实习生。

金、器材、产品等行为（以下简称体育资助行为）的法律性质。①体育资助行为的目的在于进行商业性广告宣传，属于体育广告行为，是双务的民事法律行为。而体育赞助行为的出发点在于自愿资助办赛，属于体育赞助行为，是无偿的、单务的民事法律行为。可见在市场经济发展的初期，体育赞助行为具有自愿性、单务性、无偿性、非商业性等特点。虽然本条没有直接规定相关合同的法律性质，但是民事法律行为的法律性质实质上决定了民事合同的法律性质，能够体现当时国家体委对体育赞助合同的立法倾向。该法规是在我国经济由计划经济向市场经济转轨的背景下颁布的，带有明显的时代特征。

1995 年第八届全国人民代表大会常务委员会第十五次会议通过的《中华人民共和国体育法》第 42 条规定，国家鼓励企业事业组织和社会团体自筹资金发展体育事业，鼓励组织和个人对体育事业的捐赠和赞助，之后该法的历次修改也没有涉及该条款的内容。其中将体育事业的捐赠和赞助并列于同一法条之中。1996 年国家体育运动委员会出台了《社会捐赠（赞助）运动员、教练员奖金、奖品管理暂行办法》，该规章的名称、内容中采用“社会捐赠（赞助）”的形式来体现“捐赠”与“赞助”之间的密切联系。但是上述二者具有较强的行政性特点，将“捐赠”与“赞助”规定在同一条款的目的在于方便利用捐赠和赞助获得的办赛资金，为体育赛事的举办提供统一的财务管理，并不能帮助确定赞助的法律性质。因此，从立法逻辑的角度来讲，在上述法律法规出台之时，并没有完全厘清体育捐赠与体育赞助之间的逻辑关系。

《民法典》生效之前，在司法实践中，体育赞助合同纠纷往往适用原《合同法》总则部分的相关规定，但是各种类型的合同均受《合同法》总则的调整，并不能体现出赞助合同区别于其他合同的典型性。且《合同法》总则的规定十分抽象，难以准确调整权利义务复杂的体育赞助合同。2021 年生效的《民法典》同样没有对体育赞助合同的法律性质作出明确的规定，如果不能出台确定其法律性质的正式法律文件，在之后的司法实践中，对《民法典》合同编总则部分的适用依然会成为一种常态。随着体育产业的不断发展，也出现了一些立法层级相对较低的地方性法规。《江山市体育局体育赛事赞助经费管理办法（试行）》明确规定了体育捐赠、体育合同、体育赞助的定义。②其中将体育赞助明确定性为具有等价交换形式

---

①《关于国家体委各直属企事业单位、单项体育协会通过体育广告、社会赞助所得的资金、物品管理暂行规定》第 2 条规定：“本规定所称的体育广告，是指凡为国际、国内体育活动提供资金、器材、产品用以开展广告宣传的，均属体育广告。它包括体育场馆广告；印刷品广告；实物广告；冠杯广告；冠队广告。所称的体育赞助，是指国内外社会团体、企业单位及知名人士自愿为办竞赛、办运动队或以奖励等形式给予的赞助。”

②《江山市体育局体育赛事赞助经费管理办法（试行）》第 5 条规定：“体育捐赠。主要是指国内外社会团体、企事业单位及知名人士自愿无偿为办赛事以赞助或奖励等形式给予的捐赠或赞助。”

《江山市体育局体育赛事赞助经费管理办法（试行）》第 6 条规定：“体育广告。主要是指为江山市级以上的体育组织或体育赛事活动提供资金、器材、产品用以开展广告宣传的。包括体育场馆广告、赛场广告、印刷品广告、实物广告、冠杯广告、冠队广告等。”

《江山市体育局体育赛事赞助经费管理办法（试行）》第 7 条规定：“体育赞助。主要是指以体育赛事为载体，以赞助双方的目标为基础，以支持和回报为内容，以利益的等价交换为形式的商业赞助行为。赞助方主要以资金、实物或实物折价等形式提供赞助……”

的商业赞助行为，赞助方提供资金、实物或实物折价，被赞助方提供其拥有的赛事无形资产的使用权作为对价。

可见，我国在立法层面对体育赞助合同法律性质的认识存在起伏的过程，体育赞助合同从最开始的无偿性单务合同，到性质不确定的无名合同，再到目前向有偿的双务合同转变的倾向。这是因为随着市场经济的逐步发展，体育运动的商业价值逐渐被社会资本挖掘，赞助商能够通过赞助的方式获取体育赛事的商业价值，体育赞助合同的无偿性的观念逐步被体育赞助实践打破。上述1989年的《关于国家体委各直属企事业单位、单项体育协会通过体育广告、社会赞助所得的资金、物品管理暂行规定》中，体育赞助行为有着清晰的定义和法律性质，与双务的体育广告行为也存在明显的界限，但是该规定于2006年被废除，相关规定没有在其他法规中延续。而该规定列举的体育广告的相关行为，即体育场馆广告、印刷品广告、实物广告、冠杯广告、冠队广告，在体育赞助合同的实践中被广泛适用，但由于缺乏法律的明文规定，导致关于其法律性质的争论延续至今。

二、体育赞助合同法律性质的理论争议及主要问题

解决体育赞助合同法律适用困难的问题主要有三种方式：第一，直接适用《民法典》合同编总则部分关于合同的规定，避开定性的问题；第二，通过法律解释，将体育赞助合同纳入现有的典型合同体系；第三，通过立法确定其法律性质，将体育赞助合同以法律法规的形式有名化。这三种方式在适用背景上具有递进关系。阶段一，在体育赞助合同法律性质不明，适用《民法典》合同编的规定解决合同纠纷。阶段二，在体育赞助合同被广泛应用，但是出现了立法缺失，需要法律解释弥补立法缺失将其纳入现有的合同类型，解决法律适用的问题，同时理论争议也就越激烈。阶段三，随着体育赞助合同理论基础和社会实践的不断完善，出现恰当的立法时机，将体育赞助合同的法律性质以法律的形式予以确定。我国目前正处于理论争议激烈的第二阶段。

（一）体育赞助合同法律性质的理论争议现状

由于体育赞助合同广泛的社会实践与立法缺失之间的矛盾，如何将体育赞助合同纳入现有的典型合同体系，以期为体育赞助合同这一法律上的无名合同提供有名合同的“身份”，使体育赞助合同能够适用现行典型合同的法律条文，成为体育赞助合同法律性质确定的研究重点。在此种研究方法论的指导下，出现了“广告合同说”“赠与合同说”“混合合同说”“买卖合同说”等主要观点。持“广告合同说”的学者认为，在司法实践中，判决往往通过合同的具体内容确定审判设计合同的性质，如果赞助商以体育赛事中的某种元素作为媒介和形式直接间接地介绍自己所推销的商品或者服务的商业广告活动，比如在球衣、运动设施中加入赞助商的商标或者产品标志，以实现宣传商品或者服务的作用。即当赞助商通过体育赞助合同中取得的权益是广告性质的权益，则倾向于将其定性为广告合同，适

用合同法总则及广告法的相关规定。[①] 持“赠与合同说”观点的学者认为合同的法律性质应当由合同的目的决定，体育赞助合同的目的在于体育赛事的成功举办，其本质上是无偿的、单务的法律行为。而且合同法关于赞助的受赞助方所承担的义务并非等价的义务，而是附条件的赠与合同的条件义务。[②] 关于体育赞助合同中没有约定或者约定不明确的部分，应当用合同法赠与合同的规则补充适用之。持“买卖合同”观点的学者认为，体育赞助合同实质上是对被赞助方享有的冠名权、转播权等权利的买卖，应当适用合同法关于买卖合同的规定。[③] 持“混合合同”观点的学者认为，单一的法律性质并不能涵盖体育赞助合同的所有内容，赞助合同既具有授权合同的性质，也具有赠与合同的性质。[④]

（二）体育赞助合同法律性质研究存在的问题

首先，现有学说使用的研究方法为概念定性方法。概念定性方法是指法律事实的特征已被穷尽罗列，从而该法律事实是否得涵摄于某一法律概念下可单纯地通过逻辑推论加以确定。其缺点在于，概念具有高度概括性，而且概念与概念之间具有非此即彼的排他关系，而社会实践是复杂的、丰富的，对于处在两个概念之间的混合物，概念定性方法难以给出准确的回答。而我国《民法典》关于典型合同的分类是基于类型性思维，而非概念性思维，合同类型之间的界限不是明确的，而是流动的。[⑤] 体育赞助合同本身具有双重性质，可以根据合同是否具有商业性目的将其区分为商业性的体育赞助合同和公益性的体育赞助合同，这同样是双务合同和单务合同之间的区分。根据此种定性方法，体育赞助合同既是单务的，又是双务的，并没有解决内在争议。

其次，合同法律性质的认定的目的在于解决法律适用困难的问题，如果合同定性的结果导致了新的法律适用困难，或者明显不符合民法基本原则的，其定性便不具有实践意义。例如，上述的“赠与合同说”就认为，“买卖合同说”和“授权合同说”只能包含商业性的体育赞助合同，而不包含公益性的体育赞助合同。而我国《民法典》所规定的赠与合同，不仅包括纯赠与合同，还包括附义务的赠与合同，能够在范围上包含所有类型的体育赞助合同，因此体育赞助合同应当属于赠与合同。这种思路在形式逻辑上并没有问题，但是这就意味着商业性的赞助合同需要适用附义务的赠与合同的条款。根据《民法典》的相关规定，附义务的赠与除了应当履行所附义务之外，赠与人依然享有转移财产前的赠与撤销权和未进行公证的赠与合同的赠与撤销权。如果将本条适用于商业性质的赞助合同，接受赠与的体育赛事、场馆、运动员一方需要在达成体育赞助合同之后，财产转移之前承担赞助

① 朱体正：《体育赞助冠名合同的法律适用》，载《天津体育学院学报》2008 年第 5 期。

② 袁绍义：《论体育赞助合同的法律适用》，载《法商研究》2013 年第 2 期。

③ 蔡俊五、赵长杰：《体育赞助：双赢之策》，人民体育出版社 2001 年版。

④ 蒙雪：《论体育赞助合同的法律性质以及立法构想》，载《广州体育学院学报》2009 年第 3 期。

⑤ 宁红丽：《论合同类型的认定》，载《法商研究》2011 年第 6 期。

方撤销赠与的风险。而作为体育运动的主要资金来源，赞助商一旦行使赠与方的撤销权，则会直接导致被赞助的体育赛事被延期，甚至被取消，明显不符合公平原则。

综上，目前对于体育赞助合同法律性质的争论主要在于体育赞助合同是无偿性的赠与合同，还是有偿的广告合同、买卖合同。其中折中的观点是由于体育赞助合同内容的广泛性和复杂性，将体育赞助合同认定为混合合同。但是根据此种观点，体育赞助的法律性质需要法官发挥自由裁量的作用，如果没有恰当的认定方法，具有危害私法自治的可能。

三、确定体育赞助合同法律性质的原则

由于我国体育赞助合同立法缺失的现状，目前对体育赞助合同法律性质的讨论倾向于通过合同类型的要素对比直接确定其属于何种具体的合同类型。但是笔者认为确定合同的法律性质应当循序渐进。单务合同和双务合同的概念是上述赠与合同、附义务赠与合同、买卖合同、广告合同的上位概念。确定体育赞助合同的法律性质，应当先解决其属于单务合同，还是双务合同的问题。如果越过该问题，直接讨论其属于何种具体的合同类型，不符合层次性的思维逻辑，容易导致定性错误。因此本部分将主要讨论该问题，对认定体育赞助合同法律性质给出下列建议。

（一）基于体育运动本身的特征及我国的体育政策定性

随着我国体育市场的发展，公益性质的体育赞助在赞助市场中的比例越来越少，因此出现了将公益性体育赞助从体育赞助的概念中剥离的观点。但是根据我国目前的体育政策和体育产业现状，公益性的体育赞助依然有存在的必要。

其一，我国体育运动的发展应当遵循多样化的原则。体育运动具有自身的价值，其中以足球、篮球、排球为代表的三大球类运动，由于其自身的观赏性，具有较高的商业价值。但是全球最大的体育盛会夏奥会和冬奥会依然保留着其他种类众多的运动项目。2020年东京奥运会的比赛项目共有34个大项，339个小项；2022年北京冬奥会的比赛项目有7个大项，109个小项，其中不乏商业价值不高的项目。根据2014年《国务院关于加快发展体育产业促进体育消费的若干意见》，我国发展体育运动的根本目标是，增强人民体质、提高健康水平。而我国在发展体育运动项目上，一直保持着多样化的要求，并非完全根据某项运动的商业价值来决定。2004年阿根廷获得了雅典奥运会篮球和足球的金牌，但是在其他项目上一金未得，这在某种程度上体现了其国内体育运动单一种类发展模式，不利于形成多样化的社会运动风气，不符合我国的国情。

其二，新兴体育运动的发展需要大量的前期投入和长期的发展规划。以冰雪运动为例，2016年国务院印发了《冰雪运动发展规划（2016—2025年）》，针对我国冰雪运动场地不足、群众普及度不高、冰雪运动市场发展不完善的问题，提出了加强资金投入、市场主导、政府引导的方针。该问题在体育赞助方面表现为，在冰雪运动发展初期，冰雪市场的开发

不完善、群众普及度不高的现状，直接决定其商业价值有限，相对就很难得到市场资金高质量的体育赞助。结合我国体育运动发展的规律，十分需要政府和非商业性质的国有企业的资金投入。其中政府的资金投入属于非平等主体之间的法律关系，不在分析范围。而非商业性质的国有企业，其本身具有行业垄断的性质，以及处于非商业竞争环境的特点，其在体育赞助合同中所获得的合同权益不能直接转化为商业利益。但是国内的体育赛事，特别是全国性、世界性的大型体育赛事，非商业性的国有企业的赞助往往占据着较高比例。

综上，将体育赞助合同认定为纯粹商业性质的合同，一方面会导致体育运动种类发展的不均衡，不利于形成多样化的社会运动结构；另一方面会导致新兴体育运动难以获得充足的发展空间。因此，关于体育赞助合同的性质应当是开放的，既有可能成为单务的赠与合同，也有可能成为双务的广告合同。

（二）严格按照体育赞助合同双方合意确定合同类型

根据通说，合同类型的确定应当遵循主观主义的原则，即对当事人合意的合同类型给予充分的尊重。根据《民法典》第 5 条之规定，民事主体从事民事活动，应当遵循自愿原则，按照自己的意思设立、变更、终止民事法律关系。即如果当事人已经在体育赞助合同中确定了其合同类型，则不应当违背当事人的真实意思表示。尊重当事人意思表示应当注意下列事项：

其一，按照合同的内容而非名称判断其类型。根据最高人民法院《关于经济合同的名称与内容不一致时如何确定管辖权问题的批复》的规定，当事人签订的经济合同虽具有明确、规范的名称，但合同约定的权利义务内容与名称不一致的，应当以该合同约定的权利义务内容确定合同的性质。虽然该批复于 2021 年 1 月 1 日正式废止，但是根据合同的内容而非名称判断合同性质的观点在其他司法解释中被保留下来，例如，2020 年最高人民法院《关于审理融资租赁合同纠纷案件适用法律问题的解释》第 1 条关于融资租赁合同性质认定的规定。[①] 体育赞助合同这一合同名称在实践中得到了广泛的应用，甚至出现了凡是为体育活动提供资金、服务的都冠以体育赞助合同的名称的现象，造成了捐赠与赞助的名称混用。根据《中华人民共和国公益事业捐赠法》第 3 条关于公益事业范围的规定，体育事业属于捐赠范围，凡是非营利性质的无偿财产捐赠适用该法，捐赠人会获得税收等方面的优惠。因此，如果当事人签订的赞助合同具有明显的无偿性、非营利性，则应当属于体育捐赠合同的范畴，适用《民法典》赠与合同的相关规定。

其二，根据合同双方在合同中所获利益与所担风险的判断。首先，捐赠与赞助的名称

① 最高人民法院《关于审理融资租赁合同纠纷案件适用法律问题的解释》第 1 条规定："人民法院应当根据民法典第七百三十五条的规定，结合标的物的性质、价值、租金的构成以及当事人的合同权利和义务，对是否构成融资租赁法律关系作出认定。对名为融资租赁合同，但实际不构成融资租赁法律关系的，人民法院应按照其实际构成的法律关系处理。"

混用并非因为社会主体对捐赠与赞助的概念认识不清，而在于目前的立法构造对两种合同的利益和风险分配。如果双方当事人签订了捐赠合同，导致的法律后果是直接适用赠与合同的规定，而赠与合同意味着赠与人享有撤销权。在体育赞助合同中，被赞助方以成功办赛为核心目的，而享有撤销权的赞助商属于不稳定的办赛资金来源，这会导致赛事因资金不足受到影响的可能性大大增加。因此即使其内在是公益性的目的，赛事方也希望签订赞助合同而非赠与合同，来获得主要的赛事资金来源。其次，附义务的赠与是单务合同和双务合同的一种混合状态，但是其本质上是单务合同。这意味着附义务的赠与中受赠与人所负担的义务不具有对价的属性，与双务合同中一方当事人所附义务存在性质的差别。这体现在体育赞助合同中就是，如果被赞助方在赞助合同中提供的权益属于其无形资产的核心部分，如冠名权、冠杯权、广告开发和发布权、电视转播权、竞赛表演活动的名称、会徽、吉祥物等标志的特许使用权和经营权，则不宜将其认定为附义务的赠与。抑或在相同赞助等级的赞助商或者提供资金相当的赞助商之间进行对比，如果某赞助商在同等等级或资金条件下所获权益相同或者差别较小，则不宜将其认定为附义务的赠与。

结　语

根据目前的法律法规和体育赞助合同的实践状况，不宜将体育赞助直接定性为纯双务合同或者纯单务合同，而应当根据我国体育事业发展的政策和社会体育发展，严格按照当事人的意思表示确定其具体性质，具体表现为按照体育赞助合同的内容而非名称确定其性质，以及根据合同双方在合同中所获利益与所担风险进行具体分析。我国体育产业的发展会使体育赞助合同在实践中的运用越发广泛，国家也出台了一系列文件积极鼓励社会主体参与体育赞助。而体育赞助合同的发展离不开法律的调整和保护，随着我国立法的完善，体育赞助必将获得更大的发展。

体育赛事赞助协议中排他性权利的法律保障

——以冬奥赞助协议中的条款安排为视角

武雨佳* 易 晨**

【内容摘要】排他性原则是大型体育赛事赞助类协议中的重要原则之一。大型体育赛事的赛事组织方通过赞助协议授予赞助企业排他性权利，可以使赞助企业在赛事的市场开发中享有独占权利，维护市场竞争秩序，避免市场混淆。本文以北京2022年冬奥会和冬残奥会的市场开发赞助体系为视角，首先，介绍奥运市场开发规则的逻辑体系和各主体之间的法律关系，在此基础上梳理北京冬奥会赞助协议中授予赞助企业排他性权利的法律基础和权利来源；其次，详细阐述冬奥赞助企业排他性权利的内涵以及权利具体表现方式；再次，分析赞助企业在行使排他性权利过程中可能存在的问题和法律风险；最后，阐述冬奥赞助类协议和其他相关协议中对排他性权利的条款安排和法律保障措施。

一、问题的提出

大型体育赛事赞助协议中通常会包括授予赞助企业排他性权利的条款，即赞助企业在一定的产品类别范围内享有排他性的市场开发权利。排他性条款是大型体育赛事赞助协议中的关键性条款，此类条款的设置一方面可以激励企业赞助体育活动，使赛事组织方得到大量的资金支持；另一方面也可以让赞助企业在一定范围内宣传自己的品牌和产品，并获得利润。

以北京2022年冬奥会和冬残奥会（以下统称北京冬奥会）的市场开发赞助体系为视角，北京冬奥会的市场开发主要分为四个层级，分别是官方合作伙伴、官方赞助商、官方独家供应商和官方供应商。不同层级的赞助协议中授予赞助企业不同的市场权利和排他性权利，北京冬奥组委有义务保护赞助企业的合法权益。但是赞助企业在行使排他性权利的过程中，可能存在权利滥用和权利冲突的风险。如何保护赞助企业的排他性权利，有效避

* 武雨佳，女，研究生学历，法学硕士，北京冬奥组委法律事务部法务审核处项目工程师。

** 易晨，男，研究生学历，法律硕士，北京冬奥组委法律事务部法务审核处副处长。

免行使权利过程中可能产生的上述风险，维护市场秩序，并在赞助协议中进行相应的条款安排和制度设计，是北京冬奥组委作为赛事组织方的重要课题之一。

二、北京冬奥会赞助协议中排他性权利的来源及法律基础

北京冬奥组委之所以有权利授予赞助企业排他性权利，是因为北京冬奥组委从纵向和横向两个角度取得了在一定期限和辖区内的市场开发权利。从纵向角度来看，国际奥委会将其独家拥有的市场开发权利授权给各国家（地区）奥委会（其中包括中国奥委会）；从横向角度来看，原本属于中国奥委会的在中国辖区内的市场开发权利通过《联合市场开发计划协议》让渡给北京冬奥组委，使北京冬奥组委享有一定程度的市场开发权利。

（一）国际奥委会的纵向授权

国际奥委会之所以能够构建出一套相对完整且有效的市场开发体系，是因为国际奥委会充分利用了奥运会这一“百年老店”的品牌形象。从历史根源上看，国际奥委会对奥林匹克会徽等知识产权进行使用的原始权利源于《保护奥林匹克会徽内罗毕条约》。[①] 通过对因奥运体育赛事而产生的全部无形资产和奥林匹克知识产权进行充分的保护和再利用，国际奥委会将其与各国家（地区）奥委会、各届组委会、奥林匹克全球合作伙伴（以下简称TOP）之间的关系进行清晰地梳理和权利划分，逐渐形成完整的赞助权利体系。

国际奥委会在充分保护 TOP 市场权益的基础上进行纵向授权。国际奥委会通过“奥林匹克全球合作伙伴计划”将奥林匹克财产的使用权授予赞助企业，并通过明确“产品类别”的方式将市场进行划分，以确保赞助企业在确定的产品类别对应的细分市场中享有排他性权利。成为 TOP 的企业一般是作为最高级别的国际奥林匹克赞助企业参加奥林匹克全球合作伙伴计划，享有最高层级的市场开发权利。因此，国际奥委会对其他国家（地区）奥委会或各届奥组委的授权都是以保护 TOP 的合法权益为基础进行的纵向授权。

国际奥委会对中国奥委会及北京冬奥组委的纵向授权以《主办城市合同》和《市场开发计划协议》为基础。2015 年 7 月 31 日，国际奥委会、北京市政府与中国奥委会签署了《主办城市合同》，以明确规划、组织、资助及举办北京冬奥会的原则，并对各方权利义务进行划分。北京冬奥组委组建后于 2016 年 7 月 28 日作为合同一方加入该合同。《主办城市合同》界定了主办城市和国家（地区）奥委会在国际奥委会的奥林匹克全球合作伙伴计划中的角色，并承诺配合国际奥委会在满足特定条件的情况下使用 TOP 赞助企业的产品/服务。在遵守《主办城市合同》的基础上，国际奥委会与北京冬奥组委签署了《市场开发计划协议》，该协议明确强调国际奥委会是全部奥林匹克标志和奥林匹克财产的所有权人。通

① 《保护奥林匹克会徽内罗毕条约》于 1981 年 9 月 26 日在内罗毕签订。该条约规定了参加该条约的所有国家均有义务保护奥林匹克五环。

过《市场开发计划协议》，国际奥委会授权北京冬奥组委使用奥林匹克财产和残奥财产①，允许北京冬奥组委自行设计并实施市场开发计划。②

国际奥委会的该项授权在期限、辖区、产品类别等方面均有明确的限制。在期限上，明确北京冬奥组委在2017年1月1日至2024年12月31日进行市场开发，在北京冬奥组委解散后由中国奥委会进行权利的承继；在辖区上，北京冬奥组委应当在中国奥委会辖区内开展与奥运会相关的市场开发工作；在产品类别上，所有产品和服务类别原则上仍然由国际奥委会保留，除非国际奥委会根据北京冬奥组委提交的申请以正式书面形式向北京冬奥组委进行让渡。

（二）中国奥委会的横向让渡

国际奥委会授权各国家（地区）奥委会在各自的辖区范围内进行奥林匹克相关的市场开发。根据国际奥委会的要求，对于拟申办奥运会的城市而言，国家（地区）奥委会与候选城市之间应提前签署《联合市场开发计划协议》，将其作为申办文件的重要组成部分，并在候选城市被遴选为主办城市后协议生效，在奥组委成立后作为《联合市场开发计划协议》的签署方遵守协议约定。

中国奥委会与北京市政府于2014年12月签署了《联合市场开发计划协议》，北京冬奥组委在成立后作为该协议的签署方加入该协议并遵守协议约定。中国奥委会通过该协议将其在相应辖区内独有的市场开发权利横向地让渡给北京冬奥组委，使北京冬奥组委获得了在联合市场开发期（从2017年1月1日至2024年12月31日）内整合所有与奥林匹克相关资产进行市场开发的权利。根据该协议相关约定，中国奥委会已签署的赞助协议应于2016年12月31日终止（特殊情况另行约定），自2017年1月1日起中国奥委会应当停止所有市场营销活动，由北京冬奥组委制定市场开发计划并实施市场开发行为。通过《联合市场开发计划协议》，中国奥委会授予北京冬奥组委三项主要权利：一是在全球范围内不可撤销地独家使用中国奥委会全部或部分资产的权利；二是在中国奥委会辖区范围内不可撤销地独家使用奥林匹克会徽及其他与奥林匹克相关的标志、徽记、图标等知识产权的权利；三是代表中国奥委会签订相关协议的权利。此外，各单项协会在《联合市场开发协议》附件中还作出了“不会开展任何与奥运会、奥运代表团或奥运比赛年直接或者隐性关联的市场开发活动”，“不使用任何与冬奥会、冬奥会举办年份或任何奥运代表团相关联的术语或知识产权”的有关承诺。

通过国际奥委会的纵向授权和中国奥委会的横向让渡，北京冬奥组委完整地获得了在

① 根据国际奥委会与国际残奥委会签署的《长期合作协议》，自2021年1月1日起，奥林匹克全球合作伙伴也同样是残奥会合作伙伴。

② 《市场开发计划协议》第4条明确了国际奥委会向北京冬奥组委授予权利以及授予权利的条件，即国际奥委会向北京冬奥组委授予在主办国和协议期限内与奥运会和残奥会有关的权利。

一定期限、辖区和类别范围内进行市场开发的权利。这是北京冬奥组委进一步向赞助企业授予排他性权利的根基和保障，也是赞助企业享有排他性权利的来源。

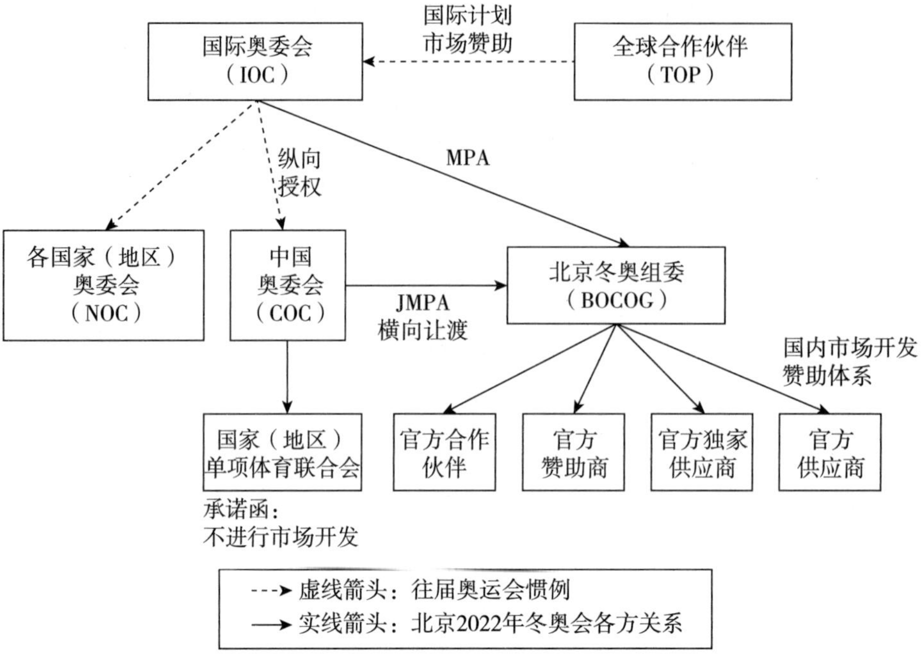

图 1　排他性权利的来源及各方关系

图片来源：作者自绘。

三、排他性权利的法律内涵及权利表现

排他性权利是体育赛事赞助体系中最重要的元素之一。赞助协议中授予赞助企业排他性权利代表着赞助企业与同领域其他竞争企业之间的区分及其在市场开发上的优先权。在奥运会的市场开发体系下，赞助协议中包含的排他性权利主要可划分为赞助企业的广告营销权和产品供应权。

（一）排他性权利的法律内涵及特点

排他性权利不是一种特有的权利名称，而是对某种权利所具有的特性的概括，其法律内涵根据不同的研究领域和语境有所不同。从物权法的角度，权利主体对物上的权利具有对世性和排他性，即排除第三人的干涉，产生与世界上全部其他人的排他法律关系。① 这种排他性权利是绝对的，可以对抗除权利人以外的全部第三人。从知识产权法的角度，知识产权被认为是一种以无形物质为客体的具有专有性特质的民事权利。② 知识产权的排他效力

---

① 参见张永健：《物权的关系本质——基于德国民法概念体系的检讨》，载《中外法学》2020 年第 3 期。

② 参见杨涛：《知识产权专有性特质的理论阐释》，载《法制与社会发展》2020 年第 3 期。

通常包括排除同一知识财产上内容相斥权利的同时存在，排除他人非法享用、使用其知识财产的约束力。这种排他性与所有权相比，在法律上受到较多法定限制，因此被认为是非绝对的排他性。[①] 从反不正当竞争法和反垄断法的角度，排他性大多体现在排他性交易行为中，即经营者要求交易相对人只能与经营者自身及其指定的人进行交易，而不得与其竞争者进行交易，以实现排斥第三人并减少竞争性交易机会的目的。[②] 虽然在不同的语境下，排他性权利具有的法律内涵略有不同，但都具备专有性和独占性的基本特点。

在大型体育赞助协议中的排他性权利通常由赞助企业与赛事组织方在协议中进行约定，表现为在一定辖区和期限范围内享有在特定的市场开发范围内的独占权利。北京冬奥组委通过国际奥委会的纵向授权和中国奥委会的横向让渡享有了奥运市场开发的独家权利，北京冬奥组委通过《赞助协议》再次授权各赞助企业进行市场开发的行为可被界定为对奥林匹克财产和北京冬奥组委创造的知识产权的排他性许可和授权。

北京冬奥组委作为授权方，承担了不向合同当事人以外的任何主体进行重复授权的义务。[③] 赞助企业作为被授权方，享有的排他效力主要包括以下内容：一是权利取得的排他性，赞助企业取得的排他性权利来源于北京冬奥组委的授权。在特定的产品类别项下，北京冬奥组委一般仅唯一地授权一家企业使用奥运相关知识产权。如在特殊情况下，也存在同一类别项下两家赞助企业共同联合排他的可能[④]，但北京冬奥组委需分别征得两家赞助企业的共同同意。二是权利主体享有权利的排他性，即赞助企业应当独享知识产权带来的经济效益和精神利益，排除其他主体平行共享，同时也应独享其行使或不行使权利所带来的法律后果。三是权利内容和权利行使的排他性，即赞助企业在特定的产品类别内可以排他地对奥林匹克标志和北京冬奥组委标志等知识产权进行利用，任何其他非赞助企业未经北京冬奥组委许可不得行使该知识产权。此外，赞助企业获得的排他性权利其实是企业支付巨额赞助费用后获得的合同对价，依据赞助企业支付的费用高低赞助企业被划分为不同的赞助层级，同时也享有不同效力的排他性权利和不同等级的优先权。

（二）排他性权利在赞助协议中的具体表现

根据赞助企业与北京冬奥组委《赞助协议》的相关规定，北京冬奥组委授予赞助企业根据《赞助协议》的条款和条件、在期限及辖区内针对产品进行广告宣传和市场开发的权益。该权益的性质原则上是具有排他效力的，是指给予赞助企业的关于冬奥会、中国奥委会和冬奥会中国体育代表团（包括相应的冬残奥会及相关主体）的市场开发权利、机会和

---

① 参见刘春田：《中国知识产权评论》（第2卷），商务印书馆2006年版，第282~283页。

② 参见许光耀：《互联网产业中排他性交易行为的反垄断法分析方法》，载《中国应用法学》2020年第1期。

③ 北京冬奥组委在《赞助协议》中作出相关承诺：北京冬奥组委没有授予也不会授予任何第三方在期限及辖区范围内使用与产品（除非另有规定）有关的任何权益。

④ 在特殊情况下，也存在两家企业共同联合排他的情况。例如，北京冬奥组委的油气类别就是由中国石油和中国石化进行联合排他；啤酒类别是有燕京啤酒和青岛啤酒进行联合排他。

支持。针对不同赞助企业的不同情况，享有的具体权益套餐内容会在协议中以附件的方式列明。概括来看，赞助企业被授予的排他性权利具体表现为满足一定条件下的排他性广告营销权和排他性产品供应权。

1. 广告营销权

通过排他权条款，赞助企业有权在期限及辖区范围内，合理行使其广告营销权，具体包括：

一是赞助企业对指定标记（包括奥林匹克标志、北京冬奥组委标志、中国奥委会标志等知识产权）的排他性使用。即赞助企业可以在相应的产品和服务上进行销售、广告营销和品牌推广，但应当遵守赞助协议中明确约定的产品类别和品牌范围。此外，特定层级的赞助企业还享有开发组合标志的权利，即将赞助企业的标记与上述指定标记组合后形成一个新的标记在特定品牌项下的产品上进行宣传。① 为了避免新的组合标记产生知识产权侵权问题，保护北京冬奥组委和国际奥委会的权益，北京冬奥组委通常会要求赞助企业将其知识产权清晰无瑕疵的注册商标作为用于组合的企业标记纳入《赞助协议》中。

二是营销主体的专有性。根据《赞助协议》的相关约定，享有宣传权益的主体仅限于已签约的赞助企业，赞助企业在同领域的其他竞争对手则无权使用指定标记进行市场营销。对于赞助企业的关联机构，在取得北京冬奥组委事先书面同意的情况下，可以使用与产品和品牌相关的市场营销权益。

三是赞助企业应当在一定范围和场景下行使广告营销权，如参与北京冬奥组委在媒体上的赞助企业广告识别计划、在北京冬奥组委新闻通稿上进行识别、在北京冬奥组委和中国奥委会的官方出版物及官方网站上识别、在场馆周边地区进行识别等。此外，对于北京冬奥会前两个层级的赞助企业，在奥林匹克接待中心内还保留与产品有关的产品类别排他权。这种排他性的权利不仅为赞助企业提供充分的品牌曝光机会，而且为该品牌的营销创造了一个几乎没有竞争的场所。②

2. 产品供应权

在北京冬奥会赞助体系下，赞助企业的产品供应权主要体现在对现金等价物的供应。这既是一种排他性权利，同时也是赞助企业对北京冬奥组委应当履行的义务。具体而言，《赞助协议》约定了北京冬奥组委有权从赞助企业处获得现金等价物，赞助企业有义务按照北京冬奥组委的需求和时间表及现金等价物供应协议（如有）的规定向北京冬奥组委供应现金等价物，并就供应的相关细节于每月固定的时间向北京冬奥组委报告。此外，《赞助协议》还赋予赞助企业现金等价物供应的专有权，即在满足北京冬奥组委供应条件的情况下，

---

① 在北京冬奥组委赞助体系下，组合标志的权利仅限于北京冬奥会前两个层级的赞助企业，即官方合作伙伴和官方赞助商。

② 参见陈书睿：《大型体育赛事赞助合同排他性权利的法律研究》，载《天津体育学院学报》2010年第1期。

赞助企业在其产品类别项下享有对现金等价物供应的独家权利。

除了北京冬奥会的各层级赞助企业，TOP 企业也享有在其产品类别范围内的独家供应权。TOP 企业对北京冬奥组委的供应权是通过一系列的落地协议实现的。即国际奥委会与 TOP 企业签署了《赞助协议》，其中约定了国际奥委会赋予 TOP 企业的一系列权利（其中包括 TOP 企业享有的产品供应权），而国际奥委会与北京冬奥组委签署的《市场开发计划协议》中也要求北京冬奥组委对 TOP 企业排他性产品供应权的保障。为了使 TOP 企业的一系列权利能够顺利实现，北京冬奥组委、TOP 企业与国际奥委会需要签署《商品和服务供应协议》（GSA），通过三方协议的方式，使 TOP 企业与北京冬奥组委直接建立起合同关系，以保障 TOP 企业的排他性产品供应权。

赞助企业享有的排他性产品供应权不是绝对且当然的权利，其需要满足一定的产品供应条件。以 TOP 企业为例，《市场开发计划协议》中明确要求 TOP 企业向北京冬奥组委提供的一切货物或服务均应符合五个条件：一是必须有助于北京冬奥组委减轻预算负担，即 TOP 企业提供的货物或服务应当是被列入北京冬奥组委相关预算项目中的，且对于北京冬奥会的组织运营和顺利交付是必要的，这一要求也体现了国际奥委会在《奥林匹克 2020 议程》中的新要求，同时也符合我国提倡的节俭办奥的理念。二是必须符合北京冬奥组委组织工作需要。三是及时性要求，即赞助企业必须能够及时供应相关的货物和服务，不得影响北京冬奥组委的相关筹备工作。四是必须在功能、质量和价格方面具有市场竞争力，即赞助企业提供的产品应当符合北京冬奥组委合理的功能要求以及良好的性能和可靠性标准（至少应当与相关市场中的竞争产品等同），同时在价格方面，赞助企业提供给北京冬奥组委的价格必须是最优大客户价格，且该报价应当是包括运输费用、关税等其他因交付产生的任何一切费用。五是必须符合北京冬奥组委的技术规范，这一约定要求北京冬奥组委应当真诚且善意地制定技术规范，不得以任何方式将 TOP 企业供应产品明确地排除在北京冬奥组委选择之外。只有在满足上述五个供应条件的基础上，赞助企业才能够实现在协议项下的排他性产品供应权。

四、赞助企业排他性权利行使和保护的法律风险

大型体育赛事的《赞助协议》中如果对赞助企业的排他性权利进行了约定，那么就意味着赞助企业有权行使排他性权利，同时赛事组织方也负担保护排他性权利的义务。但是在权利行使和保护的过程中，存在一定的内外部法律风险，从内部权利行使的角度来看，赞助企业为了突出其品牌效应，最大化其赞助金额可以获取的权利对价，可能存在权利滥用和权利冲突的问题；从外部权利保护的角度来看，《赞助协议》以外的第三方可能通过“搭便车”的方式进行侵权，不享有市场开发权的企业可能通过隐性营销的手段进行宣传，

存在造成公众混淆和市场混乱的风险。[①]

（一）权利滥用

在大型体育赛事赞助领域，赞助企业和赛事组织方通过签订体育赞助协议获得排他性地位，可以在一定行业领域内销售自己的产品并宣传自己的品牌，这在一定程度上确实形成了行业壁垒，无法实现完全充分的市场竞争，但是体育赛事领域的这种排他性权利又是达成赞助协议的实质性内容，一般而言被认为是一种合理的商业行为。但是赞助企业应当在法律允许的框架下行使其排他性权利的专有权，否则，就存在权利边界扩大，导致权利滥用的法律风险。实践过程中，一般存在以下几种权利滥用的风险点：

一是在进行广告宣传和品牌推广时，为了扩大品牌影响力、强化其作为奥运赞助企业的身份、突出所在行业的领先地位等目的，赞助企业可能会在广告语和企业授权称谓中加入“顶级”“唯一”等用语，如声称自己是“北京冬奥组委××产品顶级供应商”等，存在违反我国《广告法》第 9 条[②]和《反不正当竞争法》第 8 条[③]相关规定的风险。

二是在充分市场竞争的环境下，产品和服务的价格是市场竞争的最终结果，是较为公允公平的交易价格。但对于体育赛事赞助企业而言，企业通过《赞助协议》拥有了一定的市场排他性，尤其是在赛时阶段场馆内会存在专营专卖的情况，如在北京冬奥会期间各场馆内的非酒精饮料只能出现可口可乐，如果赞助企业为了追求商业利益而向消费者收取不合理的高价，那么就存在滥用市场支配地位违反《反垄断法》相关规定的风险。

三是通过擦边球的方式超越原有产品类别范围。《赞助协议》中通过设定较为明确的产品和服务类别对赞助企业的排他性权利设定边界。赞助企业在行使权益的过程中，可能对约定的类别范围进行过度解释和扩大，存在超越其权利边界行使权利的风险。这种风险通常出现在提供服务类的企业中，因为服务类别的描述通常是较为概括的，因此在权益行使过程中存在较大的解释空间。

（二）权利冲突

体育赞助的市场开发是多维度多主体展开的，体育产业的蓬勃发展促使各相关主体越来越注重开发体育市场的商业价值。运动员个人、单项协会团体、赛事组织方等多方主体享有的市场开发权益在一定程度上会产生冲突，从而导致赞助企业在权利行使和落地过程中产生冲突。

一是运动员个人的赞助企业与国家队等团体赞助企业之间的冲突。例如，2018 年雅加达亚运会上，孙杨的个人赞助商是 361°，而孙杨所在的中国代表团的赞助商是安踏，因此

① 参见李建星：《体育赞助合同冲突的法律规制路径》，载《北京体育大学学报》2019 年第 11 期。

② 根据《广告法》第 9 条第 3 项的规定：广告不得使用“国家级”“最高级”“最佳”等用语。

③ 《反不正当竞争法》第 8 条第 1 款规定：经营者不得对其商品的性能、功能、质量、销售状况、用户评价、曾获荣誉等作虚假或者引人误解的商业宣传，欺骗、误导消费者。

在孙杨穿着领奖服参加领奖仪式时，即产生了赞助企业的权利冲突问题。2016 年 CBA 联赛中的易建联脱鞋事件也与之类似。这种冲突产生的根本原因在于一般团体签署的《赞助协议》主要基于相关赛事标志的知识产权，而个体运动员的赞助关系不仅基于知识产权，而是更多地根基于其作为自然人的人格权。[①] 因此，个人赞助协议与团体赞助协议基于不同的合同客体，容易产生权利冲突。

二是对于奥运体系项下的赛事而言，国际奥委会的 TOP 企业与北京冬奥会赞助企业之间可能存在权利冲突。根据奥运会的市场开发规则，北京冬奥会拟进行市场开发的产品类别均需事前经国际奥委会批准，如果北京冬奥组委已经与特定产品类别的赞助企业签约后，与该赞助企业存在直接市场竞争关系的企业再度申请成为国际奥委会的 TOP 企业时，国际奥委会应当慎重考虑并对类别进行明确区分，否则，将产生 TOP 企业与北京冬奥会赞助企业之间权利直接冲突的风险。

三是中国奥委会市场开发的赞助企业与北京冬奥组委市场开发赞助企业之间可能产生的权利冲突。根据前文所述，中国奥委会将市场开发的权利在一定的周期内横向让渡给北京冬奥组委，且《联合市场开发计划协议》中也对相关事项进行了明确约定。因此，中国奥委会原有的赞助企业应当与北京冬奥会赞助企业之间避免在开发周期上的重叠、在开发类别上的冲突以及在使用称谓上的混同。

（三）隐性营销而产生的外部风险

赞助企业排他性权利的行使和保护不仅面临赞助企业自身权利滥用和与相关主体权利冲突的风险，同时也面临着因第三方主体隐性营销而产生的外部法律风险。根据《主办城市合同》的规定，隐性营销通常是指包括故意或非故意造成与奥林匹克运动或奥林匹克运动会之间虚假或未经授权的商业联系（不论是直接或间接联系），这种行为会干扰奥林匹克赞助企业、特许企业的正常市场行为，引起市场混淆，违反保护奥林匹克的相关法律，并且对于支付了高额赞助费用的官方赞助企业而言是极不公平的行为。

由于奥林匹克财产具有极强的市场吸引力，充分的赛事资源是企业宝贵的市场营销机会。隐性营销行为可以通过间接与奥运会相关元素产生关联的方式争夺市场份额，在有限的时间内吸引消费者的注意力，且无须支付高额的赞助费用。[②] 因此，非赞助企业进行隐性营销的驱动力十分强烈，隐性营销行为也成为赛事组织方和赞助企业共同面对的重要风险点。例如，1996 年亚特兰大奥运会上，官方赞助企业是“耐克”，而短跑运动员带着标有“Puma”标志的隐形眼镜参加新闻发布会，就是一种典型的违反奥运规则的隐性营销行为。

---

① Tone Jagodic & Zlatko Matesa, *The Position of an Athlete in Sponsorship Contacts regarding Olympic Games*, Zbornik Radova Pravnog Fakulteta u Splitu (Proceedings of the Faculty of Law in Split), Vol. 57: 2, p. 275 – 286 (2020).

② Matthew Lane, Economic Realities & Issues Olympic Athletes Encounter, *Depaul Journal of Sports Law & Contemporary Problems*, Vol. 8: 2, p. 121 – 126 (2012).

五、排他性权利的协议安排和法律保障措施

（一）排他性权利的协议安排

赞助企业通过与赛事组织方签署《赞助协议》并支付赞助费用，其对价是在行业内排他性的赞助权利。[①] 以北京冬奥组委的《赞助协议》为例，通过一系列协议条款的约定，尽可能地明确赞助企业所享有的排他性营销权和供应权的权利边界，既可以保护赞助企业行使权利，又在一定程度上避免权利滥用、权利冲突和隐性营销的法律风险。

一是在《赞助协议》中设置无市场开发权和防范隐性营销条款，以避免与赞助企业相关的第三方通过“搭便车”的方式进行隐性营销。虽然2018年新修订的《奥林匹克标志保护条例》将“利用与奥林匹克运动有关的元素开展活动”构成不正当竞争的行为纳入规制范围，开创了法律规制隐性营销行为的新局面，但是，立法层面仍无法对所有隐性营销行为进行规制。[②] 根据合同的相对性，《赞助协议》原则上仅能规范赞助企业与北京冬奥组委之间的直接关系，但是通过条款设置要求赞助企业在与为行使本《赞助协议》项下权益而聘用的第三方签署合同时要包含相应的条款，以实现对第三方主体的把控和限制。如要求官方赞助企业在与第三方签署合同时，明确禁止该第三方将其自身及商品或服务与奥运会或奥林匹克运动相关联，禁止声称其为官方的、经国际奥委会或北京冬奥组委等主体选定或同意的企业，禁止第三方发布关于其向官方赞助企业或奥运会组织提供商品或服务的声明。通过上述协议安排，能够在一定程度上避免隐性营销行为，保护赞助企业排他性广告营销权的行使。此外，协议中还明确要求，未经北京冬奥组委事先批准，赞助企业不应从事任何联合推广活动，或与任何第三方一同行使任何权益，或就任何第三方的产品或服务行使任何权益，以避免其他第三方的隐性营销行为。

二是在协议中约定第三方产品的使用，以充分保护赞助企业排他性权利的实现。赞助企业在满足供应条件和北京冬奥组委的需求的前提下，享有排他性产品供应权。但是，如果赞助企业无法满足供应条件或主动放弃行使产品供应权，则北京冬奥组委有权选择第三方供应商。在《赞助协议》中，对第三方产品的使用进行了明确的约定，即该第三方供应商应当去除其商标品牌或进行模糊处理，且不得以任何形式自称为是北京冬奥组委的供应商。这种对第三方供应商的限制也是对北京冬奥会赞助企业和TOP企业排他性权利的保护，有利于避免市场混淆。

三是在协议中明确产品类别和除外类别，既保护签约赞助企业的权利，也对其他类别赞助企业进行维护。在北京冬奥会市场开发协议的起草过程中，产品类别让渡协议是极其重要的一环，该内容由国际奥委会起草并批准，是对赞助企业权利范围的界定和明晰，赞

---

① 应华：《论体育赛事赞助的商业权利及其保护》，载《浙江体育科学》2003年第4期。

② 梅傲、钱力：《大型体育赛事中隐性营销行为的法律规制探究》，载《法治论坛》2020年第4期。

助企业必须在约定的产品类别范围内行使其排他性权利，而被明确排除在外的类别，有可能是因为该赞助企业不具备提供相关产品或服务的资质①，也有可能是因为其他赞助企业享有该类别的权益②，因此，签约赞助企业不得针对除外类别的产品或服务行使营销权或供应权。正是通过明确的产品类别和除外类别的条款设计，才能避免各赞助企业的权利交叉和冲突。

（二）排他性权利的保障措施

除了《赞助协议》中的条款安排和约定外，在实践过程中，也需要从事前、事中、事后等各个阶段和维度实现赞助企业的排他性权利。

一是建立严格的事前审查批准制度。赞助企业行使权益需要遵守市场开发的基本原则和协议约定，即北京冬奥会的赞助企业行使权益时不得使公众将其混淆为 TOP 企业或其他比该赞助企业更高层级的赞助企业。北京冬奥组委应审查赞助企业提交审批的所有与行使权益相关的申请是否符合上述原则，如北京冬奥组委或国际奥委会认为赞助企业行使权益不符合该原则或其他协议约定，北京冬奥组委有权拒绝授予批准或撤回批准。此外，事前审批有利于遏制赞助企业可能实施的侵权或违约行为，也有利于保护北京冬奥会标识和奥林匹克财产不被滥用。

二是形成及时信息共享的实时报告体系。经事前审批后，赞助企业在行使其排他性权利的过程中，如果发现任何与其产品实质上类似或者竞争的产品，或者服务上存在滥用或未经授权使用指定标记或者奥林匹克标志的情形，应当及时地以书面形式告知北京冬奥组委，进行信息共享和侵权线索的收集。为了保护赞助企业的排他性权利和北京冬奥组委标识及奥林匹克财产，北京冬奥组委有权根据侵权行为的性质自行承担费用采取相应行动终止该等滥用或未经授权的使用指定标记等侵权行为，赞助企业则应当根据北京冬奥组委的合理要求提供必要的协助。

三是明确事后救济手段及最终决定权主体。由于奥运会市场开发体系是多维度展开的，其所涉及的利益关系复杂、牵涉主体众多，各层级的赞助企业、同层级的赞助企业在行使权利过程中难免遇到冲突与矛盾。因此，明确享有最终决定权的主体有利于高效地定分止争。一般而言，如果北京冬奥会赞助企业与 TOP 企业之间就 TOP 企业权利的行使与实施产生任何问题或争议，国际奥委会享有最终决定权；北京冬奥会各层级赞助企业之间产生问题或争议，则北京冬奥组委享有最终决定权。

---

① 例如，某汽车公司作为 TOP 企业，其产品类别列举了大量的车辆类型，但是将车辆租赁服务明确列为除外类别。因此，该公司无法直接向北京冬奥组委直接提供租赁车辆的服务。

② 例如，伊利作为北京冬奥组委的官方乳制品合作伙伴，其除外类别包括了非酒精饮料，这就是为了保护 TOP 企业可口可乐的排他性权利；再如，中国银行作为北京冬奥组委的官方银行合作伙伴，将保险和支付服务等内容明确排除在外，这也是为了保护安联、人保、Visa 等其他赞助企业的排他性权利。

简析体育赛事赞助等级与赞助协议中权益的实施及保护

刘　继[*]　张　愫[**]

随着经济的发展，我国取得越来越多的大型体育赛事的承办权，继而推动体育产业逐渐发展壮大。众所周知，随着体育赛事市场化、产业化的推进，体育赛事赞助企业在为体育赛事提供强有力物质保障的同时，也为体育文化在我国的传承和发展提供了可能。体育赞助不仅是体育事业发展的中流砥柱，也是赞助商彰显社会责任和提升知名度的一种重要的营销手段；体育赛事产业化的运作方式也成就了体育赛事与赞助企业相辅相成的双赢之路。

一、体育赛事的赞助等级

体育赛事赞助是指在体育赛事活动中，为获得某种权益的对价，简单说就是对体育赛事的赞助。赞助过程中涉及两个主体即赞助人和被赞助人，赞助人可以是任何的自然人或法人；而被赞助人仅为赛事运作的主体即赛事组委会或主办方①。体育赛事赞助具有公益性和社会性的特点，那么赞助企业在体育赞助中获得的对价即权益，又可称作赞助回报，既可表现为有体物亦可表现为无体物，视赛事不同其赞助回报也不尽相同。在赞助回报中，通常被赞助人允许赞助企业将自己的标志与赛事标志、赛事主办方标志或赛事的主要活动标志公开联系在一起，诸如允许赞助企业公开宣称是体育赛事的赞助企业、允许赞助企业在自己的商品上使用赛事主办方标志等。例如，奥运会的全球合作伙伴赞助回报是奥运会标志使用权以及这类商品在全球的营销权；而主要赞助商是以场内广告位使用权为主，标志使用权为辅；指定赞助商的回报则为供货和提供服务的权利，是赛事投入物的供给权②。

---

* 刘继，男，研究生学历，哲学硕士，国浩律师（北京）事务所主任律师。

** 张愫，女，研究生学历，法学硕士，国浩律师（北京）事务所律师。

① 参见《体育赛事赞助的概念分析与界定》，载百度网，https://wenku.baidu.com/view/99853c33f111f18583d05a45.html，最后访问日期：2022 年 1 月 31 日。

② 参见《体育赛事赞助的概念分析与界定》，载百度网，https://wenku.baidu.com/view/99853c33f111f18583d05a45.html，最后访问日期：2022 年 1 月 31 日。

（一）体育赛事纵向赞助体系

从体育赛事的纵向赞助体系看，有国际奥委会、各国奥委会及举办国奥组委三大主体，每个主体项下的权益又可以进行细分①。其中，最顶级的就是由国际奥委会负责开发的奥林匹克全球合作伙伴计划（又称 TOP）是国际奥委会的全球赞助战略，加入 TOP 的企业获得“奥林匹克全球合作伙伴”称谓，奥林匹克全球合作伙伴（以下简称 TOP 企业）是国际奥委会最高级别赞助商，享有在全球范围内使用奥林匹克知识产权、开展市场营销等权利及相关权益回报。与此同时，TOP 企业享有在全球范围内产品、技术、服务类别的排他权利。目前 TOP 企业总共拥有 13 家，分别是可口可乐、Airbnb、阿里巴巴、源讯、普利司通、英特尔、欧米茄、松下、宝洁、三星、丰田、Visa、安联，这 13 家奥林匹克全球合作伙伴对应了各自的产品类别；TOP 企业同时享受奥运会最顶级的排他性权益，即任何与之性质相同的企业均不得再赞助奥运会，也不得享有 TOP 企业的权益。除了国际奥委会的 TOP 外，各国奥委会也可以对本国奥委会的相关权益进行市场开发，并且近年来已经细化成为不同级别的赞助商等级。

（二）体育赛事横向赞助体系

从体育赛事的横向赞助体系看，为有效避免奥运会举办国在奥运会市场权益开发和国家（地区）奥委会市场权益开发上可能存在的冲突，国际奥委会实行“奥运会举办国联合市场开发”的规定，即国家（地区）奥委会需要把市场开发权益让渡给该国奥组委来统一开发，以北京 2022 年冬奥会和冬残奥会的市场开发计划为例，中国奥委会将 2017 ~ 2024 年的市场开发权益让渡给北京冬奥组委，由北京冬奥组委作为主体统一组织实施市场开发计划，北京冬奥会此次的市场开发计划长达 7 年半的时间，横跨两个奥运周期（2017 ~ 2024 年），该市场开发计划由赞助计划、特许经营计划和票务计划三大部分组成。其中，赞助计划是市场开发计划的重中之重，所以赞助计划又按照赞助金额标准的不同将赞助商的级别分为四个层级：第一层级为官方合作伙伴（Official Partner）；第二层级为官方赞助商（Official Sponsor）；第三层级为官方独家供应商（Official Exclusive Supplier）；第四层级为官方供应商（Official Supplier）。上述赞助商的类别涵盖银行、运动服装、乳制品、保险、航空客运、固定通讯运营服务、移动通讯运营服务、办公综合服务等领域②。

二、赞助协议中权益的实施及保护

如何吸引赞助商提供体育赞助？赞助商为获得某种权益而支付对价后，又该如何保护

① 参见《安踏李宁 361 度角逐北京冬奥会运动服装类赞助商》，载搜狐网，https://www.sohu.com/a/146479968_308361，最后访问日期：2022 年 1 月 31 日。

② 参见《安踏李宁 361 度角逐北京冬奥会运动服装类赞助商》，载搜狐网，https://www.sohu.com/a/146479968_308361，最后访问日期：2022 年 1 月 31 日。

赞助商因此获得的权益？以下试从奥运体育赛事赞助横向体系中的第一层级官方合作伙伴（Official Partner）的角度简析赞助协议中的权益实施及保护。

（一）权益、排他性、排他性权利的概念及其特点

赞助商支付的对价即赞助的方式为现金和现金等价物，其中现金等价物包括赞助商的产品和服务。赞助商因此而获得的权益是指由主办国奥组委向第一层级官方合作伙伴授予的赞助协议中所列示的市场开发权利、机会和支持。所谓排他性即对特定客体具有独占性、垄断性并且可以绝对排除他人享有或使用；关于体育赞助协议中的排他性，目前各国基本都参照国际奥委会的规则或做法，即一般情况下一个类别只有一家赞助商；排他性权利通常表现为奥组委和赞助商在赞助协议中约定，在赞助商为奥组委提供了一定现金及现金等价物（包括产品和服务）后，奥组委即赋予赞助商在一定期限和辖区内，就对应的产品类别下享有独家开发赛事市场的垄断性权利，赞助商同行业中存在竞争关系的商事主体则被禁止提供同样的产品和服务，从而被绝对排除在开发赛事市场的利益之外。通过排他性权利的安排最大限度地确保赞助商的巨额商业利益，并因此促使体育赛事无形资产价值的增加，进而实现体育赛事与赞助企业的双赢。①

权益涉及的排他性权利的特点：（1）主体的确定性和唯一性。基于各层级项下每一类别赞助商的唯一性，决定了权益排他性主体的确定性和唯一性。（2）客体的专有性和排他性。排他性权利的客体系体育赛事的衍生产品，例如，指定标志的使用权、特许经营权等；衍生产品确定、唯一的主体对该产品享有专有、排他性所有权。（3）客观方面的独占性和垄断性，具体体现为赞助商在赛事市场开发中享有的独占、垄断的排他性权利。

（二）赞助协议中权益的实施

通常情况下，权益的实施首先要完全遵守奥林匹克标记（指任何奥运会相关识别物、关联物、标记或称谓，包括奥林匹克五环标志、奥林匹克格言、奥运会标记、主办国奥委会标记以及包括奥林匹克五环标志的识别物、关联物、标记或称谓）和形象使用指南及经国际奥委会批准后的主办国奥组委的标记和形象手册（描述指定标记并包含其使用指南的手册）。其次，需制作经国际奥委会和主办国奥组委批准的官方合作伙伴奥运会运行手册（由官方合作伙伴开发的为其员工和代理人就权益的行使，包括使用指定标记提供指导的手册）来保障权益的顺利实施。再次，应建立与主办国奥组委联动的沟通机制，定期沟通权益使用的重要计划及进展。此外，主办国奥组委官方合作伙伴在行使权益时不得使主办国奥组委或国际奥委会认为存在公众将官方合作伙伴混淆为国际奥委会支持者（指奥林匹克全球合作伙伴、国际赞助商、国际奥委会全球供应商和国际奥委会全球特许生产商）的可

① 参见《体育赛事赞助的概念分析与界定》，载百度网，https://wenku.baidu.com/view/99853c33f111f18583d05a45.html，最后访问日期：2022年1月31日。

能性；不得使公众对官方合作伙伴被授予权益的产品和/或服务与其他产品和/或服务产生混淆，或者使公众对被奥组委授予权益的主体的身份和其他主体产生混淆。最后，奥林匹克全球合作伙伴在各自的产品类别范围内享有与主办国奥组委、奥运会、主办国奥委会及其体育代表团相关的赞助权益。为了保护官方合作伙伴、奥林匹克全球合作伙伴在产品/服务类别上的排他性，官方合作伙伴应在行使其权益时尽可能与奥林匹克全球合作伙伴真诚协作，使官方合作伙伴与奥林匹克全球合作伙伴均能全面正确地行使各自的产品类别相关权益。

（三）赞助协议中权益的保护

权益的保护，具体而言，可通过如下三方面加以完善：第一，赞助协议中对官方合作伙伴权益的享有及实施应约定明晰、具体。第二，赞助协议中应明确主办国奥组委保护官方合作伙伴权益实施的义务与责任；权益保护的重点在于主办国奥组委，应确保官方合作伙伴在期限和辖区内排他、垄断的享有独家开发赛事市场的权利。第三，赞助协议中应加大违约方的违约成本；履行协议的过程实际上是一场博弈，保障自身合法权益的办法就是加大对方的违约成本，只有当对方违约成本高于违约所获利益时，其才会选择审慎的履行合同约定。违约和维权都需要成本，违约成本越高，则违约概率越低；反之，则违约概率越高。违约金条款的作用在于通过增加违约方的违约成本，促使违约方严格按照协议的约定行使其权利并履行其义务。我国违约金设置的功能在于其救济性而非一味追求惩罚性，如果违约金条款对违约金的约定过低，那么它保障协议顺利履行的制度功能将随之丧失。因此，提高违约成本仅是一种手段，通过经济效果发挥导向作用，引导缔约方严格履行协议；究其根本，依赖于缔约方对契约精神的信仰和尊重。

随着体育赛事赞助市场的日益成熟，权益实施及保护的意识也越发增强，通过探析权益的实施及保护，可以为防范体育赛事赞助纠纷厘清思路，推进体育赞助市场不断完善，从而助力体育产业持续、稳定、健康、有序的发展。

开闭幕式演艺人员协议模板审核要点与条款设置简介

彭　艳[*]　李　蕊[**]

【内容摘要】冬奥会开闭幕式需要专项系统的法律服务保障。我们在借鉴国际经验的基础上融入中国元素，探索全面、协调、专业、精细的法律文件制作之路。扎实法律研究，做好法域衔接；分类处理文本，契合服务需求；全面设计条款，保障服务安全；加强法律约束，助力开闭幕式顺利举办。

前　言

开闭幕式是奥运赛事中一项重要的仪式，凝聚着无数艺术家精心创作的作品。开闭幕式筹备涉及众多演艺人员和创意人员，需要签订若干演艺相关协议（以下简称开闭幕协议），比如总体负责现场演出或活动相关创意的总导演协议，分别统筹现场演出某些方面的总监协议（包括视频、音乐、美术、服装、文字撰稿协议）以及参与仪式演出的表演者协议，参与仪式创作的作曲家协议、仪式使用他人作品或成果涉及的授权协议等。这些协议对演艺人员提出的要求总体类似又各具特点，需要我们在审核过程中一一把握。

一、审核要点和工作流程

（一）审核要点

开闭幕式的协议比较复杂，既要符合国际奥委会对历届赛事的惯例要求，又要切合我国的法律法规，例如，知识产权保护规范，同时还要考虑每一具体人员的服务范围和行业习惯等。这几点因素，是我们审核工作的基本逻辑，也是我们与国际奥委会、合同相对方沟通的重点内容。

国际奥委会对开闭幕式协议最核心的要求是要保证服务成果的可用性，要求服务成果

* 彭艳，女，中国政法大学在读硕士研究生，北京冬奥组委法律事务部赛时实习生。

** 李蕊，女，研究生学历，法学硕士，北京冬奥组委法律事务部法务审核处项目工程师。

无权利瑕疵，无论是服务过程产生的新成果，还是纳入的已有成果，都要求权利完整；我国的知识产权规范要求开闭幕式协议条款中，包括知识产权的术语和授权的模式都要作本地化处理；演艺人员的服务范围因岗位不同而变化，相关服务成果的知识产权或将体现不同侧重；演艺行业的特点和习惯，比如档期内多项目并进与本项目优先性、服务连续性的平衡等，都要求我们在条款设置上多加考量。

（二）工作流程

在具体工作流程上，我们首先以国际奥委会协议模板作为起草、修改北京 2022 年冬奥会开闭幕式演艺人员协议的基础，主要考虑到：一是国际奥委会在总结历届奥运赛事经验的基础上形成的协议模板内容比较全面，既包括对服务过程的要求，又包括对知识产权的系统性要求；二是北京 2022 年冬奥会开闭幕协议须经国际奥委会审批，我们以其提供的模板为基础修改制定适用于北京冬奥会的模板，后续向国际奥委会提交审批的过程也将更具针对性，更有效率。

以国际奥委会发来的模板为基础，我们开展文本翻译和本土化的审核工作。在这过程中，我们统合不同法域知识产权规范的差异，根据演艺行业特点作出特别安排，同时设计特别条款保障冬奥会开闭幕式顺利举办。为使相关条款的内容科学、合理、灵活，我们建立与国际奥委会以及开闭幕式业务人员顺畅沟通的机制，使各方同频理解、同步推进。

二、条款设置与安排

（一）国际化借鉴与本土化改造

1. 术语区分

开闭幕协议是在国际奥委会提供的模板基础上拟定，而该模板中运用的英文法律概念的含义，与我国法律体系下对应的中文概念并非一致。例如，不同国家著作权保护对象范围不同。国际奥委会给北京冬奥组委提供的开闭幕式相关的合同模板中，对于相对方提供的服务，所形成的成果使用英文“works”概念，英文“work”包括我国以著作权方式保护的作品以及其他以其他方式受法律保护的成果，如录音录像制品、表演；而“works”的中文直译“作品”在我国仅指以著作权方式保护的作品，不包括以邻接权方式保护的录音录像制品、表演等。为与我国法律衔接使协议更本土化，我们统一将英文“works”及中文“作品”，替换为英文“service product”及中文“服务成果”，代指各类人员为开闭幕式提供服务的所有产出类型。

2. 条款修改

（1）雇佣作品与委托作品

除了法律术语之外，协议履行产生的知识产权归属条款也需要切合中国法的知识产权规范。根据我们和演艺人员的服务关系，将演艺人员的服务成果定义为委托作品（或称

“服务成果”)，那么约定该成果的知识产权归属北京冬奥组委则顺理成章；但在某些法域内缺乏“委托作品”的概念，这些演艺人员的服务成果被约定为“雇佣作品”（work made for hire)，才能保证作品归属北京冬奥组委及国际奥委会的约定有效。考虑到北京冬奥会结束后，这些成果都将转移至国际奥委会，国际奥委会是这些成果在全球的长期权利持有人，因此，不仅要约定服务成果属于中国法下的委托服务成果，还要视情况约定属于某些法域中其他作品类型。

（2）权利承继者的强制对价

如前文提到，协议里已经约定在北京冬奥会结束，北京冬奥组委解散后，国际奥委会是这些服务成果的长期权利持有人。因此国际奥委会发来的模板中，为使提供服务的演艺人员向北京冬奥组委作出承诺也对非协议一方的国际奥委会有效，设置了 1 美元的名义对价①，即国际奥委会将会支付演艺人员 1 美元，作为今后有效持有这些权利的对价。我们向国际奥委会介绍，中国法对于向第三人履行的合同，不强制要求对价，并且《民法典》规定了当事人可以约定第三方直接向义务人主张履行的权利②，因此考虑协议适用中国法，国际奥委会不必支付名义对价，演艺人员在协议中对北京冬奥组委作出的知识产权承诺也将对国际奥委会有效，并且只要我们在协议中明确约定，国际奥委会可以直接向演艺人员主张权利。

（二）服务要求灵活统一、具体到人

开闭幕式的服务内容一般以“正文第二条 + 附件：服务”形式呈现。每份开闭幕协议由不同岗位的演艺人员签订，服务内容相应地也可能不同，但对不同签约主体提供的服务标准和水平有基本的要求。我们将对该部分相同的内容在开闭幕协议的模板正文中体现，将每份协议服务内容不同的部分，通过附件形式设定，这样在加快了国际奥委会审批效率的同时，也框定了协议谈判范围，还增加了协议谈判的灵活性。

开闭幕协议涉及的服务成果往往并非签约方一人完成，还会涉及其他人员。这些人员参与签约方履行过程，承担了签约方的部分服务，可能涉及知识产权贡献，也可能仅涉及后勤保障等。为保证服务成果权利无瑕疵，以及签约方履行协议符合北京冬奥组委要求，我们在协议模板正文增加了签约方代表其聘请的工作人员向北京冬奥组委的保证义务，要求确保其工作人员履行权利转让、授予或放弃的义务以及保密、禁止商业宣传等要求。如

① 这种由 1 美元或数额很小的一笔钱构成的对价，在美国法上被称为“名义上的对价”（nominal consideration)。当事人支付“名义上的对价”目的之一是使赠与性的诺言产生约束力，赠与人为了表示其说话算数，通常也同意接受对方支付的 1 美元作为对价。参见王军：《美国合同法》（第 2 版)，对外经济贸易大学出版社 2011 年版，第 17～22 页。

② 《民法典》第 522 条规定：“当事人约定由债务人向第三人履行债务，债务人未向第三人履行债务或者履行债务不符合约定的，应当向债权人承担违约责任。法律规定或者当事人约定第三人可以直接请求债务人向其履行债务，第三人未在合理期限内明确拒绝，债务人未向第三人履行债务或者履行债务不符合约定的，第三人可以请求债务人承担违约责任；债务人对债权人的抗辩，可以向第三人主张。”

果签约方是法人的，实际提供服务的自然人还应向北京冬奥组委提供一份确认履行该协议义务的承诺函。

（三）权利与授权条款适用广泛

开闭幕仪式是奥林匹克财产的组成部分，北京冬奥组委需要取得服务成果的相关权利后交付给国际奥委会，为保证交付的权利没有瑕疵，在草拟开闭幕式法律文件时，权利与授权条款一直是我们关注的核心条款，也是国际奥委会要求最严格的部分。

前文提到，开闭幕协议的服务成果类型是复杂多样的，不仅涉及作品，还可能包含具体服务人员的声音、肖像、肢体的表演或其他不构成作品的创意成果。不同服务成果在法律性质上有所区别，或形成作品受著作权保护，或形成非作品但受邻接权保护，或无法描述权利类型但受到更为一般的法律保护。根据不同权利类型的服务成果分别设计不同的模板，更能体现权利本身的特征，但按此设计模板存在两个弊端，一是削弱模板的适用范围，限制创作的灵活性。同一服务人员随着开闭幕筹备推进，角色可能发生变化，如表演者很可能提供创意而成为作品的创作者，不仅仅是机械的表演者，此时如果没有协议保障，存在权利授权的空缺，而此时签署协议时间非常仓促。二是根据不同权利类型的服务成果设计不同模板，与国际奥委会提供的模板逻辑不同，并且后期随着参与服务的人员越来越多，服务内容越来越复杂，对协议的种类要求高，工作量大大增加。经过论证，开闭幕相关协议的服务成果最终采用了最广泛的概念，不仅包括作品，还包括不构成作品的工作成果。虽然协议的履约特征弱化，但与模板的设计逻辑一致，适用性强，确保后续开闭幕节目创作不因协议授权范围而受到约束。

权利与授权条款的设计最大限度保障了服务成果相关权利的完整性，既考虑到协议本身不可穷尽服务成果类型，也为人身性权益不可转让提供了解决方案。首先，与服务成果相关的全部权利、所有权和权益自始归属于北京冬奥组委或其指定的主体（如国际奥委会、国际残奥委会等）享有；其次，若该等权利依法未能归属于北京冬奥组委或其指定主体，则应将该等权利完全地转让给北京冬奥组委；最后，若该等权利依法无法转让①，应授权北京冬奥组委或其指定的主体使用，若依法不能转让，则应为北京冬奥组委利益考虑而放弃主张该等权利。

（四）履行保障条款体现冬奥仪式核心需求

开闭幕协议性质属于服务合同，其服务成果与具体服务人员关联紧密，又因为开闭幕式万众瞩目，为保证开闭幕顺利进行，避免开闭幕式受个别人员尤其是服务成果重要贡献者临时安排或个人声誉恶化的影响。必须确保服务成果的可用性。为此，除了保障成果的权利无瑕疵之外，开闭幕协议还做了一系列设计。首先，开闭幕协议排除了服务人员单方

① 例如，著作权人身权及服务人员的姓名、肖像、声音等人格权。

终止合同的意定解除权，避免在协议履行的关键时刻，特别是开闭幕式筹备进入冲刺阶段因主要人员单方解约，影响开闭幕式的筹备进度；其次，赋予北京冬奥组委约定解除合同的权利，尤其在服务人员涉嫌犯罪、利益冲突等可能给北京冬奥组委及其相关主体造成不利影响的情形；最后，协议双方发生争议时，限制通过冻结等方式使协议项下的权利授予、转让、弃权以及服务、服务成果的使用被约束、限制，排除了所有可能使服务成果不可用的临时措施的适用。

结　语

开闭幕协议是相关人员提供服务产生服务成果的基础法律文件，对开闭幕的顺利举办和相关权利取得具有重要意义。相关协议的审核过程，是一个协调统一国际奥委会要求、我国法律法规及行业要求甚至签约相对方意见的过程，相关条款设计也体现了以知识产权无瑕疵为核心，以服务成果可用性为第一要义的大型仪式演出的需求特点。要做好此项工作，一是需要深入研究不同法域的知识产权法，条款审核兼具灵活统一；二是做好与国际奥委会、合同承办部门以及签约相对方的沟通工作，增进对条款要求的理解和把握。

冬奥技术开发合同实务难点及应对

刘欣戎*

【内容摘要】冬奥技术开发合同的起草、审核工作是筹办工作信息化背景下的重要法律实务工作之一，相较于其他类型的合同，该类合同本身具有标的内容专业性强等特点。根据冬奥会筹办实际需求，相关技术开发事项往往涉及技术开发、安全测试、运行维护、人员驻场、设备租赁等多方面内容，鉴于该类事项系统性和复杂性，本文厘定冬奥技术开发合同基本法律性质，研究阐明该类合同审核基本要点、技术开发成果权利归属约定两方面实务问题及应对要点。

相较于往届奥运赛事筹办，互联网时代下信息技术系统为北京2022年冬奥会和冬残奥会筹办举办工作起到了积极广泛的基础性支持作用，据不完全统计，北京冬奥组委信息技术服务包括了OMS、GMS、Corporate IT、硬件设备和应用软件及OIN网络等方面①，呈现体系性、专业性等特点。技术开发合同是各项技术系统部署建设工作的先导与法律支撑，笔者基于冬奥技术开发筹办工作特性，梳理总结了合同实务难点问题及应对路径，以期裨益于冬奥法律工作经验分享、互鉴及改进。

一、冬奥技术开发特殊性下的合同性质厘定

技术开发合同属于我国《民法典》合同编有名合同中“技术合同”的一种，是指“当事人之间就新技术、新产品、新工艺、新品种或者新材料及其系统的研究开发所订立的合同”，包括委托开发合同和合作开发合同。就技术合同而言，主要包括技术开发合同、技术转让合同和技术许可合同、技术咨询和技术服务合同等类型。我国《民法典》出台前，技

---

* 刘欣戎，女，研究生学历，法律硕士，北京冬奥组委法律事务部法务审核处项目助理、国家游泳中心场馆运行团队权益保护业务领域经理。

① 其中，OMS包括北京冬奥会和冬残奥会注册、人事、竞赛日程、体育报名等系统，由国际奥委会全球合作伙伴源讯公司负责开发；GMS包括住宿、抵离、医疗、交通管理系统；Corporate IT指北京冬奥组委OA、物流等30多个应用系统；硬件设备和应用软件包括PC终端、打印机、视频会议等；OIN网络是指北京冬奥组委信息网络，以场馆为标准，提供A类（高保障和大带宽）、B类（如竞赛场馆）、C类（如大家庭酒店）、D类（交通场馆）信息网络服务。

术合同法律规定主要见于《合同法》第十八章（第322～364条）和最高人民法院《关于审理技术合同纠纷案件适用法律若干问题的解释》共47条的规定，《民法典》基本吸收了上述规定，同时整合、新增相关规定，对现实中出现的问题给予了回应。学术理论一般认为，按照德国法学家梅迪库斯教授关于有名合同类型的体系思考方法①，《民法典》合同编中有名合同大致可以分为永久让与的合同、定期限交付的合同、劳务或者工作给付合同②，但技术合同不属于上述三种类型，主要在于技术合同不是基于给付行为的独特性而确立的合同类型，而是根据交易领域之特殊性，对与技术交易有关的合同作出的统括性规定，并非立法对合同类型化处理的产物，不属于单一类型的合同③，有学者认为，技术合同实质上是委托、合伙、买卖、承揽、居间等合同的具体运用。④

冬奥技术合同一定程度上也印证了学理上对于技术合同的解释，即技术合同本身与委托、合伙或承揽等法律关系存在“竞合”，但更为重要的是，其特殊性体现在合同标的多类型化，不仅表现在技术开发行为本身与其他法律关系的“竞合”，还表现在绝大多数冬奥技术开发合同可能同时涉及安全测试服务、驻场服务、运行维护等（“技术开发＋服务”模式），个别合同还涉及设备买卖或租赁（“技术开发＋货物或设备＋服务”模式）。这是因为在冬奥筹办工作中，大量的实际执行工作需要借助外部主体力量，信息系统建设开发工作一部分由赞助企业（如源讯、阿里、中国联通、奇安信等公司）负责服务供应，其余由北京冬奥组委参照政府采购流程，通过采购方式确认合同商（服务商）。上述主体基本承担了全流程的技术开发及相关服务工作，涵盖赛前准备阶段、测试赛阶段、赛时及赛后各阶段，标的对象不仅包含技术开发成果，也包含了人员服务等内容，具有一定的综合性和复杂性。

二、重难点实务问题及应对

近年来，司法实践中技术合同纠纷数量不断增长，综观之，争议焦点集中在合同解除、违约责任、交付验收及技术成果归属等方面。结合冬奥筹办工作实际，笔者归纳整理了两方面实务问题，主要如下：

---

① ［德］迪特尔·梅迪库斯：《德国债法分论》，杜景林、卢谌译，法律出版社2007年版，第3～10页。

② 其中，永久让与的合同包括买卖合同（《民法典》合同编第二分编第九章），供用电、水、气、热力合同（《民法典》合同编第二分编第十章），赠与合同（《民法典》合同编第二分编第十一章）；定期限交付的合同包括借款合同（《民法典》合同编第二分编第十二章），租赁合同（《民法典》合同编第二分编第十四章），融资租赁合同（《民法典》合同编第二分编第十五章）等三类；劳务或者工作给付合同可划分为两大类别，一是以承揽合同为统帅的包括建设工程合同、运输合同在内的以提供工作成果为给付类型的合同；二是只提供劳务的合同，保管、仓储、委托、行纪、居间等六类合同。朱广新：《民法典之典型合同类型扩增的体系性思考》，载《交大法学》2017年第1期。

③ 崔建远主编：《合同法》（第6版），法律出版社2016年版，第556页。

④ 韩世远：《合同法学》，高等教育出版社2010年版，第385～419页。

（一）冬奥技术开发合同基本审核要点

基于前文所述的冬奥技术开发工作特殊性，北京冬奥组委针对技术开发合同的法律审核实务经验主要在于，一是制定技术开发（委托）合同模板，将技术开发基本内容按照标准化、程式化思路制定整体框架内容，辅助业务部门开展项目采购及合同谈判工作。二是在具体合同审核过程中，确立合同标的板块化审核的基本思路，拆分各类型合同标的，针对技术开发行为本身，以《民法典》技术开发相关规定为基础约定基本合同条款；针对安全测试、运行维护、驻场等服务，约定不同类别服务具体履行期限及要求，特别是针对合同商人员，对于保险、人身责任等作出约定；针对货物或设备的买卖或租赁，约定所需的货物或设备的质量标准及要求、质量保证期及售后服务等内容。

值得说明的是，委托开发内容是否具体明确是技术合同纠纷中常见的争议焦点①，对于开发内容没有描述或仅有笼统描述，缺少对开发指标、功能的约定往往成为产生争议的原因之一，鉴于此，冬奥技术开发合同一般于合同正文中约定主要技术内容，包括委托开发的信息系统应完成的功能要求、非功能性要求、云部署要求、网络安全测试等级要求等，同时，通过合同附件形式详细列明各部分内容的技术指标或参数，将系统需求转化为具体的合同约定，作为技术开发板块应当实现的技术目标。此外，技术运行维护服务灵活性较大，但出于合同约定准确性，冬奥技术开发合同一般将北京冬奥组委信息系统四级事件响应与解决时间等要求作为检验运行维护服务是否合格的标准之一，以此约束合同商全面履行相关义务，达到合同约定目的。

（二）技术开发成果权利归属约定

从合同法角度，技术合同项下合同商与北京冬奥组委形成委托关系，其技术开发成果属于“委托开发成果”，知识产权等权利归属于北京冬奥组委。但是，计算机软件具有一定特殊性，软件代码分为源代码（源程序）和目标代码（目标程序），源代码是否当然归属于委托人存有一定争议。

我国《计算机软件保护条例》明确规定，同一计算机程序的源程序和目标程序为同一作品。源代码与目标代码在立法上的同一性可能与现实操作发生矛盾的主要情况在于，一是根据行业及商业惯例，大多数技术开发主体（合同商）在开发过程会采用第三方主体开发的开源代码，开源代码可能受限于许可方的相关许可条款与要求；二是技术开发主体在某合同项下完成技术开发行为过程中，往往会应用其接受委托前已有的代码，在此基础上根据委托人要求完成相应技术内容。基于上述两种情况，北京冬奥组委法务审核主要作出两方面应对，一是制定技术开发（委托）合同模板中知识产权条款针对“第三方材料”的

① 例如，北京中搜网络技术股份有限公司与重庆滋味堂电子商务服务有限公司技术服务合同纠纷上诉案，北京知识产权法院（2016）京73民终311号民事判决书。

相关内容，通过该部分内容将使用开源代码情形涵括其中，例如，约定使用“第三方材料”情形下合同商对北京冬奥组委的通知义务、确保获得授权及许可等义务；二是针对合同商已有源代码的权利归属问题，根据业务部门与合同商在采购阶段谈判情况，可以视情况约定“本合同签署前乙方已有的软件和源代码的知识产权仍归乙方所有，不因本合同签署而转移”等内容，从而区分合同商已有代码及合同项下委托开发代码的权利归属。

结　语

庞大复杂的冬奥技术开发工作，需要技术开发合同层面提供法律支撑与规范指引。我国《民法典》合同编规定的技术合同区分于其他有名合同类型，不属于单一类型的合同，而冬奥技术开发合同往往在技术开发标的基础上，涵括各类型服务或货物事项。法律审核工作围绕标准化、程式化、板块化审核思路，确立了对技术开发合同项下各类合同标的审核重点及标准，确保合同约定具体、明确，防范风险发生。此外，针对源代码等重要的技术开发成果权利归属，从合同约定层面予以分类廓清，并通过约定合同商相关义务的形式，确保冬奥各类技术开发成果权利归属清晰且无权利瑕疵或争议。

冬奥村餐饮服务合同订立及条款设置分析

李天骄*

【内容摘要】奥运村可以说是历届奥运会最重要的利益相关方——运动员的“家”，是奥运会的核心“组件”，也是夏奥会和冬奥会规模最大的“项目”之一。为确保入住奥运村的运动员和随队官员等各利益相关方的安全、保障所有运动员能以最好的状态参加比赛，历届组委会对奥运村的管理都尤为严格，其中对餐饮的管理不仅是检验奥运村运行成功与否的关键指标，更是各利益相关方及国内外媒体的核心关切。本文将在介绍北京2022年冬奥村餐饮服务工作概况的基础上，通过梳理《主办城市合同》、奥运会相关指南等涉奥文件中对奥运村餐饮的具体要求，进一步分析北京2022年冬奥村餐饮服务商采购、餐饮服务合同体系以及适用的法律和条款设置。

北京2022年冬奥村（以下简称冬奥村）是赛事期间面向国内外运动员和随队官员等各利益相关方提供服务的重要窗口。北京2022年冬奥会和冬残奥会组织委员会（以下简称北京冬奥组委）围绕“绿色、共享、开放、廉洁”的办奥理念，力争为入住冬奥村的各利益相关方提供优质的餐饮服务，既要满足他们的基本饮食需求，还要针对不同民族、不同信仰、不同文化、不同地域、不同生活习惯的“村民”提供个性化的餐饮服务，确保他们吃得安心、吃得舒心，为运动员们取得高水平的成绩保驾护航，同时也向世界弘扬和传播中国传统饮食文化。因此，冬奥村内的餐饮服务可以说是一项内容较复杂、要求标准较高、专业性较强的艰巨工作。

一、冬奥村餐饮服务工作概述

冬奥村餐饮服务旨在为入住冬奥村的各利益相关方提供高质量的餐饮服务，利用有限的资源满足他们对各类食材食品和营养的需要，涉及北京2022年冬奥会和冬残奥会（以下简称北京冬奥会）期间村内餐饮、茶点和医疗用冰供应，以及在冬奥村外为运动员和随队

---

* 李天骄，女，研究生学历，法学硕士，北京冬奥组委法律事务部法务审核处项目工程师（2018～2019年在权益保护处工作），五棵松体育中心场馆运行团队权益保护业务领域经理。

官员配送场馆餐、茶点和医疗用冰等服务。服务地点涵盖北京、延庆和张家口 3 个冬奥村餐饮服务区域及村外各场馆的运动员休息室。

冬奥村餐饮服务工作特点较为突出，一是餐饮服务对象类别多、规模大，包括来自世界各地的运动员和随队官员、大家庭成员和陪同人员、访客、注册媒体、工作人员（P、V、C、VIK）等各类群体。二是餐饮服务区域广泛，覆盖北京、延庆、张家口 3 个赛区。三是餐饮服务时间跨度较长，从预开村至闭村后 3 天，且赛时需要依据具体赛程安排及服务对象用餐需求及时供应。四是餐饮服务食材及食品种类繁多、供应量巨大，根据初步拟定的菜单菜品，赛时冬奥村餐饮所需食材及食品约 500 种，含蔬菜类、肉类、海鲜类、水果类、蛋奶类等。五是餐饮服务保障要求格外严格，在满足基本用餐需求的同时，还应确保供应充足，且两地三赛区餐饮服务水平同一标准：此外，按照国际奥林匹克委员会（以下简称国际奥委会）的要求，运动员的食材及食品还必须进行兴奋剂检测和食品安全检测，因此，为确保提供给运动员的食材及食品安全，其所需食材及食品均须从北京冬奥会餐饮原材料备选供应基地中的一级基地选取。

二、冬奥村餐饮相关要求

（一）《主办城市合同》

《主办城市合同》第 29 条原则性地规定了北京冬奥组委应当在冬奥村可供使用期间，免费向由国际奥委会全权自行决定的、所有具有参赛资格且已经注册的运动员和随队官员提供食宿。

（二）《主办城市合同—运行要求（2016）》

《主办城市合同—运行要求（2016）》（以下简称《运行要求（2016）》）对冬奥村内的餐饮服务进行了具体而细致的规定：针对餐厅服务，《运行要求（2016）》明确主餐厅应提供全天 24 小时餐饮服务（包括热餐），以及种类丰富的菜单可供选择，以满足多样化的文化、饮食习惯、膳食平衡和营养健康需要；针对餐厅菜单，《运行要求（2016）》提出为各利益相关方提供的餐饮服务菜单（包括价格，视情况而定）均应提交国际奥委会审查；针对外带食品与饮料，《运行要求（2016）》规定北京冬奥组委应确保根据相关法律，允许国家（地区）奥委会携带食品与饮料进入冬奥村，但北京冬奥组委不得在村内以任何形式向运动员和随队官员售卖或发放酒精饮料，村内的特别活动（如仪式、私人派对）的餐饮服务计划中提供的酒水除外，但必须遵守相关法律。

（三）《奥运村指南》

相较《运行要求（2016）》，《奥运村指南》除了从设计层面对赛时冬奥村餐厅的运行要点（如餐厅设施、容纳量、后台运行、废弃物处理等）、餐饮需要统筹的关键地点（如主餐厅、休闲餐厅、员工餐厅、礼宾休息室、代表团团长会议室等）以及为残奥人员供餐等方面进行了详细规定外，更为关键和核心的一点是还从供应层面，明确要求北京冬奥组委在采购冬奥村餐饮服务商时，应当在签订的合同中确保国际奥委会和组委会市场开发伙伴的权利能够得到充分保障，也就是说如果餐饮服务商拟采购的产品中涉及国际奥委会或北京冬奥组委市场开发合作伙伴赞助类别内的产品，在符合反兴奋剂和食品安全的条件下，应当从合作伙伴处获得，而不能选择其他品牌。

（四）《餐饮指南》

与《奥运村指南》相比，《餐饮指南》则主要明确了餐饮业务领域与奥运村管理业务领域的分工与协作，指出两个业务领域在冬奥村内餐饮设施设计、餐饮服务商与市场开发合作伙伴的有效整合等方面都起着关键作用。此外，在用餐配置上，《餐饮指南》还要求冬奥村应设置休闲餐饮区，为运动员提供一个更休闲的用餐区域；对于因训练或比赛安排需要较长时间离开冬奥村的运动员和随队官员，还应为他们提供场馆用餐。

三、冬奥村餐饮服务合同分析

（一）冬奥村餐饮服务商采购

根据《中华人民共和国政府采购法》第 31 条之规定，如果货物或者服务只能从唯一供应商处采购的，可以采用单一来源方式采购。在冬奥村餐饮服务商采购项目中，北京冬奥组委特委托北京市政府采购中心代为抽取 3 名专家，对本项目的采购方式进行了多轮论证，最后专家们一致认为，本项目具备单一来源采购唯一性论证条件，认同相关企业在三村餐饮服务工作中的唯一性，建议采取单一来源采购方式。

1. 论据——采购方式的具体原因

一是北京 2022 年冬季奥林匹克运动会申办委员会在向国际奥委会递交的《申办报告》中已经对北京、延庆和张家口三地冬奥村的地理位置、占地面积、规划开发、功能区域、基础设施等进行了较为具体的描述，并明确了三村业主单位；二是国际奥委会、国际单项体育联合会、国家和地区奥委会/残奥委会等各方多次审核三村图纸，并实地考察现场，充分掌握且认可三村的建设进展和运行筹备工作；三是三村已经分别于 2019 年 12 月、11 月和 9 月完成主体结构封顶，2020 年起也已经进入内部结构和赛时运行设计施工阶段；四是三村业主因自身企业餐饮服务实力尚未达到冬奥村餐饮服务的标准和要求，需要第三方参与赛时村内的餐饮服务工作，且三村业主也已经分别与相关企业签订协议，形成了实质合同关系。①

---

① 《北京 2022 年冬奥会和冬残奥会组织委员会“北京、延庆和张家口冬奥（残奥）村餐饮服务商采购”项目单一来源采购公示》，载中国政府采购网，http://www.ccgp.gov.cn/cggg/dfgg/dylygg/202003/t20200309_13978230.htm。

2. 论证——采购方式的确立

基于上述原因，考虑到三村业主方均已经国际奥委会、国际单项体育联合会等各方多轮审定后确认，且三村业主为了满足冬奥村运行要求，根据国际奥委会《奥林匹克2020议程和新规范》“允许通过第三方供应商处理奥运村运行方案”的规定，已经自行招募第三方专业企业承担冬奥村餐饮服务工作；同时，鉴于运动员食源性兴奋剂“零容忍”，且三村需要同时向各场馆运动员休息室配餐，因此餐饮服务商必须具备相应的实力，而3家业主单位签订的相关企业符合国际奥委会对冬奥村餐饮服务商的要求，也具备相应实力。从统筹冬奥村赛前筹备、赛时运行、赛后运营和三村一致性原则考虑，且冬奥村选址已成既定事实，无法改变，因此冬奥村餐饮服务商需使用业主选择的企业，具备单一来源采购唯一性论证条件。①

（二）冬奥村餐饮服务合同体系

为尽力确保北京、延庆和张家口3个赛区冬奥村餐饮服务的一致性，三村餐饮服务合同除涉及主体和服务地点不同外，其余条款的设置和约定基本保持一致。合同共28条，涉及定义、合同标的、履行期限和时间安排、服务要求、服务区域、服务保障、服务方式、服务承诺、人员管理、餐厅管理、财务管理、信息沟通、检查验收、环保节能、甲方应向乙方提供的工作条件及协作事项、报酬及支付方式、甲方权利义务、乙方权利义务、无市场开发权、可持续发展、保密义务、知识产权、合同的转让、变更及解除、违约责任、不可抗力、赛事取消或延期、法律适用及争议解决以及其他条款。总体来看，上述条款可以大致分为以下三类：

1. 第一类为准备阶段条款，例如，有关菜单的批准、食材的采购、进货量、餐饮服务商的资质、餐饮服务人员、餐饮服务基础设施等内容；

2. 第二类为实施阶段条款，例如，有关餐饮服务供应时间、就餐人数、备餐数量、饭菜出品时间要求、用餐秩序管理、食品留样、公共餐具消毒、垃圾处理等内容；

3. 第三类为各阶段通用条款，例如，有关可持续发展、无市场开发权、保密义务、知识产权、不可抗力、赛事取消或延期、法律适用及争议解决等内容。

（三）冬奥村餐饮服务合同适用法律

从冬奥村餐饮服务合同的主要内容来看，其在大类上可被划归为《中华人民共和国民法典》（以下简称《民法典》）合同编中的委托合同，从而可以参照《民法典》中关于委托合同的相关规定。

根据具体条款的规定，冬奥村餐饮服务合同同样还适用《中华人民共和国食品安全法》

① 《北京2022年冬奥会和冬残奥会组织委员会“北京、延庆和张家口冬奥（残奥）村餐饮服务商采购”项目单一来源采购公示》，载中国政府采购网，http://www.ccgp.gov.cn/cggg/dfgg/dylygg/202003/t20200309_13978230.htm。

《餐饮服务食品安全操作规范》等食品卫生相关法律法规和规范性文件，以及《中华人民共和国消防法》《中华人民共和国劳动合同法》《中华人民共和国产品质量法》《中华人民共和国环境保护法》《中华人民共和国审计法》《突发公共卫生事件应急条例》《反兴奋剂条例》等相关法律法规规章和规范性法律文件中的规定。

（四）冬奥村餐饮服务合同特殊条款设置

相较北京冬奥组委对外签订的其他日常采购合同而言，冬奥村餐饮服务合同中就其服务内容的特殊性、服务对象的复杂性等特点，以及国际奥委会、国际单项体育联合会等各方的要求，和前述相关涉奥文件里的规定，进行了一些特殊条款的设置，梳理下来主要有以下几点：

一是关于食材采购。基于食品安全、反兴奋剂检测要求，合同中明确，餐饮服务商在准备运动员和随队官员的食材及食品时，必须从北京冬奥会供应基地处采购；而其他人员的食材及食品采购需符合国家法律法规和北京冬奥组委的相关要求，优先使用国际奥委会和北京冬奥组委市场开发合作伙伴赞助类别内的相关产品，如官方合作伙伴内蒙古伊利实业集团股份有限公司的乳制品，官方赞助商青岛啤酒股份有限公司和北京燕京啤酒股份有限公司的啤酒，益海嘉里食品营销有限公司的食用油、谷物（包括面条、意大利面），北京顺鑫农业股份有限公司的肉类、海鲜（生鲜）、水果和蔬菜，福建盼盼食品有限公司的包装零食等。之所以进行这样的规定，一方面是为了确保提供给运动员的食材及食品的安全性和可靠性，要求所有运动员和随队官员的食材及食品须从经认证的供应基地采买；另一方面也响应了《奥运村指南》的规定，要求餐饮服务商在符合法律法规要求的条件下，优先使用赞助商赞助类别内的产品；此外，合同中还明确餐饮服务商应配合赞助商的工作人员为村内的自动售卖机、餐厅饮料冰箱等定期补充饮品，以满足各利益相关方的需求，切实保障国际奥委会和北京冬奥组委市场开发合作伙伴的供应权及展示权等相关权益。

二是关于“清洁场馆”。“清洁场馆”是国际奥委会的特殊要求，其规定了场馆内不同区域所允许和禁止的品牌展示，主要目的在于确保奥运会中体育高于任何商业活动，切实保护奥运会的独特性、完整性以及国际奥委会和北京冬奥组委市场开发合作伙伴的独家权利，适用于所有的竞赛场馆、非竞赛场馆和场馆内的所有服务设施。作为非竞赛场馆，冬奥村毫无疑问需要遵守并执行国际奥委会关于“清洁场馆”的相关规则和政策。由于餐饮服务人员的服务地点位于冬奥村内部，根据“清洁场馆”政策，相关服务人员的着装应当符合品牌展示的具体要求。因此，为规范服务人员着装，合同中约定餐饮服务商应为受其管理的所有服务人员提供干净整洁、品牌标识等符合北京冬奥组委要求的着装。

三是关于防疫措施。随着新型冠状病毒感染肺炎疫情在全世界范围内的大暴发，为最大限度防范疫情，切实保障运动员和随队官员等入住冬奥村的各利益相关方的健康安全，合同中也对防疫进行了特别约定，要求餐饮服务商有针对性地制定疫情处理应急预案，且所有参与村内餐饮服务的工作人员均需根据疫情防控要求提供相关检测证明，并严格遵守北京冬奥组委根据时下的疫情态势及防控级别制定的相关疫情防控措施，配合做好疫情防控及突发事件处理等工作。

四是关于厉行节俭。北京冬奥会的一大重要办赛理念就是“廉洁办奥”，2017 年习近平总书记在主持召开北京城市规划建设和北京冬奥会筹办工作座谈会时曾强调：“廉洁办奥，就要勤俭节约、杜绝腐败、提高效率，坚持对兴奋剂问题零容忍，把冬奥会办得像冰雪一样纯洁无瑕。”反观 2021 年刚刚举办的第 32 届夏季奥林匹克运动会，即 2020 年东京奥运会，据日本共同社报道，仅开幕式期间就有 4000 份食物因为无人食用而被直接扔掉；与此同时，赛时场馆内也存在较为严重的食物浪费现象。勤俭节约，反对铺张浪费一直是中华民族的传统美德，这一点也在北京冬奥会餐饮服务合同中也得到了进一步体现：首先是在方案制定上，要求餐饮服务商本着节俭的原则，制定成本控制、人力资源合理配置、食材食品节约管理、能源节约管理等方案；其次是在采购、储存、加工和供应等各环节，要求餐饮服务商在保证满足供餐时餐饮服务区域内用餐群体对于食品和饮料供应的实际需求的同时，尽最大合理努力调整存量，力争将积压降至最低，避免浪费。

五是关于可持续。国际奥委会高度重视可持续发展，北京冬奥组委也将可持续性工作作为落实“绿色办奥”的重要内容。为践行可持续理念，合同中不仅将“可持续发展”作为一项独立的条款，要求餐饮服务商承诺在履行合同过程中降低资源和能源消耗，实施绿色低碳措施，减少污染，保护生态环境，促进环境友好，保障劳动者权益、不强制劳动，不贪污贿赂或商业贿赂，落实社会责任，保护公平竞争，促进社会和谐；还设置了环保节能条款，要求餐饮服务商严格落实国家和北京冬奥组委关于环保和节能减排的规定，在 2022 年赛事期间有序对塑料制品开展禁限措施，做好废弃物回收利用和塑料污染治理工作，并制定相应的可行性方案。

利益相关方住宿服务保障相关法务工作探析

吴希阳*

【内容摘要】北京2022年冬奥会和冬残奥会作为全球性的大型体育赛事，涉及诸多利益相关方，从比赛的筹办到举办，法律保障已经渗透方方面面。民以居为安，住宿服务保障是赛会服务保障工作的重要内容，为了让各利益相关方都有一种宾至如归的感觉，北京冬奥组委住宿业务领域将《主办城市合同》中住宿部分的承诺融入《住宿接待服务协议》和《住宿分配协议》中，各项住宿政策和保障方案通过《住宿接待服务协议》和《住宿分配协议》在实践中转化为温暖热心的精致服务。本文将就北京2022年冬奥会和冬残奥会利益相关方住宿服务保障中的法律理论和实践作初步的探析。

前　言

竞技体育是围绕运动员展开的，其魅力在于瞬息万变的场上局势、尽全力的拼搏以及比赛结果的不确定性。以体育盛会为圆心，各国际组织、媒体、赞助商、组委会等全部活动围绕此圆心展开。涉奥利益相关方包括国际奥委会/国际残奥委会、国家（地区）奥委会/残奥委会、国际冬季单项体育联合会、市场开发合作伙伴、转播商、文字媒体、超编官员、未来组委会等，住宿业务领域要为以上利益相关方提供相应的住宿保障。《住宿接待服务协议》和《住宿分配协议》及补充协议是住宿服务保障工作中重要的法律支持，这些协议中的法律条款和商务条款不仅要涵盖住宿政策和住宿保障方案，更要符合国内相关法律规定和《主办城市合同》相关承诺。

一、住宿服务保障工作背景介绍

利益相关方住宿服务保障工作具有官方接待饭店数量多、服务的利益相关方数量庞大、需求多样等特点。提供奥运水平的住宿服务既需要满足他们的基本住宿需求，又要在细节体现温情。将《主办城市合同》中的住宿要求落实到实际工作，形成运行顺畅的工作流程，

---

* 吴希阳，女，研究生学历，专业硕士，北京冬奥组委运动会服务部住宿服务处项目工程师、奥林匹克（残奥）大家庭酒店场馆运行团队属地保障组住宿业务领域经理。

每一步都要环环相扣，同时需要与协议相互对应。

冬奥会利益相关方住宿服务保障模式主要包括两方面内容：一方面，北京冬奥组委通过与官方接待饭店友好协商预留数量充足的客房，与其签署《住宿接待服务协议》，北京冬奥组委将客房费用支付给官方接待饭店；另一方面，北京冬奥组委将客房售卖给各利益相关方，同时与各利益相关方签署《住宿分配协议》，各利益相关方将客房费用支付给北京冬奥组委。

（一）《住宿接待服务协议》——北京冬奥组委与饭店方

各利益相关方对住宿地点的要求不尽相同，如媒体工作人员和国际冬季单项体育联合会的技术官员希望住在场馆附近的饭店便于工作、赞助商希望住在档次较高的饭店便于商业活动等，官方接待饭店要满足星级、距离、价格等多方面的要求，所以北京冬奥组委主要是通过推荐和遴选的方式选择并确定官方接待饭店。

考虑到一些饭店存在长期租住客人的情况，为了保证官方接待饭店在冬奥背景下仍可以正常进行商业运行，北京冬奥组委在与官方接待饭店（除大家庭饭店外）签署协议时一般只签署该饭店70%左右的客房，剩余客房饭店还可以对外售卖，但是在饭店收到批量预定时需向北京冬奥组委报备并经批准。

北京冬奥组委在与官方接待饭店进行协议谈判时，标准房型客房的价格需要满足《申办报告》的最高限价。客房单价仅包含住宿费、最多两份早餐及相关服务费用，各利益相关方如果有午餐、下午茶、晚餐、SPA等需求，这些消费产生的费用则属于自费项目，不包含在客房费用中。

在冬奥会期间，官方接待饭店既是利益相关方休息的场所也是他们工作的场所，因此，各利益相关方对饭店的功能间也是有需求的，如将会议室改造成临时办公地、在宴会厅召开全会等。但是北京冬奥组委仅负责收集饭店的功能间基本情况并推介给利益相关方，不负责售卖功能间，对于有功能间需求的利益相关方可以直接与饭店协商。

（二）《住宿分配协议》——北京冬奥组委与各利益相关方

在国际奥委会批准官方接待饭店的名单、价格和初步分配方案后，北京冬奥组委向各利益相关方发布《住宿指南》，各利益相关方选择各自《住宿指南》中的饭店并在规定时间内完成需求提交、协议签署、款项支付等工作。

北京冬奥会参考东京奥运会的利益相关方住宿服务保障模式，由北京冬奥组委委托技术公司开发住宿管理系统，各利益相关方通过住宿管理系统提交住宿预定单、确认住宿分配方案、签署《住宿分配协议》。

北京冬奥组委发布《住宿指南》是要约邀请，各利益相关方提交住宿需求是要约，有时利益相关方住宿需求无法完全满足，如距离场馆较近且价格较低的饭店比较热门，那么北京冬奥组委将为利益相关方分配其选择的备选饭店或其他饭店，各利益相关方在完全同意北京冬奥组委的住宿分配方案后便可以在住宿管理系统中提出签署《住宿分配协议》的申请。

在双方签署完成《住宿分配协议》后，利益相关方可以按照协议中的客房间夜数（房间数×夜数）约定，免费取消一定比例客房间夜数；但是对于住宿需求的增多，北京冬奥组委只有在可以满足其需求的情况下才会确认接受该类预定。

（三）住宿服务保障协议体系

在住宿服务保障工作中，北京冬奥组委既是服务购买方也是服务售卖方，《住宿接待服务协议》和《住宿分配协议》相互关联又相互独立。最能体现这一特点的是两个协议中的商务条款，为了降低财务风险，北京冬奥组委与利益相关方之间的客房间夜数返还、房费支付时间节点均早于北京冬奥组委与饭店方之间的时间节点。

《住宿接待服务协议》和《住宿分配协议》是住宿业务开展工作的基础，拟定及批准时间较早，对于在后续工作中发现的普遍性问题和情况，主要是通过签署补充协议的方式进行修正。《住宿分配协议》作为格式合同在发布给各利益相关方后收到了较多修改意见，对于其提出的修改意见主要是通过向各利益相关方解释协议的方式解决。因此，除《住宿接待服务协议》和《住宿分配协议》外，这两个协议的补充协议同样是住宿服务保障协议体系的重要组成部分。

二、《住宿接待服务协议》相关法律问题初探

（一）官方接待饭店签署主体问题

按照旅游饭店行业惯例，饭店的经营方式一般包括两种，一是业主方自己经营，二是业主交由酒店管理公司经营。冬奥会比赛分布在三个赛区，北京赛区的星级饭店十分充足，但是延庆赛区和张家口赛区有很多在建饭店。以上问题导致了签署主体无法确定的问题，在工作中北京冬奥组委通过以下方式确定签署主体：（1）部分饭店的公司性质为分公司，分公司不属于独立的法人主体，无法与北京冬奥组委签约，但是可以通过与其总公司签约的方式解决这类问题。（2）对于业主自己经营的饭店，直接与业主方签署双方协议；对于酒店管理公司经营的饭店，通过与业主方、管理方签署三方协议的方式解决。（3）对于在建饭店，直接与业主方签署双方协议。

尽管各个饭店的商业运行模式各不相同，但是将相关主体都纳入签约范围，有效降低了北京冬奥组委的法律风险。

（二）涉奥协议的特殊约定

1. 无市场开发条款

奥林匹克运动会有一系列独特而鲜明的象征性标志，如标志、格言、徽记、口号、吉祥物，这些标志有着丰富的文化含义，形象地体现了奥林匹克理想的价值取向和文化内涵，

同时还具有极高的商业价值。官方接待饭店并非冬奥会的赞助商，因此，没有利用奥林匹克标志和授权称谓进行商业宣传的权利。根据《住宿接待服务协议》无市场开发条款的约定，官方接待饭店仅享有悬挂“官方接待饭店”荣誉称号铭牌的权利，并应在规定时间内返还给北京冬奥组委。

2. 可持续发展条款

按照“绿色、共享、开放、廉洁”办奥理念的要求，可持续发展条款也被纳入《住宿接待服务协议》之中，北京冬奥组委鼓励饭店减少使用一次性用品，不允许销售含有源自《濒危物种红色名录》中的任何动植物食品或食品成分等，切实践行了绿色办奥理念。

3. 安全保障条款

官方接待饭店按照入住人群不同可以划分为普通接待饭店和大家庭饭店。大家庭饭店在赛时是国际奥委会住宿和办公的主要地点，也是重要的非竞赛场馆，因此，与大家庭饭店签订的《住宿接待服务协议》中安保条款较普通接待饭店更加严格。大家庭饭店周围区域为封闭运行区，在封闭运行期内大家庭饭店不对外经营，且进入该饭店需要进行严格的背景审查。

（三）工作中对《住宿接待服务协议》的补充

《住宿接待服务协议》中涉及的流程较多，如支付客房价款、收取佣金、取消客房间夜数等，需要与业务流程相对应，如果业务流程发生变更可以通过签署补充协议的方式使协议内容与其相对应。

2020年新冠肺炎疫情来袭，东京奥运会因此推迟举办，部分利益相关方在东京奥运会遭受损失，国际奥委会和各利益相关方强烈要求北京冬奥组委在《住宿分配协议》中加入“冬奥会延期”和“冬奥会取消”条款。如果冬奥会延期举办，北京冬奥组委将与各利益相关方签订补充协议确定新事项；如果冬奥会取消举办，《住宿分配协议》将终止，北京冬奥组委返还利益相关方已支付的客房价款。在新冠肺炎疫情蔓延前，北京冬奥组委已经与所有官方接待饭店完成《住宿接待服务协议》签署工作，为保持《住宿分配协议》和《住宿接待服务协议》冬奥会延期、取消政策的一致性，通过与官方接待饭店签署补充协议的方式有效解决了政策衔接的问题。

由于疫情发展情况及疫情防控政策、票务政策和各利益相关方住宿需求等都在持续变化，为保证住宿服务的满意度，通过补充协议的方式对未尽事宜和新情况进行补充约定十分必要。

三、《住宿分配协议》相关法律问题

与北京冬奥组委签署《住宿分配协议》的利益相关方包括国际奥委会/国际残奥委会、各国家（地区）奥委会/残奥委会、国际冬季单项体育联合会、市场开发合作伙伴、转播商、文字媒体、超编官员、未来组委会等，其下属机构共计约1000个。《住宿分配协议》具有签署数量庞大、不同利益相关方签署不同协议版本、通过住宿管理系统线上签署等特点。

(一)《住宿分配协议》概述

根据《主办城市合同》要求，不同利益相关方在支付价款时间、退税政策、市场开发权限等政策要求不一致，导致《住宿分配协议》出现不同版本。主要体现在以下版本中：(1) 根据《关于北京2022年冬奥会和冬残奥会税收优惠政策的公告》(财政部、税务总局、海关总署公告2019年第92号) 规定，国家(地区) 奥委会及相关实体可享有住宿费用退税的权利，除此之外只有国际奥委会享有住宿费税费抵扣的权利，即如果国际奥委会无法退税，其有权将扣除税费后的房费支付给北京冬奥组委；(2) 新闻媒体、超编官员配额确定时间较晚，因此付款时间较晚；(3) 市场开发合作伙伴和部分转播商享有有限的市场开发权限等。

因各利益相关方分布在全球各地，而且绝大多数国外机构都没有公章，如果通过线下签署协议将面临大量邮寄工作。在住宿管理系统投入使用后，北京冬奥组委首先收集各利益相关方被授权人的邮箱，之后被授权人会收到登录住宿管理系统的链接，被授权人是所在机构唯一可以操作住宿管理系统的人。住宿管理系统不仅便于北京冬奥组委与各利益相关方沟通，同时可以高效完成协议签署、审批、变更等工作。

(二)《住宿分配协议》与住宿管理系统运行设计

住宿管理系统带来便利的同时，住宿管理系统前期运行设计也给我们的工作带来了挑战。

1. 客房间夜数取消和增加的运行设计

根据《住宿分配协议》客房间夜数取消条款的约定，利益相关方有权免费取消一定比例的客房间夜数，超出比例应支付取消费。免费取消客房间夜数的计算模式将会影响利益相关方支付取消费，实践中难免会出现客房间夜数乘以免费取消比例后的数字为非整数的情况，这一问题可以通过规定取整数或规定四舍五入的方式解决，使住宿管理系统的算法和《住宿分配协议》保持一致。

取消客房间夜数是各利益相关方的权利，无须北京冬奥组委审批，但是对于客房间夜数的增加，需要北京冬奥组委确认是否可以满足需求，因此客房间夜数增加需要北京冬奥组委内部再次审批，以保证每个利益相关方的住宿需求都得以保障。

利益相关方免费取消客房间夜数是有截止时间的，在运行设计中考虑到如果有利益相关方在截止时间前1小时或者更接近截止时间的时间提出增加客房间夜数申请，北京冬奥组委如果无法及时完成审批，就会影响客户行使免费取消客房间夜数的权利。为避免这一问题，北京冬奥组委将截止时间当日作为客户端住宿管理系统维护时间，截止时间当日均为工作日，北京冬奥组委住宿服务保障主责部门将在当日完成所有相关审批，不影响客户免费取消客房间夜数及取消费的计算。

2. 发送付款通知单的运行设计

根据住宿重要时间节点安排及《住宿分配协议》内容要求，住宿管理系统在每次付款截止日期前30天自动向利益相关方发送付款通知单，付款通知单是各利益相关方向各自财务部门请款的依据。虽然北京冬奥组委对利益相关方的签署协议时间作出要求，但因存在时差、财务制度不同等问题，并不是所有利益相关方都可以在规定时间内完成签约工作。部分利益相关方在付款截止日期前30天内才签署协议，即错过系统自动发送付款通知单的时间。为督促其尽快付款，系统将在签署协议审批结束当日自动发送付款通知单。

在前期住宿管理系统运行设计过程中，住宿管理系统和《住宿分配协议》不断磨合，遇到运行不流畅的问题就立即通过修改后台程序或修改条款的方式进行修正，保证了住宿管理系统上线后住宿预定和分配工作的顺利进行。

（三）《住宿分配协议》重点条款

1. 财务条款

各利益相关方住宿涉及的费用总计数亿元，因此北京冬奥组委和各利益相关方对财务条款都十分关注和重视。北京冬奥组委要求各利益相关方只能使用人民币支付住宿费用，采用其他币种支付的将被退回并要求重新支付（该组织所在城市确无法支付人民币除外）。国际奥委会及相关实体均享有住宿费用退税的权利，北京冬奥组委无法直接开具住宿费用发票，发票是由官方接待饭店开具的。国际奥委会为保证各利益相关方的退税权利，要求北京冬奥组委为各利益相关方提供官方接待饭店开具的发票。

在拟定《住宿分配协议》英文版过程中，北京冬奥组委对付款通知单和发票作出了区分，因签署《住宿分配协议》的利益相关方大多为境外机构，在境外“Invoice”可以被当作发票使用，但是根据中国相关法律规定，发票才是退税的凭证，“Invoice”无法退税。因此，《住宿分配协议》中的“Invoice”表示付款通知单，“Fapiao”表示可以用于退税的发票。这样境外机构不会产生误解，也符合了《中华人民共和国税法》的相关要求。

2. 个人信息保护条款

入住官方接待饭店必然涉及入住人信息的提交问题，各利益相关方对个人信息保护条款都十分敏感，《住宿分配协议》中要求利益相关方、北京冬奥组委和官方接待饭店都应遵守中国与个人信息保护有关的法律法规以及北京冬奥组委现行或不时制定的与个人信息保护有关的政策。但是部分利益相关方要求修改该条款，改为适用欧盟《通用数据信息保护条例》（GDPR），有些甚至要求北京冬奥组委签署利益相关方所在国的个人信息保护承诺书。我国在个人信息保护方面已经有相关法律法规规定，因此各利益相关方以上要求均未得到满足。

3. 管辖法律及管辖权条款

《住宿分配协议》适用中国法律并依据中国法律进行解释，协议争议协商不成将提交北京仲裁委员会处理，按照北京仲裁委员会的规则进行仲裁。因签署该协议的境外利益相关方较多，部分利益相关方对管辖法律及管辖权提出修改意见，希望适用其所在国法律进行解释。根据《主办城市合同》相关约定，国际奥委会与北京冬奥组委签署的协议中，管辖法律可以适用瑞士法，协议争议可以交由国际体育仲裁法庭（CAS）处理。因此，除与国际奥委会签署的《住宿分配协议》外，其他利益相关方提出的管辖法律及管辖权要求变更均未满足。

结 语

利益相关方住宿服务保障工作是赛事服务保障的重要内容，也是冬奥筹备的重要部分，涉及每个人的基本生活保障。《住宿接待服务协议》和《住宿分配协议》均为格式合同，从拟定文本、征求相关部门意见、提交国际奥委会/国际残奥委会法务部门审核、北京冬奥组委审定文本到将协议中条款落实到服务细节中，是个不断修正和完善的漫长过程。这两份协议及其补充协议的中英文版本不仅要经得起国内官方接待饭店的询问，还要经得起遍布在世界各地的各利益相关方提出的商务和法务条款反馈意见的挑战。新冠肺炎疫情席卷全球，旅游饭店行业受到重创，《住宿接待服务协议》要求官方接待饭店以奥运标准做好住宿服务保障工作，诸多不确定因素和新情况不断给住宿服务保障工作提出新挑战。无论是旧问题还是新挑战，只有不断探索才能找到解决问题的方法，只有不断修正才能切实解决问题。

赛事筹办过程中的涉外劳动关系法律问题浅析

陈　璐*

【内容摘要】北京2022年冬奥会和冬残奥会在筹办过程中，会聘请一部分外籍专家和工作人员，这些外籍专家和工作人员一般为国际奥委会（IOC）、国际残奥委会（IPC）、各国际单项体育组织联合会（IF）以及其他组委会推荐，在各自领域内均拥有丰富的为奥运会和残奥会服务经验。本文将初步探讨外籍专家和工作人员服务合同中需要明确的法律关注点和合同要点。

一、聘用外籍专家和工作人员的基本情况

近年来，我国冰雪运动迅速发展，举办北京2022年冬奥会和冬残奥会（以下简称冬奥会）也为冰雪运动繁荣发展带来了重大机遇。与此同时，我国冰雪赛事保障水平与世界最高水平相比仍有差距，冰雪运动产业仍处于发展阶段。对于冬奥会这种最高水平的冰雪赛事来说，赛事场地标准高，赛事人员经验丰富。因此，在筹办冬奥会的过程中，外籍专家和工作人员也是十分重要的一部分人员。外籍专家和工作人员多为国际奥委会、国际残奥委会以及各国际单项体育组织联合会推荐，常年从事冰雪赛事筹办的各种工作，世界最高级别冰雪赛事的经验丰富，且长期与国际奥委会、国际残奥委会以及各单项组织联合会有着长期良好的合作关系，也为北京冬奥组委在筹办过程中与上述主体之间的沟通起到桥梁作用。结合工作实践，北京冬奥组委聘用的外籍专家和工作人员在群体方面具体有以下特征：

一是专家国籍较为广泛，从事工作技术性较强。外籍专家和工作人员既有来自挪威、加拿大、英国等冬季奥林匹克项目传统强国和冰雪运动群众基础好的国家，又有来自韩国、俄罗斯等之前几届冬奥会主办国推荐的专家。冬季项目传统强国，群众基础好，冬季项目产业发达，相关领域从业人员多且专业能力较强；韩国、俄罗斯等国家的专家均有筹办前几届冬奥会的经验，对于冬奥会的筹办工作来说，具有十分重要的借鉴意义。这些专家所

* 陈璐，女，研究生学历，法学硕士，北京冬奥组委法律事务部法务审核处项目助理。

从事的具体工作技术性较强，例如，为冬奥会提供各比赛场地认证咨询、各项目运行管理咨询、制冷制冰及冰面维护、照明及场地通风系统设计维护、媒体设置安装调试培训等。

二是聘用数量与冬奥会时间紧密联系，赛时聘用数量激增。外籍人员主要以国际奥委会、国际残奥委会、各国际单项体育组织联合会推荐为主，且均为北京冬奥组委为了冬奥会的筹办目的而聘用。筹办工作开展初期，北京冬奥组委主要聘用的为外国专家，早期聘用的外籍专家多具有不可替代性，且数量较稳定。临近赛时，根据冬奥会服务要求，大量赛时岗位急需外籍人才，且仅针对赛时提供短期服务，如试滑员、兴奋剂检查官、现场播报员、翻译员、滑雪医生等。

三是形式上以驻会工作的劳动关系及按时、按次提供服务成果的服务关系两类为主。在合同形式上，主要有两种形式：一种是与北京冬奥组委签订劳动合同，工作日在组委会工作；另一种是与北京冬奥组委签订服务合同，根据合同约定的时间和服务内容提供服务，服务费用按照每次服务情况单次计算，或者按照服务天数按天计算，定期结算。

二、来华工作适用我国相关法律规定进行管理

（一）劳动关系

对于签署劳动合同的驻会专家，《中华人民共和国劳动法》（以下简称《劳动法》）第2条规定："在中华人民共和国境内的企业、个体经济组织（以下统称用人单位）和与之形成劳动关系的劳动者，适用本法。国家机关、事业组织、社会团体和与之建立劳动合同关系的劳动者，依照本法执行。"《中华人民共和国劳动合同法》（以下简称《劳动合同法》）第2条规定："中华人民共和国境内的企业、个体经济组织、民办非企业单位等组织（以下称用人单位）与劳动者建立劳动关系，订立、履行、变更、解除或者终止劳动合同，适用本法。国家机关、事业单位、社会团体和与其建立劳动关系的劳动者，订立、履行、变更、解除或者终止劳动合同，依照本法执行。"

依据上述规定，北京冬奥组委作为事业单位，与外籍专家和工作人员建立劳动合同关系的，应当适用我国《劳动法》《劳动合同法》的有关规定。同时，虽然《劳动法》《劳动合同法》中没有对外国劳动者在中国就业进行明确规定，但从其适用范围来看，也未排除外国劳动者。《外国人在中国就业管理规定》第25条规定："用人单位与被聘用的外国人发生劳动争议，应按照《中华人民共和国劳动法》和《中华人民共和国企业劳动争议调解仲裁法》处理。"《中华人民共和国涉外民事关系法律适用法》第43条规定："劳动合同，适用劳动者工作地法律……"北京冬奥组委聘用的外籍专家和工作人员的工作地均在中国境内，据此，北京冬奥组委与外籍专家和工作人员签署的劳动合同，应当适用中国劳动法律规定。北京冬奥组委使用的外籍人员劳动合同模板的"适用法律"条款，约定的即为中国法律管辖。

（二）服务关系

对于提供服务的外籍专家或者工作人员，一般而言与为北京冬奥组委提供各类服务的公司或其他机构等法人签署的服务合同无法律关系上的区别。对于签署服务合同的专家，因为与北京冬奥组委之间形成的非劳动关系，不受《劳动法》《劳动合同法》等劳动关系法律的规制。《中华人民共和国民法典》（以下简称《民法典》）合同编第 467 条第 1 款规定："本法或者其他法律没有明文规定的合同，适用本编通则的规定，并可以参照适用本编或者其他法律最相类似合同的规定。"因此，服务合同受《民法典》合同编的规范。

（三）外籍实习生的限制

根据《外国人入境出境管理条例》第 22 条之规定，用人单位招用外籍实习生的，如果外籍实习生持学习类居留证件，则应当经所在学校同意并向公安机关出入境管理机构申请居留证件加注勤工助学或者实习地点、期限等信息。[①] 据此，如果外籍学生不持有在中国境内学习类居留证件，其他类型的居留证件无法在中国实习，但可以根据情形申请工作类签证。因此，用人单位招用外籍实习生，应该仅限于在中国境内就读的外籍学生。

三、劳动合同关注要点

（一）外国人在中国就业的判定

《外国人在中国就业管理规定》第 2 条规定："本规定所称外国人，指依照《中华人民共和国国籍法》规定不具有中国国籍的人员。本规定所称外国人在中国就业，指没有取得定居权的外国人在中国境内依法从事社会劳动并获取劳动报酬的行为。"《外国人在中国就业管理规定》第 3 条规定："……本规定不适用于外国驻华使、领馆和联合国驻华代表机构、其他国际组织中享有外交特权与豁免的人员。"根据规定，外国人在中国就业包含三方面法定要件：

一是这里的外国人指不具有中国国籍的人员，包括具有其他国家国籍的外国人和无国籍人士。中国国籍的取得依照《中华人民共和国国籍法》的规定，本文不再赘述。

二是该等外国人没有取得定居权，且不是享有外交特权与豁免的外国人；取得定居权的外国人，不受外国人在中国就业的相关规定的规范。享有外交特权与豁免的外国人，则应当遵守《维也纳外交关系公约》《维也纳领事公约》以及我国与其派遣国签订的双边条约，通过外交途径处理相关在华公务，上述两类外国人不是本文讨论的对象。

三是在中国境内依法从事社会劳动并获取劳动报酬。其中"在中国境内"应当包括中

---

① 《外国人入境出境管理条例》第 22 条规定："持学习类居留证件的外国人需要在校外勤工助学或者实习的，应当经所在学校同意后，向公安机关出入境管理机构申请居留证件加注勤工助学或者实习地点、期限等信息。持学习类居留证件的外国人所持居留证件未加注前款规定信息的，不得在校外勤工助学或者实习。"

国内地（大陆）、香港特别行政区、澳门特别行政区和我国台湾地区。基于香港特别行政区、澳门特别行政区实行高度自治，享有立法、行政和司法方面的高度自治权，我国台湾地区的现行制度与中国大陆较为不同，且北京冬奥组委聘用的外籍专家和工作人员在中国境内的工作地点均为北京和河北，因此本文仅讨论在中国大陆就业的相关法律规则。

（二）合法就业须办理就业证件

根据《外国人在中国就业管理规定》的规定，除符合特殊条件（如政府直接出资聘请的外籍专业技术和管理人员等），一般情况下，外国人在中国就业，用人单位应为该外国人申请就业许可，经获准并取得《中华人民共和国外国人就业许可证书》后方可聘用。办理工作许可证需要提供的材料里包含了聘用合同。另外，已办理就业证的外国人，应在入境后 30 日内，持就业证到公安机关申请办理居留证。居留证件的有效期限可根据就业证的有效期确定。①

北京冬奥组委签署的外籍专家和工作人员的合同中，均有明确说明本合同会提交国家外国专家局备案的相关表述。同时，合同中对于合同生效条件，明确约定合同自受聘方依法办理有关来华工作手续并获得外国人居留许可证后生效。

同时需要关注，劳动行政部门对就业证实行年检。用人单位聘用外国人就业每满 1 年，应在期满前 30 日内到劳动行政部门发证机关为被聘用的外国人办理就业证年检手续。逾期未办的，就业证自行失效。

（三）外籍员工不适用劳务派遣或者指派等工作形式

《外国人在中国就业管理规定》第 23 条规定："外国人在中国就业的用人单位必须与其就业证所注明的单位相一致。外国人在发证机关规定的区域内变更用人单位但仍从事原职业的，须经原发证机关批准，并办理就业证变更手续。外国人离开发证机关规定的区域就业或在原规定的区域内变更用人单位且从事不同职业的，须重新办理就业许可手续。"因此，外国人应在就业证记载的用人单位和区域内工作，如就业证中记载的区域、用人单位或者从事职业发生变更，需要及时办理变更登记或者重新办理就业许可证手续。劳务派遣或者指派等工作形式，会导致外籍员工和工作单位发生分离，不适用于外籍员工。

（四）劳动合同期限

外籍员工不适用无固定期限劳动合同，且合同期限不能超过 5 年。根据《外国人在中国就业管理规定》第 17 条之规定，用人单位与被聘用的外国人应依法订立劳动合同。劳动合同的期限最长不得超过 5 年。劳动合同期限届满即行终止，但外国人被批准延长在中国

---

① 参考《外国人在中国就业管理规定》第 7 条，外国人在中国就业须具备下列条件：（1）年满 18 周岁，身体健康；（2）具有从事其工作所必须的专业技能和相应的工作经历；（3）无犯罪记录；（4）有确定的聘用单位；（5）持有有效护照或能代替护照的其他国际旅行证件。

就业期限并办理相应手续后可以续订。据此可以看出，外国人在中国就业不允许签订无固定期限劳动合同，也就不存在用人单位需要签订无固定期限劳动合同的情形。

（五）劳动权利

外国人在中国就业同样适用中国的最低工资标准，也有权按照中国的相关规章制度，享受休息休假和用人单位的劳动保护。北京冬奥组委与外籍专家或工作人员的聘用合同中均约定，聘用期间北京冬奥组委将按照中国法律关于外国人参加社会保险的有关规定，为受聘方缴纳各类社会保险；受聘方享有带薪年休假及中国法律所明确规定的法定节假日；北京冬奥组委为受聘方提供安全、卫生和适当的劳动条件、劳动设施设备及劳动防护；受聘方从事有职业病危害作业的，北京冬奥组委也将根据中国法律的要求，采取措施预防并控制职业病的发生，保护受聘方合法权益。

（六）社保缴纳“双边互免”

根据《在中国境内就业的外国人参加社会保险暂行办法》的规定，在境内合法就业的外国人应当依法参加职工基本养老保险、职工基本医疗保险、工伤保险、失业保险和生育保险，由境内工作单位和本人按照规定缴纳社会保险费；但是与中国签订社会保险双边或者多边协议国家国籍的人员在中国境内就业的，其参加社会保险的办法按照协议规定办理。目前中国与德国、韩国、丹麦、加拿大、芬兰、瑞士、荷兰、西班牙、卢森堡、日本、塞尔维亚等11个国家签订有社保双边互免协议。① 通常，协议中规定双方国家互相免缴养老保险和失业保险，对于上述国家的外籍专家和工作人员的劳动合同，一般在合同中可以约定根据相关双边互免协议执行，不为受聘方缴纳中国境内相关社会保险。

（七）争议解决的特殊规定

根据《劳动法》，劳动争议仲裁委员会的劳动仲裁是诉讼的前置程序，《劳动法》的相关规定对于与外国劳动者的劳动关系也同样适用。北京冬奥组委与外国专家和工作人员签订的劳动合同中约定，任何劳动争议，双方首先通过友好协商解决，无法通过友好协商方式解决的，向国家外国专家管理部门在北京设立的外国文教专家聘用合同争议仲裁委员会提出仲裁申请，对仲裁裁决不服的，可向北京冬奥组委所在地人民法院提起诉讼。

四、服务合同

外籍专家和工作人员的服务合同，需要符合我国《民法典》等相关法律法规的规定，以及北京冬奥组委制定的相关制度。在合同内容的要求上，本质与其他服务合同无异。在服务期限、服务地点、服务内容、服务费及发放、保险及其他费用、保密及其他义务等实

---

① 《双边社保互免协定》，载中华人民共和国人力资源和社会保障部网，http://www.mohrss.gov.cn/SYrlzyhshbzb/zhuanti/waiguorencanbao/sbsbhmxd/。

质内容方面，均可在上述法律及内部制度规定范围内与专家进行谈判，确定合同商务条款。

五、针对疫情的特殊合同约定

由于疫情的影响，外籍专家和工作人员为北京冬奥组委提供服务会受到一定程度的影响。对于存在劳动关系的外籍专家和工作人员来说，在中国境内工作在管理方面与中国籍员工无异，受疫情影响不大。主要影响的是为北京冬奥组委提供服务的外籍专家和工作人员，因此需要对其服务合同作出相应特殊的合同约定。

首先，服务合同不会限制专家为其他单位提供服务，专家仅需与北京冬奥组委就提供服务的时间提前作好约定。但由于疫情影响，专家来华提供服务的时间可能会因为防疫政策的调整甚至冬奥会时间变更受到影响，前期约定好的时间可能会被延后，与专家提供其他服务的时间产生冲突。为保障专家能够按计划为北京冬奥组委提供相应服务，合同约定受聘方开展现场服务因疫情形势变化或者冬奥会时间变更而需调整服务日程或服务方式的，经双方提前协商一致可调整日程或方式，但受聘方应尽合理努力满足北京冬奥组委提出的现场服务时间要求及相关规定；若受聘方入境中国后需进行隔离或配合其他防疫措施，则受聘方应根据受聘方来华适用的隔离政策和航班情况合理安排行程，确保到达工作地点之日不晚于相关工作开始日期。

其次，对于因为疫情可能导致冬奥会被取消或者延期的情况，合同也约定，如果冬奥会被取消，北京冬奥组委有权视情况书面通知受聘方解除本合同，对受聘方已经提供的服务进行结算，尚未履行或未履行完毕的合同义务，双方同意不再继续履行且互不承担违约责任；如果冬奥会被延期，北京冬奥组委仍需受聘方提供服务的，经双方提前协商一致可调整受聘方服务期限，但受聘方应尽合理努力满足北京冬奥组委提出的服务期限要求及相关规定。

此外，对于因为防疫需要，外籍专家和工作人员来华增加的各种费用或补贴，北京冬奥组委也会根据相关内部政策，对其进行报销或者补偿，相关内容均在合同中具体约定。

冬奥赛事采购合同成立与生效时间实务初探

郝拴明[*]　季馨源[**]

【内容摘要】合同的订立可以分为要约和承诺，承诺生效时合同成立。在政府采购的公开招标方式中，招标公告为要约邀请，投标为要约，招标人选定中标人为承诺。根据《民法典》的规定，此时合同已成立，如无特别约定和法律规定，合同成立并生效。《政府采购法》第46条第1款规定："采购人与中标、成交供应商应当在中标、成交通知书发出之日起三十日内，按照采购文件确定的事项签订政府采购合同。"此时，政府采购合同于何时成立并生效？政府采购合同作为甲方合同，从采购人的角度看，应在采购文件中合同文本部分对合同的生效日期如何约定，更有利于采购人，是本文探讨的目的和主要内容。

北京冬奥组委作为事业单位法人，赛事筹办过程中的采购工作均参照政府采购法律法规执行。北京冬奥组委对外签订的合同中，采购类合同占据了较大比例。因此，明晰《民法典》和政府采购法律法规以及相关实务中合同成立、生效的时间和条件对于采购活动的开展以及合同的履行具有重要意义。

一、合同成立的一般规定

要约承诺方式是最为典型的合同订立方式。当事人形成合意的过程，是对合同内容协商一致的过程，很多都是经过要约、承诺完成的。要约是希望与他人订立合同的意思表示，而承诺是受邀约人同意要约的意思表示。根据《民法典》第483、502条之规定，承诺生效时合同成立，依法成立的合同，自合同成立时生效，但是法律另有规定或者当事人另有约定的除外。

政府采购程序是要约承诺方式的典型。《民法典》第473条规定，招标公告为要约邀请，根据《中华人民共和国民法典释义》一书中的解释，投标为要约，招标人选定中标人，

* 郝拴明，男，研究生学历，法学硕士，北京冬奥组委法律事务部综合处副处长（主持工作）。
** 季馨源，女，研究生学历，法律硕士，北京冬奥组委法律事务部综合处项目工程师。

为承诺。[①]《政府采购法》第43条第1款规定："政府采购合同适用合同法……"因此，在政府采购活动中，自招标人选定中标人，发出中标通知书，即为承诺，如法律无特别规定或者当事人另有约定，政府采购合同就成立并生效。

二、《政府采购法》与《招标投标法》中关于政府采购合同的有关规定

《政府采购法》第46条第1款规定："采购人与中标、成交供应商应当在中标、成交通知书发出之日起三十日内，按照采购文件确定的事项签订政府采购合同。"《招标投标法》第46条第1款规定："招标人和中标人应当自中标通知书发出之日起三十日内，按照招标文件和中标人的投标文件订立书面合同。招标人和中标人不得再行订立背离合同实质性内容的其他协议。"

三、如何确定政府采购合同的成立和生效时间

根据《民法典》有关规定和要约与承诺的经典理论，合同自承诺时成立，一般情况下同时生效，政府采购合同自中标人确定，招标人发出中标通知书时就成立。那么，无论是招投标实践工作，还是按照《政府采购法》和《招标投标法》的有关规定，发出中标通知书时，尚未签订"书面合同"，此时政府采购合同是否成立并生效了呢？

对此，有两种不同的看法：第一种观点认为，在招投标活动中，招标人发出中标通知书达到投标人时，招标人与投标人之间的合同关系成立，实质意义上的政府采购合同已成立，如无特别约定或法律没有特别规定，合同同时生效；第二种观点认为，投标人中标后，还应与招标人签订书面合同，签订书面合同之时才是合同成立之时。

按照合同要约与承诺的法理，投标人将投标书送达招标人处，该项要约就发生法律效力，投标人无法定理由不得撤销其要约，而招标人确定中标人、发出中标通知书并到达投标人，意味着承诺生效，招投标合同即成立，这也符合《民法典》关于要约与承诺的规定。

同时，《政府采购法》第46条第2款规定："中标、成交通知书对采购人和中标、成交供应商均具有法律效力。中标、成交通知书发出后，采购人改变中标、成交结果的，或者中标、成交供应商放弃中标、成交项目的，应当依法承担法律责任。"《招标投标法》第45条规定："中标人确定后，招标人应当向中标人发出中标通知书，并同时将中标结果通知所有未中标的投标人。中标通知书对招标人和中标人具有法律效力。中标通知书发出后，招标人改变中标结果的，或者中标人放弃中标项目的，应当依法承担法律责任。"

因此，根据《民法典》关于承诺生效时合同成立的一般规定以及《政府采购法》和《招标投标法》关于中标通知书法律效力的规定，在招标人发出中标通知书到达投标人处后

---

① 参见黄薇：《中华人民共和国民法典释义》，法律出版社2020年版，第913页。

即发生法律效力，此时实质意义上的政府采购合同已成立，尽管此时尚未按照《政府采购法》或《投标投标法》的规定签订书面合同。这是全国人大常委会法制工作委员会组织编写的法律释义丛书《民法典释义》的观点。

四、招投标文件与正式书面合同的关系

按照上述分析，在中标通知书发出并到达投标人时，政府采购合同已成立，随后招标人应与投标人签订书面合同，此时，应将上述条款规定的"签订政府采购合同"，理解为以书面合同书的形式对政府采购程序确定的采购双方当事人的权利义务进行梳理和确认，合同书只是合同成立的证明，并非未按照《政府采购法》签订政府采购合同，政府采购合同就未成立和生效。

政府采购活动中，不同的采购方式对于采购文件的表述不同。对采购文件中的合同部分的确定性要求是不一样的。根据《政府采购法》和《政府采购法实施条例》的有关规定看，对招标文件和询价文件的要求是应包括合同本文，对竞争性谈判文件的要求是应包括合同草案的主要条款，这一规定体现了不同采购方式的不同特点，即对于招标和询价采购，合同内容都必须事先在文中固定，除了将招标和询价承诺逐项填写进去外，其他内容不允许再行变更。对于竞争性谈判采购，则可以在谈判过程中随着采购需求的变动同步变动合同草案的主要条款，财政部认定的竞争性磋商的采购方式，对磋商文件主要内容规定的也是合同草案。就法律角度而言，合同文本与合同草案是有根本性区别的。

通过招标方式完成的政府采购活动，对招标文件中合同部分的要求是"合同文本"，确定性很高，因此如果招标公告中没有关于采购合同成立与生效时间的特别约定，就应适用《民法典》关于承诺生效时合同成立并生效的一般规定，即采购人或者代理机构发出中标通知书时，采购合同的承诺生效，采购合同就成立并生效。

此时，尽管采购人与合同商尚未按照《政府采购法》的规定签订书面政府采购合同，但实质意义的政府采购合同已经成立并生效，甚至某种程度上说，该合同也是书面形式的政府采购合同，因为投标文件和中标通知书都是书面形式的，且具有法律效力，只不过该书面形式与另行签订的采购合同书相比可能不够清晰而已。

五、招标人应该如何在招标文件中规定合同

从维护采购人利益的角度出发，发出中标通知书时采购合同就成立并生效，特别是对于大型国际体育赛事，筹办工作具有时间紧、任务重、情况复杂等特点，发出通知书即生效并不是总有利于采购人。根据《民法典》第502条第1款的规定，依法成立的合同，自成立时生效，但是法律另有规定或者当事人另有约定的除外。因此，采购人可以在采购文件合同文本中直接约定采购合同的生效时间，以有利于采购人。那么，政府采购合同何时

成立并生效，有利于采购人，以下分三种情况进行分析。

（一）在招标文件中明确约定，发出中标通知书时采购合同成立并生效

如果招标人着急使用采购的货物或服务，需要投标人尽快履行合同给付义务，并避免审计风险，就应使采购合同尽快成立并生效，这种情况，可在采购文件的合同文本中明确规定，政府采购合同自发出中标通知书并到达投标人处，政府采购合同成立并生效，发出中标通知书后采购人就可以要求合同商履行其给付义务。但其风险在于，采购文件中合同的权利义务如果不够清晰，双方在履行过程中容易发生争议。

当然，根据前述有关法律规定，也可以不在采购文件中约定政府采购合同的生效时间，依据有关规定，待招标人发出投标人收到中标通知书后即可生效。

（二）在招标文件中明确约定，发出中标通知书时采购合同成立但未生效，双方按照采购文件确定的事项另行签订政府采购合同时合同生效

如果招标人并不着急使用采购的货物或服务，同时为避免或减少采购合同履行过程中发生争议，建议招标人在招标文件的合同部分中明确规定，政府采购合同自招标人发出的中标通知书到达投标人处时成立，双方按照采购文件确定的事项签订书面政府采购合同时生效。这种约定的优点在于有利于明晰双方的权利义务关系，缺点在于合同生效前双方都不能要求对方履行合同给付义务。

（三）在招标文件中明确约定，发出中标通知书时，政府采购合同的预约合同成立并生效，双方按照采购文件确定的事项签订书面政府采购合同时成立并生效

根据《民法典》第495条的规定，当事人约定在将来一定期限内订立合同的认购书、订购书、预订书等，构成预约合同。当事人一方不履行预约合同约定的订立合同义务的，对方可以请求其承担预约合同的违约责任。采购人可以在采购文件中明确约定，发出中标通知书时，预约合同成立并生效，同时明确双方不签订本约合同的违约责任。

从实务角度考虑，上述三种方案均符合法律规定，但前两种方案可以满足实际需要，第三种方案的实践意义不大。值得注意的是，第一种方案中，由于合同在中标/成交通知书发出时即成立和生效，需要合同双方在内部合同管理制度中明确与之相配套的合同审批和授权制度，例如，对于北京冬奥组委来说，应当确保采购文件发出时，采购合同条款已完成内部所有审核及审批程序，而非中标/成交通知书发出后30日期间内才履行相关程序。综上，笔者认为，第二种方案对于北京冬奥会等大型体育赛事似乎更具有实践操作意义。

新冠肺炎疫情下涉奥相关合同履行的法律风险分析及应对

武雨佳[*]　陈　璐[**]　胡子靖[***]

【内容摘要】2020 年年初，突如其来的新冠肺炎疫情对北京 2022 年冬奥会和冬残奥会的筹办工作带来了巨大的影响。根据新冠肺炎疫情防控工作需要及筹办工作实际，本文结合相关法律法规，对新冠肺炎疫情在合同履行中的法律定性及后果进行了研判，并对可能受新冠肺炎疫情影响的涉奥相关合同的履行进行了法律风险分析。

一、新冠肺炎疫情在合同履行中的法律定性

（一）新冠肺炎疫情可以构成法定不可抗力

根据我国《民法典》第 590 条规定，不可抗力是指合同订立时不能预见、不能避免、不能克服的客观情况。新冠肺炎疫情作为突发性的异常事件，对于疫情暴发前已签约的合同主体而言，在合同订立时合同双方不能预见，疫情规模和政府采取的管控措施构成了合同双方不能避免和克服的客观情况。因此，对于疫情暴发前正在履行的合同，新冠肺炎疫情满足法律上对不可抗力的界定，构成法定的不可抗力。

（二）北京冬奥组委签订的合同均将“疫情”和“政府行为”明示列入不可抗力条款

不可抗力是北京冬奥组委合同模板的通用条款之一，该条款对“瘟疫”和“政府行为”作为不可抗力情形进行了明示列举。因此，对北京冬奥组委签订的合同，新冠肺炎疫情也构成了约定的不可抗力。

二、北京冬奥会受疫情影响的主要合同情况

（一）按合同订立的主体划分的合同类型

1. 北京冬奥组委签订的合同

总体上说，北京冬奥组委签订的合同多为甲方合同，主要合同义务是支付合同款项或

---

[*] 武雨佳，女，研究生学历，法学硕士，北京冬奥组委法律事务部法务审核处项目工程师。

[**] 陈璐，女，研究生学历，法学硕士，北京冬奥组委法律事务部法务审核处项目助理。

[***] 胡子靖，女，中国政法大学在读硕士研究生，北京冬奥组委法律事务部赛时实习生。

者提供权益，因此，疫情对北京冬奥组委履行合同义务没有太大影响，可能有的影响主要为：

（1）专家工作类合同。部分合同约定了有关专家为高山滑雪世界杯延庆站赛事提供现场专家服务，专家也进行了相应准备，因取消高山滑雪世界杯延庆站赛事，将导致合同已经约定的服务内容、方式、时间等发生变更。部分合同约定专家在2020年年初来中国提供现场服务，因疫情防控，可能需要变更现场服务时间或者方式。由于北京冬奥组委签订的专家合同中，对现场服务约定有灵活性，基本可以通过实务层面解决。

（2）因新冠肺炎疫情导致合同相对方不能或者延迟履约的合同。比如，供货类合同，因新冠肺炎疫情防控可能导致合同相对方不能或者延迟供货；语言、法律、技术类服务合同，可能因新冠肺炎疫情防控需要，改变提供现场服务的方式或者暂停现场服务等。

（3）大型体育器材采购合同。以北京冬奥组委名义签订的大型体育器材采购类合同，主要是确定供货商资格，对北京冬奥组委影响不大，受影响最大的是延庆赛区场馆业主单位签订的具体执行合同。

2. 相约北京组委会签订的合同

根据国际奥委会的要求，在正式奥运赛事开始前的一段时期，应当对赛时运营的相关工作进行提前测试，此届冬奥会为了举办测试赛，另行组建了相约北京组委会，由相约北京组委会为合同主体签署了与测试赛相关的一系列合同。对相约北京组委会影响最大的是赞助类合同，因赞助权益对价中，包含了高山滑雪世界杯延庆站赛事相关权益，因疫情防控取消高山滑雪世界杯延庆站赛事，直接导致相约北京组委会无法按期提供协议中约定的部分权益。如有必要，可通过签订补充协议的方式对后续事宜进行重新约定。

3. 高山滑雪世界杯延庆站组委会签订的合同

根据原测试赛日程安排，2020年2月应当在北京市延庆赛区由高山滑雪世界杯延庆站组委会举办第一场测试赛。然而，受新冠肺炎疫情影响，高山滑雪世界杯延庆站赛事取消，高山滑雪世界杯延庆站组委会围绕赛事活动已签订的大部分合同都受到直接影响。其中，部分未履行或者未履行完毕的合同，有可能需要解除合同或者协商调整合同履行期限；需要解除合同的，涉及后续处置问题。特别是相关赞助协议，部分赞助企业已经履约并支付了大部分对价，赛事取消无法向赞助企业提供相应赞助权益，需要妥善处理。

（二）按合同的主要内容划分的合同类型

（1）内容直接服务于赛事活动的合同

这类合同直接服务于赛事活动，合同事项直接关系赛事活动能否顺利举行，主要合同义务的履行期限与赛事举办时间紧密关联。虽然赛事延期，但合同服务事项仍然需要继续保障，由于履行周期的变化，对合同相对方和北京冬奥组委的履约成本都会产生较大影响。这类合同一般与赛时场地、运行管理、酒店住宿、官方活动等内容相关。

（2）与市场开发相关的合同

对于北京冬奥组委市场开发类合同，疫情对合同条款的影响不大，但是赞助商可能会基于赛事延期提出其他诉求。此外，赛事延期带来的不确定性，对计划开发的意向企业的赞助意愿可能会造成一定影响，但对合同条款影响不大。

三、合同履行的法律风险

（一）从北京冬奥组委履行合同义务的角度看北京冬奥组委面临的法律风险

1. 履行付款义务类合同

该类合同中，北京冬奥组委面临的法律风险不大，主要影响是，如果新冠肺炎疫情导致合同相对方迟延履行，则需要视履行情况相应调整付款进度。

2. 提供权益类合同

由于取消高山滑雪世界杯延庆站赛事，相约北京组委会和高山滑雪世界杯延庆站组委会无法按期提供赞助权益，导致部分合同目的不能实现或者全部合同目的不能实现。因此，从免责的角度看，相约北京组委会或者高山滑雪世界杯延庆站组委会可以基于不可抗力主张免除违约责任，或者基于情势变更主张变更合同内容。但是，需要根据法律规定和合同约定，及时履行通知义务，并在合理期限内完成提供证明等法律程序。

（二）从合同相对方履行合同义务的角度看北京冬奥组委面临的法律风险

1. 合同相对方可基于不可抗力迟延履行并免除违约责任，极端情况可能会要求解除合同

关于不可抗力的法律后果，根据《民法典》的相关规定：一是构成不可抗力的情形，当事人可根据《民法典》第563条的规定行使法定解除权，终止合同；二是根据《民法典》第590条，当事人因不可抗力不履行或者延迟履行合同的，根据不可抗力的影响，部分或者全部免除责任，但法律另有规定的除外；三是遭受不可抗力的一方应履行及时通知义务并在合理期限内提供证明。

在合同相对方主要履行提供货物或者服务义务的合同中，可能存在因新冠肺炎疫情防控导致工厂无法复工提供货物，或者劳动者无法返程提供服务等情况，合同相对方以不可抗力为由要求迟延履行并主张免除违约责任，可能导致北京冬奥组委无法按期获得货物或者服务，并无法得到相应补偿。如果出现极端情况，合同相对方无法继续履约，要求解除合同，则北京冬奥组委需要重新履行采购程序选定新的合同相对方。

2. 合同相对方也可能会基于情势变更主张变更合同并要求北京冬奥组委共担风险

如果发生赛事取消或延期的状况，总体上看，几乎北京冬奥组委签订的所有合同都会受到影响。此时，如果合同相对方认为按照原合同继续履行对其权益有重大影响且明显不公平，合同相对方可能基于情势变更主张适用公平原则，要求通过变更合同公平分担合同

风险。在“非典”疫情期间，对于这类主张，有司法解释及判例给予了支持；同时，湖北省高级人民法院出台的相关司法解释中，也提出了可以类推适用情势变更司法解释的意见。以相约北京赞助协议为例看，因高山滑雪世界杯延庆站赛事取消导致权益减少，相约北京赞助企业可能会请求变更赞助金额，或者要求相约北京组委会以提供额外权益的方式给予补偿。

3. 合同相对方可能基于部分协议特殊约定要求单方解除合同

在北京冬奥组委订立的部分协议中，有的针对疫情情况作出特殊约定，如《相约北京赞助协议》第7.2条约定，“如果不可抗力事件持续时间超过30日，则任何协议一方可以通过书面方式通知对方终止本协议”。赞助企业基于自身利益考虑，即使协议项下部分义务仍有继续履行的可能，也可以依据该条款主张终止赞助协议。根据协议约定，终止协议的后果是对已经支付赞助金额不需要退还，对于未支付部分，相约北京组委会也无法再主张，对相约北京市场开发将产生不利影响。

四、赛事延期或者取消的合同安排

结合疫情和东京奥运会情况，北京冬奥会与冬残奥会的举办也很有可能因疫情发展的态势作出变化与调整，因此，法律事务部在疫情发生后特别关注赛事延期或取消的合同处理问题。

（一）赛事取消的合同处理

整体来说，北京冬奥组委签署的合同中关于赛事取消导致的处理方式比较固定：一是自赛事取消的决定作出之日起，北京冬奥组委有权视情况书面通知相对方解除合同；二是解除合同后，除合同长期有效条款义务外，双方其他合同权利义务停止履行；三是对已经履行的权利义务部分，合同双方进行相应结算，对未履行的部分，双方互相不再承担责任。

（二）赛事延期的合同处理

对于内容直接服务于赛事活动的合同，在合同中约定，如北京冬奥组委仍需要相对方提供服务，在符合北京冬奥组委采购政策的前提下，合同履行期限自动延长至涵盖冬奥会/冬残奥会的新日期；新的奥运会举办日期确定后，双方将根据实际情况签署相应的补充合同。

这类合同履行期限一般涵盖赛事周期，且往往针对赛时对合同履行作出特别安排。如果赛事延期，此类合同针对赛时作出特别安排的时间可能发生变化，而且赛事延期可能导致北京冬奥组委存续期限的变化，从合同内容看，此类合同也有延续的需求。上述变化可能会引起合同履行时间、履行期限、合同标的、合同价款等合同实质内容的变更。这类合同主要以各类后勤和技术保障类合同为主。

在发生了赛事延期的情况下，北京冬奥组委可以根据实际需要，在符合相关采购政策的前提下，需要相对方继续提供服务的，双方另行协商，对合同内容进行补充或变更。

综上，合同是保障赛事顺利筹办的重要基础，作为法律事务部，应当加强合同风险预判，梳理、总结和深入研究赛事延期或者取消对北京冬奥组委合同的影响，协助业务部门针对每项合同实际做好合同条款设计及风险应对。同时，做好应对各种新问题的知识储备和工作准备，提高防范各种法律风险的能力，提高法律保障能力。

个人信息保护相关政策设计的法律研究

——以互联网门票销售为视角

刘笑晗[*]

【内容摘要】通过网站进行体育赛事门票销售是目前的主流方式，虽然北京冬奥会的门票不对外进行销售，但此前已经进行了大量准备工作，包括建立了官方票务网站。同时，法律法规对个人信息保护提出了更新更严格的要求，这对官方票务网站门票销售的法律框架设计提出了新的挑战。本文以此前拟定的冬奥会门票销售框架为基础，以互联网门票销售为视角，介绍个人信息保护相关配套法律文件的主要内容和起草考量。

观众是奥运会的重要参与者，奥运会的门票销售也是奥运会的主要收入来源之一。在2008年北京奥运会时，中国奥委会辖区①内门票销售的方式为互联网销售和纸质预定单两种，后期也开放了现场购票的方式，考虑到当时的环境，以及互联网技术的成熟度，互联网销售的份额并不占绝对多数。十几年过去了，随着互联网技术的发展，以及网购带给人们的便利，人们已经逐渐习惯了线上购物的方式，其中也包括对体育赛事门票的购买。虽然北京冬奥会的门票最终确定不对外进行销售，但在此前已经进行了大量准备工作，包括建立了官方票务网站。② 与此同时，与2008年相比，法律法规对个人信息保护提出了更新更严格的要求，这对官方票务网站门票销售的法律框架设计提出了新的挑战。虽然《个人信息保护法》于2021年8月20日出台，并于11月1日实施，但是我国个人信息保护法律法规制定相对较晚，相关规定在实务中落实的案例不多。本文以此前拟定的冬奥会门票销售框架为基础，以互联网门票销售为视角，进行粗浅研究。③

一、冬奥会门票销售模式

奥运会门票销售模式远比社会公众知晓的复杂，从销售对象来说，分为客户群（Key

---

* 刘笑晗，女，研究生学历，法律硕士，北京冬奥组委法律事务部法务审核处项目工程师。

① 中国奥委会辖区指中国奥委会的地理区域。

② 官方票务网站销售对象为一般公众，笔者将在后文中阐释。

③ 官方票务网站相关配套文件起草时间较早，在《个人信息保护法》正式实施前，并且经历了多轮调整修改，在《个人信息保护法》出台后，又根据法律规定进行了进一步调整。

Client）和一般公众（General Public）。客户群指奥运会的各利益相关方，包括国际奥委会、国际单项体育联合会、国际奥委会持权转播商等，客户群一般都与北京冬奥组委有各种合同关系，北京冬奥组委根据合同义务需要提供一定数量的门票。一般公众指普通购买门票的观众。从销售方式上来说，分为由北京冬奥组委直接销售和非直接销售。直接销售是指在中国奥委会辖区内，一般公众可以通过官方票务网站进行购票；非直接销售是指在中国奥委会辖区外，通过北京冬奥组委与国家（地区）奥委会以及其授权票务代理签署门票销售协议，以便他们在该国家（地区）奥委会辖区内进行冬奥会门票销售。2021 年 9 月 30 日，北京冬奥组委在与国际奥委会、国际残奥委会共同研究后决定不向境外观众售票，因此也就不涉及门票销售协议的签署。

尽管面向对象和销售方式不同，门票销售绝大部分都采取线上模式，包括官方票务网站（面向一般公众）、客户群票务网站（面向客户群），各国家（地区）奥委会以及其授权票务代理的大多也会采取线上销售的形式。考虑到客户群网站的适用对象较特殊，并且具体的观赛人最终还是需要跳转到官方票务网站进行注册，因此本文以面向一般公众的官方票务网站个人信息保护政策框架设计为分析对象。

二、官方票务网站配套法律文件组成

官方票务网站面向的用户是中国奥委会辖区内不特定公众，主要功能是购票，同时也将发布票务的相关政策文件以及通知公告等。票务网站的功能主要分为一般浏览功能和注册用户功能，在非注册登录的情况下，可以进行网页浏览，在注册登录的情况下，可以进行购票并使用相关服务。

根据网络购票及官方票务网站的实际情况，配套的法律文件可以分成两种，一种是基于网络购票合同关系的法律文件，另一种是用户个人信息保护的法律文件。因此，配套法律文件包括：《Cookie 政策》《个人信息保护政策》《注册协议》《门票购买和使用条款和条件》《法律声明》。本文不过多论述网络购票合同以及体育赛事门票问题，仅就个人信息保护政策的法律框架设计展开，主要涉及《Cookie 政策》和《个人信息保护政策》的相关内容。

三、《Cookie 政策》、管理机制及相关法律分析

（一）Cookie 与个人信息

Cookie 一般指用户访问网站向浏览器发送并存储在本地的一段小数据文件，用于收集一些与用户访问网站有关的信息，比如用户名、密码、浏览记录、浏览时间等。其最初开发的目的是解决服务器和浏览器之间用户身份问题，但是随着技术的发展和商业的需求，Cookie 不断有了新的作用和功能：一方面它可以为网站基本功能的实现提供支持，给用户

好的使用体验；另一方面，它可以收集用户的使用偏好，追踪用户行为，进而进行用户画像、数据分析，开发商业价值。为了实现以上目的，根据 Cookie 创建方式的不同，可以分为第一方 Cookie 和第三方 Cookie，第一方 Cookie 是所访问的网站创建的 Cookie，第三方 Cookie 是非访问网站创建的 Cookie。[①] 举例来说，第一方 Cookie 可以实现从购物网站的不同页面向购物车添加东西，以实现在同一交易中购买多个商品。第三方 Cookie 的例子更为常见，比如访问一个网站或者商品后，在一定时间内，其他访问的网站也会推荐同样的商品或者广告，这些广告能够精准投放就是因为第三方 Cookie 被加载到了浏览器上。Cookie 之所以受到关注，最重要的原因是部分 Cookie 会记录用户的浏览记录和痕迹，并且部分第三方 Cookie 还会涉及数据向其他方的传输问题。

那么浏览记录是否属于个人信息？《个人信息保护法》以及《民法典》、《网络安全法》对个人信息的含义[②]作出了规定并进行了举例，虽然没有明确列明浏览记录，但是根据对个人信息的定义来看，浏览记录符合个人信息的特征，同时在《个人信息保护法》出台之前的《信息安全技术　个人信息安全规范》（GB/T 35273—2020）（以下简称《个人信息安全规范》）附录中明确列举个人上网记录包括网站浏览记录、软件使用记录、点击记录、收藏列表等属于个人信息。

（二）《Cookie 政策》与管理机制

1. 《Cookie 政策》及管理机制的必要性

Cookie 可能涉及个人信息的处理，因此要遵守处理个人信息法律规定以保护用户的权利，比如公开处理个人信息的规则，明示处理信息的目的、方式和范围，征得个人信息主体同意，保障个人信息主体的权利等。笔者理解，不论是《Cookie 政策》还是管理机制，其核心内容都是落实《个人信息保护法》的条款规定，在某种意义上来说，《Cookie 政策》只不过是将所处理的个人信息中的特殊内容单独抽出来，并考虑 Cookie 作为一种特殊网络技术的情况，通过制定单独政策并设置管理机制的方式更清晰易懂，便于操作。

2. 《Cookie 政策》的展示形式国内没有具体规定

《个人信息保护法》对个人信息的处理规则进行了比较细致的规定，但是没有对 Cookie 的使用或者《Cookie 政策》展示形式进行特殊规定，比如是否要求 Cookie 使用的告知必须

---

① https://www.ionos.com/digitalguide/hosting/technical-matters/what-are-first-party-cookies/，最后访问日期：2021 年 10 月 2 日。

② 《个人信息保护法》第 4 条第 1 款规定：个人信息是以电子或者其他方式记录的与已识别或者可识别的自然人有关的各种信息，不包括匿名化处理后的信息。《民法典》第 1034 条第 2 款规定：个人信息是以电子或者其他方式记录的能够单独或者与其他信息结合识别特定自然人的各种信息，包括自然人的姓名、出生日期、身份证件号码、生物识别信息、住址、电话号码、电子邮箱、健康信息、行踪信息等。《网络安全法》第 76 条第 5 项规定：个人信息，是指以电子或者其他方式记录的能够单独或者与其他信息结合识别自然人个人身份的各种信息，包括但不限于自然人的姓名、出生日期、身份证件号码、个人生物识别信息、住址、电话号码等。

采用何种形式，Cookie是否一定要求在先同意等，理论上涉及处理个人信息的Cookie使用，遵守《个人信息保护法》中的要求即可。在实践中，国内不同网站展示Cookie政策的方法不同，最常见的有两种，一种是制定单独的Cookie政策并进行弹窗，另一种是将Cookie政策纳入个人信息保护政策中。从对用户知情权的保护角度看，制定单独的Cookie政策优于将其合并进其他文件中。

3. 欧盟对《Cookie政策》的要求

欧盟对使用Cookie的要求更为具体，除了涉及个人信息的要遵守欧盟《通用数据保护条例》（GDPR）外，还有一些针对Cookie的具体规定。

例如欧盟第29条工作组[①]制定的《获取Cookies同意的指南》（Working Document 02/2013 providing guidance on obtaining consent for Cookies）对于获取用户同意问题有非常具体的指引，主要包括：信息具体（specific information）、事先同意（timing）、主动选择（active choice）和自由作出（freely given）四项要求。涉及Cookie政策的展示方式，上述指南中提到了包括采用启动画面（splash screens）或者横幅（banners）等几种形式。[②] 在实践中，网站往往采取在网站底部设置Cookie横幅的形式来提示用户本网站使用Cookie，并允许用户进行设置。但事实上，欧盟对《Cookie政策》的展示形式未来也可能有新变化，比如欧盟委员会（European Commission）在2017年发布了《电子隐私条例》提案（ePrivacy Regulation proposal），其中便没有再要求采用横幅的形式。而欧盟之所以对Cookie的相关问题关注较早并且出台了很多细致规定，主要是因为互联网的出现和Cookie的使用让监管机构意识到网络环境和个人信息保护都需要法律规制，从而进一步引起了对个人信息保护的关注。

之所以提及欧盟对于Cookie展示形式的规定，是因为官方票务网站和奥运会有其特殊性。国际奥委会作为奥运会的拥有者，对奥运会筹办工作的各方面参与很深。同时，采用Cookie横幅和设置机制也不失为一个好方式，尤其是《个人信息保护法》生效后，涉及第三方Cookie向其他方提供信息的需要采用单独同意模式，而设置机制就可以实现这一点。以上都是基于理论的分析，实际上官方票务网站使用的Cookie基本都为第一方Cookie。

4. 《Cookie政策》基本内容

《Cookie政策》主要对官方票务网站使用Cookie的情况进行告知，并且根据Cookie功能的分类进行了解释说明。主要包括七部分内容，分别为：什么是Cookie、为什么使用Cookie、本网站使用的Cookie类别、Cookie的存储时间、如何设置或删除Cookie、对

① 即Article 29 Working Party，2018年5月25日起，第29条工作组由欧洲数据保护委员会（European Data Protection Board）取代。

② 具体见Working Document 02/2013 providing guidance on obtaining consent for Cookies "3. Active behaviour" 部分。

Cookie 政策的更新、其他问题。其中最重要的内容是“本网站使用的 Cookie 类别”，此部分详细介绍了官方票务网站所使用的 Cookie 的域、名称、功能、具体介绍、是否收集个人信息、生命周期，以达到公开处理规则，明示处理目的、方式和范围的要求，同时也为用户进行 Cookie 设置提供了参考。

5. Cookie 管理机制设置

《Cookie 政策》最重要的作用是披露给用户网站在何种情况下基于何种目的收集何种信息，Cookie 管理机制（management mechanism）是政策内容的落地。

一般采取以下形式：在用户第一次访问网站时会弹出 Cookie 横幅，Cookie 横幅会简要介绍使用 Cookie 的目的、同意的后果，并且提供 Cookie 政策完整版的链接，点击即可跳转至完整页面。同时还会提供用户设置的选项，一般会包括同意全部、拒绝全部以及个性化设置，为了保障网站的正常使用，如果选择拒绝全部，可以拒绝除了绝对必要 Cookie 外的其他全部 Cookie。

对于 Cookie 管理机制设置页面，从用户体验出发一般采用两层设置模式。第一层为类别管理，比如按照 Cookie 的类别进行划分，分为绝对必要 Cookie、功能性 Cookie、社交媒体 Cookie 等，设置选择按钮，用户可以自由选择是否接受某一类别的 Cookie，同时还展开介绍页面对此类别 Cookie 功能的概括介绍；第二层实际是在第一层介绍页面基础上增加详情选项，具体介绍每一种 Cookie 的详情，包括名称、期限、种类等详细信息。

另外，在网站的底端也同时设置《Cookie 政策》以及 Cookie 管理机制设置的快速链接，以确保用户可以随时了解政策内容，并对 Cookie 使用情况进行设置。

四、《个人信息保护政策》及相关法律分析

如前文所述，Cookie 的使用和个人信息保护有很多一致性要求，比如说明示处理目的、方式和范围，获得同意等。但是相较于 Cookie 仅从用户行为中获取的个人信息，网站收集的个人信息的种类更多、体量更大，更敏感复杂。在起草官方票务网站《个人信息保护政策》的过程中，《个人信息保护法》尚未正式实施，虽然法条对个人信息保护的重点问题都进行了具体规定，但配套性的规定尚未出台，实践中将法律规定完全落地的案例也不多。根据此前的经验，笔者试对其中几个重点问题进行分析。

（一）《个人信息保护政策》性质的法律分析

《个人信息保护法》第 13 条规定了处理个人信息的 7 种法律基础。第一种为同意，这也是最普遍适用的法律基础。第 17 条规定：个人信息处理者应该在处理个人信息之前，对一些重要的事项进行告知；如果是采用制定个人信息处理规则的方式进行告知的，处理规则应当公开。在实践中，尤其是互联网领域，采用《个人信息保护政策》的方式十分常见，官方票务网站也采用此种方式。

如果是采用《个人信息保护政策》进行告知，并以同意为处理基础，实际上《个人信息保护政策》需要实现两个目的，一是将个人信息处理活动涉及的重要内容向用户进行告知；二是获得用户的有效同意。当然，有观点认为告知个人信息处理规则和获得同意是可以分开进行的，这种说法理论上是正确的，但是在互联网的环境下，此种操作方式没有必要并且增加成本。《个人信息保护政策》是处理用户个人信息的起点，提供了处理个人信息的合法性基础，对于个人信息处理全流程十分重要，如果出现侵害个人信息的情况，对于认定个人信息处理者的责任也非常关键，那么《个人信息保护政策》的性质就是需要首先论述的问题。

对于《个人信息保护政策》（或者《隐私政策》）效力的讨论起始于个人信息在受到如此多关注和保护之前，可以分为合同说、企业自律规则说以及其他学说。对于合同说，Scott Killingsworth 认为，隐私政策具有合同的目的和特点，网络服务提供者发布其隐私政策，公布其收集、利用个人信息的方式，可以看作要约，网络用户的同意是承诺，网络服务提供者关于用户个人信息保护的允诺与网络用户同意网络服务提供者收集、利用其个人信息之间构成合同的双方义务，因此，网络用户应当有权依据合同向网络服务提供者主张隐私政策的内容。[①] 我国也有学者认为，隐私政策应当属于网络服务提供者与用户之间的协议，在提供网络服务之前，网络服务提供者需要征得用户对隐私政策的同意，否则，相关的服务条款并不生效，因此，隐私政策并不是网络服务提供者的一种单方声明，而应当是建立在双方合意基础上的协议，是网络服务合同的组成部分。[②]

企业自律规则说在美国是主流学说，这与一直以来美国的立法模式和对于个人信息权利类型的认定有关。美国并没有关于个人信息保护的统一法典，同时更看重个人信息的商业价值，因此更多依赖于企业自身制定的隐私政策吸引用户，规避行政监管风险。在企业违反其隐私政策时，主要由联邦贸易委员会（FTC）提起诉讼，以保障网络服务提供者的行为与其隐私政策相一致。我国也有学者认为在欧盟《通用数据保护条例》规定下，并考虑欧洲将数据主体对个人信息的控制视为基本权利，隐私政策也有很强的企业自律规则色彩。[③]

笔者认为《个人信息保护政策》的性质在不同国家可能有不同认定，其中的重要考量点是个人信息保护法律的规定，以及对于个人信息相关权利的定位。合同说、企业自律规则说在不同国家的法律框架下都可能是正确的，但笔者认为在目前我国法律规定的框架下，不宜将《个人信息保护政策》认定为合同或者企业自律规则。

首先，法律对处理个人信息的要求都是对个人基本权利的保护。个人信息是基本权利

---

① 参见王叶刚：《论网络隐私政策的效力——以个人信息保护为中心》，载《比较法研究》2020 年第 1 期。

② 参见谈咏梅、钱小平：《我国网站隐私保护政策完善之建议》，载《现代情报》2006 年第 1 期。

③ 具体见 Working Document 02/2013 providing guidance on obtaining consent for Cookies “3. Active behaviour” 部分。

的客体，相关内容被列入《民法典》第四编“人格权”中，个人信息权是一种基本权利，个人有权防止其消极性的隐私权益受到相关主体的侵扰，① 同时，也有权利对处理个人信息进行选择和控制。从这个角度理解，不论是个人信息处理要求的公开、透明原则，还是目的限制、数据必要、限期储存以及获得合法性基础、保证个人信息主体的权利，本质上都是对个人基本权利的保护。

其次，根据法律内容和框架设计，处理规则不属于合同。

第一，从文字表达上看，《个人信息保护法》第 17 条要求个人信息处理规则应当公开，并没有要求应当就个人信息处理与个人达成合意。

第二，从法律逻辑上看，《个人信息保护法》第 13 条要求处理个人信息应当有合法性基础，列举了具体情形并进行兜底条款的设置，综合第 13 条和第 17 条的内容，无论处理个人信息的合法性基础是什么，个人信息的处理规则都应当公开。除了同意的情形外，合法性基础的获得与处理规则的公开并不必然同时进行。如果法律基础是履行合同所必需，此时处理规则已公开告知个人，但是个人信息处理者并不需要就处理规则再与个人达成合同关系。而处理规则的性质在不同法律基础的情形下应当是一致的，否则就会出现不同法律基础情形下个人信息保护的力度不一致。因此，即便在公开处理规则时获得了用户点击“同意”，也不意味着一份关于处理个人信息的合同就此成立。

第三，即使在以同意为法律基础的情况下，处理规则是个人信息处理者根据法律要求公开的方式或者办法，个人信息处理者也只要获得个人对依据处理规则处理其个人信息的授权即可，双方并没有在处理规则中约定各自的权利义务。处理规则中包括对于个人权利的保障方法，但是从基本权利保障角度出发，并非双方约定的权利义务。同时，授权属于单方法律行为，即个人单方作出即可，不再需要个人信息处理者的确认。另外，从《个人信息保护法》第六章“履行个人信息保护职责的部门”、第七章“法律责任”也可以看出，对个人信息的处理和保护，并不是约定的权利义务。

对于企业自律规则说，考虑到与目前法律规定的情况差别较大，因此笔者不再进行论述。

（二）有效同意的认定标准

1. 法律规定的“同意”种类

《个人信息保护法》第 14 条规定，以同意为法律基础的，同意应当由个人在充分知情的前提下自愿、明确作出。从本条规定看，“同意”应该采用选择加入模式，而非选择退出模式。另外，结合《个人信息保护法》其他条文的规定，根据所处理个人信息种类和情况不同，还要求单独同意或者书面同意。

---

① 参见丁晓东：《个人信息的双重属性与行为主义规制》，载《法学家》2020 年第 1 期。

需要单独同意的情况：

（1）向他人提供个人信息（第23条）；

（2）公开处理的个人信息（第25条）；

（3）所收集的个人图像、身份识别信息用于维护公共安全以外的目的（第26条）；

（4）处理敏感个人信息（第29条）；

（5）向境外提供个人信息（第39条）；

（6）法律、行政法规规定处理个人信息应当取得个人单独同意的（第14条）。

需要书面同意的情况：在法律、行政法规规定处理个人信息或敏感个人信息应当取得个人书面同意的（第14、29条）。

2. 有效同意的认定标准

如何认定同意的效力是一个非常重要的问题，在个人信息保护制度更发达的国家或地区已经有了比较细致的规定，比如欧盟数据保护委员会（EDPB）就在其发布的 Guidelines 05/2020 on consent under Regulation 2016/679① 中明确规定了“有效同意”的认定标准，比如“自由”意味着数据主体作出真正的选择或者控制，如果同意与协议捆绑在一起是无效同意，撤回同意应与同意一样容易等。

此前出台的《个人信息安全规范》对同意也有规定，但是只按照“明示同意”“授权同意”进行划分，并且只规定具体行为，没有从原则或者实质层面进行阐述。明示同意包括主动作出纸质或电子形式的声明，或者自主作出肯定性动作，比如主动勾选、主动点击“同意”、注册等。授权同意包括通过积极的行为作出授权（明示同意），或者通过消极的不作为而作出授权。

官方票务网站在建设的过程中也通过一系列设置来确保用户对《个人信息政策》的内容充分知情，比如将重要内容和敏感信息加粗处理、分场景明确收集个人信息的目的、扩展功能设置选择框、采用选择框形式来获得同意、用户可以通过客服撤回同意、设置单独同意的选择框或者弹窗等。

（三）《个人信息保护政策》的内容框架

《个人信息保护政策》的框架设计和条款内容是实现对个人信息保护的核心。一方面对外向用户明示个人信息的处理场景、目的、方式，公开保护手段方法；另一方面对内提出网站或者系统建设的要求和指引。同时，《个人信息保护政策》的制定必须以业务场景为主线，在清晰了解业务需求的情况下，将法律的相关规定落实进去。

官方票务网站的《个人信息保护政策》参考了此前《个人信息安全规范》中的样本，又根据实际需求进行了修改调整，主要包括9部分内容：定义，我们如何收集和使用您的

---

① https://edpb.europa.eu/sites/default/files/files/file1/edpb_guidelines_202005_consent_en.pdf.

个人信息，我们如何对外提供、转移、公开披露您的个人信息，我们如何存储和保护您的个人信息，征得授权同意的例外，您的权利，我们如何处理儿童的个人信息，本政策如何更新，如何联系我们以及外部纠纷解决途径。其中的核心板块是“我们如何收集和使用个人信息”，在该部分内容中，根据场景不同，详细披露了在不同的业务功能下处理个人信息的种类、目的。对于处理个人信息种类的披露，采用明确列举的模式，避免“相关”“等”之类模糊的表述。在此部分中，还进行了基本业务功能和扩展业务功能的划分，基本业务功能指网站的基础功能，扩展业务功能指基础功能外可供选择的功能。

另外，基于国际奥委会推广奥林匹克运动的目的，如果用户单独同意，在经过法定的程序后，北京冬奥组委会会将具体明示的个人信息提供给国际奥委会，后续国际奥委会会通过邮件方式推送信息。为了实现单独同意，《个人信息保护政策》中“我们如何对外提供、转移、公开披露您的个人信息”部分详细说明了接收方的名称、联系方式、处理目的、方式、提供个人信息的种类、接收方个人信息保护政策链接。在注册页面的下方单独设置了勾选框，明确说明了第三方信息、处理目的、方式、后果等，并且还说明不勾选不影响注册使用。同时，在“个人中心”还设置了可以关闭或者选择向第三方提供的勾选框。

数据跨境传递中个人数据保护的“同意”要件研究

——基于 GDPR 文本的实证研究

翟冠华*

【内容摘要】自 2020 年新型冠状病毒肆虐全球以来，北京 2022 年冬奥会和冬残奥会组织委员会（以下简称冬奥组委）就奥运赛事进行了一系列精心筹划与准备，其中就赛时的票务工作展开了长期且深入的研究与讨论。北京冬奥组委拟通过线上方式向欧盟观众售票并收集相关个人信息，若使用惯常的“打包式”同意方式，则将面临不可忽视的法律风险。本文以此为切入点，依托欧盟数据保护委员会出台的解释规则，深入分析《通用数据保护条例》（GDPR）对“获取用户同意”这一要求背后的考量因素，并参考已有案例，提出应对这一风险的具体途径。尽管最终出于疫情防控的要求，确定了不面向境外观众售票的政策，但是本文作为冬奥组委日常工作繁复庞杂内容的一个缩影，对未来国内企业等其他实体在响应“走出去”战略时，能够合法处理欧盟公民个人数据等方面，仍具有一定参考价值。

前　言

大数据时代，随着智能设备的普及和数据处理技术的成熟，搜索引擎、社交网络、电子商务等互联网信息服务快速发展。如今各路网站、网络平台、应用软件的个性化广告均是基于用户的搜索偏好、搜索趋势、地理位置信息等个人数据而计算出来的结果，个人数据的形式与内涵越来越宽泛，而现今大多数的隐私政策，或称用户同意政策，均为“打包式”的同意模式，选项往往只有一个，即“同意”。通常认为，同意只有在同意方知情的情况下作出才是真实有效的，这要求同意方在作出同意决定的时候应该充分地知悉其在同意什么以及充分地意识到同意之后会带来什么样的结果，然后才能作出深思熟虑的决定，[①] 因此，清晰厘定“同意”的内涵及相关的法规要求有利于保护用户与服务提供者双方的

---

* 翟冠华，女，中国政法大学在读硕士研究生，北京冬奥组委法律事务部赛时实习生。

① 参见梅傲、苏建维：《数据治理中“打包式”知情同意模式的再检视》，载《情报杂志》2021 年第 2 期。

权益。

一、GDPR 背景下的"同意"内涵

2016 年 4 月 14 日，欧洲议会在二读立法程序中通过了被称为"史上最严格的个人数据保护条例"《通用数据保护条例》（欧盟第 2016/679 号条例，以下简称 GDPR），这份 2012 年 1 月由欧盟委员会所提起的立法动议，自始就备受外界关注，在引领全球个人信息保护立法方面无疑具有重要意义。在近几年热度较高的 CNIL v. Google 案中，谷歌公司受罚而产生了自 2018 年 GDPR 施行以来的首例大额罚单，理由是谷歌公司没有获得安卓用户的有效同意（valid consent）。[①] GDPR 第 6 条第 1 款 a 项[②]规定，数据主体已同意为一个或多个特定目的处理其个人数据时，该数据处理才是合法的。鉴于谷歌公司并没有满足透明度要求，并未对安卓用户进行 GDPR 项下要求的有效"通知"，因此数据主体在信息不透明的情形下并没有构成"知情"，自然也不存在"知情"之下的"同意"。谷歌公司辩称，将个人数据处理用于个性化广告已经征得用户的同意。然而法国国家信息与自由委员会（CNIL）认为，在创建谷歌账号之前，用户必须勾选"我同意谷歌的服务条款"方框以及"我同意以如上所述和在隐私政策中进一步解释的方式处理我的信息"方框后，才能创建谷歌账号，这种"打包式"的同意方式并不满足 GDPR 第 6 款项下所要求的具体的同意标准。因此 CNIL 认为谷歌公司在并未获得用户的有效同意下便擅自处理用户的个人数据并将其用于个性化广告服务的投放，违反了 GDPR 的有关规定。

足以看出，"同意"作为 GDPR 第 6 条中罗列的处理个人数据的 6 个合法条件之一，[③]在进行个人数据的处理活动时，数据控制者必须周到考虑。欧盟数据保护委员会（以下简称 EDPB）的指南[④]对 GDPR 中的"同意"内涵进行了深入分析，作了进一步的澄清和说明，并侧重于为确保数据控制者设置的"同意"规则符合 GDPR 的要求而提供实用的指导。除此之外，指南要求数据控制者有义务进行创新，随着问题出现寻找新的解决方案，在法律规定的范围内操作，以更好地支持对数据主体权益的保护。

---

① Doug Olenick，French court upholds ＄ 56 million Google GDPR fine，BANK INFO SECURITY（Jun. 22，2020），https://www. bankinfosecurity. com/french-court-upholds-56-million-google-fine-a-14481，最后访问日期：2022 年 4 月 1 日。

② 欧盟《通用数据保护条例》，参见 https://eur-lex. europa. eu/legal-content/EN/TXT/?uri = CELEX：02016R0679-20160504&qid = 1532348683434，最后访问日期：2022 年 4 月 1 日。

③ GDPR 第 6 条第 1 款：只有在适用以下至少一条的情况下，处理才被视为合法：a）数据主体同意其个人数据为一个或多个特定目的而处理；b）处理是为履行数据主体参与合同的必要行为，或处理是因数据主体在签订合同前的请求而采取的措施；c）处理是为履行控制者所服从的法律义务之必要；d）处理是为了保护数据主体或另一个自然人的切身利益之必要；e）处理是为了执行公共利益领域的任务或行使控制者既定的公务职权之必要；f）为了控制人或第三方所追求的合法利益，处理是必要的，除非这种利益与保护个人数据的数据主体利益或基本权利和自由相冲突，特别是在数据主体是儿童的情况下。该项不适用于政府当局在履行其职责时进行的处理。

④ European Commission，Guidelines on Consent under Regulation 2016/679，EC. EUROPA. EU（Apr. 16，2018），http://ec. europa. eu/newsroom/article29/news. cfm?item_type = 1358&tpa_id = 6936，最后访问日期：2022 年 4 月 1 日。

GDPR第4条第11款将“同意”定义为“任何自由、具体、知情和毫不含糊地表示数据主体意愿的行为，通过声明或明确的肯定行为表示同意处理与其有关的个人数据”。除此之外，GDPR第7条和第32、33、42、43条还规定了数据控制者如何采取行动以遵守同意要求的主要内容，并规定“同意”应是可撤销的。

首先，“自由”这一要素意味着数据主体作出的真正选择和控制。GDPR规定，数据主体在以下情形中作出的“同意”是无效的：（1）“同意”这一选择无商量余地，并与协议捆绑在一起，EDPB认为“同意”和合同不能合并；（2）数据主体不能拒绝或撤回已作出的同意而不受损害，如降低服务的性能而损害用户的利益①。EDPB对此举例说明，当一个编辑照片的应用程序要求使用用户的GPS定位功能，即便告知用户收集数据的目的为投放广告，由于地理定位并非提供照片编辑服务所必需，而且超出了提供核心服务的范围，此时用户无法在不选择“同意”的情况下使用该应用程序，因此违反了“自由”这一同意的要素。值得注意的是，有必要确定合同的范围，以及哪些数据是履行合同时必需的，根据欧盟数据保护第29条工作组（以下简称WP29）的第06/2014号意见②，可能的情形涵盖了“获取数据主体的地址以便能够交付在线购买的货物”，此时“同意”并非数据控制者获取并处理数据的法定条件。EDPB还考虑到，若数据控制者为公共机构时，尽管控制者和数据主体之间的关系呈明显不平衡状态，特定情形下使用“同意”作为数据处理的合法依据仍是可行的。例如，政府明确表明公民是否提供个人邮箱以接收市区建设的最新信息，不会使其错过市政当局的任何核心服务或行使任何权利，因相关信息将同步公开于政府网站上。

其次，GDPR第6条第1款a项规定，数据主体的同意必须针对“一个或多个具体”目的，数据主体对每个目的都有选择权。这一要求旨在确保数据主体一定程度的用户控制和透明度。为了遵守“具体”要素，控制者必须：（1）作出目的说明，以防功能潜变（function creep），即获取信息的原本目的被秘密地扩大到未获得同意的事项和领域。只有当数据主体被具体告知使用相关数据的预期目的时，才能获得具体同意。“同意”可以涵盖不同的操作，只要这些操均出于同一目的。（2）细化“同意”。（3）根据特定“同意”获得的有关信息应与其他事项的信息明确分开。

再次，为了使“同意”成为“知情同意”，有必要告知数据主体某些对作出“同意”选择至关重要的内容。因此，WP29规定要获得有效的同意，至少需要以下信息：（1）数

---

① “损害”需与“激励措施”进行区分，如一个数据主体订阅了一个时装零售商的新闻通讯，其中有一般折扣。零售商要求数据主体同意收集更多关于购物偏好的数据，以便根据其购物历史或自愿填写的调查问卷，顺其偏好定制优惠。当数据主体后来撤销同意时，他或她将再次收到非个人化的时尚折扣。这并不等同于损害，因为只是失去了可允许的激励措施。

② 更多信息和举例可参见：Opinion 06/2014 on the notion of legitimate interest of the data controller under Article 7 of Directive 95/46/EC, adopted by WP29 on 9 April 2014, p. 16 – 17（WP 217）。

据控制者的身份[①]；（2）每项征求同意的服务目的；（3）将收集和使用什么类型的数据；（4）是否存在撤销同意的权利；（5）根据第 22 条第 2 款 c 项规定，在相关情况下，提供信息用以进行个人决策自动化；（6）由于缺乏 GDPR 第 46 条所述的适当保障措施，数据转移可能存在的风险。具体而言，当通过电子方式请求同意时，“请求”必须是单独的、有区别的，不能仅仅是合同或协议中的一个段落。EDPB 还考虑到，为适应小屏幕或信息空间受限的情况，可酌情采用分层方式呈现信息，以避免对用户体验或产品设计造成过度干扰。

最后，由于“同意”需要数据主体的声明或明确的肯定行为，这意味着数据主体必须始终通过积极的动作或声明来给予同意，这与 WP29 以前发布的指导意见一致。“明确的肯定行为”意味着数据主体必须采取有意的行动来同意特定的数据处理。同意可以通过书面或有记录的口头声明，包括通过电子方式收集。也许满足“书面声明”标准最直截了当的方式是，确保数据主体给数据控制者写一封信或电子邮件，解释他/她到底同意什么，然而这并不现实。很多形式的书面声明都符合 GDPR 的要求，但使用预先勾选的选择框却是无效的，数据主体的沉默或不作为，以及仅仅进行服务均不能被视为积极的肯定行为。EDPB 认可：通过数据主体主动勾选“我同意”的选项框来有效地执行“明确的肯定行为”；控制者不能通过同意合同或接受服务的一般条款来获得特定“同意”。并且，有必要让“同意请求”在某种程度上中断用户的服务使用体验，以使该请求有效。然而，GDPR 允许控制者自由地制定“同意”流程，控制者应以对数据主体明确、毫不含糊的方式设计其“同意”机制。因此，仅仅是继续正常使用一个网站的行为，并不能从中推断出数据主体表示同意拟议操作的意愿。从 GDPR 第 6 条和第 40 条的逻辑上看，在开始数据处理之前必须有一个有效的合法依据，因此应在数据处理活动之前获得用户同意。原则上只需要征求一次数据主体的同意即可，如果在获得同意之后，数据处理的目的发生了变化，或者增设了额外目的，控制者需要获得新的、具体的同意。

二、“同意”的其他相关条件

GDPR 规定“声明或明确的肯定行动”是“常规”同意的前提条件。“明确”指的是数据主体表达同意的方式。它意味着，数据主体必须明确表示同意，一个简单的办法是在书面声明中表示明确同意，控制者尽可能确保书面声明由数据主体签署，未来出现疑问时可作证据。这种签署的声明不是获得明确同意的唯一方式，而且 GDPR 并非规定一切情况都需要签署书面声明。例如，在数字或在线情况下，数据主体可以通过填写电子表格、发送电子邮件、上传带有数据主体签名的扫描文件或使用电子签名来发布同意声明。理论上，GDPR 支持数据主体使用口头声明，但是，口头声明对于控制者始终难以举证。数据控制

---

① See also Recital 42 GDPR：“[...] For consent to be informed, the data subject should be aware at least of the identity of the controller and the purposes of the processing for which the personal data are intended. [...].”

者也可以通过提供一个包含“是”和“否”复选框的明确同意界面来获得其网站访问者的明确同意，条件是文本清楚地表明同意，可表述为“我在此同意处理我的数据”，而不是“我很清楚我的数据将被处理”。

GDPR 第 7 条规定了“有效同意”的附加条件，包括保存同意记录和撤回同意权。GDPR 第 7 条第 1 款明确规定由控制者承担证明数据主体同意这一举证义务，但控制者可以采用自由的方法，以符合其日常运作的方式来遵守这一规定。只要有关的数据处理活动持续存在，控制者就有义务证明。例如，在在线情况下，控制者可以保留表示同意的会话信息，以及会话时同意工作流程的文件，以及当时向数据主体展示的信息副本，仅仅提及各自网站的正确配置并不充足。GDPR 未对同意持续时间作出具体限制，同意的持续时间将取决于环境、原始同意的范围和数据主体的期望。如果数据处理行为或者环境发生很大变化，原来的同意就不再有效，就需要获得新的同意。WP29 建议，最佳做法为在适当的时间间隔内对同意进行更新，因为再次提供所有的信息有助于确保数据主体继续充分了解他们的数据是如何被使用的以及如何行使他们的权利。

GDPR 将撤销同意权置于突出位置。GDPR 第 7 条第 3 款规定，控制者必须确保数据主体可以在任何时间内撤回同意，不一定要和同意一样采取相同的做法或形式。若同意是通过电子方式获得的，只需要数据主体点击一下鼠标等简单操作，则同意的撤回对于数据主体同样方便，不需要付出其他不适当的“努力”。此外，数据主体应该在不受损害的情况下撤回同意，控制者不应收取任何费用，也不能降低服务水平。一个能帮助更加明确界限的例子为：某音乐节通过在线票务代理销售门票，每次在线售票时，都征求用户同意以便将联系信息用于营销目的。用户若想撤回同意，他们可以在工作日的上午 8 点到下午 5 点之间免费联系呼叫中心。这个例子中的控制者不符合 GDPR 第 7 条第 3 款的规定，此时撤销同意需要在工作时间内打电话，这比通过在线票务供应商给予同意所需的一次鼠标点击更麻烦，因为后者是 24 小时开放的。并且，控制者必须在实际获取同意之前告知数据主体其撤回同意的权利，作为透明度义务的一部分，控制者应告知数据主体如何行使其权利。如果同意被撤销，撤销同意之前发生的数据处理操作，并且符合 GDPR 的，仍然是合法的，控制者只需要在撤销同意后立马停止相关的处理活动，在没有其他理由继续保留时删除相应数据。

三、特定领域特殊规则

GDPR 还对以下两个具体领域给予特别关注：

一是儿童群体（GDPR 第 8 条）。GDPR 在处理弱势自然人，特别是儿童的个人数据时，建立了额外的“保护层”，具体的保护并不局限于营销，而是包括更广泛地“收集与儿童有关的个人数据”。GDPR 第 8 条第 1 款规定，如果“同意”适用于直接向儿童提供服务，可以处理16岁以上儿童的个人数据。关于“有效同意”的年龄限制，GDPR允许成员国依照自己的法律规定确定一个较低的年龄，但不应低于13岁。关于父母责任人对此的授权，WP29建议根据GDPR第8条第2款和GDPR第5条第1款c项（数据最小化）采取相称的方法，获取有限的信息（如父母或监护人的联系信息）即可，而且一旦数据主体达到足以作出此种“同意”的年龄，由监护人授权处理儿童个人数据的同意可以被确认、修改或撤回。例如，一个在线游戏平台希望确保未成年用户只能在得到其父母或监护人同意的情况下订阅其服务。控制者采取如下步骤：首先，要求用户说明他们是16岁以下还是16岁以上（或其他年龄），如果用户说明他们未满可以自行作出“同意”行为的年龄，则平台告知儿童，只有父母或监护人同意或授权处理此事方可向其提供服务，用户此时被要求披露父母或监护人的电子邮件地址。随后，平台与父母或监护人联系，通过电子邮件获得他们对获取并处理儿童信息的同意，并采取合理步骤确认该成年人有资格承担监护人责任。这个例子表明，控制者已经作出了合理的努力来确保获得有效的同意，使自己处于较为有利的地位。GDPR第8条第2款特别补充说：“考虑到现有技术，控制者应当作出合理的努力，去核实在此种情况下，儿童的父母责任持有人是否同意或授权。”需要注意的是，EDPB这份指南不涉及未成年人签订网上合同是否合法的问题。

二是科学研究。科学研究目的的定义对控制者可能进行的数据处理活动的范围有很大影响，GDPR并未对“科学研究”一词作出定义，WP29认为不能超出其通常含义，这里的“科学研究”是指依照相关学科的方法以及道德标准建立的研究项目，并符合公认“良好实践”的标准。此时，数据主体应能够只对研究的某些领域或研究项目的某些部分在其预期目的范围内表示同意。原则上，科学研究项目只有在有明确描述的目的的情况下，才能在同意的基础上包括个人数据。对于在科学研究项目中不能一开始就明确数据处理目的的情况，作为例外，GDPR序言第33条允许稍加笼统地描述该目的。

四、应对措施

若想尽可能规避GDPR高标准严要求下的数据标准类风险，可以从以下两个主要步骤审慎考虑：首先，避免将“用户同意”作为默认设置。违反GDPR的谷歌公司正是给用户设定好默认设置，若用户没有进行默认设置的修改操作，就会自动同意谷歌公司对其进行自动化算法决策，而修改需要进行几步的操作，与直接同意的操作便利度并不一致，实质上用户并不能自由选择其是否同意授权个人数据的处理。

其次，避免“打包式”的“知情同意”模式，选择“颗粒度”高的同意流程。谷歌案中，在创建谷歌公司的账号之前用户必须勾选“我同意谷歌的服务条款”方框以及“我同意以如上所述和在隐私政策中进一步解释的方式处理我的信息”方框，这并没有给用户选择与协商的余地，不点击这些同意方框便无法创建账号，强迫用户选择“留下”或“离开”（take it or leave it）。而谷歌公司的个人数据处理、个性化广告甚至是语音识别都是基于无效的同意，这显然没有达到 GDPR 的要求。EDPB 在其指南中关于“自由”要素提及了“颗粒度”（granularity）这一概念，意为当一项服务可能涉及多个目的，此时应允许数据主体自由选择他们接受的目的，而非武断地“一揽子同意”处理目的。如果获得同意的过程（或操作程序）不允许数据主体分别给予单独的同意，则推定违反了“自由”要素，尽管这在个别情况下是合适的。当数据处理是为了追求多个目的时，符合有效同意条件的解决方案在于“颗粒度”，即把这些目的分开，并为每个目的获得同意。关于这一点的举例说明为：在同一个同意请求中，零售商要求其客户同意使用他们的数据，用来发送营销电子邮件并与集团内的其他公司分享客户的详细信息。没有区分这两个单独目的的同意是无效的，此时正确做法为：收集特定的同意，以便将联系信息发送给商业伙伴。这种特定的同意对每个商业伙伴有效，它们的身份在获得数据主体的同意时已同时提供，只要均处于同一目的（营销目的）发送邮件，这种同意便是有效的。

结　语

全面了解 GDPR 关于“同意”要求的具体标准，一定程度上降低合规成本，有利于指导合理应对 GDPR 带来的风险与挑战，避免企业等营业性主体的重复投入，推动该类服务平台的创新和长足发展。

大型体育赛事的可持续发展责任

——理论基础、工具方法、案例简析

李　蕊*

【内容摘要】随着现代企业生产活动发展，企业对社会的影响也越来越深入，企业不只承担经济责任，还应承担社会责任。实际上，企业同政府、非政府组织等各个社会治理主体一样，承担着多重社会责任。随着联合国《2030 年可持续发展议程》发布，社会责任被具象化地归纳为 17 项可持续发展目标，而体育是其中的重要推动力。如何实现社会责任的各项目标？国际标准化组织（ISO）推出了适用各个治理主体的操作指南 ISO 26000，包括利益相关方识别、影响关系分析、申诉和调查反馈等。而落实到大型体育赛事中，可以从大型体育赛事涉及的各个方面入手，在每个方面深入识别和梳理。本文通过场馆这一元素切入，简要分析其中的利益相关方和可持续发展责任。

一、理论基础

（一）企业社会责任

传统经济学理论认为，企业责任是实现其股东利益最大化，企业责任更多体现在经济方面。随着近现代企业活动增多，特别是跨国企业不断增长，企业对社会的影响远不止于经济方面，例如企业可能对环境保护、社会公平、教育就业等方面发挥重要作用，因此逐渐生出“企业社会责任”的概念。

西方学者研究认为，根据企业责任的约束力来源可分为企业道德责任和企业法律责任，根据企业影响的方面又可划分为企业经济责任和企业社会责任。[①] 尽管企业社会责任的内涵在学界或许仍有争议，但不可否认的是，现代企业的生产和运行越复杂，涉及越来越多的自然资源和人力资源的投入，也对自然环境和人文生活产生了广泛的影响，而企业有责任在这些方面减少消极影响，创造积极影响，否则将遭遇法律惩罚或者道德（社会舆论）谴

* 李蕊，女，研究生学历，法学硕士，北京冬奥组委法律事务部法务审核处项目工程师。

① See James J. Bummer, Corporate Responsibility and Legitimacy, Greenwood Press, 1991, p. 19 – 30.

责。这就塑造了企业社会责任来源。

（二）可持续发展目标

企业的社会责任是多方面的。在众多论述企业社会责任外延的尝试中，最为经典的是美国经济开发委员会在1971年6月发表的一篇题为《商事公司的社会责任》的报告中，列举了为数众多的（达58种）旨在促进社会进步的行为，并要求公司付诸实施。这些行为涉及10个方面，它们是：（1）经济增长与效率；（2）教育；（3）用工与培训；（4）公民权与机会均等；（5）城市改建与开发；（6）污染防治；（7）资源保护与再生；（8）文化与艺术；（9）医疗服务；（10）对政府的支持。①

从以上社会责任列举不难看出，企业的社会责任存在于方方面面，和整个社会的发展目标是一致的。不仅是企业，这些方面的责任套用到政府、非政府组织等其他社会治理主体中也是成立的，只不过实现的方式、产生影响的方式各有不同而已。即社会治理共同体中的各个主体，包括政府、企业、社会组织等，其职能发挥所要实现的社会发展目标是一致的。而目前为止，人类社会发展的目标是什么呢？或许对这个问题的回答众说纷纭，但其中凝聚了最多共识的一个答案来自联合国《2030年可持续发展议程》。

2016年1月联合国发布了《2030年可持续发展议程》，强调了可持续发展的17个可持续发展目标和169个具体目标。这17个目标涉及可持续发展的三个方面：经济、社会、环境，既包括人最基本的生存和发展，还有自然环境的可持续以及经济社会的持久发展。② 这份议程由联合国193个会员国在2015年9月举办的首脑会议上一致通过，但要实现这个目标，仅凭政府方面的努力远远不够。《2030年可持续发展议程》是一份雄心勃勃的任务表，其自身也意识到这些目标内容广泛，因此在文件中指出："各国政府、国际组织、企业界和其他非国家行为体和个人必须协助改变不可持续的生产和消费模式……"③ 更为直接地，《2030年可持续发展议程》明确提及各国对经济社会负有首要责任，而"私营部门——从

---

① See Social Responsibilities of Business Corporations, by the Research and Policy Committee of the Committee for Economic Development, 1971, p. 36 – 40.

② 这17个可持续目标包括：目标1. 在全世界消除一切形式的贫困；目标2. 消除饥饿，实现粮食安全，改善营养状况和促进可持续农业；目标3. 确保健康的生活方式，促进各年龄段人群的福祉；目标4. 确保包容和公平的优质教育，让全民终身享有学习机会；目标5. 实现性别平等，增强所有妇女和女童的权能；目标6. 为所有人提供水和环境卫生并对其进行可持续管理；目标7. 确保人人获得负担得起的、可靠和可持续的现代能源；目标8. 促进持久、包容和可持续的经济增长，促进充分的生产性就业和人人获得体面工作；目标9. 建造具备抵御灾害能力的基础设施，促进具有包容性的可持续工业化，推动创新；目标10. 减少国家内部和国家之间的不平等；目标11. 建设包容、安全、有抵御灾害能力和可持续的城市和人类住区；目标12. 采用可持续的消费和生产模式；目标13. 采取紧急行动应对气候变化及其影响；目标14. 保护和可持续利用海洋和海洋资源以促进可持续发展；目标15. 保护、恢复和促进可持续利用陆地生态系统，可持续管理森林，防治荒漠化，制止和扭转土地退化，遏制生物多样性的丧失；目标16. 创建和平、包容的社会以促进可持续发展，让所有人都能诉诸司法，在各级建立有效、负责和包容的机构；目标17. 加强执行手段，重振可持续发展全球伙伴关系。参见联合国大会第70/1号决议，《变革我们的世界·2030年可持续发展议程》，www. un. org/zh/document/treaty/files/A-RES-70-1. shtml。

③ 参见《联合国2030年可持续发展议程》宣言第28段。

微型企业、合作社到跨国公司——民间社会组织和慈善组织将在执行新议程方面发挥作用”。[①] 也就是说，这17个目标是所有人都有责任去实现的目标，每个主体都要发挥作用。

（三）大型体育赛事的社会责任

《2030年可持续发展议程》强调“体育可是可持续发展的重要推动力……因为体育促进容忍和尊重，增强妇女和青年、个人和社区的权能，有助于实现健康、教育和社会包容方面的目标”。[②] 因此体育运动，特别是其中最引人注目、最具影响力同时也集聚了多方资源的大型体育赛事，对于可持续发展目标实现具有重大责任。

本文为何要强调大型体育赛事而不是分别分析作为承办方的公立或私营单位，作为个人的运动员，作为拥有主办权的国际性或国内行业协会呢？笔者认为，因为大型体育赛事最主要的活动，也就是赛事本身，因此要推动实现这些可持续发展目标，其核心是要在具体赛事上实现可持续发展，需要大型赛事的各责任主体共同努力。当然其中每个主体，如承办方、运动员、行业协会等都有不同的任务分工，但重要的是如何通过协作将上述目标一一实现，因此首先强调赛事本身如何实现可持续责任，进而才有可能分析赛事涉及的各方主体如何实现可持续责任。

二、工具方法：以ISO 26000为例

大型体育赛事如何实现其社会责任呢？这就需要借助一些工具去识别利益相关方并采取可行的措施。

国际标准化组织（International Standard Organization，ISO）从2001年开始着手进行社会责任国际标准的可行性研究和论证。2004年6月最终决定开发适用于包括政府在内的所有社会组织的“社会责任”国际标准化组织指南标准，由54个国家和24个国际组织参与制定，编号为ISO 26000。2010年11月，ISO 26000最终发布实施。不同于ISO此前发布的多个认证标准，ISO 26000旨在提供广泛利益相关方参与的社会责任自愿性操作指南而非认证标准。在4年之后，ISO发布了ISO 26000的培训材料，[③] 意在为寻求发挥作用的主体提供具体的操作指引，培训材料介绍了ISO 26000的定义、价值、目标、核心方法和具体操作建议等方面。

首先要增进对社会责任的理解：一是明确ISO 26000对社会责任的相关定义，如“活动”包括产品、服务和流程；“影响关系”是指某一组织的产品、服务和流程可以通过某种关系（如生产、消费、广告、雇佣等）影响其他主体（如消费者、供应商、雇员等）的

---

① 参见《联合国2030年可持续发展议程》宣言第41段。

② 参见《联合国2030年可持续发展议程》宣言第37段。

③ 参见国际标准化组织网站 Sekretariatsdokument（iso. org），www. iso. org/iso-26000-social-responsibility. html “support for implementing ISO 26000”部分。

活动；而这里因为组织的“活动”而受到影响的个人或群体即为该组织的“利益相关方”。二是描绘、评估组织的社会责任，包括利益相关方“影响关系”和对社区的影响。三是根据一些权威文件为该组织提供一些负责任行为的示范，即理解这些负责任行为一方面来自法律要求，另一方面来自“软法”之约。

其次是要树立“社会责任”的7项核心价值：负责任、透明化、道德行为、尊重利益相关方利益、尊重法治、尊重国际行为范式、尊重人权。在此基础上，要实现7项相互关联不可分的核心目标：组织治理、人权保护、劳工保护、环境保护、公平实践、消费者保护、社区发展。

核心手段是促进利益相关方的参与和沟通，包括识别利益相关方，建立组织与利益相关方之间双向的沟通渠道来获取信息、建议、投诉和解决办法。最终目标是通过有效的沟通机制建立长期的互信机制，而非出现问题后才开始寻找的快速解决法。

此外，该指南还介绍了组织内如何实施 ISO 26000 的具体步骤，笔者称之为“五步法”：一是顶层设计、将社会责任纳入内部治理规范和流程；二是结合组织的愿景和宗旨，结合 ISO 26000 的核心目标，梳理出组织的社会责任方面，根据相关性和重要性为各方面区分优先级；三是在各责任方面评估自身活动的影响范围，即识别利益相关方和影响关系；四是沟通和调查机制，即“申诉机制”（grievance mechanism）和“尽职调查”（due diligence）；五是向利益相关方汇报和反馈沟通等。

三、案例简析：以体育场馆这一元素的流程分析

结合 ISO 26000 介绍的方法和工具，大型体育赛事如何实现可持续责任呢？也就是上文中 ISO 26000 提供的“五步法”中关键性的第三步如何实现呢？如果是普通的企业，将其产品和服务分类，再沿着产品或服务的采购、生产、流通、消费等生命周期各环节一一识别利益相关方即可。而大型体育赛事涉及的方面甚广，又不似产品的生命周期环节，应该如何梳理呢？笔者认为：一是可以认为大型体育赛事会经历赛前、赛中、赛后的流程，类似产品的生命周期环节；二是可以梳理赛事本身涉及的方面，如场馆设施、赛事转播、文化教育、观众体验等（这种分类视角可以多样，重点是为之后的分类分析提供一个个切入点），然后再围绕赛事涉及的各方面，深入分析其中可能的利益相关方以及影响关系，从而去考虑将可能的负面影响降至最低的方法策略。

场馆建设是大型体育赛事最重要的部分之一，关系到比赛举办、观众体验和门票收入等体育赛事核心方面。因此，下文将以体育场馆为例，从场馆规划、建设、运行等多流程识别利益相关方和“影响关系”，以期为体育赛事组织或举办方提供责任指引。

（一）场馆规划

一是场馆选址对当地环境的影响，若该地区原本非为建设用地，或者原本为林地、水

源地，在此建筑场馆可能涉及森林砍伐或对水资源的影响。二是场馆建设对当地居民的影响，比如影响环境可能对选址周围的居民生活产生影响；更为直接地，比如因为要建设场馆而导致居民搬迁安置问题；因为场馆建成后吸引大量的人流，对本地的经济发展来带动力，另外又对当地居民生活造成交通、治安方面压力。三是对场馆投资者的影响，即场馆的经营回报收益问题，因此在场馆规划阶段就应考虑赛后利用问题。

（二）场馆建设

场馆建设阶段：一是建筑对环境的影响，如材料使用是否绿色环保，建筑过程是否产生污染；二是对场馆建设的工人的影响，如其职业健康和工作环境安全；三是对供应商的影响，如是否要求供应商符合可持续要求（如保障劳工、公平交易、安全生产等）；四是对当地居民的影响，如场馆建设是否创造机会带动本地教育、就业与消费等。

（三）场馆运行

场馆运行阶段：一是对环境影响，场馆运行是否能耗巨大，是否存在能耗浪费；二是对观众的影响，如场馆无障碍设施是否配套到位，是否有安全保障应急设施设备减少突发事故产生时的损害；等等。

以上的列举只是运用 ISO 26000 进行的利益相关方识别和影响关系的简单分析，在对这些义务进行梳理后，大型体育赛事涉及的各方责任主体应根据工作分工，谋划可能的政策程序，实现与利益相关方的对话机制，包括申诉、调查、汇报机制，将场馆相关的负面影响降至最低，推动可持续目标实现。

论国籍对运动员奥运会参赛资格的影响及对我国的启示

薛倩君*

【内容摘要】 自古以来，奥运会便对运动员的参赛身份作出严格规定。发展至今，包括国际奥委会（International Olympic Committee，IOC）在内的国际体育组织为限制“体育雇佣军”的出现，真正践行公正、平等的体育精神，均建立了运动员国籍管理制度，规范和解决运动员国籍认定、双重国籍、国籍变更、国家独立或合并、独立运动员以及难民身份参赛等问题。《奥林匹克宪章》第42条规定，运动员要想获得参加奥林匹克运动会的资格，必须遵守《奥林匹克宪章》以及经国际奥委会批准的相关国际单项体育联合会规则。实践中，有关规定得到了良好执行。

我国相关法律对入籍设置了非常高的门槛，而且没有以运动员身份入籍的特殊通道，这对我国归化外籍运动员造成很大阻力。鉴于此，在培养我国青少年运动员的同时，建立和完善归化运动员制度，将有助于短时间内提升特定体育项目的成绩，带动我国弱势体育项目的发展。

前　言

古代奥林匹克运动会因在希腊首都雅典西南300公里的奥林匹亚（Olympia）举行而得名。它不仅是古希腊文明的重要组成部分，体现了希腊人对追求健美体魄、崇尚荣誉精神和维系民族团结的愿望，而且对人类历史和社会文化的发展具有深远影响。①

古代奥运会对运动员资格审查极为严格，只有希腊血统的自由民才能参赛，奴隶、外国人、犯过罪的人、对神不虔诚的人和有亵渎行为的人均被排除在外。② 达官贵人甚至国王

---

* 薛倩君，研究生学历，法律硕士，国浩律师（北京）事务所执业律师。

① 参见吴兆祥主编：《奥林匹克运动》，安徽大学出版社2008年版，第10页。

② 参见《古代奥运会处罚规则》，载中国奥委会官方网站2004年3月19日，http://www.olympic.cn/olympic/ancient/2004/0319/45305.html。

也要有充分证据证明其希腊血统才能参赛。① 古代奥运会对弄虚作假者深恶痛绝。第 90 届古代奥运会上，一名自称斯巴达人的选手获得冠军，但经核实却来自另一个城邦，遂被取消名次。② 这便是以“国籍”作为奥运会参赛资格的雏形。此后两千多年的奥运会发展历程中，运动员获得一国国籍是其代表该国参加国际性体育赛事的必要条件，这一原则已确定并得到广泛承认。

同时，在出生国国籍以外自愿、主动取得其他国家国籍的运动员，即“归化运动员”也屡见不鲜。2018 年俄罗斯世界杯 32 支参赛队伍中，来自 22 支球队的 82 名归化球员参赛，占参赛球员总数的 11. 1% 。2019 年亚洲杯的 24 支参赛球队中，来自 17 支球队的 86 名归化球员参赛，占参赛球员总数的 15. 4% 。③ 由于各国法律关于运动员国籍认定规定不统一，因国家入籍制度宽松、经济实力雄厚而批量归化运动员入籍的现象屡见不鲜，这不仅违背了运动员不应受到任何形式歧视的精神，也不利于奥运会等国际赛事的组织、发展和协调。如何解决上述问题，成为国际奥委会等国际体育组织关注的重点，也是各国调整国籍制度的出发点之一。

一、规范国籍管理制度的重要性

国际奥委会等国际体育组织制定国籍管理制度、限制转换体育国籍，旨在迟滞“体育雇佣军”发展、避免金钱对体育赛事公平性的破坏。④ 这种限制是必要的。例如，为在亚洲足坛获得领先地位，2004 年卡塔尔足协提供极具吸引力的条件，吸引高水平外援改变国籍并加入卡塔尔国家队。德国不来梅队的巴西前锋艾尔顿（Aílton Gonçalves da Silva）遂飞往卡塔尔，有意向正式签约加盟卡塔尔国家队。这在亚洲足坛乃至世界足坛都引起了不小的反响。

为此，国际足球联合会紧急修改了球员国籍制度，规定球员只有符合以下 4 项条件其中的 1 项，才有可能代表另一支国家队效力：可以证明在该国出生；其父亲或者母亲在该国出生；其祖父或者祖母在该国出生；在该国已经至少居住 2 年。就此，当时的国际足球联合会主席布拉特（Joseph S. Blatter）在一份声明中说道：“让一名球员为和他没有任何关系的国家队效力，这是应该被阻止的，我们必须立刻制止这种行为的发生。”⑤

---

① 参见于华：《从宗教节日到体育盛会——从公共空间视角对古代奥林匹亚竞技会的再解读》，载《成都体育学院学报》2008 年第 10 期。

② 参见《奥运百科丨古代奥运知多少——古代奥林匹克运动会中的公平原则以及经典故事》，载搜狐网 2017 年 8 月 23 日，https://www. sohu. com/a/356865874_120059786。

③ 参见《国际足球联合会球员归化规则解读：归化球员是否有资格代表国足参赛?》，载搜狐网 2019 年 7 月 18 日，https://www. sohu. com/a/327923189_120051855。

④ 参见杨璨：《论国籍对运动员参赛资格的影响》，湘潭大学 2017 年硕士学位论文，第 16 页。

⑤ 《国际足联出台紧急法案扼杀艾尔顿“转会”卡塔尔》，载中国新闻网 2004 年 3 月 18 日，https://www. chinanews. com/n/2004-03-18/26/414948. html。

由此可见，虽然运动员有自由选择其所能代表的国家的权利，也有自由选择国籍的权利，但因体育竞赛过度商业化而出现大量“体育雇佣军”现象是与体育精神相违背的。因此，国际奥委会等国际体育组织从国籍方面对运动员参赛资格进行限制，是有意义且应被接受的。

二、国际体育组织对运动员体育国籍的认定

《奥林匹克宪章》第40条规定：“参加奥运会比赛，运动员、随队官员和其他人员必须尊重和遵守《奥林匹克宪章》和《世界反兴奋剂条例》，包括国际奥委会制定的参赛条件，以及经国际奥委会批准的相关国际单项体育联合会（International Sports Federations，IF）的规则。参赛者、随队官员或其他团队人员必须由其国家奥委会报名。”①

由此看来，运动员获得代表一国参加奥林匹克运动的资格不仅需要符合《奥林匹克宪章》的规定，也要符合相关国际单项体育联合会制定的规则。② 具体制度如下：

（一）国际奥委会相关国籍制度

《奥林匹克宪章》第41条规定，1. 任何参加奥林匹克运动的运动员，必须是批准其参赛的国家（地区）奥委会所对应国家（地区）的国民。2. 所有涉及决定运动员参赛所能代表的国家（地区）之事务，应由国际奥委会执行委员会决定。③

该条细则（By laws）规定：（1）凡同时是两个或两个以上国家（地区）国民的运动员可以代表其中一个国家，其可以选择所代表的国家。然而，该运动员在奥林匹克运动会、洲际或地区的运动会或在获得有关国际单项体育联合会承认的世界锦标赛或地区锦标赛中已代表过一个国家（地区）后，不得再代表另一国家，除非他符合下面与改变国籍或取得新国籍有关的第2款的条件。（2）在奥林匹克运动会、洲际或地区的运动会或在获得有关国际单项体育联合会承认的世界锦标赛或地区锦标赛中已代表过一个国家（地区）并已改变自己国籍或者取得新国籍的运动员，必须在最后一次代表原国家（地区）参赛之日起3年后方可代表新的国家（地区）参加奥林匹克运动会。这一期限在取得有关国家（地区）奥委会和国际单项体育联合会同意以及得到国际奥委会执行委员会批准后，可以缩短甚至取消。是否缩短或取消视案件具体情况而定。（3）如果一个加盟州、省或者海外部，一个国家（地区）或者取得独立的殖民地，如果一国（地区）由于疆界变动并入另一国（地区），或者一个新的国家（地区）奥委会获得国际奥委会承认，运动员可继续代表他所属或曾经所属的国家（地区）。然而，如果运动员愿意，他可以选择代表自己的国家（地区）或者新的（如果有）国家（地区）奥委会为他报名参加奥林匹克运动。但是这种特殊选择

---

① Olympic Charter（17 JULY 2020），Rule 40.

② 参见杨璨：《论国籍对运动员参赛资格的影响》，湘潭大学2017年硕士学位论文，第11页。

③ Olympic Charter（17 JULY 2020），Rule 41.

只能进行一次。(4) 另外，在一个参赛者处于代表一个他并非其国民的国家（地区）的情况下，或者在他可以选择自己想代表的国家的情况下，有关运动员国籍、公民身份、定居地或居住地，包括等待期的长短等问题，国际奥委会执行委员会可以作出一般性或个别性决定。[①] 可见，《奥林匹克宪章》及其附则已经对运动员涉及两个国家、殖民地独立、疆界变动及特殊情形都进行了规定。

但《奥林匹克宪章》第44条细则第4款进一步规定，在参加奥林匹克运动前，任何运动员都需符合《奥林匹克宪章》的所有条款以及对应国际单项体育联合会的规则的要求。[②] 因而，除了适用《奥林匹克宪章》外，运动员也需要根据对应国际单项体育联合会的有关规则确定自身的国籍以及参赛资格问题。在有的国际单项体育联合会规则里，如国际举重联合会规则（IWF constitution 2015）第13章中规定，在奥林匹克运动中，以IOC的参赛资格规定为准。且该第13章细则进一步规定，如果运动员两次或者两次以上转换国籍，要求是取得新国籍4年后才能参加国际性体育赛事，包括奥运会。

（二）国际单项体育联合会相关国籍制度

国际单项体育联合会主要以亲缘身份认定运动员国籍。如国际足球联合会《身份适用管理规则》（以下简称《身份规则》）第5条到第8条对球员国籍、球员归化、多重国籍等作了详细而具体的规定。[③]

《身份规则》第5条规定，球员只要具有一国国籍，原则上就有资格为该国足协的代表队参赛，但若球员已经为一国足协参加过任何级别任何种类的正式比赛，除了第8条例外情形之外，原则上不能再代表另一国足协出赛。

《身份规则》第6条规定，对于具有双重或多重国籍的球员而言，如果其尚未为任何一个国籍国参加过任何级别任何种类的正式比赛，那么他可以自由选择为哪个国家代表队出赛，前提是他必须与选中的这个国家具有明显关联（clear connection），包括他本人、生父母或（外）祖父母出生在该国，或他已在该国连续居住至少2年。

可见国际足球联合会对运动员代表新国籍国参赛的资格限制是很严格的，原则上运动员必须是新国籍国国民的后代，或在该国连续居住2年，且未参加过国际性体育赛事。此项原则已在多个国际单项体育联合会中得到应用。

三、各国国内法规定的国籍制度

各国国内法认定运动员具有该国的国籍，是运动员有资格代表该国参加国际比赛的前

---

① Olympic Charter (17 JULY 2020), By-law to Rule 41.

② Olympic Charter (17 JULY 2020), By-law to Rule 44.

③ 《国际足球联合会球员归化规则解读：归化球员是否有资格代表国足参赛?》，载搜狐网2019年7月18日，https://www.sohu.com/a/327923189_120051855。

提条件。但因历史、文化、法制及人口结构等方面的差异，各国的国籍法不尽相同。总体来说，国际通行的国籍取得方式有两种：

（一）出生

因出生而取得的国籍也叫原始国籍、出生国籍或固有国籍。世界上绝大多数人是通过出生这一事实取得国籍。[①] 具体包括：（1）血统主义（Jus sanguinis）原则，指子女国籍的取得以其父母国籍为准。如德国法律规定，父母一方拥有德国国籍，其子女自出生时即拥有德国国籍。（2）出生地主义（Jus soli）原则，即无论某人的父母国籍如何，只要他出生在一国领土内，便可获得该国国籍。美国、法国、英国、爱尔兰等欧美国家多采用这种国籍获得方式。（3）混合制原则，即兼采血统主义原则与出生地主义原则，父母国籍和出生地都作为取得国籍的根据。混合制又可分为血统主义为主、出生地主义为主和二者均衡三种实践。目前世界上绝大多数国家采用混合制原则。

（二）加入

因加入而取得一国国籍，一般要求运动员与该国有实际联系，具体可以分为3种情况：

（1）基于亲属关系因素加入，如运动员的父母或祖父母、外祖父母等法律承认的近亲属拥有该国国籍，或者基于婚姻、收养关系而加入该国国籍。

（2）基于后期因素加入，一般是基于学习、工作因素而加入该国国籍。

（3）基于无国籍人身份加入，一般是基于人道主义而获得某国国籍。有些国家每年允许一定数量、符合条件的难民中的无国籍人加入该国，中国《国籍法》第7条亦将无国籍人和外国人列为同等地位。

然而，某些国家因为处于特殊时期或有特别需要，会颁布特殊规定或法案，使本不符合国内法入籍规定的人员迅速加入该国国籍。如2017年加拿大移民部部长艾哈迈德·胡森（Ahmed Hussen）宣布正式以“公民权法”形式通过加拿大《入籍法》新法案（C6法案）。新法案实施后，加拿大对外国人入籍申请要求更加宽松，将帮助更多已经开始在加拿大生活的人更快获取加拿大公民身份。所以，如果运动水平相差无几的话，对于运动员来说最大的不公平就应该是各国国籍制度规定的不统一了。

四、我国国籍基本制度及完善归化运动员制度的必要性

《中华人民共和国国籍法》（以下简称《国籍法》）第3条规定：“中华人民共和国不承认中国公民具有双重国籍。”第4条规定：“父母双方或一方为中国公民，本人出生在中国，具有中国国籍。”第5条规定：“父母双方或一方为中国公民，本人出生在外国，具有中国国籍；但父母双方或一方为中国公民并定居在外国，本人出生时即具有外国国籍的，不具

① 参见王铁崖主编：《国际法》，法律出版社1995年版，第169页。

有中国国籍。”第6条规定：“父母无国籍或国籍不明，定居在中国，本人出生在中国，具有中国国籍。”可见，我国不承认双重国籍，且如出生在国外又想要取得中国国籍，法律对此有着非常严格的限制，不利于外国运动员入籍。

《国籍法》第7条规定：“外国人或无国籍人，愿意遵守中国宪法和法律，并具有下列条件之一的，可以经申请批准加入中国国籍：一、中国人的近亲属；二、定居在中国的；三、有其他正当理由。”第8条规定：“申请加入中国国籍获得批准的，即取得中国国籍；被批准加入中国国籍的，不得再保留外国国籍。”可见，在中国法律制度下的归化即入籍，是指外国人必须放弃外国国籍才能加入中国国籍。在此严格的制度背景下，中国进一步完善外国运动员入籍法律法规的正当性和必要性在于：

第一，由于全球化的趋势，人员跨国流动是正常现象。只要运动员国籍改变是合理的，亦是符合国际体育组织和各国国内法要求的，就可以取得相应的国籍。

第二，不可否认的客观事实是，我国某些体育项目仍然薄弱，成绩并不理想，所以在加大青训力度的同时，构建完善的运动员归化制度是最为快捷有效的方式。

第三，我国经济发展让老百姓具有一定经济实力，愿意观看体育比赛、消费体育产业附加商品。在国家政策、市场运作、资本力量等因素的催化下，中国体育产业迎来重大发展机遇。因此，构建和完善外国运动员入籍规则是符合中国发展需要的。

第四，完善外国运动员入籍制度，可以展示我国兼容并蓄的大国气度，以开放的姿态展现中华文明的博大精深，展现当代中国运动员的魅力和风采；也可以增加国际性体育赛事的多样性和对抗性，以推进全球体育文化的发展。

五、关于构建和完善外国运动员入籍规则的建议

在现有法律法规和体育运动现状下，我国近年已经出现了少量的归化运动员，如：

侯永永（John Hou Sæter，原籍挪威，出生于挪威，母亲为中国人）、李可（延纳里斯/Nicolas Yennaris，原籍英国，出生于英国伦敦，母亲是中国人）和罗伯托·萧·内拉（Roberto Siucho Neira，原籍秘鲁，出生于秘鲁利马，祖父为中国人）已经依据《国籍法》第7条第1项以“中国人的近亲属”身份申请批准加入中国国籍。

钱杰给（Alexander N'Doumbou，原籍加蓬，出生于加蓬，母亲为中国浙江人，从小曾取得中国国籍，后随父加入加蓬国籍）已经依据《国籍法》第13条“曾有过中国国籍的外国人，具有正当理由，可以申请恢复中国国籍”获得中国国籍。

德尔加多（Pedro Delgado，原籍葡萄牙，出生于葡萄牙，非华裔球员）已经根据《国籍法》第7条第2项，以连续居住5年以上并“定居在中国”顺利通过长居原则加入中国国籍。

但总体来说，以上情况还是非常特殊的。根据我国《国籍法》规定，除了是中国人的

近亲属外，还允许定居在中国或者有其他正当理由的外国运动员入籍。关于细化和完善这两种入籍方式的相关制度，建议如下：

（一）以有等待期限为原则，以特殊批准为例外

国际体育组织对于代表一国参赛的运动员的体育国籍的认定，是通过其法律国籍加上其他例如血缘关系和年龄、等待期限等因素综合衡量的。如《奥林匹克宪章》第41条附则规定：“（2）在奥林匹克运动、洲际或地区的运动会或在获得有关国际单项体育联合会承认的世界锦标赛或地区锦标赛中已代表过一个国家并已改变自己国籍或者取得新国籍的运动员，必须在最后一次代表原国家（地区）参赛之日起3年后方可代表新的国家参加奥林匹克运动会。这一期限在取得有关国家奥委会和国际单项体育联合会同意以及得到国际奥委会执行委员会批准后，可以缩短甚至取消。是否缩短或取消视案件具体情况而定。”

因此我国可以借鉴国际奥委会的做法，即以有等待期限为原则，以特殊批准为例外。这样既可以不直接制定单独的、特殊的外国运动员快速入籍法律法规，从而维护中国现有法律的稳定性，且不违背国际体育精神和价值取向；又可以在现有法律下根据情况创建外国运动员快速入籍的通道，有利于带动我国本土体育运动的发展。

（二）通过控制永久居留证控制外国运动员入籍

允许外国运动员通过取得永久居留证入中国籍的依据是国务院批准的《外国人在中国永久居留审批管理办法》（以下简称《居留办法》）。《居留办法》第6条规定，申请在中国永久居留的外国人应当遵守中国法律，身体健康，无犯罪记录，并符合下列条件之一：

（1）在中国直接投资、连续3年投资情况稳定且纳税记录良好的；

（2）在中国担任副总经理、副厂长等职务以上或者具有副教授、副研究员等副高级职称以上以及享受同等待遇，已连续任职满4年、4年内在中国居留累计不少于3年且纳税记录良好的；

（3）对中国有重大、突出贡献以及国家特别需要的；

（4）上述3项所指人员的配偶及其未满18周岁的未婚子女；

（5）中国公民或者在中国获得永久居留资格的外国人的配偶，婚姻关系存续满5年、已在中国连续居留满5年、每年在中国居留不少于9个月且有稳定生活保障和住所的；

（6）未满18周岁未婚子女投靠父母的；

（7）在境外无直系亲属，投靠境内直系亲属，且年满60周岁、已在中国连续居留满5年、每年在中国居留不少于9个月并有稳定生活保障和住所的。

可见，除了第（3）项并未对“对中国有重大、突出贡献以及国家特别需要的”人员作出任何形式的等待期限的要求，其他项皆有期限要求，如投资满3年、任职满4年、婚姻关系存续满5年等，而在此最主要的问题是如何认定该运动员属于中国特别需要的人才。

（三）放宽“特别需要的人员”的范围

制定外国运动员取得永久居留证的规则，应根据不同体育项目、不同外国运动员的情况进行要求。根据公安部相关内部批复（已陆续体现到各公安厅、地方政府外事办公室的规定中等），《居留办法》中关于对中国有重大、突出贡献以及国家特别需要的人员，是指对国家经济发展和社会进步作出过重大、突出贡献或对国家有重大价值的世界顶尖人才、特殊技能人才及知名人士等，包括世界著名科学奖项获得者、世界知名学者、企业家、运动员、文艺人士等。所以在这里对运动员的要求就是“世界知名运动员”。此条件是极其苛刻的，应该从以下几方面出发，适当放宽其范围：

（1）程序上，可由各俱乐部或国内各体协引进外籍运动员，上报特定管理部门如国家体育总局、公安部等审核和批准，由运动员、俱乐部和体协共同提供该运动员申请永久居留证资格所需的申请材料和证明文件等。

（2）管理上，可在引进外籍运动员时，以附条件合同的形式，在外国运动员入籍后触发合同生效条款，并约定相对严格的违约条款，以防运动员入籍后违反合同目的，损害我国的国家利益。

（3）条件上，就“世界知名运动员”作出相应的标准化规定，可以参考我国国家体育总局发布的《运动员技术等级标准》对“国际级运动健将”的认定标准。例如：单板滑雪平行回转、平行大回转“国际级运动健将”技术等级标准为：“冬季奥运会、冬季青年奥运会、世界锦标赛、世界杯总决赛（或排名总积分）单项前20名。”但是在集体项目更多是基于团队合作而取得成绩的，团队成绩突出并不代表其中的每个队员都有出色的个人能力。我国弱势项目中，如三大球等都是集体项目，因此可以根据该有意向归化的运动员所参加的所有国际性赛事成绩进行综合评判和统计，以此来决定是否要给该运动员颁发永久居留证。

（四）我国归化制度中的限制条件

在我国归化制度中设置某些限制条件，不仅是对国际公平体育精神的遵守，也是对体育雇佣军的合理约束。我国在放宽归化条件的同时，也应设定如下限制性条款：

（1）类别上，应重点针对我国成绩较差、相对偏弱的特定项目，如三大球等归化外国运动员。对不同的体育项目进行分类规定，具体应参考相应国际单项体育联合会对运动员转换所代表国家条件的规定，如国际足球联合会的《身份规则》。

（2）人数上，需要对外国运动员取得永久居留证的人数进行限制，规定不同体育项目一定年限内最多可以归化一定人数的外国运动员，同时限定每个俱乐部或体协最多允许拥有被归化的外籍运动员人数。否则不仅会造成大批体育雇佣军，破坏国际比赛，也会影响到国内赛事，届时经济实力较强的省市将占据压倒性的优势，破坏公平竞赛的精神。

（3）身份上，优先归化外籍华人运动员，本人、父母一方或双方具有中华民族显著特征或与中国文化有明显联系的运动员，包括但不限于血缘关系、居住地域、语言特征等。这不仅有利于激发归化运动员的归属感，增强运动员和广大人民群众民族文化认同感，更可以使运动员本人及其家庭融入我国本土国民的生活中，从而弘扬中华民族的精神，凝聚华夏儿女的力量。

结　语

运动员获得代表一国参加国际性体育赛事资格的必要条件是取得该国国籍。在当今的全球化背景下，归化运动员数量渐增，我国也应借鉴国际奥委会和国际单项体育联合会的国籍相关制度，建立和完善归化运动员规则。这不仅可以在短期内提高我国某些体育项目的成绩，更对长期带动我国弱势体育项目的发展具有重要意义。

美国《罗琴科夫反兴奋剂法》的法理分析及应对

周明慧*

【内容摘要】俄罗斯索契冬奥会后不久，俄罗斯系统使用兴奋剂事件被媒体曝光，该事件所涉人员之广、横跨时间之长、性质之恶劣令世人震惊。经调查，国际奥林匹克委员会、世界反兴奋剂机构等国际组织依据现行法律规定对与该事件相关的组织和人员作出处罚。然而，美国对这些处罚决定并不满意。为保护美国相关组织和个人在违法使用兴奋剂行为中的权益，美国制定了《罗琴科夫反兴奋剂法》——世界上首部与非运动员实施的兴奋剂犯罪相关的具有域外适用效力的法律。该法主要内容包括两方面，一是"重大国际兴奋剂欺诈罪"的构成要件，二是美国主权当局行使域外管辖权的方式。《罗琴科夫反兴奋剂法》包含浓厚的单边主义色彩，其在一定程度上固然发挥了威慑、惩治兴奋剂犯罪的积极作用，但也是以牺牲现代国际法秩序为代价的。现今，《罗琴科夫反兴奋剂法》已正式生效，为降低该法实施可能给我国造成的法律风险，我国在国家层面应完善相关阻断法律制度的立法和执法工作，可能受到影响的个人和组织应遵守相关法律法规的规定，缩小美国适用《罗琴科夫反兴奋剂法》的空间。

一、立法之缘：俄罗斯系统使用兴奋剂事件与《罗琴科夫反兴奋剂法》

2014年12月，俄罗斯索契冬奥会后，俄罗斯田径运动员尤利娅·斯捷潘诺娃（Yuliya Stepanova）及其配偶——俄罗斯原反兴奋剂机构重要成员维塔利·斯捷潘诺夫向德国媒体披露并提供证据称，俄罗斯存在一项由国家主导的系统性使用兴奋剂计划，所涉及的人员不仅包括俄罗斯众多运动员，还包括教练员、体育官员等运动员周围的相关人员。随后不久，德国ARD电视台把对斯捷潘诺娃夫妇的采访内容及两人提供的录音和录像证据编辑整理为一部名为《禁药密档：俄罗斯如何制造出它的冠军们》（Top-Secret Doping：How Russia makes its Winners）的纪录片，[①] 并公开上映，在世人面前揭开了俄罗斯系统性使用兴奋剂

---

* 周明慧，女，中国政法大学民商经济法学院2020级在读硕士研究生，北京冬奥组委法律事务部赛时实习生。

① Geheimsache Doping：Wie Russland seine Sieger macht. 2014. ［Film］ Directed by Hajo Seppelt.

的丑闻。该纪录片一经推出便引起舆论界一片哗然。为查证纪录片中的内容是否属实，世界反兴奋剂机构（WADA）于2015年1月成立了一个专项调查组。① 经过11个月的调查，世界反兴奋剂机构于2015年11月9日发布了一份长达335页的调查报告。报告指出，许多医生、教练、运动员、体育组织官员等都涉嫌参与兴奋剂违法行为，其中包括时任莫斯科兴奋剂检测实验室主任的格里戈里·罗琴科夫（Grigory Rodchenkov）。② 罗琴科夫的职位由此被撤销，其本人“为躲避俄罗斯当局的报复”③ 随后移居美国，并向美国媒体披露了大量与俄罗斯系统性使用兴奋剂事件相关的信息。④ 世界反兴奋剂机构指派著名国际体育法学者、国际体育仲裁法庭成员理查德·麦克拉伦（Richard McLaren）教授调查罗琴科夫所披露的相关事件的真实性。⑤ 经调查，麦克拉伦教授认为罗琴科夫所言基本属实，俄罗斯自2011年起即已开始有效实施系统性使用兴奋剂的计划，不仅俄罗斯某些运动员在2012年伦敦奥运会、2013年国际田联大奖赛、俄罗斯索契冬奥会等国际赛事中服用了兴奋剂，其检测阳性的结果还被有权者刻意地隐藏。⑥

根据麦克拉伦教授的调查结果，世界反兴奋剂机构建议国际奥林匹克委员会禁止俄罗斯全体运动员参加2016年里约奥运会。但是，国际奥委会并未采纳世界反兴奋剂机构的建议，只是单独禁止了仅110名俄罗斯运动员参赛。⑦ 之后，随着调查的不断深入，国际奥委会于2017年12月正式禁止俄罗斯参加2018年平昌冬奥会，但俄罗斯运动员仍能以中立身份参赛。⑧ 世界反兴奋剂机构也于2019年12月对俄罗斯作出了禁赛4年的处罚决定，具体包括以下8个方面：（1）俄罗斯政府官员或代表不得被任命为任何《世界反兴奋剂条例》

---

① WADA Announces Details of Independent Commission, WORLD ANTI-DOPING AGENCYY (Dec. 16, 2014), https://www.wada-ama.org/en/media/news/2014-12/wada-announces-details-of-independent-commission.

② Richard W. Pound et al., The Independent Commission Report #1 Final Report, WORLD ANTI-DOPING AGENCY (Nov. 9, 2015), https://www.wada-ama.org/sites/default/files/resources/files/wada_independent_commission_report_1_en.pdf.

③ CSCE, The Russian Doping Scandal (Feb. 22, 2018), https://www.csce.gov/international-impact/events/russian-doping-scandal.

④ See eg. 60 Minutes Russia's Dark Secret (CBS television broadcast May 8, 2016); Rebecca R. Ruiz & Michael Schwirtz, Russian Insider Says State-Run Doping Fueled Olympic Gold, NY. TIMES (May 12, 2016), https://www.nytimes.com/2016/05/13/sports/russia-doping-sochi-olympics-2014.html.

⑤ Richard H. McLaren, The Independent Person Report, WORLD ANTI-DOPING AGENCY (July 18, 2016), https://www.wada-ama.org/sites/default/files/resources/files/20160718_ip_report_newfinal.pdf.

⑥ See Richard H. McLaren, The Independent Person Report, WORLD ANTI-DOPING AGENCY (July 18, 2016), https://www.wada-ama.org/sites/default/files/resources/files/20160718_ip_report_newfinal.pdf; Richard H. McLaren, The Independent Person 2nd Report, WORLD ANTI-DOPING AGENCYY (Dec. 9, 2016), https://www.wada-ama.org/sites/default/files/resources/files/mclaren_report_part_ii_2.pdf.

⑦ Greg Myre & Tom Goldman, Dubious Olympic Record: More Than 110 Russian Athletes Barred from Rio, NAT'L PUB. RADIO (Aug. 2, 2016, 10: 13 AM), https://www.npr.org/sections/trietorcri/2016/08/02/487642811/trie-russian-tally-more-than-110-athletes-barred-from-the-olympics.

⑧ Rebecca R. Ruiz & Tariq Panja, Russia Banned from Winter Olympics by I.O.C., NY. TIMES (Dec. 5, 2017), https://www.nytimes.com/2017/12/05/sports/olympics/ioc-russia-winter-olympics.html.

签署方（或其成员）或签署方协会的董事会或委员会或任何其他机构的成员，也不得担任其成员；（2）俄罗斯政府官员或代表不得参加或出席此后4年期间举行的冬夏季奥运会、残奥会等重大赛；（3）俄罗斯不得在4年期内主办、申办或被授予主办任何一届重大赛事的权利；（4）若4年期内的重大活动主办权已经授予俄罗斯，《世界反兴奋剂条例》签署方必须撤回该权利，并将该活动重新分配给其他国家，除非在法律上或实际上不可能这样做；（5）俄罗斯的国旗不得出现在4年期内举办的任何重大活动中；（6）俄罗斯奥委会或俄罗斯残奥委会的主席、秘书长、首席执行官以及执行委员会/理事会的任何成员均不得参加或出席在4年期内举行的任何重大活动；（7）俄罗斯运动员及其辅助人员只能以中立身份参加4年期内举行的重大赛事，并须证明他们没有因不符合条件而受到任何牵连；（8）俄罗斯反兴奋剂机构必须支付自2019年1月以来世界反兴奋剂机构在本案中产生的所有费用及相关罚款。① 2020年12月17日，国际体育仲裁法庭根据俄罗斯反兴奋剂机构的诉求，将世界反兴奋剂机构作出的以上处罚的期限由4年缩短为2年。②

美国认为，俄罗斯系统性使用兴奋剂事件严重损害了美国运动员、赞助商、转播商、观众等的合法权益，而前述国际奥委会、世界反兴奋剂机构等国际组织作出的处罚决定并不能直接地惩罚和阻止操控整个事件运作的主谋，无法有效打击兴奋剂欺诈行为，更无法弥补美国相关主体的损失，而且，揭露兴奋剂违法行为、维护体育纯洁性的罗琴科夫、斯捷潘诺娃夫妇等揭秘者的合法权益也无法得到有效保护。③ 然而，在缺乏相关法律规范的情形下，美国即便想要有所作为也是于法无据。鉴于此，美国制定了一部通过刑事处罚手段制裁涉及国际兴奋剂欺诈行为的主体的法律，并以俄罗斯系统使用兴奋剂事件揭秘者罗琴科夫的名字命名，④ 以便“填补美国法律实施方面的一个重要空白，威慑那些打算从事兴奋剂欺诈的人，并且……为与兴奋剂欺诈相关的国际反腐实践提供更广阔的信息网络”。⑤《罗琴科夫反兴奋剂法》是世界上首部授予本国主管当局对涉及兴奋剂犯罪享有域外管辖权的法律，自公布以来便遭受了国际社会对其合法性及合理性的质疑。在一片质疑声中，美国前总统唐纳德·特朗普于2020年12月4日正式签署了《罗琴科夫反兴奋剂法》，该法即告生效。

---

① WADA, WADA Executive Committee unanimously endorses four-year period of non-compliance for the Russian Anti-Doping Agency (Dec. 9, 2019), https://www.wada-ama.org/en/news/wada-executive-committee-unanimously-endorses-four-year-period-non-compliance-russian-anti.

② World-Anti Doping Agency v. Russian Anti-Doping Agency, CAS 2020/O/6689, Arbitral Award (2020).

③ Rodchenkov Anti-Doping Act of 2019, Sec. 2, https://www.congress.gov/bill/116th-congress/senate-bill/259/text.

④ Genevieve F. E. Birren, The Rodchenkov Anti-doping Act: The United States' Response to The Russian Doping Scandal, 32 Marq. Sports L. Rev. 241.

⑤ H. R. REP. NO. 116－251, at 9 (2019), https://ww.congress.gov/116/crpt/hrpt251/CRPT-116hrpt251.pdf; see Rodchenkov Act, 21 U. S. C. § 2401 (2020).

二、法案之本：重大国际兴奋剂欺诈罪的构成与责任追究

《罗琴科夫反兴奋剂法》仅有7条，核心在于授予美国主管当局对“重大国际兴奋剂欺诈罪”享有域外管辖权。可见，《罗琴科夫反兴奋剂法》的主要内容包括两方面：一是重大国际兴奋剂欺诈行为的构成要件，二是域外管辖权的内容及行使方式。

（一）重大国际兴奋剂欺诈罪的构成要件

《罗琴科夫反兴奋剂法》第3条（a）款规定：“除运动员外的任何人故意、企图或者与其他任何人共谋通过使用禁用物质或禁用方法实施一项商业计划以影响任何重大国际体育比赛的行为均属违法。”可见，重大国际兴奋剂欺诈罪的构成可分解为主体、行为、结果、因果关系、主观心态等5个方面。

1. 主体要件

重大国际兴奋剂欺诈罪的行为人是除“运动员”外的任何人。根据《罗琴科夫反兴奋剂法》第2条第2项的规定，该法所称“运动员”是指联合国教育、科学与文化组织《反对在体育运动中使用兴奋剂国际公约》（以下简称《反兴奋剂公约》）第2条规定的“任何参与国际级或国家级（以每个国家反兴奋剂组织确定的，并为缔约国所接受的定义为准）体育运动的人，以及任何其他参与被缔约国选定的较低水平体育运动或赛事的人”。而根据《罗琴科夫反兴奋剂法》第2条第6项的规定，该法所称“除运动员外的任何人”是指“任何的自然人个人、合伙企业、公司、社团或其他实体”。可见，《罗琴科夫反兴奋剂法》适用的主体范围十分广泛，囊括与重大国际体育比赛相关的任何自然人和组织。

2. 行为要件

根据《罗琴科夫反兴奋剂法》第3条第1款的规定，所谓“重大国际兴奋剂欺诈行为”由手段行为和目的行为组成。手段行为是指使用禁用物质或禁用方法，即任何被列入《反兴奋剂公约》附件I《禁用清单》的物质和方法。[①] 目的行为则是指实施一项商业计划，行为模式包括单独实施也包括与他人共谋实施。在《罗琴科夫反兴奋剂法》的语境下，“商业计划”是指“通过在州际或国际商业中使用任何运输或通信设施而全部或部分实施的任何计划”。[②] 从体系解释的角度分析，《罗琴科夫反兴奋剂法》中所称“商业计划”源自美国《犯罪与刑事程序法》第224条规定的“体育比赛中的行贿罪”，[③] 但前者的内涵范围比后者更加宽泛，并不限于以行贿为目的的计划，[④] 而应包括一般意义上的货物交易和服务交

---

① 《罗琴科夫反兴奋剂法》第2条第7项、第8项。

② 《罗琴科夫反兴奋剂法》第2条第9项。

③ 18 U. S. C. A. §224.

④ See Bowen v. adidas Am. , Inc. , 416 F. Supp. 3d 574 (D. S. C. 2019).

易。[①] 由此可见，《罗琴科夫反兴奋剂法》适用的对象范围同样具有广泛性，“商业计划”一词在内涵上的模糊性赋予美国主管当局在适用《罗琴科夫反兴奋剂法》上较大的自由裁量权，降低了美国行使域外管辖权的条件。

3. 结果要件

重大国际兴奋剂欺诈罪的结果要件是重大国际兴奋剂欺诈行为具有影响重大国际体育比赛的可能性或已经对重大国际体育比赛造成影响。这一要件中有两个关键的构成要素，即“重大国际体育比赛”和“影响”。《罗琴科夫反兴奋剂法》中并未具体规定造成所谓“影响”的方式和后果，仅对“重大国际体育比赛”作了详细的定义。根据该法第 2 条第 5 项的规定，“重大国际体育比赛”分为两类，第一类“重大国际体育比赛”是指有 1 名或多名美国运动员和 3 名或多名其他国家的运动员参加、受《世界反兴奋剂条例》的规则和原则管辖、赛事组织者或比赛的批准机构从在美国开展经营活动的组织获得赞助、其他财务支持或赛事转播费用的体育比赛；第二类“重大国际体育比赛”是指一个大赛或由一系列在不同时间举办的赛事组成的大赛，运动员在后一类型的大赛中仅可获得一个整体的奖励和名次，而不能在每一个分赛事中分别获奖。此外，绝大多数的国际比赛都被列入了《罗琴科夫反兴奋剂法》的管辖范围之内，但涉及美国众多运动员的美国职业联赛和大学体育比赛却被刻意排除在外，这遭到了相关国际组织[②]和各国学者[③]的强烈质疑和反对。

4. 因果关系要件

因果关系是指行为与结果之间的引起与被引起的关系。若特定的行为并未引起特定的结果或特定的结果并非特定的行为所导致，即使出现了特定的结果，相关行为人也不应被判定触犯特定的罪名。尽管《罗琴科夫反兴奋剂法》的条文内容中并未就因果关系作出明确的规定，但由犯罪构成要件理论可推知，重大国际兴奋剂欺诈行为与重大国际体育比赛可能被影响或已经被影响之间存在因果关系，即重大国际兴奋剂欺诈行为的实施是重大国际体育比赛可能被影响或已经被影响的原因，是相关行为主体构成重大国际兴奋剂欺诈罪的条件之一。

5. 主观要件

犯罪的主观心态一般包括故意和过失，但重大国际兴奋剂欺诈罪的主观要件仅包括故意，即行为人故意实施、企图实施或与他人共谋实施重大国际兴奋剂欺诈行为。对《罗琴

① Black's Law Dictionary (11th ed. 2019).

② See IOC, IOC Statement on the Rodchenkov Act (Mar. 12, 2020), https://olympics.com/ioc/news/ioc-statement-on-the-rodchenkov-act/; WADA, WADA Executive Committee paves the way for further WADA governance reforms (Sep. 15, 2020), https://www.wada-ama.org/en/news/wada-executive-committee-paves-way-further-wada-governance-reforms.

③ 参见张鹏：《体育法域外适用的国际挑战与中国应对》，载《体育科学》2021 年第 3 期；Robert J. Romano, The Controversial Rodchenkov Anti-Doping Act of 2019 Passed into Law by the United States Congress (Feb 12, 2021), https://sportslitigationalert.com/the-controversial-rodchenkov-anti-doping-act-of-2019-passed-into-law-by-the-united-states-congress/.

科夫反兴奋剂法》作反面解释可知，若行为人在实施相关行为时的主观心态是过失，无论普通过失还是重大过失，均不构成重大国际兴奋剂欺诈罪。

（二）重大国际兴奋剂欺诈罪责任追究的双轨制

为实现打击重大国际兴奋剂欺诈行为的目的，《罗琴科夫反兴奋剂法》建立了双轨制责任追究机制，通过由美国反兴奋剂局主导的调查程序和美国联邦法院主导的司法审判程序调查、审判、处罚重大国际兴奋剂欺诈行为。

1. 调查程序：美国反兴奋剂局

根据《罗琴科夫反兴奋剂法》第6条的规定，为使美国更好地履行《反兴奋剂公约》第7条规定的义务，[①] 美国反兴奋剂局对可能实施重大国际兴奋剂欺诈行为的任何相关事项享有调查权。并且，在美国反兴奋剂局开展调查的过程中，美国司法部、美国国土安全部、美国食品药品监督管理局原则上有义务提供协助，包括共享与重大国际兴奋剂欺诈行为相关的信息，除非法律另有规定或以上协助会影响到刑事司法调查程序的完整性。在《罗琴科夫反兴奋剂法》的签署说明中，美国前总统唐纳德·特朗普高度赞扬了该法第6条规定的美国司法部等相关部门向美国反兴奋剂局共享信息的例外情况，即影响刑事司法调查程序的完整性。但同时，他也认为该例外情形涉及的信息范围过于狭窄，应扩大至“受行政特权保护的所有信息”，包括其公开可能会对“国家安全、外交关系、执法程序或总统履行宪法义务”产生消极影响的全部信息。[②] 由此可推知，在重大国际兴奋剂欺诈罪的责任追究方面，由美国联邦法院主导的司法审判程序处于更加核心的地位。

2. 司法审判程序：美国联邦法院

美国联邦法院基于《罗琴科夫反兴奋剂法》享有刑事管辖权，美国联邦法院有权判决实施重大国际兴奋剂欺诈行为的罪犯承担相应的刑事责任。具体包括以下3种：（1）监禁与罚款。《罗琴科夫反兴奋剂法》第4条（a）款第1项规定，构成重大国际兴奋剂欺诈罪的任何自然人将被处以10年以下有期徒刑，并处以25万美元以下罚金；非自然人将被处以100万美元以下罚金。（2）没收财产。《罗琴科夫反兴奋剂法》第4条（a）款第2项规定，与实施重大国际兴奋剂欺诈行为相关的动产、不动产，有形财产和无形财产都将被美国联邦法院采取强制措施并最终被美国政府没收。具体而言，可能被没收的财产包括两类：一类是通过任何方式用于或企图用于实施或帮助实施重大国际兴奋剂欺诈行为的财产；另一类是构成或可追溯到与重大国际兴奋剂欺诈行为相关或因实施重大国际兴奋剂欺诈行为而取得、获得或保留的收益。（3）强制赔偿。根据《罗琴科夫反兴奋剂法》第5条的规

① 《反兴奋剂公约》第7条规定：“缔约国应当特别注重国内的协调，确保本公约的实施。缔约国可依靠各反兴奋剂组织以及体育管理部门和组织，来履行本公约规定的义务。”

② Donald J. Trump, Statement on Signing the Rodchenkov Anti-Doping Act of 2019, https://www.presidency.ucsb.edu/documents/statement-signing-the-rodchenkov-anti-doping-act-2019.

定，美国联邦法院有权按照《犯罪与刑事程序法》第3663A条的规定判令构成重大国际兴奋剂欺诈罪的任何人向受害人赔偿因其犯罪行为直接或间接造成的损失。

2021年12月29日，纽约南区联邦检察官以埃里克·里拉涉嫌在2020年东京奥运会中实施"重大国际兴奋剂欺诈罪"为由向曼哈顿联邦法院提起刑事指控。这是《罗琴科夫反兴奋剂法》实施以来的首个案例。①

三、法理之辩：《罗琴科夫反兴奋剂法》的利与弊

《罗琴科夫反兴奋剂法》是一部针对除运动员之外，与重大国际体育比赛相关的任何自然人和组织的法案，突破性地扩大了兴奋剂犯罪相关法律适用的主体范围，对于从根本上解决兴奋剂问题具有积极意义。但同时，不可否认的是，《罗琴科夫反兴奋剂法》作为一部以保护美国利益为核心考量因素的国内法其直接干涉涉及全球利益相关者合法权益平衡的国际性事务的做法不仅侵犯了其他主权国家和地区的司法主权，还会侵蚀全球反兴奋剂法律体系。

（一）《罗琴科夫反兴奋剂法》扩大兴奋剂犯罪的惩罚范围

运动员是服用兴奋剂的主体，其通过服用兴奋剂提高运动表现、改变比赛结果的行为是利用违禁物质和违禁方法侵害体育赛事的最直接体现。为提高体育比赛的公平性与纯洁性，以《世界反兴奋剂条例》为蓝本的法律规范体系已经就处罚使用兴奋剂的运动员的具体制度作了较为系统且详尽的规定。相较而言，规范与运动员使用兴奋剂相关的其他人员或机构行为并追究其法律责任的制度在国际和国内层面都还存在一定的立法空白。然而，运动员并不是一个单一的独立个体，其周围存在由教练员、经理人、医生、政府官员、体育组织官员等"随从人员"（entourage）构成的复杂、秘密的关系网。② 运动员之所以能够顺利参加比赛少不了教练的指导、体育协会或组织的统筹，甚至经理人的安排。教练、经理人、体育协会或体育组织官员等运动员之"随从人员"的言行举止都会影响到运动员在赛场下的行为及赛场上的表现，而运动员的运动表现以及由此取得的运动成绩也与这些随从人员的薪酬、奖金、待遇等个人利益直接挂钩。此即，在是否服用禁用物质、使用禁用方法提高运动成绩方面，运动员并不能完全不受任何影响地自主决定。在某些情况下，运动员的随从人员往往才是促成运动员使用兴奋剂改变运动成绩的根本原因或主要原因。可见，仅规范、约束运动员的行为对于兴奋剂使用问题是治标而不治本的，不能从根本上解

① The United States Department of Justice, First Olympic Anti-Doping Charges Filed In Manhattan Federal Court（Jan. 12, 2022）, https://www. justice. gov/usao-sdny/pr/first-olympic-anti-doping-charges-filed-manhattan-federal-court #: ~: text = LIRA% 20is% 20the% 20first% 20defendant% 20charged% 20pursuant% 20to, United% 20States% 20Code% 20at% 20sections% 202401% 20through% 202404.

② IOC, IOC Statement on the Rodchenkov Act（Mar. 12, 2020）, https://olympics. com/ioc/news/ioc-statement-on-the-rodchenkov-act/.

决这一问题。而如欲从根本上减少甚至消灭兴奋剂使用问题则还需从运动员随从人员身上入手，建立相应的法律制度约束其行为，追究其违法责任。

《罗琴科夫反兴奋剂法》以运动员之外的任何个人和组织为规制对象，扩大了传统反兴奋剂法律适用的主体范围，其目的即在追究涉及国际重大兴奋剂欺诈行为的任何运动员相关人员的刑事责任，① 这是解决兴奋剂使用问题的有益之举。对此，国际奥委会和世界反兴奋剂机构②都曾公开发文表示支持和赞扬，前者更是将其高度评价为“绝对与国际奥委会的政策相符”③。

（二）《罗琴科夫反兴奋剂法》无视国际法秩序

按照美国联邦最高法院确立“反域外适用推定原则”，美国国内法的地域效力范围原则上应当仅限于美国司法主权范围之内，除非国会在该立法中明确赋予该法域外适用的效力。④《罗琴科夫反兴奋剂法》在性质上属于美国国内法，但该法第3条明确规定美国对于涉嫌违反该法规定的行为享有域外司法管辖权。可见，《罗琴科夫反兴奋剂法》突破了“反域外适用推定原则”，将美国的司法管辖权由美国国内延伸至其他司法主权区域，径直以美国自行确立的、仅考虑美国自身利益的、未经国际社会认同的规则干涉其他国家和地区的主权事务。美国通过《罗琴科夫反兴奋剂法》单边扩大司法管辖权的行为违反了国际法上的主权平等与主权独立原则，将对其他国家和地区及其公民的合法权益造成侵害，也难免与其他国家立法产生管辖权冲突。⑤

除侵害其他国家和地区的司法主权之外，《罗琴科夫反兴奋剂法》的制定和实施还将侵蚀全球反兴奋剂法律体系。一国或地区的运动员在国际比赛中使用兴奋剂不仅会损害美国运动员、美国教练员、美国转播商、美国赞助商、美国观众的利益，所有与赛事相关的运动员、教练员、转播商、赞助商、观众的合法权益，无论其国籍、居住地，都将被侵犯。因此，打击运动员之随从人员通过兴奋剂实现其非法目的的行为是国际社会广泛关注的事情，其具体实现也应通过一种得到国际社会广泛认同的、充分考虑并平衡所有利益相关者合法权益的统一方式，由一个价值中立的机构实施。《罗琴科夫反兴奋剂法》中的单边制裁因素不合理。如各国均效仿美国通过单边主义途径解决运动员之随从人员非法使用兴奋剂的问题，由《反兴奋剂公约》《世界反兴奋剂条例》等国际条约建立起来的全球反兴奋剂法律体系将被逐渐侵蚀，难以构建一个专门针对运动员之随从人员的统一的反兴奋剂法律

---

① 《罗琴科夫反兴奋剂法》引言部分规定：“为对参与国际兴奋剂欺诈行为的相关主体施以刑事处罚……”

② WADA，WADA statement on U. S. Senate's passing of the Rodchenkov Anti-Doping Act（Nov. 17，2020），https://www. wada-ama. org/en/news/wada-statement-us-senates-passing-rodchenkov-anti-doping-act.

③ IOC，IOC Statement on the Rodchenkov Act（Mar. 12，2020），https://olympics. com/ioc/news/ioc-statement-on-the-rodchenkov-act/.

④ Supreme Court of the United States，2010. Morrison v. Nat'l Austl. Bank Ltd.，561 U. S. 247.

⑤ 参见张鹏：《体育法域外适用的国际挑战与中国应对》，载《体育科学》2021年第3期。

制度。此外，《罗琴科夫反兴奋剂法》还将影响《世界反兴奋剂条例》中具体制度的实施，例如该条例第10.6.1专门为告密者设置的“实质协助交易”制度。《罗琴科夫反兴奋剂法》所带来的负面作用也引起了相关国际组织和学者的担忧，世界反兴奋剂机构曾公开直言，“《罗琴科夫反兴奋剂法》将带来意想不到的后果”。①

四、破解之道：应对《罗琴科夫反兴奋剂法》的中国策略

尽管遭受质疑和反对，《罗琴科夫反兴奋剂法》的实施已经成为现实。为保护我国司法主权及公民的合法权益，我国在国家层面及个人层面均应做好事前的预防措施、事中的应对措施和事后的解决措施。

（一）国家层面

针对《罗琴科夫反兴奋剂法》之类美国自行扩张其域外管辖权的法律，我国学者在立法层面提出的应对措施主要包括两种。第一种是在我国《体育法》等相关法律中增设域外适用效力条款，第二种是建构阻断性立法。

第一种做法固然能从立法层面直接达到保护我国公民合法利益的目的，但其本质却与《罗琴科夫反兴奋剂法》类似。如此难免也将招致与《罗琴科夫反兴奋剂法》类似的负面国际评价。这与我国作为一个负责任大国的国际形象不符，也与建设以平等互信、公平正义、合作共赢为基础的“人类命运共同体”的目标相违背。在法律实施方面，此等域外适用效力条款的操作性难度也较大，伴随着较高的司法成本。因此，通过在我国相关法律中增设类似的域外适用效力条款的做法欠缺合法性基础及可行性基础。

第二类做法所主张的是我国出台专门性的阻断国际司法协助与合作中有关美国“长臂管辖”的法律。目前，我国法律系统中的阻断性立法缺乏体系性和完整性。从立法模式来看，我国有关阻断“长臂管辖”效力的法律制度散见于《民事诉讼法》《证券法》《反垄断法》《出口管制法》《阻断外国法律与措施不当域外适用办法》等各个效力层级的法律规范之中，缺乏统一规定。从内容来看，我国当前相关法律制度的适用范围过窄，大多局限于金融、贸易领域，对体育领域的关注较少。此外，即便2021年6月10日起实施的《反外国制裁法》对其适用范围作了模糊化处理，其在内容完整性上仍有不足，仅规定了针对外国相关个人的反制措施，未就司法部门拒绝承认或执行的条件、禁止遵守外国“长臂管辖”制度及其豁免制度、追偿制度等作出规定。与在国内法律中增加域外适用效力的条款相比，构建专门的阻断性法律制度体系能够在遵守国际法规则的前提下有效保护本国及国民的合法权益，同时还能减少司法成本，更具有可操作性。因此，考虑我国立法现状，为应对

---

① WADA, WADA statement on U. S. Senate's passing of the Rodchenkov Anti-Doping Act (Nov. 17, 2020), https://www.wada-ama.org/en/news/wada-statement-us-senates-passing-rodchenkov-anti-doping-act.

《罗琴科夫反兴奋剂法》给我国带来的不利影响，我国应有选择地借鉴域外英国、欧盟等立法经验较成熟的国家、地区和组织的做法，构建符合我国实际国情和现实需求的阻断法。[①]

（二）个体层面

《罗琴科夫反兴奋剂法》适用的主体范围涉及运动员之外的任何个人和组织，可能是运动员的随从人员，也可能是重大国际比赛的赛事组织者。尽管《罗琴科夫反兴奋剂法》适用的主体范围广泛，但从现有案例来看，美国主权当局一般情况下只会在掌握了较多入罪证据的情况下才会对相关个人和组织提起诉讼。[②] 因此，对于个体而言，《罗琴科夫反兴奋剂法》的风险在法律层面是可控的。

在我国目前立法尚缺乏专门救济措施的情况下，为降低《罗琴科夫反兴奋剂法》可能给我国有关个人和组织带来的风险，相关主体事前应充分了解该法及《反兴奋剂公约》《世界反兴奋剂条例》等相关规定，并在实际工作中严格遵守。具体而言，运动员之随从人员不应强迫、协助、教唆运动员使用禁用物质或禁用方法提高运动成绩，重大国际比赛的赛事组织者不应为使东道国运动员取得更好的运动成绩而向其提供禁用物质或禁用方法。此外，值得一提的是，《罗琴科夫反兴奋剂法》所规定的“重大国际兴奋剂欺诈罪”的主观要件仅包括故意，运动员之随从人员或重大国际比赛组织者因过失造成的运动员误用禁用物质或禁用方法的事件，如个别食源性污染事件，应不在《罗琴科夫反兴奋剂法》的管辖范围之内。

结　语

文明秩序的实现不应依靠野蛮的手段。出于对相关国际组织处理俄罗斯系统使用兴奋剂事件方式及结果的不满，美国制定的专门惩罚运动员以外的相关人员在兴奋剂领域实施的非法行为的《罗琴科夫反兴奋剂法》，扩大了兴奋剂犯罪惩罚的主体范围，对威慑兴奋剂犯罪起到了积极作用，但该法所蕴含的浓厚单边主义色彩及其可能对其他国家和地区的司法主权侵犯以及国际体育法律体系造成的负面影响远大于其积极意义。《罗琴科夫反兴奋剂法》的合法性与合理性是值得怀疑的。东京奥运会之后，美国主管当局已经开始适用《罗琴科夫反兴奋剂法》的规定追究相关主体的法律责任。目前，我国在阻断法律制度立法层面的应对措施还存在一定的空白，但《罗琴科夫反兴奋剂法》对于相关个人和组织的风险在法律层面并非完全不可控。充分了解制度要求，规范自身行为，最大限度按照相关法律要求行事，留给美国主管当局适用《罗琴科夫反兴奋剂法》的机会和空间是有限的。

---

① 参加岳树梅、黄秋红：《国际司法协助与合作中的“长臂管辖”及中国应对策略》，载《北方法学》2021年第2期。

② The Complaint of the United States of America v. Eric Lira (Dec. 29, 2021), https://www.justice.gov/usao-sdny/press-release/file/1462091/download.

赛时人身财产损害法律责任研究

——以赛事活动组织者为视角

胡子靖[*]

【内容摘要】关于赛时可能发生的人身与财产损害的情形，包括冰雪竞赛中运动员遭受的人身损害、赛时发生的交通事故、场馆内设施导致的伤害、意外事故等多种情形，具有复杂性、涉外性、持续性、场所特殊性、损失难以计算等特点。现以北京2022年冬奥会和冬残奥会（以下简称冬奥会）的举办为背景，本文针对赛时可能发生的人身与财产损害展开梳理并进行法律定性，讨论在不同情形下，赛事活动组织者可能承担的法律责任及相关的责任抗辩。

一、法律责任的性质与承担方式

（一）法律责任的性质

1. 赛事组织者的安全保障责任

根据我国《民法典》第1198条第1款的规定，“宾馆、商场、银行、车站、机场、体育场馆、娱乐场所等经营场所、公共场所的经营者、管理者或者群众性活动的组织者，未尽到安全保障义务，造成他人损害的，应当承担侵权责任”。冬奥会作为大型群体性活动，其赛事组织者具有安全保障义务这一法定作为义务。

然而，侵权责任的承担应当满足侵权责任的构成。根据《民法典》第1165、1166、1198条，安全保障责任不属于无过错承担责任的情形，从归责原则来看属于过错责任。因此，在法律上，判定赛事组织者需对损害的发生承担侵权责任的，应满足以下构成要件：

其一，相关人员存在人身财产的损害。其二，赛事组织者存在未尽到安全保障义务的情形，违反了《民法典》第1198条明确赋予群体性活动组织者的法定作为义务。当然，义务的范围，应当结合不同场景作出具体的判断（见本文第二部分）。其三，对上述作为义务

---

* 胡子靖，女，中国政法大学民商经济法学院2020级在读硕士研究生，北京冬奥组委法律事务部法务审核处赛时实习生。

的违反存在过错。此处“过错”应包括故意与过失两类，但考虑实际情况，作为万众瞩目的冬奥会之筹办方与组织方，赛事组织者对赛时侵权损害发生的主观过错，几乎无“故意”的可能，主要以“过失”的形式呈现；同时需要注意的是，此处的“过失”包括疏忽大意的过失与过于自信的过失两类，即赛事组织者因没有履行相应的安全保障义务，使得潜在的风险现实化，存在应当预见潜在的风险但没有预见的过失，或已经预见但轻信该风险可以避免的过失，在这两种情况下，赛事组织者都有承担侵权责任的可能。其四，损害后果与赛事组织者未尽到安全保障义务存在因果关系。此处的因果关系，需理解为法律上的因果关系。

2. 存在第三人侵权，赛事组织者的追偿问题

根据《民法典》第1198条第2款的规定，“因第三人的行为造成他人损害的，由第三人承担侵权责任；经营者、管理者或者组织者未尽到安全保障义务的，承担相应的补充责任。经营者、管理者或者组织者承担补充责任后，可以向第三人追偿”。可知，若人身财产损害是由第三人带来的，如场馆内有人蓄意挑起争端，打架斗殴，赛事组织者存在未尽到及时维护秩序等保障义务，承担补充责任后，可向造成损害的第三人进行追偿。

3. 判断侵权法律责任的其他法律规范

冬奥会作为大型的体育赛事活动，其中潜在的人身财产损害风险较大且情形复杂，在判断相关法律责任时，除了以《民法典》作为一般性法律依据外，还应当根据实际情况考虑其他予以适用的法律规范。如在交通事故中可能需要适用《道路交通安全法》，在食品安全问题中可能需要适用《食品安全法》等。上述具体领域的法律法规，将与《民法典》一并作为判断各方主体法律责任的依据，以最终确定人身财产损害的法律责任性质。

（二）法律责任的承担方式

侵权责任的承担方式主要在于对损害的赔偿。

1. 在人身损害的场合，根据《民法典》第1179、1182、1183条的规定：受害人可以主张的赔偿范围大致包括治疗和康复支出的合理费用，如医疗费、护理费、交通费、营养费、住院伙食补助费等，以及因误工减少的收入；如果因人身损害事件造成财产损失，则可以主张因此受到的损失或者侵权人因此获得的利益。此外，如果造成了严重精神损害，受害人还可以主张精神损害赔偿。考虑赛时人身损害可能造成运动员无法参与商业广告或者其他商业活动，此在性质上可能会被认定属于“被侵权人因此受到的损失”范围，但被侵权人是否可以主张，或可以主张的范围大小，都应当结合实际情况进行判断。

2. 在财产损害的场合，根据《民法典》第1184、1187条的规定，侵害他人财产的，财产损失按照损失发生时的市场价格或者其他合理方式计算，当事人可以协商赔偿费用的支付方式。在仅涉及财产损害的情形下，赔偿数额的计算相对比较简单，在充分与被侵权人进行沟通后，可以友好协商的形式确定最终的赔偿数额，并与当事人最终以书面形式

确认。

二、赛时人身财产损害的具体情形及法律责任

以赛时人身及财产损害发生的不同场合来看，结合相关法律规定，赛事组织者可能承担的法律责任以及责任抗辩大致如下：

（一）餐饮

这类情形主要指代表团成员、运动员、志愿者等赛事有关人员，赛时因就餐问题遭受的人身及财产损害。其中，应当根据食物来源进一步分析，具体包括：相关人员因赛事组织者提供的餐饮遭受损害，及因其他来源的食物遭受损害两种类型。

因赛事组织者提供的食物造成损害的，若其提供的食物确存在质量或卫生问题，即对损害的发生存在因果关系，且组织者对提供了该问题食物存在过错，如在食物选材上存有疏忽、餐饮运输过程中未注意保鲜、发生变质等，则赛事组织者应根据其过错程度承担相应的侵权责任。当然，为避免误会与欺诈，赛事组织者可以将所供应的食物留样保存，送至权威机构进行检验，以此排除自己的侵权责任。另外，考虑到赛时的餐饮一般由相关的合同商提供，赛事组织者事后可通过合同关系，追究相关主体的违约责任。

在非因赛事组织者提供的食物遭受损害的情形下，如被侵权人食用了自己携带的食物而发生食物中毒。此时，在明确了招致损害的食物属于其他来源时，因损害的发生与赛事组织者的行为之间不存在因果关系，则赛事组织者一般无须承担侵权责任。但要注意对被侵权人提供及时与适当的医疗救助，以防止损害的进一步扩大。

（二）住宿

这类情形主要指赛时在奥运村及冬奥组委的签约酒店内居住的人员，涵盖主体较广泛，除了专业运动员、代表团官员及其他随队人员外，还可能涉及新闻媒体与转播商、赞助商、技术官员等各类注册人员的住宿。住宿是举办冬奥会与冬残奥会的重要环节，提供合适的住宿条件、服务和设施，保障居住安全是赛事组织者应尽到的义务，同时，根据住宿类型的不同，在奥运村与签约酒店两种类型下，赛事组织者应承担的法律义务也应有所区别。

在奥运村住宿的情形下，赛事组织者需要承担的义务较强，应当全面地保障居住者的人身安全与财产安全。具体来看，大致包括：部署充足的安全保障人员、提供医疗救助设备与医护人员、确保录像录音设备正常运作以便留存证据、充分的风险告知义务等。

在签约酒店住宿的情形下，注册人员与签约酒店不仅存在直接的合同关系，同时，签约酒店作为住宿场所的经营者与管理者，本身具有对住宿安全的安全保障义务，因此，一般而言，对在签约酒店发生的侵权事件，赛事组织者无须承担侵权法律责任。但需注意的是，涉奥人员的住宿为组织举办冬奥会的重要环节之一，与办赛义务息息相关，赛事组织者仍然应当尽最大努力避免侵权损害的发生。

（三）交通

奥运交通战略在保障赛事顺利进行方面起着核心作用，赛事组织者需针对所有奥运会利益相关方的特定运行及职能需求，为其提供安全、可靠的交通服务。在这类情形下，赛事组织者的法律义务主要为：确保交通运输过程中的人身安全与财产安全。

如若发生交通事故，并存在人员伤亡，赛事组织者应当及时抵达交通事故现场，立即提供医疗救助、联络送医，同时报警并注意保护现场证据；若未发生人员伤亡，交通事故仅造成了车辆等财产损害，则应尽力补救财产损害，防止进一步扩大，并根据实际情况考虑是否联络交警。

在判定交通事故的侵权责任时，除应遵照《民法典》判定相关主体的侵权法律责任外，首先应当依据《道路交通安全法》的有关内容，调查并深入研判交通事故的主责一方。若是赛事组织者的车辆主责，则侵权法律责任的承担需进一步研判，如在冬奥会收费卡项目中，机动车及驾驶人由租车公司统一匹配，则该租车公司可能需对人身财产损害承担赔偿责任；若是其他社会车辆主责，一般应由主责车辆承担侵权责任，赛事组织者不再另外承担责任。

同时注意，在机动车辆保险责任方面，赛事组织者一般会为机动车投保交强险与第三者责任险，除此还可能包括车辆损失保险、机动车车上人员责任保险等其他险种。因此，在交通事故中，无论是人身损害还是财产损害，都应当及时上报保险公司，以便顺利进入保险理赔对接流程。

（四）竞赛

这种情形主要指因运动员之间竞赛行为造成人身损害，这种情况既包括正常竞赛行为，也包括可能存在的故意或者过失的伤害行为。如果损害属于正常竞赛行为下固有风险现实化的结果，则运动员对该损害一般不需要承担侵权责任；如果损害超出了正常竞赛行为的轨迹，且运动员存在故意或者过失，则其需要承担侵权责任。这是因为《民法典》第1176条第1款规定了体育赛事“自甘风险”规则，即“自愿参加具有一定风险的文体活动，因其他参加者的行为受到损害的，受害人不得请求其他参加者承担侵权责任；但是，其他参加者对损害的发生有故意或者重大过失的除外”。

需要注意的是，虽然根据《民法典》第1176条第2款，自甘风险规则的适用主体排除了活动组织者，即上述情形与赛事组织者不直接相关，其仍应以安全保障义务为要件独立判断侵权法律责任。然而，若因为正常的竞赛行为产生损害结果，赛事组织者对此类伤害的发生一般不存在过错与因果关系。因此，在竞赛中出现的损伤，即便不能直接以自甘风险规则进行抗辩，赛事组织者仍可以不存在因果关系或过错之构成要件，主张侵权责任无法成立。

同时，在此种情况下，赛事组织者对被侵权人应当负有及时救助义务，特别是结合冰雪运动具有运动速度快、危险系数高，同时项目场地大、气温极低、行动不便等特征，在损害发生后及时组织救助活动是十分必要的。例如，对在雪山摔伤的运动员，迅速联络直升机进行定位与搜救工作等。

（五）场馆

这种情形主要指除竞赛部分以外发生在场馆内的人身财产损害，比如场馆内的观众、媒体等人员遇到的侵权事件。

一般而言，按照侵权责任要件及《民法典》第1198条第2款前半句规定，“因第三人的行为造成他人损害的，由第三人承担侵权责任”，赛事组织者无须承担法律责任，应当判定具有过错的行为人依法承担侵权责任。当然，赛事组织者应注意对场馆内监控设备记录作为有关证据的留存，必要时及时提供。

同时，根据《民法典》第1198条第2款后半句规定，“经营者、管理者或者组织者未尽到安全保障义务的，承担相应的补充责任”，此种情况例如场馆内有人员打架斗殴，且伤害行为持续一定时间甚至不断加剧，实施伤害行为的侵权人无疑应当承担主要侵权责任，而赛事组织者若未尽到及时制止伤害行为、维护秩序等安全保障义务，也应在过错范围内承担相应的责任。

（六）其他情况

这种情形主要是指自然灾害、意外事件等因素造成人身财产损害，比如突发极端天气造成的人身伤害与财产损害。这种情形没有直接的侵权责任主体，赛事组织者仅在存在过错的情况下，比如未尽到及时救助、避免损害扩大等安全保障义务时，在其过错范围内承担一定的责任。因此，赛事组织者应当尽可能关注并预判自然灾害与意外事件情况，并提前筹划相应的应急措施。

同时需要注意，在人身损害方面，赛事组织者一般会为相关人员投保人身意外险，在因自然灾害、意外事件等遭受了人身、财产损害的，赛事组织者应当及时协助上报保险，按照理赔流程，配合保险人对被保险人（被侵权人）的保险理赔工作。

结　语

作为全世界最大的体育赛事之一，冬奥会与冬残奥会的举办受到了全世界的瞩目，奥运赛事的筹办方与组织方，从比赛场馆设施的安排布置，到竞赛规划与赛事组织服务工作，各个环节都面临着非同寻常的挑战，即便事先做了较为周全的准备，但仍有必要对赛时可能发生的人身财产损害事件展开具体的讨论。本文梳理了风险的来源并归纳了侵权损害的类型，以厘清各类场景下的侵权法律关系，探讨赛事组织者应当承担的法律责任，以及相应的责任抗辩事由，以期妥当地实现侵权法之损害填补功能，于法律层面为冬奥会的顺利举办保驾护航。

第三部分　工作纪实

本部分收录了有关司法机关为保障北京2022年冬奥会和冬残奥会顺利举办开展的相关工作以及课题研究，共6篇。

从审判角度看涉奥法律风险问题

北京市高级人民法院审判管理办公室

一、北京法院涉奥案件基本概况

（一）涉奥案件概况

涉奥案件并不是司法理论上的定义，而是司法实务中为了发挥法院审判职能，化解防范奥运会筹备和举办过程中的风险，审查甄别相关案件而进行的界定。通过对北京各级法院上报案件及搜集整理案例的统计研究，结合相关规范性意见，将本次调研确定的涉奥案件界定为因直接或间接受奥运会影响而产生的各类刑事、民商事、行政、知识产权等案件，包括奥运会筹办、举办、后期服务期间发生的各类纠纷。

通过对搜集整理案件的统计，北京法院 2008 年至 2021 年 6 月共办理涉奥案件 846 件，涉及全市 19 家法院。其中，刑事案件 7 件，主要包括诈骗类、危害国家安全类、扰乱公共秩序类等案件；民商事案件 786 件，主要包括合同纠纷类、侵权纠纷类、物权纠纷类等案件；行政案件 35 件，主要包括行政强制类、行政处罚类、政府信息公开类、履行法定职责类等案件；知识产权案件 18 件，主要包括围绕奥运标识、奥运场馆、庆典活动、赛事转播、市场营销引发的各类纠纷。

（二）涉奥案件特点

1. 案件分布区域集中，群体性特征明显。因奥运场馆及相应配套工程相对集中，涉奥案件整体上分布较为集中。在此次冬奥会中，新建奥运场馆及京张城际高铁、兴延高速、延崇高速等主要交通配套工程集中分布延庆区、昌平区，截至 2019 年年底，北京法院审理的涉冬奥会案件中，有 79 起与位于延庆区的工程有关，7 起与位于昌平区的京张高铁、兴延高速工程相关。与此同时，涉奥案件具有明显的群体性特征，主要表现为同一起诉人以不同事由提起多类型诉讼，或者多人同时针对同一被告提起同类型诉讼。

2. 案件类型多样，阶段性特征明显。从前面北京法院涉奥案件概况可以看出，在整体案件体量不大的情况，案件类型却十分多样，涉及刑事、民事、行政、知产等各类案件。在奥运会举办阶段，随着体育赛事的进行，大批外国人会来华参与奥运赛事，同时为配合奥运赛事的顺利进行，大批奥运志愿者也会投入比赛中来，在此期间，人身损害赔偿、财产损害赔偿、服务合同类案件会在短时间内凸显。在奥运会闭幕后，各级奥组委的工作也随之结束，因各级奥组委的人员构成比较复杂，在工作人员的遣散问题上可能会引发一定数量的劳动争议案件。

3. 涉奥因素隐藏深，防范难度增大。在审判实践中，直接与奥组委、奥运知识产权保护等相关案件数量并不多，大量涉奥案件并非直接与奥运会相关，都是带有涉奥因素的衍生案件。奥运会的筹备及举办牵涉到国内外多个组织和单位，参与人员众多，涉及范围广，时间跨度长，大量深层次的隐患短期内无法显现，风险防范难度大。

4. 案件法律关系复杂，审判专业性较强。涉奥案件在不同诉讼主体之间的权利义务关系复杂，涉及法律法规范围广泛。如在知识产权领域，涉及新技术应用、信息传播，审理此类案件应当对新技术的开发应用有比较深入的了解，所需知识和理念，显然并非法律专业知识所能覆盖的范围。无论是从知识格局还是法律适用层面，势必都对审理涉奥案件的裁判人员提出了更高的要求。

5. 涉冬季运动项目纠纷增长快速，纠纷主体责任认定难。随着冬奥申办成功，滑雪运动在我国悄然兴起，参与冰雪类运动的人数更是迅速增长，在运动中出现伤害事故并由此导致的涉生命权、健康权、身体权等纠纷也出现增长。冰雪运动一旦发生事故，往往会给冰雪运动参与者造成较为严重的损害后果，除直接发生碰撞事故的冰雪运动参与者外，冰雪运动场馆的经营管理者往往也会因未尽到合理的安全保障义务成为被诉主体。在司法实践中，安全保障义务范围的界定直接关系损害后果的责任承担问题，参与者自甘风险与经营者的安全保障义务之间如何划定界限存在较大争议，给纠纷责任主体认定带来诸多困难。

（三）北京法院服务保障冬奥会的司法举措

为深入贯彻落实习近平总书记关于办好北京冬奥会和冬残奥会系列指示精神以及北京市委相关工作部署，北京法院始终牢固树立大局意识，以高度政治责任感和历史使命感，全体动员，充分发挥法院审判职能，结合北京法院工作实际，全力以赴做好赛会司法服务保障工作。

1. 制定专项意见，切实加强组织领导。北京市高院制定了《关于为举办北京冬奥会、冬残奥会提供司法保障的意见》，要求全市法院要充分认识举办北京冬奥会、冬残奥会的重要意义，牢固树立大局意识，始终坚持“首善标准”，按照“一刻也不能停、一步也不能错、一天也误不起”的要求，以高度政治责任感和历史使命感，全体动员，坚持“最高标准、最严要求、最好效果”，全力以赴做好“北京周期”筹办工作司法服务保障工作；成立北京法院服务保障北京冬奥会、冬残奥会工作领导小组，市高院党组书记、院长任组长，市高院相关业务庭室、职能部门、相关中基层法院作为成员单位，统筹推进全市法院涉冬奥会各项工作。

2. 健全专项管理机制，有效防控案件风险。将涉冬奥会案件纳入重大敏感案（事）

件，进行全市统一管理。依托智慧法院建设，升级完善重大敏感案（事）件监督管理平台，对全市三级法院自2015年8月1日以来已结和未结的涉冬奥会、冬残奥会案件，包括场馆建设、冰雪运动、相关知识产权和涉外等审判、执行案件进行专项管理，并依据敏感程度划分不同级别，实行“一案一登记、一案一预案”精细化管理。建立承办法官登记、庭室负责人评估甄别、法院分级上报、市高院统筹监管的线上一体化管理体系。强化依法处置、舆论引导、社会面管控“三同步”，事前制定切实可行的开庭审理、舆论稳控、安全保卫“三方案”，将工作责任落实到具体部门和个人。此外，市高院编发《重大敏感案（事）件专报》，对全市重大敏感案（事）件进行分析研判，供领导决策参考，每月一期。

3. 优化审判执行工作，切实提升办案效果。建立涉冬奥会案件专项办理机制，完善审判工作流程，加强立案、开庭、宣判、送达、卷宗移转、执行等环节的衔接，在证据保全、财产保全、司法送达等方面建立专门协助通道，开通冬奥组委维权案件绿色通道，促进案件高效处理，实现快立快审快执。坚持因案施策，做好各类案件审执工作。对涉及冬奥会场馆建设和配套工程类案件，提高审判效率，针对执行腾退工作，做好强制执行预案和前期准备，规范执行过程，提高强制执行效率效果，确保不因案件审理影响工程进度。对涉冰雪运动类案件，依法保障冰雪运动参与各方的合法权益，不断延伸审判职能，通过发送司法建议的方式，促进冰雪经营管理场所完善运动场地安全保障设施，提醒冰雪运动爱好者增强安全意识，促进冰雪运动推广。对涉知产权类案件，坚持分类施策、比例协调，对于事实相对清楚、权利义务关系相对明确且时效性要求高的案件，开辟“绿色通道”，实行繁简分流、简案快审，实现权利人利益和他人合法权益以及社会公众利益、国家利益的均衡发展。对涉冬奥会行政案件，充分发挥行政审判监督行政机关依法行政的职能作用，在保障相对人合法权益的基础上，依法支持行政机关开展各项涉冬奥会行政行为。对涉外案件，平等保护中外当事人合法权益，展现首都良好司法形象。健全矛盾纠纷多元化解机制，以“实质性化解争议”为工作目标，构建诉调对接机制，加强涉冬奥会案件诉前委派调解、诉中委托调解、司法确认等工作；加大联合调解力度，充分发挥行政调解、人民调解、律师调解、行业调解等矛盾化解主体的作用，推动形成多层次、体系化的矛盾纠纷解决机制，形成矛盾化解合力；对事实清楚、权利义务关系明确、争议不大的简单案件，适用速裁机制快速审结。统一涉冬奥会案件裁判尺度，强化市高级法院、中级法院审级职能，发挥审级监督作用，在保证审级独立的前提下，建立与辖区法院案件会商、业务研讨、培训交流等机制，做好对重大敏感、疑难复杂案件的指导工作，统一涉冬奥会案件的法律适用和裁判尺度标准；组织涉冬奥会典型案例评选工作，以《审判管理动态》的形式印发全市法院借鉴学习，规范指引审判执行工作。

4. 建立协调联动机制，确保工作衔接顺畅。建立信息共享机制，完善与北京冬奥组委法律事务部建立的专项联络机制，及时获取政策背景信息，第一时间识别涉奥因素，开展诉讼风险预判、评估工作；及时通报相关案件信息，强化矛盾纠纷多元化解工作，提升矛盾纠纷预防的前瞻性和处置的高效性。建立会商沟通机制，通过司法建议、专题座谈、研讨等多种形式，加强沟通交流。加大与张家口市各级法院的区域司法协作力度，开通跨域立案工作，提供便捷化的立案服务；探索建立疑难法律适用问题及裁判标准的信息共享和研讨机制，促进区域司法尺度统一；认真履行京冀两地法院执行联动协议，增强执行联动效果。

5. 构建多元化服务保障机制，确保工作扎实到位。优化审判力量，制定人才培养规划和实施意见，组织涉冬奥会案件审判执行工作专项培训，集中政治素质高、业务能力强的审判骨干力量，组建专业审判团队。密切关注并配合冬奥会相关工作的推进步骤，针对可能引发的诉讼风险点，展开前瞻性调研，通过司法建议、专题座谈、研讨、会商等多种形式，及时为法院或行政部门作出专业法律提示，多渠道、多路径转化调研成果，为冬奥会举办提供决策参考。强化法制宣传和舆论引导，充分运用传统媒体和法院自有媒体，创新方式方法，拓展宣传渠道，营造法治冬奥氛围。加强舆情分析研判，实时监测舆情动向及发展，加强内外交流和上下沟通，形成舆论引导合力，创造良好舆论氛围。

二、比较研究：域外涉奥案件审判研究

（一）域外涉奥案件审判实践概览

1. 域外涉奥案件基本情况

由于域外涉奥案件散见于世界各个国家，主要是历届奥运会的举办国，难以检索完全并对总体数量加以统计，本文主要针对检索到的案件进行分析，数量在 20 余件。就目前检索到的案件来看，大多集中于体育赛事转播、不正当市场营销以及对奥林匹克标志的侵权诉讼这 3 方面。在裁判尺度把握上，法院在处理这些案件的时候往往考虑到涉案因素而与普通案件有所不同。从案件类型来看，以民事案件为主，有的情节严重的会涉及刑事诉讼，案情较为简单的则会通过简易诉讼程序解决。

2. 域外涉奥案件主要特点

（1）倾向于对体育赛事的相关权利予以严格保护。（2）涉案纠纷商业化运作程度高、专业化程度强、证据相对规范。（3）结合本国特点合理确定对奥林匹克标志的保护范围。

（二）域外涉奥新类型及经典疑难案件情况

1. 体育赛事转播

（1）欧盟：邻接权。欧盟法院有判例确认，体育赛事节目本身不具备足够的独创性，无法受到著作权的保护，但是欧盟法院倾向于认为体育赛事节目可以通过变通策略，令体育比赛节目可以接受类似作品的保护。① 欧盟对于体育赛事规定了“首次固定权”，该权利

① Joined Case C-403/08and C429/08FAPLLQMMPSLECRI-9083.

不以独创性为前提，给予相关影视作品（该影视作品认定门槛很低，包括体育赛事节目）数十年的保护期，同时欧盟法院表示，即使影视作品已经传播，第三人利用互联网进行传播也需要征得权利人的许可。① （2）美国：作品与反不正当竞争。美国《版权法》规定，只要录像与信号同时进行传播，现场直播便可以构成美国法律认定的作品，受到著作权的保护。② 美国法院对于体育赛事节目独创性曾作过论述：节目通过诸多摄像机对一场正在进行的体育赛事进行电视直播，每一个角度的选取拍摄都能体现导演的独特构思，因此赛事节目可以构成美国法律的独创性作品。③ 美国法院还认为，一场体育比赛尚未开始时，运动员享有主张个人权益的权利，一旦比赛开始，运动员享有的权益将会被体育赛事享有的著作权吸收。④ 美国法院还曾援引反不正当竞争法解决原被告关于体育赛事转播方面的纠纷。⑤

2. 隐性营销

隐性营销类案件也在域外涉奥案件中占有相当的比重，主要的类型包括：（1）在赛场主办地周边进行宣传造势；（2）赞助参赛运动员或者代表队及媒体赛事转播进行广泛且不间断地宣传造势；（3）自创奥运关联产品误导公众；（4）利用低等级赞助商身份进行商品宣传和推销。

3. 奥林匹克标志

各国在规制对奥林匹克标志的侵权行为时通常采取双向标准，规定中既体现对标志的严格保护，同时又规定了限制权利的例外条款。这一双向标准由英国首创，后续在其他国家的司法实践中也得到了认可和确认。⑥ （1）强保护。美国联邦最高法院在“旧金山文娱与体育公司诉美国奥林匹克委员会”案⑦中分析了《奥林匹克和业余体育法》的合宪性和适用范围，法院判定他人侵犯美国奥林匹克委员会享有的奥林匹克商标专有使用权并不需要以引起混淆（confusion）为前提，实际上是降低了构成侵害奥林匹克标志行为的门槛，从而加强了对奥林匹克标志的法律保护。⑧ 澳大利亚悉尼奥运会判定侵权采用“合理人”的标准，即以合理人（正常情况下的普通人）的判断来作为奥林匹克知识产权是否遭遇侵

---

① Directive 2006/115/EC on rental right and lending right and on certain rights related to copyright in the field of intellectual property，Art. 3.1（d），O.J. L 376，at 28（Herein After Rental Directive）.

② S. 1361，93d Cong.，1 st Sess.（1973）.

③ 中国知识产权法学研究会体育知识产权专业委员会：《关于加强体育赛事直播节目知识产权保护的报告》，2015年版，第28～31页。

④ H. R. Report No. 94－1476（1976），at 52－53.

⑤ 转引自李杨：《体育赛事视听传播中的权利配置与法律保护》，载《体育科学》2017年第5期。

⑥ 韩键：《英国奥林匹克标志保护法评介及对中国的启示》，载《大众商务》2010年第3期。

⑦ San Francisco Arts and Athletics Inc. v. U. S. Olympics Committee United States Supreme Court.［R］. United States Reports，1987，483：522.

⑧ 参见胡峰、吕炳斌、段宝玫：《奥林匹克标志知识产权保护——基于国际法与比较法视角的研究》，载《体育与科学》2006年第2期。

权的标尺，并在禁令救济制度上同样采用“合理人”的判断。(2) 对标志权利的限制。英国《保护法》规定，“受保护字”可不经伦敦奥组委授权而在新闻或艺术作品中使用。新闻记者在阐述有关奥运会的社论中可使用奥林匹克标志，但此例外不适用于商业通讯和广告。若行为人有正当理由而使用奥林匹克标志且不涉及奥委会权利，即可获得奥林匹克标志使用权。后又对《保护法》中的例外条款进行了补充，其修正为：如果奥林匹克标志或其“限制描述”的使用不太可能引起个人、产品或服务与奥运会和残奥会及相关活动间的关联，则不属侵权。美国有州法院判决认为1998年的《奥林匹克和业余体育法》不适用于非商业性言论。

（三）国内法与国际法、国际惯例、竞赛规则的衔接与冲突

关于奥林匹克标志的国际公约大多是授权性条款，需要通过国内法加以转化才更具有现实操作性。在考察域外涉奥案件的审判实践时，一个重要前提是国内法与国际法，以及不同性质的国际体育规则冲突的解决。

1. 国际公约、条约

涉奥案件可能适用到的国际公约、条约包括《联合国宪章》和一些国际公约和条约中包括了体育权利保护方面的相关内容，如《世界人权宣言》《公民权利和政治权利国际公约》《体育运动国际宪章》等。

2. 国际习惯

有观点认为“奥林匹克休战”构成国际习惯；有观点认为《世界反兴奋剂条例》中某些具体规定也满足国际习惯的构成要素，从而构成国际习惯。

3. 国际惯例

大部分奥林匹克国际规则属于国际惯例的范畴。国际惯例不具备当然的法律效力，如果被国内法承认，转化为国内法律条文的具体内容，则具有了一定的拘束力。

4. 合同性质

国际奥林匹克委员会是一个非政府间国际组织，《奥林匹克宪章》作为国际奥委会为奥林匹克运动发展而制定的总章程，是约束所有奥林匹克活动参与者行为的最基本标准和各方进行合作的基础。各国参与奥林匹克运动作出相应承诺，则视为通过意思自治达成合意，享有相应权利，并诚实履行相应合同义务。

（四）域外涉奥案件审判经验的借鉴意义

通过研究域外涉奥案件的审理情况，我们可以总结出世界各国特别是西方体育产业发达国家在奥运会法律权益保护方面的诸多经验，给我国2022年冬奥会的筹办和举行提供参考。

1. 在案件审理中确立涉奥案件统一的裁判尺度和认定标准

从世界各国（地区）的司法实践来看，对于不同类型的案件都有相对统一的认定标准，

这既保证了法院在审理涉奥案件的裁判尺度的统一，也能够最大限度保证司法公平公正，有利于在涉奥案件审判中向国际社会展示一个国家崇尚法治、尊重和维护奥林匹克精神的良好形象。2022 年冬奥会由北京和河北省张家口两个城市联合举办，京冀地区都应做到依法服务，协同发展，两地法院加强联系，探索建立疑难法律适用问题及裁判标准的信息共享和研讨机制，促进区域司法裁判尺度的统一。

2. 在加强保护和允许合理使用之间寻求利益平衡

对奥林匹克标志的保护主要属于知识产权制度的保护范畴。知识产权保护制度的基本原则之一就是利益平衡原则。我国对于奥林匹克标志的法律保护应该在加强保护和允许合理使用之间寻求利益平衡。加大对奥林匹克知识产权的保护力度，有利于维护我国知识产权保护的良好形象；但如果保护过度，则有可能影响社会大众对奥林匹克活动的正常参与、合理使用范围。在判断是否为合理使用的过程中，要结合具体的案情和场合具体分析。

3. 加快涉奥案件审判流程推进，切实提高审判质效

英国采用简易程序审理涉奥侵权相关案件，大大提高了诉讼效率。2022 年北京冬奥会预计出现的涉奥纠纷案件会相较 2008 年北京夏季奥运会大幅增加，对此司法机关应提高诉讼效率，积极、迅速地打击侵权行为，维护奥运权利人的合法权益。此外还可寻求其他的有效救济方式，例如构建矛盾多元化解机制，让人民群众以及来自五湖四海的国际友人都感受到我国公正、高效、便捷的司法程序。

4. 政府加强监管力度

在奥运会举办过程中，各国政府是最主要的组织监管主体。国外确保一个清洁奥运赛场环境的成功经验包括：赛场环境的广告控制，对运动员、运动团队的单独合同控制和预先审批等，对观众的隐性利用控制，票务控制，官方纪念品控制，转播控制等。政府通过采取相应的行政措施，或者通过签订合同限制合作方的权利义务等手段，承担起执法和监管责任。

5. 引导企业提高维权意识、增强维权力度

“法律不保护权利上的睡眠者”。企业作为体育赞助活动中的重要主体，其自身需有较强的权利观念，在面对其他各方对自己的权利侵害时，应当学会采取各种手段维护自身的权益。

三、北京冬奥会存在的法律风险点分析

（一）从涉奥刑事案件看北京冬奥会存在的风险点分析

1. 涉奥秘密泄露

奥运会相关的国家秘密主要包括奥运安保部署、紧急事件应对方案等涉及奥运会筹办举办的且直接被定为国家秘密的文件，还有与奥运相关的开幕仪式、点火仪式方案等需要

严格遵守保密协议的策划内容。涉奥秘密的泄露，不仅将严重影响奥运会的安全顺利召开，也将严重影响我国的国际声誉，给国家造成重大损失。

2. 赛会及各项仪式现场出现扰乱秩序行为

在奥运赛会现场及各种仪式中出现扰乱秩序行为，主要包括在赛会现场打架斗殴等严重扰乱赛会进程的寻衅滋事行为和在大型活动中派发传单、宣泄不满等严重扰乱赛场秩序的行为，尤其要警惕重点信访人利用大型活动，寻衅滋事、故意破坏活动正常进行的情况发生。

3. 利用冬奥会影响力实施诈骗行为

利用冬奥会影响力实施诈骗行为的犯罪范围较广，涉及的主体较多，且在所有涉奥违法犯罪中占比较大。其中，利用冬奥会项目进行诈骗的行为最为高发，且可能涉及各个行业和各个领域，犯罪手段和方式多样，受害群体范围较广，风险防范的难度较大。

4. 筹办举办过程中出现职务犯罪

2022年冬季奥运会的召开涉及诸多奥运配套工程，管理和支配的资金数目巨大，资金经手方较多，加强对项目资金的管理，避免职务犯罪的出现。要重点关注挪用奥运筹备资金和在采购、招标过程中发生职务犯罪两类行为。

5. 利用网络信息技术进行犯罪

主要包括以下风险：（1）利用技术手段对奥运网络服务系统进行破坏，盗取运动员或游客的个人身份信息或信用卡等隐私信息；（2）利用网络信息进行网络诈骗，最常见网络诈骗手法有假冒奥运官方组织网站进行诱骗、以企业名义发起虚假中奖信息、虚假奥运募捐诈骗等；（3）利用网络信息技术进行毒品犯罪。

6. 外国人犯罪

主要包括：（1）部分外国人借奥运之机进入我国境内从事毒品犯罪；（2）部分外国人借奥运之机进入我国境内从事卖淫活动；（3）部分外国人借奥运之机进入我国境内从事恐怖犯罪活动。

（二）从涉奥民事案件看北京冬奥会存在的风险点分析

1. 合同类纠纷存在的风险点

（1）因涉奥工程建设合同无效、违约、建设工程质量等影响工程进度；（2）因拆迁安置补偿合同纠纷导致冬奥场馆及配套工程不能如期推进，该类纠纷最容易引发激烈矛盾，且往往涉及群体性诉讼，需要奥组委、地方政府及建设单位重点注意；（3）服务合同引发的风险点，提前签订的住宿、医疗、餐饮等合同所确定的价格，可能因价格波动导致出现合同违约或降低服务保障质量等情形，因此在签订此类合同时，预先做好违约的风险防范措施；（4）赞助商合同违约或无法继续履行可能引发的风险点，如赞助商中途退出、赞助商不按规定履行合同条款，或赞助商出现形象恶化、企业面临破产等无法再继续履行合同等。

2. 侵权类纠纷存在的风险点

（1）涉奥场馆及配套工程质量不达标。应加强对奥运场馆及其配套工程设施施工及验收环节的监督，避免因奥运场馆及其配套工程不达标而引发侵权纠纷。此外，在对围栏、奥运座椅、运动装备及设施等进行采购安装时，应严格质量把关，避免因奥运场馆相关配套设施质量问题而导致人身损害。（2）未尽合理安全保障义务。①针对运动员的安全保障义务，主要包括装备设备上的保障和提供及时救助的安全保障义务。②针对观众、志愿者等的安全保障义务，包括配套设施、设备的安全可靠性，对不安全因素的消除，对已经发生或者正在发生的危险提供积极的救助，对外部不安全因素的防范，制止来自第三方对观众的侵害，对不安全因素的提示、说明、劝告和协助等义务。

3. 冰雪类运动存在的风险点

（1）冰雪运动场所建设不规范或后期场所维护不到位导致人身损害。（2）冰雪运动场所安全保障义务履行不到位导致人身损害，主要包括场所分片分区管理不到位，履行救助的义务不及时、不专业，冰雪运动场所的安全员或教练人员履职不到位，本应尽保护义务却只尽到提示义务等。（3）冰雪运动参与者专业技能、规则理念不足，未充分认清该项运动危险性，导致自身或他人人身损害。（4）冰雪运动场所经营管理者安全和风险意识不足导致承担责任过重的风险。例如，因监控设施安装和管理维护不到位，导致纠纷发生时难以提供相应的视频资料厘清责任分担，导致承担举证不能的责任。

（三）从涉奥行政案件看北京冬奥会存在的风险点分析

1. 新类型涉奥案件频发

政府信息公开和行政协议等新型案件和规范性文件附带审查等新制度，开始进入行政诉讼领域，让行政诉讼呈现出了新的局面（1）政府信息公开案件。该类案件风险主要表现在数量的爆炸性、范围的广泛性、时间的延续性。具体来说，政府信息公开申请以及因此引发的行政复议和行政诉讼，权利救济的门槛低，可以说是不限次数、不限范围、不限时间，极易引发滥诉风险。（2）行政协议案件。行政协议是 2015 年《行政诉讼法》修订后所确立的新类型案件，在奥运会场馆、道路建设中，时常涉及土地房屋征收补偿协议的签订，行政协议在涉奥行政案件中并不会缺席。行政协议直接涉及当事人的经济权益，故案件是否能够妥善处理，对于维护社会稳定、保证奥运会顺利进行起着举足轻重的作用。（3）规范性文件附带审查案件。为了更好地保障奥运会的顺利筹办，各行政机关往往会为此制定一些规范性文件予以支持，将其纳入司法审查范围后，能否经得起司法审查的考验，值得关注。

2. 行政诉讼信访化现象严重

行政诉讼信访化，又称信访行政诉讼化，即针对同一行政事项反复提起诉讼，或者针对同一诉求反复变换表述形式、针对不同行政机关反复提起诉讼；利用上下级行政机关之间基于层级监督关系，将下级行政机关监管的事项，通过起诉上级行政机关履行查处监督职责，反复针对上级机关提起履行职责之诉；利用信息公开制度不完备的漏洞和起诉门槛低的特点，就其隐藏在背后的利益诉求反复提起信息公开诉讼；等等。行政诉讼信访化现象严重，信访当事人的不稳定因素长期存在，在行政诉讼程序中不满情绪的增加，给冬奥会举办带来安全隐患。

3. 行政机关不同层级和部门职责上的重合或疏漏

冬奥会举办工作涉及不同层级、不同领域的行政主管机关，不同的机关履行不同的职责、掌握不同的信息，行政管理方式和做法各不相同，对法律的理解也存在差异。从行政诉讼角度看，职责重叠或空白，容易产生不作为、执法没有法律依据、案件移送错误等问题，从而导致行政机关败诉。

4. 双城奥运背景下职权一体化建设的风险

在统筹发展政策和体制机制对接工作时，不可避免地会涉及行政职权的对接，特别是涉及冬奥会交通、市政、医疗、教育、生态环保等行政管理领域，职权对接和一体化建设是否顺利开展，对于冬奥会的顺利筹办起着举足轻重的作用。一旦两地在处理同一事项的职责划分、执法方式和执法程序出现不同，一定程度上会传导至行政诉讼，导致行政执法和司法审查的标准不一，极易引发舆论风险，产生十分不良的影响。

（四）从涉奥知识产权案件看北京冬奥会存在的风险点分析

1. 针对冬奥会标志、形象的擅用和摹仿

对奥林匹克知识产权的保护立法既要做到范围全面，保护力度加大，同时也要做到适用法律条款准确，尤其是针对在自媒体时代下直播、短视频、微信、微博等新兴社交平台的使用限制，体现出精密化、细致化的特点，从而向国际社会传递出保护知识产权、尊重创新的理念。

2. 借助冬奥进行“隐性营销”

现有案例中仅有一起涉及行政处罚的案例反映在行政诉讼中，但 2008 年北京奥组委和工商行政执法部门处理了大量的此类不规范行为，不排除未来北京冬奥会期间法院也会受理与之相关的案件。一些文字组合和图案因为其特定的指向性已经有了特定含义，如“北京　张家口 2022”“冬奥”“冬残奥”等。冬奥组委及执法主体也应关注企业和个人对这些重点词语和图案的规范使用，防止引起社会公众的混淆误认。

3. 冬奥会建筑场馆、景观的造型保护

冬奥会场馆、景观、造型布置以及围绕冬奥会开展的相关基础设施建设也是冬奥会筹备中的重要项目。对奥运场馆等建筑物的知识产权保护可以有著作权、外观设计、商标权及不正当竞争等多种途径。从以往各国城市举办奥运会的经验来看，基本都需要提前做好奥运建筑本身的知识产权注册登记工作，确立立体稳固的权利基础，同时打击遏制针对奥运场馆、造型的仿制等侵权行为。

4. 体育赛事转播新技术类侵权

信息传播平台的多样化也使针对体育赛事转播侵权的形式更加多样而隐晦。由于监管与立法相对于新技术的发展具有滞后性，如果不采取有效措施，2022 年冬奥会赛事节目相关权益将面临较高的侵权风险。围绕直播、短视频等新兴媒体形式可能带来的著作权侵权风险也需要引起重视。在 2022 年冬奥会举办期间，如果网络用户截取赛事节目片段制作短视频不当谋取商业利益，很容易存在侵害奥运主体权利的风险。

四、有效防范冬奥会法律风险的建议对策

冬奥会作为展示新时代大国形象的重要抓手，必须齐心协力保证安全、顺利举办，因此有必要建立严格的风险识别、风险评估、风险防范的三位一体防范机制。

（一）2022 年冬奥会法律风险的主要特征

1. 与夏奥会法律风险的高度一致性

冬奥会与夏奥会作为规模最大、影响最广的两项综合性大型体育赛事，其所面临的法律风险具有高度一致性，主要表现在风险来源的相似性、风险表现形式的相似性、风险防范措施的相似性上。

2. 冬奥会法律风险的跨地域性

主要体现在两个方面：一是行政执法的跨地域性，对于涉及双城奥运的重点领域，如食药安全、公共卫生、交通运输、环境资源、市场监管等方面，面临的行政执法统一的法律风险；二是司法审查的跨地域性，面临的司法尺度和裁判标准统一的风险。

3. 冬奥会法律风险的全流程性

回顾梳理北京奥运会的涉奥案件，可以发现法律风险全流程存在，且在不同阶段呈现不同特点。从冬奥会申办成功之时，法律风险便随之而来并持续存在，往往在冬奥会举办前后一段时间达到峰值，直至结束之后的若干年法律风险也将一直存在。

4. 冬奥会法律风险的承担主体多样性

隐藏在冬奥会法律风险广泛性下的另一大特征便是风险承担主体的宽覆盖性，冬奥组委、行政机关、企业法人、自然人等都可能是冬奥会法律风险的承担主体。

（二）涉冬奥会法律风险防范化解机制建设

1. 行政机关风险防范化解机制

行政执法作为国家治理的重要一环，是行政体制的重要组成部分，更是法律实施体制的关键环节，应当着力构建行政机关风险防范化解机制，以更全面、更快速、更直接的姿态来应对冬奥会法律风险。（1）推动完善相关法律规范。首先，应当构建并完善以《体育

法》为核心的体育法规体系，包括但不限于综合性体育组织管理法规、社会体育法规、体育保障条件法规、竞技体育法规，使体育管理和体育运动在法治环境下运行。其次，进一步完善社会治理的法律依据，做好规范性文件清理工作，以保障社会管理、社会服务的正常运行。最后，保障冬奥会顺利开展的规范性文件要严格按照法定程序来制定，注重规范性文件的合法性、合理性。(2）加强行政执法，完善行业监管。应当不断推进行政执法公示制度、执法全过程记录制度、重大执法决定法制审核制度改革，要进一步落实“放管服”改革的要求，将加强监管与行政服务相结合，提升行政便利化水平；各行业主管部门应加强日常监管，进一步压实市场准入、规范管理、重点监控等方面的主体责任。(3）做好冬奥会涉诉案件的应诉工作，在实体方面，应当尽早厘清不同行政机关的管理边界，明确各自的职责范围；在程序方面，要严格按照相关行政程序的规定作出行政行为；在证据收集方面，应当提供作出该行政行为的证据和所依据的规范性文件，并按照各类诉讼类型的证据规则的要求，提交包括书证、物证、视听资料、证人证言等形式的证据。(4）构建双城行政执法协同机制。一是建立立法协同机制，在法律法规基础上细化形成的裁量基准及其他规范性文件，在尊重两地差异的基础上，进一步统一执法尺度；二是建立健全执法协作和联合执法制度，特别是区域内食品、药品监管执法联动机制，区域环境、生态保护联动机制等；三是加强沟通协调，解决好重大行政行为事前通报、行政执法结果互认等问题。

2. 冬奥组委风险防范化解机制

（1）完善知识产权保护机制。作为冬奥会吉祥物、会徽等作品的著作权人，冬奥组委应当按照规定在中国版权保护中心进行著作权登记，并依法追究侵权人的法律责任。具体而言，既可以通过知识产权诉讼的方式维权，亦可向市场监管机关进行举报。考虑到市场监管执法相比于诉讼而言，更加高效、及时、有力，因此冬奥组委应当配合市场监管部门查处侵犯知识产权行为，实现对侵权行为生产、仓储、流通、运输、销售的全链条打击。同时，冬奥组委在作品设计时，应当谨慎防范侵害他人知识产权的情况出现，特别是在征集作品方案的时候，要明确作品的知识产权归属。(2）对外签订合同风险防范。作为事业单位法人，冬奥组委在使用财政资金进行采购时，应当采用政府采购的方式进行，并严格按照《政府采购法》和《政府采购法实施条例》规定的程序进行；在对外签订合同时，亦应尽到审慎审查义务，降低合同风险，确保合同的顺利履行。

3. 法院风险防范化解机制

（1）坚持宽严相济刑事政策，要根据案发原因、案件性质、情节，分类处理；要更加精细把握可能影响量刑的酌定情节，当事人的身份、行为方式，文化传统、风俗习惯等细节，都可能决定公众对事件性质的判断，都可能影响对刑事司法活动的评价，在量刑时都必须细致权衡考量，才能准确回应社会的关切；严格把握法定、酌定量刑情节，做到宽严相济刑事政策有标准、可衡平，保证标准统一、量刑均衡。(2）大力推进“多元调解＋速裁”，以“实质性化解争议”为工作目标，全面推进多元调解和速裁工作机制建设，加强诉源治理，加强内部与外部联动，实现涉奥纠纷在诉讼前端快速、依法解决，实现涉奥纠纷实质性化解。(3) 尊重与监督并举，应当注重督促行政机关依法行使职权和尊重行政执法规律相平衡，在司法审查过程中，应当以依法行政为裁判标准，在行政立法与行政执法出现矛盾时，应当及时予以指出并妥善解决，通过府院联动、司法建议等方式加强与行政机关的沟通协调，督促行政机关依法行政。(4) 做好保护权利和激励创新二者的比例协调，正确把握涉冬奥会案件中不同知识产权的属性、特点和保护要求，采取有区别的保护政策和思路，妥善处理涉奥知识产权纠纷。此外，也应加强宣传引导、适时开展普法教育，与知识产权管理部门、市场秩序监督管理部门、海关等相关行政执法部门共享信息、沟通协作，共同营造良好的法治环境，以实现纠纷的最优化解决。(5) 统一法律适用与裁判尺度。严格积极贯彻落实最高人民法院《关于建立法律适用分歧解决机制的实施办法》，对法律适用与裁判尺度在实践中存在的问题予以规范，减少因“同案不同判”所引发的信访舆情风险，亦可以通过统一的司法裁判标准，为社会公众确立明确的行为准则，进一步维护社会稳定和社会秩序。同时，针对冬奥会筹备阶段以及“冬奥会”召开前夕，北京市为保障本市空气质量、缓解交通拥堵可能会作出的车辆限行、加强建设工程施工监管等相关政策，结合审判实践做好调研工作，提前分析研判，确保裁判规则和审理结果与政府政策的协调一致，全力保障政府政策的顺利实施，为冬奥会的筹备工作保驾护航。

4. 建立完善沟通协调联动机制

应当以行政机关、冬奥组委和法院为基本责任主体，并吸纳各类非营利组织、私营部门、公民、区域性合作组织来共同参与风险防范，依靠灵活多变的风险防范网络来高效防范化解冬奥会法律风险。首先，建立各层级冬奥会工作统一领导机构，冬奥会涉及行政主管部门及层级众多，建立统一的工作领导机构，有助于加强组织领导作用，防止推诿避让，全面落实主体责任，凝聚形成齐心协力的工作局面，确保各项目标任务落实见效。其次，建立沟通协调机制，冬奥会法律风险的广泛性既需要冬奥组委与司法机关、行政机关的协同防范，也需要上下级行政机关以及不同行政机关的协调，确保对于法律风险防范化解的全方位覆盖，避免出现防控盲区。最后，确保沟通协调机制有效运行，具体需要从以下 3 个方面着手：一是坚持定期召开联席会议，凝聚共识，共促风险防范；二是坚持资料抄送和信息交换制度，深化协作，提升监管工作成效；三是坚持联动共享机制，形成防范合力，共享防范成果。

5. 建立完善风险防范全流程机制

(1) 建立赛前法律风险防范管理与预警机制。对冬奥会可能产生的不利事件和风险进行预测和报警，编制应急预案和规划、科学应对突发事件、推动应急预案体系建设和预案演练。针对法律风险而言，更应遵循“规范在前，防范在先”的原则，通过设定法律风险红线，严格监控各类法律风险，确保覆盖法律风险的各个领域。当出现法律风险防范疏漏时，应当立刻按照应急预案的规定，启动应急机制，协同应急管理部门，共同处理突发事件。（2）建立赛中法律风险管理应对与干预机制。冬奥会举办期间是法律风险的高发期，在赛前风险防范管理与预警机制的基础上，并结合奥运测试赛所面临的经验教训，将风险管理方案运用到风险管理的实践中，按照逐级负责、分级响应的原则，积极应对赛中法律风险。（3）建立赛后法律风险管理机制。赛后法律风险集中体现在政府信息公开案件和商品房预售合同案件中，针对政府信息公开案件，行政机关应当时刻注意保持涉奥政府信息的制作、收集和保存，在作出政府信息公开答复时，既充分保护当事人的知情权，又保证不应当公开的信息下向社会公开。而针对商品房预售合同案件，司法机关应当谨慎判断奥运会对于工期的影响因素，结合法律规定和在先案例作出裁判。

6. 做好舆情监控防范工作

在防范化解法律风险时，各部门、各行政机关应当针对本领域的敏感信息进行监控，一旦发现有可能引发舆情的信息，应立刻采取措施，在新闻监管部门以及网络监管部门的协助下，共同妥善处理法律风险，将舆情信息限制在最小的影响范围内。具体而言，在舆情处置中，应当注重源头预防，针对冬奥会可能出现的舆情，提前评估舆论风险，并且针对性地做好预案和重点管控工作，确保不会形成负面舆论热点。特别是在冬奥会举办期间，要借助科技手段对网络舆情加强搜索，密切监控，及时掌握舆论动向，确保第一时间发现问题、解决问题。

7. 增强刑事风险防控意识

刑事法律风险的防控在大型赛事中往往被忽略，事实上，冬奥会与刑事法律风险的结合，并不具有偶然性，行政机关、企业或者个人都可能陷入刑事法律风险的泥潭。就行政机关而言，主要的冬奥会刑事法律风险是职务犯罪。行政机关应当深入开展预防职务犯罪工作，针对行业、领域多发案件开展系统预防，仔细查摆系统中带有普遍性和全局性的问题，开展专项预防，加强制度防范。就企业而言，结合企业家犯罪的高频罪名和冬奥会实践，可以发现主要罪名包括非法吸收公众存款罪、职务侵占罪、合同诈骗罪等罪名。

8. 加强法制宣传

各级机关应当以服务冬奥会为新起点，进一步推进普法工作，健全完善普法工作机制。通过开展“以案释法”巡讲工作、提供免费法律咨询、制作普法宣传产品、创新“互联网＋普法”等方式，切实解决社会大众的法律需求，帮助人民群众了解掌握冬奥会相关法律知识，加强法制宣传，传播法治理念，弘扬法治精神，为冬奥会顺利筹办营造良好的法律氛围。

数字经济时代涉奥知识产权保护体系构建

北京市人民检察院涉奥知识产权保护专班

国际奥委会前主席萨马兰奇曾经说过，奥运会的成功举办有两个不可或缺的条件，一是举办国全体人民的支持，另一个就是奥林匹克知识产权的充分有效保护。奥运会的成功举办，离不开知识产权的保驾护航。相较于历届奥运会，因为科技的进步、时代的发展以及疫情的影响，北京冬奥会、冬残奥会的知识产权保护工作比以往更加复杂，这也促使相关知识产权保护工作要进行升级完善。北京市检察机关组成专门调研团队，经过全面收集既往奥运会、运动赛事保护案例，结合实际进行刑事、民事、行政司法综合研究，分析相关风险点并提出对策建议，为冬奥会、冬残奥会的胜利举办提供司法保障。

一、奥运知识产权司法保护案例总体情况

涉奥运知识产权案件主要分布在民事、行政和刑事 3 个领域。民事领域主要包括对奥运赛事的非授权使用或传播导致的侵权纠纷、因奥运标志及奥运场馆造型不法使用导致的侵权纠纷、利用奥运元素建立与奥运虚假联系引发的不正当竞争纠纷、涉奥运知识产权权属民事纠纷、围绕奥运庆典活动引发的侵权纠纷等。行政领域主要有两类案件，一是商标授权确权案件，包括申请注册包含涉奥运地名、奥运汉字或拼音的商标，恶意抢注奥林匹克标志、奥运健儿姓名等情形；二是行政处罚案件，主要是针对恶意代理注册奥林匹克标志、未经许可为商业目的使用奥林匹克标志或利用与奥运有关元素进行不正当竞争等行为予以查处。刑事领域主要是侵犯著作权罪、假冒注册商标罪等涉奥运知识产权犯罪。具体情况如下：

（一）民事领域

1. 对奥运赛事的非授权使用或传播导致的侵权纠纷。奥运会是国际奥委会的专有财产，其拥有该运动会的全部权利，主要包括奥运会的组织、利用和市场开发，授权拍摄奥运会静态和动态图像以供媒体使用，奥运会音像制品的注册，以及以已知的或未来开发的任何方式传播、传输、转发、复制、展示、传播、开放或以其他方式公开含有奥运会音像注册或录制内容的作品或信号；等等。近年来，随着移动通信技术的发展以及智能手机的普及，

通过网站以及手机APP转播奥运比赛和相关奥运活动引发诉讼的情况逐渐增多。如在多起著作权侵权纠纷案中，被告存在未经许可在网站转播奥运火炬传递节目、在网站转播奥运首场正式比赛、通过手机客户端向用户实时传播奥运会电视节目或转播奥运会开幕式、通过APP转播奥运会并提供7天回看服务等行为，法院均判定被告侵权成立，并承担赔偿经济损失等侵权责任。从法律适用看，对于此类体育赛事网络实时转播案件，法院判例经历了从最先适用《反不正当竞争法》，到认定体育赛事构成作品，通过《著作权法》保护的转变。

2. 因奥运标志及奥运场馆造型不法使用导致的侵权纠纷。该情形主要指未经授权，对奥林匹克五环图案标志、会旗、会徽、火炬造型、吉祥物等涉奥运知识产权进行商业使用，以谋取不法利益。如1998年某公司被诉在其麦片商品包装上使用五环标志。该案发生时《奥林匹克标志保护条例》尚未出台，对于奥运五环标志的权利性质及归类尚不明确，法院从加大对涉奥运知识产权保护的司法政策出发，对五环标志给予了保护，判处了赔偿。此类行为中最常见的是市场经营者未经授权制作、贩卖带有奥林匹克标志的服装、玩具、文体用具等假冒奥运商品，上述行为构成知识产权侵权，情节严重的可构成刑事犯罪。除此之外，还存在未经授权对涉奥运知识产权进行非商业使用，或虽经合法授权，但在使用过程中存在歪曲、篡改或超范围等不当及不规范使用的情形，如奥运会期间曾发生过吉祥物及会徽被恶搞事件，此行为亦构成民事侵权行为。与奥运标志相似，奥运场馆以其极富个性特征的外观与造型，往往也成为侵权的目标。如在一起侵犯著作权纠纷案中，某公司被诉其生产的奥运场馆造型烟花侵害了著作权，获得了法院支持。因奥运场馆造型深受广大群众喜爱，相关侵权风险应引起关注。

3. 利用奥运元素建立与奥运虚假联系引发的不正当竞争纠纷。此类行为虽然未对奥林匹克标志进行直接使用，但其在商品推介、广告等营销活动中故意使用与冬奥会相关的信息或元素，使受众误以为商品或服务的提供者与奥运存在某种联系，通过此种“搭便车”行为，谋取非法竞争优势。例如，某品牌店并非赞助商，也未获得授权许可，在商业活动中“植入”与冬奥有关的促销因素，将从正当渠道购买的冬奥吉祥物作为赠品予以销售，此“搭售”行为构成隐形营销的不正当竞争行为。又如，某文化公司将“正在全程视频直播奥运会”及“正在视频直播奥运会”作为网络推广关键词进行宣传，吸引用户下载安装其直播浏览器，并以加框链接嵌套的方式呈现奥运节目。法院认定该行为扰乱正常的市场秩序，构成不正当竞争行为，应当承担赔偿责任。

4. 涉奥运知识产权权属纠纷。因为奥运会的巨大影响力，涉奥运知识产权不仅关系巨大的经济利益，同时对于权利人的荣誉、商誉等非物质利益也会产生巨大影响，处理不当，容易产生纠纷。在奥运标志的投稿征集和选定环节，有大量的自然人、法人和其他组织投稿，当标志最终入选后，其各项著作权归属取决于征集方以及投稿人之间的约定。虽然奥组委在征集条款中对权属已有明确，但不同市场主体对于权利范围和归属的认识仍存在一定分歧。此种纠纷中争议的双方往往都曾是相关涉奥运重大活动项目的参与者，或共同研发攻关、或委托制作，但因合同约定不明，或工作人员身份变动，或沟通、履行等环节出现障碍，最终引发纠纷。

5. 围绕奥运庆典活动引发的侵权纠纷。此类案件主要涉及奥运会系列庆典活动过程中的著作权保护，需要重点区分涉案作品是否具有独创性，在奥运庆典活动中使用公有领域元素不构成侵权。如在某焰火侵权案中，用于庆典活动的爆破画作品使用了公有领域元素，原告提出与其作品实质性相同。法院认定该作品中的创作元素属于公有领域，任何人均可利用进行创作。原被告的涉案作品在表现形式上存在多处不同，未构成实质性近似，因此被告作品不构成侵权。

（二）行政领域

1. 申请注册包含涉奥运地名、奥运汉字或拼音的商标。此类案件主要是为搭奥运热度，将举办过奥运会的地名、奥运汉字或拼音等作为商标申请注册，使公众对商品质量或产地产生误认，国家知识产权局对此类申请注册行为一般不予核准，法院亦支持该观点。如某商标不予注册行政纠纷案中，法院认为商标组成部分包含举办过奥运会的外国地名，可以认定为外国地名，将其使用在指定商品上，相关公众易对商品的产地等特点产生误认，违反了《商标法》第 10 条第 1 款第 7 项“带有欺骗性，容易使公众对商品的质量等特点或者产地产生误认的”标志不得作为商标使用的规定。又如某商标申请驳回复审行政纠纷案中，法院认为“奥运”一般指奥林匹克运动会，诉争商标将包含“奥运”汉字及拼音的商标申请注册，易使公众认为诉争商标与奥林匹克运动会存在某种特定联系，可能对我国的社会公共利益和公共秩序产生消极负面影响，属于《商标法》第 10 条第 1 款第 8 项所规定的不得作为商标使用的情形。

2. 恶意抢注奥林匹克标志、奥运健儿姓名等热词。奥林匹克标志涵盖范围较广，包括国际奥委会的奥林匹克五环图案标志、奥林匹克旗、奥林匹克格言、奥林匹克徽记、奥林匹克会歌，奥林匹克、奥林匹亚、奥林匹克运动会及其简称等专有名称，中国奥委会的名称、徽记、标志，中国境内申请举办奥运会的机构的名称、徽记、标志，在中国境内举办的奥运会的名称及其简称、吉祥物、会歌、火炬造型、口号、“主办城市名称 + 举办年份”等标志以及其组织机构的名称、徽记，《奥林匹克宪章》和相关奥运会主办城市合同中规定的其他与在中国境内举办的奥运会有关的标志等。调研发现，实践中出现抢注相关标识或者近似标识的情形，也有申请注册奥运健儿姓名，尤其是具有冲金夺冠潜力的奥运选手姓名的行为。此类案件系以牟取不当利益为目的，意图非法利用奥运会和组委会的声誉，侵害奥林匹克标志、姓名权及其他合法权益。对此，国家知识产权局对相关注册申请予以驳回，对已注册商标依职权主动宣告无效，树立了我国严格保护知识产权的良好形象。

3. 恶意代理申请注册奥林匹克标志的。市场监督管理部门严肃查处包括知识产权代理公司在内的恶意商标申请注册。如对于向国家知识产权局申请将奥运吉祥物名称作为商标注册的行为，市场监督管理部门依据我国《商标法》有关规定，责令当事人予以改正，并作出罚款等行政处罚。

4. 未经许可为商业目的使用奥林匹克标志的。奥林匹克标志权利人对奥林匹克标志享有专有权，未经其许可，任何人不得为商业目的使用奥林匹克标志。对于未经许可制造或者销售奥林匹克标志，将奥林匹克标志用于商品、商品包装、服务项目、广告宣传、商业展览、营业性演出等商业活动，销售、进口、出口含有奥林匹克标志的商品等以营利为目的利用奥林匹克标志的行为，均属于侵权违法行为。实践中主要包括以下几种类型：一是经营者未经许可使用奥运标志进行生产、销售的。如某公司未经授权生产标注奥运标志的纪念酒、某超市未经授权在其销售商品的标签使用奥运五环标志，市场监督管理部门均作出行政处罚。对于销售者所售商品为正品的行为，由于未经权利人许可，也属于破坏市场秩序，同样构成侵犯奥林匹克标志专有权的行为。如某公司在网络平台上开设店铺销售从正规渠道购进的奥运纪念商品，但当事人并未取得奥林匹克标志专有权人的许可，市场监督管理部门依据《奥林匹克标志保护条例》有关规定，责令当事人改正上述违法行为，并作出罚款的行政处罚。二是经营者违规使用奥运标志进行宣传的。该类案件主要是具有借助奥运提升自身形象和服务品牌商誉以及行销商品之目的，侵犯了奥林匹克标志专有权。如未经授权在经营场所、网站等使用“奥运”“奥运官方赞助商”等字样，或使用奥运标志，市场监督管理部门均作出行政处罚。此外，通过自媒体发布含有奥运元素的文章吸引用户付费阅读，亦属于未经奥林匹克标志专有权人许可，为商业目的擅自使用奥林匹克标志的违法行为，市场监督管理部门同样作出行政处罚。三是销售、进口、出口含有奥林匹克标志的商品。海关等部门严格检查出入境物品，对于出境时托运行李中带有奥运五环标志、奥运会徽的胸针、布艺贴等侵权货物的行为，也均依法严肃处理。

5. 利用与奥林匹克运动有关的元素开展活动，足以引人误认为与奥林匹克标志权利人之间有赞助或者其他支持关系，构成不正当竞争行为的。该类案件按照《中华人民共和国反不正当竞争法》相关规定处理。如某公司未经授权许可，在其网站上发布含有奥运会徽图形标识的宣传视频，同时发布“签约百余名国内外体育冠军”等虚假宣传信息，市场监督管理部门按照不正当竞争相关规定作出了行政处罚。

（三）刑事领域

我国对于涉奥运知识产权进行全方位、立体化的保护，北京2022年冬奥会、冬残奥会吉祥物均被注册商标、登记版权、申请外观设计，同时我国政府承诺将采取一切必要的法律手段保护所有与奥林匹克相关的知识产权，刑罚作为最严厉的手段所起的震慑作用不容小觑。对于假冒、销售假冒的奥运吉祥物等，同时涉及侵犯著作权罪、假冒注册商标罪等罪名，依照“想象竞合从一重罪处理”的原则，选择适用较重的罪名，依法从严打击侵犯知识产权犯罪。此外，对于犯罪情节符合立案追诉标准之一的，就可以依法进行刑事处罚。如侵犯著作权罪，违法所得、非法经营数额、复制发行作品数量等均作为入罪标准之一。在现有证据不足以证明违法所得或非法经营数额达到了入罪标准的情况下，仍然可以考虑通过证明作品数量达到立案标准从而适用侵犯著作权罪。关于假冒专利罪的适用，刑法上“假冒他人专利”行为包括：未经许可，在其制造或者销售的产品、产品的包装上标注他人专利号的；未经许可，在广告或者其他宣传材料中使用他人的专利号，使人将所涉及的技术误认为是他人专利技术的；未经许可，在合同中使用他人的专利号，使人将合同涉及的技术误认为是他人专利技术的；伪造或者变造他人的专利证书、专利文件或者专利申请文件的。奥运吉祥物受到外观设计保护，如果符合上述情形之一，且情节严重的，可能涉嫌假冒专利罪。

二、数字经济时代奥运知识产权保护面临的新挑战

随着数字经济的高速发展，以数据资源为关键要素，以现代信息网络为主要载体的新型产品不断推出，消费需求也会通过大数据形式向产业前端传导，影响市场经济发展。依托于体育产业大发展的大背景，在“互联网 + 体育”发展模式下，奥运知识产权保护也会与数字经济发生千丝万缕的联系，新业态下侵权手段迭代更新，隐蔽性、技术性、时效性、周期性等特征可能更加明显。

（一）侵权种类可能更加多样化

随着信息技术的发展，尤其是当前奥运赛事在5G互联网环境下召开，给奥运标志保护提出了新的挑战。第一类是可能利用爬虫、撞库、云储存等技术手段非法获取赛事视频、体育明星视频等网站数据。如可能利用非法获取的会员账号、密码等信息，采取撞库技术登陆官方授权网站，破解网站加密算法，非法获取海量数据，继而转载到自己开设的信息传播平台，非法传播牟利。第二类是可能在移动应用程序（APP）、社交电商、网络直播、基于人工智能数据分析的商业推送等活动中擅自使用奥运标志。如可能未经许可擅自使用“冬奥”“奥运”等字词，或擅自利用奥运冠军形象、姓名等在网络商品中进行商业宣传，实际上和奥运无关。第三类是可能在互联网上发售数字徽章、数字化纪念币、数字奖杯、赛事短视频美术图片等数字化形态的收藏品，在区块链上为每一个数字化文件存储不可篡改的独特编码。根据奥林匹克章程，未经允许线上发行奥运会题材的各类数字化商品也属于侵犯知识产权的行为。还有一些市场主体可能未经许可，自行通过加工处理，设计运动员数字动漫形象，一方面侵犯运动员肖像权等人格权，另一方面，该类动漫形象往往依据运动员在奥运赛场上的特定形象、赛事照片创作，同时侵犯奥运标志或涉奥运著作权等权利。此外，发售过程中如果使用奥运字样还可能会侵犯商标权。在上述情形中，知识产权

保护、网络安全维护、公民个人财产权益保障、社会公共秩序维护等均可能出现。收集与调取电子数据、权利人选择何种权益、何种程序保障自己的合法权益等均值得研究。

（二）程序的衔接与选择更加复杂

随着刑事立法的修改完善，刑事打击范围逐步扩大，体现出我国加强知识产权刑事司法保护的立法政策。在商标保护方面，《刑法修正案（十一）》增加了对服务商标的刑事保护，将假冒注册服务商标的行为规定为假冒注册商标罪的行为类型，加大对服务商标的保护力度。对于行为人假冒服务商标经营餐厅，未经授权宣称自己经营的餐厅为奥运会指定餐饮服务商的行为，由于该餐厅经营者与国际奥林匹克委员会、中国奥林匹克委员会之间均无《奥林匹克标志保护条例》所述的赞助、支持关系和商标、奥林匹克标志使用的许可关系，故该行为既可能侵犯奥林匹克标志专用权，又可能涉嫌构成假冒注册商标罪。在数字化版权保护方面，数字化网络传播现已成为奥运宣传、报道、转播的主要途径。《刑法修正案（十一）》明确将侵犯“信息网络传播权”“故意避开或者破坏技术措施的行为”纳入侵犯著作权罪的打击范畴。当行为人以营利为目的，在侵权时采取点对点的交互传播模式，使公众可以在其个人选定的时间和地点获得作品或者录音录像制品，或者行为人实施故意避开或者破坏权利人为其涉及奥运的作品、录音录像制品等采取的保护著作权、邻接权的技术措施的行为，违法所得或者情节严重程度达到刑事追诉标准时均可能构成侵犯著作权罪。对于行为人以营利为目的，未经授权通过网站、APP、IPTV、互联网电视平台非法传播冬奥赛事节目以及设立聚合平台盗播链接体育赛事节目等，除了认定为民事侵权外也可能面临刑事追责。此外，对于员工或者合作方故意泄露经营信息、他人损害商誉等不正当竞争行为可能涉嫌侵犯商业秘密罪、损害商业信誉、商品声誉罪等罪名。综上，知识产权刑事犯罪边界的拓展为知识产权法律体系中民刑法律关系的衔接统一协调发展提供了立法基础，适应了数字经济时代的刑事司法保护需求。

除此以外，几种新类型侵权行为的民刑衔接问题也值得进一步研究。一是对未经许可转播体育赛事节目予以规制。《著作权法》（2020年修正）扩充了广播权和广播组织权的权利范围，针对同一体育赛事节目的实时转播行为，既可能侵害赛事节目著作权人享有的广播权，也可能侵害广播组织的广播组织权，上述两种侵权方式是否属于刑法所规制的侵权行为，尽管当前并未在刑事领域出现此类案件，但是体育赛事节目的民事裁判规则和判断体育赛事节目独创性的证明方法、证据标准以及认定作品数量、违法所得数额的考量依据也会对刑事案件中作品类型的判定以及侵权的行为认定提供考量基础。二是对短视频行业的规制。近年来，伴随着短视频行业的蓬勃发展，对于合理使用和侵权的判断标准引发广泛关注。对于新型行业带来的法律适用问题应秉持规制与保护并重理念，避免对短视频侵权认定采取“一刀切”的认定标准。以奥运为主题的短视频内容为例，创作者绝大部分都是利用了他人拥有著作权的体育赛事节目内容进行“二次创作”，是否构成侵权首先要判断是否获得著作权人许可，其次要判断短视频内容是否属于合理使用范围。而对于“二次创作”本身是否构成新的作品要判断其是否具有独创性。同理，民事司法对短视频作为视听作品的认定标准，同样也对刑事司法的判断具有参考作用。此外，数字音乐是短视频制作中依赖性最强的元素之一，其所涉及的版权保护既涵盖了互联网数字音乐版权保护，同时因为其依赖于短视频平台这个传播媒介，因此在进行版权保护时考虑的因素更为复杂，既要基于音乐作品本身进行知识产权保护，又要通过对平台上传播的经过改编或二次创作的新的作品形式进行保护，这就需要对短视频平台运营模式下音乐版权侵权认定标准、二次创作的性质和版权归属等问题进行进一步探讨和研究。民事侵权认定是刑事打击的“底线支撑”，对短视频作品及短视频中数字音乐版权保护需建立遵循法秩序统一司法理念。对于知识产权法中的合法行为不可能构成刑事法上的犯罪，否则有违刑民关系基本原理。三是对恶意抢注网络域名的规制。域名具有类似商标的标识属性，对互联网用户起到引导、宣传作用。对域名的管理由工业和信息化部出台的部门规章作为前置法予以规制。实践中侵权人试图将奥运标识、奥运体育明星的姓名注册为其网络域名的行为屡见不鲜，一般按照计算机网络域名民事纠纷案件处理，可以依据其他具有恶意的情形认定行为人的主观恶意，也可依据《反不正当竞争法》的相关规定，采用混淆标准认定恶意抢注网络域名的行为极有可能会造成相关公众误解，构成不正当竞争。对于其中涉嫌损害商业信誉、虚假广告等行为，严重扰乱市场秩序的，同样可以纳入刑事司法范畴。

（三）私权保护与公共利益平衡更加重要

与奥林匹克相关的知识产权，承载着奥林匹克文化，诠释着奥林匹克精神，对其全方位高标准立体化的保护非常重要。但是，任何权利都不是绝对的，在给予奥林匹克相关权利人专有权保护的同时，也应当对文学艺术科学传播、公众言论自由等公共利益预留一定的空间。突出知识产权严保护、大保护、快保护、同保护，私权保护与公共利益平衡更加重要，必须理顺权利限制与侵权违法的界限。与奥林匹克相关的知识产权，既包括奥林匹克标志保护，也包括专利、商标和著作权的保护。我国《著作权法》《商标法》《专利法》都规定了知识产权权利限制的相关制度。《特殊标志管理条例》《奥林匹克标志保护条例》虽未明确规定合理使用制度，但按照“法无明文禁止即合法”的原则，非商业目的使用奥林匹克标志无须经过权利人许可。经梳理，主要有以下几类情形：

一是我国《著作权法》第 24 条规定了 12 种合理使用的情形。例如，为个人学习、研究或者欣赏，使用他人已经发表的作品。如果出于兴趣爱好自己仿制奥运纪念品、录制个人演唱的音乐作品，属于法律允许的“个人学习、研究或者欣赏”目的，并不构成侵权。用于自己学习研究欣赏或者赠送给亲友，这些衍生创作的目的并不是与著作权人争夺市场，因此不会影响相关知识产权的正常使用，也不会不合理地损害著作权人的合法权益，传播渠道较窄，属于“合理使用”，也不构成著作权侵权。但是，如果批量生产、销售盗版周边产品，即便打着“赠送”的名义，亦属于侵权。此外，为报道新闻，在报纸、期刊、广播电台、电视台等媒体中不可避免地再现或者引用已经发表的作品，国家机关为执行公务在合理范围内使用已经发表的作品，图书馆、档案馆、纪念馆、博物馆、美术馆、文化馆等为陈列或者保存版本的需要，复制本馆收藏的作品，对设置或者陈列在公共场所的艺术作品进行临摹、绘画、摄影、录像等，都属于《著作权法》第24条规定的合理使用。如与合法设置在户外的奥运吉祥物合影、录像，或者临摹、绘画，均不构成侵权。需要注意的是，行为人在制作表情包的过程中使用部分奥运吉祥物的元素的行为，属于对吉祥物原有形象和元素进行的再次创作，可能侵犯著作权人的改编权、修改权等权利。如果将这些表情包通过互联网向不特定公众进行广泛传播，即使是免费的，如果没有经过权利人的许可，理论上仍然可能构成侵权。但是如果没有商业目的，在进行司法认定时，还需要结合奥运吉祥物本身肩负的特殊使命，对公共利益进行考量的基础上再进行责任划分。

二是我国《商标法》第59条规定了商标正当使用的情形。对于注册商标中含有的本商品的通用名称、图形、型号，或者直接表示商品的质量、主要原料、功能、用途、重量、数量及其他特点，或者含有的地名，注册商标专用权人无权禁止他人正当使用。如经营者对奥林匹克相关商标的使用只是为了描述商品或服务特征，或者说明商品或服务用途、来源，而不是作为自己商品或服务的商标使用，则属于正当使用。此外，对于奥林匹克相关商标的非商业性使用，如在新闻媒体进行事实报道或客观评论，并非为了“搭便车”，不会导致相关公众的混淆误认，也不构成侵权。

三是我国《专利法》第75条规定了专利权用尽后的使用、许诺销售、销售及进口，在先使用，临时过境，为科学研究和实验，为行政审批等不视为侵犯专利权的情形，如使用奥林匹克相关专利符合上述规定的，亦不构成侵权。

（四）跨地区全链条打击更加迫切

随着物流科技迅猛发展，电子商务平台愈加多元，网购成为消费者最重要的购物消费方式之一，线上线下相结合的销售模式也成为诸多商家的主要营销方式。电子商务推动数字经济高速发展，成为数字经济中最为活跃的表现形式之一，尤其是电商平台、自媒体平台、短视频平台蓬勃发展，线上联络推广、线下线上同时销售的可能性增加，加速了产品流动速度，也导致网络电商平台容易被不法分子利用，对打击侵权假冒产品提出新的要求。网络具有虚拟性且没有地域和时间限制，侵权人趁“奥运效应”低价兜售假冒商品的行为难以避免且会迅速扩散、波及面广泛，增加了全链条打击的迫切性。

三、北京检察服务保障奥运知识产权的主要举措

北京市检察机关将服务保障冬奥会筹办举办置于统筹“服务首都高质量发展”与“推进检察高质量发展”重要位置，市检察院印发《北京市检察机关服务保障北京2022年冬奥

会和冬残奥会工作方案》，从总体上提供坚强法治保障，严厉打击、依法惩治侵犯涉冬奥知识产权犯罪和利用网络生产销售未授权的特许商品等犯罪。

（一）依法能动履职，高效办理涉冬奥案件

强调以政治建设为统领，完善组织领导，突出涉冬奥刑事案件办案质效和犯罪治理，注重与多地区多部门协作配合，最大限度凝聚保障力量，引领将刑事检察要素资源配置到与服务保障冬奥会要求相适应的领域与环节。组建涉冬奥知识产权保护团队，在网络平台检索摸排涉冬奥会和冬残奥会侵权行为，及时移送案件线索。实行涉冬奥会案件专组专办，与市公安局、北京冬奥组委会搭建涉冬奥商品真伪鉴别快速通道，确保涉冬奥会案件依法及时处理。

（二）借助行刑衔接平台，推动建立执法司法联动机制

以专业履职为支撑，与多部门保持密切沟通，协力完成研讨、部署、抓捕及证据审查工作，确保案件流程平稳顺畅。市检察院积极对接市公安局、市知识产权局，协调畅通知识产权权属调查渠道，引导全面打击网络制假售假行为，形成保护合力。有竞赛场馆和非竞赛场馆分布的朝阳、海淀、石景山、延庆四区院根据各区实际制定服务保障冬奥会的具体细则，为平安冬奥建设提供更加精细化检察服务。如朝阳院细化涉冬奥刑事案件的引导侦查、快速办理规范，通过建立提前介入引导侦查全覆盖、专案快办机制、健全完善检警衔接程序，实现专业化、专门化、规范化办理；石景山院发布《石景山区人民检察院“聚力服务冬奥会战百天”工作实施意见》，以健全组织构架、明确工作重点、细化工作分工为抓手，助力北京冬奥组委首钢办公区各项工作稳步推进；延庆院联合延庆区法院、区公安局、区司法局共同签订《涉冬奥会冬残奥会刑事案件办理工作规则》，明确涉冬奥刑事案件范围、公检法司配合机制和办案方法，推进线索移送、同步审查和立案等工作，实现上下游犯罪同时打击。

（三）深化多方协作配合，找准找实涉检需求

强化与行政机关、司法机关沟通衔接，畅通涉冬奥案件办理“绿色通道”。市检察院先后四次主动对接北京2022年冬奥会和冬残奥会组织委员会，就当前网络新业态下建立更加高效快捷的全链条保护机制达成共识，建立涉冬奥作品鉴别、移送侵权行为线索等工作机制。主动与中国版权保护中心沟通联系，明确著作权登记、侵权商品同一性认定等专业问题。联合中国建筑集团等奥运场馆建设方举办知识产权保护座谈会，及时对接知识产权及相关领域，提供法律咨询等检察服务。加强京津冀协同，发挥北京一核的“辐射带动”作用。以《京津冀检察机关服务和保障京津冀协作发展的合作框架意见》为依托，深化跨区域司法合作，对天津、河北检察机关在涉冬奥刑事案件办理过程中案件管辖、调查取证、线索移送、协同办案、异地阅卷等方面的协作需求，依法积极配合、快速响应。如延庆院

与崇礼区检察院开展交流座谈，强化司法理念共通和办案标准统一，聚焦互涉案件相互搭梯补台，加大在犯罪治理、智慧检务、司法救助等方面联动合作，形成同防同治监督合力。

（四）积极推动涉冬奥重点领域整治，形成奥运知识产权保护良性效应

强化打击与预防，积极配合北京冬奥会和冬残奥会奥林匹克标志知识产权保护专班工作，建立涉冬奥重大案件会商及案件移交工作机制，确保快速反应。延伸检察机关检察职能，助力防范化解行业乱象风险。及时发现和促进堵塞风险点，精准提出检察建议，促进行业治理。通过案件办理，联合市公安局等相关部门，及时向相关网络销售平台提出整改建议，下架涉冬奥侵权商品。联合市公安局、市知识产权局等相关部门，对接大型网络销售平台和综合市场，加大知识产权宣传力度，督促市场主体签署保护奥林匹克标志承诺书，为冬奥会和冬残奥会的顺利举办贡献力量。

四、数字经济时代知识产权保护体系构建建议

（一）建立知识产权一体化综合司法保护格局

综合运用刑事、民事司法保护，维护涉奥知识产权合法权益。

（1）依法保障知识产权权利人的诉讼权利。知识产权属于私权，除著作权兼具人身权和财产权外，其他知识产权在本质上仍属于财产权的范畴，能在一定程度上为权利人带来经济利益。应优先救济权利人的合法财产利益。经过刑事审判认定的案件证据及案件事实，除非有证据表明存在明显错误或者显失公平，原则上应当在民事审判予以承认，以提高诉讼效率。

（2）充分发挥新时期检察机关的法律监督作用。第一，强化知识产权行政检察监督。进一步实践“做实”行政检察的工作要求。立足首都区域特点，加强与行政、司法机关的沟通协调。对于涉奥知识产权的行政授权、确权纠纷案件以及对涉奥侵权行为的行政处理引发的行政纠纷，加大监督履职工作力度，在充分保障权利人利益的同时，亦考虑特定历史、社会背景条件下所形成的市场划分、公众认知，大力推动行政争议实质性化解工作，实现涉奥知识产权行政案件办理法律效果与社会效果的统一。第二，积极探索知识产权公益诉讼检察履职。检察机关作为我国宪法规定的法律监督机关，具有维护国家和社会公共利益不受侵犯的重要职能。同时，知识产权本身即具有的社会公共产品的属性，关乎科学技术的发展进步，文化传播传承等公共利益。涉奥知识产权体系是人类文明发展进步的体现和载体，此领域应充分发挥公益诉讼的制度价值。对于知识产权行政机关存在不当授权、确权，对于侵权投诉，不作为或怠于作为的，检察机关可积极履行诉前程序，制发检察建议，对于拒不纠正，未有效整改履职的，及时提起公益诉讼。第三，建立健全案件移送标准与法律监督机制。当前知识产权犯罪越来越科技化、隐秘化、组织化，靠权利人一己之力难以及时收集证据。刑事诉讼法规定了公安机关的立案标准，即：拥有管辖权、存在犯

罪事实、需要追究法律责任。犯罪事实为事实条件，需要追究刑事责任为法律条件。然而侵犯知识产权犯罪案件有其特殊性，很多下游犯罪嫌疑人能够指明侵权产品来源，但是上游犯罪主体的身份往往只是一个代号且并不在同一辖区，很难在侦查初期即锁定嫌疑人身份。故此，建议只要存在可能危害社会的、为刑法禁止的行为发生，相关单位就可以向侦查机关移送案件线索，并抄送有管辖权的检察机关备案，公安机关可以选择“以事立案”，检察机关开展有针对性的引导侦查等工作。

（二）推动行政执法和刑事司法的有效衔接

行刑衔接机制，是指行政执法机关将在行政执法过程中发现的涉嫌犯罪的案件或者线索移送通报至相关司法机关，以及司法机关将在办理刑事案件过程中发现的、需要追究行政违法责任的案件或者线索移送行政执法机关的工作机制。以往的行刑衔接存在程序不够细化，标准不够统一，不注重反向移送等问题，随着《中华人民共和国行政处罚法》的修订，最高人民检察院《关于推进行政执法与刑事司法衔接工作的规定》的出台，使得行刑衔接更加有效。检察机关需要着重关注以下四个方面：一是线索的及时识别和处理。检察机关履行监督职能，对于行政机关“以罚代刑”、公安机关“应立不立”等情形，需要借助大数据平台或依申请推动移送通报工作，及时发现并督促相关机关履行职责。二是及时引导，精准提供咨询。作为法律监督机关，检察机关需要结合行政执法领域与刑事司法领域的差异问题，准确界定临界标准，尤其需要注意的是，对于移送标准，并不是“确实充分标准”，而是“合理怀疑标准”。根据2020年8月7日国务院《关于修改〈行政执法机关移送涉嫌犯罪案件的规定〉的决定》的明确规定，只要存在构成犯罪的合理怀疑即可移送公安机关采取措施进一步获取证据以判断是否达到刑事案件立案追诉标准。三是贯彻落实双向行刑衔接。通过上述概念可知，行刑衔接并不是单向移送，而在双向衔接过程中，均需要注意证据的衔接和责任的衔接，证据衔接主要关注的是言词证据的重新调取和客观证据调取程序要求的不同，责任衔接主要关注的是“功能相同的折抵，功能不同的并科处理”的原则适用。四是构建大数据共享的协作机制。数据成为当下的重要资源，在执法司法领域中也不例外，出于有效衔接刑事司法和行政执法的目的，将涉案数据进行共享，从而实现共同研判，是极其重要的工作之一。检察机关有义务配合、推动司法行政机关建设行政执法与刑事司法衔接信息共享平台，当然自身也需要做好平台数据的及时输入和确保准确。

（三）建立跨区跨省协同司法执法体系

信息化背景下侵权假冒行为精细化、产业链条化特征突出，人货分离、发货地与收货地分离成为常态，多个平台多个店铺游击作战、频换“马甲”、采用第四方支付多重身份伪装等给侵权案件的查处带来很大困难；随着智能手机终端日渐成为公众“必需品”，使用社交平台点对点营销侵权产品愈演愈烈，快速更新的信息，随时删除的证据，自愿购买侵权产品的消费者都给涉奥知识产权保护画出了难解的“圈”；涉奥知识产权人在进行著作权、专利权、商标权全方位的保护时，也使得一个侵权事实可能涉及多个罪名引发法条竞合，甚至可能涉及多个被侵权人，这种复合性对于执法人员专业水平提出了更高要求。以上面临的新情况新问题，仅仅只靠一家之力、一地之力难以有效遏制，另外各地执法水平的差异，行政、民事、刑事法规之间可能存在的冲突也会产生执法尺度和裁判标准不统一的风险。建立跨区跨省协同司法执法体系是避免涉奥知识产权保护停留在低效率、低层级、局部范围、地区差异的必由之路，其主要实现路径包括：加强区域间司法协作，探索建立跨区跨省知识产权检察保护协作机制，畅通线索移送渠道，依法打击侵权假冒犯罪。探索建立跨区域联席会议、线索通报、证据移转、案件协查、联合办理等制度，对侵权假冒商品的生产、流通、销售形成全链条打击，推动实现源头追溯和源头治理，发挥出协作优势形成打击合力。加强与周边行政管理部门对接，实现信息共享和案件及时通报，及时研究会商法律适用和社会治理难点，明确案件管辖地、统一刑事案件移送标准，形成涉奥知识产权多头共管的立体化保护体系。充分发挥执法司法联动优势，实现重大案件提前会商，依法准确处理，确保政治效果、法律效果、社会效果的有机统一。大力推动大数据、人工智能的深度应用，以现代科技赋能司法办案，运用大数据、区块链等技术推进公安机关、检察机关、审判机关、司法行政机关等跨部门大数据协同办案，实现案件数据和办案信息网上流转，推进涉案财物规范管理和证据、案卷电子化共享。充分发挥上级机关案件督办、知识产权案件“三审合一”的优势，公检法及各行政机关及时发布典型案例、召开新闻发布会，开展司法机关与行政机关同堂培训统一认识，多维度统一司法执法标准。

（四）建立健全市场主体知识产权合规体系

为有效预防、识别和应对企业知识产权合规风险，应做好知识产权合规管理。合规指引和风险提示指南是基于实践案件的经验，为辖区内赞助企业、持权转播商、特许生产商和特许销售商等合法使用人制定合规指引和风险识别清单，提供识别和预防知识产权风险可操作的方案，从而进一步减少数字经济迅速发展所带来的知识产权风险上升的概率。

企业内部视情况成立合规部门。考虑辖区内企业规模不一，情况不同，可以根据情况确定合规组织的规模，对于规模大的企业，以建立合规部门为主，确保独立、权威和有资源保障三个特质；对于规模相对较小的企业，可以考虑设立独立的合规监管人，由法定代表人或高管对合规工作进行专项指导，但必须要保障独立、权威和有资源保障三个特质，这是合规章程和政策可执行保障的基础。

建立公司知识产权合规制度。引导辖区内企业在制定专项合规章程和政策时，一是要与《奥林匹克标志保护条例》《商标法》《著作权法》等国内部门法衔接，不能出现违背法律的内容，不能自行扩充合理使用的范围；二是要与实际高发的类案体现出的问题相衔接，如针对商业秘密民事侵权或刑事侵权案件体现出的保密措施不足、损失计算依据不充分、非公知性鉴定不充分等突出问题，针对性建立保密协议范本、规范告知程序、注意留存研发及相关使用的证据材料以及进行相关领域知识产权检索制度等。

完善合规风险评估及应急机制。流程是确保制度执行的保障，每一个流程的确立，需要保障责任到人，程序衔接没有遗漏。如建立知识产权检索制度，需要建立知识产权使用或管理的情况确认，检索报告制作、相关联知识产权的侵权风险评估、风险评估报告制作等一系列流程。又如出现侵权纠纷后，需要建立启动内部调查和反舞弊调查、及时配合司法机关规范搜集证据、结合纠纷问题继续完善合规制度以及处理相关责任人员等一系列流程。

着力打造企业合规文化。打造企业合规文化，可以从三个方面具体展开：一是建立多渠道举报途径。举报热线的设置和员工培训对于发现企业内部的刑事合规风险具有非常大的帮助，有助于迅速提升风险识别的能力。二是丰富培训的内容和形式。知识产权保护意识的培养、知识产权相关法律的更新、相关领域热门案件的解读，都是培训内容的重要来源，同时可以采取旁听庭审、搜集法宣视频等多种方式对员工进行知识产权保护培训。三是注重履行知识产权宣传的社会责任。具体可以包括针对知识产权保护存在的风险问题，可在商品、广告、产品及官网等设置更为明显的商标及著作权保护提示、将知识产权保护嵌入北京冬奥会、冬残奥会重要标志产生、发布和重大活动筹划、举办的全过程等。

关于涉冬奥会赛事及冰雪产业法律风险及防范对策的调查研究

北京市石景山区人民法院调研课题组

为高标准、高质量推进冬奥会服务保障工作，根据中国裁判文书网司法统计数据，石景山法院以2016年至2019年涉大型体育赛事、涉奥运赛事、涉冰雪运动相关案件裁判文书为样本，对各口径之下的案件数量变化情况（见表1）及案件类型的分布情况（见表2）进行调研统计分析如下：

表1　2016～2019年相关案件数量变化情况

案件类型		年份				案件总量
		2016	2017	2018	2019	
刑事案件	涉大型体育赛事	914	851	988	1560	4313
	涉奥运会	137	110	131	120	498
	涉冰雪运动	237	186	182	217	822
民商事案件（含知识产权）	涉大型体育赛事	3391	6059	5934	7211	22, 595
	涉奥运会	141	93	183	554	971
	涉冰雪运动	571	921	1165	991	3648
行政案件	涉大型体育赛事	285	263	467	785	1800
	涉奥运会	83	16	59	21	179
	涉冰雪运动	45	45	121	159	370

表2　2016～2019年相关案件类型的分布情况

<table>
<tr><th colspan="2">案件大类</th><th colspan="5">主要案件类型数量占比（%）</th></tr>
<tr><td rowspan="5">刑事案件</td><td>涉大型体育赛事</td><td>盗窃罪12.64</td><td>开设赌场罪10.32</td><td>诈骗罪9.25</td><td>受贿罪7.93</td><td>赌博罪5.08</td></tr>
<tr><td rowspan="3">涉奥运会</td><td rowspan="3">盗窃罪23.90</td><td>诈骗罪16.06</td><td>受贿罪14.26</td><td rowspan="3">寻衅滋事罪8.23</td><td rowspan="3">敲诈勒索罪2.81</td></tr>
<tr><td>合同诈骗罪2.41</td><td rowspan="2">行贿罪2.61</td></tr>
<tr><td>集资诈骗罪2.81</td></tr>
<tr><td>涉冰雪运动</td><td>盗窃罪15.57</td><td>故意伤害罪12.29</td><td>交通肇事罪8.15</td><td>寻衅滋事罪6.93</td><td>强奸罪6.33</td></tr>
<tr><td rowspan="6">民商事案件（含知识产权）</td><td rowspan="2">涉大型体育赛事</td><td>商品房预售合同纠纷13.68</td><td rowspan="2">不正当竞争纠纷6.78</td><td>其他合同纠纷5.43</td><td rowspan="2">侵害作品信息网络传播权纠纷3.31</td><td rowspan="2">著作权权属、侵权纠纷3.07</td></tr>
<tr><td>商品房销售合同纠纷4.82</td><td>买卖合同纠纷3.54</td></tr>
<tr><td rowspan="2">涉奥运会</td><td rowspan="2">不正当竞争纠纷53.24</td><td rowspan="2">侵害作品信息网络传播权纠纷5.36</td><td>侵害商标权纠纷5.25</td><td rowspan="2">合同纠纷2.78</td><td rowspan="2">劳动争议2.47</td></tr>
<tr><td>技术合同纠纷3.50</td></tr>
<tr><td rowspan="2">涉冰雪运动</td><td>生命健康权、身体权纠纷19.79</td><td rowspan="2">侵害商标权纠纷8.03</td><td>商品房销售合同纠纷5.98</td><td>其他合同纠纷4.28</td><td>劳动争议2.93</td></tr>
<tr><td>违反安全保障义务责任纠纷4.71</td><td>商品房预售合同纠纷5.40</td><td>买卖合同纠纷3.70</td><td>劳务合同纠纷2.36</td></tr>
<tr><td rowspan="3">行政案件</td><td>涉大型体育赛事</td><td>工商行政管理24.61</td><td>行政征收3.56</td><td>行政处罚2.06</td><td>行政复议1.89</td><td>行政确认1.50</td></tr>
<tr><td>涉奥运会</td><td>其他41.34</td><td>行政征收33.52</td><td>工商行政管理13.97</td><td>行政强制5.03</td><td>行政复议3.35</td></tr>
<tr><td>涉冰雪运动</td><td>其他行政管理65.95</td><td>工商行政管理22.70</td><td>行政处罚4.05</td><td>行政复议1.62</td><td>行政确认1.35</td></tr>
</table>

冬奥会兼具大型体育赛事、涉奥、冰雪运动3种特征，前述数据中体现的案件数量变化及案件类型分布情况对于预判冬奥会赛事法律风险具有很高的参考价值，结合对个案裁判文书的抽样分析，我院预判冬奥会赛事可能存在以下法律风险：

一是冬奥组委及场馆周边的盗窃犯罪可能增加。与冬奥会有关的纪念币等纪念品有较高的收藏价值，场馆周边销售此类物品的商店可能成为犯罪嫌疑人的目标。冬奥组委及场馆位于首钢园区，周边有部分老旧小区，小区管理不规范，调研案件中显示部分犯罪嫌疑人采用套用外地车牌方式进入附近小区入室盗窃，冬奥会赛事期间，人员较多、身份复杂，周边老旧小区社会治安问题需引起注意。另外，我院审结的一起涉及冬奥组委附近场馆工地建筑材料盗窃案件表明建设工地管理亦不容忽视。

二是涉赛事基础及配套设施建设的贪污贿赂等犯罪易发高发。赛事场馆的建设涉及招投标、用地审批、项目验收等各个环节，牵涉到各方主体的巨大利益，导致行贿、介绍行贿、受贿、贪污、职务侵占等各种犯罪行为易发高发。调研数据显示，在已经举办的大型体育赛事及奥运会中，受贿罪、贪污罪案件量占比均在刑事案件中排名靠前，冬奥会筹办亦需警惕相关风险。

三是针对纪念品收藏的网络诈骗、以兴建国家相关项目为由的新型融资诈骗开始出现。数据及案例显示，相关主体通过非法途径获取公民电话号码等信息，采用电话“话术”分解，以涉及奥运纪念品销售为噱头进行网络诈骗。另有相关主体利用国家对冰雪运动相关项目进行扶持的政策，进行虚假宣传，承诺高额返息，吸引民间资本投入骗取人民群众财产。相关犯罪手段已经显现，并可能在赛事举办期间衍生新的诈骗“套路”，借由赛事期间群众对冬奥会的广泛关注，冒用冬奥会名义产生更大的危害后果。

四是部分非正常上访人员可能会在赛事举办期间违法上访闹访。关于寻衅滋事犯罪的裁判文书样本显示，部分非正常上访人员常常在国家举办重大赛事期间，在比赛场地通过散发传单等方式制造负面影响，对政府有关单位施压，谋求不正当利益，赛事期间社会稳定风险隐患需引起警惕。

五是商品房销售过程中部分企业涉嫌虚假宣传、夸大宣传现象。部分企业将赛事举办作为宣传卖点，并承诺在交付房屋范围内配备有相关场地、器械等要素，但是并未如约履行，从而引发争议甚至群体性纠纷，该类“搭便车”“蹭热度”现象亦应及时予以防范。

六是涉赛事知识产权案件案情复杂、审限较长的现状可能导致无法及时予以权利保护。相关数据表明在涉及奥运会的民事案件中，知识产权案件占比为69.41%，其中不正当竞争纠纷占比为53.24%，该类纠纷多为复合案由的复杂纠纷。因案情复杂，案件审理期限长，普通程序适用率高达87.02%。尤其是在涉及赛事直播及转播方面，商业利益集中体现在赛事期间，知识产权案件特征极大可能与赛事期间知识产权保护所要求的时效性存在冲突，需要引起特别关注。

七是行政案件地域及类型分布集中反映出行政执法压力突出。数据表明：涉大型体育赛事的行政案件中，北京案件量占比为76.67%、河北占比为4.78%；涉奥运会类的行政案件中，河北案件量占比为44.69%、北京占比为31.28%；涉冰雪运动的行政案件中，北京案件量占比为81.08%，河北占比较小。行政案件大多系属地行政机关行政执法引发，可以预见，北京、河北作为冬奥会举办地，行政纠纷隐患亦大规模存在。除因场馆、交通运输等配套设施建设及周边环境整治而引发的行政征收案件外，知识产权审查和市场监督管理引发的工商行政管理类案件占比较大。在当前经济形势下，冬奥会蕴含的品牌效应、商业价值及经济红利更加突出，冬奥会赛事期间，商标侵权、哄抬物价、价格欺诈及虚假宣传风险仍需加强防范，市场监督管理部门执法压力突出。

此外，冬奥会赋予冰雪产业发展强大推力。数据统计分析显示，伴随着冬奥会赛事对冰雪产业产生的辐射效应，产业发展亦存在以下法律风险：

一是部分冰雪运动的营业场所系违法建筑或不符合国家相关规定。案件信息显示，在国家及地方陆续推出助力冰雪运动及产业的利好政策背景下，受利益驱使，有的市场主体为节省成本，在学校、居民区附近租赁违章建筑作为冰雪运动场馆开展营业，也有部分主体在未取得许可的情况下占用河道开展营业，还有主体在修建滑雪场等场地后，擅自改变土地性质，导致项目违法。

二是人民群众参与冰雪运动引发侵权及合同纠纷较多。数据表明，冰雪运动因其风险性高、专业性强等特点，引发的生命权、健康权、身体权纠纷和违反安全保障义务责任纠纷案件数量占涉冰雪运动所有案件数量的24.5%。此外，冰雪运动者还与经营者或培训者产生了如娱乐服务合同纠纷、教育机构责任纠纷等案件。由此可见，冰雪运动及配套娱乐培训产业尚未形成规范经营模式，行业产业安全保障配套措施仍有不到位之处。

三是冰雪运动专业人才及行业标准欠缺导致从业风险隐患大、责任认定难。受限于冰雪运动自身较高的技术门槛及我国的气候特征，目前开展冰雪运动的省份主要集中在北方地区，冰雪产业不仅面临较大的人才缺口，冰雪运动场馆、设施等行业标准亦不完备。从调研的冰雪运动相关案件样本中发现，国家政策导向在促进冰雪产业发展的同时，也容易引发企业、运动员、教练员等各类市场主体在不具备相应资格及条件情况下“跟风”入行。因而，冰雪产业从业主体产生人身伤害、劳动争议、设备采买等方面纠纷的风险隐患较大，且一旦发生纠纷，对于侵权、违约等方面责任的认定也将欠缺裁量标准。

针对上述风险，我院提出以下防范建议：

一是围绕场馆建设，将纪检监察探头下沉至冬奥会赛事场馆及训练场馆在建项目现场、实施运行团队之中，进一步细化完善物资采购、施工建设、验收交付等全链条廉政风险防控机制，重点关注承包方资质、成本报价、设计变更、施工质效等方面发生的异常情况，加强北京冬奥组委、国家体育总局纪检监察部门与建设项目属地纪委监委沟通衔接，构建“北京—河北”地域协调及“政府机关—法院”府院协调常态化机制，共享市场主体、建设管理、安全生产等方面涉诉情况及风险信息，深化日常监督、多方监督、交叉监督、协同监督。

二是围绕赛事举办，充分利用群防群治、联防联控机制，发动企事业单位、群众自治组织、社会团体、志愿者队伍等力量参与治安环境维护，加强赛事场馆周边巡查力度。强化冬奥组委及场馆周边小区管理，建立健全进出入小区的人车档案，赛事期间严格落实居民凭证出入、外来人员登记等制度。落实基层组织属地责任，开展维稳风险摸底排查，对可能影响赛事举办的主体提前制定预案，及时防控化解。健全赛事期间人身安全配套保障及应急响应机制，通过开展赛事场馆医疗救护演练建立医疗资源共享协调机制，健全疫情防控预案等措施，加强环节衔接，畅通诊疗通道。

三是围绕冬奥经济，设置侵权举报投诉窗口、平台及热线，构建"侵权投诉—维权响应"快速反应通道及在线纠纷化解平台，加大行为禁令适用力度，建立健全赛时知识产权侵权即时解决机制。在赛前及赛事期间，加强对网络赌博、网络诈骗、网络舆情信息收集及技术拦截，多部门联合集中开展打击网络犯罪、知识产权侵权、虚假宣传、哄抬物价等专项执法行动。以案例形式提升新型诈骗犯罪宣传效果，提高群众识骗、防骗能力。加大冬奥会知识产权宣传力度，促使全社会广泛了解冬奥会知识产权保护规定、特许经营商品种类及正规销售渠道，自觉抵制侵犯冬奥会知识产权的商品和服务。

四是围绕冰雪产业，建立冰雪体育产业行业准入机制，健全场地、设施、装备、人员技术标准。综合考虑地域环境、人口构成、专业人才配备、行业监管水平等方面，加强冰雪运动场馆及配套设施建设行政决策论证，严格行政审批，确保产业持续健康发展。通过规范教育培训体系、制定人才激励政策等措施，加强冰雪运动培训人才，场馆装备设计、设备维护维修及经营管理人才等方面人才培养及引进。统一冰雪运动场馆安全保障及救护设施标准，落实符合资质要求的救护场地及救护员配备，加强归口管理及日常行政执法监督，引导保险行业进入冰雪运动，多维度为群众参与冰雪运动提供人身安全保障。

五是围绕纠纷化解，在赛事期间场馆现场设置"法官工作站"，协助现场工作人员及时化解纠纷。赛事场馆所在区域法院，要选优配强人员力量，设立涉冬奥专业审判团队，并建立京冀跨域沟通协调机制，确保裁判尺度统一。充实体育协会、体育组织内部调解力量，加快建立具备冰雪运动专业背景的体育仲裁机构及仲裁规则，强化涉冬奥纠纷诉前多元化解。在法院系统内部构建全流程协调一致的审判管理机制，加强涉外案件审判人才储备，确保涉冬奥案件快立、快审、快执，缩短权利实现时间，打通赛事相关主体的权利保护通道。

冬奥会赛事涉网法律风险预判及防范对策

北京互联网法院

为深入践行习近平总书记“切实为群众办实事、办好事、办身边事”的指示精神，北京互联网法院紧紧围绕自身功能型法院定位，将涉冬奥会司法保障工作列入“我为群众办实事”的重要内容，为冬奥会筹备及顺利开展提供专业化司法保障。2021 年 6 月 15 日，我院党组成员、院长张雯带队赴北京 2022 年冬奥会和冬残奥会组织委员会（以下简称北京冬奥组委）进行调研，双方围绕隐私及个人信息保护、知识产权保护、数据权益保护、跨境电子商务及服务贸易、新技术与新商业模式、侵权形态与争议解决方式等问题展开了充分的交流和讨论。我院针对北京冬奥组委提出的涉及互联网领域的法律问题，结合我院涉网审判经验，重点围绕个人信息和知识产权保护问题，作出以下调研分析：

一、涉冬奥会赛事个人信息保护法律风险预判及防范对策

（一）涉冬奥会赛事个人信息保护问题预判

一是涉冬奥会赛事安保和防疫工作等存在个人信息收集主体混杂、过度收集、处理以及泄露的风险。围绕赛事举办，企事业单位、群众自治组织、社会团体、志愿者队伍等力量将参与治安环境维护及防疫工作展开，赛事场馆周边巡查力度加强，冬奥组委及场馆周边小区人员进出严格化。一方面各种社会力量参与会导致在个人信息收集的过程中出现主体混杂，难以监督的风险。另一方面巡查和管理的加强，可能会发生个人信息处理合理且必要原则的扩张情况。在重大赛事及疫情等特殊期间，赛事场馆周边小区采取特定的生物识别信息限制非住户人员进出是否属于法律规定的特殊情形，需进一步考虑。

二是涉冬奥会赛事票务销售及进出场过程中观众个人信息处理目的与限度问题。为整治演出市场哄抬门票、售卖假票、“黄牛”倒票等乱象，原文化部于 2017 年出台了《关于规范营业性演出票务市场经营秩序的通知》，鼓励各地探索对重点营业性演出门票实行实名制管理。新冠肺炎疫情暴发后，国家要求文艺演出要严格执行“双实名制”，验票时严格遵循“票、证、人”合一方能入场。事实上，《个人信息保护法》出台后，对于赛事门票实名售票收集个人身份信息是否属于必要范围内存在讨论空间。冬奥期间或许仍处于疫情防

控特殊阶段，对于“实名制”票务出售，如果要避免相关的法律风险，则需厘清该实名信息收集的目的是否出于防疫需要并履行告知义务。

三是冬奥赛事工作人员或志愿者等涉外人员个人信息处理中的涉外诉讼风险。本次冬奥会在全球范围招募志愿者和工作人员，涉及相关人员个人信息收集、保护方面的分类施策，分类施策时应遵照合理且必要原则。对于国内外志愿者的个人信息收集范围基本一致，风险主要在于对国外志愿者个人信息的存储、使用、加工、传输、提供、公开、删除等环节可能触及个别国家对于个人信息的“长臂管辖”。《通用数据保护条例》（General Data Protection Regulation，GDPR）以属地管辖权兼效果原则为依据设立了“靶向标准”，该“靶向标准”适用于在欧盟境内没有营业地的数据控制者或者数据处理者进行的与如下情形有关的个人数据处理行为：（a）如果该个人数据处理行为与向欧盟境内的数据主体提供商品或服务有关（无论数据主体是否被要求付费），或（b）监控数据主体身在欧盟内发生的行为。建议北京冬奥组委在涉外个人信息处理上对此格外注意。

四是冬奥会运动员个人信息保护问题。由于运动员个人信息涉及运动员身份信息、生物识别信息、技术动作信息、健康生理信息等多方面信息，在具有财产属性的同时亦涉及运动员个人隐私，所以在大型体育赛事中须严格防范运动员个人信息泄露。运动员的报录、住宿、体检等各环节均涉及个人信息的收集、处理，组委会须对各环节中运动员个人信息收集、处理规则进行审查把关。例如，在进行兴奋剂检测时，要做好与相关国际条约、规则及《个人信息保护法》的衔接。

（二）涉冬奥会赛事个人信息保护问题防范对策

一是构建可信赖的、完善的个人信息处理机制，全面实现集中管理、权限管理、监督管理。一方面是要区分涉大型国际赛事的个人信息处理与疫情防控下的特殊个人信息处理，另一方面是要区分涉国内公众个人信息处理与国际公众个人信息处理。即在收集、处理个人信息时要明确区分开不同目的下个人信息可供收集处理的范围与权限，且将处理流程系统化、权限化、严格责任化。

二是在维护冬奥会正常举行过程中规范个人信息的收集主体和收集范围，严格遵守相关规定。首先，在安保和防疫工作中，围绕《个人信息保护法》第26条的规定，应对涉及个人信息收集的主体作出严格限制，避免过度收集信息和信息泄露，在涉及收集特殊个人信息时注意提示和取得周边民众及相关主体的同意。其次，应对因票务销售所要收集的个人信息目的及范围进行明确，即鉴于疫情防控的特殊情况，需要采取“票、证、人”合一、人脸识别或其他生物信息验证手段，同时对疫苗接种信息、行踪轨迹信息等疫情防控所需之敏感个人信息的查验，应显著提醒当事人注意，通过购票弹窗、网络或纸质公告等方式充分履行告知义务。另外，在处理未成年人个人信息时应基于《个人信息保护法》第31条的规定特别考虑。

三是积极协商，制定涉外个人信息处理方案。为避免管辖权争议引发长期诉讼以及加重我国的管辖负担，可以与境外志愿者招募机构、各国家或地区参赛团体进行友好协商，制定涉外个人信息收集、处理具体实施方案以及争议解决预案。将涉外信息的处理首先交由各参赛团体所在国家或地区的机构集中处理，在个人信息的处理权限上与各国家或地区个人信息处理者达成只进行必要授权使用的协议，并在相关权限下处理涉外个人信息，约定其他处理义务的责任由各国家或地区个人信息处理者自行承担。

四是加强冬奥会运动员的个人信息保护。首先，要另设运动员个人信息处理通道，加强运动员个人信息管理责任。其次，在不同场景下，运动员的个人信息需要范围不同，要实现运动员个人信息的个性化匿名处理。最后，由于运动员个人信息影响较大，要特别监测信息泄露情况的发生，及时处理，避免引发更大的纠纷。

二、涉冬奥会赛事知识产权保护法律风险预判及防范对策

（一）涉冬奥会赛事知识产权保护问题预判

一是新技术新模式下冬奥会赛事画面著作权保护面临新挑战。根据冬奥会赛事特点、网络新媒体传播技术和产业发展的新动向，冬奥会赛事画面保护将面临新挑战。在“央视诉暴风案”案中，法院二审认定体育赛事构成视听作品，并大额提高了赔额。2020 年《著作权法》对作品定义和视听作品条款的修改亦推进了体育赛事画面的可版权性保护。体育赛事著作权保护迎来了立法和司法的良好局面。与此同时，5G 技术、直播平台产业的迅猛发展和短视频创作主体的普及化，为传播端带来了巨大变革，进而增大了知识产权保护的不确定性。第一，在直播平台方面，在优酷网络技术（北京）有限公司诉广州华多网络科技有限公司侵害类电作品信息网络传播权纠纷案中，被告作为直播平台提供了主播“陪看”功能，主播可在直播间播放视频并与网络观众进行互动。此类直播视频侵权存在瞬时性、随意性等特点，权利人在侵权发现、取证、维权及时性等方面均面临新的困难。第二，在传播形态方面，网络侵权行为呈现出技术复杂性、多样态等特点，例如，在“图解电影”案中，在以往长视频切割成短视频侵权的基础上，进一步发展出将长视频截成图集的侵权形态；在“熊猫滚滚”案中，静态图片与作为连续画面的视频界限进一步模糊，出现了介于美术作品和视听作品之间的动图等新利用形态。以上情况均为侵权行为的定性、赔偿标准等带来新的难题。第三，在摄制技术方面，冬奥会室外场馆空间较为宽阔，且随着无人机设备和 5G 技术的普及，可能存在其他人员擅自拍摄赛事画面的情况。

二是冬奥会赛事相关口号、标识、主题曲等存在涉诉风险。奥运会赛事通常会设计一系列与赛事相关的口号、标识和主题曲等知识产权文化符号，以展现赛事的理念和精神。在赛事期间，相关口号、标识、主题曲等具有很大的宣传价值和广泛的关注度。由于上述内容均属于带有知识产权利益的智慧凝结成果，往往存在引发知识产权纠纷的潜在风险，亦不排除个别借诉讼吸引关注的情况。第一，关于口号。在方某某与第 29 届奥林匹克运动

会组织委员会（以下简称奥组委）等著作权纠纷案中，方某某主张奥运口号与其创作雷同，法院经审理认为，现有证据不能证明方某某将相关邮件发送至奥组委指定邮件系统，故认定涉案行为不符合“接触加实质相似”侵权判定条件中的“接触”条件。第二，关于主题曲。在王某与陈某、中国国际电视总公司著作权纠纷案中，王某认为其参加2008年北京奥运会歌曲征集评选活动寄送的《我和你》歌词与奥运会开幕式主题曲《我和你》歌曲名称和内容相似。法院经审理认为，二者作品中重复表达仅“我和你”及“梦想”等，过于简单且系公有领域常用表达，在被告作品中所占比例非常小，故不构成实质性近似。上述两起案例中，法院未认定涉案奥运会口号、主题曲构成侵权。

三是电子商务场景下冬奥会赛事特许商品保护出现新特点。随着各类新型电商的兴起，冬奥会赛事特许商品的保护需注意网络时代下的新特点。第一，关于直播带货。直播带货产品具有瞬时的热销性，往往一次带货便有上百万元的销售额，如带货商品为侵权产品，即可能为权利人短时间带来极大的损失。第二，关于淘宝等电商平台销售。网络店铺遍布全国各地，经营规模不等，线下生产和经营场所不固定，往往为权利人维权带来困难。第三，关于微商等其他销售方式。随着社交软件的普及化应用，实践中出现了更为隐秘的熟人化、点对点的销售模式，使侵权行为更加难以监测。

（二）涉冬奥会赛事知识产权保护问题防范对策

一是提前研判新型传播形态，加强侵权监测技术和动态监管能力。由于新技术和新型商业模式的兴起，对随之而来的侵权形态复杂化、技术化的特点需要密切关注。对于可能出现的短视频剪辑、视频截图、动图、直播间“陪看”等多样的侵权样态，应提前研判，加强侵权监测技术更新和动态监管能力，与相关网络平台、知识产权执法部门进行实时联动查处，进而实现对体育赛事画面知识产权的有力保护。

二是完善冬奥会赛事相关口号、标识、主题曲等知识产权的合规管理，进行全流程监管和全主体覆盖。由于相关口号、标识、主题曲等设计和制作往往会通过公开征集择优选取，或者通过组织集体创作等方式进行，整个过程涉及人员众多、时间跨度长。为此，建议在冬奥会相关文化创意工作开展过程中，强化知识产权保护意识，对创作过程进行同步确权证据固定，在举办征集创意等集体活动时，提前约定和明确知识产权归属，对于授权作品严格审查授权链条，核查创意素材独创性及其来源，避免引发知识产权纠纷。

三是建立适应电子商务场景的特许商品维权体系，对新型电商渠道进行立体化监管。面对新型网络环境下冬奥会赛事特许商品保护出现的新特点，建议加强与各大电商平台的提前接洽和联动监管，将某些涉冬奥会特许商品名称加入“关键词”事先主动过滤体系，强化直播账户主体和主播涉奥知识产权保护的主体责任，将社交软件如微信小程序、大型微信群等纳入销售渠道的监管体系。

（执笔人　孙铭溪　颜　君）

率先探索建立旅游滑雪纠纷解决新机制

河北省张家口市崇礼区人民法院

“服务保障北京冬奥会筹办我先行”，是河北省张家口市崇礼区人民法院近年来叫得最响的一个口号。该院全体干警以服务保障北京冬奥会筹办为己任，在河北省高级人民法院和张家口市中级人民法院的有力指导下，竭尽全力为北京冬奥会筹办提供司法服务和保障，为如期顺利举办“精彩、非凡、卓越”的冬奥盛会做出应有贡献。

一、服务和保障冬奥会筹办

2015 年北京携手张家口成功获得 2022 年冬奥会举办权。作为冬奥会雪上项目主要竞赛场地，崇礼从一个默默无闻的小城区变成了世界知名的滑雪胜地，迎来了巨大的发展机遇。

“崇礼作为 2022 年冬奥会张家口赛区所在地，责任重大、使命光荣。我们要深入学习贯彻习近平总书记关于冬奥会筹办的重要指示精神，紧紧围绕‘如期办赛’目标，全面落实‘四个办奥’理念和‘简约、安全、精彩’办赛要求，把服务保障冬奥会筹办作为重大政治任务，充分发挥审判职能作用，积极延伸司法服务保障，全面提升服务保障水平，为如期顺利举办一届‘精彩、非凡、卓越’的冬奥盛会做出应有贡献!”崇礼区人民法院党组书记、院长李静静掷地有声的话表达了全院干警的心声。

崇礼区人民法院迅速行动，成立以李静静为组长的服务保障北京冬奥会筹办工作领导小组，出台崇礼区人民法院《关于充分发挥司法职能服务保障冬奥实施意见》《2021 年服务保障冬奥决战决胜实施方案》，要求全院干警不断增强责任感、使命感，确保服务和保障冬奥会筹办取得实效。崇礼区人民法院 60 位干警组成“法治冬奥”志愿者服务队，到乡镇、雪场开展形式多样的法制宣传和司法服务。全院干警服务和保障冬奥会筹办的热情被激发，感恩冬奥、支持冬奥、参与冬奥、奉献冬奥成为干警们的自觉行动。2020 年，该院快审快判涉奥刑事案件 3 件，诉前调解涉奥民事纠纷 23 件，诉中调解涉奥民事纠纷 16 件，判决涉奥民事纠纷 9 件；太子城旅游和环境资源保护法庭也正在紧锣密鼓地筹建中。

崇礼区人民法院还深入富龙滑雪场、中铁四局、中铁十六局、中赫太舞、奥体公司等涉奥重点企业，了解企业需求，发放《企业经营风险提示 50 条》等法治宣传手册，降低企业发展风险，保障冬奥相关配套设施建设顺利推进。与北京冬奥组委法律事务部、中国政法大学体育法研究所、国家知识产权局对接，就服务保障北京冬奥会筹办工作进行探讨交流。与中国政法大学法学院建立研究生联合培养基地，培养体育法治人才。

二、创新机制化解旅游滑雪纠纷

崇礼借助冬奥机遇，大力推进滑雪产业发展，目前已有 7 家滑雪场，每年迎接滑雪爱好者超百万人次。滑雪是一项高风险运动，在滑雪爱好者感受冰雪运动乐趣的同时，旅游滑雪纠纷也日益增多。

鉴于此，崇礼区人民法院相继在富龙、太舞、万龙、银河、云顶等雪场设立法官工作站，及时化解旅游滑雪纠纷。根据旅游滑雪纠纷的特点，该院还建立了解决旅游滑雪纠纷的“法院 + 雪场 + X”新机制：与雪场警务站相互配合，共同做好旅游滑雪纠纷调解和处理工作；与多家保险公司沟通，明确赔付内容和标准；与滑雪协会对接，解决旅游滑雪纠纷时邀请滑雪协会专家配合指导。法官工作站和解决纠纷新机制齐上阵，在化解旅游滑雪纠纷中充分发挥了作用，实现了旅游滑雪纠纷诉前快速调解、诉中快速审理、诉后快速执行，有效维护了滑雪者的合法权益和雪场滑雪秩序。

王某、李某在滑雪过程中发生碰撞，王某因此受伤，雪场救援人员将王某送往医院治疗，李某也陪同王某到医院并支付了部分医疗费。王某出院后要求雪场和李某赔偿，但雪场认为雪场救援及时，雪道设施完善，风险提示到位，不应承担赔偿责任；李某则认为王某提出的 22 万元赔偿金额过高。雪场法官工作站的法官请来了滑雪协会的专家对双方的碰撞进行专业分析。最终，王某和李某都认可了专家的意见，承认了各自的过错，达成调解协议，由李某在前期已支付医疗费的基础上再赔偿王某 2 万元，滑雪场则不承担赔偿责任。纠纷解决后，双方均表示满意。李某表示：“法院的调解让人信服。”

三、确保建设项目如期竣工

在筹办冬奥会的过程中，铁路、公路、场馆等建设项目需要征收大量土地。土地征迁不仅关系群众的切身利益、关系社会的稳定，也关系各项建设的进度。崇礼区人民法院利用诉前调解，快速化解土地征迁过程中发生的纠纷，既维护了群众的合法利益和社会稳定，又为各项建设争取了时间。

通往崇礼太子城奥运村的重要交通枢纽——G95 高速公路的扩建项目位于西湾子镇上两间房村，全村 300 余户村民需要整体迁移。为了争夺土地征迁补偿款，房屋继承、财产权属等纠纷不断发生，甚至一些早已人去楼空的破旧房屋也成了“香饽饽”。

如果不能妥善解决这些纠纷，不但损害村民的合法权益，还会影响征迁工作顺利进行，影响社会稳定。崇礼区人民法院立案庭的法官们对纠纷进行梳理后，主动与征迁工作组对接，核实当事人信息，并向村干部了解当事人的家庭情况，第一时间开展诉前调解工作。

张家兄妹的父母去世后留下几间房屋，兄妹因财产继承发生纠纷。哥哥认为，妹妹已经出嫁，不能继承父母遗产；而妹妹认为，继承父母遗产也应该有自己的份儿。调解中，法官向哥哥反复讲明法律有关规定，并请其朋友和其他亲属帮助做工作，最终让哥哥消除了“只有儿子才能继承父母遗产”的错误观念，同意妹妹和自己共同分配父母房屋的补偿款。兄妹当场达成调解协议。

刘家兄弟也为继承父母留下的房屋发生了纠纷。哥哥认为，弟弟多年不在村里居住，父母在世时是自己一直在父母身边照料，弟弟不应当和自己平等分配父母房屋的补偿款。弟弟却认为自己虽然不在父母身边，但只要回家也都会照料父母，而且平时自己给父母钱、给父母买东西也是在尽赡养义务。在对兄弟俩进行调解时，法官没有直接与双方讨论该如何分配房屋补偿款，而是带着兄弟俩回忆过去的情谊，从儿时谈到现在，又从现在谈到将来。刘家兄弟泣不成声，终于认识到了“金钱不能代替亲情”。兄弟俩互相谦让，最后达成平均分配父母房屋补偿款的调解协议。

“我爸在世时买了爷爷的房！”“是你爷爷把房子给了我！”这是杜家叔侄在争夺一处房屋所有权时的情景，二人各执一词，互不相让。因为双方均没有任何书面证据，也没有证人能为他们作证，法官便联系家族长辈出面参与调解。家族长辈一方面引导他们回忆当时的具体情况，另一方面利用自身的特殊地位和身份对双方进行规劝。经过数次调解，叔侄俩握手言和，并达成平均分配房屋补偿款的调解协议。

对于诉前调解无果或不适宜诉前调解的案件，崇礼区人民法院则及时将其转入诉讼程序快速审理，10 起案件中调解结案 1 件，判决结案 9 件。2020 年 8 月，上两间房村顺利完成迁移。同年 12 月，G95 高速公路扩建项目如期竣工。

四、依法打击各种犯罪活动

举办北京冬奥会需要稳定的社会环境，筹办北京冬奥会同样需要稳定的社会环境。崇礼区人民法院与检察机关、公安机关等密切配合，依法打击各种犯罪活动，尤其是依法严惩破坏涉冬奥项目建设、诈骗钱财扰乱冬奥会筹办社会秩序、在涉冬奥项目建设中贪污和贿赂、扰乱国家机关工作秩序、污染环境、破坏疫情防控等犯罪活动。该院还与有关部门联防联控，有效预防犯罪的发生，为冬奥会筹办提供稳定的社会环境。

被告人李某发现倒卖滑雪场滑雪季卡可赚钱，便通过微信群及朋友圈发布“预售滑雪场滑雪季卡”的信息，谎称可以“低价出售滑雪场滑雪季卡”。一些人信以为真，以每张 2500 元至 2700 元不等的价格通过手机向李某支付了滑雪季卡预售款。2019 年 8 月至 12 月，李某共收到北京、上海、河南、河北等地 12 名滑雪爱好者支付的钱款 23 万余元。此外，李某还谎称可代他人报名参加滑雪场举办的滑雪培训活动、培养他人做滑雪教练等，收取 3 人支付的钱款 3 万余元。李某收到钱款后，便将钱款挥霍一空。等到受害人向李某催要滑雪季卡或讨要钱款时，李某先是编造谎言搪塞，后来就关闭手机玩起了“失踪”。受害人意识到受骗后报了警，最终，崇礼区人民法院以诈骗罪依法判处李某有期徒刑 6 年，并处罚金 2 万元。

被告人郭某、祖某均系某建工集团工人。在从事冬奥会场馆建设工作期间，二被告人利用在工地施工的便利条件，先后多次盗窃工地钢筋、幕墙墙板等建筑材料，总价值达 7000 余元。工地发现建筑材料丢失后报了警，郭某被抓获，祖某投案自首。因二被告人均自愿认罪认罚具结悔过，并退赔了损失，符合酌情从轻处罚情节，崇礼区人民法院以盗窃罪分别判处郭某、祖某拘役 4 个月，并处罚金 5000 元、2000 元。

“全院一盘棋，全体干警一股劲儿，为服务保障冬奥会筹办做出了我们应有贡献，向世人展示了崇礼法官的风采。北京冬奥会还在紧锣密鼓筹办，我们还要加倍努力，为服务保障北京冬奥会筹办做出更多、更大贡献，确保北京冬奥会取得圆满成功！”李静静说。

积极履职护航北京2022年冬奥会筹办

北京市延庆区人民检察院

作为北京2022年冬奥会赛区所在地和赛事举办地检察机关，北京市延庆区人民检察院立足“冬奥检察”“绿色检察”“生态检察”的工作理念，结合区域发展实际积极履职，构建涉冬奥案件快速办理机制，精准推进公益诉讼、内外联动协作，为北京2022年冬奥会筹办、举办保驾护航。

一、构建涉冬奥案件快速办理机制，落实宽严相济刑事政策

将保安全、保稳定作为首要底线，精准打击群众反映强烈的暴力伤医、“套路贷”、电信网络诈骗等刑事犯罪，持续整治“村霸”等影响冬奥建设的犯罪行为，筑牢护航冬奥的司法屏障。一方面，案件管理部门定期对破坏生态环境、危害公共安全等影响社会稳定和赛会保障的犯罪案件开展重点排查，设立涉冬奥案件专门窗口，保障涉冬奥案件从受理到审结快速、高效流转。严格落实领导干部包案制度，抽调院内业务骨干成立涉冬奥刑事案件办案组，对涉冬奥案件全面提前介入，督促公安机关及时移送审查起诉，提高诉讼效率，依法从严从快打击涉冬奥犯罪。充分发挥检察一体化机制优势，如发生涉冬奥涉外刑事案件，则协调北京市人民检察院在全市范围内统一调配经验丰富的检察官和检察官助理，派驻延庆区人民检察院直接办理。另一方面，坚持惩戒与教育相结合，推进“少捕慎诉慎押”司法政策的落实，依法对两名涉嫌故意伤害罪的冬奥造雪工人变更强制措施并作出相对不起诉决定，走进冬奥建设工地开展不起诉公开宣告工作，通过释法说理加强警示教育，保障“冬奥测试赛”圆满完成。

二、对标绿色办奥理念，依托公益诉讼推动社会治理

立足“公共利益代表”定位，将“绿水青山”作为冬奥最美底色，对标绿色办奥理念，围绕国土、食药、环保等重点领域和重点环节，聘请蓝天救援队担任“公益诉讼观察员”，以“检察+”模式精准推进公益诉讼。与延庆区园林绿化局就“林长制+检察”建立联席会议，实现公益诉讼线索双向移送机制。先后办理了长城墙体刻字案、摩崖造像佛像涂损案以及中央环保督察反馈的永宁垃圾卫生填埋场案等公益诉讼案件。对辖区内人流

量较大的城市公厕及冬奥会和冬残奥会定点医院、商业中心停车场进行摸排，针对无障碍设施不标准、不规范等问题制发检察建议，推动区城管委、区交通局和相关街道履职，以点带面助力城区 39 所公厕、42 家停车场整改，整改完毕后召开公开听证会，邀请专业人士和残障人士作为公益观察员进行“体验式”验收，所办理的督促整治无障碍设施问题行政公益诉讼案入选最高人民检察院发布的无障碍环境建设公益诉讼典型案例，被《检察日报》头版等多家媒体刊载。

三、完善内外联动机制，区域协同为冬奥护航

一方面，建立内外协作联动机制。院党组每月督促服务保障冬奥会工作台账落实，每季度召开服务保障冬奥工作专题会，查找阻碍服务保障冬奥会的源头性问题。与区司法机关及相关部门签署《涉冬奥会冬残奥会刑事案件办理工作规则》《涉检医疗“绿色通道”实施办法》《关于协同推进涉冬奥知识产权保护工作机制》等文件，变“各自为战”为“协同作战”，实现区域资源共享、案件联动处置。与冬奥举办地张山营派出所签署共建协议，建立结对共建机制，定期召开联席会，选派检察人员交流锻炼，深度参与涉冬奥案件办理，形成监督合力。另一方面，以《京津冀检察机关服务和保障京津冀协同发展的合作框架意见》为依托，深化与冬奥会筹办举办地检察机关沟通协作。在距冬奥会开幕式 140 天之际，由院党组书记、检察长带队赴河北省张家口市人民检察院，就涉冬奥的案件办理、线索互通、联合联动等多领域进行深入交流座谈，实现资源共享、协作共赢，先后与河北省张家口市多个区县检察院围绕生态环境保护检察一体化、司法标准统一化等问题达成共识。在办理部分村民在白河堡水库库区裸露滩涂种植农作物案中，同河北赤城县人民检察院通力合作，清理裸露滩涂种植的农作物 400 多亩，维护冬奥供水安全；对因案致贫的河北籍被害人开展跨区域司法救助；在办理崇礼区冬奥场馆建设工人涉嫌重大责任事故案时，依法不起诉并远程公开宣告，查找管理漏洞、制发检察建议，逐步形成互涉案件前期情报交换、中期协作配合、后期共同治理的工作局面，为北京 2022 年冬奥会护航。

第四部分 媒体报道

本部分收录了北京冬奥会筹办期间新闻媒体对涉北京冬奥会和冬残奥会法律事务工作的部分报道，共19篇。

司法部等四部门负责人就《奥林匹克标志保护条例》修订答记者问*

2018年6月28日，国务院总理李克强签署第699号国务院令，公布了修订后的《奥林匹克标志保护条例》（以下简称《条例》）。《条例》自2018年7月31日起施行。日前，司法部、体育总局、市场监管总局、知识产权局的负责人就《条例》有关问题回答了记者提问。

一、请简单介绍一下《条例》修订的背景和过程？

答：保护奥林匹克标志是奥运会主办国的义务，是《奥林匹克宪章》的要求，也是奥运会申办报告和主办城市合同等申办文件的重要内容。2002年，我国制定并实施了《奥林匹克标志保护条例》，主要着眼于对2008年北京奥运会这一特定届次的奥运会标志提供保护，对保障2008年北京奥运会的顺利举办发挥了重要作用。随着2022年北京冬奥会申办成功，按照申办文件要求，需要将2022年北京冬奥会的相关标志纳入保护范围进一步加强保护，并对通过制造与奥林匹克运动的虚假联系来牟利的隐性营销行为等进行规制。现行条例已经不能满足筹办2022年北京冬奥会的要求，需要对奥林匹克标志的范围、确认和保护等有关规定进行修改。

体育总局、原工商总局于2017年7月向国务院报送了《奥林匹克标志保护条例（修订草案送审稿）》。原国务院法制办收到此件后，向有关部门、地方政府、法院、企业、研究机构、团体和专家学者等方面征求意见，并向社会公开征求意见，在北京、张家口进行调研。在此基础上，原国务院法制办会同体育总局、原工商总局、知识产权局和北京冬奥组委等有关部门，对送审稿反复研究、修改，形成了《奥林匹克标志保护条例（修订草案）》。2018年6月28日，国务院总理李克强签署国务院令，正式公布修订后的《条例》。

二、《条例》对奥林匹克标志的范围做了哪些调整？

答：为了适应筹办2022年北京冬奥会的需要，《条例》对奥林匹克标志及其权利人的

---

* 本文原载司法部官方微信公众号2018年7月11日，http://mp.weixin.qq.com/s/vsf_YbNV76yi7Fq-tXV6Yg。

范围进行了调整，将现行条例规定的北京 2008 年奥运会（第 29 届奥运会）相关标志扩展为在中国境内申办、举办奥林匹克运动会的相关标志，将权利人扩展到在中国境内举办奥林匹克运动会的申办、组织机构。同时，本着奥运会、残奥会两个奥运同样精彩的精神，将保护扩大到残奥会有关标志，规定对残奥会有关标志的保护，参照本条例执行。

三、《条例》对奥林匹克标志的确认和许可程序做了哪些调整？

答：为了方便权利人行使和维护权利，《条例》将现行条例规定的奥林匹克标志权利人将奥林匹克标志及其使用许可合同向国务院工商行政部门备案、公告程序，改为权利人应当将奥林匹克标志提交国务院知识产权主管部门并由其公告；为商业目的使用奥林匹克标志应当同权利人订立使用许可合同，权利人应当将合同中许可使用奥林匹克标志的种类、被许可人、许可使用的商品或者服务项目、时限、使用地域范围等信息及时披露。

四、《条例》对奥林匹克标志有效期做了哪些调整？

答：在奥林匹克标志范围扩展为在中国境内申办、举办奥林匹克运动会的相关标志后，为了避免一些时过境迁、失去市场价值的奥林匹克标志不断累积，妨碍后续商标申请，《条例》增设了奥林匹克标志有效期和续展程序，规定奥林匹克标志有效期为 10 年，期满可以续展。这样规定既为奥林匹克标志提供了可持续的保护，又提供了自愿退出机制。

五、《条例》为加强对奥林匹克标志的保护采取了哪些措施？

答：为了加强对奥林匹克标志的保护，《条例》规定：一是将侵犯奥林匹克标志专有权行为扩大到使用近似标志。未经许可为商业目的擅自使用奥林匹克标志，或者使用足以引人误认的近似标志，即侵犯奥林匹克标志专有权。二是加大行政处罚力度，提高对侵犯奥林匹克标志专有权行为的罚款数额。三是对隐性营销行为进行规制。利用与奥林匹克运动有关的元素开展活动，足以引人误认为与奥林匹克标志权利人之间有赞助或者其他支持关系，构成不正当竞争行为的，依照反不正当竞争法处理。

《奥林匹克标志保护条例》为奥林匹克权利人提供了更完善的保护机制！*

李富莹

在北京携手河北张家口申办第24届冬奥会和冬残奥会成功三周年前夕，新修订的《奥林匹克标志保护条例》公布实施，这标志着我国奥林匹克知识产权保护翻开了新的篇章。保护奥林匹克知识产权既是我国向国际社会做出的庄严承诺，也是举办一届精彩、非凡、卓越的奥运盛会的重要支撑。

在北京2022年冬奥会申办阶段，我国政府就向国际奥委会做出加强奥林匹克知识产权保护立法的庄严承诺。在《申办报告》中，针对保护奥林匹克标志，我国政府承诺，将根据国际奥委会的具体要求，有针对性地制定和颁布保护国际奥委会权益的法律法规。特别是针对隐性营销行为，强调要“有效保护奥林匹克知识产权，有效防范和整治隐性营销行为”。在获得北京2022年冬奥会、冬残奥会主办权后，与国际奥委会签署的《主办城市合同》也对奥林匹克财产保护和反隐性营销行为提出了详细而明确的要求。

我国2002年出台的《奥林匹克标志保护条例》是我国奥林匹克知识产权专门立法的开山之作，为有特色、高水平地举办无与伦比的北京2008年奥运会提供了重要的法律保障，获得了国内外的一致肯定和好评。该条例亦成为北京2008年奥运会留给我国的最重要的制度遗产。但该条例仅适用于北京2008年奥运会，其在保护主体、保护范围、保护期限、对隐性营销行为的规制以及残奥会标志的保护等方面已经不能完全满足北京2022年冬奥会和冬残奥会筹办工作的现实需要，对其进行适当修改是必要的。

北京2022年冬奥会和冬残奥会申办成功后，为践行申办承诺，切实履行合同义务，我国政府以这一北京2008年奥运会留下的宝贵遗产为基础迅速启动了相关修法程序。历时两年多，保护客体更加全面、保护内容更加丰富、保护水平更高的新条例得以出台。

此次修改扩大了奥林匹克标志及其权利人的范围、完善了确认和许可程序、增加了对隐性营销行为的规制、加大了对侵权人的行政处罚力度等等，这些修改适应了世界范围内

---

* 作者李富莹时任北京市人民政府法制办公室主任兼北京冬奥组委法律事务部部长，本文原载司法部官方微信公众号2018年7月11日：http://mp.weixin.qq.com/s/bg2dOS_7TCBNMIgc2Bf4hw。

奥林匹克知识产权保护的新趋势、新要求，有利于为奥林匹克权利人提供更完善的保护机制，其不仅全面满足了北京2022年冬奥会和冬残奥会组织筹办工作的实际需要，而且有力地助推了奥林匹克运动在我国的进一步推广和发展。

这一举措，也是贯彻落实党的十九大报告有关“筹办好北京冬奥会、冬残奥会”重要指示精神的具体行动，特别体现出我国尊重规则、信守承诺、责任担当的大国形象。

北京冬奥组委将全力以赴、不辱使命，一如既往做好奥林匹克标志保护工作。随着新修订《条例》的公布和实施，重点做好以下工作：

一是广泛宣传。北京冬奥组委将多措并举组织多种形式的学习宣传活动，将对社会公众的普遍宣传与对重点领域和重点行业人群的系统培训结合起来，使社会各界提高对奥林匹克知识产权保护的意识，形成自觉维护奥林匹克知识产权的良好氛围。同时，北京冬奥组委也将与国际奥委会、国际残奥委会等国际组织积极沟通，做好对外宣传。

二是加强衔接。北京冬奥组委将与市场监管、知识产权等相关执法部门充分沟通、对接，研究有关奥林匹克标志公告、许可情况披露、有效期续展等规定的实施方式，协助做好《条例》落地的配套工作。

三是强化保护。北京冬奥组委作为有关奥林匹克标志的权利人，将严格遵守并用好《条例》，积极建立健全与行政执法部门和司法机关的案件线索发现、移交机制，加强对使用奥林匹克标志行为的监控，对于侵权行为予以坚决制止。

修订《奥林匹克标志保护条例》是我国体育和知识产权立法的重大进步*

刘　岩

2018年6月28日，李克强总理签署国务院令第699号，公布了修订后的《奥林匹克标志保护条例》。这是我国体育立法和知识产权立法的重大成果，可喜可贺。

现行《条例》于2002年4月1日起施行，在当时填补了我国奥林匹克知识产权保护法律体系的缝隙，创新了管理和执法体制，为有特色、高水平地举办北京2008年奥运会提供了重要的法律保障，获得了国际奥委会和国内外舆论的一致好评。北京奥运会后至今，《条例》仍然有效，相关奥林匹克标志继续受到《条例》保护。

现行《条例》颁布施行的十多年间，我国社会主义法制建设取得了巨大成就，全面依法治国不断深入推进。与此同时，国际奥林匹克运动有了很大发展，国际奥委会对奥林匹克知识产权保护提出了不少新要求。随着北京2022年冬奥会、冬残奥会筹办工作逐步深入，修改《条例》的需求越来越迫切。

《条例》修改后于近日出台，非常必要、十分及时，适应了举办北京2022年冬奥会和冬残奥会的法律保障需求。《条例》主要有如下几方面的重大变化：

一、对奥林匹克标志的主客体给予了更为全面的保护

现行《条例》保护的主体，不包括北京2022年冬奥会和冬残奥会组织委员会。通过修订，《条例》将权利主体扩大到在中国境内举办奥运会的申办机构和组织机构，在保护对象上涵盖了在中国境内举办的所有奥运会涉及的奥林匹克标志，保护的主体客体范围更加全面。

二、规制了未使用奥林匹克标志的隐性营销行为

现行《条例》没有提及未使用奥林匹克标志的隐性营销行为。北京冬奥会《申办报告》和《保证书》承诺，进一步完善法律法规，作出反对隐性营销行为的规定。《主办城

* 作者刘岩时任中国法学会体育法学研究会会长，本文原载2018年7月11日司法部官方微信公众号，http://mp.weixin.qq.com/s/DYWcKBkE_cPpmOpSEIvJQg。

市合同》约定，主办城市所在国对隐性营销行为采取立法和执法措施。对此，国际奥委会高度关注。修订后的《条例》第5条列明了为商业目的使用奥林匹克标志的各种方式，第6条表述为“除本条例第五条规定外，利用与奥林匹克运动有关的元素开展活动，足以引人误认为与奥林匹克标志权利人之间有赞助或者其他支持关系，构成不正当竞争行为的，依照《中华人民共和国反不正当竞争法》处理”，实质上规制了隐性营销行为。

三、增加了对残奥会有关标志的保护

现行《条例》没有提及残奥会。修订后的《条例》增加了“对残奥会有关标志的保护，参照本条例执行”的条款，使残奥会有关标志在立法上获得了与奥林匹克标志同等的保护。

四、简化了奥林匹克标志权利确认程序

现行《条例》规定，奥林匹克标志权利人应当将奥林匹克标志报国务院工商行政管理部门备案，由国务院工商行政管理部门公告，奥林匹克标志权利人应当将使用许可合同报国务院工商行政管理部门备案。修订后的《条例》将权利确认程序规定为，奥林匹克标志权利人应当将奥林匹克标志提交国务院知识产权主管部门，由国务院知识产权主管部门公告；奥林匹克标志权利人应当将其许可使用奥林匹克标志的种类、被许可人、许可使用的商品或者服务项目、时限、地域范围等信息及时披露。

五、明确了奥林匹克标志保护期限

现行《条例》未规定奥林匹克标志保护期限，修订后的《条例》规定了奥林匹克标志10年的有效期及续展程序，使国际奥委会、中国奥委会的奥林匹克标志可通过续展方式持续受到保护，平衡了奥林匹克标志权利人的权利与社会公共利益。

六、提高了奥林匹克标志侵权行为的行政处罚标准

现行《条例》规定，对于侵犯奥林匹克标志专有权，“有违法所得的，没收违法所得，可以并处违法所得5倍以下的罚款；没有违法所得的，可以并处5万元以下的罚款”。修订后的《条例》提高了行政处罚标准，规定“违法经营额5万元以上的，可以并处违法经营额5倍以下的罚款，没有违法经营额或者违法经营额不足5万元的，可以并处25万元以下的罚款”。这一规定提高了侵权人的违法成本，与《中华人民共和国商标法》和《中华人民共和国反不正当竞争法》有关行政处罚的内容保持一致。

修订《条例》考虑了我国实际，落实了对外承诺，兼顾了奥林匹克标志保护与社会公共利益的平衡，保持了与相关法律法规的融合协调，再次确认了“未经奥林匹克标志权利人许可，任何人不得为商业目的使用奥林匹克标志”的原则，反映了我国保护奥林匹克知识产权的信心和决心，可以说是我国体育立法和知识产权立法的重大进步。

走进北京2022年冬奥会和冬残奥会组织委员会法律事务部（一）

——访北京冬奥组委法律事务部部长李富莹*

记者开场：

各位中国知识产权网的观众朋友们大家好，欢迎收看《IP大咖说》。本期节目我们有幸邀请到北京冬奥组委法律事务部李富莹部长，请她带我们走进北京冬奥组委法律事务部，围绕奥林匹克知识产权保护话题，与我们展开交流与分享。

记者：

李部长您好，欢迎您做客中国知识产权网《IP大咖说》栏目。

李部长：

各位中国知识产权网的观众朋友们，大家好！我很高兴有这个机会接受采访。我是北京冬奥组委法律事务部的部长李富莹。

记者：

第一个问题是想请您为我们的观众朋友介绍一下北京冬奥组委法律事务部的人员构成以及工作内容。首先，想请您为我们介绍一下咱们法律事务部的构成情况。

李部长：

北京冬奥组委是2015年12月成立的。最初的法律事务工作，由北京冬奥组委总体策划部下设的法律事务处负责。随着冬奥会筹办工作的推进，法律事务越来越繁重。2017年5月，法律事务部正式成立。目前，法务部除了我之外，还有两位副部长，核定工作人员控制数20名。

记者：

谢谢李部长！那么，法律事务部的基本职责定位是怎样的？

李部长：

冬奥组委法律事务部的定位就是冬奥组委的内部法律顾问。它的工作大体有四项。

---

* 本文系知识产权出版社微信公众号“CNIPR”（中国知识产权网）专访北京冬奥组委法律事务部部长李富莹的视频文字整理稿，共分三期，此为2021年6月9日推出的第一期内容，https://mp.weixin.qq.com/s/2H90qh0qtVcWHtgH5DaOFQ。

第一项，作为冬奥组委的决策咨询部门之一，法律事务部主要为冬奥组委的依法决策提供法律咨询意见，提供法务支持。

第二项就是法务协调，主要是代表冬奥组委参与一些重要的商务谈判。大家知道，冬奥组委有市场开发活动，有很多赞助企业，与赞助企业开展商务谈判，需要法律事务部全程参与，提供法律服务。另外，会代表冬奥组委出具一些相关的法律文件，包括可能会参与一些涉及冬奥组委的诉讼或者仲裁。

第三项就是法务审核，就是负责归口管理以冬奥组委名义签署的所有协议、合同、备忘录之类的。

第四项就是权益保护，负责归口管理、保护相关的奥林匹克知识产权，履行我国在《主办城市合同》以及一系列申办筹办法律文件中所做的保护知识产权的相关承诺，也包括配合境内外司法机关、行政执法机关打击侵权行为。

具体说，冬奥会和冬残奥会的筹办工作有它的一些特点和规律。国际奥委会将冬奥会的筹办工作分解为3000多项里程碑任务。我们法律事务部主要负责两个领域，一是法律领域，二是权益保护领域，总共有六十八项任务。此外，国际奥委会还有一个法律清单任务，大概有四十多项。这些工作贯穿于从筹办到举办奥运会的全过程。

记者：

好的，感谢李部长的介绍。第二个问题，是想请您介绍一下奥林匹克知识产权保护及其相关立法的实施情况。我们知道奥林匹克知识产权保护是有其特殊性的，那么具体体现在哪些方面？

李部长：

好的。是这样，一谈到知识产权，我觉得我们中国知识产权网的观众朋友应该很熟悉，比如，商标、专利、著作权。但是，奥林匹克知识产权确实有它的特殊性。

第一，它的权利人是特定的。奥林匹克知识产权的权利人，主要包括国际奥委会、国际残奥委会、中国奥委会、北京冬奥组委以及国际奥委会、国际残奥委会和北京冬奥组委的支持者。这里的支持者包括国际奥委会的全球合作伙伴、北京冬奥组委的官方合作伙伴，还有各层级的赞助企业。

第二，它的规则比较特殊，保护对象特别广泛。《主办城市合同》第7章专章规范知识产权相关事项明确规定“奥运会以及主办城市、国家（地区）奥委会、奥组委组织的有关奥运会的各项活动，包括但不限于奥运会竞赛项目的赛事及所有仪式，均属于国际奥委会独家财产，国际奥委会在全球范围内永久拥有与之相关的所有权利”。同时，创造了在奥林匹克运动相关财产的概念，在这一概念下，列举了24种属于奥林匹克运动相关财产的类型，其中，既包括传统的一些知识产权保护客体，也包括一些非传统的知识产权保护客体，范围非常广。此外，《主办城市合同》还明确规定，国际奥委会所享有的这种独家权利，不仅包括现有既存的财产形态，也包括未来行将开发形成的财产形态。从这里也可以看出，它的规则很强势，且带有一定的不确定性。这是它很特殊的一个地方。

第三，就是奥林匹克知识产权保护工作贯穿于冬奥会申办筹办全过程。比如，申办的时候，有申奥标志，之后又有会徽、吉祥物、口号、体育图标、官方海报，这些都是奥林匹克知识产权保护的对象。像我们这间屋子里边就有吉祥物、会徽等，这都属于奥林匹克知识产权保护的范畴。

从我国来讲，对奥林匹克知识产权的保护，大体上有两套体系。一套是传统的知识产权法律的保护体系。比如，通过商标、专利等这些传统的知识产权保护方式对奥林匹克知识产权提供保护。同时，我国比较特殊的，就是还有一套特殊的对奥林匹克知识产权保护的法律体系，即《奥林匹克标志保护条例》。通过这样一个专项立法——国务院的行政法规，就传统知识产权法律保护不到的地方，对相关的奥林匹克知识产权提供更高水平的保护。

记者：

谢谢李部长。您刚才提到的《奥林匹克标志保护条例》，也是我们非常关心的。可否请您介绍一下这个特别立法的情况？

李部长：

《奥林匹克标志保护条例》最初是 2002 年通过的一个行政法规。当时主要是为了满足 2008 年奥运会申办和筹办的需要。其确实也为 2008 年奥运会的成功举办，发挥了非常重要的作用。

2022 年冬奥会申办成功后，我们就启动了对作为 2008 年奥运遗产的《奥林匹克标志保护条例》的修订工作。历时两年多，2018 年 6 月，国务院通过了新修订的《奥林匹克标志保护条例》。其相比修订前，有比较大的变化。十几年来，世界范围内对知识产权保护力度持续加大，修订《奥林匹克标志保护条例》也是顺应这一发展趋势，满足对奥林匹克标志更高保护的需要。比如，扩大了保护客体。修订前的《奥林匹克标志保护条例》适用于 2008 年奥运会，新修订的《奥林匹克标志保护条例》，适用于所有在中国境内举办的奥运会，包括青年奥林匹克运动会（简称“青奥会”）。所以，它的适用范围更广，保护范围更宽。同时，借鉴了对奥运会标志保护的方式，本着“两个奥运，同样精彩”的原则，对残奥会标志比照着奥运会标志的保护提供了相应的保护。这体现了我国对知识产权的尊重，体现了我国对办奥承诺的信守和负责任的国家形象，在社会上也取得了比较好的反响，得到了国际奥委会和国际残奥委会的高度评价。

目前，新修订的《奥林匹克标志保护条例》的实施状况还是比较顺畅的。我们按照新修订的《奥林匹克标志保护条例》的要求，陆续公告了部分奥林匹克标志。同时，我们也没有放弃传统知识产权保护方式，比如，对会徽、吉祥物形象进行了著作权登记，申请了专利外观设计以及45个类别的商标注册申请等。另外，在世界范围内，我们同样按传统方式对奥林匹克标志采取了相关的保护措施。比如，在欧盟、俄罗斯、墨西哥，由国际奥委会启动了相关的商标注册申请。国际残奥委会也在一些国家启动了残奥会标志的商标注册申请工作。

总之，我们是希望通过各种方式，包括传统的、非传统的，为奥林匹克知识产权能够提供一个全方位、立体式的更高水平的保护。

记者：

好的，谢谢李部长的介绍。

走进北京2022年冬奥会和冬残奥会组织委员会法律事务部（二）

——访北京冬奥组委法律事务部部长李富莹*

记者：

接下来一个问题也是我们比较关心的，即在奥林匹克知识产权保护过程中，法律事务部具体做了哪些工作，有哪些具体事例？可以向我们介绍一下。

李部长：

权益保护工作内容还是很丰富的。在这里，我结合实际可以给大家介绍点情况。保护知识产权，主要在于保护它的独有性，一般情况下，非权利人不能够擅自使用，这是知识产权最基本的一个特点。法律事务部很重要的一个工作就是保护合法使用人，打击非法使用人。合法使用包括两种情况，其中一种情况是赞助企业的使用。赞助企业对奥运会、对冬奥组委提供了相关的赞助，对奥林匹克运动提供了稳定的资金支持，作为对价，赞助企业会被允许在一定的范围内使用相关的奥林匹克标志。这就是所说的商业使用。另外，为了鼓励全社会参与奥林匹克运动，弘扬奥林匹克精神，我们也鼓励非商业主体，比如，政府机关、社区等非营利法人在一定范围内不以营利为目的使用这些标志，这种使用客观上起到了宣传奥林匹克精神的目的。大家知道，北京冬奥组委坐落在石景山区广宁街道，广宁街道曾经按照非商业使用标志的规则，向北京冬奥组委提出在社区的一个街区的入口处设一个迎宾台，希望在迎宾台上摆放北京冬奥会和冬残奥会的吉祥物雕塑，并做出了相关的承诺。经审查，街道是区政府的派出机构，它是不以营利为目的的，对这种纯粹是为了宣传奥林匹克运动、弘扬奥林匹克精神的这种使用，经过履行相关手续，是允许的。所以，现在大家去那个街区可以看到相关的迎宾台上摆放着吉祥物雕塑。这种使用可以让老百姓有机会走进奥林匹克。这是一个很好的例子。

另外，制止有关标志的非法使用也是法律事务部的工作，这也是维护合法权利人权利的一种方式。举个例子，比如，户外的运动品商店打出广告，“2022奥运见”。一般人可能

---

* 本文系知识产权出版社微信公众号“CNIPR”（中国知识产权网）专访北京冬奥组委法律事务部部长李富莹的视频文字整理稿，共分三期，此为2021年7月7日推出的第二期内容，https://mp.weixin.qq.com/s/q3uoyFYq4JydKEeJYEehHQ。

觉得好像没什么问题，认为这不过是在表达一种“2022年奥运赛场见”的美好愿望。但实际上，无论是“2022”还是“奥运”，都属于奥林匹克标志。“奥运”是奥林匹克运动的简称，从法律上讲，它的权利人是国际奥委会，未经国际奥委会许可，别人是不能够随意使用的。“2022”也是奥林匹克标志，它的权利人是北京冬奥组委。出现这种广告语，会让人误以为这个运动品商店或者它的某一个商品与奥运会有关联，但事实上它和奥运会没有关系。这种使用如果未经权利人许可，是涉嫌侵犯奥林匹克权利人权利的，涉嫌违反《奥林匹克标志保护条例》相关规定。这个案例也是市场监管部门在执法巡查过程中发现的，相应地进入了行政处罚的立案程序，对违法行为人也给予了相应的处罚。这种例子实践中虽然不多见，但也还是有。

未来随着奥运会筹办工作的推进，不排除可能会有一些商家出于各种原因，有的可能确实不了解奥林匹克知识产权保护规则，有的可能想“搭便车”“打擦边球”，故意制造一些与奥林匹克的虚假联系来误导消费者，这些都是我们不愿意看到的。出现这种情况，我们会积极联系相关部门进行处理。

记者：

好的，谢谢李部长。刚才您也提到了，对非商业目的的奥林匹克标志的使用是持鼓励态度的。在实际工作中，法律事务部是如何界定奥林匹克标志的使用目的，又是如何平衡相关权利人的权利保护和普通民众的奥运热情呢？

李部长：

这个问题主要涉及奥林匹克运动的运行机制。奥林匹克的发展，包括举办奥运会，需要巨大的资金投入。这些资金支持、资金投入主要来源于赞助企业。赞助企业投入是奥林匹克运动得以持续发展的基础。没有企业的支持，奥运会和奥林匹克运动很难生生不息地发展。奥运多年的历史也证明了这一点。企业为什么会对奥林匹克投入这么大的支持，企业对奥运会投入资金支持后，奥运会能够给赞助企业带来什么？这就涉及奥运会特殊的运作机制。赞助企业投入了巨大的资金，国际奥委会相应允许其使用奥林匹克标志；赞助企业通过使用这种标志提升它的市场价值，提升它在市场的认可度。实际上是多赢的局面。奥林匹克既获得了发展的、可持续的资金，企业在其中也实现了自身的价值，同时，扩大了奥林匹克的影响。因此，我们要保护赞助企业对标志使用的权利，一定意义上也是保护奥运会持续发展的基础。相反，如果允许没有提供相关支持的企业也可以随意使用相关标志，实际上是对付出对价、提供资金支持的企业的一种伤害，最终受损害的是奥林匹克运动。因为这样下去可能就没有企业愿意支持奥运会，赞助企业是为了获得这种对奥运会支持的独有的品牌价值和排他地位。对奥林匹克知识产权保护的关键就在于，维护奥林匹克知识产权的纯洁，保持它的价值，吸引更多的人来支持奥运会，使奥运会得以不断发展。

硬币总有另外一面。普通老百姓有意愿，如何参与呢？北京申办冬奥会成功了，老百姓都很高兴，都很兴奋，也都很希望有机会参与其中。这时可能会涉及奥林匹克标志的使用，需要考虑平衡老百姓的参与热情和赞助企业权利的保护。因此，在对相关标志的管理上，我们就区分了商业使用和非商业使用两种情况。

对于非商业使用，我们是支持、鼓励的。北京冬奥组委专门制定了非商业目的使用奥林匹克标志的相关规则。我前面介绍广宁街道在设置的迎宾台上使用吉祥物雕塑就是标志非商业使用的一个例子。所谓非商业使用，是指不以营利为目的的使用。对于行政事业单位，包括街道，社会团体等非营利法人，为了宣传奥林匹克运动、弘扬奥林匹克精神，举办一些活动，只要履行相关手续，做出遵守相关规则的承诺，我们是允许其使用奥林匹克标志的。

对于企业，通常讲，都是追求利润的，是以营利为目的的，虽然企业也会履行社会责任。对于企业对奥林匹克标志的使用，我们是把它作为盈利目的使用来看待的。因此，笼统说，只有成为奥林匹克的赞助者或者支持者才能够使用奥林匹克标志，也就是说，非奥林匹克赞助企业是不能够使用奥林匹克标志的，否则就属于侵权。对于侵权，我们是要防范、制止和打击的。这是我们对于商业和非商业使用的一个基本态度。

记者：

好的，谢谢李部长的介绍。

走进北京2022年冬奥会和冬残奥会组织委员会法律事务部（三）

——访北京冬奥组委法律事务部部长李富莹*

记者：

能否请您为我们进一步介绍一下在打击和防范隐性营销的过程中，法律事务部主要做了哪些工作？

李部长：

“隐性营销”这个概念应该算是舶来品。我们国内法律上没有这个概念，但从性质上可以把它归到不正当竞争的范畴里。“隐性营销”的英文上是“Ambush Marketing”。根据奥林匹克知识产权保护规则，标志的使用经过授权许可是允许的，未经授权使用就是非法使用。“Ambush Marketing”这种行为的特殊性在于，它虽然没有使用奥林匹克标志，但是，它通过一些误导的方式让人误以为它和奥林匹克运动有关联，比如，让人误以为它是奥运会的赞助企业。这种行为对非专业人士可能不大好理解。

可以举个例子。比如，2021年东京奥运会举办在即，这时一个企业打出广告说：“今年东京见，明年北京见”。它没有使用奥林匹克标志，没有提2022，没有使用吉祥物，也没有提2021，它只说了今年和明年，但是，在2021年和2022年这个特定时间节点上，就与相关的奥运会建立了联系。众所周知，2021年将举办东京奥运会，2022年将举办北京冬奥会，这样的广告语，特别是一个体育公司打出这样的广告语，那就会很自然地让人把它和奥运会之间建立一种联系。这种行为涉嫌构成隐性营销，是应当制止的。

我国成功获得2022年冬奥会筹办权后，很快启动了对《奥林匹克标志保护条例》的修订。这次修订很重要的一个内容，就是将隐性营销行为纳入立法规制，把它归入到不正当竞争行为。对这种行为，按照《中华人民共和国反不正当竞争法》的相关规定进行处理。

实践中，隐性营销行为比较隐蔽，不容易被发现和识别，需要监测的人有比较高的专业水平。法律事务部日常会进行监测，包括线上、线下监测。一般情况下，发现这种行为，

---

* 本文系知识产权出版社微信公众号“CNIPR”（中国知识产权网）专访北京冬奥组委法律事务部部长李富莹的视频文字整理稿，共分三期，此为2021年8月11日推出的第三期内容，https://mp.weixin.qq.com/s/PcK8lb0LzMJuw3AoOktj-g。

首先我们会与相关人取得联系，向他讲解、宣传相关奥林匹克知识产权保护规则和国家法律法规的相关要求，当事人一般还是比较配合的，愿意主动消除后果。

记者：

好的，感谢李部长。我们了解到，奥运会还有一个特殊规则“清洁场馆”。这也是我们之前没有接触过的一个概念，您能否为我们介绍一下这个规则？

李部长：

好的，你提的这个问题很专业。“清洁场馆”这个提法确实国内不大使用，它源于《奥林匹克宪章》，它的英文是“Clean Venue”。

听到“clean”这个词，容易让人误以为是环境卫生方面的清洁要求。实际上，它是对赛时一定范围内的商业展示的一种限制性要求，指在赛时及前后的一段时间奥运场馆及周边一定范围内原则上不能够出现商业宣传。比如，赛时入场观众是不允许携带带有商业宣传性质的广告、标语、宣传品的。它的目的，一是维护奥林匹克品牌的独特价值，进而保护赞助企业权益，二是体现国际奥委会主张的体育高于商业的政策导向。

“清洁场馆”政策的适用范围包括竞赛场馆，也包括非竞赛场馆，比如，奥运村、颁奖广场。不过，竞赛场馆和非竞赛场馆执行不同的“清洁场馆”政策，同是竞赛场馆，不同区域的要求也不尽相同，国际奥委会对此有非常细致的专门性规定，我也就不一一介绍了。大体说是这样的，比如，竞赛场馆划分为五个区域，针对不同区域，“清洁场馆”政策要求是不一样的。新闻发布区的曝光率比较高，它的“清洁场馆”要求是最严格的，不允许出现任何商业展示。关于“清洁场馆”的相关要求，比如，对观众的要求，会在门票或者观众指南上做出相关的指引，无论是观众还是其他一些入场人员都会很方便地获得这些信息，我们也希望大家能够关注和遵守这些要求，共同维护赛时的“场馆清洁”。

我们法务部负责制定各个场馆的“清洁场馆”政策，向国际奥委会出具“清洁场馆”报告。目前，我们大概每三周与国际奥委会通过视频会议方式沟通相关情况。“清洁场馆”政策本身比较复杂，不同的区域有不同的要求，各个场馆的情况又不尽相同，在“清洁场馆”政策的具体执行上，我们有必要实时地和国际奥委会保持沟通，以探讨制定更适合实际情况的“清洁场馆”政策。

记者：

好的，感谢李部长的介绍。那么，如今随着全球互联网技术的高速发展，体育赛事节目的知识产权侵权现象也时有发生，能否请您为我们简要谈一下对此的看法？

李部长：

互联网技术的发展，给体育赛事传播带来了极大的便利。在新媒体时代，在互联网技术之下，人人都是麦克风，人人都可以成为新媒体，这种传播便利有助于扩大体育的影响。但另一方面，它对知识产权保护带来了极大挑战。最近，我们也关注到北京市高级人民法院审理了两起比较典型的关于足球体育赛事画面的侵权案件。

北京市高院的这两个判例还是很有典型性的。它肯定了体育赛事画面的作品性质，强化了对其相关著作权的保护，这是一个非常积极的信号。未来冬奥会面临的一个比较大的挑战就是，在赛时如何保护相关赛事画面的知识产权，这涉及反盗播。根据《奥林匹克宪章》和《主办城市合同》，北京冬奥组委有义务打击盗播行为。在赛时，我们会依托国家监管部门和社会上的一些专业力量，对盗播行为进行实时监控，这方面的对接准备工作已经启动。此外，我们也会借鉴北京 2008 年奥运会的反盗播经验。我们有信心，会做好北京 2022 年冬奥会和冬残奥会的反盗播工作，也希望得到社会各界朋友们的理解和支持，在赛时遵守相关的要求，共同维护好奥林匹克运动的秩序。

记者：

好的，谢谢李部长接受我们的采访。

北京冬奥组委法律事务部：揭秘为冬奥会保驾护航的“真功夫”*

大型国际体育赛事的筹办工作涉及诸多领域的权益主体，厘清他们的关系、保障好各方利益至关重要。成立4年多来，北京冬奥组委法律事务部正致力于用最专业的力量为冬奥会的成功举办保驾护航。从筹办备赛、宣传推广到商务谈判，再到创意成果保护……冬奥会的每一个环节都少不了他们的身影。可是，这支团队一共只有18个人！接下来请和记者一起走近这个小而精的法律“智囊团”。

法律事务部都做些什么？

北京冬奥组委法律事务部部长李富莹介绍，冬奥组委的法律事务部是冬奥组委人数最少的团队之一，但法务工作的范围非常广泛。

具体来看，法律事务部主要负责四个方面的工作：第一，作为法律顾问，他们为冬奥组委的日常决策提供法律服务和法律支持；第二，协调处理境内外的各类法律事务，代表北京冬奥组委参加商务谈判、诉讼或可能发生的仲裁；第三，负责相关合同管理工作；第四，负责奥林匹克知识产权保护工作。在北京冬奥会和冬残奥会筹办工作的近3000项具体任务中，这些工作一共涉及其中的68项。

怎么理解这些工作？通俗一点说，倘若从法律的视角看，赛事申办、获得办赛权、筹办再到举办的过程，本身就是一个完整的要约邀请、要约、承诺再到履约的过程。赛事筹办资金需要企业赞助，组委会还会产生包括会徽、吉祥物、文化节目在内的大量创意类成果，这些行为中所有主体的权利、义务、责任都需要通过法律文件的形式清晰记载下来。这其中的每个环节都离不开法务部工作人员的参与和支持。

立足国情，冬奥法务工作的创新实践

李富莹介绍，为了将奥林匹克规则和北京冬奥会筹办以及我国法律法规更好地结合，

* 本文系中央广播电视总台旗下音频新闻网站采访北京冬奥组委法律事务部部长李富莹，2021年7月8日报道，http://china.cnr.cn/gdgg/20210708/t20210708_525530186.shtml。

做到既履行承诺、展示我国负责任的国际形象，又让公众容易理解和接受，法律事务部做了不少有意义的探索和创新。

比如，根据国际奥委会的规则，任何主体要使用北京冬奥会的会徽、吉祥物等标志，必须事先申请许可，否则将构成侵权。然而，除了常见的企业这类商业主体之外，还存在机关、事业单位、群团组织、社区等各种类型的其他主体，大家参与奥运的热情都非常高涨。在我国，这些非商业主体众多。倘若他们每举办一次活动都要履行复杂的许可申请程序，来证明自身的非商业性质，可能会影响社会各方参与冬奥的热情，最终也会损害奥林匹克品牌的潜在价值。考虑到这种情况，北京冬奥组委特别制定了有关非商业使用有关奥林匹克标志的规则，将机关、事业单位、基层群众性自治组织等主体推定为非商业主体，简化许可程序，还对一些特定主体提供了长期许可以及免予许可的便利。

自 2019 年 11 月这一规则正式实施以来，北京冬奥组委已经为各类非商业主体办理许可超过 50 件，实施效果良好。“我们希望通过这些创新性举措，在鼓励和保护社会参与冬奥热情和遵守奥林匹克规则之间找到平衡点。”李富莹说，这也是规则设置的初衷。

冬奥法务工作新形势与新挑战

北京 2008 年奥运会的成功举办促使我国有了奥林匹克知识产权的专门立法，也为冬奥会筹办的法务工作提供了丰富的制度和理念遗产。不过，面对十多年间社会发展和技术进步的日新月异，李富莹介绍，北京冬奥会的法务工作也有不少新的特点。

一方面，随着数字经济和信息科技的迅速发展，个人信息保护成为法务工作面临的新任务。赛事人员注册、门票销售、酒店住宿、志愿者招募等领域，都会涉及个人信息的采集、归集、使用、传输等。李富莹介绍，此前，我们已经就冬奥筹办工作相关的不同领域有针对性地制定了若干专项的个人信息保护政策。接下来，这些政策与措施的制定和执行将是法务部门的重点工作之一。

另一方面，5G、大数据、人工智能等科技的发展与运用，让“科技冬奥”成为本届冬奥的新特色，但侵权行为也获得了便利。在赛事转播、网络安全等方面，如何构建冬奥会网络安全法律保障，也是法务工作面临的新课题。

此外，新冠肺炎疫情和相关防控政策带来的赛事变化，也需要法务工作人员及时跟进相关法律风险研判、合同事项调整、履约风险提示等。李富莹说，在做好疫情防控的同时，维护冬奥会各利益相关方的权益，法律事务部责无旁贷。

“法治奥运”：指引法律事务部秉承初心，用心护航

在李富莹看来，讲规则、讲法治是奥运的核心理念和基因。奥林匹克能发展到今天，除了自身孕育和传承的奥运精神，也离不开法治的作用。遵循法治、遵守规则，是奥运的

应有之义。

李富莹说，“法治奥运”的不断发展，充分顺应了我国全面推进依法治国的大趋势，而对奥运规则的充分尊重、对承诺义务的充分履行，更向全世界展示了我国践诺守信、负责任的良好国际形象。秉承着“奥运筹办工作延伸到哪里，法务工作就跟进到哪里”这份初心，法律事务部更将继续全力以赴，为冬奥会的顺利举办提供全流程、全方位的法律支持与服务。

北京冬奥会的知识产权保护工作*

李富莹

今天，国家知识产权局、北京市人民政府知识产权合作会商暨北京市知识产权保护大会隆重举行，彰显了国家知识产权保护部门和北京市政府对知识产权保护的高度重视。刚才，殷勇副市长就北京2022年冬奥会和冬残奥会知识产权保护工作专门做了部署。相信这些举措必将为北京2022年冬奥会和冬残奥会的如期、安全、精彩办赛奠定不可或缺的重要基础。在这里，我谨代表北京冬奥组委，对本次大会的召开表示热烈祝贺，同时，借此机会，向国家知识产权局、北京市政府以及北京市知识产权办公会议各成员单位长期以来对北京冬奥会和冬残奥会的关心、支持和帮助表示衷心的感谢！

北京冬奥组委的知识产权保护工作主要依据《奥林匹克宪章》、《国际残奥委会手册》、《主办城市合同》和《申办报告》等承诺和协议开展。主要保护对象是由组织权、市场开发权和转播权等重要权项构成的北京冬奥会和冬残奥会，以及奥林匹克五环图案标志，残奥会三色图案标志，北京冬奥会和冬残奥会的会徽、吉祥物等奥林匹克财产和残奥会财产。

为做好涉奥知识产权保护，北京冬奥组委在有关部门和单位的大力支持和配合下，主要开展了以下工作：

一是推动《奥林匹克标志保护条例》的修订。修订后的《奥林匹克标志保护条例》拓宽了保护客体，其保护对象不再局限于某一届奥运会；同时，不仅保护奥运会标志，而且创造性地为残奥会标志提供了同等保护。此外，为对未使用奥林匹克标志但利用奥林匹克元素与奥运建立虚假联系的隐性营销等不正当竞争行为的规制提供了法律依据。修订后的《奥林匹克标志保护条例》与《民法典》、《著作权法》、《商标法》、《专利法》、《特殊标志管理条例》以及新修订的《反不正当竞争法》，构成完整的涉奥知识产权立体式保护体系，顺应了知识产权保护的国际趋势，满足了国际奥委会、国际残奥委会对奥林匹克财产的立法保护要求。

二是做好涉奥知识产权取得工作。北京冬奥组委已就“北京2022”中英文专有名称，

* 本文系法律事务部李富莹部长2021年10月28日在北京市知识产权保护大会上所作主题发言，介绍了国家知识产权局、北京市政府等相关单位为保护北京2022年冬奥会和冬残奥会知识产权所采取的措施以及下一步工作计划。

冬奥会和冬残奥会的会徽、吉祥物在中国境内进行了全品类商标注册申请，已有450件获得核准注册；向国家知识产权局提交了涉及冬奥会、冬残奥会会徽的14件外观设计专利申请，均获得专利授权；就“北京2022”，北京冬奥会和冬残奥会的会徽、吉祥物、体育图标、火炬造型、志愿服务以及文化教育等二级标志向国家知识产权局提交了奥林匹克和残奥会标志公告申请，已公告62件；完成“冬奥”“冬奥会”“北京冬奥组委”等18件特殊标志的登记，取得了特殊标志登记证书；在中国版权保护中心完成了北京冬奥会和冬残奥会的会徽和吉祥物等4件作品的著作权登记。此外，“Beijing 2022”、北京冬奥会会徽和吉祥物以国际奥委会的名义在美国、欧盟、俄罗斯、日本等国家和地区进行了商标注册，冬残奥会的会徽、吉祥物以国际残奥委会的名义在美国、欧盟等国家和地区进行了商标注册。

三是将知识产权保护嵌入北京冬奥会和冬残奥会重要标志产生、发布和重大活动筹划、举办的全过程。比如，会徽、吉祥物、制服、火炬、奖牌、歌曲、雕塑、青年电影人招募等征集活动、口号委托创作、火炬接力以及开闭幕式、官方电影等重要项目，均在方案制定、作品征集、协议起草、合同审核、查重及分析、活动元素审核等环节加入知识产权保护要求，制定知识产权保护方案，确保涉奥创意成果知识产权权利归属清晰、北京冬奥组委知识产权不出现瑕疵，有效降低各方知识产权风险。

四是接受社会各界对涉奥侵权行为的举报投诉线索，维护北京冬奥组委的合法权益。北京冬奥组委市场开发部牵头负责就制止和打击商业侵权行为与有关执法部门开展合作，法律事务部牵头负责防范和制止非商业侵权行为。

冬奥筹办已进入全面冲刺的关键时期，今天距北京冬奥会开幕还有98天，筹办工作千头万绪，知识产权保护任务更是任重道远。经验告诉我们，越是临近赛时，知识产权保护工作的任务越是繁重。下一阶段，北京冬奥组委还将承担协调防范和打击涉奥非法转播、推动出台赛时户外广告控制政策、“清洁场馆”等权益保护专项工作任务，正如蔡奇书记指示的，“各方面都要压上去”。真诚地渴望各有关单位严格按照今天的部署，快速反应、及时处置、严厉打击涉奥侵权违法行为，为北京冬奥会和冬残奥会的顺利举办营造良好的环境和氛围。北京冬奥组委作为相关权利人也将一如既往地给予全力支持和配合！

北京 12 项立法为冬奥会提供法治保障*

北京成功申办冬奥会 6 年来，北京市人大及其常委会完成无障碍环境建设、志愿服务等相关立法。

1 月 4 日，出席北京市第十五届人民代表大会第五次会议的代表和列席人员将陆续报到，会议将于 6 日正式开幕。

一个月后的 2 月 4 日，举世瞩目的北京冬奥会将在国家体育场鸟巢盛大开幕。记者从北京市人大常委会获悉，北京申办冬奥会成功的 6 年来，市人大及其常委会在北京市委的领导下，完成 12 项相关立法，推动做好冬奥志愿服务、医疗急救、疫情防控、无障碍环境和国际语言环境建设等各项工作，首次开展京津冀协同立法，为“绿色办奥、共享办奥、开放办奥”贡献重要法治力量。

这 12 部相关立法，可以说为北京筹办和举办冬奥会、为北京双奥之城的建设，提供了坚实的法治保障。

立法管住污染源，打造和呵护“冬奥蓝”

移动源污染是京津冀地区空气污染重要来源，秋冬季是北方地区重污染天气易发的时段。市人大及其常委会与津冀人大协同制定“一条例一决定”，将移动源污染治理纳入法治轨道，在重点时间段实行特殊管理，联防联治降低污染排放，最严措施呵护蓝天白云，京津冀地区空气质量最优纪录不断刷新。

2020 年 1 月，与津冀人大同步通过《机动车和非道路移动机械排放污染防治条例》，是我国第一个同步起草、同步调研、同步审议、同步制定的区域协同立法，为冬奥筹办营造良好生态环境。条例的出台，推动三地统筹“油、路、车、企”，对移动源污染防治实行统一规划、统一标准、统一监测、统一防治措施，深入开展“一微克”行动。

两年来，三地全面淘汰国三及以下标准柴油车，大力推进“公转铁”工作，开展数百次跨区域联合执法行动。2021 年前三季度，北京 PM2. 5 累计浓度为 33 微克/立方米，创下有监测记录以来最优空气质量。

---

* 本文原载《新京报》2022 年 1 月 4 日，A03 版。

考虑到北京冬奥会和冬残奥会举办期间，正是重污染天气易发季节，为了保障赛会期间空气质量，2021年7月，与津冀人大同步制定“授权政府为保障冬奥会筹备和举办工作规定临时性行政措施的决定”，以地方性法规的形式明确政府特殊时段工作权限，支持政府根据实际需要及时有效采取措施防治空气污染。

北京市人大常委会决定明确：“在冬奥会筹备、举办期间及延后期限内，授权市人民政府根据需要，在不与法律、行政法规相抵触，不与本市地方性法规基本原则相违背的前提下，按照必要、适度、精准的原则，通过制定政府规章或者发布决定的形式，在环境保护、公共安全、公共卫生、道路交通等方面规定临时性行政措施并组织实施。”

提升医疗卫生、无障碍环境等方面保障

6年来，市人大及其常委会加快重点领域立法，提升场馆赛区和城市服务保障能力，以首善标准做好各项工作。

医疗卫生保障是冬奥筹办工作的重要内容。市人大常委会及时做好《北京市突发公共卫生事件应急条例》《北京市院前医疗急救服务条例》《北京市献血条例》立法修法工作，让冬奥疫情防控和医疗卫生保障工作更加高效顺畅。

围绕冬奥筹办，制定《北京市国际交往语言环境建设条例》，为办好冬奥盛会提供重要的公共服务支撑。推动政府分行业出台科教文卫、旅游商业、住宿餐饮等方面标准体系。城市公共交通站纷纷增加外语标识，窗口服务单位实行外语服务规范化标准，政府网站和公共服务热线开辟外语通道，为冬奥筹办营造良好国家语言环境。

提供无障碍环境是北京冬奥申办承诺和筹办工作的重要组成部分。市人大常委会制定《北京市无障碍环境建设条例》，推动以场馆赛区为重点，建设好无障碍运动环境、生活环境和出行环境，提升城市设施、信息交流和社会服务无障碍水平，对冬奥会和冬残奥会顺利举办，以及改善残疾人、老年人状况，提升首都城市文明程度起到重要的推动作用。

此外，良好的志愿服务是冬奥筹办的重要需求。市人大常委会立足实际需要和首都人才优势，修订《北京市志愿服务促进条例》。特别是为志愿者购买保险，建立多元化的志愿服务激励保障机制，扩大志愿服务范围，提升专业服务能力等重要条款得到落实。

据悉，全市实名注册的志愿者突破400万人，冬奥冰雪运动场所、重点社区、交通出行等7个领域志愿者服务队，活跃在冬奥会前各类测试赛和城市服务保障工作中，全市志愿服务活动的频次和体量均居全国首位。

立法提升首都形象，促进社会文明建设

北京冬奥会和冬残奥会不仅是体育盛会，也是展示中国良好形象、推动文明交流互鉴、促进国际社会团结合作、构建人类命运共同体的一次重大盛会。市人大及其常委会在市委

的领导下，立足“两个大局”高度开展立法，推动提升城市文明程度，充分彰显古今灿烂中华文明。

通过制定《北京市户外广告设施、牌匾标识和标语宣传品设置管理条例》，提升城市“颜值”。随着条例实施和相关管理责任下沉到基层，乡镇街道开展经常化巡查工作，推动全市户外广告设施实现“规划”管理、牌匾标识实现“规范”管理、标语宣传品实现“许可”管理，城市风貌焕然一新。

通过制定《北京市文明行为促进条例》，推动社会文明建设，用文明的办法解决不文明的问题，让群众看到文明的好处，将文明观念内化于心、外化于行。通过制定《北京历史文化名城保护条例》《北京市非物质文化遗产条例》，加强老城保护、优秀非物质文化遗产传承展示和中华文明挖掘宣传。

通过制定《北京市旅游条例》，推动政府加强旅游公共服务保障，开通连接火车站、机场与重要历史文化景点公共旅游线路，提升历史文化旅游活力。推动政府落实对民宿旅游的规定，促进乡村民宿健康发展，在延庆冬奥场馆周边形成近千个冬奥民宿小院，为冬奥期间游客接待和文化展示提供有力保障。

此外，通过制定《北京市全民健身条例》，把促进全民健康和营造奥运氛围作为出发点，推动体育场馆实现开放共享、公园绿地增加健身空间、城市更新配套体育设施，形成保障全民健身、促进全民健康的良好社会氛围，让科学健身成为市民群众潮流时尚和生活方式。

走近冬奥丨履行四项职能，为奥林匹克知识产权保护“保驾护航”

——专访北京冬奥组委法律事务部部长李富莹*

2021年底，记者采访北京冬奥组委法律事务部部长李富莹时，她的办公桌上摆放着厚厚一摞文件。“大家可能会觉得赛事很快就要举办了，事情不应该那么多了，各种工作应该差不多了。我原来也有这样的误解，但到年底我们梳理一年的工作时发现，即使快到赛时了，其实还有很多工作要做。刚才梳理了一下，我们2021年就审核了将近2000份合同。”说起法律事务部的日常工作，李富莹感慨良多。

2017年5月成立的北京冬奥组委法律事务部，共有21名工作人员，是北京冬奥组委人员较少的团队。作为奥林匹克知识产权保护的主责部门，法律事务部正与北京冬奥组委其他部门一道，为向世界呈现精彩、非凡、卓越的奥运盛会作出自己的贡献。

四项职能：服务决策、法务协调、法务审核、权益保护

李富莹介绍说，法律事务部在冬奥筹办过程中承担服务决策、法务协调、法务审核以及权益保护四项职能。

第一，法律事务部作为北京冬奥组委内部的决策咨询部门，为冬奥组委涉法决策提供法律咨询意见和其他法律服务支持。第二，法律事务部作为法务协调部门，会代表北京冬奥组委参与对外谈判，出具相关法律文书。第三，法律事务部作为法务审核部门，主要负责冬奥组委内部的合规性管理的制度建设，同时归口管理、审核以冬奥组委名义签订的各类合同、协议。第四，法律事务部作为权益保护部门，负责构建对涉冬奥组委相关知识产权的保护体系，同时，落实《主办城市合同》以及申办时对外承诺中的知识产权保护任务，配合相关执法司法部门处理相关知识产权侵权案件。

奥林匹克知识产权保护迈上新台阶

李富莹认为，奥林匹克知识产权与其他领域知识产权有共性的地方，也有特殊的地方。

---

* 本文系第109期《新华体育·约大牌》北京冬奥组委部门负责人系列访谈的第十期，受访嘉宾为法律事务部部长李富莹，2022年1月14日新华社报道。

这首先体现在，奥林匹克知识产权的权利主体相对固定，通常就是国际奥委会、国际残奥委会、中国奥委会、北京冬奥组委等。其次，国际奥委会在整个奥林匹克知识产权保护规则构建中具有绝对的、充分的话语权。“它首先创造了一个奥林匹克财产的概念。奥林匹克规则讲，凡是与奥运会相关的各种活动，包括财产，包括权利，包括权益，都是国际奥委会的，无论过去、现在与未来。”第三个特点是，奥林匹克知识产权工作伴随着冬奥会、冬残奥会始终。

李富莹表示，北京冬奥组委作为权利人，在发现有关侵权线索后，通常会先跟相关当事人进行一些初步的交涉。冬奥组委的市场开发部和法律事务部都有奥林匹克知识产权保护的相关职能。如果遇到企业侵犯奥林匹克知识产权的情况，通常市场开发部会先期出面处理；如果是在出于非商业目的使用奥林匹克标志的过程中出现违规行为，法律事务部会出面处理。

在奥林匹克知识产权保护方面，我国在2002年就制定并实施了《奥林匹克标志保护条例》（以下简称《条例》）。《条例》对保障2008年北京奥运会的顺利举办发挥了重要作用。随着2022年北京冬奥会申办成功，国务院于2018年6月公布修订后的《条例》。

李富莹介绍说，新修订的《条例》最重要的修改，就是扩大了奥林匹克标志知识产权的保护范围，除了国际奥委会、中国奥委会享有知识产权的相关客体外，将仅限于2008年奥运会申办委员会以及2008年奥运会的相关标志扩大到所有在中国境内举办奥运会的申办机构和组织机构的相关标志。第二个方面是明确了对隐性营销的立法规制。第三是适应我国“放管服”改革要求，对奥林匹克标志保护的备案程序做了相应调整，由过去的备案改成了公告。第四是本着“两个奥运同样精彩”的理念，对冬残奥会标志的保护参照对冬奥会标志的保护标准实施保护。此外，参照商标法、专利法等知识产权领域法律的修改，在《条例》中加大了对侵犯奥林匹克标志专有权行为的处罚力度。

“概括起来就是保护范围、保护客体更加全面，保护方式更加便捷，保护力度也更大。”她说。

在李富莹看来，《条例》修订标志着我国对奥林匹克知识产权的保护迈上了一个新台阶，也体现了我国对知识产权的重视程度。

“我们也全面地兑现了申奥承诺，展示了我们国家守规则、负责任、敢担当的大国形象。”李富莹说，“当然我们这种修改也顺应了全世界范围内对奥林匹克知识产权加大保护的这一趋势。”

平衡好保护赞助企业权益与宣传奥林匹克精神的关系

“作为法律事务部，我们总的目标是在国家现行法律框架下，依法依规地履行和兑现我们的承诺，同时落实国际奥委会、国际残奥委会在相关规则方面的要求。”李富莹说。

在奥林匹克知识产权保护过程中，法律事务部涉及与国际奥委会、国际残奥委会、赞助企业等多方的沟通协作，在此过程中也有不少事给李富莹留下了深刻印象。

“国际奥委会、国际残奥委会构建的规则体系非常严密，核心理念就是维护奥林匹克财产的纯洁性和独特价值。”李富莹表示，国际奥委会、国际残奥委会作为世界上最盛大的体育赛事的组织者，它们对知识产权保护意识和敏感性非常高。

国际奥委会始终坚持“清洁场馆”原则，要求奥运期间所有比赛场馆都要对商业广告进行最大限度的“清洁”，目的是保持奥林匹克运动的独立性。在前段时间进行“清洁场馆”检查时，李富莹注意到一家赞助企业的权利保护意识非常强，“但凡能够符合一定的、初步的条件，能够有商业展示的空间，这家企业都第一时间地落实其相关权益的展示”。

一方面要保护赞助企业的权益，另一方面也要考虑宣传推广奥林匹克运动时对标志使用的合理需求，如何平衡好这两者的关系，是实践过程中李富莹和法律事务部常常面临的困惑。

“实践中，我们区分为商业使用和非商业使用。”李富莹说，企业是商业主体，按照国际奥委会的规则，只有进入到市场开发体系的赞助企业，才有可能使用奥林匹克标志。回应社会的参与热情，对政府机关、事业单位、社区等开展活动传播奥林匹克精神产生在一定范围内使用标志的需要，就把它纳入非商业使用的范畴来规制。

李富莹说，法律事务部下一步将继续做好“清洁场馆”工作，还要在赛时防范和打击侵权盗播，处理好个人信息保护等。

“对于票务、志愿者、注册、住宿等领域，我们都制定了相应的关于个人信息保护的专门政策，也会加大对个人信息保护的关注力度，希望在个人信息保护这方面能够做得更好。”她说。

在中央广播电视总台、国家版权局北京2022年冬奥会“版权保护集中行动”暨“版权守护计划”发布会上的致辞*

李富莹

很荣幸受北京冬奥组委专职副主席韩子荣女士的委托，参加中央广播电视总台、国家版权局北京2022年冬奥会有关版权保护的发布会。首先，我代表北京冬奥组委，对“版权保护集中行动”暨“版权守护计划”的发布，表示热烈的祝贺！向一直以来给予冬奥筹办工作关心支持的中央广播电视总台、国家版权局和媒体朋友们，表示衷心的感谢！

北京冬奥会是全球规模最大的冬季综合性体育盛会，也是我国重要历史节点的重大标志性活动。党中央高度重视，习近平总书记作出一系列重要指示批示。今年年初，总书记到北京视察冬奥会筹办工作并发表重要讲话，明确了坚定不移如期办赛的目标和“简约、安全、精彩”的办赛要求，为我们在关键时期做好冬奥筹办工作指明了方向。我们深入学习贯彻总书记重要讲话精神，与国内外各方面紧密合作，统筹推进疫情防控和冬奥筹办工作，目前各项工作已经基本就绪。

保护奥林匹克知识产权是冬奥筹办的重要内容。筹办以来，我们与有关部门密切合作，通过推动立法、协调执法、宣传普法等举措，构建全方位、立体化的知识产权保护体系，推动《奥林匹克标志保护条例》修订完善，综合运用版权、商标、专利等方式，有效保护会徽、吉祥物、“北京2022”等重要标志，奥林匹克知识产权保护工作取得积极成效。

维护持权转播商的合法权益是奥林匹克知识产权保护工作的应有之义。作为冬奥会在中国大陆及澳门地区的持权转播商，中央广播电视总台发布“版权守护计划”，对于严厉打击盗版盗播行为、开展奥林匹克知识产权保护宣传教育具有重要意义。

国家版权局、工业和信息化部、公安部、文化和旅游部、国家广播电视总局、国家互联网信息办公室拟联合开展冬奥版权保护集中行动，综合运用行政、刑事等多种手段综合

* 本文系法律事务部李富莹部长2022年1月20日在中央广播电视总台、国家版权局北京2022年冬奥会“版权保护集中行动”暨“版权守护计划”发布会上的致辞稿。

施策、全面治理，集中整治各类非法传播涉奥赛事节目及相关行为，严厉打击各类涉奥作品的侵权盗版行为，必将为北京冬奥会的顺利举办营造良好的知识产权保护环境。

今天距北京冬奥会开幕还有 15 天，筹办工作已进入压线冲刺的最后阶段。衷心希望中央广播电视总台、国家版权局给予更大支持，帮助我们把筹办工作做得更好，与我们共同见证、记录和传播北京冬奥会成功举办的高光时刻与历史瞬间，为世界呈现一届简约、安全、精彩的奥运盛会。

冬奥组委法务部一半人被派出去搞“清洁”工作了，清洁什么？*

“目前，法务部有一半同志下沉到场馆，就是专门负责协调‘清洁场馆’工作的。但每次下沉都能发现一些很小的问题，比如插座、摄像头上面有个小标，类似这种情况都要进行处理”。

北京冬奥组委法律事务部部长李富莹向《方圆》记者介绍，随着冬奥会临近，除了在冬奥组委总部的，法律事务部权益保护的工作人员已经开始频繁下沉场馆，对“清洁场馆”做最后的检查。

“此‘清洁’非彼‘清洁’。”法律事务部法务审核处的武雨佳告诉记者，清洁场馆不是指环境卫生方面的清洁，而是指在商业宣传，包括宗教、政治、种族性等宣传方面的“清洁”。

其本质是对场馆及其特定区域在特定时间内商业展示的一种限制性政策，其目的是确保在奥运会中体育高于任何商业活动，保护奥运会的纯洁性与完整性，保护奥林匹克知识产权的独特价值。

在她们看来，权益保护这项工作，更像是一场“没有硝烟的战争”，需要时刻绷紧神经，随时整装待发。

作为冬季奥林匹克运动会的承办方，既要保护奥组委和国际奥委会自身的权益，如避免国际奥委会徽记、奥运会徽记等奥林匹克财产被滥用，又要保护各层级赞助商的利益，这不仅是道义上的应然，更是合同契约的必然。

“相比体育竞赛、市场开发、文化活动等，法律事务部没有在场馆第一线，不会出现在镜头前，也没见过多少名人明星，可以说是深处幕后的幕后”。

法务审核处副处长王洪霞说，虽然看起来“平平无奇”，但大家都深爱自己的岗位，并感恩工作中的收获。就拿合同审核这项工作来说，对于一项超大型体育赛事而言，涉及的合同纷繁复杂，可以说是“寻常处见功力，细微处见真章”。

审合同是法律事务部的日常。一项超大型赛事往往涉及采购、劳务、运输、委托设计

---

* 本文载微信公众号“方圆”2022年1月27日，https://mp.weixin.qq.com/s/GYWLpG5WzfaHErushQFzVQ。

等几十种合同，每一类都有各自的特点和潜在风险，需要对症下药。对于场馆使用协议、住宿协议等重点合同，还需要经过个人审核、处级审核、部门审核、部门联合审核等诸多环节才能敲定，所以更需要工作人员全情投入，“无论多么谨慎都不为过，否则一个标点符号选择错误，会造成语义的千差万别”。

“冰墩墩”和“雪容融”为什么不能说话？*

从国际奥委会开放承办权、意向城市申办、有关城市获得主办城市资格一直到举办奥运会整个过程，就是一个完整的要约邀请、要约、承诺、履行承诺的签约履约过程。

动画电影《我们的冬奥》里，吉祥物“冰墩墩”和“雪容融”为什么不能说话？为什么冬奥会各个场馆里电梯、空调甚至插线板上的商标都被遮盖？观众在奥运赛场为什么不能随意挥舞旗帜或者横幅……

这些看起来有些奇怪的问题，其实都是北京冬奥会里绕不开的法律问题。

“事实上，法务工作从始至终贯穿并伴随北京冬奥会筹办全过程，涉及筹办工作的方方面面，从宣传推广到市场开发，从人员招募到住宿安排，从活动组织到创意成果保护等，都离不开法治的护航。”北京冬奥组委法律事务部部长李富莹告诉《方圆》记者。

而李富莹领导法律事务部团队，正是解决这些法律问题的“智囊团”。

从北京长安街一路向西，就来到位于石景山首钢园区的冬奥组委办公地区。首钢搬迁到河北曹妃甸后，原8.08平方公里的工业园区就被改造成了办公区、研发中心、创意产业研发基地、高端写字楼、酒店等，其中有一部分则作为北京冬奥组委的办公地点。

“法律事务部目前有21名工作人员，是北京冬奥组委人数最少的团队。”李富莹向记者介绍，这个组建于2017年5月的部门，内设综合处、法务审核处和权益保护处3个处室，成员的来源多样化，既有机关和事业单位的选调干部，也有校园和社会招聘人员，还有政法类高校实习生和签约律所优秀律师。

成员至少研究生以上学历，90%以上具有法学专业研究生以上学历，一半以上人员具有公职律师或者社会律师身份，不少人还具有国外留学经历，多数人可以使用英语作为工作语言开展工作。

作为北京冬奥组委较早成立的部门之一，法律事务部成立至今已走过4年9个月的时间。

“之所以要提前这么久成立，是要为北京冬奥会和冬残奥会的顺利筹办提供全过程的法

---

* 本文系最高人民检察院主管、检察日报社主办新闻期刊《方圆》杂志对北京冬奥会法务工作的采访，载《方圆》2022年第3期。

律保障。”李富莹介绍说，奥运会作为世界范围内最具影响力的综合性体育赛事，在近百年的发展历程中形成了一套严密的运行规则，凡是有意承办赛事的国家必须接受这套规则。

用法律术语来描述的话，从国际奥委会开放承办权、意向城市申办、有关城市获得主办城市资格一直到举办奥运会整个过程，就是一个完整的要约邀请、要约、承诺、履行承诺的签约履约过程。

“把奥运会申办筹办工作看成一种签约履约行为，就不难理解为何法务工作无处不在了。”李富莹说，目前所做的所有筹办工作都是在履行申办承诺以及《主办城市合同》等规定的义务。

当然，北京冬奥组委作为承办奥运赛事的具体组织单位，它的日常运行管理同样需要依法而行。比如说，北京冬奥组委的重要日常收支，都需要以合同为依据。2021 年一年，合同签订近 2000 份，这些都离不开法务的支持和保障。

每一项决策的作出都要依法依规

回忆起法务部从创立之初的艰难到现在的平稳运行，李富莹很是感慨，法务部在初期时只有 4 名工作人员，奥运方面的经验为零，但工作不等人，北京冬奥组委的日常运行需要大量资金支持，全面启动市场开发活动迫在眉睫，相应的多组商务谈判乃至签约迫切需要法务跟进。

这种情况下，法务团队仅有的几个人都在超强度工作，通过查阅 2008 年历史档案资料、向当年从事过法务工作的人咨询等方式，尽可能地快速熟悉国际奥委会相关规则，在不断地面临挑战和解决问题中摸索前进。

据李富莹介绍，法律事务部的工作大体可分为 4 个方面：一是作为涉法事务的参谋、助手和法律顾问，为北京冬奥组委依法决策提供相关法律咨询意见和建议。

二是作为法务协调部门，代表北京冬奥组委参与处理相关法律事务，参与有关谈判，出具法律文件，根据需要代表冬奥组委参加或者处理诉讼、仲裁事务等。

三是作为法务审核部门，归口管理、审核以北京冬奥组委名义签订的各类合同、协议等。

四是作为权益保护部门，归口管理涉奥知识产权事务，落实《主办城市合同》等对外承诺的知识产权保护任务，构建对北京冬奥组委享有知识产权的会徽、吉祥物等一系列奥林匹克标志的知识产权保护体系，配合司法机关或者行政执法部门查处涉奥知识产权侵权案件等。

看似程序性的工作背后，都存在意想不到的挑战。比如物资采购，这对于许多单位而言，都是一件相对成熟、履约风险不大、合同内容简单的事情，但是北京冬奥组委却在采购压雪机上遇到了难题。

由于压雪机生产商不在国内，国内对这种产品熟悉的人也不多，采购后涉及运输、清关、仓储、安装、调试、维修、保养、人员培训等一系列复杂的交易安排，如何确保产品质量、顺利交付、培训到位等，都需要协助相关业务部门有针对性地设计出科学合理，又尽最大可能维护北京冬奥组委的合同条款。

“这时候，光懂法肯定是不够的。遇到这种情况，法务部的人往往是提前介入，与相关业务部门一起工作，提前了解情况，快速学习，参与采购谈判，为后期合同审核奠定基础，做好准备。”李富莹说。

“再比如说，即将上映的动画电影《我们的冬奥》，吉祥物冰墩墩和雪容融在里面出现了几次，但都没有说话，而是发出咿咿呀呀的声音。”

法律事务部法务审核处的武雨佳告诉记者，这是因为根据国际奥组委的规则，吉祥物不能有性别的差异，如果发出声音就很容易分辨性别，所以北京冬奥组委在与制片方签订协议时，就把“使用冰墩墩、雪容融形象时不能说话且应当性别中立”条款写进去。

同样，在制作冬奥会宣传片和拍摄的冬奥会相关的电影视频，如果出现冰墩墩和雪容融的形象，一般来讲都是不能说话的。从法律的角度看，这就相当于把国际奥委会的规则转成合同条款的约束。

如何保护“冰墩墩”“雪容融”

1 月 12 日，“冬奥闹新春”——北京冬奥会特许商品年货节在京开启，一波春节主题特许商品亮相、上线。冰墩墩、雪容融吉祥物毛绒玩具套装成为“爆款”，深受大家喜爱。奥运商品畅销的背后离不开知识产权法律的保护。

事实上，对吉祥物的保护从它确定之前就开始了。2019 年 9 月 17 日，距北京 2022 年冬奥会开幕还有 871 天。在北京首钢冰球馆，冬奥会吉祥物冰墩墩和冬残奥会吉祥物雪容融揭开面纱。

而就在此前一天，国家知识产权局专利局受理大厅迎来了两位特殊的申请人：北京冬奥组委法律事务部工作人员。当天，他们代表北京冬奥组委在受理大厅正式提交了北京冬奥会吉祥物、北京冬残奥会吉祥物形象相关的标贴、标牌、图形用户界面（GUI）等 8 件外观设计专利申请。

“奥运吉祥物是奥林匹克无形财产，对奥运吉祥物进行知识产权保护，是推动奥林匹克运动持续发展、维护赛会形象和声誉的必要条件。这次受理的外观设计专利申请，就是围绕北京冬奥组委发布的北京 2022 年冬奥会和冬残奥会吉祥物开展知识产权保护工作的重要组成部分。”

我国在 2002 年就制定并实施了《奥林匹克标志保护条例》（以下称《条例》）。《条例》对保障 2008 年北京奥运会的顺利举办发挥了重要作用。随着 2022 年北京冬奥会申办成功，国务院于2018年6月公布了修订后的《条例》。

李富莹介绍说，新修订《条例》最重要的修改，第一个方面是扩大了奥林匹克标志知识产权的保护范围，除了国际奥委会、中国奥委会享有知识产权的相关客体外，将仅限于2008年奥运会申办委员会以及2008年奥运会的相关标志扩大到所有在中国境内举办奥运会的申办机构和组织机构的相关标志。第二个方面是明确了对隐性营销的立法规制。第三个方面是适应我国“放管服”改革要求，对奥林匹克标志保护的备案程序做了相应调整，由过去的备案改成了公告。第四个方面是本着“两个奥运同样精彩”的理念，对冬残奥会标志的保护参照对冬奥会标志的保护标准实施保护。

此外，参照商标法、专利法等知识产权领域法律的修改，加大了对侵犯奥林匹克标志专有权行为的处罚力度。

“概括起来就是保护范围、保护客体更加全面，保护方式更加便捷，保护力度也更大。”在李富莹看来，《条例》修订标志着我国顺应了全世界范围内对奥林匹克知识产权加大保护的趋势，展示了我们国家守规则、负责任、敢担当的大国形象。

李富莹表示，北京冬奥组委作为权利人，在发现有关侵权线索后，通常会先跟相关当事人进行一些初步交涉。北京冬奥组委的市场开发部和法律事务部都有奥林匹克知识产权保护的相关职能。如果遇到企业侵犯奥林匹克知识产权的情况，通常市场开发部会先期出面处理；如果是在出于非商业目的使用奥林匹克标志过程中出现违规行为，法律事务部会出面处理。

打击蹭冬奥热点的“隐性营销”

在实践中，由于奥林匹克本身的法律保护相对完善，明显的侵权违规现象并不多见，相反隐性侵权却是防不胜防，所以针对这些隐性问题的维权活动，是法律事务部主要的工作之一。

“所谓隐性营销，是指使用任何方式造成与奥林匹克运动或者奥运会之间虚假或者未经授权的商业联系的市场行为。这种行为的本质，是市场主体试图通过虚假、误导或者欺诈性宣传等方式欺骗消费者，从而从虚构与奥林匹克运动的关联中获取利益。”法律事务部的刘笑晗向记者介绍。

比如，有的企业在没有获得北京冬奥组委许可的情况下，以“祝福奥运”为名进行商业宣传，或者擅自发布奥运金牌榜等，就涉嫌隐性营销。到目前为止，蹭冬奥热点，搭“顺风车”的事情并不少见。

“国际奥委会和国际残奥委会对隐性营销问题一直高度重视，要求主办国及其组委会要采取措施防范和制止隐性营销行为，我国在申办报告中做了相关承诺，亦明确规定在《主办城市合同》中，这也是我们工作中的重点和难点。”

李富莹介绍，为了应对防不胜防的隐性营销问题，我国主要从立法、监管、宣传三个方面进行了全方位的保护。

在立法方面，2018年新修订的《奥林匹克标志保护条例》中，增加了反隐性营销行为的相关内容，其规定：除了为商业目的使用奥林匹克标志以外，“利用与奥林匹克运动有关的元素开展活动，足以引人误认为与奥林匹克标志权利人之间有赞助或者其他支持关系，构成不正当竞争行为的，依照《反不正当竞争法》处理”。也就是说，隐性营销在我国法律框架下属于不正当竞争行为。

“同时，法律事务部强化了日常监控。”李富莹介绍，比如，对域名的监控、对电商平台的监控等。发现任何不当行为，都会第一时间与有关当事人进行交涉、沟通，或者向监管机构报告。

实践中，北京冬奥组委市场开发部、法律事务部会同北京市市场监管总队、文化综合执法总队等相关行政执法部门建立了常态化的沟通协作机制，加强对隐性营销行为的识别和打击。国家市场监管总局、知识产权局也在全国范围内部署了奥林匹克知识产权保护的行动方案。

在宣传方面，法律事务部也将防范隐性营销作为宣传重点，一方面加强了对社会公众的普遍宣传，通过宣传使公众意识到，作为观众，如果在奥运赛场等重要场馆中有组织地、大规模地挥舞某商业品牌的旗帜或者横幅，统一穿着某品牌的服装等行为均有可能构成隐性营销。

另一方面，强化了重点领域和重点行业人群（如场馆业主、媒体从业人员等）的系统培训，最大程度避免无意识或者不自觉的侵权行为。

被撤下的“凯迪拉克”广告牌

位于北京海淀区的五棵松体育馆是本届冬奥会的比赛场馆之一，作为“双奥场馆”，这里被许多人熟知。而熟悉这里的人可能会发现，曾经竖立着的一幅巨大的凯迪拉克广告牌，已经不见了踪迹。而背后原因，正是法律事务部的另一项重要工作——清洁场馆。

“此‘清洁’非彼‘清洁’。”武雨佳告诉记者，清洁场馆不是指环境卫生方面的清洁，而是指在商业宣传，包括宗教、政治、种族性等宣传方面的“清洁”。其本质是对场馆及其特定区域在特定时间内商业展示的一种限制性政策，其目的是确保在奥运会中体育高于任何商业活动，保护奥运会的纯洁性与完整性，保护奥林匹克知识产权的独特价值。

“冬奥期间，北京奥组委和场馆业主约定独家使用期，在这个时间阶段内只能由北京冬奥组委独家使用，还必须满足国际奥委会清洁场馆的要求，在一定范围内不能出现任何商业的logo或者商业的品牌，所以便有了大型广告牌被撤的一幕。”武雨佳说。

李富莹告诉记者，清洁场馆的要求在各项体育赛事中并不少见，但奥运会的“清洁”

要求最为严格、系统、全面。一来“场馆”在外延上不只是各个场馆，还包括场馆周边和上空区域，甚至还包括出现在场馆内的人员，都有相应的要求。二来标准不同，根据功能不同，场馆分为竞赛场馆与非竞赛场馆。一般说来，对竞赛场馆，或者奥运村这种特殊的非竞赛场馆，要求更加严格。同一竞赛场馆内，不同功能区域也有不同要求，具体而言，每个竞赛场馆内部被分为五个区，各个区域执行不同的清洁政策。

例如，在新闻发布厅、混合采访区等新闻发布区域会执行最严格的清洁政策，除了各奥运代表队制服、仪式或者活动所需的由赞助企业提供的技术设备以外，不允许出现任何商业品牌标识，包括制造商标志，即使是允许出现的品牌标识，在尺寸上也有严格的限定，且每件物品上只可以出现一次。

“目前，法务部有一半同志下沉到场馆，就是专门负责协调‘清洁场馆’工作的。但每次下沉都能发现一些很小的问题，比如插座、摄像头上面有个小标，类似这种情况都要进行处理。”李富莹表示。

即使到赛事结束，法律工作也没结束

除了对奥运知识产权的保护，对于个人信息等私人权益的保护，也是这届冬奥会法治保障的新亮点、新难点。

刘笑晗介绍说，在本届冬奥会上，冬奥组委开发了一款名叫“冬奥通”的 APP，能够为运动员和其他利益相关者提供导航、翻译、餐饮等便捷服务。但由于疫情的特殊性，还需要使用该 APP 进行健康监测。这些对于个人信息保护都提出了极高的要求。

“随着信息化与经济社会的深度融合，个人信息在社会生产生活中的作用日益突出，世界各国对个人信息保护的要求也愈加严格，个人信息保护成为涉及所有人最直接最现实利益的一个问题，这也给法务工作带来新的挑战。”

李富莹表示，2018 年被称为“史上最严”的数据保护法的欧盟《通用数据保护条例》正式施行；2021 年 11 月 1 日，我国《个人信息保护法》也正式施行，这是我国首部专门针对个人信息保护的系统性、综合性法律，对于个人信息的处理规则、跨境传输等都进行了明确规定。

法律事务部和国际奥委会有关部门进行了深入的沟通和协调，比如说在处理个人信息上怎么样保护，怎么界定过量违规收集个人信息等。

“要确保冬奥通里提取最小、必要的个人信息，要做好个人信息的保护。”刘笑晗告诉记者，冬奥会作为一项大型综合性国际体育赛事，在赛事人员注册、酒店住宿、志愿者招募等多个领域，都不可避免地会涉及个人信息的收集、存储、使用、加工、传输、提供、公开等一系列的个人信息处理活动。对此，冬奥组委已经有针对性地制定了若干专项的个人信息保护政策。

如今，冬奥会开幕在即，但李富莹说，即使到赛事结束，法律事务部的工作也没有结束。

法律事务部将陪伴北京冬奥组委走到最后，因为冬奥组委是临时机构，它是在中央机构编制委员会办公室批准成立的事业单位，当冬奥会结束后，法律事务部要协助完成财产清算，并最终把冬奥组委这个单位注销掉，做好最后的收尾工作。

正如法律事务部办公室的标语所说，“冬奥会筹办工作延伸到哪里，法律服务就跟进到哪里”。

让冬奥会在法治轨道上运行*

我们国家的法治建设需要构建面向未来、面向国际，与中国大国地位相匹配的法治环境，冬奥会这类大型的国际性体育赛事为此提供了良好的契机。

2022 年北京冬奥会即将开幕。随着开幕临近，不管是在北京还是张家口，很多城市街道都有“每一个人都是东道主”“迎接冬奥、法治同行”等冬奥宣传标语，无一不彰显着这是一届由法治护航，在法治轨道上推进的冬奥赛事。

“当然，北京冬奥会法治保障工作离不开国家、社会、民众等方方面面的努力。”北京冬奥组委法律事务部部长李富莹告诉《方圆》记者，整个奥林匹克法律共同体努力的目标，都在于为举办一届“简约、安全、精彩”的冬奥会保驾护航，提供全方位、高水平的法律服务。

构建奥林匹克法律共同体

“冬奥会是受到全世界关注的世界性的体育盛会，筹办工作涉及主体众多，事项繁杂，仅通过法律事务部的团队是很难完成的。这就需要各方面力量对我们冬奥法律事务的全方位助力。”李富莹告诉记者，从近几年的工作经验看，已经形成了包括北京冬奥组委内部法务团队、外聘律师团队、北京张家口两地律师志愿服务团队、专家学者、政法保障体系在内的“奥林匹克法律共同体”，为冬奥会筹办工作提供法律支持。

“首先，我们拥有水平过硬、经验丰富的外部律师团队，这些律师都来自北京冬奥组委聘用的合同商务律师事务所，覆盖各专业领域，尤其是在冬奥法律事务集中的知识产权、个人信息保护、合同、侵权等领域，配备了具有丰富实践经验的律师，协助进行复杂合同、重要法律文件审核，对筹办工作中遇到的疑难法律问题进行法律研究，出具法律意见，为我们提供了全面支持。”李富莹说。

“其次，来自社会各界的团体、专家和学者都为冬奥法律工作提供了外部支持。”李富莹介绍，北京、张家口两地律师志愿服务团队也积极参与到冬奥筹办工作法律事务中来，

* 本文系最高人民检察院主管、检察日报社主办新闻期刊《方圆》杂志对北京冬奥会法务工作的采访，载《方圆》2022 年第 3 期。

在疫情防控、权益保护、体育仲裁等众多领域提供法律服务。包括北京市法学会、中国政法大学体育法研究中心等各社会团体以及众多法学专家学者，多次开展涉奥法律事务学术研讨会，是我们不可缺少的法律“智囊团”，为我们提供了不少有建设性的建议。此外，包括北京和河北两地的人大、司法局、各级法院检察院在内的政法保障体系也是我们的重要“外援”，为冬奥会筹办工作提供有力的立法和司法支持。

值得一提的是，1月6日，北京市检察院印发《北京市检察机关服务保障北京2022年冬奥会和冬残奥会工作方案》（以下简称《方案》），要求在履职中突出首都意识、首善标准、首都特色，充分发挥“四大检察”职能作用，为确保北京冬奥会、冬残奥会如期顺利举办营造良好司法环境。

根据《方案》要求，北京市检察院专门成立服务保障北京2022年冬奥会、冬残奥会举办领导小组，各分院、区院相应成立本院领导小组，全市上下联动，建立涉冬奥会、冬残奥会重大事项、重大案件报告机制；同时加强与北京冬奥组委的对接，建立定期会商机制，深入了解涉检需求，建立快捷方便的检察监督渠道，强化与公安、法院和有关部门的协作配合，共同形成服务保障合力。

在办理案件方面，检察机关要依法妥善办理涉疫情防控犯罪、涉冬奥外国人犯罪、涉黑恶与腐败交织犯罪案件；注重加强对奥运场馆内人身权、财产权、人格权损害赔偿纠纷，交通事故纠纷，建设工程合同纠纷，劳动争议纠纷等案件审判、执行活动的法律监督；加大对虚假诉讼、恶意诉讼的惩治力度，注重运用民事抗诉、检察建议等多元监督手段，保护涉冬奥会、冬残奥会各主体的合法权益；加强涉冬奥会、冬残奥会知识产权和民营经济的司法保护，严厉打击涉众型、损害冬奥声誉的扰乱市场秩序犯罪。

12项立法护航冬奥

据介绍，国家层面给予了冬奥会足够的法治保障，主要体现在根据奥林匹克规则，提供了立法、司法及执法等层面的保驾护航，比如，申办北京2022年冬奥会和冬残奥会期间，国际奥委会对中国奥林匹克知识产权保护提出了新的更高要求，我国对此进行了庄严的承诺。

申办成功后，我国政府以《奥林匹克标志保护条例》这一北京2008年奥运会留下的宝贵遗产为基础迅速启动了相关修法程序。参考英国、巴西、韩国等近几届奥运会主办国对于奥林匹克财产保护的成熟做法，历时两年多，完成了对《奥林匹克标志保护条例》的修订。修订后的《奥林匹克标志保护条例》将奥林匹克标志专有权的权利主体扩大到在中国境内举办奥运会的申办机构和组织机构，在保护对象上涵盖了在中国境内举办的所有奥运会涉及的奥林匹克标志，保护客体更加全面；修订内容中对隐性营销行为进一步进行了明确规制，同时增加了对残奥会有关标志保护的内容，保护内容更加丰富。总体看来，修订后的《奥林匹克标志保护条例》提供了更高水平的保护。《奥林匹克标志保护条例》的修订，也是贯彻落实党的十九大报告有关“筹办好北京冬奥会、冬残奥会”重要指示精神的具体行动，特别体现出我国尊重规则、信守承诺、责任担当的大国形象。

除了《奥林匹克标志保护条例》，各级机关结合冬奥会筹办需要，制定出台了相关规范性文件，比如财政部、国家税务总局、海关总署出台的《关于北京2022年冬奥会和冬残奥会税收优惠政策的公告》等。

在执法和司法方面，各级机关在北京冬奥会筹办期间不断完善涉奥执法、司法程序，特别是一些跨地区协调协作机制、冬奥法律服务、涉奥案件纠纷解决机制等方面，都充分发挥了职能优势，为冬奥提供了法治保障。

北京申办冬奥会成功6年来，北京市人大及其常委会在北京市委的领导下，完成12项相关立法，推动做好冬奥志愿服务、医疗急救、疫情防控、无障碍环境和国际语言环境建设等各项工作，首次开展京津冀协同立法，为“绿色办奥、共享办奥、开放办奥”贡献重要法治力量。例如，在打造和呵护“冬奥蓝”方面，北京市人大及其常委会与津冀人大协同制定“一条例一决定”，将移动源污染治理纳入法治轨道，在重点时间段实行特殊管理，联防联治降低污染排放，最严措施呵护蓝天白云。2020年1月，北京与津冀人大同步通过《机动车和非道路移动机械排放污染防治条例》，是我国第一个同步起草、同步调研、同步审议、同步制定的区域协同立法，为冬奥筹办营造良好生态环境。

医疗卫生保障是冬奥筹办工作的重要内容。北京市人大常委会及时做好《北京市突发公共卫生事件应急条例》《北京市院前医疗急救服务条例》《北京市献血条例》立法修法工作，让冬奥疫情防控和医疗卫生保障工作更加高效顺畅。围绕提供无障碍环境，北京市人大常委会制定《北京市无障碍环境建设条例》，推动以场馆赛区为重点，建设好无障碍运动环境、生活环境和出行环境，提升城市设施、信息交流和社会服务无障碍水平，对冬奥会和冬残奥会顺利举办，以及改善残疾人、老年人状况，提升首都城市文明程度起到重要的推动作用。

此外，北京市人大常委会立足实际需要和首都人才优势，修订《北京市志愿服务促进条例》，特别是为志愿者购买保险，建立多元化的志愿服务激励保障机制，扩大志愿服务范围，提升专业服务能力等重要条款得到落实。

保障冰雪运动的纯净性

针对冬奥会中公众关注的反兴奋剂、运动伤害问题，北京冬奥组委也做好了风险防范及应对措施。

反兴奋剂是全世界的共识，我国一直坚持推进反兴奋剂斗争，不断加强反兴奋剂立法工作。2020年12月26日，第十三届全国人大常委会第二十四次会议表决通过刑法修正案

（十一），增设了与兴奋剂有关的罪名，此举标志着兴奋剂违法行为正式入刑。据了解，修改后的刑法第三百五十五条之一规定，引诱、教唆、欺骗运动员使用兴奋剂参加国内、国际重大体育竞赛，或者明知运动员参加上述竞赛而向其提供兴奋剂，情节严重的，处三年以下有期徒刑或者拘役，并处罚金。组织、强迫运动员使用兴奋剂参加国内、国际重大体育竞赛的，依照前款的规定从重处罚。

在北京冬奥组委法律事务部特聘专家、国家体育总局政策法规司原司长刘岩看来，刑法修正案（十一）增设与兴奋剂有关的罪名，是中国在反兴奋剂斗争中迈出的意义深远的重要一步，为严厉打击兴奋剂犯罪提供了有力的司法保障。

作为冰雪运动，本身存在一定风险。而体育竞赛中通常可以将他人的伤害分为两类：一种是可以免责的伤害；另一种是不能免责的伤害。可以免责的伤害行为，指的是在各项比赛中，在竞赛规则允许的条件下，实施了合理的冲撞等行为。这种行为是合理的，也是比赛规则所允许的。但如果在比赛中，比赛规程不允许的情况下，却实施了伤害他人的行为，应当追究致害方的责任，同时应该对受害方给予经济上的赔偿。

“对于冬奥会赛事中可能涉及运动侵害，或者有突发的应急事件，北京冬奥组委法律事务部也做了比较完善的风险预案，比如说运动员的伤害，冬奥项目的风险性更高，我们也对涉及的人身伤害、保险、医疗费用等作出相关预案。”李富莹说。

另外，在社会层面，一方面，冬奥会筹办涉及大量的赞助企业、合同商、社会各级组织机构，这些社会主体积极参与冬奥，并且遵守奥林匹克规则，是冬奥法治保障的重要一环，可以说，社会主体对奥运规则的充分尊重，体现了我国法治冬奥的成果，也展示了我国践诺负责任的大国形象；另一方面，各界法律人士、行业协会、高校等，积极开展了有关冬奥法治保障的理论实务探讨活动，为冬奥建言献策，这些活动对于奥林匹克规则本土化研究、形成良好的法治冬奥氛围等方面都有很好的助力效果。

在李富莹看来，对广大公民而言，现在北京、张家口等很多城市街道都有“每一个人都是东道主”“迎接冬奥、法治同行”等冬奥宣传标语，实际上来讲，冬奥会法治保障，依靠的就是我们每一个公民讲法治、讲规则。每一位公民遵循法治、遵守规则，共同履行主办城市义务，就体现了对冬奥法治保障的有力支持。

北京冬奥会将成为宝贵的法治遗产

“法治奥运，即我们要依据宪法和法律的精神和要求筹办奥运。”李富莹表示，其实，对于一届奥运会，从申办、筹办再到举办的过程，本身就是一个完整的要约邀请、要约、承诺再到履约的过程。在履约过程中，对奥运规则的充分尊重、对承诺义务的充分履行，不仅有利于树立我国践诺守信的负责任国际形象，也有利于增进国内尊重规则、遵守法律的良好社会氛围。

从长远看，我们国家的法治建设需要构建面向未来、面向国际，与中国大国地位相匹配的法治环境，冬奥会这类大型的国际性体育赛事为此提供了良好的契机。一方面是办奥过程中，我国的法律体系能够与奥运规则以及其他相关的国际标准与习惯产生互动、融合，全社会的专家学者、律师法务等各类法律从业者，也围绕冬奥相关的法律问题开展了丰富的研究和对话，形成了我们所说的“冬奥法律共同体”。另一方面，奥运会对主办国和主办城市的社会治理水平提出了更高要求，落实法治奥运，将法律和规则意识嵌入筹办工作的同时，也在润物细无声地影响着城市治理思路和水平。

“2008年北京成功举办夏奥会后，城市治理水平有了很大的提升，相信这次北京冬奥会留下的法治遗产，能够推动北京市甚至整个国家的社会治理水平提升至新的层次。”李富莹最后说。

奥运会争议的主要解决方式：奥运仲裁

作为一届综合性的大型竞技体育盛会，奥运赛场上的争议不可避免。然而，一届奥运会的时间只有短短16天，如何在最短的时间内公正地解决这些争议，是关系到奥运赛事能否圆满顺畅举行的关键问题。将这类体育争议提交给国家法院解决显然是不明智的，因为体育争议的解决需要高效，而诉讼程序则显得过于冗长。最好的办法是仲裁。

国际体育仲裁院（CAS），又称国际体育仲裁庭，是一个专门为解决体育纠纷而设立的国际性仲裁机构，该机构成立于1984年，总部位于瑞士洛桑，在纽约和悉尼设有分院。一般来说，只有在双方都决定将案件提交到国际体育仲裁法庭的情况下，国际体育仲裁法庭才有管辖权。

从1996年亚特兰大奥运会开始，国际体育仲裁院开始在夏季和冬季奥运会上设立国际体育仲裁院临时仲裁机构（CAS ad hoc division）。从亚特兰大奥运会开始，该机构仲裁的与奥运会有关的争议也在逐步增加，至今，共有大约50件争议提交了该机构进行仲裁。奥运会临时仲裁机构的目的就是为参加奥运会的当事人提供一个在24小时内可以迅速解决争议的程序。十多年来，奥运会仲裁程序的发展越来越完善。

目前，提交仲裁的争议主要包括以下几种：关于兴奋剂争议裁决的数量停滞不前，参赛资格问题逐渐成为主要的争议，与比赛结果有关的裁决数量上升迅速，其他的争议（譬如商业争议、救济程序争议以及奥运会的奖牌争议等）则很少出现。

法治与冬奥同行　护航冰雪盛会

——访北京冬奥组委法律事务部部长李富莹*

经过6年多的筹办，北京冬奥会各项准备工作已经就绪，即将如期顺利举办，全世界目光都将聚焦“双奥之城”。

迎接冬奥，法治同行，可以说法治保障在冬奥会筹办中发挥着重要作用。2017年5月，北京冬奥组委专门成立法律事务部，为冬奥会筹办提供全方位的法律服务和保障，为向世界呈现精彩、非凡、卓越的奥运盛会作出贡献。

“事实上，法务工作从始至终贯穿并伴随北京冬奥会筹办全过程，涉及筹办工作的方方面面”。近日，北京冬奥组委法律事务部部长李富莹告诉记者，从宣传推广到市场开发，从人员招募到住宿安排，从活动组织到创意成果保护等，不一而足，都离不开法治的护航。

成立专门部门负责法务工作

2015年7月31日，北京携手张家口申冬奥成功。同年，12月15日，北京冬奥组委经批准在中央编办事业单位登记管理局正式登记成立，性质上属于事业单位法人。

李富莹介绍，北京冬奥组委专门的法律事务部于2017年5月初正式组建，内设综合处、法务审核处和权益保护处三个处室，控制编制数18人，也就是说，除了部长、副部长，法律事务部有18名工作人员，是冬奥组委人数较少的团队。

“此前虽然没有专门的法律事务部，但并不意味着没有法律事务工作。最初的法律事务工作是由总体策划部内设的法务处承担的”，李富莹说。从这个意义上说，从事法律事务工作的部门从北京冬奥组委成立之初就有，只是开始的时候，没有独立设置而已。

整体上看，法务团队人员构成呈现来源多样化、知识专业化和年轻化的特点。先说来源多样化，团队人员既有机关和事业单位的选调干部，也有校园和社会招聘人员，还有政法类高校实习生和签约律所优秀律师。再说知识专业化，95%以上的团队成员至少具有法律专业研究生以上学历，一半以上人员具有公职律师或者社会律师身份，不少人还有国外留学或者工作经历，多数人可以使用英语作为工作语言开展工作。还有就是年轻化，“90后”人员

---

* 本文原载《法治日报》2022年2月7日，第3版。

超半数，他们有朝气，有干劲，工作充满激情、活力，团队内团结向上的氛围浓厚。

李富莹介绍，法务团队的在编人员，即所谓的 P1 人员，主要来自三个渠道：一是从行政机关和事业单位选调的干部；二是从社会公开招聘的有工作经验的人员；三是从校园招聘的应届毕业生。在标准上，除了与一般公务员招聘条件大体相当外，还看重其法学专业素养、专业能力、专业精神，以及英语语言能力。

据悉，从 2021 年 9 月开始，法律事务部有一半人员下沉到场馆工作，另一半人在北京冬奥组委总部工作。

提供全流程的法治保障

法律事务部是北京冬奥组委早期成立的部门之一。李富莹告诉记者，这么做的主要考虑就是要为北京冬奥会和冬残奥会的顺利筹办提供全流程的法治保障。

奥运会作为世界范围内最具影响力的综合性体育赛事，在近百年的发展历程中形成了一套严密的运行规则，凡是有意承办赛事的国家必须接受这套规则。从国际奥委会开放承办权、意向城市申办、有关城市获批主办城市资格一直到主办城市筹办奥运会这整个过程，从法律上说，就是一个签约、履约的过程。

李富莹说："从这个意义上说，法务工作无处不在，我们目前所做的所有筹办工作都是在履行我们当初的申奥承诺以及《主办城市合同》等规定的义务。同时，北京冬奥组委作为承办奥运赛事的具体组织单位，它的日常运行、管理，同样需要依法而行，最简单地，北京冬奥组委每支出一笔钱，都需要以合同为依据。也就是说，冬奥组委的日常运行也离不开法务的支持和保障。"

从具体职能上说，法律事务部的工作大体可分为四个方面：一是作为涉法事务的参谋、助手和法律顾问，为北京冬奥组委依法决策提供相关法律咨询意见和建议。二是作为法务协调部门，代表北京冬奥组委参与处理相关法律事务，参与有关谈判，出具法律文件，根据需要，代表冬奥组委参加或者处理诉讼、仲裁事务等。三是作为法务审核部门，归口管理、审核以冬奥组委名义签订的各类合同、协议等。四是作为权益保护部门，归口管理涉奥知识产权事务，落实《主办城市合同》等对外承诺的知识产权保护任务，构建对北京冬奥组委享有知识产权的会徽、吉祥物等一系列奥林匹克标志的知识产权保护体系，配合司法机关或者行政执法部门查处涉奥知识产权侵权案件等。从工作性质上说，法律事务部有时相当于政府法制部门，有时又相当于公司法务和合规管理部门。

在谈到具体工作时，李富莹举例说，比如，会徽是一届奥运会最重要的识别标志和视觉形象，应用场景最为广泛。实践中，往往经过征集、评审、深化设计、查重、发布等几个重要环节，每一个环节都涉及法务工作。征集文件的拟订、评审规则和评审程序的设计、设计者以及深化团队的知识产权约定、查重结果的法律分析、发布后在境内外多大范围内、采取何种知识产权保护方案（专利、商标、著作权、奥林匹克标志、特殊标志）等一系列工作，都是法务工作的范畴，既有宏观事项，也有具体实操事项。

适应新形势迎接新挑战

北京2008年奥运会的成功举办为北京冬奥会筹办的法务工作提供了丰富的经验，有制度上的，也有理念上的。不过，十几年过去，经济、社会等各方面都发生了翻天覆地的变化，冬奥法务工作需要不断适应新形势，迎接新挑战。

随着信息化与经济、社会的持续深度融合，个人信息保护成为涉及所有人最直接最现实利益的一个问题，这也给法务工作带来新的挑战。当下，个人信息在社会生产生活中的作用日益突出，世界各国对个人信息保护的要求也愈加严格。

2018年，被称为“史上最严”的数据保护法的欧盟《通用数据保护条例》正式施行；2021年11月1日，我国《个人信息保护法》也正式施行，这是我国首部专门针对个人信息保护的系统性、综合性法律，对于个人信息的处理规则、跨境传输等都进行了明确规定。

冬奥会作为一项大型综合性国际体育赛事，在赛会人员注册、酒店住宿、志愿者招募等多个领域，都不可避免地会涉及个人信息的收集、存储、使用、加工、传输、提供、公开等一系列的个人信息处理活动。李富莹说：“对此，就冬奥筹办的各个业务领域，我们已经有针对性地制定了若干专项的个人信息保护政策，希望通过这些政策与措施的执行依法保护各利益相关方的个人信息。”

同时，5G、大数据、人工智能等技术的发展与运用，给人们生产生活带来极大的便利，科技冬奥也成为本届冬奥会的又一亮点。但硬币总有另外一面。科技的不当使用也会为实施某些侵权行为提供便利，给侵权行为的识别和防范带来新的困难，对维护奥林匹克规则和组委会的权利提出了更高要求。

比如，现在网络传播渠道众多，未经授权的有关冬奥会的侵权转播更加难以控制；再比如，通过网络参与冬奥会的方式更加多样，与此同时，网络入侵技术手段也层出不穷。如何维护持权传播商合法权利、维护正常的冬奥赛事转播秩序，如何保障网络安全，维持涉奥网络正常运行，也是法务工作面临的新课题。

“我们注意到，国家有关部门也已经关注到这个问题。国家市场监管总局、国家知识产权局以及中宣部版权局先后出台《北京2022年冬奥会和冬残奥会奥林匹克标志知识产权保护专项行动方案》《关于开展冬奥版权保护集中行动的通知》，对防范和打击涉奥知识产权盗版盗播等侵权行为进行全面部署。”李富莹告诉记者。

此外，对于北京冬奥会来说，与2008年相比，最大的变化和最大的挑战来自新冠肺炎疫情对赛事筹办工作的影响。

李富莹说：“我们法务部需要及时跟进、研判疫情对法务工作带来的影响，比如，新冠肺炎疫情带来的一些不确定性，会导致合同事项的变更或者解除、合同双方履约风险的增加，这需要各方在合同履行方面做出相对灵活的制度安排等，尽最大可能平衡各方利益。此外，在疫情防控常态化的新形势下举办冬奥会，法务工作需要对北京冬奥会的相关防疫工作提供法律服务和支持。法务部门亦参与了防疫手册的编制，对明确防疫措施的法律依据、法律边界以及违反防疫措施的法律后果等方面贡献法务智慧和力量。”

赛时阶段工作节奏会更快

据悉，赛前，法务部的工作相对稳定、可预期，基本上按照赛事筹办的节奏，以“冬奥会筹办工作延伸到哪里，法律服务工作就跟进到哪里”为理念，力争为冬奥会筹办各项工作提供全过程、全方位的法律服务。

那具体的工作量如何呢？谈到工作量，李富莹说：“这个不太好量化，但可以从两个维度看。一是，从面上说，冬奥法务工作贯穿于冬奥筹办全过程，贯穿于组委会从产生、运行直到结束的全过程。二是，从合同审核的这一个点上说，2021 年，法务部完成合同审核 1958 份，其中，复杂合同 600 多份（合同文本 19,000 多页，1000 万多字），全英文合同近 900 份。这还只是法务部法务审核处一个处的一部分工作，可以从一个侧面反映法务部的工作量。”

临近赛前倒计时冲刺阶段，各项筹办工作时间紧、任务重，法律事务部的工作更要及时、到位、给力，尤其讲究效率。此时的重点事项主要包括：推进 TOP 落地协议的最终签署，夯实赞助企业权益保障的法律基础；推进重要仪式庆典活动所涉知识产权事项的法律文件签署，维护各利益相关方的知识产权；全力配合国家主管部门对涉奥人员个人信息跨境传输的安全评估，依法保护个人信息安全；对赛时可能发生的一些突发事件或者紧急状况做好应对或者处置上的法律准备；同时，还要持续关注涉及票务、火炬、特殊物资处置等相关事项的法律需求等。

此外，法律事务部从 2021 年 9 月开始已经有一半的人员下沉到各场馆，组织、协调、指导各场馆完成“清洁场馆”工作。“清洁场馆”是英文“Clean Venue”的直译，是对各场馆赛时商业展示的一种限制性要求。《奥林匹克宪章》第 50 条规定，原则上各场馆安保红线内不得出现任何未经授权的商业展示。前期“清洁场馆”工作更多的是定标准、定制度、定责任；赛前阶段是“清洁场馆”工作具体实施的关键阶段。

“去年年底，我们对每个竞赛场馆和非竞赛场馆的‘清洁场馆’情况开展了一轮检查。近日，又迎来了国际奥委会对‘清洁场馆’工作的全方位检查。”李富莹告诉记者。

而赛时阶段，工作节奏会更快。如出现知识产权侵权类事件，需要及时研究应对，提出法律意见，维护好北京冬奥组委及各赞助商的权益，特别是在前期与相关执法部门已经达成合作备忘录的基础上，配合执法部门加大对各类侵权行为（包括非法转播、盗播）的打击力度，营造良好的冬奥会氛围。针对“清洁场馆”要求，每天需要按照规程进行场馆各区域的巡视巡查，发现问题快速处理。

冰墩墩的专利商标养成记！来看国家队的标准操作！*

韩清川

外面仍然是“一墩难求”，咱只能聊聊冰墩墩的专利和商标，以消寂寥。

之前的文章讲过，北京冬奥会知识产权保护力度之大，专利商标已经申请了 4000 多件了。

其中，对冰墩墩名字、形象的 IP 保护，那绝对是国家队级别的标准操作了！

今天就来给大家展示一下冰墩墩的知识产权“保护罩”。

首先，从冰墩墩的确定历程说起。

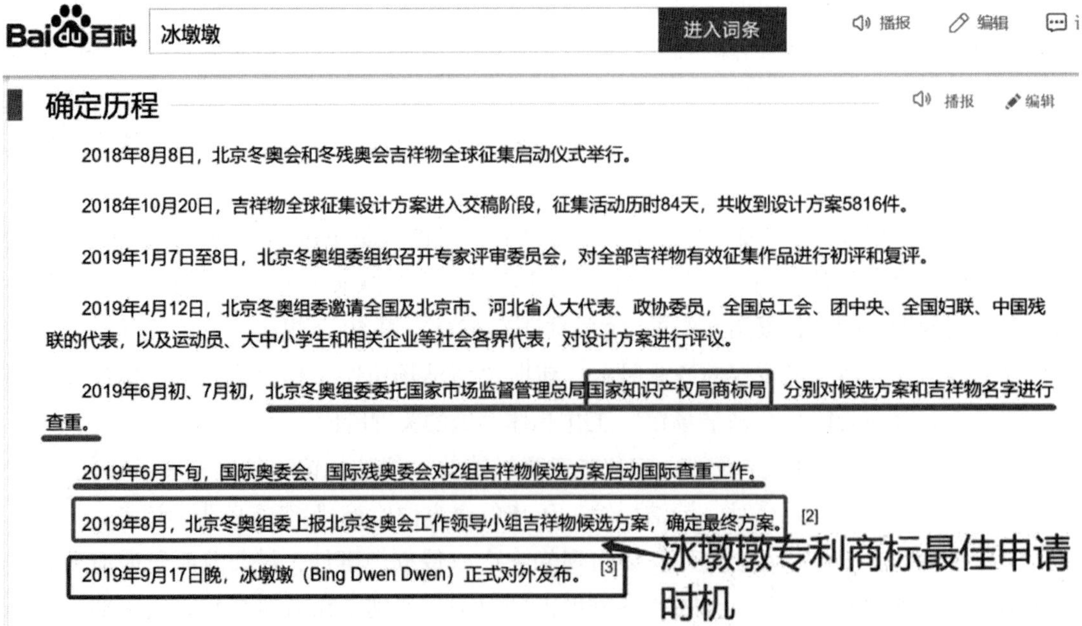
Baidu百科 冰墩墩 进入词条 播报 编辑

确定历程 播报 编辑

2018年8月8日，北京冬奥会和冬残奥会吉祥物全球征集启动仪式举行。

2018年10月20日，吉祥物全球征集设计方案进入交稿阶段，征集活动历时84天，共收到设计方案5816件。

2019年1月7日至8日，北京冬奥组委组织召开专家评审委员会，对全部吉祥物有效征集作品进行初评和复评。

2019年4月12日，北京冬奥组委邀请全国及北京市、河北省人大代表、政协委员，全国总工会、团中央、全国妇联、中国残联的代表，以及运动员、大中小学生和相关企业等社会各界代表，对设计方案进行评议。

2019年6月初、7月初，北京冬奥组委委托国家市场监督管理总局国家知识产权局商标局，分别对候选方案和吉祥物名字进行查重。

2019年6月下旬，国际奥委会、国际残奥委会对2组吉祥物候选方案启动国际查重工作。

2019年8月，北京冬奥组委上报北京冬奥会工作领导小组吉祥物候选方案，确定最终方案。[2]

2019年9月17日晚，冰墩墩（Bing Dwen Dwen）正式对外发布。[3]

* 本文原载新媒体微信公众号“百科君的 IP 杂谈”2022 年 2 月 7 日，作者韩清川，男，研究生学历，理学硕士学位，安世亚太科技股份有限公司，知识产权专家。

征集、评审过程自不必说，关键是在确定最终方案之前的 2019 年 6 月、7 月，商标局就已经介入。商标局对候选方案和吉祥物名字（可能不只是冰墩墩），进行过查重，比如看看有没有现有类似的、在先的商标，以避免后续不必要的麻烦。

随后，8 月确定冰墩墩的方案，并于 2019 年 9 月 17 日晚正式发布冰墩墩。这么看来，申请冰墩墩专利、商标的最佳时机，肯定是 2019 年 9 月 17 日之前。

然后，我们看看北京 2022 年冬奥会和冬残奥会组织委员会的标准操作！

在冰墩墩发布之前的 2019 年 9 月 16 日，北京冬奥组委申请了四件冰墩墩的外观专利。（发明人应该是设计团队的 14 名成员）

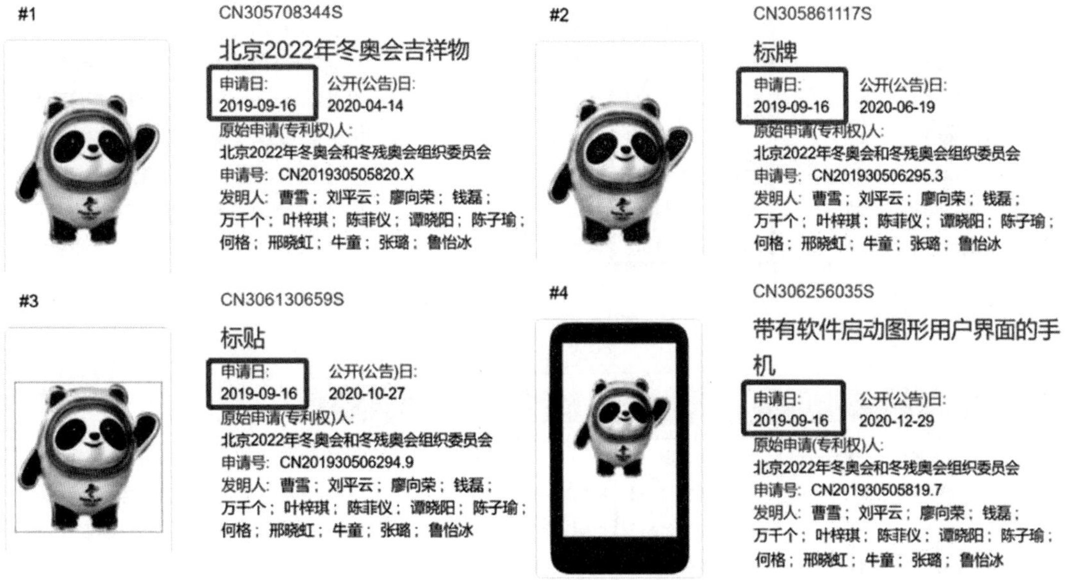

这四件外观专利，覆盖了冰墩墩本尊的标志物、招牌、文具、印刷品等类别。

无论是你想买买不到的冰墩墩手办、玩偶，或是冰墩墩钥匙扣、T 恤等其他周边产品，甚至是手机 APP 出现冰墩墩的形象，那都落入这四件专利的保护范围。别人只要未经许可地制造或销售冰墩墩，那都是侵权的。

同样在 2019 年 9 月 16 日，北京冬奥组委还申请了 45 件“冰墩墩”全类的商标，45 件“BING DWEN DWEN”全类的商标。

检索到45件商标

序号	申请/注册号	国际分类	申请日期	商标名称	申请人名称
1	41042876	45	2019年09月16日	冰墩墩	北京2022年冬奥会和冬残奥会组织委员会
2	41042875	44	2019年09月16日	冰墩墩	北京2022年冬奥会和冬残奥会组织委员会
3	41042874	43	2019年09月16日	冰墩墩	北京2022年冬奥会和冬残奥会组织委员会
4	41042873	42	2019年09月16日	冰墩墩	北京2022年冬奥会和冬残奥会组织委员会
5	41042872	41	2019年09月16日	冰墩墩	北京2022年冬奥会和冬残奥会组织委员会
6	41042871	40	2019年09月16日	冰墩墩	北京2022年冬奥会和冬残奥会组织委员会
7	41042870	39	2019年09月16日	冰墩墩	北京2022年冬奥会和冬残奥会组织委员会
8	41042869	38	2019年09月16日	冰墩墩	北京2022年冬奥会和冬残奥会组织委员会
9	41042868	37	2019年09月16日	冰墩墩	北京2022年冬奥会和冬残奥会组织委员会
10	41042867	36	2019年09月16日	冰墩墩	北京2022年冬奥会和冬残奥会组织委员会
11	41042866	35	2019年09月16日	冰墩墩	北京2022年冬奥会和冬残奥会组织委员会
12	41042865	34	2019年09月16日	冰墩墩	北京2022年冬奥会和冬残奥会组织委员会
13	41042864	33	2019年09月16日	冰墩墩	北京2022年冬奥会和冬残奥会组织委员会

检索到45件商标

序号	申请/注册号	国际分类	申请日期	商标名称	申请人名称
1	41042831	45	2019年09月16日	BING DWEN DWEN	北京2022年冬奥会和冬残奥会组织委员会
2	41042830	44	2019年09月16日	BING DWEN DWEN	北京2022年冬奥会和冬残奥会组织委员会
3	41042829	43	2019年09月16日	BING DWEN DWEN	北京2022年冬奥会和冬残奥会组织委员会
4	41042828	42	2019年09月16日	BING DWEN DWEN	北京2022年冬奥会和冬残奥会组织委员会
5	41042827	41	2019年09月16日	BING DWEN DWEN	北京2022年冬奥会和冬残奥会组织委员会
6	41042826	40	2019年09月16日	BING DWEN DWEN	北京2022年冬奥会和冬残奥会组织委员会
7	41042825	39	2019年09月16日	BING DWEN DWEN	北京2022年冬奥会和冬残奥会组织委员会
8	41042824	38	2019年09月16日	BING DWEN DWEN	北京2022年冬奥会和冬残奥会组织委员会
9	41042823	37	2019年09月16日	BING DWEN DWEN	北京2022年冬奥会和冬残奥会组织委员会
10	41042822	36	2019年09月16日	BING DWEN DWEN	北京2022年冬奥会和冬残奥会组织委员会
11	41042821	35	2019年09月16日	BING DWEN DWEN	北京2022年冬奥会和冬残奥会组织委员会
12	41042820	34	2019年09月16日	BING DWEN DWEN	北京2022年冬奥会和冬残奥会组织委员会
13	41042819	33	2019年09月16日	BING DWEN DWEN	北京2022年冬奥会和冬残奥会组织委员会

同日，北京冬奥组委还把冰墩墩的三维形象，申请了45件全类的立体商标！

商标名称	图样	类别	申请号	申请人	申请日	注册日	群组	项目	流程
三维标志		14	41042...	北京202...	2019-09-16	2021-02-27	14...	奖章;...	注册公告
三维标志		29	41042...	北京202...	2019-09-16	2021-02-27	29...	(1)以...	注册公告
三维标志		12	41042...	北京202...	2019-09-16	2021-02-27	12...	(1)电...	注册公告
三维标志		32	41042...	北京202...	2019-09-16	2021-02-27	32...	乳酸饮...	注册公告
三维标志		27	41042...	北京202...	2019-09-16	2021-02-27	27...	人工草...	注册公告

以上都是北京冬奥组委2019年9月16日一天之内干的事儿，就因为第二天冰墩墩就要发布了。

冰墩墩一旦发布，其名字、形象就有可能被别有用心的人抢注商标或者蹭热度。比如在冰墩墩发布后的24小时之内（仅在2019年9月18日），就有其他人申请了81件“冰墩墩”商标，还有人拿着冰墩墩本尊的形象再申请商标的……

申请/注册号	国际分类	申请日期	商标名称	申请人名称
41114811	41	2019年09月18日	冰墩墩	秦[redacted]
41114691	43	2019年09月18日	冰墩墩雪容融	河北[redacted]餐饮管理有限公司
41114100	26	2019年09月18日	冰墩墩	义乌市[redacted]有限公司
41113460	25	2019年09月18日	冰墩墩	秦[redacted]
41113454	29	2019年09月18日	冰墩墩	秦[redacted]
41113236	29	2019年09月18日	冰墩墩	徐州[redacted]食品科技有限公司
41112627	28	2019年09月18日	冰墩墩	北京[redacted]文化传播有限公司
41112496	3	2019年09月18日	冰墩墩	奇颜[redacted]实业（深圳）有限公司
41112417	30	2019年09月18日	冰墩墩	吴[redacted]
41112154	32	2019年09月18日	冰墩墩	山西[redacted]贸有限公司
41112033	21	2019年09月18日	冰墩墩	林[redacted]
41111821	5	2019年09月18日	冰墩墩	徐州[redacted]食品科技有限公司
41111767	29	2019年09月18日	冰墩墩	[redacted]量生物科技（江苏）有限公司
41111585	43	2019年09月18日	冰墩墩	河北[redacted]餐饮管理有限公司
41110814	25	2019年09月18日	冰墩墩	北京[redacted]文化传播有限公司
41109726	30	2019年09月18日	冰墩墩	河南省[redacted]生物技术有限公司
41109421	32	2019年09月18日	冰墩墩	河北[redacted]餐饮管理有限公司
41109313	25	2019年09月18日	冰墩墩	广州[redacted]妆品有限公司

图样	类别	申请号	申请人	申请日	注册日	群组	项目	流程
	25	41105304	杨[redacted]	2019-09-18	/	250…	凉鞋;帽子…	驳回通知
	25	41105304	杨[redacted]	2019-09-18	/	250…	凉鞋;帽子…	驳回通知
	33	41147239	罗[redacted]	2019-09-19	/	3301	果酒(含酒…	驳回通知
	18	41447819	厦门[redacted]科…	2019-09-30	/	180…	(1)包;(1)…	驳回通知
	32	41186794	枣庄市[redacted]…	2019-09-20	/	320…	乳清饮料:…	驳回通知

所以，北京冬奥组委必须要踩在冰墩墩发布之前的时间节点上，就做好冰墩墩的 IP 保护。而那些想抢注冰墩墩商标的行为，其实都是徒劳的，其结果可想而知，必然被驳回。这种行为要是晚两年，无论是申请人还是代理机构，都得挨罚。

但是，冰墩墩的商标保护，到这里还不算完。最后，冰墩墩还要以奥林匹克标志的方式，再次进行保护。

2020 年 1 月 15 日，冰墩墩的中英文名及平面形象，又通过奥林匹克标志的方式，又进行了一波正式的商标保护。

关于对北京2022年冬奥会和冬残奥会吉祥物、志愿者标志实施保护的公告

发布时间：2020-01-17　　　　字号：大 中 小　　分享：

根据《奥林匹克标志保护条例》有关规定，国家知识产权局依法对北京2022年冬奥会和冬残奥会组织委员会提交的北京2022年冬奥会和冬残奥会吉祥物、志愿者标志等7件奥林匹克标志予以公告。

北京2022年冬奥会和冬残奥会组织委员会自公告之日起享有对上述标志的专有权，有效期10年。

特此公告。

附件：北京2022年冬奥会和冬残奥会吉祥物、志愿者标志等7件奥林匹克标志

国家知识产权局

2020年1月15日

北京 2022 年冬奥会和冬残奥会吉祥物、志愿者标志等 7 件奥林匹克标志

一、北京 2022 年冬奥会吉祥物

（一）第 A000020 号。

（二）第 A000021 号。

冰墩墩。

（三）第 A000022 号。

Bing Dwen Dwen。

商标名称	图样	类别	申请号	申请人	申请日	注册日
北京20...		03	A000020	北京202...	2020-01-15	2020-01-15
北京20...		21	A000020	北京202...	2020-01-15	2020-01-15
北京20...		13	A000020	北京202...	2020-01-15	2020-01-15
北京20...		24	A000020	北京202...	2020-01-15	2020-01-15
北京20...		31	A000020	北京202...	2020-01-15	2020-01-15
北京20...		11	A000020	北京202...	2020-01-15	2020-01-15

至此，冰墩墩的商标“保护罩”基本铸成。一方面要通过商标的保护，防止他人恶意使用；另一方面，还要符合《奥林匹克标志保护条例》，满足冬奥会主办城市合同。

要知道，北京冬奥组委会要在2022年12月31日之前，将冰墩墩的这些知识产权，连同其他冬奥标志一起，全部转让给国际奥委会。

回过头来看，从冰墩墩形象确定之前的查重，到冰墩墩发布之前的IP全方位保护，北京冬奥组委会展示了一次国家队级别的申请操作。这波操作值得其他申请人借鉴学习，不要在自己的产品、品牌发布后，才申请专利或商标。

春晚大火的“只此青绿”就是最近的一个教训。在只此青绿舞剧开演之后，正主申请商标之前，就有他人抢注了舞蹈和表演类的商标，还初审公告了。这就亏大了……

第1770期商标公告 2021年12月06日

商标初步审定公告

根据《中华人民共和国商标法》第二十八条之规定，下列商标初步审定，予以公告。异议期限自2021年12月07日至2022年03月06日止。

第 59222968 号
申请日期 2021年09月14日
商 标

只此青绿

申请人 福建匠心巧思文化发展有限公司
地 址 福建省福州市仓山区程埔路
代理机构 连云港 企业服务有限公司
核定使用商品/服务项目
第41类：舞蹈培训；商业培训；组织文化表演；音乐表演；音乐视频制作；通过网站提供娱乐信息；电视节目制作；演出座位和戏院票务预订；娱乐票务代理服务；在演出场馆提供音乐歌舞表演；电影发行

检索到6件商标

申请/注册号	国际分类	申请日期	商标名称	
59620609	28	2021年09月30日	只此青绿 THE PAINTING JOURNEY	中国东方演艺集团有限公司
59620591	25	2021年09月30日	只此青绿 THE PAINTING JOURNEY	中国东方演艺集团有限公司
59620556	16	2021年09月30日	只此青绿 THE PAINTING JOURNEY	中国东方演艺集团有限公司
59616531	41	2021年09月30日	只此青绿 THE PAINTING JOURNEY	中国东方演艺集团有限公司
59613913	3	2021年09月30日	只此青绿 THE PAINTING JOURNEY	中国东方演艺集团有限公司
59604269	21	2021年09月30日	只此青绿 THE PAINTING JOURNEY	中国东方演艺集团有限公司

“冰墩墩”使用规范答疑：什么情况下可以使用，需要履行哪些手续，遵守哪些规则？*

近期，吉祥物“冰墩墩”广受关注。什么情况下“冰墩墩”可以依法合规地使用，需要履行哪些手续，遵守哪些规则？小编今天就帮大家进行一下简单的总结。

吉祥物“冰墩墩”是北京冬奥组委的重要财产。北京冬奥组委对“冰墩墩”的形象依法享有著作权、注册商标专用权、外观设计专利权，对“冰墩墩”中英文名称还依法享有注册商标专用权。因此，任何人对“冰墩墩”形象或者名称的使用，都应当遵守《中华人民共和国著作权法》《中华人民共和国商标法》《中华人民共和国专利法》（以下简称著作权法、商标法、专利法）等相关法律法规的规定。比如，“冰墩墩”的形象作为美术作品，北京冬奥组委的著作权是受法律保护的，未经北京冬奥组委许可，其他任何单位或者个人不得使用该作品，更不得将“冰墩墩”的形象进行歪曲、篡改等不当使用，当然按照法律规定合理使用的除外。同理，北京冬奥组委对“冰墩墩”的形象和名称享有的注册商标专用权、外观设计专利权同样受法律保护。对于违法违规使用，北京冬奥组委有权追究侵权人的法律责任。

北京冬奥组委对“冰墩墩”的形象和名称除了享有传统的著作、商标、专利等知识产权以外，还特别享有奥林匹克标志专有权。对一些重要的奥林匹克元素采取特殊的保护措施，是我国所特有的，其源于《奥林匹克标志保护条例》。这也体现了我国对奥林匹克规则的尊重。目前，国家知识产权局已经公告总计63项奥林匹克标志。这里既包括可爱的吉祥物“冰墩墩”，也包括奥林匹克五环图案、北京冬奥会会徽等标志。奥林匹克标志的使用可以分为商业和非商业两种情况。

一、商业使用

《奥林匹克标志保护条例》规定，未经奥林匹克标志权利人许可，任何人不得为商业目的使用奥林匹克标志。北京冬奥会吉祥物“冰墩墩”的形象和名称属于我国法律法规确定

---

* 本文由北京冬奥组委于2022年2月13日在官网公布，旨在进一步宣传吉祥物使用规范。https://www.beijing2022.cn/wog.htm?cmsid=EYS2022021300437800，2022年4月7日。

的奥林匹克标志，未获北京冬奥组委的许可，任何人不得为商业目的使用“冰墩墩”形象和名称。

目前，国际奥委会全球合作伙伴、北京冬奥会官方合作伙伴和官方赞助商可以依法商业使用“冰墩墩”形象和名称。

此外，北京冬奥会特许经营生产商和零售商可以依据北京冬奥会特许经营计划生产和销售带有“冰墩墩”形象和名称的特许商品。

二、非商业使用

机关法人、基层群众性自治组织法人、事业单位等非营利法人或者组织可以申请非商业使用北京冬奥会吉祥物“冰墩墩”。申请人申请非商业使用“冰墩墩”，应遵守《北京 2022 年冬奥会和冬残奥会组织委员会有关标志非商业使用规则》（冬奥组委发〔2019〕19 号），登录北京冬奥组委官方网站，搜索“有关标志非商业使用规则”链接进入相关页面，按要求填报材料，进行申请。

获得许可的使用人应当按照许可的范围、签署的承诺以及北京冬奥组委制定的技术规范使用“冰墩墩”，不得实施任何侵害北京冬奥组委知识产权的行为，也不得协助任何第三方实施足以引人误认为其与北京冬奥组委、北京冬奥会等存在特定联系的混淆行为。

按照国际奥委会和北京冬奥组委签订的《主办城市合同》的要求，北京冬奥组委将于 2022 年 12 月 31 日之前将“冰墩墩”所涉包括奥林匹克标志专有权在内的所有知识产权转让给国际奥委会。

希望大家依法依规使用奥林匹克标志，用自己的行动守护可爱的“冰墩墩”。

“清洁场馆”让权益保护体现在细微之处

——访北京冬奥组委法律事务部副部长刘洪波*

3月5日，北京冬残奥会冰球预赛在国家体育馆打响，赛场上比赛正酣，赛场下权益保护领域的工作者正默默检查场馆里商业广告上的覆盖物是否需要继续加固，观众衣着上的商业展示是否符合要求……

北京冬奥会和冬残奥会期间，各大场馆频频出圈。细心的观众不难发现，无论是竞赛场馆还是非竞赛场馆都十分“清洁”，视觉呈现上更加赏心悦目。但这“清洁”的要求十分专业，相关工作繁杂而重要。

北京2022年冬奥会和冬残奥会组织委员会（以下简称北京冬奥组委）法律事务部副部长刘洪波介绍，“清洁场馆”工作由权益保护业务领域负责，国际奥委会制定“清洁场馆”规则，主要是为了确保奥运会中体育高于任何商业活动，保护奥运会的独特性和完整性，保护奥林匹克全球合作伙伴、奥组委市场开发合作伙伴的权利以及奥林匹克运动的知识产权。国际残奥委会也是基于类似目的，执行基本相同的规则。

“清洁场馆”一词源于英文“Clean Venue”。这里的“清洁”不是指环境卫生上的洁净，而是指对商业展示的限制。刘洪波介绍，“清洁场馆”规则是指在奥运会开幕式前2周到结束后3日内，残奥会继续使用的场馆延长到残奥会结束后第3日，所有场馆及其周边区域不得出现未经国际奥委会、国际残奥委会许可的商业展示。

谈到北京冬奥会和冬残奥会“清洁场馆”工作的开展，刘洪波说可以分为三个阶段。一是认真准备，精准制定政策方案阶段。前期法律事务部组织相关人员对相关文件进行系统学习，储备相关知识，并按照冬奥组委的统一安排派员到平昌冬奥会和东京奥运会学习、参与“清洁场馆”工作，获得了宝贵的实践经验。同时针对各场馆的具体情形逐个起草“清洁场馆”报告，与国际奥委会先后召开多次会议进行讨论，最终形成“一馆一策”的具体标准，为后期工作推动奠定了坚实基础。

2021年10月，北京冬奥组委审议并通过法律事务部研究起草的《北京2022年冬奥会和冬残奥会组织委员会关于开展“清洁场馆”工作的实施意见》成为各场馆团队开展“清

---

* 本文原载《法治日报》2022年3月11日，第8版。记者侯建斌、见习记者刘欣。

洁场馆”工作的直接依据。

二是合力攻坚，依规移除、遮挡场馆及周边的商业展示阶段。刘洪波说：“‘清洁场馆’政策目标能否成功实现，这一阶段的工作是最关键的，我们面临的挑战也非常多。比如工作任务繁重，需要做大量的沟通协调工作，受疫情影响团队人员数量压减等等。”

去年9月，法律事务部权益保护业务领域9名同志全部下沉到场馆一线，在各场馆和属地政府的大力支持下迅速配齐团队。紧接着就是紧锣密鼓开展一系列培训，相关各方很快对“清洁场馆”工作达成共识，大家齐心协力、各司其职、相互配合，工作局面迅速打开。

三是严格监管，高效处置随时出现的违规展示阶段。赛时阶段“清洁场馆”工作的重点，是对场馆内人员的衣着和携带物品以及进入场馆的车辆和货物进行监管，只要出现不合规的商业展示，马上按预定方案进行处理。

刘洪波说：“这个阶段的工作，事前不知道是否会出现违规的商业展示以及在哪里出现，都是发现问题后临机处置。”

赛时进入场馆人员较多，对运动员、技术官员、赞助企业代表和合同商代表、持权转播商、观众等，都要观察到位。注册人员和观众衣着上的商业展示限制要求不一样。举例来说，对注册人员而言，每个人的服饰都要符合要求。对观众而言，不得集体（20人及以上）统一使用或者穿戴相同或者组合形成的带有明显商业展示的物品或者服装。同时，各种物资还在不断进场，需要及时进行检查和合规化处理。

1月29日，权益保护团队突然收到国际奥委会通知，要求在1月31日前紧急遮盖所有非赞助商品牌车辆前后的制造商标识和车辆型号标识。法律事务部与交通部门进行了紧急沟通，在其大力支持下，1月30日下午所涉330辆汽车全部按要求遮盖完毕。又如，在冬奥会开幕式前2小时，国际奥委会的工作人员通知国家体育场观众餐饮点冰柜上的商标需要遮盖，我们的工作人员当即和餐饮业务领域取得了联系，仅用15分钟就解决了问题。

由于各方都以高度负责的态度投入到工作中，北京冬奥会和冬残奥会期间“清洁场馆”工作开展得非常顺利，高标准地完成了工作任务。“我们以信守承诺、认真履约、真抓实干、密切合作的工作态度和作风赢得了各方的认可和尊重。”刘洪波说。

北京冬奥盛会后的知识产权思考*

李富莹

在世界知识产权日即将到来之际，中国知识产权报社和世界知识产权组织中国办事处今天隆重举行“2022 中国知识产权保护高层论坛”，我对此表示衷心的祝贺！同时，感谢论坛主办方邀请我参加论坛，介绍北京冬奥会的知识产权保护工作，特别是有机会聆听与会各界专家分享知识产权领域的最新发展与实践，倍感荣幸。

知识产权对于经济社会高质量发展的重要性毋庸置疑，奥林匹克运动在全球的普及与推广同样受益于知识产权这一伟大的制度设计。已故国际奥委会主席萨马兰奇先生曾说，奥运会的成功举办有两个缺一不可的条件，一是举办国全体人民的支持，二是奥林匹克知识产权的充分有效保护。这足以说明知识产权保护对奥林匹克运动的重要作用。

历经 7 年的精心筹备、25 天的紧张赛事，在全世界的见证下，中国向国际社会奉献了一场“真正无与伦比的奥运盛会”和“未来冬残奥会的标杆”。简约、安全、精彩的背后，离不开北京冬奥会知识产权保护体系的构建与实践。知识产权保护一直伴随、贯穿于冬奥会和冬残奥会始终，从会徽、吉祥物、体育图标，到官方海报、口号、歌曲、服装、火种灯、火炬、奖牌，等等，不一而足，体现了冬奥会筹办工作进展到哪里，知识产权保护工作就跟进到哪里。

7 年间，北京冬奥组委在知识产权保护方面主要开展了以下工作：

一是推动《奥林匹克标志保护条例》修订，为奥林匹克标志保护夯实制度基础。保护知识产权，需要顶层设计、立法先行。根据我国在申奥时做出的一系列承诺和国内的实际情况，北京冬奥组委积极协调、推动和配合相关部门修订《奥林匹克标志保护条例》。修订后的条例拓宽了奥林匹克标志的保护客体和权利人范围，简化了奥林匹克标志的权利确认程序，同时，立足“两个奥运，同样精彩”的理念，对残奥会标志提供了同等的保护，尤其是顺应奥林匹克知识产权保护的国际趋势，开创性地将利用奥林匹克运动元素开展足以引人误认为其与奥林匹克标志权利人之间有赞助或者其他支持关系的隐性营销行为纳入立法规制，全面兑现了申办承诺，体现了习近平总书记讲的“中国办奥运，言必信、

---

* 本文系北京冬奥组委法律事务部部长李富莹 2022 年 4 月 22 日在 2022 中国知识产权保护高层论坛的发言。

行必果”。

二是坚持底线思维，护航重要涉奥知识产权财产的诞生。北京冬奥组委一直高度重视知识产权保护，将知识产权保护嵌入重要标志的产生、发布以及重大活动筹划和举办全过程，在包括会徽、吉祥物、制服设计、火炬造型、奖牌造型等20余项重要标志设计和火炬接力、文化广场、开闭幕式等数十项重大活动中，在作品征集、方案确定、协议起草、合同审核、查重分析、活动元素审核等每个重要环节均严格贯彻知识产权保护要求，逐项制定知识产权保护方案，确保涉奥创意成果知识产权权利归属清晰、无瑕疵，尽最大努力规避知识产权风险。

三是综合运用多种方式，构建立体式、全方位的涉奥知识产权保护体系。北京冬奥组委先后就“北京2022”“Beijing 2022”，会徽以及吉祥物的形象和中英文名称等在中国境内累计获注册商标450件、外观设计专利14件、登记著作权4件，公告奥林匹克和残奥会标志71件、登记特殊标志18件。此外，对于会徽、吉祥物、主办城市加年份等重要标志，配合国际奥委会和国际残奥委会完成在美国、欧盟、俄罗斯、日本等国家和地区的商标注册。

四是强化协作配合，支持各知识产权职能部门开展行政执法。北京冬奥组委支持、配合国家知识产权局和国家市场监督管理总局开展奥林匹克标志知识产权保护专项行动；协调海关总署发布《奥林匹克标志专有权海关保护备案目录》；与北京市和张家口市市场监管综合执法总队等相关执法部门签署《市场监管执法合作备忘录》；配合国家版权局、中央网信办、中央广播电视总台等开展防范和打击非法转播赛事专项行动；与中国互联网信息中心建立域名审查机制；与阿里巴巴、微博等主流社交媒体平台签署涉嫌侵权线索快速处置的框架协议；等等。通过强化协作会商、加强执法衔接、查处涉奥违法行为等一系列措施，极大强化了涉奥知识产权的保护力度。

上述所有这些工作都得到了各级知识产权部门和相关单位的倾心指导、无私帮助和全力支持，特别是国家知识产权局知识产权保护司、国际合作司、专利局、商标局等部门和单位在重要标志产生的一些重要节点上给我们提供了很多非常有价值的、关键性的专业意见和工作建议。精彩的奥运，凝结着你们的辛勤与汗水、努力与付出。借此机会，我也代表北京冬奥组委向为北京冬奥会和冬残奥会顺利成功举办做出贡献的知识产权部门和单位表示由衷的敬意和衷心的感谢！

习近平总书记说，“成就源于奋斗，胜利来之不易”。我们不仅在7年的知识产权实践中收获了成长，也在实践中积累了不可多得的宝贵经验：

一是统筹推动，发挥体制优势，合力构建涉奥知识产权保护体制。北京2022年冬奥会和冬残奥会是习近平总书记亲自谋划、亲自部署、亲自推动，在我国重要历史节点的重大标志性活动。各级知识产权职能部门担当作为、统筹推动，立法、执法、司法等各环节全力支持，全社会积极参与、主动配合，成就了良好的涉奥知识产权保护氛围。

二是崇尚法治，切实兑现承诺，全面展现我国尊重知识产权的国家形象。奥林匹克运动的基础是建立在契约基础上的一整套规则体系，包括《奥林匹克宪章》《主办城市合同》《主办城市合同—运行要求》以及在此基础上签署的一系列契约，其核心是奥林匹克知识产权。奥运会在全世界的影响力，离不开国际奥委会长期以来对奥林匹克品牌的建设、运营和保护，奥林匹克运动的可持续发展很大程度上归功于奥林匹克品牌的 IP（知识产权）价值维护。北京冬奥组委始终尊重奥林匹克知识产权保护规则，一直不折不扣地履行我们的申办承诺，以实际行动向全世界展示了我国对知识产权的充分尊重和保护态度，客观上也进一步提升了全社会的知识产权保护意识，助力形成全社会尊重和崇尚知识产权的良好社会环境。

三是制度先行，夯实工作根基，发挥制度建设在涉奥知识产权保护工作中的规范、引领作用。制度关系事业发展的根本性、全局性、稳定性、长期性问题，其具有固根本、稳预期、利长远的作用。北京冬奥组委在涉奥知识产权保护工作中始终将制度建设摆在突出位置，注重创新完善涉奥知识产权保护工作制度。针对涉奥知识产权的复杂性和特殊性，以保护权利和规范使用为核心，坚持问题导向，对 7 大类具体事项的涉奥知识产权保护工作提出十余项共性指导意见，同时针对仪式庆典、文化活动、音视频、APP、小程序等 7 大类典型场景下的创意成果制定有针对性的权益保护工作个性实施导则，为涉奥创意类成果的知识产权保护工作提供可操作、可复制、可推广的工作指引。此外，还制定赛时“清洁场馆”实施规则。“清洁场馆”是英文“Clean Venue”的直译，是赛时对各场馆商业展示的一种限制性要求。根据《奥林匹克宪章》第 50 条的规定，原则上各场馆安保红线内不得出现任何未经授权的商业展示。通过制定具体的实施规则，将这一颇具奥运特点的知识产权保护要求落实到岗、到人、到细微处，确保了奥运场馆赛时“清洁”，得到了国际奥委会权益保护团队的高度认可，其称赞北京冬奥会的“清洁场馆”工作堪称“完美”，并表示“你们值得为你们对北京冬奥会的成功举办所做出的贡献感到骄傲”。

四是尊重实际，创新工作方式，注重将遵守奥林匹克规则与满足社会参与奥运热情相结合。在尊重奥林匹克知识产权排他性和维护奥林匹克品牌纯洁性的同时，北京冬奥组委充分考虑国情因素，在奥林匹克标志授权使用实践中注意妥善处理遵守规则和保护公众参与热情之间的平衡。比如，在制定《有关标志非商业使用规则》时，立足平衡公众参与热情和尊重奥运规则的原则，允许机关、事业单位、居民委员会等非商业主体在承诺遵守奥林匹克规则的前提下使用冬奥组委的有关标志，用以宣传奥林匹克运动、普及奥林匹克精神，并在授权许可环节针对特殊情况设置了简化程序，努力寻求标志保护、赞助商权益维护和鼓励社会参与三者的共赢。北京冬奥组委累计受理并许可标志使用 200 多件次，取得了良好的社会效果。

北京冬奥会大幕已然落下，渐行渐远，但我们实践中形成和积累的这些经验和做法作为冬奥遗产将永远被铭记。在后奥运时代，我们将继续弘扬“胸怀大局、自信开放、迎难而上、追求卓越、共创未来”的北京冬奥精神，在国家知识产权局等相关职能部门的指导下，携手社会各界，用好北京冬奥知识产权保护遗产，在知识产权强国战略的新征程中，一起向未来！

第五部分　工作随想

本部分收录了在法律事务部工作过的挂职干部、志愿者以及承担课题研究的学者代表的工作随想，共13篇。

严谨与激情　坚守与灵活

——北京冬奥组委挂职学习个人报告

张海平*

2022年，有两项重大体育赛事将先后在中国的北方和南方举行：2月是2022年北京冬奥会；9月是2022年杭州亚运会。为了借鉴北京冬奥组委会的办赛经验，经过杭州亚组委与北京冬奥组委的细致对接与安排，2019年4月9日，亚组委选派的14名挂职干部来到位于首钢园区的北京冬奥组委，开始了为期三个月的学习生活。

按照组织安排，我来到对口的法律事务部学习。北京冬奥组委法律事务部成立于2017年5月（从总体策划部独立出来），设综合处、合同审核处、权益保护处三个处室。组成人员多元化，除了从法院、高校、政府职能部门选调的专业人员外，还有全球招聘的社会专业人士（社招）、学校招录的应届毕业生（校招）、合同商（律师事务所）派驻的专职律师、来自高校的志愿者（在读研究生）以及短期实习生等。

冬奥组委会法律事务部的工作涵盖了起草、论证涉奥重要规范性文件、提出立法建议、研究涉奥法律问题提出应对方案、为北京冬奥组委重大决策提供法律意见、就有关法律问题对外表态、参与涉奥商务谈判等；归口管理合同类法律事务、办理合同登记、签证、公证、备案、批准等法律手续；归口管理北京冬奥组委知识产权保护事务，办理相关知识产权的登记、注册和备案等法律手续，并就知识产权使用许可状况对外答复；负责办理对外许可非商业使用北京冬奥会会徽等奥林匹克知识产权及相关权益事宜；负责组织、指导相关领域或者行业开展涉奥法治宣传、培训和教育等活动；参加或处理诉讼、仲裁事务，商请并配合境内外司法、执法机关处理侵犯北京冬奥组委和其他相关利益主体合法权益的行为；归口管理北京冬奥组委涉外法律事务，参加体育仲裁工作等。法务部现有受薪人员15人（7月将新入职2名校招人员），驻场律师3人，志愿者3人。

虽然冬奥会和亚运会在赛事设置、场馆建设等方面有很大差异，但是从保障赛事运行、维护组委会和其他利益主体合法权益的角度来说，法律事务工作具有很大程度的相通性和

---

* 张海平，女，研究生学历，双硕士，2019年4月至2019年8月在北京冬奥组委法律事务部法务审核处挂职工作。

共容性。尽管人力资源部把我分配在合同审核处，但法务部领导说，“这只是个名义上的分配，我们部门业务领域对你全开放。不管哪个处的工作，只要你有需求有想了解的，都尽管问尽管跟着了解，我们的所有工作对你全敞开”。三个月里，冬奥会法务部把我当作部门重要一员，让我参加周例会、委领导视察、座谈，参与重大法律事务研讨、合同审查、法律文件磋商等工作。通过三个月在法务部的工作、学习，法务部融洽和谐的工作氛围，整体谋划在先、细节落实到位的工作模式，团队合作、集体作战的工作方法，每个工作人员严谨的工作态度以及优秀的个人素质和综合能力都给我留下了深刻印象。

总结自己在冬奥组委会三个月的工作，感触和收获都非常多，冬奥组委会对人才的选用、培养方法和工作的协同合作模式、敢于负责和担当的工作态度都值得亚组会借鉴和学习。

一、开门办会，解决人从哪里来的问题

冬奥组委的多层次多种类人才架构模式，调动了各种社会资源和力量，有效吸引了紧缺专业性人才为我所用。在人才选用方面，尊重部门自主性，由用人部门自行组织面试。这样的用人方式，使冬奥组委的工作人员都非常有激情，工作积极、细致、主动。

开门办会就要打破身份限制，选可用之才。法务部就是一个很好的样本，尽管在法务部工作的人来自不同渠道，但大家工作起来就是一个团结合作的整体。法律事务部目前的编制是 19 人。根据人力资源部门介绍，今后根据工作需要，还可再调整、增加编制。但不管怎样调整、增加，光靠编制内人员还是远远无法满足工作需要的。法务部的大量合同都是用英文签署，合同页数普遍在 40、50 页，谈判、审查合同都是用英文文本沟通，但在定稿之后，还需要翻译、校验中文文本；或者是以中文进行谈判、审查的合同文本，需要翻译、校译英文文本，特别费时费力。法务部采取了体制内调动 + 社会招聘 + 学校招聘 + 采购法律服务商外包服务 + 驻场律师 + 高校志愿者 + 实习生的复合用人结构，把冬奥组委会作为一个平台，吸引各种身份的人才，一方面给不在体制内的人才创造了机会，让他们能够充分发挥自己的智力优势，参与到冬奥会的筹备工作中，另一方面也很好地为组委会解决了人才短缺问题，有更多的人参与、了解、关心冬奥会，意味着赛事影响增大，全民参与度增加，对特许商品、未来票务销售以及增加赞助商赞助信心和愿望都会有积极的影响。

亚组委要借鉴冬奥组委会的方法，结合杭州实际，开拓性创造符合办赛特点、能够满足办赛需要的用人模式，跳开传统的身份、编制束缚，用情怀感召人，用待遇吸引人，用成就鼓舞人，选天下优才而用，集中人才资源办大事。

二、着眼未来，为城市培养可用之才，留下亚运遗产

冬奥组委会各项工作能顺利有序推进，其中一个重要的因素是因为有一大批有过丰富

大型赛事组织、运营方面的人才集聚。冬奥组委会现在的工作人员中，有过2008年夏季奥运会工作经历的有七八十人，这些“奥运人”目前基本上都是冬奥组委会的中高层领导，几乎涵盖了所有业务领域。他们在2008年奥运会取得的经验和教训，是现在办赛的重要和宝贵财富。2015年3月，国务院印发《关于进一步促进展览业改革发展的若干意见》（国发〔2015〕15号），2017年12月，杭州市出台《杭州市发展会展业促进条例》。随后，杭州市政府推出《杭州市加快推进会展业发展三年行动计划（2018—2020年）》，以深入实施城市国际化战略，推进我市国际会议目的地以及国际会展之都、赛事之城的打造。人才的培养不是一朝一夕之功，尤其是会展业人才、赛事组织人才的培育，更需要实战培训的机会。

“办好一个会，提升一座城”。杭州的国际化进程道路还长。我们有必要借鉴冬奥组委会的做法，把亚运会组委会作为杭州未来会展、赛事组织人才的培养基地，与在杭高校合作，建立在校学生大学人才库。通过办亚运会，为城市未来发展积蓄力量，为城市的未来发展和国际化储备人才。具体做法可以是与省内高校合作，以学校推荐、组委会面试的方式，建立志愿者人才库；甚至还可以把志愿者范围扩大到社会层面、公益组织层面。通过志愿者定期、有组织、有计划地参与组委会各项工作，锻炼一批具有国际化视野，了解赛事运行管理规律和程序，能在赛时阶段帮忙不添乱的志愿者，既能解决赛时的人员紧张问题，也能为杭州打造国际会展之都、赛事之城储备相应人才，这些人才本身就是宝贵的亚运财富。

三、立法先行，解决法律保障问题

从法律角度来看，组委会的各项工作就是履行主办城市合同、落实各项承诺的过程。对国际奥委会来说，奥林匹克标志几乎是它最重要的财产，保护奥林匹克标志是奥运会主办国的义务，是《奥林匹克宪章》的要求，也是奥运会申办报告和主办城市合同等申办文件的重要内容。要依法保障、推进各项工作，保护各利益相关方的权益，就必须先解决立法问题。2002年，我国制定并实施了《奥林匹克标志保护条例》，主要着眼于对2008年北京奥运会这一特定届次的奥运会标志提供保护，对保障2008年北京奥运会的顺利举办发挥了重要作用。随着北京2022年冬奥会申办成功，根据冬奥会《主办城市合同》第42条的规定，城市、国家奥委会和奥组委应当自《主办城市合同》生效之日起两年内，为所有的奥林匹克财产提供必要的法律保护。因此，冬奥组委会推动修订了《奥林匹克标志保护条例》，协调完成了前期调研、论证、起草修订稿，由国务院体育总局、原国家工商总局于2017年7月向国务院报送了《奥林匹克标志保护条例（修订草案送审稿）》。原国务院法制办会同国家体育总局、原国家工商总局、国家知识产权局和北京冬奥组委等有关部门，对送审稿反复研究、修改，形成了《奥林匹克标志保护条例（修订草案）》。2018年6月28

日，国务院总理李克强签署国务院令，正式公布修订后的《奥林匹克标志保护条例》。

从亚运会的角度来看，《亚奥理事会宪章》对主办国亚运会标志保护及其他亚奥财产的保护提出了明确要求，《2022 第 19 届亚运会主办城市合同》也以法律文件形式作了相应承诺。目前有关对亚运会标志保护的依据是原国家工商行政管理总局于 2010 年 4 月公布的《亚洲运动会标志保护办法》，这是比《奥林匹克标志保护条例》低一层级的部门规章。但即使是这个部门规章，也不能直接适用于 2022 年第 19 届亚运会的相关标志保护，因为这个保护办法规定的保护范围是“第 16 届亚运会”申办机构、组织机构的特殊标志。所以，杭州亚组委要把推动修订《亚洲运动会标志保护办法》提上工作日程，尽早从立法层面获得对亚运会标志的法律保障。

四、具体工作中，执法协调机制建设是重点

在实际工作中，会遇到各种合法或不合法使用奥运会特殊标志或者进行隐性营销宣传等情况，这就需要组委会与相关职能部门的通力合作，建立一套能够高效运行的执法协调机制。冬奥组委会已经与国家知识产权局、市场监管局等部门建立良好的合作关系，发现涉嫌违法线索，即时转交相关职能部门处置。对此，亚组委也已经有所考虑，将在今后的工作中将组委会主动积极维权和职能部门严厉打击侵权相结合，做好亚运知识产权保护工作。

冬奥组委会法务部不但负责组委会的法律保障，而且还对延庆、张家口两个分赛区进行法律指导，通过统一标准，掌握同一尺度，有效地把分赛区的法律工作纳入统一管理。尤其是《北京 2022 年冬奥会和冬残奥会组织委员会有关标志非商业使用规则》的制定，明确了非商业使用的主体必须是非营利性的单位，活动本身的公益性，赞助商必须是奥运系列等，这个文件对于指导分赛区利用奥运标志扩大宣传范围，解决经费问题具有重要意义，同时又把一些可能出现的法律问题做了事先防范，这种做法对杭州亚运会这样一个主办城市、多个协办城市的办赛模式有很好的借鉴意义。

五、团队合作，高屋建瓴的统筹和细节到位的落实并重

法务部的工作非常有前瞻性和条理性。他们真正把里程碑任务变成了自己的工作指导，围绕完成里程碑任务，法务部从头到尾梳理了所有可能涉及法律事务的工作，并以合同、文件、行为等具体形式予以细化。目前，法务部的里程碑任务已经完成过半。这其中，对需要部门协同完成的重大事项，如会徽、吉祥物的征集、发布，赞助合同谈判、签订等，法务部全都从一开始就参与其中，全程提供法律意见和指导，与业务部门合作共同完成。在法务部内部，因为大多的合同文本都需要完成英文本的修改、审核，权益保护也需要调查、取证，每项法律事务都是以两人或三人工作小组形式完成，团队合作既保证了工作质

量，也在一定程度上提高了工作效率。冬奥组委会专职副主席韩子荣到法务部来检查工作，对法务部的工作给予了充分肯定和表扬：法务部貌似不是负责核心工作，但超前谋划、有求必应、充分保障，实际作用发挥得非常好，工作非常出色。

对亚组委来说，非常有必要借鉴这种工作模式，尤其是要加强法务部与其他部门的合作与指导，打破部门界限，做到事先沟通、共同谋划、并肩作战，真正从法律角度为组委会做好风险防范墙。比如，冬奥组委会遇到的国际奥委会的赞助商与冬奥组委会赞助商之间的权益保护冲突，就是前所未遇的挑战。作为法务部门，要更多地进行风险防范研究，不仅仅研究防范控制合同条款上的经济风险，还要用更开阔的视野和敏锐的嗅觉去防范可能的政治风险。

六、坚守底线，强化法律保障作用

冬奥组委会的很多法律文件都需要报国际奥委会批准，除了组委会与利益相关人的合同关系，还可能涉及组委会与国际奥委会的合同关系，这需要法务部在处理相关合同条款时更加小心谨慎，穷尽能想到的各种假设，以最大限度地从条款设定方面保护组委会的合法权益。在法务部工作时，遇到一个合同谈判，因法务部坚持某些法律条款而导致谈判陷于僵局，法务部领导当场表态："这是我们必须坚持的底线。如果因为对方不能答应这个条款导致合同签不了，责任算到法务部头上，责任我来担。"这种法律意识和责任担当，确实也是法务部工作的底气。当然，除了坚守法律底线，法务部的工作也不乏灵活性。尤其体现在与张家口、延庆赛区的法律事务管辖和分工合作上，一方面从组委会法律事务部角度为分赛区提供统一的法律服务要求和架构设置指导，另一方面又让分赛区在一定范围内充分发挥自主性和主观能动性，以满足和保障分赛区的法律服务要求。

杭州亚运会的办赛原则是"杭州为主，共建共享"，但杭州对杭外赛区的法律指导工作还是空白，我们要继续研究冬奥组委会与延庆、张家口赛区的工作模式，借鉴成功经验，运用到我们对杭外赛区的工作实践中。

三个月的挂职学习，让我常常为冬奥人的激情感染，他们身上有着诸多的优秀品质，组委会的工作更是高效而有成效。学习归来，我要尽可能把自己的所学、所思都结合、运用到亚组委的工作实际，为保障亚运会的成功举办做出法律人应有的贡献。

冰雪奥运　洁白无瑕

——参加冬奥法律事务二三事

马宏俊*

法律与体育都是追求公平和公正，具有天然的共同特点，冰雪的洁白无瑕，更彰显其本色。我是在2000年因一件偶然的事情对体育法产生了兴趣，后来就开始体育法的研究和教学。2014年开始教授《反兴奋剂法治与人权保护》课程，2019年申请了北京市社会科学重大项目——《北京冬奥会反兴奋剂法律体系及防控机制研究》，在此基础上，2020年又申请了国家社科重大项目——《反兴奋剂法治体系及防控机制研究》。其间，沸沸扬扬的孙杨CAS仲裁案经历了初裁、终裁、撤裁，刚刚又做出了重新仲裁，还有美国发布的《罗德琴科夫反兴奋剂法案》，围绕着反兴奋剂的法律及实务，深入研究还是蛮有意思的。一场突发的遍及全世界的新冠肺炎疫情，打乱了人们的生活，夺走了千万生命，凸显人间万象，推迟一年的东京夏季奥运会面对着疫情的波动，也是难有定数。中国人民万众一心团结抗疫，为北京2022年冬奥会的成功举办打下了坚实的基础。期盼这届冬奥会在洁白的世界里，开出绚烂多姿的美丽花朵。2018年，中国政法大学在体育法研究中心16年探索的基础上，成立体育法研究所，我被推举为首任所长，开始了体育法教学和科研的“正规军”生涯；2020年9月，中国政法大学和国家体育总局签署了共同建设高层次体育法治研究基地的合作协议，2021年1月正式批准建立中国政法大学体育法治研究基地，我被任命为主任，掀开了体育法教学研究、国家智库、社会服务、人才培养、国际交流的新篇章。回首往事，有很多值得书写的平凡而有意义的事情，尤其是伴随着北京冬奥会的法律事务，择其一二，与大家分享。

一、为奥运法治贡献绵薄之力

我所在的中国政法大学体育法学团队，早在2002年就开始了体育法学的探索和研究。当时虽然还没有成立在编的专门机构，但是在学校支持下，设立了体育法研究中心。著名

* 马宏俊，男，本科学历，法学学士，中国政法大学法学院教授、体育法治研究基地主任。

宪法学家焦洪昌教授出于对体育和体育法的浓厚兴趣，出任中心主任，我与王小平教授担任中心副主任，被大家戏称为“三驾马车”。当时不曾想到，我们三人这份凝结了私谊和公益的亲密合作，竟然跨越二十年的风雨沧桑，在体育法这片热土上打下了牢不可破的烙印，并有幸为国家的奥运法治添砖加瓦，做出了我们独特的贡献。

在我们团队多年来深耕体育法的基础上，2017 年，有幸受到北京冬奥组委之托，承担了“北京 2022 年冬奥会法律风险防控与应对”项目的研究。焦洪昌教授担任项目负责人，我与体育法团队其他各位老师和在校博、硕士研究生将近 20 人参加了项目研究。在课题研究的过程中，我们数次召开工作会议，对课题的框架结构、思路设计、重点难点、实务导向等集思广益，并听取了冬奥组委法律事务部相关领导和体育法学界多位专家的宝贵意见，为项目研究尽可能地汲取营养。我们团队的几位教授在赴国外交流访问之际，先后考察了第一届冬奥会举办地法国夏蒙尼以及第十九届冬奥会举办地美国盐湖城，为课题研究拓展了思路、开阔了方向。同时，项目组还派出多位成员，数次前往张家口市进行实地调研，就志愿者招募和培训计划、法院涉冬奥案件审判、冬奥会相关立法和执法协调、知识产权保护、涉外公证业务、服务业侵权及其救济等事项进行沟通，理论与实务界倾力合作，研判其中潜在的法律风险。经过一年多时间的团队协作，并在反复听取冬奥组委反馈意见的基础上，我们最终完成了这份沉甸甸的研究报告。这也是我和所在团队第一次参与到冬奥法律事务的研究中来。

凭着长期的积累以及对北京冬奥法律事务的一腔热忱，我领衔的体育法团队又在 2019 年申报成功了北京市社会科学基金重大项目“北京冬奥会反兴奋剂法律体系及防控机制研究”。这一重大项目的申报，是受到习近平总书记在会见国际奥委会主席巴赫时的重要讲话的启发。习总书记强调，“中国政府对使用兴奋剂持‘零容忍’态度”，“中国运动员哪怕不拿竞技场上的金牌，也一定要拿奥林匹克精神的金牌，拿一个遵纪守法的金牌，拿一个干净的金牌。中国将坚定主办一届像冰雪一样干净、纯洁的冬奥会”。应当说，在涉及冬奥的众多法律事务中，反兴奋剂法律工作是其中深受瞩目的重要部分，关系到整个国家办奥理念的深刻转变。随着这个项目的开展，我和团队成员更加深入地了解了冬奥法律事务和反兴奋剂法律事务的前沿动态，努力追寻到了将二者妥善结合的路径。

随着对冬奥法律事务研究的深入，我深感体育法学作为一个新兴交叉学科，在目前国内整体研究尚较薄弱的情况下，应当开拓格局，聚合力量，与全国体育法学界的同仁一起精诚合作，为冬奥会贡献力量。于是，我于 2020 年组织体育法领域的学术和实务界精干力量，申报了国家社会科学重大项目“反兴奋剂法治体系及防控机制研究”。项目于 2020 年 12 月获准立项，这让年将耳顺的我又有了老骥伏枥的动力。回看个人数十年的学术生涯，凭着丰富的学术兴趣，我曾涉足法学中的多个领域，并各自投入了大量的时间和精力。但其中最让我付出心血的，还是与国家奥运法治、体育法治直接相关的冬奥相关课题。尽心尽力地做好这些研究，某种意义上已成为我学术生涯中最重要的一个使命。

二、因孙杨CAS仲裁案引发的思考

在一个学科发展的过程中，往往会有一些里程碑式的事件，促进整个社会对该学科所涉及的问题的充分重视，也促进学科借此契机而深入探索，走向完善。对于整个体育法学科来说，2020年孙杨CAS仲裁案结果公布以来引发的轩然大波，无疑就是这样的里程碑式事件。在这个事件之前，我国体育法虽然已经初步形成了相对稳定的研究群体、较为明确的研究对象、不断完善的研究范式，但是在普通民众眼里，仍是个罕有听闻的小众学科。甚至在法学领域里，其他部门法学者很多也都未曾了解这个学科的存在。2020年年初，孙杨CAS仲裁案裁决作出，8年禁赛的严厉处罚，引发了国人如潮热议。在这个疫情蔓延的特殊年景，这一案件的处理和发展，也成为牵动人心的重大事件。大多数民众通过这一案件，第一次知道了体育法的存在，并对这个陌生的领域产生了兴趣。

孙杨案本身的案情，在此无需赘述。我要分享的是在2020年这个特殊的年份里，因为我所在的团队对此案的密切关注，而引发的深层思考，以及相应采取的一些行动。这些思考和行动，可以说是我们作为专门的体育法研究团队，面对重大复杂案件所自然生发的一种责任和使命。同时，我们的团队也因此进一步成长，并进而在反兴奋剂这个体育法当中的重要切入点上，积累了继续为冬奥法治贡献力量的宝贵经验。

在孙杨案的案情和仲裁细节披露之后，人们对体育法律师和体育法法律服务的关注，达到了一个前所未有的热度。无论是学界、律师界，还是相关体育管理机构，都在就此展开探讨。“学术乃天下之公器”，我当时意识到，作为国内第一个在编的体育法教学研究机构，我们对此责无旁贷，应当努力寻求解决之道。孙杨案之前，应当说国内体育界已经有相当一些从事体育法律服务的律师，在为北京奥运会等大型赛会、中超联赛等职业体育赛事、各单项体育协会担任法律顾问、提供诉讼和非诉代理等业务中，积累了一些经验。但是客观来讲，这个领域还处于萌芽阶段，良性竞争远未建立，从业的律师还只是“跑马占地”式的与相关单项体育协会建立起一种固定关系。这种严重缺乏竞争的业态，也导致了严重缺乏公开性。连孙杨这样的超级体育明星，在寻求法律帮助时尚且缺乏充分、公开的信息资源，更遑论成千上万的普通运动员了。于是，我们在孙杨案裁决发布之后一个月内，就趁热打铁与国内律师界同样有此共识的同道一起，通过深入沟通会商，建立了我国第一个体育法律师库。我所在的中国政法大学体育法研究所作为律师库的发起单位和运营单位，明确提出了律师库要始终坚持公益性的宗旨，面对全国律师公开，免费申报，在库期间不支付会员费等费用。我们的初衷，就是想要为中国的体育法律服务市场提供一个公开、高效的桥梁，通过周期性地吸纳体育法律师入库、并将其擅长的具体业务领域分类展示，为供需双方提供便利。令人欣慰的是，我们的这一举措，得到了学校的支持，得到了6家协作律所的积极响应，也在建库一年多来，吸纳了100多位业有专精的体育法律师入库。从某种意义上说，国内体育法律服务界的从业律师们，从此不再处于“地下活动”的状态，而将在阳光下接受同行精英的竞争，同时也将在阳光下迎来潜在的客户群体的关注。

除了发起建设体育法律师库之外，我们以孙杨案为契机，还组织召开了一系列的体育法学术研讨会。其中，反兴奋剂管制的国内国际衔接问题研讨会也是反响非常巨大的一次会议。有感于孙杨案暴露出来的国际和国内体育法规则的衔接问题，我们以反兴奋剂相关规则为切入点，邀请国内多位专家展开了深入研讨。就《世界反兴奋剂条例》的定位和属性、《世界反兴奋剂条例》中关于运动员权利保障内容、《世界反兴奋剂条例》与我国《反兴奋剂条例》发生冲突后的适用问题、国内反兴奋剂标准与国际标准的比较问题，同行们进行了高质量的交流。这一交流的意义，可能不仅在于孙杨案这一个案件，而对于北京冬奥会等未来在我国举办的国际体育赛事中的法律纠纷解决，都具有未雨绸缪的学术借鉴意义。

在2020年3月的另外一次研讨会中，我们邀请国内体育法同行，集中探讨了孙杨案对运动员建立规则意识的启发问题。通过孙杨案，大家意识到我国运动员在面对可能的法律纠纷时，普遍缺乏有效的规则意识。这可能不只是运动员提起重视就可以解决的问题，而是需要在组织上、制度上，全方位地对运动员进行教育培训的问题。在该次研讨会上，与会专家分别就从组织和制度层面认识对运动员的教育培养、反兴奋剂规则对兴奋剂抽样检查次数的限制、国际体育组织在兴奋剂问题上的严格责任立场、反兴奋剂规则的操作和设计、足球俱乐部与职业运动员签订的合同中的兴奋剂条款、运动员的管理模式转型、重视各级运动员教育制度建设等问题发表了深入而精彩的意见。当然，这次会议聚焦的“规则意识”的重点，仍在于反兴奋剂方面，相信这也是在我国即将举办2022年冬奥会之前，在运动员教育培训中的首要重点。

三、研究生联合培养基地的建设

体育法是具有强烈的实务导向的学科，从人才培养的角度来说，最适应社会需要的并非纯理论型的学生，而是能够学以致用、将学习和研究兴趣与体育法实务紧密结合在一起的专才。在这样的思路指引下，我们中国政法大学体育法团队长期以来一直很重视体育法专业研究生的实习。在博士研究生、硕士研究生、本科生三个层级的学生中，硕士研究生是体育法团队为社会培养的最主要的人才“产品”，围绕他们的培养方案，导师团队不断调适，不断探索，摸索出了一套行之有效的育人体系。在这套体系之下，除了校内学分修读、科研训练等“规定动作”外，专业实习是打造学生的综合能力、培养学生问题意识、指引学生就业方向的重要历练。多年以来，借助地处首都的地利之便，我们有幸在实习工作中得到了国家体育总局政法司、中国反兴奋剂中心、北京冬奥组委法律事务部、北京市体育局法宣处等众多单位相关负责同志的支持，为研究生培养提供了极大的便利。在此基础上，近年来我们与部分实务部门携手共建体育法研究生联合培养基地，正在取得丰硕成果。

2020年7月，我们与北京冬奥会举办地之一河北省张家口市崇礼区人民法院、崇礼区体育局正式举行揭牌仪式，双方开始共建研究生联合培养基地。事实上，作为北京冬奥会雪上项目赛事的举办地，崇礼区有着丰富的滑雪资源，相应也有着较为丰富的滑雪类法律纠纷案件资源。这对基层法院来说是一个不小的挑战，但对于专门从事体育法教学与科研工作的我们团队来说，这恰恰是学术研究的富矿，是具有现实意义的真问题。因此，我们在双方正式建设基地之前，已经遴选适合的硕士研究生，以滑雪类法律纠纷为主题，进行了硕士学位论文的写作。而双方正式建设基地之后，将通过派遣学生集中实习、校外导师参与实务课程建设、体育法教师团队赴崇礼实地调研和课程讲授、崇礼法院涉冬奥业务骨干赴中国政法大学专项培训及交流座谈等方式，让体育法青年学子在冬奥筹备的火热一线经受锻炼、提高素养，同时也为我们团队深入、全面参与冬奥法治实践提供新的契机。

在冬奥脚步不断临近之际，结合我负责的两个重大课题，我们体育法团队对反兴奋剂法治建设的参与程度也越来越深。2021年春，我们又与中国反兴奋剂中心开始携手共建研究生联合培养基地。这一基地的建设，同样有着前期双方在反兴奋剂入刑研究、反兴奋剂案件实务研讨、反兴奋剂听证、反兴奋剂教育推广等方面的长期合作基础。能够在“纯洁体育、拿干净金牌”理念日益受到重视的今天正式建成联合培养基地，真可以说是瓜熟蒂落，是体育法人才培养的又一难得机遇。

十年树木，百年树人，在长期耕耘之后，现在我们团队所培养的体育法方向毕业研究生中，已经有多人被中国反兴奋剂中心、北京冬奥组委、职业足球俱乐部、大型律师事务所体育法岗位等录用，在实务一线学以致用，传承体育法学的薪火。作为一名教师，这也是我最大的欣慰。

百年奥运，中国梦圆。在2008年北京奥运会取得了举国体制的辉煌成就之后，开放的中国正在从体育大国到体育强国的新征途上行稳致远。而第一次申办成功的冬奥会，正好承载着这样的新理念和新使命。我和我的团队躬逢其盛，在这样一个体育法治空前受到重视、“拿干净金牌”的理念代替了单纯锦标主义的时代投身于体育法的研究和实践，深感欣幸。我想，我们不但要在北京冬奥会事前事中事后积极关注、全情投入，为这一盛会提供法学层面的对策和建议，更要以此为缘，深深扎根于中国的体育法治事业当中，为之躬耕不辍，砥砺前行。

坚守初心　践行承诺　为冬奥盛事奉献青春力量

——2018 年新入职员工代表发言

武雨佳*

2018 年 4 月 4 日

2018 年平昌冬奥会刚刚落下帷幕，这意味着冬奥筹办已正式进入“北京周期”。筹办好北京冬奥会和冬残奥会，意义重大，责任重大。我相信在座的各位新同事和我一样，非常激动也非常荣幸能够在这个关键的时间节点加入冬奥组委这个大家庭，参与这场盛事，并贡献自己的一份力量。2022 年在北京举办冬奥会和冬残奥会是我们国家向国际社会作出的郑重承诺。而我们，作为冬奥组委的一分子，就要在未来几年的工作中，在这个平台上兑现对自己的承诺，践行对冬奥组委会的承诺，完成对国家和人民的承诺。

选择冬奥组委作为职业生涯的新起点，是我们对自己的承诺。我们承诺学会感恩并珍惜能够拥有这样一段与众不同的工作经历；承诺在这个平台上以最快的速度学习，成长为更好的自己，实现自身能力的飞跃。无论是即将从学校象牙塔走向社会的应届毕业生，还是从原有工作岗位来到冬奥组委开展新工作的同事，此刻都是我们人生道路上的一个重要转折、一个崭新起点，也是一个宝贵的机遇。我们要尽快融入这个大家庭，熟悉并适应自己的工作岗位。我们作为新员工，不仅仅是新力量的加入，更是新学习的开始。今天，我们的冬奥梦想刚刚迈出了第一步，未来还有更远的路要走。在未来的日子里，我们要不断将自己打磨成专业化国际化的人才，兑现对自己的承诺，努力实现自身的人生理想和社会价值，相信这样一份职业经历将会成为我们每一个人的独家记忆。

选择加入冬奥组委大家庭，也是我们对组委会的承诺。我们承诺将自己所学习的专业知识充分运用到工作当中。未来的工作中我们要学以致用，知行合一，将学校中习得的理论与工作实践充分结合。我们承诺以最饱满的热情对待每一天的工作生活——还记得冬奥组委在中国人民大学的招聘宣讲会上，冬奥组委的同事和我们分享的一个细节让我印象深

---

* 武雨佳，女，研究生学历，法学硕士，北京冬奥组委法律事务部法务审核处项目工程师。本文系武雨佳在北京冬奥组委 2018 年新入职员工代表的发言稿。

刻，她说：在冬奥组委工作，无时无刻不会被奥运健儿的激情和奥林匹克的精神打动。我相信在未来的工作中这种热情也会感染我们每一位新同事，我们将拥有积极向上的工作态度，愿意为自己的目标奋斗，更愿意为国家的梦想拼搏。来到这里，意味着我们即将服从冬奥组委的统筹安排，不辜负组委会对我们的信任。冬奥组委为我们提供了优良的工作平台和展示自身价值的机会。自此以后，我们的所言所行就不仅仅代表着自己，更是代表了组委会。我们要坚持绿色办奥、共享办奥、开放办奥、廉洁办奥的理念，努力做好冬奥精神的传播者，充分发挥并体现冬奥组委的价值。

选择成为冬奥组委的一员，服务于2022年冬奥会和冬残奥会的筹备，更是我们对国家和人民的承诺。还记得2018年2月22日，武大靖在平昌冬奥会上为我国夺得首金的消息占据了各大媒体的新闻头条，当然我的朋友圈也被刷了屏，我感受到了中国人民对冬奥会的关注，对实现冬奥梦想的憧憬与希冀。我们选择了冬奥组委，就是选择了承担起这份更重的社会责任和历史使命。2008年北京主办了第29届奥运会，实现了中国的奥运梦，赢得了国际社会的信任与赞赏。2022年，我们更是肩负着国家和人民圆冬奥之梦，圆体育强国之梦的重任。我们希望未来的日子里可以始终坚持初心、勇于担当，为国家和人民延伸奥运梦想，通过筹备好北京冬奥会和冬残奥会，展示大国风范，让世界看到一个开放包容、成就卓著、充满生机的中国。

最后，我很感谢冬奥组委选择了我们，也庆幸我们大家选择了冬奥组委。相信在这个平台上我们每个人都能有充分发挥的空间和历练的机会。我们在今后的工作岗位上也定会抓住新机遇、应对新挑战，同心协力共同筹办好一场精彩、非凡、卓越的国际盛事，向祖国人民交上一份满意的答卷，邀全世界各国人民同赏纯洁的冰雪，共赴激情的约会。

服务冬奥面向未来

张佳春*

2015 年 7 月 31 日，国际奥委会主席巴赫宣布：中国北京获得 2022 年第 24 届冬季奥林匹克运动会举办权，北京作为世界上首个双奥之城就此踏上了新的征程。

能够为奥运提供服务是所有法律人的期待，它包含着信任、肯定、托付与对未来的憧憬。自 2018 年 8 月起，天达共和有幸成为了冬奥综合法律服务合同商，此项工作一直延续到冬奥和冬残奥圆满收官。在冬奥组委法律事务部的领导下，一路走来，天达共和的律师们付出了真诚、专业、辛苦，收获了信任、支持、知识。冬奥法律服务涉及的法律事务众多，法律关系复杂，法律知识体系庞大，服务品质要求高，无论从哪个视角总结都可以分享出一番丰富的心得，但深入下去却总有其实“功夫在诗外”的感受。面对如此意义重大的项目，天达共和能够持续获得为北京冬奥提供综合法律服务的殊荣，不仅是因为拥有众多满足服务内容要求的优秀律师，更在于在冬奥组委法律部的引领下，天达共和实现了服务组织模式和专业服务能力的转型和提升。

一、服务冬奥需要进行组织架构的转型升级

律师事务所有三大行业通识性的管理特点，一是律师个人的服务能力与服务领域具有专业性和局限性，二是合伙制使各个服务领域形成以合伙人为主导的扁平型与协商化的工作组织模式，三是合伙人的个人利益与具体服务项目具有直接的关联关系。针对冬奥会法律服务综合性、规模化、高品质的要求，天达共和决定跨部门、跨专业领域，由事务所的最高管理机构“管理委员会”直接领导冬奥法律服务工作，打通专业律师服务能力的个人局限性，将通常的合伙人平等协商的合作模式，改变为奥运项目负责人对项目服务统一领导，合伙人分工负责，专业团队具体工作的层级领导模式，保证了对外统一负责，对内统一指挥，形成了组织一体化的服务能力。与之相应，天达共和对冬奥项目在财务管理上实施项目制统一预算与结算，首先保障了服务成本的支撑，弱化了合伙人利益的直接关联性，与统一管理相匹配，保证了冬奥服务的机构整体性。

---

* 张佳春，男，研究生学历，法律硕士，北京天达共和律师事务所合伙人。

二、服务冬奥需要构建统一的文化价值观

2022北京冬奥是中国的冬奥，世界的冬奥，每一个服务冬奥的人员都是在各自岗位上共同践行国家承诺。天达共和自团队组建之初就把组织架构重组和对北京负责、对中国负责融为一体，强调集体责任意识，强调主动担当和首问责任制，客户所有问题即使超出律师本人的专业领域也必须先将问题领取，然后再在事务所内部向上汇报统一协调。实践证明，首问责任制的意义远超具体工作办理的效率与服务感受的维度，它使担当、协作、荣誉成为冬奥服务团队的文化共识。在此基础上，北京办公室主动调剂出驻场服务岗位，使天达共和武汉、杭州、上海办公室的专业律师也能分享服务冬奥提升能力的机会。“一起向未来”的奥林匹克运动核心价值观和愿景，也成为天达共和人的思想自觉。

三、服务冬奥需要继承、学习、创新

诚如《主办城市合同》所言，奥林匹克运动之所以能够成为全世界共同的文化标志与愿景，历届夏冬两季奥运会积淀的规划、组织、资助及举办奥运会的过程中获得的所有数据、文献、材料、物品、图片、视频、系统、网站、软件源代码所形成的“奥运会信息知识与专业技术”，具有极其重要的支撑作用。2022北京冬奥法律服务就是在历届奥运全球法律工作者的服务成果上展开的，它汇集了全球法律精英的集体智慧，也包含着过往每一个主办城市所在地的法律要素与法律文化。北京作为世界第一个双奥之城，虽有夏奥成功的丰富经验可供借鉴，但冬奥围绕冰雪运动而产生的全新需求，使北京冬奥成为一届继承、学习、创新、增值的新奥运。相比2008年，2022年是一个被数字化所围绕的世界，数字化的内容充盈着筹备工作的方方面面，可以说就法律所涉内容而言，北京冬奥为国际奥林匹克运动的数字化发展贡献了前所未有的创新价值。

四、服务冬奥转型向未来

自2015年7月北京冬奥申办成功以来，七年的历程让中国为世界呈现了一届真正无与伦比的冬奥会，也让每一个参与者感受了挑战极限、超越自我。2022年2月20日北京冬奥闭幕，2022年2月21日天达共和生发于冬奥期间的数字化分所“北京天达共和（东城）律师事务所”获颁北京市司法局批准证书。冬奥精神的引领，冬奥期间认知的积累和组织变革模式，让我们对冬奥后的起承转合更有雄心、勇气和力量。愿天达共和携冬奥收获，应时代大潮，“更快、更高、更强、更团结”。

打造“清洁场馆”，让赛事更纯洁

王志超*

举世瞩目的冬奥会、冬残奥会已经闭幕，作为有幸亲身参与赛事筹办和服务保障工作的冬奥人，许多工作场景我仍历历在目，许多的工作瞬间仍萦绕脑海，不能忘怀。我于2021年9月16日借调至北京2022年冬奥会和冬残奥会组织委员会大家庭酒店场馆运行团队，担任权益保护业务领域经理一职，主要负责本场馆的“清洁场馆”相关工作。“清洁场馆”是国际奥委会、国际残奥委会对场馆在特定时间段商业展示的一种限制性政策，即在北京冬奥会开幕式前2周（2022年1月21日）到北京冬残奥会结束后3日（2022年3月16日）内，所有场馆及其周边区域不得出现未经国际奥委会、国际残奥委会许可的商业展示。通俗而言就是场馆内及周边区域不能出现非赞助商的标识。相较于其他场馆，大家庭酒店场馆情况较为特殊、需移除遮盖的非赞助商标识数量最多，工作难度大。针对以上情况，我与权益保护业务领域其他人员共同努力，积极履职尽责，对大家庭酒店场馆进行了精心全面的“清洁”工作。

一、场馆及权益保护业务领域基本情况

（一）大家庭酒店场馆简介

大家庭酒店场馆包括北京北辰洲际酒店、北京北辰五洲皇冠大酒店、北京北辰五洲大酒店三个酒店和国家会议中心（以下简称“三酒一会”）。“三酒一会”总面积60余万平方米，参与冬奥接待的工作人员2800余人。大家庭酒店场馆团队人员参与冬奥接待人员共1085人。大家庭酒店场馆是国际奥委会、国际残奥委会赛时总部和运行指挥中心，负责接待国际奥委会、国际残奥委会、国际冬季体育联合会、各国家（地区）奥委会主要官员等1080人，是集中体现赛会服务水平的重要平台，也是展示主办城市风采的重要窗口。

（二）权益保护业务领域人员构成及职责

权益保护业务领域共有P2类人员1人，V类志愿者2人。业务领域职责是做好各业务领域、场馆业主单位、外围保障团队以及其他相关参与方的权益保护培训工作，使各方能

---

* 王志超，男，研究生学历，公共管理硕士，北京市朝阳区市场监督管理局四级主任科员，2021年9月—2022年4月北京2022年冬奥会和冬残奥会奥林匹克大家庭酒店（残奥大家庭酒店）场馆团队权益保护业务领域经理。

够解决自身职责范围内的“清洁场馆”问题。统筹制定并组织实施本场馆各业务领域的“清洁场馆”实施方案。协助北京冬奥组委“清洁场馆”成果验收小组赛前对各场馆进行联合检查。协助国际奥委会、国际残奥委会专家赛前对“清洁场馆”工作进行专项检查。赛时开展巡视巡查，发现违规展示行为的，协调有关业务领域及时处理。

二、“清洁场馆”工作的特点和难点

（一）“清洁场馆”工作开展特点

一是部署行动早。2021 年 9 月中旬权益保护业务领域经理入职，2021 年 11 月中旬大家庭酒店场馆办公会就通过了“三酒一会”的《“清洁场馆”工作方案》和《问题通用处理指导意见》，开始进入到“清洁场馆”实质工作阶段。二是协调配合紧。成立了大家庭酒店“清洁场馆”工作领导小组，共有来自“三酒一会”和场馆团队的 27 名相关人员参加。权益保护业务领域与国际奥委会、业主方、赞助企业也紧密联系，提前协调解决了多项“清洁场馆”问题和赞助产品供应问题，促使各项接待筹备工作井然有序，稳步推进。三是落实见效快。“三酒一会”遮盖物料大部分为自采买，所以大家庭酒店也是所有场馆中最先开始“清洁场馆”问题处理工作的。在 2021 年 12 月底其他场馆接受冬奥组委配发遮盖物资时，大家庭酒店场馆“清洁场馆”工作已接近尾声。四是工作开展扎实。权益保护业务领域制定了详细的问题处理指导，每日均泡在工作现场和“三酒一会”相关人员一同进行遮盖处理工作，权益保护业务领域经理最早一批进入闭环内开展工作，并制定行之有效的检查方案，赛时严格进行检查。

（二）“清洁场馆”工作难点及遇到困难

一是实际情况纷繁复杂。“三酒一会”“清洁场馆”工作相关问题涉及人员多、数量大、区域广、物品杂。且同一场馆存在多重“清洁场馆”分区标准，问题种类也与竞赛场馆存在极大不同。二是多处需进行景观遮盖。北京北辰五洲皇冠国际酒店大堂区域内四家精品店均存有商业展示行为，同时该酒店餐饮区域还存有多幅需遮盖的广告宣传图片。精品店外立面均为玻璃，且四家精品店招牌固定无法取下，遮盖面积大、遮盖难度高，需协调制作大幅遮盖图片并张贴。三是存在大幅非赞助商商业展示情形。如北京北辰洲际酒店对面国家体育馆顶部“北京演艺集团”大型标识需要进行遮盖。北京北辰五洲大酒店、北京北辰五洲皇冠国际酒店对面五环路南侧大幅饮品广告需要更换，涉及其他场馆和广告公司，处理时间紧，协调难度高。

三、蹄疾步稳做表率，勇当先锋创亮点

（一）首份出台具体问题处理指导

为指导“三酒一会”及大家庭酒店场馆运行团队做好“清洁场馆”各项工作，权益保

护业务领域经实地踏勘，形成了166项的问题清单，并针对重难点问题逐一攻关，其中多次与相关赞助企业及国际奥委会沟通，逐步摸索构建出了大家庭酒店“清洁场馆”问题通用处理体系，制定了《大家庭酒店“清洁场馆”相关问题通用处理指导意见》和《大家庭酒店运行团队“清洁场馆”相关问题处理指导意见》，共7300余字，配图32幅，除涉及人员服装、车辆商业展示等问题外，还按照区域和功能将涉及的物品、设备进行了划分，共涉及物品、设备“清洁场馆”问题240余项。针对不同种类的问题，提出了详尽的处理指导和解决方案，确定了统一的处理规则、流程和标准，是一份有深度、全面、详细的工作指南，也是所有场馆“清洁场馆”工作中首份出台的具体问题处理指导，切实解决了大家庭酒店“清洁场馆”各项工作“干什么、谁来干、如何干”的问题。

（二）首个通过国际奥委会检查验收

2022年1月24日上午，国际奥委会对奥林匹克大家庭酒店中的北京北辰洲际酒店“清洁场馆”工作进行了验收检查，标志着冬奥会各场馆“清洁场馆”工作验收大考正式启动。奥林匹克大家庭酒店“三酒一会”均顺利通过了国际奥委会“清洁场馆”检查组的检查验收。并受到“清洁场馆”检查组邮件表扬，称赞大家庭酒店场馆“清洁场馆”工作为“高水准的品牌保护工作”。

（三）对国际奥委会设备进行“清洁场馆”处理

经前期沟通，国际奥委会将做好其自身的“清洁场馆”相关工作。但在国际奥委会“清洁场馆”检查组实际检查中发现，很多国际奥委会自带设备均未进行“清洁场馆”处理。经与国际奥委会相关人员多次沟通，由权益保护业务领域对会场内非赞助商品牌的商业展示情形进行了遮盖处理，权益保护业务领域完成了国际奥委会洲际酒店会场35件设备的非赞助商标识遮盖工作，遮盖各类非赞助商标识35个，以及国际奥委会139次全会会场222件设备的非赞助商标识处理工作。

四、认真履职尽责，主动担当作为

（一）制定落实“清洁场馆”工作方案

权益保护业务领域分别制定了“三酒一会”的“清洁场馆”实施方案，形成了《各业务领域“清洁场馆”职责总表》及《大家庭酒店“清洁场馆”工作联系人名单》，明确了各业务领域的“清洁场馆”职责和责任人员。权益保护业务领域指导并亲身参与了“三酒一会”的“清洁场馆”工作。共完成了“三酒一会”7家精品店的关闭及遮盖处理，55件非赞助商设备、物品的移除，54,069个非赞助商标识的遮盖工作。督导“三酒一会”人员、场馆团队人员近4000人的服饰、物品符合“清洁场馆”要求。

（二）做好各项培训工作

权益保护业务领域认真制作培训PPT，培训PPT根据问题种类选取实例，内容翔实、图文并茂。权益保护业务领域共进行了“清洁场馆”相关培训 8 次，培训人员 700 余人次。

（三）认真履职尽责，积极协调补位

针对含酒精饮品展示及供应问题、涉水标识遮盖问题、便利店售卖非赞助商产品问题、客房迷你吧供应非赞助商产品问题、户外大幅非赞助商商业展示问题，权益保护业务领域积极上报，最终相关问题均得到圆满解决。对于“三酒一会”在工作中遇到的诸多问题，如餐巾纸、牙签、筷子等各类包装标识问题，纸杯、咖啡、咖啡伴侣等各类物品使用问题，服装、洗护用品、卫生用品等各类物品采购问题，房卡制作、饮料售卖、礼品售卖等各类经营问题，权益保护业务领域都进行了解答或协调处理。权益保护业务领域还积极协同市场开发业务领域，统计协调“三酒一会”涉及赞助商的问题，明确赞助企业权益归属，并协助“三酒一会”对接到相关赞助商。权益保护业务领域还与宝洁、可口可乐等赞助企业人员进行了对接，协调处理了相关商品供应问题。

（四）做好日常“清洁场馆”检查工作

为切实保持“清洁场馆”工作成效，在通过了国际奥委会“清洁场馆”检查组的检查验收后，权益保护业务领域制定下发了《大家庭酒店“清洁场馆”工作检查办法》，积极开展了“清洁场馆”工作检查。权益保护业务领域制定了《奥林匹克大家庭酒店“清洁场馆”工作检查情况表》《奥林匹克大家庭酒店“清洁场馆”问题检查清单》。共全面检查北京北辰洲际酒店 13 次、国家会议中心 13 次、北京北辰五洲皇冠国际酒店 8 次、北京北辰五洲大酒店 8 次，参加检查人员共 126 人次，发现问题 26 项。问题主要集中在人员服装、箱包非赞助商标识未遮盖、携带非赞助商饮品进入场馆。发现的问题均已现场整改。

同筑冰雪梦，一起向未来。这场冰雪盛会，我们都是亲历者、见证者，也都是参与者、传承者。能够亲身参与到冬奥会和冬残奥会的赛事筹办和服务保障工作中来，是我们每个冬奥人一生中难忘的记忆。相信每一个冬奥人最后都能收获来自奋斗的成长，能以更加自信的姿态，携手共奋进、一起向未来！

青春无悔　志愿圆梦

卢亮辰*

2018年7月，我有幸成为首批驻会志愿者的一员，并于之后的一年里，在冬奥组委法律事务部度过了一段极难忘的时光。还记得报道第一天，我和在场诸位前辈说："有关冬奥，我还什么都不懂，请大家多批评指教！"杨处则笑呵呵地安慰我："别紧张，我们也都不懂。"几个月后，我发现他没有骗我！这并非全是一句玩笑，所谓"不懂"，实则是一种笃实进取的态度。虽然冬季奥林匹克运动会迄今已有近百年历史，但是对中国、对北京、对全体冬奥人而言，还是一项全新的挑战，所以我们不敢说"懂"，甚至要"懂装不懂"，如此才能全力以赴，精益求精。尽管已离开两年多，我仍非常怀念法务部务实、活泼、昂扬的工作氛围，为做好共同的事业、达成共同的目标，每个人都尽力竭心、满腔热忱。我们经常组织业务学习、研讨会等来研究各类文件和诸多工作中的疑问，会议桌上无大小，大家畅所欲言，你来我往，好不热烈！

庆幸自己当时毫不犹豫地报名了志愿者，给学生时代增添了几抹靓丽底色。如今了了记录几笔，虽写不尽感慨与热爱，说不完祝福和祈盼，只希望通过一些美好回忆鼓励自己不忘来路、不惧归途。

在平凡中细品乾坤

1000多个小时、393份合同档案、33次部门会议、24次线上业务分享、7次参访接待、3次业务办文……这组数字就是我在法务部的工作概括。总的来说，我所做的多是一些案头文字工作，相比体育竞赛、市场开发、文化活动等岗位，我们深处幕后的幕后，没有在场馆第一线，不会出现在镜头前，没见过多少名人明星，更不清楚开闭幕式有哪些精彩设计，用"寻常处见功力，细微处见真章"来形容我们的工作再合适不过。

就拿合同审核来说吧，对于一项超大型体育赛事而言，涉及的合同纷繁复杂，采购、劳务、运输、委托设计等几十种合同，其特点和潜在风险均有区别，需要对症下药。对于一些重点合同，必须经过个人审核、处级审核、部门审核、部门联合审核等诸多环节才能

---

* 卢亮辰，男，研究生学历，法律硕士，北京冬奥组委法律事务部首批驻会志愿者。

敲定。这项工作虽不需要天马行空的想象力，但在严谨、耐心、精准等方面要求很高，记得连一个标点符号的选用，我们都会认真讨论，以免造成歧义。

有人做过统计，合同风险大概 70% 都源于履行阶段，只有不到 30% 是因为合同的文本漏洞产生的，因此很多人认为在“文字游戏”上投入过多人力物力不合算，就算产生了争议，通过诉讼解决就好。但是，这只是一厢情愿的理想化假设。有些风险一旦发生，后果是难以弥补的，更不要说北京冬奥关涉我们的国际形象和国家利益。所以合同审核工作的意义就是最大限度地预判和规避风险。如果你问，为什么要消灭风险？我说，因为它就在那里。

点滴铸就一生情

虽然我只是一名短期志愿者，但我以为冬奥出过一份力为豪，以宣传冬奥为己任。我有幸参加过几次北京大学的志愿者交流会，与同学们分享自己的工作点滴，讲好冬奥故事，传播冬奥理念。即使如今已经离开校园，我也时常关注冬奥新闻，并适时地向身边人做一些科普宣传。

现在我有时还会想，如果没有和冬奥相逢，那一年我会怎么过？是窝在宿舍里睡觉、刷微博，还是找份不错的实习？仔细想想，每种可能都有“快乐”之处，只是很难沉淀为数年后还让人热血澎湃的青葱记忆。今年，习近平总书记视察冬奥工作时对志愿者强调能够参加北京冬奥会、冬残奥会的志愿服务工作，是人生难得的机会，希望大家振奋精神、鼓足干劲，团结协作、共同努力，确保冬奥期间各项服务保障工作顺利。回想起来，在志愿服务期间，我和身边的伙伴也是以此为标准要求自己的。在同批志愿者中，有负责体育服务的，有负责语言翻译的，有负责工程制图的，还有负责档案管理的，无论身处什么岗位，每个人都以最饱满的状态充当着那颗幕后的螺丝钉。

客观地讲，法务工作不是冬奥筹备的首要工作，志愿者也不是一项大型体育赛事中的主角，但奥组委不能没有法务部，冬奥会也绝不能缺少志愿者。当我们拧开水龙头，总认为水是“自来”的，或许很少人会在意这背后的复杂工艺和烦琐步骤。同理，当 2022 年冬奥会成功举办之时，大家并不一定清楚支撑十几天赛事的保障体系有多么庞大。可是我们追求的就是这份“自然”，作为志愿者，我愿用幕后工作中的“小确幸”，渐渐凝聚成对理想的“大确信”，滴水映日，涓流汇海，有幸共襄盛事，希望我的微小工作能为 2022 的冰雪增一分纯洁，为 2022 的约会添一分激情！

行动点燃梦想的种子

李　晨*

我与奥运从小就有着特殊的缘分，还记得在 2008 年北京奥运会举办期间，在念小学的我在杂志上看到了志愿者的专访，当时我心里的想法就是：真好呀！我也想去！投身奥运服务工作的种子，可能就在那时埋在了我的心底。2021 年 6 月，偶然间我得知了这次千载难逢、专业对口的实习机会，便毅然决定好好把握，经过充分的准备我终于顺利拿到了这份实习，成为北京 2022 冬奥会和冬残奥会组织委员会法律事务部的一名赛时实习生。

一、权益保护——没有硝烟的战场

2021 年 9 月，我最先来到了权益保护处工作。权益保护，保护的是什么权？这个问题很快就有了答案：知识产权。是了，这正是与我所学专业高度相关的工作，当时缺乏知产实战经验的我却多少有些跃跃欲试。还记得我在权益处学习的第一项内容是《奥林匹克宪章》（2020 版）、《主办城市合同》及其细则中的知识产权条款。可以说，这是我第一次接触与体育赛事有关的新类型知识产权，隐隐激动之余还有点担心，担心自己不了解这块领域而拖后腿。但是，压力既是挑战，也是机遇，我既然抓住了这次实习机会，定然是要努力克服困难、努力做好工作的！在交上去当天的工作总结后，傲兰姐夸我：做得很棒！这无形中给了我很大的动力，也对后面的工作有了更多的期待。

在之后的半个多月的时间里，我陆续上手了其他的一些工作，比如整理涉奥知识产权侵权和隐性营销线索、初审 CNNIC 转来的涉奥域名、初审非商业组织对北京冬奥组委有关标志提出的非商业使用申请、以及吉祥物、会徽外观设计专利的年费缴纳、报销事宜等。在做“清洁场馆”物料预算、采购、比价工作的时候，我会开玩笑地激励自己说：不会做预算的“知产 er”就不是一个好的法律人！我想我真的是热爱知识产权的吧，对于知识产权，在这里我经历了“I like it，I love it，and I enjoy it”的过程，能够在自己所喜爱的领域做着自己喜爱的工作，的确是一件很幸福的事情！偶尔我还会审查涉奥相关纪录片及冬奥文化广场中涉奥标志的使用是否规范，还记得在审查《一起上冰雪》纪录片时，每个视频

---

* 李晨，女，中国政法大学民商经济法学院 2020 级在读硕士研究生，北京冬奥组委法律事务部综合处赛时实习生。

5分钟，一共十个视频，我仔仔细细地审查了一天的时间，不放过每一帧、每一个镜头，有时还会反复回放、暂停，争取找出每一个可能会出现非赞助商标志的镜头，保护冬奥赞助商的权益不被侵犯。这项工作很考验耐心和眼力，要问我有什么感想，我想，当我看见这部纪录片投放在了北京的公交电视上时，那份激动、得意的心情就是最好的答案。此外，我还会草拟回复给国际奥委会（IOC）的商标异议征询邮件，审核并制作IOC发来的Q2、Q3、Q4英文账单明细，这些工作极大地锻炼了我的英文表达能力，让我在日常工作处理上更加游刃有余。

二、转职综合——温馨的小家庭

2021年10月以后，权益保护处的同事们陆续去了场馆工作，我也转职到了综合处工作，但同时还一直兼任着权益处的工作。压力有了，但是同时我的好胜心也上来了，励志做好领导交代的每一份工作成为我的每日目标，这也是我实习过程中印象最深刻的一段时间。

用当时即将赴场馆工作的吴老师的话说，“综合处的工作又多又杂，只要细心耐心，就可以做得好”。在综合处主要的一项工作是与财务打交道，还记得吴老师快要下场馆时，专门带着我去财务报销大厅与几位老师打照面，叮嘱他们多关照我，我都会把这种点滴的温暖记在心间，时常想想，还是会感到温暖。同时处里可可爱爱的郝处、性格超好的馨源姐也给了我很大的干劲儿，他/她们会在不知不觉间让你感觉到贴心和温暖，这也是我愿称综合处为温馨小家的原因。我自认是一个细心、严谨的人，但是对于不太熟悉的工作，我的确在初期摔了几个绊子，比如最主要的律所法律服务费的报销工作，我花了近一个多月的时间才顺利完成，现在想想还觉得有点丢人。记得那次报销律所6～8月法律服务费时，财务的老师打电话告诉我说账单金额有误，让我拿回去处理，我这才发现由于核对方法的不同，我和财务老师的认定出现了偏差，关键是这时候律所的发票已经开好、委内领导也已经批示，如果推倒重来那意味着之前走过的所有程序全部要重来一遍，这样的事情我是处理不了的，万幸郝处了解详情之后，给财务老师沟通了一下合理的解决方案，最终这件事情得以平稳解决。

综合处的工作除却各种报销（项目结算、小额支出）、考勤、法律服务需求统计外，还包括与公文收发、撰写等有关的行政事项，我也在这些工作中学到了很多无形的东西，这些东西都在潜移默化间锻炼了我的工作、处事能力。兼任两份工作让我在锻炼自己的专业能力之余，也能够有机会亲历冬奥组委近30个部门是如何通力协作、有序运行，政府机构如何齐心协力、相互配合，如何与国际机构有效对接、沟通，共同保障一项国际赛事的成功举办。

三、凝心聚力——共襄冬奥盛举

我在冬奥组委法务部实习最大的感受就是，来这里工作的每个人，几乎每一天都是以拧成一股绳的精神工作着，大家一同为着同一个目标而忙碌着、奋斗着、拼搏着，你会情不自禁地被这种精神所感染、更加地努力工作。法律事务部的工作不像场馆内的志愿者，没有那么多机会见到明星、名人，工作也大多是与法律打交道，可以说是整个冬奥赛事后方中的大后方。但是，就在这里，我看到了很多专注、敬业、优秀、认真又可爱的同事，还认识了其他可爱有趣的小伙伴们，和他/她们在一起工作真的超开心。直到现在，我仍然很感激几个月前的自己，感激自己毫不犹豫地抓住这次实习机会，尽管当时的自己还在备战法律职业资格考试，但我仍然坚定地选择了来到这里，去做自己真正喜欢的事情，去做自己从小就向往的工作，和优秀的人在一起！

非常感谢这段时间在冬奥组委法务部的实习经历，这七个月一路走来，我收获的不仅是专业知识上的进步，还有珍贵的友谊和无形的成长反馈给了我，比如人际交往、比如未来规划。我深知自己不是最优秀的那个，却每次都能搭上幸运的列车，沿途结识一群优秀的人，除了感恩，再无其他。我会永远怀念在北京冬奥组委度过的秋冬春三季！

我和冬奥的一次约会

梁会曼*

一、结识冬奥

转眼间已经在北京冬奥组委实习五个多月了，回想起去年秋天，初次得知有去冬奥会实习的机会，我就毅然报名参加了。我觉得自己非常幸运，可以在北京读书期间参与到这场国际赛事的筹办，也非常期待能为冬奥会奉献自己的绵薄之力。2021 年 9 月底，在师兄师姐的带队下，我们第一次来到了冬奥组委的办公地——北京市石景山区首钢园区内，巨大的炼铁炉，工业风的建筑，历史与现代化建筑在这里交织。法务部的同事热情地接待了我们，向我们介绍了法务部日常的工作和生活情况，由此展开了这次冬奥实习之旅。

二、全力以赴

我实习的处室是法务部综合处，主要负责的工作包括会议筹办、公文办理、协助合同审批等。在开始工作的时候，郝处给我们说，综合处的工作覆盖的范围很广也很杂，需要非常细致。在之后的工作中，我也充分意识到这一点，一些看似简单的任务也需要认真的态度和负责的精神。比如合同审批，对于我们来说，合同审批几乎是每天都在进行的工作，因此对其内容和格式要求都非常熟悉，但对于其他业务部门，仅是需要签订合同时才会接触，因此在审批时经常会出现一些纰漏，需要协助其进行完善。我的工作内容之一就是对每天来到法务部的合同进行“改造”，只有合同审批材料符合要求，才能进入下一步的流转。刚开始的时候我非常不熟练，对其遗漏的内容经常没有发现，需要对照材料表一项一项核对，但在经过大量合同的洗礼后，审批材料牢记于心中，可以快速对其进行完善。与此同时，我还参与了部门的合同起草工作，在具体起草的过程中也加深了对相关类型合同的理解。

在实习期间，我参与了多场会议的筹办工作，例如 CoCom 会议、与委外支持单位的会议等。在北京市检察院与法务部就涉奥知识产权侵权案件进行探讨时，我们了解到相关支持单位在建立涉奥案件绿色通道、畅通信息渠道、案件收集等方面都给予了大力支持。而

---

* 梁会曼，女，中国政法大学国际法学院 2020 级在读硕士研究生，北京冬奥组委法律事务部综合处赛时实习生。

对于必不可少的公文办理，通过参与公文报送、公文办理和流转等环节，我充分了解了公文流转的程序，为处内同事分担工作，加快了公文流转的速度。并在公文起草和办理过程中了解了冬奥会的相关重点工作。例如北京作为“双奥之城”，本次冬奥会最大限度使用了2008年北京奥运的遗产，创造了新的“双奥遗产”。国家游泳中心、首都体育馆和五棵松体育中心，把夏季的体育功能扩展到了冬季的体育功能，极大提升了场馆的实用性，体现了北京冬奥组委践行可持续发展的办奥理念，并将绿色、共享、开放、廉洁的办奥理念贯彻始终。

三、最后冲刺

在正式进入赛时之前，每天都会有大量的合同进行审批和归档，还有很多的来文需要办理，大家拧成一股绳，劲往一处使，在最终开幕之前做好自己的保障工作。手忙脚乱之时，我也出现过一些失误，但随着工作的一个个推进，我督促自己在接下来的任务里避免出现类似的情况。在工作任务最紧的那段时间，刚好面临毕业论文的开题和学期报告的提交，如何平衡好工作和学业，这一问题也曾使我陷入迷茫。在制定好规划后，我开始了白天上班，晚上和周末在图书馆阅读文献的生活，最终在完成工作的同时顺利进行了开题，虽然当时觉得非常辛苦，几乎没有休息的时间，但现在回想起来，是一年里最充实也是最值得纪念的一段时光。

还记得除夕那天，大家依然坚守在自己的岗位上，食堂门口每天更新的倒计时立牌也在提醒着我们，冬奥会的脚步越来越近了，我们的工作也即将接受大家的检阅，我们一起贴春联，在冲刺的脚步里迎接2022年的春节。正式开幕之后，大家在工作之余一起观看比赛，为中国运动健儿加油，虽然没有前往场馆观赛，但在线上看到开闭幕式和比赛圆满成功，想到每项服务的进行都离不开法务部同事们的付出，我不由为自己能尽到绵薄之力感到自豪。在首钢园内，有一个竞赛场馆——首钢滑雪大跳台，我们赶在苏翊鸣决赛之际，在大跳台的闭环外旁为其加油助威，他的每一跳都牵动着我们紧张的心情，在现场和观众一起加油呐喊，并见证了一块宝贵金牌的诞生，是工作之余最难忘的时光。

赛时冬奥组委开通了群众邮箱，对于每一封群众来信，我们都会认真对待。群众的疑问我们会耐心解答，其建议我们也会认真研究，让每一个关注和参与冬奥的人都可以收到回复。在冰墩墩爆火成为“顶流”后，还有群众在邮件里希望能尽快拥有一个墩墩，我们一边遗憾大家没有早点注意到这只可爱的熊猫，一边为吉祥物受到大家喜爱而由衷感到开心。

四、一起向未来

入职已近半年，虽然每日长达3小时的通勤总使人感到身心俱疲，甚至春节期间也在单位值守，无法返乡，但多方面的收获也让我更加坚定前进的信心。在冬奥会实习的这段日子里，我们不仅深入了解了冬奥会相关的法律内容，工作之余，在首钢园区内漫步，在秀池边赏雪，在巨大的废弃工业设施之上看到碧蓝的天空。这一刻深刻体会到历史与现代的交融，以及可持续发展的办奥理念。我想今后不管走到哪里，我都会记得这段一起奋斗的时光，记得冰墩墩、雪容融和一起工作的同事们，记得这场体育盛会，并满含信心和勇气，和北京冬奥一起向未来！

冰雪之约，一起向未来

杨欣桐*

一、埋在心底的种子

犹记得2015年夏天的那个傍晚，晚霞是紫色的。那时我还是高二教室里剪着齐耳短发的女学生，班级同学聚精会神地坐在教室里看着电视上2022年北京冬奥会申奥成功的新闻，教室里响起阵阵欢呼。当时我的大学目标院校在北京，还记得在教室人声鼎沸的时候，我打开日记本在里面小心翼翼地写道："2022年冬奥会举办的时候，希望你也在北京。"一晃七年过去了，兜兜转转2020年我来到北京读研，2021年秋又有幸进入冬奥组委法律事务部，成为法务审核处的实习生。某天下班我从冬奥组委乘公交晃晃悠悠回学校，坐在公交座位上突然想到当年在日记本里写下的话，不禁心中一阵感叹。日记本后来陪伴我走过了我的大学四年，来北京后渐渐没有了写日记的习惯，不知怎么就消失了。高中少女的心愿湮没在纸笔间，如今作为一名即将毕业走向社会的研二学生，回头看看当年的自己，觉得人生有时候充满了机缘巧合，当时激励自己有感而发写下的一句话，如今竟有机会实现，2022年我竟还能在冬奥组委法律事务部有一段如此精彩和令人难忘的回忆。

二、人生中最精彩的回忆

庆幸当时毫不犹豫报名了学校冬奥实习生的选拔，回顾在冬奥组委实习的这半年，从金秋到寒冬再到新春，每一刻都显得熠熠生辉，这也给我最后的学生时代的时光，增添了一抹绚烂的底色。

这里的工作——能够参与冬奥会的相关工作，对于我来说既是一份荣誉，也是一项挑战。不得不说作为一名法学专业的学生，对于冬奥会相关的工作还是非常陌生，所以来之前总是惴惴不安。我所在的小组主要负责体育赞助商大型商务谈判及赛事转播等大型合同的起草和审核工作。具体对实习生而言，主要负责办理部门回函、相关文件起草、合同审核和审批及日常会务准备工作。法务工作对于冬奥会各部门来说，其实身居幕后的幕后，

---

* 杨欣桐，女，中国政法大学民商法经济法学院2020级在读硕士研究生，北京冬奥组委法律事务部法务审核处赛时实习生。

我们的职责主要是风险防控和出现问题时的争议解决，这就要求法务工作者有严谨、周密、前瞻的思维，能对风险进行预判。还记得我第一次独立办文时，领导耐心指导我认真修改多次，包括措辞、标点、格式等方方面面，使我受益匪浅；还记得我有幸参与到《北京 2022 年冬奥会和冬残奥会组织委员会个人信息处理工作管理办法》的制定工作中，处内多次开会研讨，让我对个人信息保护工作有了更加深刻的理解和感悟；还记得在面对大型重点合同时，组内成员一轮又一轮地认真讨论，耐心精准，连标点符号的选用都反复推敲，最大限度保护国家形象和国家利益，这让我理解了法律人务实严谨工作态度的重要性，也激励我戒骄戒躁，在今后的学习工作中养成良好的工作习惯。

这里的人——总在感叹自己太幸运，实习遇到的人都那么真诚温暖。当时收到实习通知时，郝处亲切地给我们发短信，告知我们实习时间、路线及注意事项；李晨同学带领我们几位新同事熟悉上班路线；贺处在早会上为我们介绍处内的同事，使我们尽快熟悉工作环境；雨佳姐耐心细致告诉我工作注意事项及流程安排，来这里的第一天我就感受到了法律事务部大家庭的温暖。新年仍历历在目，今年是我第一次离开爸爸妈妈在外地过年，心中难免惆怅。除夕当天，大家一同工作和奋斗的欢乐冲淡了乡愁，刘部长带领我们在园区拍照，李部长给同事们带来水果和特产，大家一起为家人拍摄拜年视频，欢声笑语萦绕在办公室的每个角落，也让这个春节显得意义非凡。

这里的生活——首钢园的景色总是别具一格，钢炉、烟囱等极具特色的工业风彰显着 20 世纪京西的重工业历史，经过持续的伴随式设计，如今首钢园工业颜值与奥运元素完美结合，既让今天的首钢尽显“钢铁本色”，又向世界展现了山、水、工业风貌“美美与共”的生动图景。总在和同事感叹，在冬奥组委首钢园的生活就像陶渊明在《桃花源记》中描写的那样，日出而“作”，日落而息，相较于之前几段端坐于高楼大厦之中的律所实习，在这里的每一天内心都充满平静和踏实，我们会在中午吃完午饭一起去群名湖散步，也会在休息时间围坐在一起观看奥运健儿的比赛，还会一起排队去员工商店购买冰墩墩雪容融玩偶，不知不觉六个月就这样飞速流逝，离别的日子越来越近，我将永远在心中珍藏这段美好时光。

三、汲取力量，砥砺前行

在这份实习之前，冬奥之于我仅仅是一份抽象的民族自豪感，我可能只会和大家一起讨论开幕式以及奥运健儿得了几块奖牌，也可能只关注冬奥会开幕式上那绚烂的烟花。而今，当切身参与之后，我对冬奥有了更加深刻的理解，那绝不仅仅包含台上的震撼和赛场上的精彩，每轮合同审核、每次部门会议、每次部门回函，都凝聚了大家共同的努力，身处一线的场馆工作人员、甘于奉献的冬奥志愿者、隐于幕后的各部门的同事们，共同铸就了简约、安全、精彩的北京 2022 年冬奥会和冬残奥会。

“曲终人不见，江上数峰青”。北京冬奥盛会在徐徐春风中缓缓落下帷幕，我的实习生活也将接近尾声。能为冬奥会献出自己的一份力量，我感到无比幸运。在冬奥组委工作和生活的六个月里，法律事务部严谨务实、奋勇争先的工作态度深深激励着我，作为一名即将迈入社会的研二学生，反思自己身上还有很多不足，在工作方法和工作态度上还有很多需要改进之处。挑战不断，进步不止，此次冬奥会实习对我来说，是一次开阔眼界的新奇之旅，我将从中汲取冬奥精神和冬奥力量，继续砥砺前行！

以青春之火，筑冰雪之梦

郑天月*

时隔十四年的等待，历经六年多的筹备，北京 2022 年冬奥会如期而至。弹指间，在北京冬奥组委法律事务部已经实习了将近 6 个月，在各位前辈们的带领下，从刚开始懵懵懂懂到现在轻车熟路，收获满满。在临别之际，以这篇随想记录这里的珍贵回忆。虽然仅有寥寥数语，但却是我最真挚的情感表露。

一、相约冰雪，初识冬奥

印象中的奥运会，还是 2008 年坐在电视机前观看北京夏季奥运会开闭幕式以及各种比赛，记忆深刻的当属乒乓球、跳水等运动，而鸟巢、水立方等体育场馆也一度成为必游之地。当时的我怎么都想不到有一天竟然可以参与奥运会的筹办工作！2021 年夏天，恰逢在法大读书，再加上东京奥运会的举办，加深了我对奥运赛事的关注。而真正有机会接触到冬奥会，还是辅导员发布的北京冬奥组委法律事务部招收实习生的消息，当时的第一反应就是我要报名，这可是千载难逢的机会呀。当然，也曾因不能回家过年、通勤等原因犹豫纠结过，但是一想到这可能是我这辈子唯一一次参与奥运会的机会，理性战胜了感性，最终报名申请到北京冬奥组委法律事务部实习，希望能够为北京 2022 年冬奥会贡献自己的一份力量。

2021 年 9 月 26 日，我们在师兄师姐的带领下，怀揣着激动、新奇的心情踏入了首钢园的大门，见到了“冬梦”会徽、可爱的冰墩墩、喜庆的雪容融……虽然冬奥会的规模不如夏奥会大，但对这场赛事的重视程度却丝毫不比夏奥会少，甚至可能因为新冠肺炎疫情以及世界局势等因素，中国人民乃至世界人民更加期待这场盛会。冬奥组委作为组织、指挥冬奥会全部筹备与举办工作的组织，在冬奥会的顺利举办中具有举足轻重的地位。而法律事务部作为冬奥组委的职能部门之一，负有审核与冬奥赛事相关的各种协议，保障冬奥赛事合法合规的重要职责，是形成法治冬奥的核心部门。现在想来，能够加入冬奥组委法律

---

* 郑天月，女，中国政法大学民商经济法学院 2020 级在读硕士研究生，北京冬奥组委法律事务部法务审核处赛时实习生。

事务部这个大家庭，何其有幸！

二、相遇法审，护航冬奥

时光飞逝，报到时的画面历历在目，在冬奥组委法律事务部的实习以加入法务审核处为开端。相较于一般的法务事项，要想从事冬奥法务工作，必须熟悉冬奥相关知识，才能更好地为冬奥服务。因此，在冬奥实习的第一个任务便是学习冬奥相关的法律文件，如《主办城市合同》《主办城市合同运行要求》等。这些法律文件规定了举办奥运会的各种规则及要求，为我们开展冬奥工作提供了规范指引，确保冬奥在法治的轨道上有序运行。

可以说，任何一届奥运会，从申办、筹办再到举办的过程，本身就是一个完整的法律要约邀请、要约、承诺再到履行的过程。事实上，合同审核也是我们的日常主要工作，大到住宿协议、商品服务供应协议，小到采购协议，种类繁多，事无巨细。关于合同事项，冬奥组委法律事务部制定了一套细致严密的流程，涉及谈判、审核、订立、审批、归档等步骤，甚至还制定了《合同管理办法》《合同履行和监督管理办法》等法律文件，最大限度地维护冬奥组委的利益，确保冬奥会顺利举办工作的开展。例如，涉及采购的项目，在采购阶段提前介入，能更好地预防法律风险，规范采购流程，确保项目的顺利进行。依据审核阶段的不同，可以将合同审核分为采购阶段的合同审核和订立阶段的合同审核。审核阶段的不同，对合同主体、内容等风险的关注点不同。确认合同所处的阶段，是进行合同审核的第一步。合同审核关注的风险点主要涉及合同主体、合同标的、违约责任、争议解决等条款。此外，合同审批等程序性工作也是我实习工作的主要组成部分。从刚开始的审批小白到现在的审批“老司机”，上百份合同审批单是我审批工作的见证。协助各业务部门处理合同事项，是实现法治冬奥、确保冬奥会顺利开展的关键之举。

随着北京 2022 年冬奥会的开幕，冰墩墩一夜成名，其爆火背后所蕴含的知识产权保护问题也成为各界关注焦点。关于吉祥物、会徽等奥林匹克标志知识产权保护问题，一直是冬奥组委法律事务部的关注重点。为了防范知识产权法律风险，冬奥组委法律事务部制定了《关于进一步加强知识产权保护工作的指导意见》，对仪式、庆典类活动、征集类活动、音视频及其他创意类成果、对冬奥组委有关标志及创意类成果使用等作出了较为详尽的规定。依据该指导意见，各业务部门在举行相关活动时，需要征求法律事务部的意见，避免产生法律风险。因此，回复业务部门关于各类活动的意见征询函件也是我日常工作的一部分。回应业务部门的法律问题，保护奥运知识产权，是实现法治冬奥、确保冬奥会有序推进的必然要求。

三、青春无悔，圆梦冬奥

虽然我只是一名实习生，但我以能在冬奥实习为荣，以能够为冬奥做贡献为荣。参与冬奥筹办工作是我的冰雪梦，我愿以青春之火，筑就我的冰雪梦。在冬奥实习，是我的荣幸，也是我的责任。身为青年，要秉承“祖国需要之际，吾辈当竭尽全力”的信念，积极进取，为冬奥事业贡献绵薄之力。在这段实习经历中，虽然每天往返通勤时间长达两个多小时，但当冬奥会开幕的那一刻，当奥运健儿在赛场上奋力拼搏的时候，这一切都是值得的。各位领导和同事们的教诲和帮助，使我获益匪浅。是他们，温暖了这个冬天，筑起了我的冰雪梦，点燃了我的冬奥热情。

从蓟门桥到首钢园，从象牙塔到烟火人间，从万卷书到万里路，冬奥组委法律事务部的实习是我今后旅途的万分之一，却以萤萤微火，照亮了我前行的路。我想，在冬奥实习可能是我做过最正确的选择，如果当初没有选择冬奥，现在将会多么懊悔。再回首时，我不会因错失良机而悔恨，也不会因忙忙碌碌而后悔，这些忙碌的日夜，将是我弥足珍贵的财富。当我提起这段经历，我可以自豪地说，我曾参与过北京 2022 年冬奥会的筹办工作，足矣。

心系冬奥梦，一起向未来

周　珊*

初见冬奥组委，是在2021年的秋天。北京的秋，久负盛名，而位于首钢园区的北京冬奥组委办公区，因其近百年历史工业遗址风韵，让记忆中彼时的秋更显别色。不同于精致繁华的写字楼，冬奥组委的办公区以首钢原有建筑“筒仓”“料仓”等命名，这不仅增添了冬奥组委的独特风采，更体现了本次北京2022年冬奥会和冬残奥会“绿色、共享、开放、廉洁”的办奥理念。

作为北京2022年冬奥会和冬残奥会的幕后部门，法律事务部的日常工作围绕着冬奥会、冬残奥会筹办过程中的所有法律事务展开。涉奥法律事务可谓庞杂又细碎，从大型商务谈判到合同审核与签署，从奥林匹克知识产权保护到赞助商权益保障，从涉奥事项法律研究的全球视野到相关内规制度建设，法律事务部的工作从内到外、从上到下延伸至北京2022年冬奥会和冬残奥会筹办、举办、赛后全过程的每一件事、每一寸角落。

住宿分配协议的审核是我在赛前的日常工作之一，所谓住宿分配协议，即我委与冬奥会、冬残奥会举办期间各国代表团、国际官员、媒体工作者等涉奥主体所签署的住宿协议。衣食住行乃每一个人生存之基本，而涉奥主体的住宿保障亦是冬奥会、冬残奥会筹办的一项重要工作。数百份住宿分配协议的审核，数百次线上审批，处理涉奥主体的住宿协议审核工作时，我真切感受到奥运赛事举办之不易，也再次体会到精彩、盛大的冬奥会和冬残奥会背后所凝结的万千努力。

个人信息保护无小事，2021年11月1日《个人信息保护法》颁布后，我委随即根据《个人信息保护法》的最新精神及我国此前已有相对完备的个人信息保护法律规定如《民法典》《个人信息保护法》《网络安全法》《数据安全法》《信息安全技术　个人信息安全规范》等，结合工作实际，制定并向全委印发了《北京2022年冬奥会和冬残奥会组织委员会个人信息处理工作管理办法》以加强北京2022年冬奥会和冬残奥会个人信息保护工作。该管理办法明确了我委个人信息处理规则及个人信息安全保障制度，强调了个人信息处理的

---

* 周珊，女，中国政法大学民商经济法学院2020级在读硕士研究生，北京冬奥组委法律事务部法务审核处赛时实习生。

合规基础、数据出境流程等个人信息保护重点领域，对全委的个人信息保护工作都提出了更高的要求。幸运的是，我也参与了这一管理办法的起草、印发的全过程，我再次体会到了我们法务部工作的认真与细致，更深切理解了个人信息保护不是高谈阔论的虚言，更非束之高阁的空文，而是要紧密结合北京 2022 年冬奥会和冬残奥会筹办、举办及赛后实际情况所制定的、切实将所有涉奥人员的个人信息保护落到实处的重要工作。

“冰墩墩为什么不能开口说话？有什么明文规定吗？为什么 2008 年北京奥运会的吉祥物福娃就可以开口说话呢？”冬奥会举办期间，我们收到了很多来自关心北京 2022 年冬奥会的“热心市民”的邮件。其中，我协助完成回复了前述关于吉祥物是否能开口说话的邮件。起初，我潜意识里以为对于以“排山倒海”之势涌来的群众邮件，我们或许会采取简便的“话术式回复”。事实上，冬奥组委对每一封群众邮件都十分重视。以前述邮件为例，虽此前我们确实有收到国际奥委会对我们提出“吉祥物不能说话”的工作要求，但为确保对群众邮件回复内容有据可依，我们先是分工查询并确认是否有现行法律法规、制度文件对吉祥物不能说话一事作出规定，同时向国际奥委会发送邮件咨询吉祥物不能说话的起源时间与准确依据。待国际奥委会向我们回复邮件后，我们才向该来信群众回复了该邮件。法务部对待工作的严谨负责不仅体现在推进委内相关重大合同、商事谈判进程上，更落实于每一件看似细小的涉奥事项上，我想这也正是冬奥会、冬残奥会中法律工作“润物细无声”的本色。

除合同审核、公文办理等日常工作外，我们还需要定期与国际奥委会进行一次视频会议沟通最新工作情况。我印象最深刻的是冬奥会赛前的一次会议，国际奥委会的同事和我们分享她此时正在瑞士的深山里居家办公，屋子外面正下着鹅毛大雪。我们立即向她介绍道北京刚刚也下了今年的初雪，并真诚欢迎她能在冬奥会举办期间来到北京，看看北京的雪。那一刻我领悟到了北京 2022 年冬奥会与冬残奥会的主题口号“一起向未来”的真谛，就像北京冬奥会开幕式上那一枚惊艳世界的雪花一样，一个或渺小的意象也能够将全人类团结在一起，全世界人民通过奥林匹克携手共创新时代之音，共同奔赴一个美好的未来。

能够进入北京冬奥组委实习，成为奥林匹克的一分子，亲眼见证简约、安全、精彩的北京 2022 年冬奥会和冬残奥会的筹办、举办，对于我而言实属终生难忘的经历。冬奥组委法律事务部于我而言是一片学习的沃土，一个在奥林匹克舞台展现法律人风采的平台，更是一个温暖的大家庭。

2022 年的春节，是我特别难忘的一个年。在冬奥组委过年，是我此前未曾设想过的景象，除夕那天，食堂做了好多饺子，作为一个土生土长的南方人，第一次在过年的时候吃饺子，实属别样。部里还组织了全体工作人员向部内同事家人拜年的活动，让我再一次感受到了在一个温暖、团结的大家庭里的“年味”。

我在北京冬奥组委经历了一个难忘的秋天，精彩的冬天，以及即将离别的春天，在这里看到了红染秋叶的石景山，雪抱银装的群明湖和万物复苏的秀池。首钢园里有一个本次北京冬奥会的比赛场馆，谷爱凌和苏翊鸣都在这里拿到了他们人生中的第一块奥运金牌。我还记得苏翊鸣夺冠那天，我和小伙伴们在首钢园区里散步碰到了一位志愿者大声地对我们喊道“我们是冠军!”，那一刻的感受至今仍记忆犹新，因为那是我第一次感受到奥林匹克离我如此地近，我也深深地被奥林匹克精神感染，真切地为中国运动健儿的精彩表现感到自豪！“关山初度尘未洗，策马扬鞭再奋蹄”，冬奥实习已经来到尾声，在这里的所有经历即将变成为我最好的行囊让我更好地前行，在这里的见闻也都会成为我一生中宝贵的回忆。

我的冬奥故事

宋丽萍*

921 路公交车轰隆隆地驶来，“车辆起步，请拉好扶手，下一站铸造村，下车的乘客请提前做好准备”。在五个月的相处时间里，921 路公交车已经成为我们的老朋友，从首钢小西门到蓟门桥西，从秋天到冬天再到春天，它见证了我们与北京冬奥组委温暖难忘的美好故事。

一、别样的温暖

临近除夕，大街上开始挂起了彩灯，超市里响起欢乐熟悉的歌声，“每条大街小巷，每个人的嘴里，见面第一句话，就是恭喜恭喜，恭喜恭喜恭喜你呀，恭喜恭喜恭喜你”。电话里传来熟悉的声音，是姥姥：“每天晚上看电视，看到冬奥会的新闻，我就瞅有没有你，在哪过年都一样，为冬奥会服务是一个宝贵的机会，也肯定是一段难忘的经历，好好锻炼自己。”“姥姥，电视里看不到，我妈手机里有，让我妈给你看照片，我在这里过年很好，有很多一起的实习小伙伴，每天在一起工作特别开心，食堂里的饭特别好吃，学校还给我们发了新春大礼包……”冬奥会的举办，恰逢春节，冬奥组委的工作人员和志愿者都不能回家过年，这也是我第一次过年没有回家，但是在北京冬奥组委法律事务部我感受到了别样的温暖。除夕那天，天特别蓝，阳光明媚，在工作间隙刘部长喊大家一起出去拍照，大家有说有笑地前往每一个选景地点，快门按下的那一刻，每个人的脸上都洋溢着开心的笑容，刘部长用相机为我们记录了在首钢园的难忘时刻。在回去的路上，国旗、奥林匹克运动会会旗、北京冬奥会会旗在呼啸的冬风下延展、飘扬，内心涌起一阵阵暖流，为纯洁冰雪的浪漫而感动，为冬奥组委工作人员的坚守与付出而感动，为法律事务部温暖的大家庭而感动……中午，食堂摆上了热气腾腾的饺子和各种美食，简直比家里的年夜饭还要丰富，我和实习的小伙伴们说说笑笑，分享身边的快乐。下午下班，领导们提议一起录制拜年视频，给工作人员的家人们送上新春祝福，感谢每位同事的家人们对冬奥组委法律事务部的支持，

* 宋丽萍，女，中国政法大学民商经济法学院 2020 级在读硕士研究生，北京冬奥组委法律事务部法务审核处赛时实习生。

从策划到排练，不一会儿就听到了欢快、热情的拜年声，团结、高效的默契已经成为法律事务部每个人之间无形的链接。爸妈看到拜年视频连说特别开心，也特别放心。

二、也平凡也闪光

2022 年 2 月 4 日开幕式中给我印象最深的片段是在《让世界充满爱》的歌声下的一段行为表演，来自世界各地的年轻人并肩前行，他们走过之处，一幅影像长河缓缓展开，影像照片展示了世界不同地方的人们的生活瞬间以及冰雪健儿们的拼搏瞬间，这个行为表演是向世界上所有普普通通、不懈奋斗的人们致敬，也传递了“一起向未来”的奥运口号。奥林匹克精神不仅仅是自我挑战、公平竞争的竞技精神，也传递了相互理解、友谊长久、团结一致等精神。它激励我们每一个人在平凡、普通的日子里坚守梦想、坚守岗位、熠熠发光。在法律事务部的这段实习中，我看到了严谨负责、兢兢业业的力量，把每一件平凡的事情做好就是不平凡，小螺丝钉的精神值得我们认真学习。印象最深刻的是有一次办文，办文的意见审批特别顺利，心里暗自欣喜，觉得万事大吉。刚想把这件事情画上满意的句号，就收到通知，办文的标题漏了一个字。这看似是小事，但对于严谨的法务工作而言可以是表意变化的大事。我仔细地领悟了领导们提出此意见的意义，既为领导们认真负责、一丝不苟的工作态度而感到敬佩，也为自己的粗心大意而感到惭愧，无论是哪个步骤都要一如既往地认真完成，这件事情使我收获了宝贵的经验。合同审核、审批、登记、归档，每一个环节有条不紊的运行离不开法律事务部每位工作人员的付出。一次又一次的研讨、一遍又一遍的修改，尽自己所能交出最满意的答卷，这是我在冬奥组委看到的法律人。他们兢兢业业、认真负责，在自己岗位上通过把工作做到满分为冬奥会保驾护航。签字的笔尖、跃动的键盘、热火朝天的会议室，平凡的岗位、平凡的小事因冬奥组委法律人的坚守而闪闪发光。

三、燃烧的雪花，勇敢地出发

“热情的雪，为大地融化，簇拥着冬梦，暖了春芽。”冬奥志愿者之歌唱出了志愿者们的青春与奉献，也激励着每一位工作人员。在冬奥组委法律事务部的实习经历，不仅让我在有爱、温暖的氛围里看到法律人的坚守与敬业，看到平凡岗位、平凡小事闪闪发光的能量，也让我内心更加清楚未来要成长为什么模样。

部里的前辈和领导也常常鼓励我们，为我们的职业规划和发展困惑提供见解，易处经常和我们分享，“年轻人要多学本领”，鼓励我们积极上进。这段实习经历也启发我思考工作和学习的不同，如何调整自己更高效地完成工作，如何处理与工作伙伴、与前辈们的关系，如何安排自己的时间……这些细碎的思考和经验，都构成了我成长中的宝贵财富，为接下来的学习和工作提供指引。这段实习经历也让我收获了珍贵的友谊，一起迎接冬日里的第一场雪，一起面对工作中的困难，一起为运动员夺冠呐喊，一起吃年夜饭，一起为开题边担心边挤时间读书，五个月的时间，一起实习的小伙伴们从陌生到熟悉到无话不说。

如果用两个词语来形容这段实习，我的关键词是感恩和无悔，感恩能有机会参加冬奥组委法律事务部的实习，感恩能遇到认真负责的领导和前辈，感恩能和有想法、有爱心的小伙伴一起工作，如此，无悔！我们为运动员们勇敢拼搏、突破自我、坚守梦想的精神呐喊，为志愿者们无私奉献、点亮梦想、服务他人的精神鼓掌，奥林匹克精神、志愿者精神已内化于心，成为成长行囊中的宝贵财富，激励我们勇敢地出发。

我的冬奥记忆

齐玲玲*

一、在夏末相遇

时值夏末，细雨如烟。半年前，也就是北京的夏末，小雨淅淅沥沥，我来到了位于首钢园的北京冬奥组委总部。初次与法律事务部的各位领导和同事见面的场景还犹如昨天，转眼间，我已经融入其中，成为法律事务部的一员。

初来法律事务部，我对即将要面临的挑战一无所知。在向领导和同事简短的自我介绍后，我就被迅速地分到了工作小组。紧接着，法律事务部的三位前辈给我们实习生依次开会，简短地介绍了每位实习生的工作，并分享了海量的工作资料。法务审核处副处长王洪霞在简短的培训后对我们实习生说，现在没有时间给大家做系统的培训，大家需要尽快投入到工作中来，边工作边学习。

在这样紧锣密鼓的氛围中，我加入了法律事务部的大家庭。在日常工作中，我发现前辈们早已习惯了快节奏的工作，他们有着丰富的工作经验以及优秀的工作能力，有条不紊地推进着工作，而初来乍到的我面对国际奥委会、国际残奥委会等陌生的专业术语和法律事务部严格复杂的办事流程，内心十分焦灼，感到肩上承载着一个重重的担子。我意识到自己即将成为冬奥组委日常法律事务运行中的一个小螺丝，能力的提升并不是一蹴而就的，我必须尽快地转换自己的学生心态，向前辈们学习，了解主要工作内容，逐步提升自己的能力，尽快独立承担其自己的那部分工作。

二、在金秋拼搏

天高气爽，风轻云淡。很快进入了10月，随着时间的推移，我对自己所承担的工作有了更具象的认识，看似程序性的工作背后，都存在意想不到的挑战。令我记忆犹新的是，第一份具有挑战性的工作就是办理其他部门的来函，这份工作的主要内容就是判断来函里的事项是否存在法律风险，并给出专业的法律建议。我的第一份公文办理并不顺利，其中

---

* 齐玲玲，女，中国政法大学民商经济法学院2020级在读硕士研究生，北京冬奥组委法律事务部法务审核处赛时实习生。

不乏错别字的出现、基本术语的混用以及条理不清晰等基本问题，也有专业知识缺乏导致对法律问题的错判漏判。幸运的是，前辈及领导们对我草拟的回函进行了数次指导，其中包括错别字、格式、符号、标点等形式上的错误，也包括回函的逻辑和条理、其中所蕴含的法律问题等内容上的错误。

由于法律事务部层层审批的工作机制，我每一次的错误，都需要组长和上级领导的再一次审阅和修改，循环往复，无疑会增加同事们的工作量，这也令最初时常犯错的我内心十分煎熬。但令我感动的是，不论是同事，还是领导都十分宽容，他们从未表现出任何不耐烦，反而宽慰我："最开始都是这样，慢慢就好了。"正是在这么一个温馨的环境下，我排解了心中的压力，不再恐惧于犯错所带来的羞愧感，我将自己犯过的错误记录下来，贴在了我的桌上，时常警醒自己，不要犯低级错误和重复犯错。在这个看似简单的工作中，我深深体会到了法律事务部严谨的工作态度，同时也深刻认识到了自身存在的不足。

三、在寒冬坚守

寒冬腊月，朔风怒号。很快，冬奥会即将迎来开幕式，所有工作都在紧锣密鼓地进行着，法律事务部的工作也进入了冲刺阶段，所有同事都要坚守在工作岗位上，无法回家过年。这一阶段，我又迎来全新的挑战，不再仅仅负责合同审核等日常工作，还开始辅助前辈开始做数据合规工作。其中一项工作是与各个部门沟通，催促部门提交个人信息相关数据，这一项工作看似简单，但对我来说是从未有过的挑战。由于缺乏与其他部门沟通的经验，我显得格外生疏，有时在电话里面对对方的质疑哑口无言，有时又会由于对方的随意回应而无所适从。几个小时很快就过去，有效通话却寥寥无几，这让我十分沮丧，正当想放弃的时候，带教的李蕊姐就安慰我说："慢慢来，收拾好心情，可以多打几次，总会问到有用的信息。"我重新调整心态，及时总结经验，在第一轮打电话时，我尚未做好充足准备，所以可能在沟通中并未准确表达出我的诉求。于是为了做好第二轮沟通，我将自己需要问到的问题都提前准备好，将对方可能会问到的问题都设想好答案，这样一来，我便有了底气。在第二轮沟通时，我克服了心中的恐惧，可以自如地把自己的诉求告诉对方，并且也能很沉着地应对各种突发状况。这次经历让我深刻体会到了"沟通是一门艺术"，部门之间的互助和交流是存在的，正是由于这些互助和交流才能让冬奥组委有序运行，人与人、部门与部门的沟通是必不可少的，有效沟通可以解决很多不必要的麻烦。

四、在暖春道别

春暖花开，拨云见日。转眼间，冬奥会的工作也即将进入尾声，我已经在冬奥组委法律事务部工作了半年多，回首这一路，内心感慨万千，脑海中涌现了一幕幕让我感动的时刻，一帧帧让我珍藏的画面。我看到暴风雪来袭时在天寒地冻的环境下为园区扫雪的清洁工人，我看到风吹日晒仍然坚守岗位守护首钢园区的警察和保安，我看到新春佳节仍为冬奥会全力以赴的法律事务部全体同事，千千万万个人心中都心系冬奥并为之奋斗，微微之火，点亮冬奥。因为冬奥会，我们心中信仰愈发坚定；因为冬奥，我们脚下步履更加从容。这半年来沉甸甸的冬奥时光里，我真切地感受到了首钢园春夏秋冬别样的风景，真切地感受到了各位领导和同事的关爱，真切地感受到了团结就是力量的真谛。

回顾刚来法律事务部时，我意识到自己所学的知识的肤浅和在实践运用中知识的匮乏，对一些工作无从下手，茫然不知所措，这让我感到非常难过。但在领导和同事们的帮助鼓励下，在宽松且严肃的工作氛围下，我明白了我并不是形单影只，在法律事务部大家庭的支持下，我在面对棘手的工作时更加坚定、更加自信。在一次次失败中，我明白了只要不断学习、不断提升自我，就能一步一步丈量出自己的路，这条路一定是无数个春夏秋冬一点一滴积累出来的。在半年来忙碌的生活中，我找到了生活的价值和光亮。共襄盛举，与有荣焉，多么幸运自己也能成为点亮冬奥的一束光。

第六部分　北京冬奥组委法律事务部大事记

本部分记录了法律事务部成立至北京2022年冬残奥会结束时法律事务方面的重要工作。

大事记

（2017 年—2022 年）

2017 年

5 月，北京冬奥组委法律事务部正式成立。

6 月 12 日至 15 日，法律事务部派员与新闻宣传部有关人员组成工作组，前往瑞士洛桑和德国波恩，分别向国际奥委会和国际残奥委会送交候选会徽作品，介绍修改及确认情况，沟通国际查重和知识产权保护事宜。

6 月下旬，法律事务部组织全体党员开展“共产党员献爱心活动”捐款。

7 月 6 日，法律事务部面向全委各业务领域开展合同审核与管理工作培训，重点介绍法律事务部工作内容和基本职责、合同起草审核基本要点、合同管理流程等，各部门约 30 人参加培训。

9 月 23 日至 30 日，副部长刘洪波带队赴瑞士、德国，与国际奥委会、国际残奥委会法务部门就会徽、权益保护、法律事务等 MS（里程碑）任务相关领域进行沟通交流，建立常态化工作对接机制。

10 月，法律事务部党支部成立。

10 月 15 日至 22 日，部长李富莹带队与英国奥委会、英国 LEWIS SILKIN 律师事务所、西班牙 COLON DE CARVAJAL ABOGADOS 律师事务所和西班牙 URIA MENENDEZ 律师事务所就防范涉奥隐性营销、保护涉奥知识产权和打击未授权涉奥转播行为等涉奥知识产权工作进行工作交流，并宣传、介绍我国涉奥知识产权立法和涉奥知识产权保护的最新情况。

11 月 24 日，法律事务部与北京市司法局就北京冬奥组委公职律师一事进行工作交流。

11 月 28 日，秘书行政部、法律事务部与中共北京市委政法委员会召开北京 2022 年冬奥会法律服务和保障工作会议。

12 月 1 日，法律事务部研究起草、经北京冬奥组委 2017 年第 12 次秘书长专题会、第 11 次副主席专题会审议通过的《北京 2022 年冬奥会和冬残奥会组织委员会法律服务机构管理办法》以北京冬奥组委文件（冬奥组委发〔2017〕18 号）形式印发施行。

12 月 11 日，法律事务部与北京市石景山区人民法院围绕服务保障北京冬奥会等事项进行工作交流。

12月14日至15日，法律事务部对北京冬奥会会徽和冬残奥会会徽进行了版权登记、商标注册、特殊标志登记、外观设计专利申请，国际奥委会、国际残奥委会按照既定方案在境外进行了相应的商标注册申请，为会徽构建全方位知识产权保护奠定基础。

12月19日，法律事务部在《北京2022年冬奥会和冬残奥会组织委员会合同管理办法（试行）》基础上修订起草、经2017年第14次秘书长专题会、第12次副主席专题会审议通过的《北京2022年冬奥会和冬残奥会组织委员会合同管理办法》以北京冬奥组委文件（冬奥组委发〔2017〕21号）形式印发施行。

12月26日，原国务院法制办委托原北京市法制办在北京组织召开《奥林匹克标志保护条例》修订调研会。原国务院法制办、原国家工商总局、国家体育总局、原北京市法制办、原北京市工商局、北京市高级人民法院、北京知识产权法院、中国法学会体育法学研究会、北京冬奥组委法律事务部和市场开发部、中国银行、国航、伊利、安踏以及滴滴出行、腾讯、京东的代表应邀出席。部长李富莹主持会议，副部长刘洪波就防范和打击隐性营销行为、奥林匹克标志的权利期限等问题做了阐述和说明，提出规制隐性营销条款入法建议。

2018年

1月12日，法律事务部受邀参加司法行政服务京津冀协同发展推进会，京津冀三地司法厅（局）有关领导参加会议。

2月至3月，部长李富莹、副部长刘洪波、马福威以及有关处室负责同志分别赴平昌参加平昌2018年冬奥会和冬残奥会三期观察员团，学习了解赛时各方面运行情况，为筹办北京2022年冬奥会和冬残奥会积累实战经验。

3月2日，法律事务部党支部与北京知识产权法院第一审判庭党支部举行联合党日活动，并就涉奥知识产权保护工作进行交流。

3月14日，法律事务部派员参加京津冀人大立法协同法制机构联席会，向参加会议的北京市人大常委会法制办、天津市人大常委会法工委、河北省人大常委会法工委介绍北京2022年冬奥会和冬残奥会筹办工作进展情况。

3月15日至16日，法律事务部在张家口赛区组织召开《奥林匹克标志保护条例》修订工作研讨会。原国务院法制办、原国家工商行政管理总局商标局、张家口运行中心和张家口市有关单位负责人参加会议。

4月19日，法律事务部与北京市石景山区人民检察院召开座谈会，双方就涉奥司法等工作进行交流。

4月21日，法律事务部派员参加北京市知识产权联席会议相关成员单位组织的“世界知识产权日”宣传活动。

5 月 10 日至 11 日，北京市律协携手天津市律协、延庆区司法局在延庆区共同召开“京津冀司法行政服务北京 2022 年冬奥会和冬残奥会　河北雄安新区法律服务团座谈会”。法律事务部派员参会，并以“服务冬奥，构建法律人共同体的一点思考”做了主题发言。

5 月 17 日，北京冬奥组委专职副主席兼秘书长韩子荣接待时任北京市高级人民法院院长杨万明一行来访考察，双方围绕司法机关为北京冬奥会筹办工作提供司法保障进行了深入交流。北京市第一中级人民法院、北京知识产权法院、石景山区人民法院和延庆区人民法院等主要负责人参加，部长李富莹作交流发言。

6 月 13 日，法律事务部编制印发《合同管理工作手册》，主要包括合同管理基本制度、合同流程图及说明、合同审批单、合同通用条款、常用合同模板等内容。

6 月 28 日，国务院总理李克强签署第 699 号国务院令，公布修订后的《奥林匹克标志保护条例》，自 2018 年 7 月 31 日起施行。

6 月下旬，法律事务部党支部组织全体党员开展“共产党员献爱心活动”捐款。

7 月 11 日，法律事务部与来访交流的第 19 届亚运会组委会办公室召开工作对接会，交流法务部门筹建经验，探讨大型赛事法律服务保障相关问题。

7 月 13 日至 15 日，副部长马福威带队赴长春参加第七届环渤海体育法学论坛。论坛主题为新时代深化体育改革的法治考量，分为五个专题：深化体育改革与全面依法治国、体育管理改革的法治探讨、体育产业化与赛事改革的法治探讨、体育仲裁与公共体育服务的法治探讨、中国体育改革的国际法治借鉴。18 个省、自治区、直辖市 60 多个单位，120 多位学者、律师和管理工作者参会。

7 月 19 日至 21 日，副部长刘洪波带队参加数据保护专项研究论坛，与有关数据专家、法律服务机构就欧盟《通用数据保护条例》（GDPR）的适用及数据保护相关问题进行研讨交流。

7 月 31 日，法律事务部赴国家知识产权局商标局申请首批 14 件奥林匹克标志和 4 件残奥会标志公告。

8 月 8 日，北京冬奥组委官网发布法律事务部会同文化活动部研究起草的《北京 2022 年冬奥会吉祥物和冬残奥会吉祥物设计征集文件》。征集文件由技术文件和法律文件两部分组成，其中，技术文件主要包括征集要求、参与方式、评审安排等，法律文件主要包括知识产权约定与要求、保密义务、禁止隐性营销及宣传限制、法律后果、入围或者中选后的法律要求等。

8 月 17 日，法律事务部邀请原国务院法制办教科文卫司副司长金武卫在我委“双周一课”大讲堂上对新修订的《奥林匹克标志保护条例》进行解读。部长李富莹主持，全委 100 余人现场参加培训。

9 月 3 日，法律事务部就相约北京系列冬季体育赛事组织委员会的中文名称“相约北京”申请商标注册。

9 月 18 日，法律事务部会同新闻宣传部起草的《奥林匹克转播合作协议》[①] 模板获得国际奥委会批准。

9 月 18 日，法律事务部与国际奥委会法务部召开月度会，就北京冬奥组委合同审批流程、弃权协议等事项进行沟通交流。

10 月 15 日，北京冬奥组委官网发布法律事务部会同文化活动部研究起草的《北京 2022 年冬奥会开幕式创意文案征集书》。征集书主要包括征集要求、参与方式、评审安排、知识产权约定与要求、保密义务、禁止隐性营销及宣传限制、法律后果等。

10 月 26 日，法律事务部会同北京市高级人民法院和石景山区人民法院邀请部分人大代表和政协委员出席涉奥法律事务工作座谈会。副部长马福威同志致辞，3 位全国人大代表、8 位北京市人大代表和政协委员、法院和法律事务部有关负责人参加座谈。

11 月 1 日，法律事务部与国际奥委会法务部召开月度会，就货物和服务采购合同模板、知识产权转移等事项进行交流沟通。

11 月 7 日，法律事务部就相约北京系列冬季体育赛事组织委员会英文名称“Experience Beijing”申请商标注册。

11 月 30 日，法律事务部与国际奥委会法务部召开月度会，就住宿接待协议、数据保护条款等事项进行交流沟通。

12 月 11 日至 12 日，法律事务部与北京市高级人民法院在张家口市举办北京冬奥会司法保障工作研讨会，北京市法院系统和张家口市中级人民法院有关负责同志参会。

12 月 13 日至 20 日，副部长马福威带队赴瑞士、德国与国际奥委会法务部及德国知名律师事务所就《主办城市合同——运行要求（2016）》签署问题、知识产权保护、数据保护等工作进行沟通交流。

2019 年

1 月 4 日，部长李富莹应人力资源部邀请，为北京冬奥组委新入职干部职工作奥林匹克法务常识培训，全委 100 余人现场参加。

1 月 16 日至 17 日，法律事务部协助接待国际奥委会法务部高级法律顾问克里斯蒂安·弗朗索瓦·希尔，并参加票务系统及服务协议（TSP）会议，重点就协议各方权利义务、知识产权归属、服务费用承担等重要问题进行会商谈判。

1 月 29 日至 31 日，法律事务部接待国际奥委会法务部法律顾问塔玛拉·苏匹隆，并举行项目审议会法律旁会。双方分别介绍了各自的组织架构和人员构成，并就转播收入资助

---

① 该协议由北京冬奥组委、奥林匹克转播服务公司（OBS）签署，就北京冬奥会转播所涉相关工作及双方权利义务进行约定。

退款协议、弃权协议等事项进行深入交流。

2月13日，国家知识产权局对“北京2022年冬奥会会徽”等14件奥林匹克标志和“北京2022年冬残奥会会徽”等4件冬残奥会标志予以公告（《国家知识产权局公告》第294号）。

3月5日，法律事务部与国际奥委会法务部召开月度会，在项目审议会法律旁会的基础上，进一步就转播收入资助退款协议、服务采购合同模板、弃权协议、法律清单、共享合作平台等议题进行交流沟通。

3月7日，法律事务部和国际奥委会召开权益保护工作会议，宣告北京2022年冬奥会和冬残奥会的“清洁场馆”工作正式启动，权益保护业务领域将逐个对场馆进行“清洁场馆”考察，并向国际奥委会提交考察报告，双方并在每周例会上进行交流和讨论。

4月3日，法律事务部与国际奥委会法务部召开月度会，就服务采购合同模板、弃权协议、转播收入资助退款协议、共享合作平台等议题最新进展情况进行交流沟通，同时就瑞士法项下不可抗力问题进行沟通。

4月12日至13日，武汉大学法学院、国际法研究所与体育法研究中心等单位成功举办“北京2022年冬奥会法律问题研讨会”，来自高校的学者和相关实务机构的专家30余人就北京2022年冬奥会和冬残奥会涉及的法律问题展开研讨。副部长马福威参会并致辞。

4月17日，国家知识产权局对“北京2022年冬奥会标志”予以公告（《国家知识产权局公告》第306号）。

4月19日至26日，法律事务部受邀参加世界知识产权日系列主题宣传活动。2019年世界知识产权日主题为“奋力夺金：知识产权和体育”，旨在让知识产权走进体育世界，助力体育发展和体育享受。副部长刘洪波出席2019中国知识产权保护高层专题论坛和2019中国网络版权保护与发展大会，发表主旨演讲。副部长马福威出席朝阳区人民政府举办的迎接世界知识产权日主题宣传活动并致辞。法律事务部还派员参加北京市政府新闻办公室联合北京市知识产权局在官方微博举办的“严格知识产权保护　营造一流营商环境”主题微访谈、北京知识产权法院专业法官会议商标、竞争及垄断委员会主办的“京知商标竞争论坛”，同时，携手北京互联网法院举办知识产权日线上宣传系列活动，实现了显著的宣传效果和较高的公众参与度。

4月28日，法律事务部党支部组织全体党员到门头沟区京西情报站开展主题党日活动。

5月10日至12日，法律事务部派员赴济南参加第八届环渤海体育法学论坛，论坛主题为“体育法理论前沿与体育法实践热点”，与体育法学同仁就体育法治、体育管理改革、运动员权益保护等热点问题进行交流。

5月12日至19日，法律事务部副部长刘洪波带队赴英国、比利时与当地法律服务机构就涉奥个人数据保护等有关法律问题进行沟通交流。

6月19日至22日，法律事务部派员作为北京冬奥组委代表团成员之一赴瑞士洛桑与国际奥委会电视转播与市场开发部就市场开发问题进行工作谈判。

6月19日至22日，法律事务部派员与文化活动部有关人员组成工作组，前往瑞士洛桑和德国波恩，分别向国际奥委会和国际残奥委会送交候选吉祥物作品，介绍修改及确认情况，沟通国际查重和知识产权保护事宜。

6月21日，法律事务部与国际奥委会法务部召开月度会，就服务采购合同模板中的无市场开发权、知识产权条款和交接旗仪式相关权利人清单等议题进行交流沟通。

6月24日，法律事务部起草，经2018年第13次秘书长专题会议、第21次副主席专题会议审议，并经北京冬奥组委执行委员会2019年第1次会议审议通过的《北京2022年冬奥会和冬残奥会组织委员会有关标志非商业使用规则》以北京冬奥组委文件（冬奥组委发〔2019〕19号）形式印发施行。

6月下旬，法律事务部党支部组织全体党员开展“共产党员献爱心活动”捐款。

6月25日，副部长马福威主持座谈会，与到访的杭州市人大和杭州市亚组委法务部同志就体育赛事法务工作开展沟通交流；会后，一同赴国家速滑馆等场馆进行实地考察调研。

7月4日，法律事务部会同票务中心研究起草的《关于提供票务系统及服务的协议（TSP）》① 获得国际奥委会批准。

7月9日，在人力资源部等部门的支持下，法律事务部组织完成“相约北京系列冬季体育赛事组织委员会”设立登记工作。相约北京系列冬季体育赛事组织委员会取得国家事业单位登记管理局颁发的《事业单位法人证书》。

7月24日，法律事务部组织的北京冬奥会张家口赛区冬奥法律事务工作座谈会在崇礼法院举行，就冬奥筹办期间法院如何发挥审判职能、做好司法保障服务工作进行探讨交流，明确处理涉奥案件把握的基本原则和需注意的事项。会议由副部长马福威主持，张家口运行中心、张家口市有关单位和崇礼区有关单位负责人参会。

7月24日，副部长刘洪波赴河北省张家口市为河北省知识产权局举办的河北省知识产权行政执法人员培训班学员授课，专题讲解奥林匹克财产保护问题。共60余人参加培训。

7月25日，部长李富莹带队赴高山滑雪世界杯延庆站组委会、北京冬奥组委延庆运行中心，就赛事筹备和场馆建设、权益保护和法务审核工作进行专题调研和座谈交流。

8月1日，党支部书记、部长李富莹以《加强全面从严治党，坚守廉洁自律底线》为题给全体党员讲授专题党课。

8月8日，北京冬奥组委官网发布法律事务部会同文化活动部研究起草的《北京2022年冬奥会和冬残奥会2019年度音乐作品征集文件》。征集文件由技术文件和法律文件两部

---

① 该协议由北京冬奥组委、国际奥委会和某TOP合作伙伴签署，主要就票务系统开发及服务事宜进行约定。

分组成，其中，技术文件主要包括征集要求、参与方式、评审安排等，法律文件主要包括知识产权约定与要求、保密义务、禁止隐性营销及宣传限制、法律后果、入围或者中选后的法律要求等。

8 月 26 日至 30 日，法律事务部派员会同文化活动部赴瑞士、德国与国际奥委会、国际残奥委会就冬奥会和冬残奥会吉祥物设计方案进行沟通交流。

9 月 14 日，由法律事务部牵头起草、审核并经与国际奥委会多轮谈判完成的《转播收入资助退款协议——北京退款份额之计算与清偿程序》① 完成正式签署。

9 月 16 日，法律事务部就北京 2022 年冬奥会吉祥物和冬残奥会吉祥物申请商标注册和外观设计专利申请，国际奥委会按照既定方案在中国境外进行相应的商标注册申请，为吉祥物构建全方位知识产权保护奠定基础。

9 月 30 日，法律事务部研究起草、经相约北京组委会 2019 年第 2 次副主席专题会审议通过的《相约北京系列冬季体育赛事组织委员会关于规范相约北京系列冬季体育赛事合同管理工作的指导意见》以相约北京组委会文件（相约北京发〔2019〕6 号）形式印发施行。

10 月 10 日，法律事务部与国际奥委会法务部召开月度会，就服务采购合同、合同监督管理系统、志愿者协议模板、里程碑任务等议题进行交流沟通。

10 月 10 日，法律事务部会同文化活动部起草、审核的《关于北京 2022 年冬奥会吉祥物协议》② 获得国际奥委会批准，《关于北京 2022 年冬残奥会吉祥物协议》③ 获得国际残奥委会批准。

10 月 11 日，法律事务部邀请中央党校政治和法律部副主任封丽霞教授在组委会“双周一课”大讲堂上作习近平总书记全面依法治国理念与实践专题辅导。副部长刘洪波主持，全委 100 余人现场参加培训。

10 月 18 日，法律事务部党支部组织党员干部赴中央国家机关廉政教育基地恭王府博物馆接受廉政教育。

11 月 1 日，法律事务部派员参加北京仲裁委员会组织的“中国体育法与多元化争议解决机制”研讨会，并就冬奥场馆相关法律问题发表主旨演讲。

11 月 4 日至 7 日，法律事务部接待国际奥委会法务部法律顾问塔玛拉・苏匹隆来访，并就弃权协议、住宿相关协议、数据保护、里程碑任务等重要法律事项进行交流沟通。

11 月 9 日，北京冬奥组委法律事务部、《体育科学》、《中国体育科技》、中国政法大学体育法研究所联合举办的“北京冬奥会法律事务学术研讨会”在河北省廊坊市召开，就奥

① 根据《主办城市合同》的约定，国际奥委会将向北京冬奥组委提供与转播相关的资助，并将其定性为预付款，当出现奥运会完全或部分取消等意外事件导致国际奥委会需要退还第三方有关转播收入款项时，北京冬奥组委需要退还国际奥委会相应款项。该协议就是根据上述约定，就转播退款问题明确条件、程序、责任等内容。

② 该协议由北京冬奥组委与冬奥会吉祥物设计者、修改者签署，主要就冬奥会吉祥物知识产权事宜进行约定。

③ 该协议由北京冬奥组委与冬残奥会吉祥物设计者、修改者签署，主要就冬残奥会吉祥物知识产权事宜进行约定。

林匹克宪章与奥运会合同、国际体育仲裁机制与冬奥、反兴奋剂工作的法律问题等开展研讨。副部长马福威带队参会，并作主题发言。

11 月 22 日，副部长刘洪波应人力资源部邀请为北京冬奥组委新入职干部职工作奥林匹克法务常识与合同管理培训，全委 100 余人现场参加。

11 月 22 日，法律事务部会同市场开发部就起草、审核的《北京 2022 年冬残奥会转播权分配和销售管理代理协议》① 与国际残奥委会达成一致。

11 月 28 日，法律事务部与国际奥委会法务部召开月度会，就奥林匹克大家庭协议、服务采购合同模板、弃权协议等议题最新进展进行交流沟通。

11 月 29 日，法律事务部起草、审核的《北京 2022 年冬奥会和冬残奥会组织委员会服务采购合同》② 模板获得国际奥委会批准。

12 月 4 日，副部长马福威参加石景山区司法局组织的 2019 年“12・4”宪法日集中宣传活动并致辞。石景山区有关单位负责人和各界群众共 300 余人参加活动。

12 月 11 日，法律事务部会同总体策划部完成审核的《〈主办城市合同〉附录 1》国际奥委会、北京市政府、中国奥委会、北京冬奥组委四方签署工作，确定了《主办城市合同——运行要求（2016）》的适用。

12 月 19 日，法律事务部与国际奥委会法务部召开月度会，就弃权协议、法律业务领域运行计划（V2 版）、住宿分配协议等议题进行交流沟通。

2020 年

1 月 15 日，法律事务部会同技术部研究起草的《阿里巴巴合作伙伴服务协议（PSA）》③ 获得国际奥委会批准。

1 月 15 日，国家知识产权局对北京 2022 年冬奥会和冬残奥会吉祥物、志愿者标志等 7 件奥林匹克标志予以公告（《国家知识产权局公告》第 348 号）。

2 月下旬，法律事务部党支部组织全体党员职工开展抗击新冠肺炎疫情爱心捐款活动。

2 月 13 日，法律事务部研究起草、经 2020 年第 1 次秘书长专题会、第 3 次副主席专题会审议通过的《北京 2022 年冬奥会和冬残奥会组织委员会合同履行和监督管理办法》以北京冬奥组委文件（冬奥组委发〔2020〕4 号）形式印发施行。

2 月 14 日，法律事务部会同运动会服务部起草、审核的《奥林匹克大家庭饭店住宿接待服务协议》获得国际奥委会批准。

---

① 根据《主办城市合同》，世界范围内的冬残奥会转播权被授予北京冬奥组委。该协议是北京冬奥组委授权国际残奥委会代表北京冬奥组委在主办国辖区以外出售冬残奥会转播权。

② 该合同模板将作为北京冬奥组委所签署日常合同的模板使用。

③ 该协议由北京冬奥组委、国际奥委会和 TOP 合作伙伴签署，主要就合作伙伴服务提供事宜进行约定。

3 月 4 日，法律事务部与国际奥委会法务部召开月度会，就开闭幕式协议模板、知识产权转移、住宿分配协议、场馆使用管理备忘录等议题进行沟通交流。

3 月 23 日，副部长马福威带队参加中国政法大学体育法研究所举办的“从孙杨案看北京冬奥会反兴奋剂法律风险防控机制的建立与完善研讨会”。

3 月 28 日，副部长马福威参加中国政法大学体育法研究所举办的“东京奥运会延期的法律问题梳理及对策”视频研讨会，并就东京奥运会延期对北京冬奥会的影响、涉奥合同变更等问题作交流发言。

4 月 15 日，法律事务部与国际奥委会法务部召开月度会，就住宿分配协议、场馆使用管理备忘录、反盗播和隐性市场营销计划、知识产权提交、开闭幕式演艺人员协议模板、官方歌曲协议模板等议题进行沟通交流。

4 月 28 日，北京冬奥组委官网发布法律事务部会同文化活动部起草的《北京 2022 年冬奥会和冬残奥会奖牌设计征集文件》和《北京 2022 年冬奥会和冬残奥会火炬外观设计征集文件》。征集文件由技术文件和法律文件两部分组成，其中，技术文件主要包括征集要求、参与方式、活动安排等，法律文件主要包括知识产权约定与要求、保密义务、禁止隐性营销及宣传限制、候选或者中选后的法律要求等。

5 月 8 日，北京冬奥组委网站发布法律事务部会同人力资源部起草的《北京 2022 年冬奥会和冬残奥会制服装备视觉外观设计征集文件》。征集文件由引言，应征人须知，应征目标、内容和要求，征集活动的程序安排和奖金，注意事项，应征人应遵守的重要法律条款等六部分及附件组成，对征集要求、参与方式、程序安排、适用法律、保密及宣传限制、知识产权约定与要求等内容进行了约定。

5 月 14 日，法律事务部与国际奥委会法务部召开月度会，就住宿分配协议、残奥大家庭饭店住宿接待服务协议、奖牌设计征集文件、票务销售协议等议题进行沟通交流。

5 月 19 日，法律事务部会同运动会服务部起草的《残奥大家庭饭店住宿接待服务协议》获得国际残奥委会批准。

5 月 29 日，法律事务部会同运动会服务部起草的《北京 2022 年冬奥会住宿分配协议》（普通版和国际奥委会版）获得国际奥委会批准。

6 月 23 日，法律事务部与国际奥委会法务部召开月度会，就收费卡项目、合同管理系统、奥林匹克大家庭协议、票务相关事项等议题进行沟通交流。

6 月下旬，法律事务部党支部组织全体党员开展“共产党员献爱心活动”捐款。

7 月 9 日，北京冬奥组委官网发布法律事务部会同规划建设部起草的《北京 2022 年冬奥会和冬残奥会公共艺术作品设计方案征集文件》。征集文件由技术文件和法律文件两部分组成，其中，技术文件主要包括征集要求、参与方式、评审安排等，法律文件主要包括知识产权约定与要求、保密义务、禁止隐性营销及宣传限制、法律后果、入围或者中选后的法律要求等。

7月28日，法律事务部与国际奥委会法务部召开月度会，就里程碑任务截止时间、知识产权转移、票务销售协议、普通住宿协议补充协议、弃权协议、住宿管理系统隐私政策等议题进行沟通交流。

8月5日，法律事务部根据北京市立法调研需求，组织召开了《北京市志愿服务促进条例》修订专项立法调研会，部长李富莹、副部长刘洪波、马福威参会。北京市司法局介绍了条例修订的背景、主要内容、拟解决的主要问题等情况，法律事务部、人力资源部、志愿者部分别就大型活动组织方角色定位、志愿服务对象认定、首都志愿服务特色、志愿专业化需求等方面提出立法建议意见。

8月7日，法律事务部研究起草的《弃权协议——放弃对北京冬奥组委的合同事先批准权》[①] 获得国际奥委会批准。

8月8日，北京冬奥组委官网发布法律事务部会同文化活动部起草的《北京2022年冬奥会和冬残奥会2020年度音乐作品征集文件》。征集文件由技术文件和法律文件两部分组成，其中，技术文件主要包括征集要求、参与方式、评审安排等，法律文件主要包括知识产权约定与要求、保密义务、禁止隐性营销及宣传限制、法律后果、入围或者中选后的法律要求等。

8月9日，张家口市公安局举办冬奥安保实战培训班，法律事务部派员就涉奥权益保护工作进行专题授课。张家口市、区两级公安局共300余名干警参加了培训。

8月12日，法律事务部党支部组织党员干部赴全国爱国主义教育示范基地双清别墅开展主题党日活动。

8月17日，法律事务部面向全委各部印发《关于印发〈弃权协议——放弃对北京冬奥组委的合同事先批准权〉的通知》（冬奥组委法务函〔2020〕209号），明确合同事项报国际奥委会批准的类别及程序要求。

8月25日，法律事务部与国际奥委会法务部召开月度会，就官方电影项目、住宿接待服务协议补充协议、住宿管理系统的隐私政策、票务数据保护问题等议题进行沟通交流。

9月9日，国家知识产权局在河北省张家口市举办奥林匹克标志保护能力提升班，副部长刘洪波同志就奥林匹克标志保护相关问题进行专题授课，北京市、天津市、河北省等10个相关省份知识产权管理部门约80人参加培训。

9月15日，法律事务部面向全委各业务领域开展合同履行和监督管理系统培训，主要

① 根据《主办城市合同》第17条的约定，北京冬奥组委签署的所有合同或者协议（包括模板）均应当提交国际奥委会批准，但该条第3款同时约定，双方可以协商确定国际奥委会同意放弃批准权的协议类型。该协议就是针对上述约定，从操作层面进行细化约定的书面法律文件，目的是确定国际奥委会对北京冬奥组委合同审批的基本原则、程序性要求、放弃批准权的协议类型、保留批准权的协议类型等内容。

介绍合同履行和监督管理系统、监管流程及操作方式，全委各部合同管理专员、合同履行监督管理专员、合同主要承办人等100余人参加培训。

9月15日，副部长刘洪波在国家知识产权局商标局培训班上为商标审查员就奥林匹克知识产权保护问题进行专题授课，共400余人参加培训。

9月16日，法律事务部会同技术部开发的合同履行和监督管理系统正式上线运行。

9月17日，法律事务部会同运动会服务部研究起草的《住宿管理系统隐私保护政策》获得国际奥委会批准。

9月21日，法律事务部团支部成立，经大会选举，产生团支部委员会。

9月21日，北京冬奥组委官网发布法律事务部会同文化活动部起草的《北京2022年冬奥会和冬残奥会宣传海报设计征集文件》。征集文件由技术文件和法律文件两部分组成，其中，技术文件主要包括征集要求、参与方式、评审安排等，法律文件主要包括知识产权约定与要求、保密义务、禁止隐性营销及宣传限制、法律后果、入围或者中选后的法律要求等。

9月21日，北京冬奥组委官网发布法律事务部会同新闻宣传部起草的《北京2022年冬奥会官方电影青年电影人全球招募活动公告》。招募文件由活动介绍和法律文件两部分组成，其中，活动介绍主要包括活动安排、作品说明、评选和奖项、基本要求等，法律文件主要包括个人信息保护、适用法律、保密及宣传限制、知识产权约定与要求等。

9月23日，法律事务部与国际奥委会法务部召开月度会，就收费卡目录数据保护条款、开闭幕式主创团队人员协议模板、官方电影青年电影人招募活动、场馆使用管理备忘录、门票销售协议及相关文件、冬残奥会住宿分配协议等议题进行沟通交流。

10月13日，副部长马福威带队参加国务院参事室组织的关于设立国内体育仲裁机构建议的座谈会，并做主题发言。中国政法大学等国内专家和实务学者10余人参会。

10月14日至16日，副部长刘洪波带队赴杭州与第19届亚运会组委会法律事务部召开工作研讨会，就疫情对赛事组织工作影响相关法律问题、权益保护和法务审核工作进行交流。

10月20日，法律事务部起草、经相约北京组委会2020年第25次副主席专题会议审议通过的《相约北京系列冬季赛事权益保护指导意见》以相约北京组委会文件形式印发实施，为保障相约北京系列冬季体育赛事组委会、各单项赛事组委会以及赞助企业等利益相关方的合法权益提供规则指引。

10月28日，法律事务部与国际奥委会法务部召开月度会，就MPA提前激活IPC权益信函、场馆使用管理备忘录、开闭幕式主创团队人员协议模板、官方歌曲项目、东京奥运会《IPC参与条件协议》、冬残奥会住宿分配协议等议题进行沟通交流。

11月7日至8日，法律事务部派员赴成都大运会组委会开展权益保护相关培训，成都大运会组委会工作人员以及成都市场监管部门相关人员共300余人参训。

11月11日，法律事务部派员赴中央网信办就北京冬奥组委涉及的个人信息保护和数据出境等相关问题进行沟通交流。

11月17日，法律事务部向全委各业务领域开展合同审核程序及法律风险防范实务培训，就合同起草、审核、审批、履行的相关程序及注意事项，合同审核的重点问题和重要法律事项的风险防范等内容进行培训讲解，全委各业务领域约200人参加培训。

11月20日，部长、党支部书记李富莹以全面依法治国为主题为部全体党员讲授党课。

11月20日，法律事务部党支部完成换届选举。

11月20日，北京冬奥组委官网发布法律事务部会同文化活动部起草的《北京2022年冬奥会和冬残奥会颁奖服装设计征集文件》。征集文件由技术文件和法律文件两部分组成，其中，技术文件主要包括征集要求、参与方式、评审安排等，法律文件主要包括知识产权约定与要求、保密义务、禁止隐性营销及宣传限制、法律后果、入围或者中选后的法律要求等。

11月30日，法律事务部与国际奥委会法务部召开月度会，就开闭幕式总导演协议、TOP对冬奥会住宿分配协议相关修改意见、票务系统相关法律文件、门票销售协议等议题进行沟通交流。

12月2日，部长李富莹与国际奥委会法务部部长玛利亚姆·马达维召开部长级工作视频会。双方分别介绍部门工作基本情况，并就疫情形势下的冬奥法律工作进行了深入交谈，国际奥委会法务部高度赞赏法律事务部前期工作成果，对双方建立的日常联络、信息共享等工作机制表示认可。

12月3日，法律事务部前往河北省张家口云顶场馆群实地踏勘，详细调研云顶滑雪公园和张家口山地新闻中心的商业和制造商展示情况。

12月4日，副部长马福威参加石景山区司法局组织的2020年“12·4”宪法日集中宣传活动并致辞，石景山区有关单位负责人和各界群众共300余人参加活动。

12月4日，法律事务部与海关总署有关司局就奥林匹克标志海关保护事宜进行了工作对接。

12月15日，法律事务部与国际奥委会法务部召开月度会，就门票销售协议、场馆使用管理备忘录、官方电影相关问题、冬残奥会住宿分配协议等议题进行沟通交流。

12月18日，法律事务部前往河北省张家口古杨树场馆群实地踏勘，详细调研国家越野滑雪中心、国家冬季两项中心、国家跳台滑雪中心的商业和制造商展示情况，并与张家口市、崇礼区有关部门一同开展有关张家口赛区户外广告控制工作的对接会。

12月25日，法律事务部前往延庆场馆群实地踏勘，详细调研国家高山滑雪中心、国家雪车雪橇中心、延庆冬奥村等场馆的商业和制造商展示情况，与场馆团队就赛时权益保护工作进行对接交流。

12 月 29 日，法律事务部派员赴北京市知识产权保护中心参加冬奥知识产权协同保护座谈会，就赛时知识产权执法部门的职责进行沟通交流，并提出工作建议。

2021 年

1 月 6 日，法律事务部会同运动会服务部起草、审核的《北京 2022 年冬残奥会住宿分配协议》获得国际残奥委会批准。

1 月 17 日，法律事务部派员赴中国宋庆龄青少年科技文化交流中心就其拟同冬奥组委开展一系列合作活动、创办展示中心等事项是否符合权益保护要求进行交流。

1 月 19 日，法律事务部与国际奥委会法务部召开月度会，就票务相关政策、体育图标宣传片、奥林匹克会歌及各国国歌授权协议、场馆使用管理备忘录、TOP 对冬奥会住宿分配协议相关修改意见、联合政策与程序、英特尔保密协议、里程碑任务、知识产权转移等议题进行沟通交流。

1 月 19 日，法律事务部会同市场开发部起草、审核的《商品和服务供应框架协议》①获得国际奥委会批准。

2 月 24 日，法律事务部与国际奥委会法务部召开月度会，就官方歌曲计划、票务相关政策、英特尔保密协议、场馆使用管理备忘录、注册相关文件等议题进行沟通交流。

3 月 8 日，法律事务部编制印发《北京 2022 年冬奥会和冬残奥会专业（岗位）培训教材—合同管理和法律服务工作手册》，主要包括北京冬奥组委合同管理、北京冬奥组委合同履行监督管理、法律服务机构管理等内容。

3 月 10 日，法律事务部与北京市委网络信息办公室和国家计算机网络与信息安全管理中心及其北京分中心、部分专家组成员召开座谈会。有关部门介绍了北京市数据跨境流动安全管理试点工作情况，参会各方就数据保护和跨境流动等法律问题进行了研讨交流。

3 月 23 日，法律事务部与国际奥委会法务部召开月度会，就票务政策文件、场馆使用管理备忘录、知识产权转移相关事项、住宿分配协议等议题进行沟通交流。

3 月 30 日，法律事务部起草、经 2021 年第 2 次秘书长专题会、第 7 次副主席专题会审议通过修订后的《北京 2022 年冬奥会和冬残奥会组织委员会合同管理办法》，以北京冬奥组委文件（冬奥组委发〔2021〕10 号）形式印发施行。

4 月 8 日，副部长马福威带队赴延庆参加由北京市人民检察院相关部门与延庆区人民检察院联合举办的服务保障北京冬奥会筹办工作座谈会，就冬奥司法保障问题进行交流。

---

① 该协议是由北京冬奥组委、国际奥委会、TOP 合作伙伴签署的 TOP 落地协议模板。明确由 TOP 合作伙伴向北京冬奥组委交付、提供由其生产或供给的产品或服务，国际奥委会向北京冬奥组委拨付配额，用于结算 TOP 合作伙伴供应的产品或服务。

4月8日至9日，法律事务部赴首都体育馆、国家体育馆、国家游泳中心观摩、研究上半年测试活动的权益保护相关情况，并与场馆团队进行工作交流，提出冬奥赛时工作需求。

4月11日，法律事务部派员参加中国人民大学知识产权论坛，就国际奥委会在新闻采访方面的权益保护要求进行宣讲。共有100余名相关从业人员参加。

4月13日，部长李富莹与国际奥委会首席道德合规官帕格莱特·吉拉德·扎培利就道德合规联合政策与程序事项召开部长级视频会议，就《道德合规联合政策与程序》、单一联络人等事项进行交流。

4月20日，法律事务部与国际奥委会法务部召开月度会，就宝洁颁奖台项目、开闭幕式演艺人员协议模板、票务政策文件、注册相关文件、冬奥文化广场备忘录等议题进行沟通交流。

4月23日，法律事务部会同票务中心起草的《北京2022年冬奥会和冬残奥会官方票务网站注册协议》① 获得国际奥委会批准。

5月7日，法律事务部派员参加上海外国语大学法学院“全球治理与体育法治”研习工作坊，并以“北京冬奥会法务工作的实践与探索”为题发表主题演讲。

5月20日，国家知识产权局对“北京2022年冬奥会火炬造型”等奥林匹克标志予以公告（《国家知识产权局公告》第421号）。

5月21日，法律事务部与国际奥委会法务部召开月度会，就注册相关文件、官方电影导演协议、开闭幕式演艺人员协议模板、票务政策文件、TOP相关事项等议题进行沟通交流。

5月27日，法律事务部会同票务中心起草、审核的官方票务网站《北京2022年冬奥会和冬残奥会官方票务网站Cookie政策》② 获得国际奥委会批准。

5月27日，法律事务部会同开闭幕式工作部起草的开闭幕式四类合同模板（音乐总监协议、作曲家协议、表演者协议、授权协议）及总导演协议获得国际奥委会批准。

6月2日，法律事务部派员参加2021年中国网络版权保护与发展大会——新法环境下著作权集体管理问题研究与未来展望会议，就著作权相关前沿问题进行研讨交流。

6月4日，北京知识产权法院党组书记、院长靳学军一行到北京冬奥组委对接工作并进行座谈交流。北京冬奥组委专职副主席、秘书长韩子荣主持会议，法律事务部、市场开发部、文化活动部有关负责同志参加座谈。

6月8日，法律事务部起草，经2021年第4次秘书长专题会、第14次副主席专题会审议通过的《北京2022年冬奥会和冬残奥会组织委员会关于进一步加强知识产权保护工作的指导意见》以北京冬奥组委文件（冬奥组委发〔2021〕14号）形式印发施行。

---

① 该协议主要内容为用户在官方票务网站注册时需要知悉并同意的条款，拟公布于官方票务网站。

② 该文件主要内容为官方票务网站如何使用Cookie、使用了哪些Cookie，拟公布于官方票务网站。

6月8日，法律事务部会同注册中心起草的《负责单位承诺书》[①]《身份注册条款和条件》[②] 等注册相关法律文件获得国际奥委会批准。

6月8日，副部长马福威参加石景山法院与北京冬奥组委、首钢集团举行“法官e站”揭牌仪式，在首钢冬奥园区设立“法官e站”，并就依托“法官e站”进一步密切党建共建及交流协作，以服务保障冬奥筹办的优异成绩庆祝中国共产党成立一百周年等相关工作进行交流。

6月16日，法律事务部会同票务中心起草的《门票销售协议》[③] 获得国际奥委会批准。

6月22日，法律事务部与国际奥委会法务部召开月度会，就场馆使用管理备忘录、DoA（法律文件提交）、票务政策文件、开闭幕式演艺人员协议模板、里程碑任务等议题进行沟通交流。

6月23日，法律事务部派员参加北京市委政法委组织的北京2022年冬奥会和冬残奥会法治保障工作专题会议，就冬奥法治保障需求等问题进行沟通交流。

6月30日，部长、党支部书记李富莹围绕“为什么学、学什么、怎么学、学出什么效果”，为全体党员就党史学习教育专题讲授党课。

6月，法律事务部党支部组织全体党员开展“共产党员献爱心活动”捐款。

7月8日，国家知识产权局对国际奥委会提交的“奥林匹克五环图案标志”等标志予以公告（《国家知识产权局公告》第438号）；对国际残奥委会提交的“国际残奥会徽记”等标志予以公告（《国家知识产权局公告》第439号）。

7月12日，法律事务部会同媒体运行部起草的《北京2022年冬残奥会主转播商组织协议》[④] 获得国际残奥委会批准。

7月12日，中国政法大学仲裁研究院主办“迈向体育强国的法治保障　中国体育仲裁制度的构建”专题研讨会，法律事务部派员到会致辞，并以“关于体育仲裁制度构建问题的思考”为题做了会议发言。

7月20日，法律事务部与国际奥委会法务部召开月度会，就冬奥文化广场合作备忘录、票务政策文件等议题进行沟通交流。

7月23日，法律事务部会同开闭幕式工作部起草的开闭幕式四份总监协议（视频总监、

① 该承诺书是注册文件的重要组成部分，主要明确了所有拟参加冬奥会的注册人员，应由其所在机构（负责单位）申请注册并负责收集特定个人数据。负责单位需签署此承诺书以确保遵守其收集、处理、转移注册人员的个人数据所适用的所有法律法规。

② 该文件主要由负责单位告知注册人员如何处理其个人数据，并由注册人员针对遵守《奥林匹克宪章》、个人信息的处理、奥运会期间图像的拍摄和使用等事项进行声明和承诺。

③ 该协议由北京冬奥组委、国家（地区）奥委会和授权票务代理签署，主要就中国奥委会辖区外的门票销售事宜进行约定。

④ 该协议由北京冬奥组委、奥林匹克转播服务公司（OBS）、国际残奥委会（IPC）签署，就北京冬残奥会转播所涉相关工作及各方权利义务进行约定。

美术总监、服装造型总监、文字撰稿）获得国际奥委会批准。

7月26日，法律事务部会同文化活动部起草的《北京2022年冬奥会和冬残奥会文化广场合作备忘录》模板获得国际奥委会批准。

7月28日至8月7日，法律事务部派员赴东京考察东京奥运会“清洁场馆”工作。考察共涉及东京奥运会12个竞赛场馆，通过小范围研讨、场馆考察、赛事观摩等方式，向国际奥委会和东京奥组委对口业务领域负责人实地学习、交流办赛经验，为北京冬奥会相关工作提供借鉴。

9月至11月，法律事务部配合国家知识产权局、国家市场监督管理总局联合开展北京2022年冬奥会和冬残奥会奥林匹克标志知识产权保护专项行动，对150余名行政执法人员进行了培训。

9月9日，法律事务部与国际奥委会法务部召开月度会，就专用字体知识产权、合同争议解决条款及模板适用、人脸识别、TOP落地协议、票务政策文件、场馆使用管理备忘录等议题进行沟通交流。

9月27日，法律事务部会同文化活动部起草、审核的《希腊奥委会与北京冬奥组委关于希腊采火合作协议》获得国际奥委会批准。

9月28日，北京市法学会主办“北京冬奥法治保障研讨会”，法律事务部派员致辞，并参加“北京冬奥会法律理论与法治实践研究”专题部分的主题发言。

9月28日起，法律事务部权益保护业务领域9名人员下沉到场馆一线进行集中办公。以此为班底，各竞赛场馆和国家体育场至少配备一名权益保护经理，其他非竞赛场馆明确一名工作人员或者志愿者负责权益保护工作。权益保护团队与场馆运行团队各业务领域和场馆业主单位进行工作对接，每日对场馆进行踏勘，形成各场馆“清洁场馆”实施方案，不断加强专项业务培训，为赛时权益保护工作奠定基础。

9月29日，副部长刘洪波带队赴国家网信办参加对接会，介绍北京冬奥会的个人信息保护情况，并就“知情同意”“单独同意”等法律规定的理解与适用以及注册文件的补充通知等工作事项进行沟通交流。

10月5日，法律事务部与国际奥委会法务部召开双周会，就数据保护、TOP落地协议、注册参赛资格确认表、票务政策文件等议题进行沟通交流。

10月12日，法律事务部起草、经北京冬奥组委2021年第28次副主席专题会议审议通过的《北京2022年冬奥会和冬残奥会组织委员会关于开展“清洁场馆”工作的实施意见》，以北京冬奥组委文件（冬奥组委发〔2021〕32号）形式印发施行。

10月12日至31日，法律事务部指导各场馆运行团队按照“一馆一策”“一馆一标”要求形成本场馆“清洁场馆”实施方案，推动“清洁场馆”工作在各场馆有序落实。

10月19日，法律事务部与国际奥委会法务部召开双周会，就注册卡背面文字、防疫手册、票务文件、TSP文件、大型景观、火炬传递歌曲和影片、涉奥知识产权活动及其法律文件审核、场馆使用管理谅解备忘录等议题进行沟通交流。

10月20日，法律事务部会同技术部面向全委各业务领域及各场馆开展网络安全及个人信息保护工作培训，邀请数据专家介绍了常见的网络攻击类型和防范措施，以及个人信息保护的法律法规和国家标准。各部门和场馆团队线上线下共计300余人参加培训。

10月20日，法律事务部会同技术部起草的《源讯信息技术落地协议》[①] 获得国际奥委会批准。

10月25日，法律事务部会同票务中心起草的《持票须知》[②] 获得国际奥委会批准。

10月26日，国家知识产权局对“北京2022年冬奥会和冬残奥会主题口号”予以公告（《国家知识产权局公告》第456号）。

10月28日，法律事务部会同场馆管理部起草、审核的《场馆使用管理备忘录》模板获得国际奥委会批准。

11月2日，法律事务部与国家网信办召开线上工作会，就个人信息的境外处理者在华代表、个人信息出境的合规流程等事项开展沟通交流。

11月3日，部长李富莹与国际奥委会法务部部长玛利亚姆·马达维召开部长级工作视频会。双方就工作方式、合作机制、侵权线索处理等事项进行深入交流，同时确认，双方将进一步加强协作，共同为北京冬奥会的筹办提供法律保障。

11月3日，法律事务部与国际奥委会召开第六次协调委员会法律事务旁会，就权益保护、市场营销（TOP落地工作进展）、数据保护、开闭幕式协议与知识产权转让、票务相关工作等议题进行沟通交流。

11月4日，部长李富莹在国际奥委会第六次协调委员会总结会上就法律事务旁会议题审议情况进行陈述总结。国际奥委会对法律事务部的工作表示赞赏和认可，并希望继续紧密合作、加强沟通。

11月11日，副部长刘洪波应邀在中国银行服务冬奥人员培训班上讲授奥林匹克法律知识。共100余人参加培训。

11月15日，法律事务部与有关数据保护专家就个人信息出境跨境自评估工作进行交流研讨。

11月16日，法律事务部与国际奥委会法务部召开双周会，就双方工作沟通模式、品牌保护和TOP落地相关工作、数据保护相关工作、知识产权移交、票务相关文件等议题进行沟通交流。

11月17日，法律事务部派员参加中国政法大学体育法治研究基地、体育法研究所主办

---

① 该协议由北京冬奥组委、国际奥委会和TOP合作伙伴签署，主要就合作伙伴服务提供事宜进行约定。

② 该文件作为《门票持有及使用条款和条件》的简版，印制于门票背面。

的“体育法治与健康中国”论坛第28期，并就北京冬奥组委法务工作的实践与探索进行主题发言。

11月26日，法律事务部会同技术部赴国家网信办就北京冬奥组委个人信息保护工作开展情况、个人信息出境安全评估等工作事项进行沟通交流。

11月30日，副部长刘洪波参加北京市司法局牵头组织的2021年北京市“12·4”国家宪法日宪法宣传周暨“迎接冬奥 法治同行”系列宣传活动，并代表法律事务部向广大市民朋友发起倡议。

12月1日，法律事务部与北京仲裁委员会/北京国际仲裁中心联合主办“中国体育争议解决年度观察（2021）线上发布会暨北京2022年冬奥会法律问题研讨会”，副部长刘洪波致辞，并派员围绕合同管理、知识产权保护、个人信息保护三方面做了主题发言。

12月14日，法律事务部与国际奥委会法务部召开双周会，就开闭幕式音乐清单、开闭幕式知识产权工作周例会机制、持权转播商权利范围、知识产权转移工作、TOP落地协议、票务相关文件等议题进行沟通交流。

12月20日，法律事务部会同媒体运行部起草、审核的《北京2022年冬残奥会运动员简历和历史成绩提交协议》① 获得国际残奥委会批准。

12月20日至21日，副部长刘洪波带队会同市场开发部赴张家口检查公共广告管控和清洁场馆工作。

12月23日，法律事务部会同文化活动部起草、审核的《国际残奥委会与北京冬奥组委关于英国曼德维尔采火合作协议》获得国际残奥委会批准。

12月27日至28日，部长李富莹带队，法律事务部会同市场开发部、场馆管理部、文化活动部等部门领导组成北京冬奥组委“清洁场馆”专项检查小组，对三赛区各场馆“清洁场馆”工作开展专项检查验收。

12月29日，副部长刘洪波参加北京市司法局组织的北京冬奥会公益法律服务团启动仪式。

2022年

1月，法律事务部配合北京市政府和张家口市政府相继出台关于2022年北京冬奥会和冬残奥会期间采取户外广告临时控制措施的政策，落实户外广告合规的申办承诺和里程碑任务。

1月4日和6日，法律事务部与国际奥委会法务部召开双周会，主要就源讯落地协议签署情况、音乐集体管理组织相关协议、开闭幕式合同提交和例会机制、持权转播协议及创

① 该协议由北京冬奥组委与国际残奥委会签署，明确了国际残奥委会向北京冬奥组委提供所有参加冬残奥会运动员的简历资料和历史成绩数据，并通过Info和myInfo平台向特定主体提供访问权限。

意类成果的授权事项、电子病历系统（EMR）相关事项、个人信息跨境传输安全评估、IOC 指定数据代表相关工作、冬奥通隐私政策、与 CAS 沟通情况、票务相关文件、《罗琴科夫反兴奋剂法》等议题进行沟通交流。

1 月 7 日，法律事务部派员参加石景山区司法局组织的石景山区律师行业助力冬奥会和冬残奥会专项行动启动仪式，并致辞。

1 月 11 日，法律事务部与国际奥委会法务部召开周例会，就数据保护相关事项、官方会刊相关事项、情景喜剧相关事项、三星 GSA 协议、SIM 卡使用承诺书等议题进行沟通交流。

1 月 12 日，法律事务部起草的《北京 2022 年冬奥会和冬残奥会组织委员会个人信息处理工作管理办法》以北京冬奥组委个人数据保护工作小组文件（冬奥组委法务发〔2022〕1 号）形式印发施行。

1 月 17 日，法律事务部派员参加北京市人民检察院第一分院辖区 2022 年冬奥会和冬残奥会服务保障工作推进会，并致辞。

1 月 18 日，法律事务部与国际奥委会法务部召开周例会，就指定数据代表、数据出境自评估、防疫措施相关补充信息通知、冬奥通隐私政策、票务文件、VISA 协议进展、CAS 沟通进展等议题进行沟通交流。

1 月 19 日，法律事务部会同技术部赴国家网信办汇报北京冬奥会个人信息出境自评估情况，介绍涉及信息出境的各系统基本情况，并回答评估小组提问。

1 月 20 日，部长李富莹应邀参加中央广播电视总台、国家版权局在北京联合发布北京 2022 年冬奥会“版权保护集中行动”暨“版权守护计划”活动，并致辞。

1 月 21 日，法律事务部会同市场开发部起草的《动画片开发特许协议》获得国际奥委会批准。

1 月 23 日，法律事务部会同市场开发部起草的《情景剧开发特许协议》获得国际奥委会批准。

1 月 24 日，法律事务部研究起草的《关于北京 2022 年冬奥会和冬残奥会实施防疫措施背景下对注册人员个人数据处理的补充信息通知》[①] 获得国际奥委会批准。

1 月 24 日，应北京市律协邀请，法律事务部派员为北京冬奥会公益法律服务团进行专题培训。培训内容主要涉及冬奥会及冬奥会体育代表团基本情况，北京冬奥组委法律事务工作情况以及赛时重点法律问题预判等。

---

① 该文件作为注册相关法律文件《负责单位承诺书》附件 1《关于处理北京 2022 年冬奥会和冬残奥会参与人员和其他注册人员个人数据的信息通知》的补充信息通知，由国际奥委会和北京冬奥组委共同发布，向所有注册人员明示与《防疫手册》中防疫措施相关的个人信息保护有关事项，包括个人数据类别、处理主体、处理目的、处理依据、保存期限、数据安全、国际转让、注册人员权利等内容。

1 月 25 日，法律事务部与国际奥委会法务部召开周例会，就票务《门票持有及使用条款和条件》及政策、冬奥通《个人信息保护政策》、《用户协议》、个人信息自评估等议题进行沟通交流。

1 月 26 日，副部长刘洪波参加国际奥委会首席道德合规官与国家体育总局、公安部召开的北京冬奥会“联合诚信情报小组”视频会，就道德合规联合政策与程序事项进行沟通交流。

1 月 27 日至 31 日，国际奥委会权益保护团队对三赛区各场馆“清洁场馆”工作开展专项检查验收，给予高度评价。

1 月 29 日，法律事务部会同技术部起草的冬奥通《个人信息保护政策》《用户协议》[①] 获得国际奥委会批准。

1 月 29 日，应北京市律协邀请，法律事务部派员为京津冀司法行政服务北京 2022 年冬奥会和冬残奥会法律服务团进行专题培训。培训内容主要涉及北京冬奥组委法律事务工作情况、赛时重点法律问题预判等。

1 月 31 日，法律事务部会同票务中心起草的《门票持有及使用条款和条件》[②] 获得国际奥委会批准。

2 月 3 日至 16 日，法律事务部联合市场开发部与国际奥委会正式展开每日例会机制，共同商议处理每个比赛日的突发“清洁场馆”事件、协调解决发现的侵权与隐性营销线索。

2 月 5 日，法律事务部会同运动会服务部起草的《关于处理北京冬奥会和冬残奥会患者个人信息的通知》[③] 获得国际奥委会批准。

2 月 6 日，法律事务部会同技术部起草的健康监测系统《个人信息保护政策》《使用条款和条件》[④] 获得国际奥委会批准。

2 月 6 日，法律事务部与国际奥委会法务部来华人员召开视频会，双方赞赏前期工作上的相互配合与协作，并就冬奥会赛时期间相关法律问题进行沟通交流。

2 月 18 日，法律事务部会同市场开发部起草的《特许电影开发特许协议》获得国际奥委会批准。

2 月 20 日，法律事务部会同财务部起草的《保险供应协议》[⑤] 获得国际奥委会批准。

3 月 1 日，国家知识产权局对“北京 2022 年冬奥会火炬接力标志”等 8 件奥林匹克标志予以公告（《国家知识产权局公告》第 478 号）。

---

① 该两份文件作为冬奥通 APP 的配套文件公布和使用。

② 该文件主要规定了门票持有及使用要求、观赛要求等，并公布于北京冬奥组委官网。

③ 该文件主要适用于在场馆、奥运村以及定点医院接受医疗服务的患者的个人信息处理活动，包括个人信息的收集范围，处理目的以及与第三方分享的情况。

④ 该两份文件作为健康监测系统的配套文件公布和使用。

⑤ 该协议由北京冬奥组委、国际奥委会和 TOP 合作伙伴签署，主要就合作伙伴提供保险服务事宜进行约定。

3 月 3、5、7、8 日，法律事务部联合市场开发部与国际奥委会、国际残奥委会共同商议处理每个北京冬残奥会比赛日的突发“清洁场馆”事件、协调解决发现的侵权与隐性营销线索。

3 月 16 日，副部长刘洪波参加北京市法学会与河北省法学会联合举办的法治冬奥的社会影响与大型赛会法律事务研究学术研讨会，并就法治冬奥遗产工作致辞。相关领域专家、学者和实务工作者等近 200 人参会。

4 月 22 日，部长李富莹参加中国知识产权报和世界知识产权组织中国办事处联合举办的 2022 中国知识产权保护高层论坛，并以北京冬奥盛会后的知识产权思考为题发言。国家知识产权局、最高人民法院、最高人民检察院、北京市政府有关领导出席论坛并作主旨演讲。论坛在全国 30 个省区市、15 个计划单列市或副省级城市设置 56 个线上分会场，地方知识产权管理部门的负责同志通过线上方式参加。

第七部分 附　　录

附录部分收录了法律事务部的职责规定、法律事务部研究起草的北京冬奥组委正式印发的规章制度、重要法律文件以及法律事务部重要的内部管理制度等（以时间为序），共13部。

北京冬奥组委法律事务部
主要职责内设机构和工作人员控制数

根据《北京2022年冬奥会和冬残奥会组织委员会关于各部（中心）主要职责内设机构和工作人员控制数调整的通知》（冬奥组委发〔2017〕14号）文件的规定，经冬奥组委发〔2018〕20号文和冬奥组委发〔2019〕21号文调整，法律事务部的主要职责内设机构和工作人员控制数情况如下：

一、主要职责

法律事务部是北京冬奥组委负责法律事务的主管部门。主要职责：

1. 负责组织起草、编纂、整理北京冬奥会相关工作所需的重要法律文件，参与起草、论证北京冬奥组委涉及法律问题的重要规范性文件，代表北京冬奥组委起草向人大和政府提出的立法建议，配合立法、司法和执法机关加强与北京冬奥会工作相关的法治环境建设；

2. 负责组织研究与北京冬奥组委工作相关的法律问题并提出应对方案，为北京冬奥组委重大决策提供法律意见，并根据授权就有关法律问题对外表态；

3. 参与涉奥商务谈判并提供法律意见，归口管理北京冬奥组委合同类法律事务，协调联络境内外有关机构办理合同登记、签证、公证、备案、批准等法律手续；

4. 归口管理北京冬奥组委法律服务，对选聘的律师事务所、公证机构等进行管理，并组织、协调、监督其日常工作；

5. 归口管理北京冬奥组委知识产权保护事务，办理相关知识产权的登记、注册和备案等法律手续，并就知识产权使用许可状况对外答复；

6. 归口办理对外许可非商业使用北京冬奥会徽记等奥林匹克知识产权及相关权益事宜；

7. 组织、指导相关领域或者行业开展涉奥法治宣传、培训和教育等活动，普及涉奥法律知识，提高奥林匹克知识产权及相关权益的保护意识和水平；

8. 参加或处理诉讼、仲裁事务，商请并配合境内外司法、执法机关处理侵犯北京冬奥组委和其他相关利益主体合法权益的行为；

9. 归口管理北京冬奥组委涉外法律事务，参加体育仲裁工作；

10. 承办委领导交办的其他事项。

二、内设机构和工作人员控制数

法律事务部内设3个处，核定工作人员控制数20名，处级领导职数3正4副。具体如下：

1. 综合处，工作人员控制数6名，处级领导职数1正1副。

主要职责是：负责部门综合协调和工作计划编制；负责部门内部文电、会议、信息、档案、印章、机要保密等管理工作；负责部门内部人事、财务、资产、外事、宣传、后勤、安全和信访等工作；负责部内决策事项督查落实工作；协助党支部、工会、团支部、妇联等组织开展工作。

2. 权益保护处，工作人员控制数6名，处级领导职数1正1副。

主要职责是：负责归口管理奥林匹克权益保护事务，统筹协调《主办城市合同》等有关法律文件中权益保护任务的落实；协调《奥林匹克标志保护条例》等相关法律法规的修订；管理北京冬奥组委各类知识产权，承办北京冬奥组委知识产权和受托管理的其他奥林匹克标志权利人知识产权及其使用许可的相关法律手续；统筹协调对外许可非商业目的使用奥林匹克标志等知识产权及相关权益事宜；协调相关行业或者领域开展奥林匹克知识产权及相关权益保护的宣传、培训；对使用奥林匹克知识产权及相关权益的行为进行监控，对涉嫌侵犯奥林匹克知识产权及相关权益的违法行为线索进行分析处理，协助司法、行政执法机关处理侵权案件；对火炬接力、测试赛等重大活动及赛时权益保护工作进行指导、培训和监督。

3. 法务审核处，工作人员控制数8名，处级领导职数1正2副。

主要职责是：统一管理委内合同、协议、备忘录事务；参与委内制度建设，对规章制度等重要文件和其他重大决策进行合法合规性审核；参与委内各部门牵头的重要谈判，提出法律意见，提供法律支持；对选聘的律师事务所、公证机构等进行管理，并组织、协调、监督其日常工作；代表北京冬奥组委参加或处理诉讼、仲裁事务，协助处理有关民商事、行政及刑事案件。

北京2022年冬奥会和冬残奥会组织委员会法律服务机构管理办法

（冬奥组委发〔2017〕18号文公布，自2017年12月1日起施行）

目　录

第一章　总　　则

第一条　为加强对北京2022年冬奥会和冬残奥会组织委员会（以下简称北京冬奥组委）法律服务机构的管理，提高法律服务机构的服务质量和效率，保障北京冬奥组委工作的顺利进行，制定本办法。

第二条　本办法所称法律服务机构，是指北京冬奥组委依照有关规定遴选的、接受北京冬奥组委委托为北京冬奥组委在商务谈判、合同以及其他法律文件起草与审核、涉奥法律课题研究、涉奥法律知识及政策的宣传培训以及争议解决等方面提供综合法律服务或者特定领域专项法律服务的法律服务机构。

第三条　北京冬奥组委法律事务部（以下简称法律事务部）代表北京冬奥组委对法律服务机构的使用和监管等实施归口管理。

法律事务部对法律服务机构的归口管理接受北京冬奥组委的监督。

第二章　法律服务机构的使用

第四条　北京冬奥组委各部（中心）应当根据对冬奥会筹办工作的预判，于每年年底前向法律事务部提出下一个年度所必需的法律服务机构的类型（综合服务或者专项服务）、法律服务内容等法律服务需求。

法律事务部在统筹考虑北京冬奥会筹办各阶段工作和各部所提法律服务需求的基础上，提出北京冬奥组委年度法律服务计划（以下简称年度法律服务计划），确定法律服务机构的类型和数量，报请北京冬奥组委领导审批。

第五条 根据北京冬奥组委领导审批的年度法律服务计划，财务部或者法律事务部按照北京冬奥组委有关采购规则组织实施采购，确定入围的法律服务机构。

第六条 北京冬奥组委应当与入围的法律服务机构签订法律服务合同，明确各自的权利义务。

法律服务合同的期限一般为1年。

第七条 法律服务机构接受法律事务部的指派为各部提供法律服务。

第八条 各部提出法律服务使用需求（以下简称需求部门），应当填写《法律服务需求使用单》。

需求部门提出的法律服务使用需求，属于本办法第五条规定的法律服务计划之内的，法律事务部应当自收到《法律服务需求使用单》之日起3个工作日内安排符合要求的入围法律服务机构提供相应法律服务。

需求部门提出的法律服务使用需求，不属于本办法第五条规定的法律服务计划之内的，除了填写《法律服务需求使用单》以外，应当至少提前7个工作日向法律事务部书面说明情况，法律事务部视情安排法律服务机构提供服务。

第九条 法律事务部遵循“总体分工、兼顾平衡、注重实效”的原则，在满足需求部门法律服务需求的前提下，综合考虑法律服务机构的业务范围、专业能力、服务连续性和保密性等要求，合理调配法律服务机构的使用，需求部门应当给予配合。

第十条 需求部门接受法律服务机构提供法律服务，应当及时、准确、详尽地向法律服务机构提供与委托事项有关的工作背景和相关材料，为法律服务机构提供必需的条件和便利。

第十一条 在法律服务机构提供法律服务过程中，法律事务部应当随时跟踪、了解法律服务机构提供法律服务的工作进展、服务质量和效率等情况，收集、汇总法律服务工作成果，处理法律服务过程中各方的意见和建议。

需求部门可以随时向法律事务部反馈法律服务机构提供法律服务的任何情况以及意见、建议；认为法律服务机构在服务质量、效率或者工作作风等方面不能满足其合理要求的，法律事务部应当及时协调。

法律事务部应当为需求部门和法律服务机构之间的沟通、交流提供便利。

第三章 法律服务工作成果与费用管理

第十二条 法律服务机构应当将提供法律服务过程中形成的法律服务工作成果（包括

但不限于合同等法律文件草稿、法律意见书、法律课题研究报告，下同），同时提交需求部门和法律事务部，由需求部门和法律事务部分别对法律服务工作成果中的业务部分和法律部分进行审阅。

第十三条　需求部门、法律事务部可以与法律服务机构就法律服务工作成果的修改完善进行协商；各方对法律服务工作成果中涉及的一些重大问题存在分歧意见的，法律事务部应当统一协调，但法律服务机构有权保留意见。

法律服务工作成果经需求部门和法律事务部认可后，该项法律服务即告完成。

第十四条　法律服务机构的实际工作量，由需求部门初步审核，法律事务部最终核定。

需求部门直接委托法律服务机构或者法律服务机构擅自接受需求部门委托提供法律服务的，法律事务部不予核定实际工作量。

第十五条　法律服务机构的收费标准、结算时间和支付方式等服务费用事项，按照本办法第六条规定的法律服务合同执行。

第四章　法律服务的考核

第十六条　法律事务部应当会同需求部门对本办法第十八条规定的法律服务机构提供法律服务的情况按项目周期和月度进行考核，法律服务机构应当配合。

第十七条　考核应当遵循依法、公平、公正、公开的原则。

第十八条　对法律服务机构提供法律服务的下列情况进行考核：

委派律师遵纪守法、恪守职业道德、遵守北京冬奥组委相关规章制度情况；

委派律师的业务水平、按时完成工作任务情况；

委派律师完成工作成果的质量、工作态度情况；

委派律师与需求部门的工作配合度情况；

法律服务机构与法律事务部工作要求的响应度情况；

本办法第六条规定的法律服务合同约定的需要考核的其他内容。

第十九条　在本办法第六条规定的法律服务合同期限届满前1个月，由法律事务部综合、汇总法律服务机构的项目周期和月度考核情况，给出“优、良、中、差”四个考核结果。

第二十条　经采购工作领导小组确认，考核结果为“优”的法律服务机构，北京冬奥组委可以直接与其续签下一个合同期的法律服务合同；考核结果为“良”的法律服务机构，在下一个合同期法律服务机构遴选中，在同等条件下可以优先选用；考核结果为“中”的法律服务机构，可以参加下一个合同期法律服务机构的遴选；考评结果为“差”的法律服务机构，丧失参加下一个合同期法律服务机构的遴选资格。

第五章　法律服务的监管

第二十一条　法律服务机构在为北京冬奥组委提供法律服务的过程中，应当接受法律事务部的监督。

法律服务机构不履行合同义务或者履行合同义务不符合规定的，北京冬奥组委可以解除法律服务合同；给北京冬奥组委造成损失的，法律服务机构应当依法承担赔偿责任。

第二十二条　各部不得要求法律服务机构提供法律服务合同约定以外的服务。

第六章　附　　则

第二十三条　本办法由法律事务部负责解释。

第二十四条　本办法自印发之日起施行。

北京2022年冬奥会和冬残奥会组织委员会合同管理办法

（冬奥组委发〔2017〕21号文公布，自2017年12月19日施行
冬奥组委发〔2021〕10号文修订，自2021年3月30日起施行）

目　录

第一章　总　　则

第一条　为加强北京2022年冬奥会和冬残奥会组织委员会（以下简称北京冬奥组委）的合同管理，规范合同行为，防范合同风险，减少合同纠纷，提高工作效率，维护北京冬奥组委的合法权益，根据《中华人民共和国合同法》《奥林匹克标志保护条例》等法律、法规和《2022年第24届冬季奥林匹克运动会主办城市合同》（以下简称《主办城市合同》）等有关规定，结合北京冬奥组委工作实际，制定本办法。

第二条　本办法所称合同，是指北京冬奥组委对外与其他作为平等主体的自然人、法人或者其他组织（以下简称合同相对方）订立的设立、变更、终止民事权利义务关系的协议。

第三条　北京冬奥组委是本办法所称合同的签订主体。北京冬奥组委各部、中心（以下简称各部）不得以自己名义对外签订合同。

第四条　合同的内容及其订立、变更、履行以及与合同有关的其他事项，应当符合国家法律法规规章、《主办城市合同》以及其他对北京冬奥组委具有法定约束力的申办承诺和

规定。

第五条 合同事务由北京冬奥组委法律事务部统一归口管理。北京冬奥组委财务部、监察审计部、合同承办部门以及其他有关部门按照各自职责根据本办法的规定参与合同管理。

合同承办部门是指根据本办法的规定具体负责合同事项报批、合同谈判、合同订立和履行等相关具体业务事项的北京冬奥组委各部。合同具体业务事项涉及两个或者两个以上部门的，相关部门应当协商，明确一个牵头部门，其他部门作为合同共同承办部门。

第二章 一般规定

第六条 北京冬奥组委为履行《主办城市合同》等规定的冬奥会和冬残奥会筹办义务，从事涉及市场开发、场馆使用、仪式庆典、火炬传递、文化活动、电视转播、住宿接待、物资和服务采购、劳动人事以及与有关国家（地区）奥委会、国际组织开展交往等活动，对外拟形成合同关系的，应当签订合同。

第七条 合同应当采用书面形式，即时结清的合同除外。

应当采用书面形式订立合同，但因情况紧急等条件限制未能订立书面合同的，合同承办部门应当在合同成立10个工作日内履行书面合同订立手续，并就迟延原因做出书面说明。

第八条 合同一般应当包括以下条款：

（一）当事人的名称或者姓名、住所、法定代表人姓名、联系方式；

（二）订立日期和地点；

（三）标的，包括标的数量、质量、规格等内容；

（四）履行期限、地点和方式（包括价款支付方式和进度）；

（五）价款或者报酬；有转账支付要求的，应当写明开户银行名称和银行账号；

（六）有无市场开发权；

（七）可持续发展义务；

（八）奥林匹克知识产权保护义务和奥林匹克标志使用规则；

（九）保密义务；

（十）不可抗力；

（十一）合同生效；

（十二）合同的转让、变更及解除；

（十三）违约责任；

（十四）适用法律；

（十五）争议解决方式；

（十六）法律事务部或者合同承办部门认为应当包括的其他必要条款。

第九条　本办法第八条第（四）项规定的合同履行期限一般不得超过2024年12月31日，但涉及知识产权或者保密义务的相关约定除外。

第十条　根据国家法律法规要求或者履行国际义务需要，合同生效应当办理批准、登记等手续的，由法律事务部或者合同承办部门代表北京冬奥组委办理相关手续，其他部门应当积极配合。

第十一条　未经北京冬奥组委书面批准，北京冬奥组委各部及其工作人员不得对外披露北京冬奥组委拟订立或者已订立合同的任何内容，以及合同谈判、订立、履行、争议解决等相关信息，不得通过互联网等媒体对外发布或者传播上述任何信息。

合同承办部门向合同相对方披露涉及北京冬奥组委的保密信息不可避免的，应当按照北京冬奥组委有关保密管理规定事先获得批准，并促使合同相对方签署保密承诺函。

第三章　合同谈判与订立

第十二条　部门开展工作拟对外签订合同的，应当就合同所涉事项按照北京冬奥组委的规定履行报批手续。

履行报批手续后，合同承办部门应当按照法律法规以及北京冬奥组委有关采购规则的规定，确定合同相对方。

第十三条　行业主管部门、协会商会等自律组织或者国际奥委会、国际残奥委会等国际组织有合同示范文本或者模板的，合同承办部门可以优先适用其作为合同谈判的基础。

行业主管部门、协会商会等自律组织或者国际奥委会、国际残奥委会等国际组织没有合同示范文本或者模板的，合同承办部门负责起草合同文本作为谈判的基础；根据合同承办部门的需要，法律事务部也可以提供合同文本模板作为合同谈判的基础。

合同承办部门未按照本办法第十二条的规定就合同所涉事项获得批准的，法律事务部不提供合同文本模板作为合同谈判的基础。

第十四条　在合同谈判前，合同承办部门应当对涉及合同相对方主体资格和资信状况的下列事项进行初步审查：

（一）查验营业执照，确认合同事项是否符合其经营范围；涉及行政许可要求的，应当查验其相应的行政许可证明文件；

（二）合同事项对安全生产条件有要求的，应当查验其证明安全生产条件的文件；

（三）查验其法定代表人、主要负责人或者自然人本人的身份证明文件；

（四）核查其履约能力；

（五）涉及担保的合同，核查担保人的担保能力和担保资格；

（六）查验其他反映合同相对方主体资格和资信状况的有关证明材料。

第十五条 合同承办部门在合同谈判中应当坚持以下原则：

（一）遵守奥林匹克规则，注意保护奥林匹克知识产权及其相关权益，维护北京冬奥组委形象和合法权益；

（二）不得擅自减损北京冬奥组委、北京市人民政府、河北省人民政府、国家体育总局、中国奥林匹克委员会、中国残疾人联合会、中国残奥委会、北京奥运城市发展促进会等机构、组织的权利或者增加其义务；

（三）适用法律应当为中华人民共和国法律；

（四）争议解决方式应当为以下两种方式之一：向北京仲裁委员会提起仲裁或者向北京冬奥组委所在地有管辖权的人民法院提起诉讼。

涉外合同不受前款第（三）项、第（四）项规定的限制。

第十六条 合同谈判涉及其他部门业务的，合同承办部门应当邀请相关部门参加。

财务部、监察审计部认为必要的，可以派员参加谈判，合同承办部门应当提供方便。

第十七条 对谈判形成的合同文本草稿，合同承办部门负责审核合同涉及的商务、技术以及专业事项条款，主要包括：

（一）合同内容是否符合合同承办部门的全部业务需求；

（二）合同的技术性条款是否符合特定行业的技术标准和规范，是否切实可行；

（三）合同履行方式、履行期限及相关安排是否适当；

（四）合同内容是否符合北京冬奥会、冬残奥会的相关政策、指南、指导性意见等要求；

（五）合同有关配套资料文件的真实性、准确性和完整性；

（六）其他商务、技术以及专业事项。

谈判形成的合同文本草稿涉及其他业务部门的，合同承办部门应当征求相关业务部门的意见。

第十八条 对谈判形成的合同文本草稿，财务部负责审核合同涉及的财务事项条款，主要包括：

（一）合同价款及价款的确定方式；

（二）合同价款的支付和结算方式；

（三）合同项下的资金来源；

（四）合同项下所涉及的资产所有权归属；

（五）与合同相关的资金使用和资产动用的审批手续；

（六）与合同相关的资金、资产的用途及使用方式；

（七）应合同承办部门请求并依据其提供的资料，审查合同相对方的资信状况；

（八）其他财务事项。

第十九条　对谈判形成的合同文本草稿，法律事务部负责审核合同涉及的法律事项条款，主要包括：

（一）合同形式、内容是否合法，条款是否完备；

（二）合同各方权利、义务的规定是否明确、具体，文字表述是否准确；

（三）北京冬奥组委的合法权益，特别是奥林匹克知识产权及其相关权益，是否得到充分和适当的法律保护；

（四）合同是否包含任何构成或者可能构成导致北京冬奥组委违背国际义务和对外公开承诺的内容；

（五）合同订立程序是否符合国家法律法规规章和其他相关政策的规定；

（六）合同适用法律的选择是否合适；

（七）争议解决方式的选择是否妥当；

（八）应合同承办部门请求并依据其提供的资料，审查合同相对方的主体资格；

（九）其他法律事项。

第二十条　合同承办部门根据谈判结果和有关部门对谈判形成的合同文本草稿的审核意见，拟订合同报批文本。

合同承办部门在将合同报批文本送法律事务部审定后，填写《合同审批单》，附具就合同所涉事项履行报批手续的相关文件，依次送财务部、法律事务部确认。

《合同审批单》的具体样式，由法律事务部制定。

第二十一条　合同报批文本经法律事务部确认后，合同承办部门应当按照北京冬奥组委的规定履行合同签署的报批手续。

对于涉及市场开发、电视转播、文化活动以及与有关国家（地区）奥委会、残奥委会、国际组织开展交往活动的重要合同，合同承办部门在履行合同签署报批手续的文件中应当阐明合同要点，说明在谈判中取得的利益和做出的让步以及采取的权益保护和风险防范措施。

第二十二条　在合同签署获得批准前，合同项下的基本情况发生重大变更的，合同承办部门应当及时与财务部、法律事务部协商，重新确定合同报批文本，必要时，应当重新履行审核、确认、报批程序。

第二十三条　合同签署获得批准后，由合同承办部门制作供签署的合同最终文本。

下列合同由北京冬奥组委主席或者经北京冬奥组委主席授权由执行主席、副主席、秘书长、副秘书长当中一人或者数人签署；也可以由法定代表人或者经法定代表人授权由秘书长、副秘书长签署：

（一）电视转播、市场开发领域中赞助商级别以上等关系北京冬奥组委、北京 2022 年冬奥会和冬残奥会组织运营等重要事项的合同；

（二）北京冬奥组委执行委员会会议、主席办公会议、主席专题会议确定应当由上述人员签署的合同。

前款规定以外的其他合同，经授权可以由合同承办部门负责人以北京冬奥组委名义签署。

第二十四条 北京冬奥组委签署合同，应当采用签字并加盖北京冬奥组委公章的形式。合同应当准确、完整记载签署日期，并根据档案管理规定加盖骑缝章。

第二十五条 法人或者其他组织作为合同相对方与北京冬奥组委签署合同，应当采取法定代表人或者主要负责人本人签字并加盖法人或者其他组织公章的形式；非法定代表人或者主要负责人本人签署的，合同相对方应当出具真实、合法、有效的授权委托书以及被授权人的身份证明文件，并经合同承办部门审核、存档。

自然人作为合同相对方与北京冬奥组委签署合同的，应当本人亲笔签署，不应当使用名章、手迹章等替代方式；非本人签署的，应当出具真实、合法、有效的授权委托书以及被授权人的身份证明文件，并经合同承办部门审核、存档。

第二十六条 北京冬奥组委对外订立的合同按照合同约定，由合同承办部门制作文本若干，并自行保存至少1份。

合同承办部门应当在合同签署后10个工作日内，将合同2份连同就合同所涉事项履行报批手续的文件、《合同审批单》、合同相对方主体资格文件送法律事务部存档；合同涉及价款或者报酬支付的，法律事务部负责将其中1份合同转送财务部。

第二十七条 为适应赛事测试、运行就绪、赛时等阶段工作需要，合同价款在500万元以下且不属于本办法第二十三条第二款规定的合同事项的，合同报批文本根据本办法第二十条规定经财务部、法律事务部确认后，可以直接由合同承办部门负责人以北京冬奥组委名义签署。

第四章 合同履行

第二十八条 合同承办部门负责合同的履行，北京冬奥组委另有规定的除外。

合同生效后，合同承办部门应当严格遵守合同条款，保证合同的实际、全面和适当履行。

除非有正当理由，并按照北京冬奥组委的规定履行报批手续，合同承办部门不得提前履行北京冬奥组委的合同义务。

第二十九条 合同承办部门应当随时跟踪合同履行情况，预见并及时发现合同履行中可能发生的违约风险。发现合同相对方可能发生违约的，应当及时向法律事务部通报情况，并在法律事务部协助下妥善处理。

合同履行过程中，合同承办部门应当注意保存合同双方往来的通讯记录、履约凭证及其他涉及合同履行的相关证明材料。

第三十条 有证据表明合同履行可能出现重大风险的，合同承办部门和法律事务部应当及时向北京冬奥组委报告，并提出或者请示处理对策。

第三十一条 财务部根据合同约定和承办部门申请审核执行结算业务。凡合同相对方未按照合同约定履行义务的，承办部门不得提出支付申请，财务部有权拒绝付款，但应当事先征求合同承办部门和法律事务部的意见。

第五章 合同变更与解除

第三十二条 合同变更或者解除，应当符合合同约定或者法律法规规定的条件和程序，并按照本办法规定的合同订立程序重新履行审核、确认、报批、签署等手续。

第三十三条 合同承办部门提出变更或者解除合同要求的，应当就变更或者解除合同的原因、由此可能给北京冬奥组委造成的影响以及相关善后处理方案做出书面说明，经法律事务部审核后，按照北京冬奥组委的规定履行报批手续。

因合同变更或者解除可能导致北京冬奥组委向合同相对方退还款物或者做出相应赔偿的，合同承办部门在履行报批前还应当征求财务部的意见。

第三十四条 合同变更应当采用单独订立书面补充合同的方式，不得采用对原合同文本直接涂改的方式。

第三十五条 根据本办法第十条规定办理过批准、登记等手续的合同，合同变更后，应当按照程序重新履行批准、登记等手续。

第六章 合同争议处理

第三十六条 合同履行发生争议的，合同承办部门应当首先采用协商方式解决合同争议，并及时向法律事务部、财务部、监察审计部书面通报相关情况，如实、全面、准确提供反映合同履行以及争议发生的所有必要材料和信息。

第三十七条 合同承办部门与合同相对方就合同争议进行协商时，应当重点考虑以下情况：

（一）合同继续履行的可行性；

（二）合同变更的可能性以及合同变更对具体业务事项可能产生的影响；

（三）合同解除的可能性以及合同解除对具体业务事项可能产生的影响；

（四）北京冬奥组委因合同变更或者解除可能承担的责任或者可能获得的赔偿。

第三十八条 合同承办部门通过协商与合同相对方就合同争议解决达成一致意见的，应当订立书面合同。

合同订立程序参照合同订立的相关程序办理。

第三十九条 合同双方未能就争议的解决达成一致意见，且合同争议可能对北京冬奥组委造成不利影响的，合同承办部门应当会同法律事务部对是否提起诉讼或者仲裁提出意见，按照北京冬奥组委的规定履行报批手续。

提起诉讼或者仲裁的，由法律事务部负责办理，必要时，可以委托北京冬奥组委外聘法律服务机构具体办理相关事宜；合同承办部门应当积极配合，应法律事务部要求，应当派员参加诉讼或者仲裁。

争议发生后不能及时解决或者一时不能确定是否提起诉讼或者仲裁的，法律事务部可根据实际情况采取时效中断措施。

第四十条 提起诉讼或者仲裁的，合同承办部门应当提供以下材料的原件或者复印件，并确保其真实、完整、有效：

（一）合同文本（包括合同变更的补充合同）及其全部附件；

（二）合同履行过程中双方的往来通讯记录，包括电话记录、传真、信函，电子邮件、短信、即时通讯记录等电子数据文件；

（三）合同履行过程中产生的书面凭证或者单据等证据材料，包括存储在电子介质中的信息、文件；

（四）与合同履行相关的其他证据材料；

（五）法律事务部认为反映合同履行以及争议发生的其他必要材料和信息。

第四十一条 在合同争议解决程序中，双方达成和解协议的，应当订立书面和解协议。

和解协议涉及需由北京冬奥组委向合同相对方退还款物或者做出相应赔偿的，应当征求财务部的意见。

和解协议经法律事务部提出审核意见后，合同承办部门应当按照北京冬奥组委的规定履行和解协议的签署报批手续。

合同承办部门在履行和解协议签署报批手续的文件中，应当说明和解的前因后果，阐明和解协议要点，澄清北京冬奥组委由此取得的利益或者做出的让步。

第四十二条 北京冬奥组委就合同争议与合同相对方订立的和解协议书、人民法院的生效判决书和调解书、仲裁机构的生效裁决书和调解书等法律文书的原件，应当由法律事务部保存。

第四十三条 合同相对方逾期不履行生效法律文书的，法律事务部经授权代表北京冬奥组委向人民法院申请强制执行。

第七章 附　则

第四十四条 北京冬奥组委对合同实行统一管理。各部应当建立健全内部合同管理制度，确定专人负责本部门合同的日常登记，汇总本部门合同履行情况等日常文件材料，按月将履行完毕的合同有关资料汇总归档并制定卷宗送法律事务部；法律事务部负责合同的统一编号、登记、归档。

第四十五条　本办法提及的“包括”一词，其含义均为“包括但不限于”。本办法提及的数字，均包括本数在内。

第四十六条　除特别说明外，本办法所提及的合同均包括附件、附录和其他合同附属文件。

第四十七条　合同谈判、订立、履行等过程中，各部需要外聘法律服务机构提供有关法律服务的，适用《北京 2022 年冬奥会和冬残奥会组织委员会法律服务机构管理办法》。

第四十八条　本办法由法律事务部负责解释。

第四十九条　本办法自印发之日起施行。《北京 2022 年冬奥会和冬残奥会组织委员会合同管理办法（试行）》（冬奥组委发〔2016〕32 号）同时废止。

北京2022年冬奥会和冬残奥会组织委员会有关标志非商业使用规则

（冬奥组委发〔2019〕19号文，自2019年6月24日起施行）

第一条 为落实“共享办奥”理念，规范北京2022年冬奥会和冬残奥会组织委员会（以下简称北京冬奥组委）有关标志的非商业使用行为，弘扬奥林匹克精神，鼓励社会公众积极参与冬奥会筹办工作，制定本规则。

第二条 本规则所称有关标志，是指：

（一）北京2022年冬奥会和冬残奥会的名称及其简称、会徽、吉祥物、会歌、火炬造型、口号、“北京2022”、“Beijing 2022”等标志；

（二）北京2022年冬奥会和冬残奥会组织委员会的名称及其简称；

（三）北京2022年冬奥会和冬残奥会申办委员会的徽记等标志；

（四）北京冬奥组委享有专有权的其他标志。

第三条 非商业使用有关标志，是指不以营利为目的、在非商业活动中使用有关标志的行为。

涉及众筹等资金募集行为的活动，不属于本条前款所规定的非商业活动。

第四条 机关法人、基层群众性自治组织法人、事业单位等非营利法人或者组织，经北京冬奥组委许可，可以非商业使用有关标志。

第五条 非商业活动的参与方不得借参与非商业活动进行任何形式的商业宣传，国际奥委会、国际残奥委会和北京冬奥组委各层级赞助企业（以下简称赞助企业）除外。

第六条 申请非商业使用有关标志的，应当在使用前10个工作日内登录北京冬奥组委官方网站下载、填写申请表格，签署有关承诺，并通过电子邮件、信函等方式提交。

北京冬奥组委法律事务部负责对非商业使用有关标志的申请进行审核。必要时，法律事务部商秘书行政部、新闻宣传部、市场开发部、文化活动部或者其他部（中心）处理。

对符合条件的，北京冬奥组委在7个工作日内给予许可。

第七条 北京市、河北省行政区域内的各级机关法人和工会、团委、妇联等群团组织可以直接向北京冬奥组委申请非商业使用有关标志的长期许可。

北京市、河北省行政区域外的省级体育、教育、文化和旅游等机关法人和工会、团委、妇联等群团组织，经北京冬奥组委各部（中心）推荐，可以申请非商业使用有关标志的长期许可；各部（中心）对其推荐的使用人非商业使用有关标志行为承担相应的管理责任。

获得长期使用许可的使用人使用有关标志违反许可的范围、签署的承诺或者标志使用规则的，北京冬奥组委有权撤销其长期使用许可。

第八条 获得许可的使用人应当按照许可的范围和签署的承诺使用有关标志，遵守北京冬奥组委制定的有关标志使用的技术规则，并遵守下列规定：

（1）活动名称、现场以及相关宣传材料中不得出现赞助企业之外经营者及其产品或者服务的名称、品牌、标识或者专有元素；

（2）提供的食品饮料、服装，或者玩具、纪念品等任何形式赠品的，应当是赞助企业、特许企业的产品或者不展示任何经营者专有元素的产品；

（3）不得有任何侵害北京冬奥组委有关标志专有权的行为；

（4）不得协助赞助企业之外的经营者实施足以引人误认为其与北京冬奥组委存在特定联系的混淆行为。

第九条 北京冬奥组委各部（中心）经批准以北京冬奥组委或者各部（中心）名义开展或者组织非商业活动，可以直接使用有关标志。

各部（中心）以主办、承办、支持等各种名义参与有关活动，可以直接使用有关标志。

各部（中心）在前述活动中使用有关标志，应当遵守标志使用规则，并对有关标志使用的合法合规承担管理责任和法律责任。

第十条 新闻媒体在报纸、期刊、广播电台、电视台、互联网等宣传报道中再现或者引用有关标志的，依法不需要办理许可手续。

第十一条 违反本规则，未经许可，或者未按照许可的范围或者签署的承诺使用有关标志的，北京冬奥组委有权要求使用人纠正不当使用行为或者撤销对其许可；情节严重的，依法追究使用人的法律责任。

第十二条 本规则由法律事务部负责解释。

第十三条 本规则自印发之日起施行。

北京2022年冬奥会和冬残奥会组织委员会合同履行和监督管理办法

（冬奥组委发〔2020〕4号文，自2020年2月13日起施行）

目　　录

第一章　总　　则

第一条　为加强合同履行和监督管理，防范合同风险，化解合同纠纷，维护北京2022年冬奥会和冬残奥会组织委员会（以下简称北京冬奥组委）合法权益，根据《中华人民共和国合同法》等法律、法规和《主办城市合同》、《北京2022年冬奥会和冬残奥会组织委员会合同管理办法》（以下简称《合同管理办法》）等有关规定，结合北京冬奥组委工作实际，制定本办法。

第二条　本办法适用于以北京冬奥组委名义签署的合同的履行和监督管理工作。

第二章　管理主体及工作职责

第三条　合同承办部门是合同履行的责任主体，履行下列职责：

（一）具体负责合同履行，积极实现合同目的；

（二）记录合同履行状况，妥善保管相关资料；

（三）及时协调处理合同履行争议和问题；

（四）按照规定履行合同变更、解除、续约等程序；

（五）职责范围内的其他合同履行管理事项。

合同承办部门应当明确合同管理专员，负责建立本部门合同台帐，统一协调、督促本部门合同履行和管理。合同承办部门可以对每个合同项目指定具体的合同承办人。

第四条　法律事务部为合同履行和监督管理的法律事项提供支持，履行下列职责：

（一）制定合同履行和监督管理制度；

（二）研究合同履行和监督的法律问题；

（三）协助部门处理合同履行争议和问题；

（四）牵头处理合同涉及的仲裁和诉讼事务；

（五）职责范围内的其他合同履行和监督管理事项。

第五条　监察审计部是合同事项的监察审计部门，履行下列职责：

（一）负责合同履行情况的日常监督和审计工作；

（二）对合同履行情况提出监察、审计意见；

（三）对发现的违纪违法行为进行调查核实并依法处理；

（四）职责范围内的其他合同履行和监督管理事项。

第六条　财务部为合同履行和监督管理的财务事项提供支持，履行下列职责：

（一）按照财务制度对合同履行情况进行监督；

（二）按照财务制度和合同约定执行财务收支结算；

（三）负责办理合同涉及的现金等价物、外汇、保险、税收缴纳等事项；

（四）职责范围内的其他合同履行和监督管理事项。

第七条　采购、物资管理、品牌保护、可持续、保密等业务主管部门根据各自职责，对合同中相关事项的履行情况进行监督。

第八条　合同承办部门发生分立的，分立后的部门应当就尚未履行完毕的合同商定新的合同承办部门；合同承办部门发生合并的，合并后的部门是其所合并部门原承办合同的承办部门。部门之间应当妥善做好合同交接工作，办理相关合同资料、档案移交等手续，确保合同管理工作无缝衔接。

第九条　合同承办部门、法律事务部、监察审计部、财务部及有关部门在合同履行和监督中应当加强协调、密切合作，发挥各自职责，最大限度地维护北京冬奥组委合法权益。

第三章　合同履行

第十条　合同承办部门应当全面履行合同义务，积极主张合同权利，全程监控合同相对方履行合同情况。

在合同履行过程中，合同承办部门应当注意保存合同双方往来的通讯记录、履约凭证及其他涉及合同履行的证明材料。

第十一条　发现合同相对方可能发生违约的，合同承办部门应当及时向合同相对方了解情况，必要时向法律事务部通报情况，并妥善处理。

有证据表明合同相对方的违约可能对北京冬奥组委构成重大风险时，合同承办部门应当商法律事务部，及时向北京冬奥组委报告，并提出处理建议。

第十二条 为全面实现合同目的，合同承办部门应当重点关注以下事项的履行：

（一）提供商品或者服务的质量；

（二）验收程序；

（三）合同款项的收支；

（四）知识产权条款，特别是知识产权的归属、第三方作品的合法使用；

（五）无市场开发权、可持续发展、保密等条款。

对前款第（五）项，负责品牌保护、可持续发展、保密等业务主管部门发现问题时，应当及时通报合同承办部门妥善处理。

第十三条 合同承办部门申请结算时，财务部应当根据合同约定和财务制度审核执行结算业务。

合同相对方未按照合同约定履行义务的，合同承办部门不得提出支付申请；财务部在审核执行结算业务时，认为合同相对方未按照合同约定履行义务的，有权拒绝付款，认为必要时，可以征求法律事务部的意见。

第四章 合同变更、解除和争议处理

第十四条 合同需要变更、解除或者出现争议时，合同承办部门应当按照《合同管理办法》的规定，履行合同变更、解除、争议处理相关程序。

第十五条 合同履行中，因客观情况发生变化确需变更合同实质性条款的，经双方协商一致，合同承办部门可以依据规定的程序变更合同。

前款规定的合同实质性条款主要指与履行主体，价款，标的数量、种类、质量，履行期限，违约责任等内容相关的条款。

第十六条 合同需要解除的，合同承办部门应当按照以下规定处理：

（一）约定解除。合同依双方约定解除的，合同双方应当对后续遗留问题、违约责任、损害赔偿等达成一致。

（二）法定解除。合同承办部门在行使法定解除权前，应当会同法律事务部进行研究。

合同承办部门认为合同无法继续履行或者继续履行合同会对北京冬奥组委造成重大不利影响，需要解除合同的，合同承办部门应当会同相关部门就解除合同及后果进行风险评估；经风险评估后，决定解除合同的，合同承办部门应当履行相关报批手续。

合同解除后，合同承办部门应当积极履行通知、协助、保密等相关义务。

第十七条 合同在履行过程中产生争议的，合同承办部门应当对合同争议可能产生的不利后果进行预判和评估，制定应对方案。

第十八条 因合同争议北京冬奥组委被起诉或者被提请仲裁的，法律事务部应当会同合同承办部门及时做好应对准备，积极维护北京冬奥组委合法权益。

第五章 合同监督

第十九条 合同承办部门应当按照规定，定期对合同履行情况进行自查，并按照要求及时报告合同履行情况。

第二十条 法律事务部应当根据职责对合同履行法律风险进行监督，跟踪合同履行可能出现的法律问题。

第二十一条 监察审计部应当依据职责对合同履约情况开展审计监督，对合同采购、合同谈判、资金使用、物资使用等事项进行检查。

第二十二条 财务部应当依据职责对合同履行财务风险进行监督，跟踪合同履行中的收付款状况。

第二十三条 合同承办部门应当做好合同监督的协助和配合工作，全面、及时提供合同监督所需要的资料。

第二十四条 法律事务部会同技术部及相关部门积极推动合同履行和监督管理的信息化建设，建立合同履行和监督管理平台，并做好平台管理工作。

第六章 附 则

第二十五条 有关合同履行和监督管理的其他事项，本办法没有规定的，适用《合同管理办法》。

第二十六条 相约北京系列冬季体育赛事组织委员会的合同履行和监督管理工作，参照本办法执行。

第二十七条 本办法由法律事务部负责解释。

第二十八条 本办法自印发之日起施行。

北京2022年冬奥会和冬残奥会2020年度音乐作品征集文件*

（一）技术文件

目　录

第一部分　引　　言

北京2022年冬奥会和冬残奥会将于2022年在中国北京和张家口举行。届时，来自全世界众多国家和地区的数万名运动员、体育官员和新闻记者将欢聚北京，共庆这一全球性体育盛典。全球数十亿观众将在现场或通过电视和网络转播等多种方式观看、了解北京2022年冬奥会和冬残奥会的盛况。把北京2022年冬奥会和冬残奥会办成一届精彩、非凡、卓越的奥运盛会，将为北京、为中国、为奥林匹克运动和残奥运动留下宝贵的文化和体育遗产。

北京2022年冬奥会和冬残奥会音乐作品征集是北京2022年冬奥会和冬残奥会文化活动工作的重要组成部分。根据总体工作安排，为确保北京2022年冬奥会和冬残奥会音乐作品完美结合全球性、民族性、艺术性、创新性等多种因素，北京2022年冬奥会和冬残奥会

* 该文件为北京冬奥组委第二届音乐作品征集文件，包括技术文件和法律文件两部分。

组织委员会（以下简称“北京冬奥组委”）计划于2019年至2021年每年举办一次音乐作品征集活动。

本次征集活动为北京2022年冬奥会和冬残奥会音乐作品第二次面向全球的征集活动。北京冬奥组委衷心欢迎有志于参与北京2022年冬奥会和冬残奥会音乐作品征集的自然人、法人和其他组织（以下统称“应征人”）积极参与本次征集活动，为北京2022年冬奥会和冬残奥会贡献智慧和力量。

第二部分　应征人须知

2.1　总则

北京冬奥组委欢迎并感谢各位符合应征人资格的应征人参与本次征集活动。

本次征集活动征集的作品为歌曲作品（包含完整的歌词和曲谱），北京冬奥组委希望通过本次征集活动评选出不超过20首歌曲作品。北京冬奥组委将根据安排，组织并完成本次征集活动。

2.2　应征人须遵守的基本要求

应征人须遵守的基本要求包括但不限于：

2.2.1　应征人应当遵守全部适用的法律、法规及规范性文件的规定，包括但不限于：中国法律法规，应征人需要遵守的其他国家/地区法律法规（如适用），国际奥委会、国际残奥委会、北京冬奥组委的有关规定（包括但不限于：《奥林匹克宪章》，《国际残奥委会手册》）。

2.2.2　应征人自行承担参加本次征集活动所发生的全部费用和支出。北京冬奥组委、国际奥委会及“国际奥委会关联方”（应理解为国际奥委会现有或将要设立、拥有或直接或间接控制的任何实体，包括奥林匹克文化和遗产基金会，国际奥委会电视与营销服务公司（S. A.），奥林匹克频道服务公司（S. A.），奥林匹克频道服务公司（S. L.）和奥林匹克广播服务（S. A.）或前述主体的关联公司）、国际残奥委会和其他任何组织均不对应征人自愿参加本次征集活动发生的任何费用支出承担任何责任。

2.2.3　应征人为应征作品的全部权利人。

2.2.4　应征人确认并同意：北京冬奥组委、国际奥委会、国际残奥委会有权为组织本次征集活动以及应征作品的评选而无偿使用应征人提交的应征方案（包括应征作品和本征集活动要求的相关文件），但北京冬奥组委不会向除北京冬奥组委、国际奥委会、国际残奥委会及其指定的为应征方案评审提供协助的任何自然人或法人以外的其他第三方透露应征方案。应征人并无偿独家授权北京冬奥组委自应征人提交应征方案之时起至本次征集活动获奖作品公布之日止，在全球发表并通过信息网络传播、广播等方式向公众提供、广播、传播及使用应征作品。

2.2.5　除遵守本征集文件相关要求以外，应征人还应尊重北京冬奥组委的指导，并就可能的后续合作事宜，在本次征集活动的进行和后续过程中签订相关法律文件。

2.2.6　应征人应遵守的本征集文件的其他要求。

第三部分　应征人资格

凡国内外热爱奥林匹克运动、支持和关心北京2022年冬奥会和冬残奥会，并愿意积极参与的音乐界专业人士、团体及社会公众，均可参加本次征集活动。

第四部分　征集内容和要求

4.1　征集内容

应征作品为完整的歌曲作品（包含完整的歌词和曲谱）。

4.2　征集要求

4.2.1　应征作品应为原创、且未曾发表的作品。应征人应做尽职调查来保证其应征作品不会与已有的作品相同或类似，并保证其应征作品不会侵犯任何第三方的任何权利（包括知识产权）。

4.2.2　围绕“纯洁的冰雪　激情的约会”北京冬奥会和冬残奥会愿景。

4.2.3　具有丰厚的中国文化底蕴，能够将中国春节团圆喜庆的节日氛围与冰雪运动激情欢乐的特色有机结合，并进行国际化的音乐表达。

4.2.4　体现北京作为“双奥之城”携手张家口共同举办冬奥会和冬残奥会，带动京津冀协同发展的城市特色。

4.2.5　展现和传播新时代中国人民健康向上、自信乐观的精神风貌，激发全社会共同参与、支持冬奥的巨大热情和爱国情怀。

4.2.6　传播和弘扬“理解、友谊、团结和公平竞争”的现代奥林匹克精神，表达中国人民对国际奥林匹克运动的热情和做好东道主的愿望。

4.2.7　应征作品的内容和元素应遵守中华人民共和国相关法律法规和政策规定，不包含政治、宗教或商业信息，不违背奥林匹克精神，不违背残奥理念，不违背公序良俗，满足作品征集的技术性标准和条件，满足本征集文件的其他要求。

第五部分　本次征集活动的程序和时间安排

5.1　北京冬奥组委于2020年8月8日发出本征集文件。

自北京冬奥组委发出本征集文件之时起，任何应征人均可从北京冬奥组委官方网站（www.beijing2022.cn）下载本征集文件。

5.2　应征人根据本征集文件的要求制作应征方案。

5.3　应征人以邮寄送达方式提交应征方案。

收件人信息为：

北京市西城区北礼士路135号新华书店总店6号楼（邮政编码：100032）收件人：北京2022年冬奥会和冬残奥会音乐作品征集办公室

（上述接收应征方案的收件人以下统称“本次征集办公室”）

本次征集办公室接收应征方案的最早时间为北京时间2020年8月8日9：00（以下统称“接收应征方案起始时间”），最晚时间为北京时间2020年12月31日16：00（以下统称“接收应征方案截止时间”）。前述接收应征方案起始时间、接收应征方案截止时间、以及接收任何应征人应征方案的具体时间，均以本次征集办公室签收应征人邮件的时间为准。

接收应征方案起始时间前或接收应征方案截止时间后提交的应征方案，均为无效应征方案。

北京冬奥组委可能根据本次征集活动的进展情况，增加其他提交应征方案的方式，具体情况将后续在北京冬奥组委官方网站（www.beijing2022.cn）公布。

5.4　本次征集办公室在收到应征人提交的应征方案后，将对应征方案进行形式审查。本次征集办公室可以在本次征集活动期间向应征人提出补充材料的要求，以完成相关的后续工作和程序，但补充材料要求并非本次征集办公室的义务。

5.5　相关应征作品将根据本次征集活动的安排，自应征方案接收起至本次征集活动获奖作品公布之日止，在相关网站、广播电台等媒体平台进行发布，用于本次征集活动的宣传推广。但是否公开发布由北京冬奥组委自行决定。

5.6　北京冬奥组委成立评选委员会，并在接收应征方案截止时间后对所有通过形式审查的应征方案进行评选。评选将包括初评、复评和终评，并最终于2021年上半年评选出不超过20首歌曲作品。

第六部分　对应征人的要求

6.1　应征人应在应征作品终评入选并收到北京冬奥组委的通知后，根据通知的时间和地点与北京冬奥组委签署后续文件。任何应征人因任何原因未能根据通知的时间和地点与北京冬奥组委签署后续全部文件的，均视为该应征作品的应征人自愿放弃终评获奖资格。

6.2　应征人应遵守中国法律法规，遵守其需要遵守的其他国家/地区法律法规（如适用），遵守国际奥委会、国际残奥委会和北京冬奥组委的有关规定和要求（包括但不限于《奥林匹克宪章》、《国际残奥委会手册》）。

6.3　应征人应当按照本征集文件的规定以及北京冬奥组委今后可能提出的要求，向北京冬奥组委提交其他有关文件。

6.4　应征人应当遵守本征集文件的全部要求。

任何不符合本征集文件第七部分形式要求的应征方案，均将被视为无效应征方案。被认定为无效应征方案的，北京冬奥组委和本次征集办公室均无需通知应征人、无需退还应征方案。

第七部分　应征方案的提交

应征人须按以下要求提交应征方案。应征人未能按应征方案文件组成要求完整提交其须提交的全部文件、应征人提交的应征方案存在内容不真实或其他瑕疵、或违反本征集文件其他要求的应征方案，均有可能被认定为无效应征方案，并将直接影响对应征方案的评选。

7.1　应征人可提交的应征方案数量

应征人提交的应征方案数量不限，即：应征人可以提交一套应征方案，也可以提交多套应征方案。

7.2　应征方案的文件组成和文件顺序

应征人应当按照以下顺序排列适用该应征人的全部文件：

（1）《承诺函》（附件1，A4纸打印、填写并签署，应征人均须提交）；

（2）《授权书》（附件2，A4纸打印、填写并签署，法人/其他组织应征人须提交）；

（3）《应征人填写表格》（附件3，A4纸打印、填写，应征人均须提交）；

（4）应征人身份证明文件（A4纸复印，应征人均须提交）；

中国国籍自然人须提交《居民身份证》复印件，中国以外国籍/无国籍自然人须提交护照或其他有效身份证件的复印件；应征人有法定代理人的，应同时提交法定代理人的有效身份证件复印件（要求同前）；法人或其他组织应征人，提交应征人营业执照、组织机构代码证（如有），以及法定代表人/负责人及被授权人有效身份证件复印件。

（5）光盘或U盘（内含歌曲作品的录音小样，应征人均须提交）；

（6）纸质版歌词和曲谱（A4纸打印或绘制，应征人均须提交）；

（7）应征人认为需要提交的其他文件（应征人自主选择提交）；

（8）北京冬奥组委要求的其他文件（如适用）。

7.3　应征方案的语言

应征方案必须采用中文或英文语言。应征人身份证明文件、应征人提交的其他文件为中英文以外的语言的，须提交相应的中文或英文翻译件。

7.4　应征方案的撤回

应征人向本次征集办公室提交应征方案后，不得撤回应征方案。

第八部分　征集活动的评选安排和奖金

8.1　评选委员会将按照以下安排，组织、完成对应征方案的审查、评定：

8.1.1 初评：评选委员会遴选出不超过100首歌曲作品进入复评。

8.1.2 复评：由评选委员会组织专家对进入复评的作品进行专业评选，评选出不超过50首歌曲作品进入终评。

8.1.3 终评：评选委员会组织专家，从进入终评的作品中评选出不超过20首歌曲作品。

8.2 终评获奖的每首歌曲作品奖金为税前人民币100,000元。任何获奖应征作品的应征人为两位或两位以上的，均由获奖应征人自行分配奖金，所涉纷争与北京冬奥组委、国际奥委会、国际残奥委会没有任何关系。北京冬奥组委将在本次征集活动全部结束并收到获奖应征人提交的全部合格文件后，将依法扣除税金后的奖金发放至获奖应征人指定账户。

第九部分 参考信息

9.1 奥林匹克运动的愿景、价值观和使命

愿景：通过体育建设一个更美好的世界（Building a better world through sport）。

价值观：卓越（Excellence）、尊重（Respect）、友谊（Friendship）。

使命：确保奥运会的独特性、确保定期举行庆祝活动（Ensure the uniqueness and the regular celebration of the Olympic Games）；以运动员为中心（Put athletes at the heart of the Olympic Movement）；以青年人为重点，促进体育运动和奥林匹克价值观（Promote sport and the Olympic values in society，with a focus on young people）。

9.2 残奥运动的目标、愿景和价值观

目标：通过残疾人体育运动为残疾人士提供更具包容性的社会环境（To make for a more inclusive society for people with an impairment through Para sport）。

愿景：激励残疾人运动员取得卓越的体育成就，激励和鼓舞全世界（To enable Para athletes to achieve sporting excellence and inspire and excite the world）。

价值观：勇气（Courage）、决心（Determination）、激励（Inspiration）、平等（Equality）。

9.3 北京2022年冬奥会和冬残奥会愿景

纯洁的冰雪，激情的约会

秉持“绿色、共享、开放、廉洁”理念，创造北京冬奥会和冬残奥会的精彩、非凡、卓越

让奥林匹克点亮青年梦想

让冬季运动融入亿万民众

让奥运盛会惠及发展进步

让世界更加相知相融

北京2022年冬奥会和冬残奥会 2020年度音乐作品征集文件 （二）法律文件

目　录

第十部分　对征集文件的说明

10.1　本征集文件的相关组成文件应被认为是相互说明的。北京冬奥组委有权就任何文件之间的矛盾或歧义进行解释、澄清、补充、说明和/或采取其他必要措施。

10.2　征集文件的更改或撤回

（1）至接收应征方案截止时间届满前，无论出于何等原因，北京冬奥组委均可自行对本征集文件进行更改或撤回。该等更改或撤回将通过北京冬奥组委官方网站（www.beijing2022.cn）公布，并自公布之时生效。应征人应将上述信息（即，应征人应负责对上述网站信息进行检查以便使用最新的文件）作为制作应征方案的依据。

（2）北京冬奥组委、国际奥委会、国际奥委会关联方、国际残奥委会、中国奥委会、中国残奥委会（及前述主体的主管、员工、代理人、其他代表或分包商）在任何情况下均不会就本次征集活动对应征人承担任何责任，包括但不限于如下情况：本次征集过程中的任何技术失误、故障或延迟，因参与或未能参与本次征集活动产生的任何损失或伤害、以及由此产生的任何丢失内容、利润损失、直接或间接的惩罚和损害。

10.3　应征人参加本次征集活动提交的任何及全部应征方案，均不予退还。

10.4　征集文件、应征方案的时间

本征集文件及其全部附件、应征方案及相关文件中所提及的天数均为日历日（而非工作日)，所提及的所有具体时间均为北京时间。

10.5 个人信息保护

应征人提交应征方案时即代表其同意将应征文件所要求的个人信息授权北京冬奥组委处理、使用。

北京冬奥组委对应征人根据本征集文件提供的所有个人信息仅用于本次征集活动，不用于任何其他用途。其中，应征人提供的电话号码仅用于与应征人取得联系，护照或身份证信息仅用于审核并确认应征人的身份。北京冬奥组委不向任何其他第三方机构披露上述信息，应征人享有对上述信息的撤回权。

北京冬奥组委对上述信息仅在本次征集活动期间依照前述目的使用。北京冬奥组委将采取一切合理可行的措施，对应征人提供的信息进行保密，且在不需要使用应征人信息时及时进行销毁和删除。

10.6 北京冬奥组委保留的权利

10.6.1 按本征集文件规定，北京冬奥组委有权根据北京2022年冬奥会和冬残奥会的筹办及举办情况，对本征集文件中所涉任何内容进行相应调整或撤回。

10.6.2 北京冬奥组委有权推迟或更改本次征集活动的时间安排。

10.6.3 北京冬奥组委有权于公布终评获奖作品之前的任何时间，拒绝任何不满足应征要求或者评选规则的应征方案或宣布本次征集活动程序无效，并且北京冬奥组委、国际奥委会、国际奥委会关联方、国际残奥委会不承担任何责任。

10.6.4 本征集文件和应征方案中规定的北京冬奥组委、国际奥委会、国际奥委会关联方和/或国际残奥委会的其他权利应被保留。

10.6.5 北京冬奥组委保留对本次征集活动和本征集文件的解释权。

第十一部分 应征人须遵守的重要法律条款

11.1 适用法律

本次征集活动适用中华人民共和国法律。

11.2 保密及宣传限制

应征人应当对其在本次征集活动期间所知悉的任何有关北京冬奥组委、国际奥委会、国际奥委会关联方、国际残奥委会、中国奥委会、中国残奥委会和/或北京2022年冬奥会和冬残奥会相关具有保密性质的信息予以保密。

应征人不得在任何时间、任何地点以任何形式对是否响应本征集文件及是否参加本次征集活动进行商业性宣传，亦不得以任何明示或者暗示的方式表示与北京2022年冬奥会和冬残奥会、北京冬奥组委、国际奥委会、国际残奥委会、中国奥委会、中国残奥委会存在任何关联。

在本次征集活动期间，北京冬奥组委保留取消违反上述宣传限制义务的应征人参加本次征集活动资格的权利。

如应征人对上述宣传限制义务的违反致使北京冬奥组委、北京2022年冬奥会和冬残奥会遭受任何损失，北京冬奥组委有权要求该应征人予以赔偿。

11.3　应征作品的知识产权问题

11.3.1　应征人承诺并保证：参加本次征集活动的应征人为应征作品的全部权利人；应征作品（包括应征作品整体、任何组成部分，下同）著作权等各项权利完整且不存在任何瑕疵；应征作品截至应征人提交之时从未以任何形式进行发表；应征人没有且不会自行或授权北京冬奥组委以外的任何第三方在本次征集活动终评获奖作品公布前发表和/或使用应征作品。

11.3.2　应征人确认并同意本次征集办公室和北京冬奥组委有权自行按本次征集活动的评选安排，为评选目的使用应征方案及应征方案中的应征作品。

11.3.3　应征人确认并自愿无偿独家授权北京冬奥组委（包括北京冬奥组委认可的第三方）自应征人提交应征方案之时起至本次征集活动获奖作品公布之日止，为征集活动的宣传推广之目的，在全球范围内发表并以信息网络传播、广播等方式向公众提供、广播、传播以及使用应征作品（但是否公开发布由北京冬奥组委自行决定）；应征人理解、尊重并认可北京冬奥组委（包括北京冬奥组委认可的第三方）对应征作品及应征作品权利人的署名安排和决定。

11.3.4　终评入选的应征人应当按照北京冬奥组委通知的时间和地点与北京冬奥组委签署相关法律文件，同意自行或授权北京冬奥组委在必要情形下对其应征作品进行适当修改完善，将其应征作品涉及的著作权（包括但不限于著作权财产权、邻接权、衍生产品开发权）、商标权（包括但不限于注册商标申请权）及其他一切在全球范围内可获得、享有且所适用法律不禁止转让的知识产权、与知识产权有关的权利、所有权及一切相关衍生权利全部自动无偿永久转让给北京冬奥组委（包括北京冬奥组委认可的第三方）；终评入选作品的应征人并承诺在法律允许的范围内不自行行使并授权北京冬奥组委（包括北京冬奥组委认可的第三方）在全世界范围内永久独占地行使与获奖应征作品相关的著作人身权。如应征人未能按时签署上述文件，则视为应征人自动放弃获奖资格。

11.3.5　未能终评获奖的应征人在本次征集活动结束后可以依法使用其应征作品，但不得将含有奥林匹克标志的歌词用于宣传、营业性演出及其他任何商业活动，且该等使用在任何情形下均不得与北京2022年冬奥会和冬残奥会、北京冬奥组委、国际奥委会、国际残奥委会、中国奥委会、中国残奥委会建立虚假或未经授权的联系（无论直接或间接），亦不得产生与北京2022年冬奥会和冬残奥会、北京冬奥组委、国际奥委会、国际残奥委会或与上述实体的活动存在其他关系的混淆或误认，亦不得违反《反不正当竞争法》、《奥林匹克标志保护条例》等法律法规。

附件一：

应征人承诺函

北京2022年冬奥会和冬残奥会组织委员会（以下简称“北京冬奥组委”）：

本法人/其他组织/自然人（以下简称“承诺人”）在充分知晓并自愿接受北京2022年冬奥会和冬残奥会音乐作品征集活动（以下简称“本次征集活动”）征集文件的要求及其全部附件的前提下，自愿向北京冬奥组委作出如下承诺：

第一条　承诺人签署本《承诺函》，即代表承诺人自愿以应征人的身份参加本次征集活动，遵守本次征集活动全部要求，并提交相应的应征方案。

第二条　承诺人特就承诺人参加本次征集活动之相关事宜，自愿向北京冬奥组委、中国奥委会、中国残奥委会、国际奥委会、国际残奥委会以及相关附属机构做出以下保证与承诺：

1. 承诺人包含应征作品的全部权利人。

2. 承诺人已详细阅读并理解《北京2022年冬奥会和冬残奥会2020年度音乐作品征集文件》及其所有附件（以下简称《征集文件》），承诺人并承诺遵循北京冬奥组委针对本次征集活动所做的和以后将做出的相关安排和要求（包括但不限于《征集文件》中所列）且不持任何异议。

3. 承诺人保证承诺人及任何及全部承诺人人员（包括但不限于承诺人成员、雇员、顾问、代理机构和/或任何为之工作的第三方，下同）、亲属均不会将在本次征集活动中获悉的任何北京冬奥组委、北京2022年冬奥会和冬残奥会的任何未公开的信息披露给任何第三方。

4. 承诺人保证承诺人及承诺人人员、亲属应当对其在本次征集活动期间所知悉的任何有关北京冬奥组委、国际奥委会、国际奥委会关联方、国际残奥委会、中国奥委会、中国残奥委会和/或北京2022年冬奥会和冬残奥会相关具有保密性质的信息予以保密。

承诺人保证承诺人及承诺人人员、亲属不会在任何时间、任何地点以任何形式对承诺人参与本次征集活动进行商业性宣传，不会明示或暗示承诺人与北京冬奥组委、北京2022年冬奥会和冬残奥会、国际奥委会、国际残奥委员会、中国奥委会、中国残奥委会之间存在任何关联。未经北京冬奥组委、国际奥委会、国际残奥委会书面同意，承诺人不会以任何方式使用或授权使用任何奥林匹克财产（由《奥林匹克宪章》定义并定期更新）或残奥财产（由《国际残奥委会手册》定义并定期更新），包括但不限于奥林匹克/残奥标志、会徽（如奥运会/残奥会会徽）、商标、主题、标识、吉祥物或其他称谓。

5. 承诺人参与本次征集活动所发生的一切费用和支出，除与北京冬奥组委有另行约定外，均由承诺人自行承担。

6. 承诺人有民事权利能力和行为能力参与本次征集活动（如承诺人为无民事行为能力或限制民事行为能力人，需要征得法定代理人的同意，并由承诺人与法定代理人同时签署任何提交给北京冬奥组委的文件），承诺人在本次征集活动中的任何及全部盖章、签字、签名以及提交的任何及全部文件，均为真实、合法、有效，并对承诺人具有约束力。

7. 承诺人尊重本次征集办公室、评选委员会、大众听审、评选专家、北京冬奥组委、国际奥委会、国际残奥委会对应征方案的任何及全部评选意见和决定。

8. 承诺人承诺不会以任何形式贬损奥林匹克和/或残奥标志和奥林匹克运动和/或残奥运动，承诺人并始终尊重国际奥委会、国际残奥委会、北京冬奥组委的尊严和荣誉，不会行使任何可能有损于国际奥委会、国际残奥委会、北京冬奥组委权利、形象、声誉或者名誉的任何权利（包括但不限于不会行使该等人身权利）。

第三条 承诺人特就应征方案的知识产权及其他权利、权益的使用、转让、归属等相关事项，自愿向北京冬奥组委、中国奥委会、中国残奥委会、国际奥委会、国际残奥委会以及相关附属机构承诺并保证如下：

1. 承诺人保证提交给本次征集办公室的应征作品（包括承诺人任何时段提交的任何应征作品，包括但不限于完整应征作品，应征作品的组成部分）的原创性，保证应征作品系在没有其他人协助的情况下由承诺人自行独立完成，保证应征作品的创作、表演、制作不违反任何约定、不侵犯任何权利（包括但不限于不侵犯任何制作软件权利人的权利），保证应征作品及北京冬奥组委（包括北京冬奥组委认可的第三方）使用应征作品均不存在任何侵权、违约、以及其他任何违法或不当情形，保证应征作品全部权利人均作为应征人参加本次征集活动。

2. 承诺人理解并同意若其提交的应征作品终评入选，承诺人将在收到北京冬奥组委通知后，按照通知的时间和地点按时与北京冬奥组委签署相关法律文件，同意自行或授权北京冬奥组委在必要情形下对其应征作品进行适当修改完善，并将其应征作品涉及的著作权（包括但不限于著作权财产权、邻接权、衍生产品开发权）、商标权（包括但不限于注册商标申请权）及其他一切在全球范围内可获得、享有且所适用法律不禁止转让的知识产权、与知识产权有关的权利、所有权及一切相关衍生权利全部自动无偿永久转让给北京冬奥组委（包括北京冬奥组委认可的其他第三方）；承诺人承诺在法律允许的范围内不自行行使并授权北京冬奥组委（包括北京冬奥组委认可的第三方）在全世界范围内永久独占地行使与该获奖应征作品相关的著作人身权。承诺人并确认：如承诺人未能按时签署上述文件，则视为承诺人自动放弃获奖资格。

3. 承诺人保证承诺人、承诺人认可的被授权方/受让方在使用未能终评获奖应征作品时，不得将含有奥林匹克标志的歌词用于宣传、营业性演出及其他任何商业活动，且该等使用在任何情形下均不得与北京 2022 年冬奥会和冬残奥会、北京冬奥组委、国际奥委会、国际残奥委会、中国奥委会、中国残奥委会建立虚假或未经授权的联系（无论直接或间接），亦不得产生与北京 2022 年冬奥会和冬残奥会、北京冬奥组委、国际奥委会、国际残奥委会或与上述实体的活动存在其他关系的混淆或误认，亦不得违反《反不正当竞争法》、《奥林匹克标志保护条例》等法律法规。

4. 承诺人保证在全球范围内未曾自行或授权北京冬奥组委以外的任何第三方对应征作品进行任何形式的使用或开发。

5. 承诺人理解并同意本次征集办公室、北京冬奥组委、国际奥委会、国际残奥委会有权为组织本次征集活动以及应征方案评选而无偿使用应征人提交的任何及全部应征方案，包括但不限于为记录工作过程和本次征集活动宣传进行的相关拍摄、录制、刊发、播放等活动。

承诺人确认并自愿同意无偿独家授权北京冬奥组委自应征人提交应征方案之时起至本次征集活动获奖作品公布之日自行和/或授权相关平台、媒介等在全球范围内公开发布、使用其应征作品（但是否公开发布由北京冬奥组委自行决定）；承诺人授予北京冬奥组委的前述权利包括但不限于著作权中的发表权、复制权、发行权、表演权、放映权、广播权、信息网络传播权、演唱者对其演唱享有的传送/复制/发行/信息网络传播等权利、音像制品制作者享有的复制/发行/出租/通过信息网络传播的权利，对第三方侵权或违约使用应征作品采取维权措施的权利。承诺人并确认：承诺人理解、尊重并认可北京冬奥组委（包括北京冬奥组委认可的第三方）对应征作品/应征作品权利人的署名安排和决定；北京冬奥组委（包括北京冬奥组委认可的第三方）根据上述授权使用应征作品的，不侵犯应征作品任何及全部权利人的任何著作人身权（包括但不限于不侵犯发表权）和其他权利。

6. 承诺人同意：考虑到本次征集活动及冬奥会/冬残奥会的性质，北京冬奥组委（包括北京冬奥组委认可的第三方）不必就根据本次征集活动和本《承诺函》取得的与应征方案相关的任何及全部权利而向承诺人、承诺人人员、代表承诺人的其他第三方、主张承诺人构成侵权或违法的其他任何第三方支付任何权利转让金或者与应征作品的商业等任何形式的利用相关的任何版税或任何其他费用。承诺人保证承诺人及前述任何人员均不会以任何形式、任何身份、任何名义要求分享应征作品的商业等利用所带来的利润、收入或其他任何所得。

7. 承诺人承诺，北京冬奥组委有权自行决定对终评获奖的应征作品进行任何形式的使用、开发、授权、许可或保护等活动，而不受承诺人或任何第三方的任何干涉或限制。上述活动可针对任何载体（包括在目前认知领域下不可知的载体）进行，也可采用包括但不限于书面或电子形式的任何方式。承诺人无权要求因此享有任何特殊权利或分享北京冬奥组委因进行上述行为所获得的任何权益。

第四条 承诺人自愿承诺对承诺人、承诺人人员和/或亲属违反本《承诺函》的任何及全部行为承担以下责任：

1. 如承诺人、承诺人人员和/或亲属在本次征集活动全部结束前未履行本《承诺函》项下的相关承诺或违反本《承诺函》任何承诺，并在北京冬奥组委发出要求其限期改正的书面通知之日起10日内仍未采取有效补救措施的，北京冬奥组委有权取消承诺人应征方案的评选资格，承诺人并承诺全额赔偿因其未履行承诺或违反承诺而给北京冬奥组委造成的全部损失（包括但不限于声誉损失、直接经济损失，北京冬奥组委应当向第三方承担的损失，下同）。

2. 如承诺人提交的应征方案或北京冬奥组委对应征方案的任何形式的使用导致北京冬奥组委面临或遭受任何第三方的索赔、投诉/诉讼/仲裁等任何要求，或使北京冬奥组委因此而遭受任何名誉、声誉或经济上的直接或间接的损失，无论承诺人有无过错，承诺人均应当按照北京冬奥组委要求采取足够而适当的措施并自行承担费用，以保证北京冬奥组委对应征方案的使用且免受上述任何要求的任何影响。承诺人并应当赔偿因此而给北京冬奥组委造成的全部损失。

第五条 本《承诺函》根据中华人民共和国法律法规进行解释。

第六条 本《承诺函》一经签署，立即生效。非经北京冬奥组委书面同意，不得因任何理由被撤回、撤销。

第七条 本《承诺函》自承诺人签字（如有法定代理人，须法定代理人同时签字）、盖章（应征人为自然人的，无须盖章）之日起生效。

承诺人签字（自然人填写）：
法定代理人（如有）签字：

承诺人（法人或其他组织填写并盖章）：
法定代表人或负责人签字：
授权代表签字：
日期：　　　　年　　月　　日

附件二：

授　权　书

（注：自然人无须填写）

致：北京2022年冬奥会和冬残奥会组织委员会（以下简称“北京冬奥组委”）

[　　　　　]（印刷体姓名、职务）系[　　　　　　　　　]（应征人名称）的法定代表人/主要负责人，现授权委托[　　　　　]（法人或其他组织内部部门的名称）的[　　　　　　]（印刷体姓名）为本应征人的授权代表，以本应征人的名义，代表本应征人参加北京2022年冬奥会和冬残奥会音乐作品征集活动。授权代表在征集活动过程中所签署的一切相关文件和处理与之有关的一切事务，均为代表本应征人的行为，与本应征人做出的行为具有同等的法律效力。本应征人将直接承担授权代表任何及全部行为的全部义务、责任和后果。授权代表无转委托权。本应征人撤销、更换授权的，必须书面方式送达北京冬奥组委，并经北京冬奥组委签收确认后生效。

特此授权。

应征人授权代表姓名：

住址：

有效身份证明文件号码：

职务：

授权代表签字样本：

应征人：

公章：

法定代表人/主要负责人签字：

日期：　　　　年　　月

附件三：（表一和表二）

表一：应征人填写表格（自然人填写）

联系人姓名		联系人有效身份证件名称及号码	
通信地址			
电话		传真	
电子邮件			
应征作品权利人	作词：______（姓名）________________（身份证明文件号码）______（国籍） 作曲：______（姓名）________________（身份证明文件号码）______（国籍） 特别提示：应征作品权利人，均须签署附件1《承诺函》。 注： 1. 请根据实际情况填写相关信息；任何栏目人员超过一人的，请自行添加信息，填写的项目和格式与相关栏目人员一致。 2. 如果应征作品存在演唱者，请填写以下信息： 演唱：______（姓名）________________（身份证明文件号码）______（国籍）			
应征方案组成	1.《承诺函》（全部应征人均须提交） 2.《应征人填写表格》（全部应征人均须提交） 3. 应征人身份证明文件（全部应征人均须提交） 4. 录音小样（全部应征人均须提交） 5. 纸质版歌词和曲谱（全部应征人均须提交） 6.【　】应征人提交的其他文件：__________（应征人自主选择提交） 注：本栏标注【　】符号的，请根据实际情况，在提交文件类别前的【　】内画“√”。			
备注	如应征人为非完全民事行为能力人，任何提交给北京冬奥组委的文件须由其法定代理人同时签署。			

表二：应征人填写表格（法人或其他组织填写）

法人或其他组织名称			
法定代表人姓名			
法定住所			
注册时间			
通信地址			
电话		传真	
电子邮件		官方网站	
联系人		联系电话	
应征方案组成	1.《承诺函》（全部应征人均须提交） 2.《授权书》（全部法人/其他组织应征人均须提交） 3.《应征人填写表格》（全部应征人均须提交） 4. 应征人注册登记证明文件（全部应征人均须提交） 5. 录音小样（全部应征人均须提交） 6. 纸质版歌词和曲谱（全部应征人均须提交） 7.【 】应征人提交的其他文件：_______（应征人自主选择提交） 注：本栏标注【 】符号的，请根据实际情况，在提交文件类别前的【 】内划“√”。		
备注	除标注可根据实际情况选择填写的部分外，其余部分均属必填的内容，如有空白将可能导致应征方案无效。		

北京2022年冬奥会和冬残奥会组织委员会关于进一步加强知识产权保护工作的指导意见

（冬奥组委发〔2021〕14号文，自2021年6月8日起施行）

为保障北京2022年冬奥会和冬残奥会筹办工作顺利开展，切实防范知识产权法律风险，根据《中华人民共和国著作权法》及相关法律法规规定，按照《主办城市合同》《主办城市合同—运行要求（2016）》（以下简称《运行要求》）等文件约定，结合国际奥委会、国际残奥委会具体要求及前期工作经验，现就进一步加强我委知识产权保护工作提出指导意见，并就具体工作要求制定实施导则。

一、提高思想认识，牢固树立知识产权保护意识

1. 权利意识。围绕冬奥会和冬残奥会筹办工作产生的所有知识产权成果，是我委权益的重要组成部分，我委依法享有专有权利。同时，在筹办工作中可能涉及使用他人知识产权成果，未经权利人明示许可或者授权，我委不当然享有使用或者利用的权利。各部（中心）要切实强化权利意识，充分认识到依法取得和维护我委权利、尊重和保护他人权利，是确保各项筹办工作顺利推进的法律基础。

2. 规范意识。涉奥知识产权规则有其特殊性，需要严格遵守国际奥委会、国际残奥委会相关规范性要求，而履行法定程序，确保法律文件完备是规范性的必要前提。各部（中心）要强化规范意识，充分认识到认真遵守相关规则和政策，特别是严格遵守有关奥林匹克标志使用规定，规范权利取得和行使程序，是确保各项筹办工作有序开展的法律前提。

3. 风险意识。知识产权争议的社会影响大，往往敏感性强，公众关注度高。各部（中心）要强化风险意识，坚持底线思维，充分认识到建立健全知识产权保护和管理工作机制，关口前移，在事前防范风险，是落实安全、精彩办赛要求的必要措施。

4. 国际意识。冬奥会和冬残奥会是国际上倍受关注且具有较高影响力的赛事，知识产权保护工作要体现国际化、专业化水准。各部（中心）要强化国际意识，充分认识到严格落实知识产权保护要求，既是遵守《主办城市合同》的法律要求，也是展示我国尊重和保护知识产权，树立践诺负责任国家形象的重要机会。

二、加强工作要求，构建知识产权保护工作机制

1. 健全管理制度。各部（中心）要建立知识产权保护工作管理制度，指定专人负责知识产权保护工作，规范具体工作程序。部门内部要落实工作责任，部门之间要加强沟通协调，推动我委知识产权管理制度落到实处。

2. 完善运行机制。各部（中心）要建立知识产权保护工作运行机制，加强责任衔接和工作对接，形成业务部门主责、法律部门支持、相关部门配合的工作模式，共同落实我委知识产权保护工作。

三、采取切实措施，严格落实知识产权保护要求

1. 研判法律风险。对于各类涉及知识产权的工作，特别是以我委名义举办的仪式庆典类、征集类活动等事项，各部（中心）要在工作筹备阶段，提前与法律事务部沟通，梳理需要签署的法律文件，研判需要关注的法律风险，做到在工作谋划阶段就对法律事项有充分准备。

2. 完善法律文件。为确保我委对相关创意类成果享有知识产权，各部（中心）在筹办工作中，对涉及委外单位或者个人参与活动执行、合作开发、作品演绎、传播推广等事项的，无论是否有费用支付，都要通过法律文件对知识产权事项进行约定，明确权利归属，约定各方权利义务。此外，如果创意类成果是我委工作人员根据工作职责创作的，也要签署相关法律文件，对知识产权事项进行明确。

3. 确保权利无瑕疵。在筹办工作中，涉及使用他人知识产权成果的，比如，在仪式庆典类活动中使用他人作品，在音视频文件中使用第三方素材等，各部（中心）要通过签署法律文件得到第三方明示授权，确保合法使用。此外，各部（中心）要确保在工作中形成的创意类成果，特别是重要奥林匹克财产，不存在任何权利瑕疵。根据知识产权保护工作需要，结合国际奥委会要求，对一些重要奥林匹克财产还应当按照规定程序开展作品查重、商标注册、奥林匹克标志公告等工作。

4. 严格使用规范。各部（中心）使用或者同意委外单位使用我委有关标志及创意类成果的，应当严格遵守我委相关规定和国际奥委会、国际残奥委会有关规则。其中，属于非商业使用我委有关标志的，要严格遵守《北京 2022 年冬奥会和冬残奥会组织委员会有关标志非商业使用规则》（冬奥组委发〔2019〕19 号）的规定；属于商业使用我委有关标志的，要严格遵循只有纳入市场开发体系，才有权商业使用我委有关标志的基本原则；属于使用我委创意类成果的，要严格履行授权使用程序，明确授权作品信息、授权类型、监督管理要求等。

5. 提交法律文件。根据国际奥委会要求，我委以任何方式或者渠道提交或者发布的创

意类成果（特别是音视频文件），都应当具备完整的法律文件，并通过权利转让（DoA）系统向国际奥委会实时提交。各部（中心）向国际奥委会及其关联机构提交或者发布各项创意类成果前，应当与法律事务部沟通，并会同法律事务部做好法律文件的核查与提交。

有关我委知识产权保护工作的具体要求，见本指导意见附件《关于进一步加强知识产权保护工作的实施导则》。

附件：关于进一步加强知识产权保护工作的实施导则

附件

关于进一步加强知识产权保护工作的实施导则

根据《北京2022年冬奥会和冬残奥会组织委员会关于进一步加强知识产权保护工作的指导意见》的要求，结合我委知识产权重要工作事项的具体情况，现就进一步加强知识产权保护工作制定本实施导则。

一、仪式、庆典类活动

仪式、庆典类活动，主要是指以北京冬奥组委名义举办的现场活动，一般为现场表演或者现场发布等形式，比如倒计时活动、重要奥林匹克财产或者残奥会财产发布活动、冬奥主题演出活动等。各部（中心）在举办该类活动时，应当：

1. 提前与法律事务部沟通。在活动筹备阶段，应当就活动方案征求法律事务部意见。活动方案一般包含组织单位、参与主体、活动形式及内容、涉及的其他重要事项等。法律事务部将针对可能的法律风险及法律文件要求进行研判，提出法律事项意见。

2. 与相关单位签署法律文件。如果上述活动属于与委外单位合作举办或者委托委外单位举办，无论是否涉及费用支付，都应当签署相应法律文件，约定各方权利义务，明确知识产权归属、禁止隐性营销等。目前，部分赞助企业（特别是文化活动、体育展示和颁奖仪式、品牌设计、传播代理等类别）向我委提供与知识产权成果相关的服务，由于赞助协议中对具体服务成果的知识产权没有约定，因此，应当签署专门协议。可以采取签署一揽子协议的方式，就知识产权事项作出统一约定。

3. 与演艺人员签署法律文件。在活动开展前，应当与全部演艺人员（比如演唱者、演奏者、舞者等）签署法律文件，可以采取签署《表演者承诺函》方式，明确相关权利归属，约定我委有权使用演艺人员姓名、肖像等，避免后续争议。

4. 与媒体平台签署法律文件。如果活动涉及通过电视、网络等媒体平台进行传播、推广，应当与相关媒体平台签署法律文件，明确授权事项、禁止隐性营销等。

5. 保证使用作品无权利瑕疵。在活动开展前，应当审查活动中所有拟使用作品的法律文件是否完备，比如，活动中使用的歌曲或者纯音乐是否得到著作权人的授权，法律文件是否签署等，做到确保我委有完整的使用权，避免法律风险。

6. 按照国际奥委会要求提交法律文件。根据《运行要求》中关于仪式业务领域的规定，我委应当在活动开展前向国际奥委会提交全部法律文件，如果涉及音乐作品，还应当填写并提交《音乐曲目表》。各部（中心）应当按照本实施导则第七部分“创意类成果及相关法律文件提交”的相关要求，及时完成上述法律事项，并会同法律事务部完成文件提交。

举办开闭幕式、火炬传递、文化广场等重要活动，除上述要求外，还应当严格遵守《运行要求》、业务领域赛事指南以及国际奥委会、国际残奥委会的相关要求。

二、征集类活动

征集类活动，一般是指通过面向社会公开征集的方式，评审产生重要的奥林匹克财产或者残奥会财产。各部（中心）在开展征集类活动时，应当：

1. 提前与法律事务部沟通。在活动筹备阶段，应当就征集模式、征集方案等征求法律事务部意见，法律事务部将针对可能的法律风险及法律文件要求进行研判，提出法律事项意见。

2. 与执行机构签署法律文件。如果活动的全部或者部分事项需要委托委外机构具体实施，应当与执行机构签署法律文件，约定各方权利义务、禁止隐性营销等。

3. 制作完备的征集文件。应当参照征集文件模板，制作并对外发布征集文件。征集文件内容一般包括技术部分与法律部分，技术部分主要包括征集要求、参与方式、评审安排等；法律部分主要包括知识产权、保密、禁止隐性营销等。各部（中心）负责技术部分起草工作，法律事务部负责法律部分起草工作，并对征集文件进行法律审核。

4. 严格按照规则及程序进行评审。应当根据征集文件规定制定评审规则，并严格执行，已经公布的评审规则和征集事项原则上不得改变，如果确有需要对评审规则或者征集事项进行调整的，应当履行相关公告程序。在评审过程中，应当按照征集文件规定进行主体资格形式审查，特别是应征人资格信息、承诺函等；如果需要公证服务的，应当提前与法律事务部沟通。

5. 对入围方案进行查重和近似判断。对于重要的奥林匹克财产、残奥会财产，特别是涉及对外公布和使用，而且根据规定或者要求需要进行查重的（比如文字作品、图形类作品以及涉及专业技术的作品等），在评审产生一定范围的入围方案后，各部（中心）应当委托专业技术团队（比如，我委有关图形设计类作品，曾委托清华大学人工智能团队进行设计方案查重；如果作品中涉及专业技术，可以委托相关机构进行专利查重等），通过技术手段在数据库和互联网上对相关文字、图形、专业技术等进行检索，筛出近似作品或者方案后，征求法律事务部意见。法律事务部将组织邀请法律专家对检索结果进行法律分析判断，为最终中选方案的确定提供决策参考。

6. 与获奖应征人签署法律文件。在评审完成后，应当根据征集文件规定的范围、时间，与获奖应征人签署法律文件，明确知识产权归属、奖金发放等。

7. 确保线上征集的合规性。如果线上征集涉及个人信息的收集、存储、使用等，应当制定个人信息保护政策。线上征集的操作流程应当与征集文件一致，各部（中心）应当在各阶段进行一致性审核。此外，线上平台还应当严格遵守禁止隐性营销、保密等规定。

8. 做好知识产权取得和相关标志公告的准备工作。评审产生的中选方案需要申请商标、进行著作权登记或者奥林匹克标志、残奥会标志公告的，各部（中心）应当在不晚于该中选方案公布前一个月与法律事务部沟通，并按照要求准备申请材料，与法律事务部共同做好有关工作。

三、音视频及其他创意类成果

各部（中心）基于教育培训、宣传推广及业务领域其他工作需求，制作音视频及其他创意类成果的，比如视频、音频、音乐、图片、海报等，应当：

1. 与创作方签署法律文件。如果创意类成果由委外单位或者人员创作完成，无论是否涉及费用支付，都应当签署法律文件，明确知识产权归属、禁止隐性营销等。如果创意类成果由我委工作人员创作完成，应当严格遵守本实施导则第四部分“工作人员创意类成果”的相关要求。

2. 确保第三方素材无权利瑕疵。如果使用第三方素材作为创意类成果的一部分，比如使用图片、音乐、画外音等，应当确保获得相应授权，并关注具体授权内容，特别是授权使用的范围、期限等，以确保相关素材无权利瑕疵，避免法律风险。

四、工作人员创意类成果

各部（中心）在工作中，可能会根据业务领域工作需要或者工作人员特长，安排工作人员进行创作，产生创意类成果，比如图片、音视频、设计类作品等。为确保我委对上述创意类成果依法享有完整的知识产权，各部（中心）应当安排参与或者可能参与创作的工作人员签署相关法律文件，根据人员类别，具体为：

1. 受薪人员。针对我委正式工作人员、短期补充人员、国内技术官员及赞助企业派驻我委的全职工作人员，可以采取承诺函方式，要求该类人员统一签署，也可以在实际创作前，要求具体创作人员签署。短期补充人员中的实习生，如果属于我委与高校合作序列的赛时实习生，根据我委与高校协议约定，赛时实习生应当签署承诺函作为协议附件，其中已经包含知识产权相关承诺，无需另行签署法律文件。

2. 志愿者。考虑志愿者体量较大，情况复杂，无论是否进行创意类工作，都需要就知识产权问题进行约定。根据志愿者招募工作安排，志愿者需要签署相关法律文件，可以采取在该法律文件中约定知识产权权利归属的方式。

3. 合同商驻场人员。虽然我委与合同商签署的服务合同中有知识产权条款，但对驻场人员创作行为没有特别约定，为避免法律风险，应当要求参与创作的驻场人员签署法律文件，模板可适用《工作人员承诺函》。

五、对我委有关标志及创意类成果的使用

各部（中心）在使用或者同意委外单位使用时，应当严格遵守我委相关规定和国际奥委会、国际残奥委会有关规则。

（一）对我委有关标志的使用

我委有关标志主要包括：北京 2022 年冬奥会和冬残奥会的名称及其简称、会徽、吉祥物、火炬造型、口号、“北京 2022”、“Beijing 2022” 等。各部（中心）为组织相关活动直接使用我委标志，或者以主办、承办、支持等方式参与委外单位组织的相关活动，根据使用情形，应当：

1. 非商业使用。对于不以营利为目的、在非商业活动中使用我委标志的，各部（中心）应当严格遵守《北京 2022 年冬奥会和冬残奥会组织委员会有关标志非商业使用规则》（冬奥组委发〔2019〕19 号）的规定，并对我委有关标志使用的合法合规承担管理责任。

2. 商业使用。对于使用主体为营利性主体，或者在任何商业活动中使用我委标志的，都属于对我委标志的商业使用，都应当纳入市场开发体系。只有纳入市场开发体系的活动，才可以对我委标志进行规定范围内的商业使用。

（二）对我委创意类成果的使用

我委拥有知识产权的创意类成果主要包括：音乐、音视频、图片、海报等。如果委外单位提出使用请求，比如，在重要演出中使用我委音乐作品，在相关活动中使用我委音视频资料等，各部（中心）应当：

1. 签署法律文件。确保以法律文件形式明确具体授权内容，如授权作品信息、授权类型、期限及使用方式等。可以签署《授权使用协议》，也可以视情况通过回函等形式明示同意授权及授权使用的具体内容。涉及表演权授权的，应当要求表演者签署《表演者承诺函》。相关法律文件应当经法律事务部审核。

2. 加强监督管理。在后续工作中，应当监督并确保被授权人在授权范围内规范使用相关创意类成果。

六、网页、App、小程序

各部（中心）基于教育培训、宣传推广等目的，开发网页、App、小程序的，应当：

1. 签署法律文件。无论是否涉及费用支付，都应当与开发单位签署相应法律文件，明确权利归属、禁止隐性营销等。

2. 关注个人信息保护。根据《中华人民共和国民法典》等法律法规及国家标准，如果网页、App、小程序涉及个人信息收集、存储、使用等，应当制定个人信息保护政策。各部（中心）可以提前与法律事务部沟通，法律事务部将协助完成相关工作。

3. 保证发布内容无权利瑕疵。应当保证网页、App、小程序中发布的全部内容没有任何权利瑕疵。其中，涉及音视频及其他创意类成果的，应当严格遵守本实施导则第三部分“音视频及其他创意类成果”的相关要求；涉及委内人员创作的，应当严格遵守本实施导则第四部分“工作人员创意类成果”的相关要求。

七、创意类成果及相关法律文件提交

根据《主办城市合同》约定，冬奥会筹办期间产生的创意类成果都属于奥林匹克财产，最终由国际奥委会享有，我委需要提交并转让给国际奥委会。各部（中心）在工作中，如果涉及创意类成果提交，要严格遵守《北京冬奥组委知识转移工作实施方案》（冬奥组委秘发〔2018〕10号）的规定，应当：

1. 了解成果提交方式。根据国际奥委会工作要求，创意类成果主要通过知识转移（ToK）规定的方式和程序进行提交。此外，各部（中心）在日常工作沟通时，向国际奥委会及其附属机构提供的图片、音视频等创意类成果，国际奥委会认为也属于成果提交；我委在国内外相关媒体账号发布音视频文件等创意类成果，国际奥委会也按照成果提交进行管理。

2. 确保法律文件完整。各部（中心）在以任何方式提交或者发布创意类成果前，应当注意核实并确保具有完备的法律文件。

3. 配合完成法律文件提交。根据国际奥委会要求，法律事务部将通过 DoA（Deed of Assignment）系统向国际奥委会实时提交相关法律文件。在提交或者发布创意类成果前，各部（中心）应当向法律事务部提供法律文件信息，并会同法律事务部做好法律文件的核查与提交工作。

本实施导则涉及的《表演者承诺函》《工作人员承诺函》《授权使用协议》模板，可以通过“OA 系统——工作文件——北京冬奥会——法律事务部文件夹”下载。

附件一：

表演者承诺函

鉴于［注：本部分可根据实际情况调整］：

1. 北京2022年冬奥会和冬残奥会组织委员会（以下称“北京冬奥组委”）将举办________________________________活动（以下称“活动”，暂定名，名称的变更不影响本《承诺函》效力）；

2. __________（艺人本名）（艺名：__________），身份证号码（或者护照号码）：______________，联系方式：______________（以下称“承诺人”），在北京冬奥组委的组织下，以表演/歌唱/朗诵/演奏［注：可根据实际情况调整］等方式进行表演并参与活动/彩排/录制［注：可根据实际情况调整］（合称“表演服务”）。

现承诺人就上述事宜，向北京冬奥组委承诺如下：

一、权利归属

1. 承诺人提供前述表演服务系受北京冬奥组委之委托，因承诺人表演服务产生的任何作品（以下称“作品”，包含任一阶段性成果或完成品，整体或部分，任一相关元素或素材等）的著作权（包含现行中华人民共和国法律项下的著作权之财产权和除承诺人署名权外的著作权之人身权，以及根据中华人民共和国法律、相关国际条约或其他任何管辖地法律可获得的且无论是已存在或将来产生的权利）、邻接权等全部知识产权及相关权益在全世界范围内由北京冬奥组委（或其指定方国际奥委会）不受限制地永久且独占性享有。承诺人理解、尊重并认可北京冬奥组委（或其指定方国际奥委会）对前述作品的署名安排和决定。

2. 承诺人提供前述表演服务而享有的下列表演者权，在全世界范围内由北京冬奥组委（或其指定方国际奥委会）永久且独占性享有：

（1）现场直播权；

（2）任何形式的公开传送和再传送权；

（3）自行或授权第三方以任何技术手段或任何物质形式记录和固定作品的声音和/或图像的权利；

（4）自行或授权第三方以任何方式处理和发行包含作品或作品复制品的权利；

（5）允许其他人接触作品或以其他方式向公众传播作品的权利；

（6）信息网络传播权；

（7）公开表演作品录制品的权利；

（8）出租包含作品的原始载体或复制载体的权利；

（9）翻译、编辑、修改、改编、变换、拆分、分割、摘录、编排和改排，单独使用音频或视频，以及创造、使用和利用这些衍生内容和/或衍生作品的权利（表演者不得认为这样的行为会侵犯任何与作品完整性有关的人身或类似权利）；

（10）以任何方式或手段复制作品固定形式的权利，包括衍生作品创作过程中产生的任何片段和元素，以及使用任何衍生作品的权利；

（11）前述权利相关的获酬权等表演者权之财产权；

（12）保护表演形象不受歪曲权等表演者权之人身权；

（13）根据中华人民共和国法律、相关的国际条约或其他任何管辖地法律可获得的且无论是已存在或将来产生的权利。

承诺人理解、尊重并认可，将按照北京冬奥组委（或其指定方国际奥委会）的安排，在特定场合下对提供前述表演服务表明表演者身份。

3. 未经北京冬奥组委事先书面同意，承诺人不会以任何方式、以履行本《承诺函》之外的任何目的（无论是否营利）使用作品。

二、进一步承诺

1. 承诺人认可，国际奥委会和北京冬奥组委有权为活动、为奥林匹克运动的公众传播及促进奥林匹克价值观和/或奥林匹克运动之目的，使用承诺人姓名、肖像、声音、造型、签名、履历资料、人物特征和描述及作品等，且不受时间和地域范围的限制。

2. 承诺人保证，不会自行或授权第三方拍摄、拍照、固定、捕获、描绘或记录本《承诺函》项下的服务提供和承诺事项履行过程，也不会利用任何媒体上的影片、照片或录音从事翻拍、重录或其他使用行为。

3. 承诺人保证，对签订本《承诺函》之前和过程中、以及本《承诺函》所涉任何内容以及活动的任何信息予以保密，未经北京冬奥组委（或其指定方国际奥委会）事先书面许可，承诺人不会擅自将上述任何信息公开或披露给任何第三方，但参与活动的承诺人工作人员除外，且承诺人确保前述工作人员遵守本条保密规定。

4. 承诺人对活动的形式和内容已经充分知悉，保证不会实施任何可能对北京冬奥组委、国际奥委会、国际残奥委会、中国奥委会、中国残奥委会造成不利影响或可能损害活动的行为。承诺人将严格遵守奥林匹克标志、残奥会标志保护和知识产权保护等方面的法律法规和奥林匹克、残奥会市场开发的相关规则，全面履行承诺义务。

5. 承诺人保证，未经国际奥委会事先书面许可，承诺人不得基于任何目的（无论商业或其他）使用或授权使用任何“奥林匹克财产”（定义及其更新见《奥林匹克宪章》，链接：www. olympic. org/documents/olympic-charter），或任何残奥财产（定义及其更新见《残奥手册》，链接：https://www. paralympic. org/ipc-handbook）。承诺人保证承诺人和/或参与活动的承诺人工作人员均不会在任何时间、任何地点以任何形式对承诺人提供本次表演服务和/或签订、履行本《承诺函》进行商业性宣传，不会明示或暗示承诺人与北京冬奥组委、北京 2022 年冬奥会和冬残奥会、国际奥委会、国际残奥委会、中国奥委会、中国残奥委会之间存在任何关联。

6. 承诺人保证，承诺人及参与活动的承诺人工作人员遵守所有适用的法律法规，不存在/亦不会作出任何违反应适用之相关法律法规、可能有损奥林匹克运动声誉或有悖《奥林匹克宪章》任何事项的行为，不存在/亦不会作出任何违反本《承诺函》的行为，或导致国际奥委会和/或北京冬奥组委受到任何负面影响；承诺人保证因提供表演服务产生的作品不违反其与任何第三方签署的法律文件，不侵犯任何第三方的权利；否则，由此导致国际奥委会、国际残奥委会、中国奥委会、中国残奥委会、北京冬奥组委遭受任何第三方提出的任何权利主张、要求、处罚、诉讼和/或其他争端解决程序的，承诺人将承担因此产生的全部法律责任，并赔偿由此造成的一切损失。

承诺人保证具有完全的权力/权利作出上述确认和承诺，不会附加任何条件亦无需征得任何第三方同意。本《承诺函》长期有效，未经北京冬奥组委书面同意，承诺人无权单方变更、撤销、解除本《承诺函》。

[注：尽管承诺人有此承诺，如承诺人有经纪公司，建议签署承诺函前确认经纪公司同意，并取得相关证明，防止承诺人与经纪公司存在经纪合约纠纷等情形。]

特此承诺。

承诺人（签字）：[艺人本名]

________年____月____日

附件二：

工作人员承诺函

承诺人：【】（笔名/艺名：【】）
身份证号码： 【护照号码： 】
联系地址：
联系电话：
电子邮箱：

一、承诺内容

承诺人为北京冬奥组委（□正式工作人员/□短期补充人员/□国内技术官员/□VIK 人员/□合同商人员）类工作人员，并创作、制作、参与创作和/或参与制作（以下简称“创作/制作”）与北京 2022 年冬奥会和冬残奥会相关的文学、艺术、科学作品、录音录像制品及其他工作成果。现承诺人向北京冬奥组委承诺如下：

1. 承诺人确认并承诺：

承诺人在北京冬奥组委工作期间创作/制作的，与北京 2022 年冬奥会和/或北京 2022 年冬残奥会和/或与北京冬奥组委、国际奥委会、国际残奥委会、中国奥委会、中国残奥委会等筹备、组织、举办北京 2022 年冬奥会和/或北京 2022 年冬残奥会有关的文字作品、音乐作品、美术作品、摄影作品、视听作品等作品、录音录像制品和/或其他工作成果（包含任一阶段性成果或完成品，整体或部分，任一相关元素或素材等）合称为“本承诺函项下创作/制作成果”。

2. 承诺人确认：

承诺人创作/制作的任何及全部本承诺函项下创作/制作成果的著作权、邻接权等全部知识产权及其他任何权利、权益，自创作/制作完成时即在全世界范围内不受限制、永久且独占性地属于北京冬奥组委及北京冬奥组委认可的第三方（国际奥委会/国际残奥委会）所有。为避免歧义，现进一步确认如下：

（1）前述权利、权益包括但不限于著作人身权（包括但不限于发表权、署名权、修改权、保护作品完整权等）、著作财产权（包括但不限于复制权、发行权、出租权、展览权、表演权、放映权、广播权、信息网络传播权、摄制权、改编权、翻译权、汇编权、获得报酬权以及其他权利）、邻接权（包括但不限于许可他人复制、发行、出租、通过信息网络向公众传播并获得报酬的权利，以及决定该等工作成果的发表、修改、保护制品完整的权利）以及法律法规规定的其他权利、权益。

（2）承诺人同意并确认北京冬奥组委对本承诺函项下创作/制作成果的署名方式（包括但不限于是否署名、署名内容、署名顺序、署名位置等）享有最终决定权；承诺人署名方式不影响北京冬奥组委及北京冬奥组委认可的第三方对本承诺函项下创作/制作成果的权利、权益。

3. 承诺人进一步向北京冬奥组委承诺并保证如下：

（1）承诺人创作/制作的本承诺函项下创作/制作成果，均不存在任何侵犯第三方著作权、邻接权等知识产权及任何其他合法权利和权益和/或违反相关约定之情形；

（2）承诺人创作/制作的本承诺函项下创作/制作成果，如涉及需要取得他人许可的（包括但不限于表演者的许可、肖像权人的许可、原作品著作权人的许可、演绎作品著作权人的许可以及合作者的许可等），承诺人须及时告知北京冬奥组委并在北京冬奥组委协助下取得全部许可；

（3）北京冬奥组委有权自主决定以任何方式（包括但不限于复制、修改、改编）、为任何目的（包括但不限于宣传、商务开发）使用任何及全部本承诺函项下创作/制作成果，且均无需另行取得承诺人和/或第三方的许可、同意和/或支付任何费用、报酬；未经北京冬奥组委事先书面同意，承诺人不会以任何方式、以为北京冬奥组委工作必须之外的任何目的（无论是否营利）使用任何本承诺函项下创作/制作成果；

（4）承诺人将根据北京冬奥组委要求，为北京冬奥组委使用、保护本承诺函项下创作/制作成果提供积极协助（包括但不限于提供本承诺函项下创作/制作成果有关创作/制作过程的证明、出具本承诺函项下创作/制作成果的权利归属于北京冬奥组委的证明等）；

（5）承诺人对签订、履行本承诺函过程中知悉的任何及全部北京冬奥组委保密信息（包括但不限于与北京冬奥组委、国际奥委会、国际残奥委会、冬奥会、冬残奥会等相关的法律、财务、技术、经营、商业、创作等信息、文件、数据）以及本承诺函内容予以严格保密；

（6）承诺人应严格按照约定履行本承诺函，保证遵守法律法规规定。

二、法律适用和争议解决

1. 承诺人确认并同意本承诺函的效力、解释、履行和争议解决均适用中华人民共和国法律法规。

2. 与本承诺函有关的争议，北京冬奥组委和承诺人应友好协商解决；协商不成的，可申请北京仲裁委员会依据其仲裁规则进行裁决；仲裁裁决是终局的，对双方均有约束力。

三、其他

1. 北京冬奥组委有权自主决定将本承诺函项下的任何权利、义务转让给北京冬奥组委认可的第三方，且无需通知承诺人、无需取得承诺人的同意。未经北京冬奥组委事先书面同意，承诺人不得转让其在本承诺函项下的任何权利或义务。

2. 本承诺函取代承诺人与北京冬奥组委之间在先的有关本承诺函项下创作/制作成果的其他任何约定。

3. 北京冬奥组委未能及时行使其在本承诺函项下任何权利，均不被视为放弃该权利，也不影响北京冬奥组委在将来行使该权利。

4. 本承诺函长期有效，未经北京冬奥组委书面同意，承诺人无权单方变更、撤销、解除本承诺函。

5. 本承诺函部分条款的无效不影响其它条款的效力。

6. 本承诺函由承诺人向北京冬奥组委出具，一式【】份，北京冬奥组委持有【】份，承诺人持有【】份，每份具有同等法律效力。

承诺人（签字）：__________

________年____月____日

附件三：

北京2022年冬奥会和冬残奥会组织委员会
【 】授权使用协议

北京2022年冬奥会和冬残奥会组织委员会

与

【 】

北京2022年冬奥会和冬残奥会组织委员会

协议编号：

签订地点：北京

北京2022年冬奥会和冬残奥会组织委员会

【】授权使用协议

甲方（授权人）：北京2022年冬奥会和冬残奥会组织委员会
地址：北京市石景山区石景山路68号
授权负责人：
联系人：
联系电话：

乙方（被授权人）：
地址：
法定代表人：
授权负责人：
联系人：
联系电话：

本协议中，甲方单独称为“甲方”“授权人”或“北京冬奥组委”，乙方单独称为“乙方”或“被授权人”，甲方、乙方合称“双方”。

根据《中华人民共和国民法典》《中华人民共和国著作权法》等相关法律、法规的规定，甲乙双方遵照公平、自愿、诚实信用的原则，经充分、友好协商，就【】作品授权使用事宜签订本协议（以下简称“本协议”）并共同遵守履行。

一、定义

在本协议中：

1.1“北京冬奥组委”，指北京2022年冬奥会和冬残奥会组织委员会。

1.2“国际奥委会”，指国际奥林匹克委员会。

1.3“国际残奥委会”，指国际残奥委员会。

1.4“冬奥会”，指第24届冬季奥林匹克运动会。

1.5“冬残奥会”，指第13届冬季残奥运动会。

1.6“活动”，指由乙方（被授权人）举办的【】。

［注：需要由业务部门根据授权背景进行补充或调整。］

二、授权内容

［注：下划线及括号中的内容，业务部门可以根据具体情况进行调整。］

2.1 授权作品：<u>【】，具体信息见本协议附件列表。</u>

[注：

1. 下划线及括号中的内容，业务部门可以根据具体情况进行调整。

2. 若授权作品为音乐作品，一般【】内可填写为“音乐作品，仅词曲”。]

2.2 授权性质：非独占性授权。

2.3 使用方式：【】

[注：

1. 关于使用方式，请业务部门根据授权背景及具体被授权人的使用方式进行确定。

2. 若授权作品为音乐作品，且涉及到表演者的表演，一般【】内可填写为：

“被授权人可在【】活动中：

2.3.1 允许表演者使用授权作品录制录音、录像作品参赛；

2.3.2 在活动现场表演授权作品；

2.3.3 在电视台播放或以互联网形式进行交互式传播。”]

2.4 权利类型：【】

[注：

1. 关于权利类型，请业务部门根据授权背景及具体授权的权利类型进行确定。

2. 若授权作品为音乐作品，一般【】内可填写为“表演权、复制权、广播权、信息网络传播权。]

2.5 无默示授权：本协议项下权利类型仅限以本协议约定的使用方式进行使用。除授权人在本协议中明示授权外，授权人未向被授权人授权关于授权作品的其他任何权利。被授权人如需行使授权作品的其他任何权利，均需另行获得授权人的书面授权许可。

2.6 可撤销：被授权人违反本协议约定的，授权人有权撤销授权，撤销通知送达被授权人后，授权人应立即停止使用授权作品。

2.7 授权期限：自【】年【】月【】日起至【】年【】月【】日。

2.8 授权区域：【】

[注：请业务部门根据活动安排确认授权区域。]

2.9 授权费用：

☐无偿使用；

☐有偿使用，金额为人民币【】元（大写：人民币【】元整，含税/不含税），支付方式为：【】。

[注：协议方可根据实际情况进行补充或调整。]

2.10 转授权和维权权利：由授权人保留。

三、被授权人承诺

3.1 被授权人应当保证【】按本协议约定的内容使用授权作品，不得超出本协议的授权内容使用授权作品。

［注：

1.【】内内容请根据实际情况填写。

2. 若授权作品为音乐作品，且涉及到表演者的表演，一般【】内可填写为“表演者”。］

3.2　被授权人使用授权作品时，应当为授权作品【】作者、授权人署名。

［注：

1.【】内内容请根据实际情况填写。若授权作品为音乐作品，一般【】内可填写为“词曲”。

2. 授权人（北京冬奥组委）署名的形式可以为“本作品经权利人北京冬奥组委授权使用”，这种方式可以向社会明示作品的权利人。是否需要这种方式，请业务部门确定。］

3.3　被授权人发现基于本协议取得的相关权利以及【】受到侵害，被授权人应当采取合理措施及时制止、消除影响，并立即书面通知授权人。

［注：

1.【】内内容请根据实际情况填写。若授权作品为音乐作品，且涉及到表演者的表演，一般可以在【】内填写“授权内容的表演”。

2. 若授权作品为音乐作品，且涉及到表演者的表演，一般需要增加一条：“3.4　被授权人可以录音录像，但录音、录像制品不得出版发行、出租、商业使用或其他超出本协议授权内容的使用。被授权人应在活动结束后向授权人提交一份录音、录像制品，供授权人留存。”］

四、无市场开发权

4.1　被授权人认可其未被授予本协议项下的任何市场开发权利或以任何方式与国际奥委会、国际残奥委会、北京冬奥组委、中国奥委会、中国残奥委会、冬奥会、冬残奥会、奥林匹克运动、残奥运动相关联的任何权利。对此，被授权人保证其不会企图或授权任何第三方企图（无论故意与否）将其自身或其任何产品或服务与上述实体及该等实体的相关活动之间建立虚假联系或未经授权的联系（无论直接或间接）。

4.2　未经国际奥委会事先书面批准，被授权人不得基于任何目的（无论商业或其他）使用或授权使用任何奥林匹克财产、奥林匹克标志、残奥财产或任何参加冬奥会和/或冬残奥会的运动员、教练员或官员的姓名、肖像或身份。

4.3　本条约定的义务与限制条件不受本协议期限届满、提前终止或本协议中其他条款的无效或履行完毕等情形的影响。

五、可持续发展

5.1　被授权人认可可持续发展是规划和筹办冬奥会和冬残奥会的关键因素，也认可被授权人对该等事项的高度重视。被授权人应将可持续发展作为其核心理念和基础性原则，被授权人行使权益应遵守《北京2022年冬奥会和冬残奥会可持续性政策》《北京2022年冬奥会和冬残奥会可持续性计划》以及其他相关文件。被授权人还应遵守所有相关和适用的法律、法规、国际协议、议定书、规则和行为准则以及最佳实践，特别是在消费者保护、产品安全、广告真实性、公平贸易惯例、工作条件、环境保护和低碳生产生活方面。

六、保密义务

6.1 本协议任何一方均应对因履行本协议或在本协议有效期间接触或知悉的具有保密性质的信息、文件或资料（包括但不限于与授权人或北京2022年冬奥会和冬残奥会的事务、运作、活动、计划和决策相关的非公开信息和文件）等承担保密义务。未经披露方书面同意，接收方不得在任何时间向任何人透露或披露任何该等文件或信息。

6.2 本条规定自一方当事人接触到本协议所称保密信息之日起即应履行，并且不受本协议期限届满、提前终止或本协议中其他条款的无效或履行完毕等情形的影响。

七、违约责任

7.1 被授权人保证被授权人及【】不会实施任何可能对北京冬奥组委、国际奥委会、国际残奥委会、中国奥委会、中国残奥委会造成不利影响的行为，特别是可能有损奥林匹克运动声誉或有悖《奥林匹克宪章》任何事项的行为；被授权人承诺遵守所有适用的法律法规，不存在/亦不会作出任何违反本协议的行为。被授权人及【】有任何上述行为的，授权人有权追究被授权人的相关责任，并要求被授权人赔偿一切损失（包括但不限于经济损失、行政罚款、仲裁费、公证费、鉴定费、评估费、交通费、律师费等合理费用和开支）；被授权人导致国际奥委会、国际残奥委会、中国奥委会、中国残奥委会、北京冬奥组委遭受任何第三方提出的任何权利主张、要求、处罚、诉讼和/或其他争端解决程序的，被授权人将承担因此产生的全部法律责任，并赔偿由此造成的一切损失（包括但不限于经济损失、行政罚款、诉讼/仲裁费、公证费、鉴定费、评估费、交通费、律师费等合理费用和开支）。

［注：若授权作品为音乐作品，且涉及到表演者的表演，一般此处两个【】内可均填写为“表演者”。］

7.2 如被授权人未按本协议约定向授权人支付授权费用，每逾期一日，被授权人应按未付授权费用【】‰的比例支付滞纳金；如逾期超过15个工作日仍未支付的，授权人有权单方解除本协议，已收取费用不再退还，且被授权人应按授权费用总额【】%支付违约金，违约金不足以弥补授权人损失的，被授权人应继续赔偿。

［注：第7.2条在有偿授权时适用。］

7.3 被授权人未按照本协议约定，超越授权内容使用授权作品（具体是指超越本协议明示的使用方式、权利类型、授权期限等约定使用授权作品，或将授权权利转让/转授权给第三方等情形），经授权人书面告知后拒绝改正或未能及时采取有效的补救措施的，授权人有权单方解除本协议并撤销本协议项下的全部授权，已收取费用不再退还，且被授权人应按授权费用总额【 】% 支付违约金，违约金不足以弥补授权人损失的，被授权人应继续赔偿。

[注：无偿使用时，上述违约金可约定具体金额。]

八、法律适用与争议解决

8.1　本协议应适用中国法律并应根据中国法律解释。

8.2　因本协议引起的或与本协议有关的任何争议，由双方协商解决。协商不成的，任何一方均可将该等争议提交北京仲裁委员会，按照申请仲裁时该仲裁委员会有效的仲裁规则进行仲裁。仲裁地点在北京市。仲裁裁决是终局的，对双方均有约束力。

九、协议生效及效力

9.1　本协议自甲乙双方法定代表人或授权负责人签字并加盖公章之日起生效。本协议中法定的、明示的或可合理推断的应该在本协议届满或提前解除后仍然有效的条款，不受本协议届满或提前终止的限制。

9.2　本协议部分条款的无效不影响其它条款的效力。

9.3　对本协议的任何修改和补充均应以书面补充协议的形式作出。本协议的附件、补充协议与本协议具有同等法律效力。

9.4　本协议一式【】份，授权人执【】份，被授权人执【】份，各份具有同等法律效力。

本协议附件：《授权作品具体信息》

（以下无正文）

（本页无正文，为协议签署页）

甲方（盖章）：北京 2022 年冬奥会和冬残奥会组织委员会

授权负责人（签字）：________________

日　期：　　　　年　　月　　日

乙方（盖章）：

授权负责人（签字）：________________

日　期：　　　　年　　月　　日

附件

授权作品具体信息

序号	作品名称	【】作者	其他相关信息

［注：若授权作品为音乐作品，一般此处作者栏分成两列，分别为“词作者”和“曲作者”。］

北京2022年冬奥会和冬残奥会组织委员会关于开展“清洁场馆”工作的实施意见

（冬奥组委发〔2021〕32号文，自2021年10月12日施行）

“清洁场馆”是国际奥委会、国际残奥委会对场馆在特定时间段商业展示的一种限制性政策，即在北京冬奥会开幕式前2周（即2022年1月21日）到北京冬残奥会结束3日（即2022年3月16日）内，所有场馆及其周边区域不得出现未经国际奥委会、国际残奥委会许可的商业展示。为做好“清洁场馆”工作，根据《奥林匹克宪章》《国际残奥委会手册》《主办城市合同》《申办报告》等文件以及国际奥委会、国际残奥委会的具体要求，结合前期工作经验和疫情防控政策，提出本实施意见。

一、总体思路

（一）指导思想。全面落实“简约、安全、精彩”的办赛要求，依托现行场馆管理体制及赛时场馆运行模式，强化场馆运行团队主责、各业务领域各负其责、场馆业主单位配合、属地政府外围保障的工作模式，共同做好“清洁场馆”工作。

（二）工作目标。制定规范、统一的“清洁场馆”工作标准，明确各场馆运行团队、各业务领域的主要工作职责和完成工作任务的时间节点，确保工作的可执行性、系统性和协同性，保障高效有序完成“清洁场馆”各项工作。

二、工作标准

（一）对空间的要求

1. 竞赛场馆（含训练场馆）

“清洁场馆”规则将竞赛场馆（含训练场馆）划分为5个区域，各分区区域和工作标准如下表所示：

分区	区　域	“清洁场馆”工作标准
第 1 区	新闻发布厅、混合采访区等新闻发布区域，仪式表演场地、奥林匹克大家庭区和贵宾休息室	除国际奥委会、国际残奥委会许可，不允许出现任何商业展示（包括制造商标志）。 但是，下列物品上可以出现 1 处制造商标志： （1）代表团制服，标志的尺寸应当符合本实施意见关于人员穿着的要求； （2）仪式或者活动所需的由赞助企业提供的技术设备，标志的最长边边长须小于技术设备高度的 1/10，且在 10cm 以内。
第 2 区	比赛场地和从比赛场地内视线所及区域，运动员和表演者休息室	除国际奥委会、国际残奥委会许可，不允许出现任何商业展示（包括制造商标志）。 但是，下列物品上可以出现 1 处制造商标志： （1）代表团制服、运动员比赛用着装和配饰、比赛中使用的体育器材，标志的尺寸应当符合本实施意见关于人员穿着和所持物品的要求； （2）比赛或者活动所需的由赞助企业提供的技术设备，标志的最长边边长须小于技术设备高度的 1/10，且在 10cm 以内。
第 3 区	场馆内的一般通行区域（如观众通行区域、工作人员办公区域）	不允许出现任何商业展示（包括制造商标志）。 但是，赞助协议明确授权的，或者国际奥委会、国际残奥委会特别许可的商业展示除外。
第 4 区	场馆封闭线至场馆之间的一般通行区域	允许出现特定的商业展示（包括制造商标志）： （1）赞助协议明确授权的，或者国际奥委会、国际残奥委会特别许可的商业展示； （2）不属于赞助企业赞助类别的物品，其制造商标志可以保留，原则上标志的最长边边长须小于该物品高度的 1/10，且在 10cm 以内。
第 5 区	场馆周边区域（场馆封闭线外约 500 米范围内）	允许出现商业展示（包括制造商标志）。 但是，应当避免大幅出现赞助企业竞争对手及其产品或者服务的商业展示。
可以出现基于安全、消防等考虑展示的或者其他法律法规明确要求展示的信息。		

2. 非竞赛场馆

（1）国家体育场。执行竞赛场馆 1 ~ 5 区的“清洁场馆”工作标准。

（2）主媒体中心、张家口山地新闻中心、北京颁奖广场、延庆冬残奥颁奖广场、张家口颁奖广场、张家口山地转播中心、北京奥林匹克公园公共区。此类非竞赛场馆承担新闻发布、颁奖、表演等任务的区域执行竞赛场馆第 1 区“清洁场馆”工作标准；场馆周边区域执行竞赛场馆第 5 区“清洁场馆”工作标准；其他区域执行竞赛场馆第 3 区“清洁场馆”工作标准。

（3）北京冬奥村（冬残奥村）、延庆冬奥村（冬残奥村）、张家口冬奥村（冬残奥村）。此类非竞赛场馆承担新闻发布、表演等任务的区域执行竞赛场馆第 1 区“清洁场馆”工作标准；居住区、冬奥村（冬残奥村）广场和其他功能区执行竞赛场馆第 3 区“清洁场馆”工作标准，冬奥村（冬残奥村）广场的商铺、餐厅和休息室等区域的商业展示方案还应当报经国际奥委会、国际残奥委会批准；场馆周边区域执行竞赛场馆第5区“清洁场馆”工作标准。

(4) 奥林匹克大家庭酒店、残奥大家庭酒店。此类非竞赛场馆新闻发布区域执行竞赛场馆第1区“清洁场馆”工作标准；酒店大堂、连廊、餐厅等公共空间执行竞赛场馆第3区“清洁场馆”工作标准；客房等非公共区域执行竞赛场馆第4区的“清洁场馆”工作标准；场馆周边区域执行“清洁场馆”竞赛场馆第5区“清洁场馆”工作标准。

(5) 北京冬奥组委总部、主运行中心、技术运行中心、交通指挥中心、电力运行中心、主物流中心、制服和注册中心、兴奋剂检测中心、延庆制服和注册分中心、张家口制服和注册分中心。场馆周边区域执行竞赛场馆第5区“清洁场馆”工作标准，其他区域原则上执行竞赛场馆第3区“清洁场馆”工作标准。

(6) 北京首都国际机场。执行属地政府的赛时户外广告临时控制政策。

3. 服务设施

服务设施，包括签约酒店、交通场站、文化广场等场所，除文化广场的表演场地执行竞赛场馆第1区“清洁场馆”工作标准外，其余服务设施原则上执行竞赛场馆第5区“清洁场馆”工作标准。

(二) 对人员穿着和所持物品的要求

1. 注册运动员、官员、技术人员等

总体要求如下表所示：

穿着和物品	“清洁场馆”工作标准
服装	(1) 每件服装上可以出现1处制造商标志，竞赛用一体式服装可以在腰部以上和以下各出现1处，每处制造商标志大小不超过30cm²； (2) 服装上的拉链或扣子上可以出现1处不显著的制造商标志，但该制造商标志必须与拉链或者扣子配色相同； (3) 每件服装上可以出现1处产品技术标志，大小不超过10cm²。
运动装备/设备	(1) 对于国家（地区）奥委会/国家（地区）残奥委会提供的，或者运动员携带的运动装备/设备（含轮椅、义肢等）： 运动装备/设备（含轮椅、义肢等）早于冬奥会/冬残奥会赛前6个月已在零售渠道公开销售的，可以保留销售时已存在的制造商标志； 原则上不允许在运动装备上出现运动员姓名，除非国际冬季单项体育联合会要求，或者早于冬奥会/冬残奥会赛前6个月已在零售渠道公开销售时该运动装备上已存在运动员姓名。这一要求也适用于个性化设备。 (2) 北京冬奥组委提供的运动装备： 制造商标志不超过表面积的1/10，且大小不超过60cm²。
鞋履	(1) 早于冬奥会/冬残奥会赛前6个月已在零售渠道公开销售的，可以保留销售时已存在的制造商标志； (2) 原则上不允许在鞋履上出现运动员姓名，除非国际冬季单项体育联合会要求，或者早于冬奥会/冬残奥会赛前6个月已在零售渠道公开销售时该运动装备上已存在运动员姓名。这一要求也适用于个性化设备。

续表

<table>
<tr><th colspan="2">穿着和物品</th><th>“清洁场馆” 工作标准</th></tr>
<tr><td rowspan="8">配件</td><td>袜子</td><td>每只袜子可以出现 1 处制造商标志，大小不超过 $10cm^2$。</td></tr>
<tr><td>帽子/头饰</td><td>每件可以出现不多于 2 处制造商标志：
（1）出现 1 处制造商标志的，大小不超过 $10cm^2$；
（2）出现 2 处制造商标志的，2 处制造商标志应当分别位于两耳上方，每个大小不超过 $5cm^2$。</td></tr>
<tr><td>眼镜</td><td>早于冬奥会/冬残奥会赛前 6 个月已在零售渠道公开销售的，可以保留销售时已存在的制造商标志。
但是，对于镜片上的制造商标志，只有刻在镜片上的才能够保留。</td></tr>
<tr><td>袖标</td><td>每件可以出现 1 处制造商标志，大小不超过 $6cm^2$。</td></tr>
<tr><td>手套</td><td>每件可以出现 1 处制造商标志，大小不超过 $8cm^2$。</td></tr>
<tr><td>袋子</td><td>每件可以出现 1 处制造商标志，大小不超过表面积的 1/10，且大小不超过 $60cm^2$。</td></tr>
<tr><td>其他配件</td><td>制造商标志大小不超过 $6cm^2$，国际奥委会、国际残奥委会另行许可的除外（比如，北京 2022 年冬奥会和冬残奥会工作人员、志愿者、技术人员制服装备中的脖套配件出现 1 处制造商标志，大小不超过 $9cm^2$）。</td></tr>
<tr><td colspan="3">下列物品不得带有任何商业展示：
口罩和面罩、隐形眼镜、耳机、水瓶、雨伞、毛巾、绷带、耳塞、护口器、鼻夹、肌肉贴等。</td></tr>
<tr><td colspan="3">对注册运动员、官员、技术人员等在具体运动项目中穿着和所持用品的要求，由体育业务领域遵照《国际奥委会关于北京冬奥会的授权标志指南》和《国际残奥委会关于北京冬残奥会的制造商标志指南》执行。</td></tr>
</table>

2. 工作人员

所有工作人员在岗期间统一穿着制服。不由北京冬奥组委统一配发制服的工作人员，穿着制服应当遵守《北京 2022 年冬奥会和冬残奥会品牌制服指南》的有关要求。

3. 观众

观众应当遵守《门票购买，持有及使用条款和条件》有关禁限带物品以及限制行为的要求，不得集体（20 人及以上）统一使用或者穿戴相同或者组合形成的带有明显商业展示的物品或者服装。

（三）对车辆的要求

对于进入仪式表演场地、比赛场地、从比赛场地内视线所及区域、场馆内的一般通行区域等“清洁场馆”分区第 1 ~ 3 区区域的车辆，除国际奥委会、国际残奥委会许可，不允许出现任何商业展示（包括制造商标志）。

对于不进入场馆但专用于北京冬奥会和冬残奥会的车辆，或者进入“清洁场馆”分区第 4、5 区区域的车辆，除丰田汽车外，车身内外应当符合以下要求：

1. 该车辆于冬奥会/冬残奥会赛前已在零售渠道公开销售的，可以保留销售时已存在的标准制造商标志；

2. 基于安全、消防等考虑展示的信息或者其他法律法规明确要求展示的信息；

3. 除上述情形外，不得出现包括车辆经营者自身商业展示在内的任何商业展示。

三、具体执行

（一）一般原则

各场馆运行团队、各业务领域对照上述标准，发现其负责的空间、人员、设备等存在问题的，原则上应当移除不符合各空间区域要求的物品；若有关物品具备功能性确需保留的，应当采取措施遮盖商业展示。

对国际奥委会明确提出的规模较大、影响范围较广的违规商业展示（见《国际奥委会要求解决的“清洁场馆”重点问题》），采取移除、遮盖手段无法消除影响的，涉及到的场馆运行团队应当与场馆业主单位专门协调，按照国际奥委会的要求，采取关停店铺、拆除大型广告牌等措施。

各场馆运行团队应当重点关注的各分区区域可能出现违规商业展示的载体清单见《可能出现违规商业展示的载体清单》。

（二）对遮盖的要求

为保护赛会整体形象景观、避免造成隐性营销，采取遮盖措施应当符合以下要求：

1. 使用与拟遮盖物品颜色相近的胶带或者布料等“清洁场馆”物料；

2. 确保违规商业展示被完整遮盖，尤其是赛会形象景观附近的商业展示；

3. 对遮盖情况进行检查，确保违规商业展示在赛时始终处于被遮盖状态。

采取遮盖措施需要“清洁场馆”物料的，向法律事务部申领。

四、职责分工

（一）总体要求

各场馆运行团队应当严格按照本实施意见明确的“清洁场馆”工作要求，建立“清洁场馆”工作运行机制，加强责任衔接和工作对接。场馆各业务领域负责本业务领域内的“清洁场馆”工作。权益保护业务领域负责“清洁场馆”工作的统筹协调。设有权益保护业务领域岗位的场馆，由权益保护业务领域协调各业务领域制定并执行本场馆的“清洁场馆”实施方案；没有独立设置权益保护业务领域岗位的场馆，由场馆安排专人，在法律事务部指定人员（见《赛时权益保护P1类人员场馆分布表》）的指导下，负责本场馆的“清洁场馆”工作。

场馆运行团队应当要求场馆业主单位按照“清洁场馆”规则关于空间的要求交付场馆，不得在北京冬奥会和冬残奥会期间在场馆进行任何形式的商业展示。所有竞赛场馆，以及国家体育场、北京冬奥村（冬残奥村）、延庆冬奥村（冬残奥村）、张家口冬奥村（冬残奥村）等非竞赛场馆的场馆运行团队要督促场馆业主单位切实履行申奥期间向国际奥委会作出的相关“清洁场馆”方面的书面承诺。场馆周边区域由场馆业主单位控制的，场馆运行团队还应当要求场馆业主单位确保该区域的商业展示符合赛时户外广告控制政策的要求；场馆周边区域不由场馆业主单位控制的，场馆运行团队协调属地政府按照赛时户外广告控制政策采取措施，对不合规商业展示进行处理。必要时，市场开发部提供支持。

（二）业务领域分工

1. 场馆各业务领域应当制定并实施本业务领域的“清洁场馆”实施方案，确保本业务领域的主责空间、工作人员（包括合同商）和主责客户群的服装、物品以及本业务领域专用于北京冬奥会和冬残奥会的车辆或者进入场馆封闭线内的车辆等符合“清洁场馆”要求。

2. 各业务领域应当重点做好本业务领域的以下“清洁场馆”工作：

（1）权益保护（RPP）

统筹制定并组织实施本场馆各业务领域的“清洁场馆”实施方案。做好各业务领域、场馆业主单位、属地政府相关部门以及其他相关参与方的权益保护知识和岗位职责培训，按照分工提供专业支持和指导（见《赛时权益保护 P1 类人员场馆分布表》）。赛前，组织北京冬奥组委“清洁场馆”成果验收小组对各场馆开展联合检查，并协助国际奥委会、国际残奥委会专家对“清洁场馆”工作进行赛前专项检查。赛时，按照防疫要求开展巡视巡查，发现违规展示或者行为的，协调有关业务领域及时处理。

（2）体育（SPT）

协助国际奥委会、国际残奥委会、国际冬季单项体育联合会在比赛与官方训练期间，对进入比赛场地内持证人员服装、比赛装备、体育器材上展示的名称和徽记进行检查。发现不符合“清洁场馆”要求的，协助国际冬季单项体育联合会采取相关措施，提供覆盖物，并在赛后及时向国际奥委会、国际残奥委会报告；情节严重的，报国际奥委会、国际残奥委会处理，并及时向竞赛指挥中心或者主运行中心报告。

（3）反兴奋剂（DOP）

负责确保兴奋剂检测中心和各场馆兴奋剂监测点符合“清洁场馆”要求。

（4）体育展示（SPP）

负责确保体育展示内容、所用设备等物品、主持体育展示的人员着装和所持物品符合“清洁场馆”要求。

（5）注册（ACR）

负责确保制服和注册中心、延庆制服和注册分中心、张家口制服和注册分中心以及场馆制服和注册区域符合“清洁场馆”要求。

（6）赛事服务（EVS）

负责确保场馆观众区，包括但不限于观众坐席、观众通行区域符合“清洁场馆”要求；监督观众观赛行为，对观众展示列入禁限带物品清单的传单、横幅、标语以及其它用于商业宣传的物品或者集体（20 人及以上）统一使用或者穿戴相同或者组合形成的带有明显商业展示的物品或者服装的行为进行劝阻，会同权益保护、安保等业务领域，处理赛时观众违反“清洁场馆”要求的情形。

（7）餐饮（FNB）

负责确保场馆餐厅、餐饮售卖点符合“清洁场馆”要求。

（8）特许经营（LIC）

负责确保场馆特许商店和特许销售点符合“清洁场馆”要求。

（9）物流（LOG）

负责确保物流中心和各场馆物流综合区符合“清洁场馆”要求。

确保其负责的物资在进入场馆前符合“清洁场馆”要求。

（10）医疗服务（MED）

负责确保场馆医疗站符合“清洁场馆”要求。

（11）赞助企业服务（MPS）

协助国际奥委会、国际残奥委会确保赞助企业接待空间和赞助企业展示区域、展示设备、赞助企业代表和赞助企业工作人员着装和所持物品符合“清洁场馆”要求。处理赛时赞助企业超出其赞助协议权益范围进行商业展示的行为。负责协调执法机构对场馆周边区域未经授权售卖商品的行为进行控制，并统筹协调和推动实施户外广告控制计划。

（12）票务（TKT）

负责确保票务所用空间符合“清洁场馆”要求。

（13）交通（TRA）

负责确保交通指挥中心、交通场站和场馆交通区域，以及专用于北京冬奥会和冬残奥会的车辆或者进入场馆封闭线内的车辆符合“清洁场馆”要求。

（14）品牌、形象和赛事景观（BIL）

负责确保场馆的景观布置符合“清洁场馆”要求。

（15）清洁与废弃物（CNW）

负责确保场馆清废综合区和卫生间符合“清洁场馆”要求，协助权益保护业务领域对场馆的不符合“清洁场馆”要求的商业展示进行移除或者遮盖。

（16）电力（NRG）

负责确保电力运行中心符合“清洁场馆”要求。

（17）引导标识（SIG）

负责确保场馆的引导标识符合“清洁场馆”要求。

（18）转播服务（BRS）

协助国际奥委会、国际残奥委会负责确保主媒体中心、张家口山地转播中心以及场馆转播服务区域符合“清洁场馆”要求。对于现场突发的可能在直播画面中出现的违反“清洁场馆”要求的情形，转播服务业务领域应当根据场馆内相关业务领域的报告及时将有关情况反馈奥林匹克广播服务公司团队，并及时采取措施。向场馆负责转播服务业务领域的副主任报告有关情况，并与权益保护业务领域进行沟通。

（19）媒体运行（PRS）

协助国际奥委会、国际残奥委会负责确保主媒体中心、张家口山地新闻中心以及各场馆媒体运行区域符合“清洁场馆”要求。

（20）安保（SEC）

负责确保安保业务领域管理的区域符合“清洁场馆”要求。在场馆安检入口对进入场馆的人员、车辆、物品进行安全检查，对发现的传单、横幅、标语以及其他用于商业宣传的物品，要求携带人丢弃在容器中或者自行处理。配合权益保护、赛事服务等业务领域，处理赛时不服从“清洁场馆”管理要求的情形。

（21）奥林匹克/残奥大家庭服务和礼宾（OFS/PFS）

负责确保奥林匹克或者残奥大家庭酒店、场馆奥林匹克或者残奥大家庭区符合“清洁场馆”要求。

（22）技术（TEC）

负责确保技术运行中心、场馆技术保障区域符合“清洁场馆”要求。

（23）志愿者（VOL）

负责确保场馆志愿者之家等志愿者业务领域主责区域符合“清洁场馆”要求。

（24）庆典仪式（CER）

负责确保独立颁奖广场、各竞赛场馆内的颁奖区域等庆典仪式业务领域主责区域符合“清洁场馆”要求。检查参与颁奖仪式以及表演的人员，包括但不限于运动员、代表团官员、表演者的着装以及所持物品，保障有关人员的服装以及所持物品符合“清洁场馆”要求。若发现任何不符合“清洁场馆”要求的情形，要求运动员或者代表团官员及时纠正，但应当避免在颁奖仪式中采取措施，同时，将有关情况报告场馆负责庆典仪式业务领域的副主任，并与权益保护业务领域进行沟通。

（25）城市活动与文化广场（LIV）

负责确保文化广场和文化活动、文化活动表演者着装和所持物品符合“清洁场馆”要求。

（26）场馆管理（VEM）

负责确保场馆运行指挥区域（VOC/VCC等）中场馆管理业务领域主责空间符合“清洁场馆”要求。

（27）奥运村管理（VIL）

负责确保北京冬奥村（冬残奥村）、延庆冬奥村（冬残奥村）和张家口冬奥村（冬残奥村）符合“清洁场馆”要求。

（28）住宿（ACM）

负责确保签约酒店符合“清洁场馆”要求。

（29）文化（CUL）

负责确保赛时文化节等文化活动符合“清洁场馆”要求。

五、时间安排

（一）各场馆形成实施方案（2021年10月31日前）

按照“一馆一策”“一馆一标”的要求，各场馆运行团队按照本实施意见，在与场馆业主单位充分沟通的基础上，结合本场馆形象景观计划和赞助企业展示有关方案，参考法律事务部与国际奥委会前期沟通确认的“清洁场馆”工作报告，形成本场馆的“清洁场馆”实施方案，提交法律事务部。

（二）法律事务部对各场馆的实施方案进行汇总，由各场馆推进实施（2021年11月30日前）

法律事务部就各场馆的“清洁场馆”实施方案与各场馆运行团队进行沟通对接，提出意见建议，将修改完善的各场馆实施方案汇总报北京冬奥组委同意。各场馆运行团队按照北京冬奥组委同意的本场馆实施方案具体组织实施。

（三）北京冬奥组委“清洁场馆”成果验收小组开展专项检查（2021年12月31日前）

北京冬奥组委成立“清洁场馆”成果验收小组，成员单位包括法律事务部、市场开发部、场馆管理部、文化活动部等。由委领导或者委领导指定的上述部门负责人带领验收小组对场馆开展专项检查。各场馆应当按照专项小组提出的意见修正改进相关工作，确保符合“清洁场馆”要求。

（四）配合国际奥委会、国际残奥委会进行“清洁场馆”专项检查（2022年1月31日前，具体时间待定）

按照惯例，国际奥委会、国际残奥委会专家对“清洁场馆”工作进行赛前专项检查。

（五）赛时的“清洁场馆”维护工作（赛时）

赛时，各业务领域各司其职，共同做好“清洁场馆”工作，并持续保持“清洁场馆”

状态，特别是体育、媒体运行、赛事服务、转播服务、安保等业务领域，要无缝对接，实现“清洁场馆”问题的快速处理。

六、工作要求

（一）严格落实工作责任。各场馆运行团队、各业务领域要提高站位，按照实施意见的要求严格落实工作责任。权益保护业务领域加强对各业务领域的培训指导，主动对接需求，及时解决工作问题。

（二）相关场馆运行团队督促场馆业主单位履行申奥承诺。各场馆运行团队要与场馆业主单位充分对接，明确要求场馆业主单位不得在北京冬奥会和冬残奥会期间在场馆及周边区域进行商业展示，对已经签署的于北京冬奥会和冬残奥会期间在场馆及周边区域进行商业展示的协议进行全面梳理并妥善解决，特别应当确保在申奥期间向国际奥委会作出交付“清洁场馆”书面承诺的场馆业主单位切实履行承诺。

（三）力求节俭务实。“清洁场馆”是场馆整体工作的一部分，是形象景观和赞助企业展示权保障的补充环节。各场馆经国际奥委会或者国际残奥委会批准的场馆形象景观计划和赞助企业展示方案涉及的有关展示，不再纳入“清洁场馆”实施方案。对于入场物资，应当尽可能在入场前对其商业展示（含制造商标志）进行处理，确保符合“清洁场馆”要求，避免后期处置造成浪费。

本实施意见涉及的《国际奥委会要求解决的“清洁场馆”重点问题》《可能出现违规商业展示的载体清单》《赛时权益保护 P1 类人员场馆分布表》，可以通过“OA 系统—工作文件—北京冬奥会—法律事务部文件夹”下载。

北京2022年冬奥会和冬残奥会组织委员会个人信息处理工作管理办法

（冬奥组委法务发〔2022〕1号文件公布，自2022年1月12日起施行）

目　　录

第一章　总　　则

第一条　为了加强北京2022年冬奥会和冬残奥会（以下简称北京冬奥会）个人信息保护工作，规范北京2022年冬奥会和冬残奥会组织委员会（以下简称北京冬奥组委）个人信息处理活动，防范相关法律风险，根据《中华人民共和国个人信息保护法》及相关法律法规的规定，结合工作实际，制定本办法。

第二条　北京冬奥组委高度重视个人信息保护工作，坚持以合法合规为基础，以个人信息保护政策为指引，严格履行法定程序，强化领导责任和管理责任，做好各项个人信息保护工作。

第三条　本办法适用于北京冬奥会筹办、举办及赛后期间北京冬奥组委各部（中心）、各场馆运行团队（以下统称各部门）的个人信息处理活动，各部门在日常工作中为履行内部工作流程而处理个人信息的除外。

第四条　本办法所称个人信息，是指以电子或者其他方式记录的与已识别或者可识别的自然人有关的各种信息，不包括匿名化处理后的信息。

第五条　本办法所称敏感个人信息，是指一旦泄露或者非法使用，容易导致自然人的人格尊严受到侵害或者人身、财产安全受到危害的个人信息，包括生物识别、宗教信仰、特定身份、医疗健康、金融账户、行踪轨迹等信息，以及不满十四周岁未成年人的个人信息。

第六条 本办法所称个人信息的处理，包括个人信息的收集、存储、使用、加工、传输、提供、公开、删除等，包括但不限于通过各类系统、平台、小程序、APP等方式处理个人信息。

第二章 履行个人信息保护职责的部门

第七条 北京冬奥组委个人数据保护工作小组（以下简称工作小组）负责统筹研究、决策、落实个人信息保护工作，协调解决个人信息保护中的重大问题。

工作小组办公室负责工作小组的日常联络和协调，牵头组织、推进个人信息保护相关的各项工作。

第八条 各部门承担个人信息保护的主体责任。

各部门应当重视个人信息保护工作，强化个人信息保护意识，明确专人负责，严格按照法律规定及个人信息保护政策的规定做好个人信息保护工作。

第三章 个人信息处理规则

第九条 各部门处理个人信息，应当遵循合法、正当、必要、诚信原则，并遵守下列规定：

（一）收集个人信息应当限于实现处理目的的最小范围，不得过度收集；

（二）遵循公开、透明原则，向个人信息主体公开个人信息处理政策，明示处理的目的、方式和范围；

（三）保证个人信息的质量，避免个人信息不准确、不完整对个人权益造成不利影响。

第十条 各部门处理个人信息应当具备充分的合规基础。具体包括：

（一）取得个人同意；

（二）履行法定职责或者法定义务所必需；

（三）基于应对突发公共卫生事件或者紧急情况的需要；

（四）法律、行政法规规定的其他情形。

各部门对处理个人信息的合规基础无法明确判断的，可以请工作小组办公室协助研判。

第十一条 各部门以个人同意作为处理个人信息合规基础的，应当确保该同意是个人在充分知情的情况下自愿、明确作出的。处理个人信息的目的、方式和个人信息种类发生变更的，应当重新取得个人同意，同时保障个人撤回同意的权利。

各部门涉及处理未满十四周岁未成年人个人信息的，应当制定专门的个人信息处理规则，报经工作小组办公室审核；在处理相关信息时，还应当取得未成年人的父母或者其他监护人的同意。

第十二条 各部门以个人同意作为处理个人信息合规基础的，在下列情形下应当取得个人的单独同意：

（一）向其他个人信息处理者提供其处理的个人信息；

（二）公开个人信息；

（三）向境外提供个人信息；

（四）处理敏感个人信息；

（五）为维护公共安全以外的目的收集个人图像和身份识别信息；

（六）法律、行政法规规定的其他情形。

第十三条 各部门通过信息系统、网站、小程序、APP 等方式处理个人信息的，应当制定相应的个人信息保护政策，报经工作小组办公室审核，以显著方式、清晰易懂的语言真实、准确、完整地向个人告知个人信息保护政策。

个人信息保护政策应当包括个人信息处理者的名称或者姓名和联系方式、个人信息的处理目的和处理方式，处理的个人信息种类、保存期限、个人行使权利的方式和程序等内容。

第十四条 各部门应当按照公开的个人信息保护政策处理个人信息。

针对注册人员实施的个人信息处理活动，各部门应当遵守《关于处理北京 2022 年冬奥会和冬残奥会赛会参与人员和其他注册人员个人数据的信息通知》等相关文件的规定。

针对疫情防控实施的个人信息处理活动，各部门应当遵守《防疫手册》及《关于北京 2022 年冬奥会和冬残奥会实施防疫措施背景下对注册人员个人数据处理的补充信息通知》等相关文件的规定。

第十五条 各部门应当妥善保存个人信息，采取加密、去标识化等安全技术措施，对个人信息实行分类管理。除法律明确规定有保存期限外，各部门保存个人信息的期限应当为实现个人授权使用目的所必需的最短时间。

第十六条 符合下列情形之一的，各部门应当删除其收集的个人信息：

（一）处理目的已实现、无法实现或者为实现处理目的不再必要；

（二）保存期限已届满；

（三）个人撤回同意或者主动要求删除；

（四）法律、行政法规规定的其他情形。

第十七条 各部门与其他主体共同处理个人信息的，应当约定各自的权利和义务，共同确定应当满足的个人信息安全要求，并向个人信息主体明确告知。

本条前款规定的共同处理，是指共同决定个人信息处理目的和处理方式。

第十八条 各部门委托第三方按照各部门独立决定的个人信息处理目的和方式处理个人信息的，应当与第三方约定处理的目的、期限、方式、个人信息的种类、保护措施及各自的权利和义务。

第十九条　各部门在处理敏感个人信息、委托处理个人信息、向境外提供个人信息、利用个人信息进行自动化决策等情形下，应当事前开展个人信息保护影响评估，并进行记录。

个人信息保护影响评估的内容应当包括：处理目的、处理方式等内容的合法性、正当性、必要性；对个人权益的影响及安全风险；所采取保护措施的合法性、有效性。

各部门应当依法依规开展个人信息保护影响评估，法律事务部和技术部就评估事项提供法律和技术方面的协助和支持。

第二十条　根据北京冬奥会筹办工作实际，各部门确需向境外提供个人信息（包括但不限于注册信息、成绩信息、电子病历信息、反兴奋剂信息等）的，除按照本办法第十九条的规定进行个人信息保护影响评估外，还应当向工作小组提出自我安全评估申请。工作小组组织专业安全评估机构对向境外提供个人信息事项开展自我安全评估，各部门应当配合。自我安全评估报告应当就个人信息出境事项的必要性和安全性作出说明并随附必要材料。自我安全评估完成后，由工作小组办公室负责统一向国家网信部门申请组织安全评估。

在通过国家网信部门的安全评估前，各部门不得擅自向境外提供任何个人信息。

经评估，各部门向境外提供个人信息的，应当要求境外接收部门采取必要措施确保跨境个人信息安全。

第四章　个人信息安全制度

第二十一条　各部门应当对个人信息的处理和安全负责，合理确定个人信息处理操作权限，采取措施防止未经授权的访问以及个人信息泄露、篡改、丢失，切实有效履行个人信息保护职责。

第二十二条　各部门处理个人信息，应当根据个人信息的类别、处理目的、处理方式以及对个人权益的影响、可能存在的安全风险等制定个人信息安全事件应急预案，报经工作小组审核后组织实施。

第二十三条　发生个人信息泄露、篡改、丢失等安全事件的，各部门应当立即采取补救措施并就个人信息泄露、篡改、丢失的信息种类、原因和可能造成的危害后果及采取的补救措施等相关必要内容向工作小组报告。工作小组视情况组织有关部门对安全事件做进一步处理，督促相关部门进行整改。

第五章　附　　则

第二十四条　北京冬奥组委解散时，各部门原则上应当删除处理的个人信息。确有需要转移个人信息的，各部门应当向个人告知接收方的名称或者姓名和联系方式。

第二十五条　本办法自印发之日起施行。

北京“冬奥通”APP个人信息保护政策*

本版本发布日期：2022年【2】月【1】日

欢迎使用由北京2022年冬奥会和冬残奥会组织委员会（以下简称“北京冬奥组委”或“我们”）提供的冬奥通应用软件（以下简称“冬奥通”）。我们非常重视保护您的个人信息和隐私。为方便您登录、使用相关服务，以及为您提供更个性化的用户体验和服务，您在使用冬奥通时，我们可能会收集和使用您的相关个人信息。我们希望通过《冬奥通个人信息保护政策》（以下简称“本政策”）向您说明，在您使用冬奥通时，我们将为您提供安全可靠的措施处理和保护您的个人信息，同时我们为您提供查阅、复制、更正、补充和删除您的个人信息以及行使与您的个人信息有关的其他合法权利的方式。

为便于您了解，我们将以粗体加下划线的方式提示您注意与您有重大利害关系的条款。请您仔细阅读。

在使用冬奥通提供的服务前，请您认真阅读本政策。当您点击“同意”后，本政策即在您和北京冬奥组委之间成立并发生法律效力，即意味着您已经同意我们按照本政策处理和保护您的个人信息。

如有疑问，您可以随时通过本政策第10.1条所列的联系方式联系我们进行咨询。

本政策将帮助您了解以下内容：

---

* 该文件为北京2022年冬奥会和冬残奥会赛时应用软件“冬奥通”的个人信息保护政策。

九、本政策如何更新

十、如何联系我们以及纠纷解决途径

一、适用范围和定义

1.1　本政策适用于我们通过冬奥通向您提供的所有服务（“服务”），包括向您提供页面浏览、应用程序、登录后通过冬奥通向您提供的所有服务。如您使用北京冬奥组委提供的其他产品或服务，应适用北京冬奥组委就该等其他产品或服务向您提供的个人信息保护政策。

1.2　个人信息：指以电子或者其他方式记录的与已识别或者可识别的自然人有关的各种信息，不包括匿名化处理后的信息。

1.3　个人信息的处理：包括个人信息的收集、存储、使用、加工、传输、提供、公开、删除等。

1.4　个人信息处理者：指独立决定个人信息处理目的和方式的组织或个人，欧盟第2016/679号《通用数据保护条例》将其称为“控制者”。

1.5　持注册卡用户：特指参与北京2022年冬奥会和冬残奥会的指定注册人员，包括但不限于运动员、国家（地区）奥委会和残奥委会代表团成员、奥林匹克和/或残奥大家庭成员和贵宾；国际单项体育联合会官员；新闻媒体；持权转播商；工作人员和市场合作伙伴。

1.6　中国奥委会：指中国奥林匹克委员会。

1.7　中国奥委会辖区：指被国际奥委会认可的中国奥委会的地理区域。

1.8　未成年人：对于中国奥委会辖区的居民而言，指未满18周岁的自然人，对于中国奥委会辖区以外的国家或地区的居民而言，指其居住国适用法律所界定的未成年人。为免存疑，未成年人包括儿童。

1.9　儿童：对于中国奥委会辖区的居民而言，指未满14周岁的未成年人。

1.10　监护人：指未成年人的父母或其他法定监护人。

1.11　国际奥委会：指总部位于瑞士洛桑的国际奥林匹克委员会。

1.12　中国：指中华人民共和国。

除本政策另有约定外，本政策所用定义与《冬奥通用户协议》中的定义具有相同的含义。

二、我们如何收集和使用您的个人信息

为了向您提供服务，我们会按照本政策所述的如下目的和方式收集、使用您的个人信息以及调用相应的设备权限。

（一）下载安装

2.1　当您在您的移动设备端首次安装并启动冬奥通时，您需要同意《冬奥通用户协议》和本政策，才能进一步使用冬奥通。若不同意上述两份协议，您将无法使用冬奥通。

1）如在安卓（Android）或鸿蒙（HarmonyOS）系统上首次安装冬奥通，首次启动时由于冬奥通处于初始化阶段，我们需要获取您设备的状态信息，用于访问网络信息并生成冬奥通的唯一标识符；我们还需要获取您设备的存储权限，用于存储冬奥通必要的数据，如首页配置数据、系统通知数据、服务通知数据、即时通讯历史数据、用户名片数据；如您不同意我们访问您设备的状态信息或存储权限，您将无法使用冬奥通。

2）如在苹果（iOS）系统上首次安装冬奥通，由于冬奥通处于初始化阶段，首次启动时苹果（iOS）系统会提示您授权我们使用无线数据权限和应用通知权限。我们需要获取您设备的无线数据，用于访问网络信息，如您不同意访问您设备的无线数据，将无法正常使用冬奥通。我们还需要获取您设备的通知权限，用于接收冬奥通的通知消息（通知消息只包含系统通知、服务通知、即时通讯通知，没有任何商业推送类通知），如您不同意获取您设备的通知权限，冬奥通将无法接收通知消息，但不会影响使用冬奥通的功能。

（二）注册、登录账号及信息同步

2.2　账号注册信息：冬奥通包含可供所有用户使用的服务，但是部分服务，包括下文第2.6条和第2.7条中提到的服务将仅提供给持注册卡用户，并要求他们登录以访问和使用此类服务。请注意，如果您不是持注册卡用户（如观众或游客），您将无法登录冬奥通。如果您为持注册卡用户，注册、登录冬奥通账号时，您需要提供您的手机号码（须以+86开头）；您也可以使用注册卡号进行注册、登录。上述信息为您注册和登录冬奥通账号所必需，若您不提供这类信息，您将无法继续使用我们为注册用户提供的服务。

2.3　持注册卡用户的信息同步：

对于持注册卡用户，鉴于北京冬奥组委前期在您的同意下已经收集了您的个人信息，并将您的个人信息绑定到您的注册卡号上，为了方便您使用冬奥通提供的服务，在您注册后，您注册卡号上绑定的如下个人信息将同步到冬奥通：

1）对于北京冬奥组委工作人员中的持注册卡用户，您的姓名、座机号码、手机号码、电子邮箱、组织机构、岗位（视您此前实际已向北京冬奥组委提供的信息而定）将被同步；

2）对于其他持注册卡用户，您的护照签发日期、护照失效日期、组织机构将被同步。

2.4　通过指纹/面部ID登录：如果您是持注册卡用户，当您使用手机号码（必须以+86开头）登录时，您可以设置指纹/面部登录。作为一种快速登录方式，我们仅通过您的设备验证指纹/人脸信息，而不会将您的指纹/人脸信息保存在数据库中。如果您的设备不支持指纹/人脸登录，此功能将不可用。

（三）向您提供的产品或服务

我们通过冬奥通向您提供多种功能和服务，在您使用某一类功能或服务时，我们将仅为了实现该功能或服务以及保障您的账号安全的目的，收集您的相关个人信息；对于您未使用的功能或服务，我们将不会向您收集实现此类功能或服务所需的个人信息。

2.5　如上所述，请注意，如果您不是持注册卡用户（如观众或游客），您虽无法登录冬奥通，但仍欢迎您在冬奥通上浏览新闻。在此情形下，我们不会收集您的任何个人信息。

2.6　如果您是持注册卡用户，通过手机号码或注册卡号登录冬奥通后，我们还会为您提供以下服务。为实现以下每一项服务，我们或实际提供服务的第三方将收集和使用的个人信息范围以及调用的设备权限如下（请您注意，第三方将收集和使用的个人信息范围以及调用的设备权限以第三方的个人信息保护政策为准）：（打卡服务会将用户的打卡位置信息以加密的形式存储在数据库中；其他服务中，冬奥通使用用户的设备权限，仅用于页面展示，相关信息不会回传到数据库中；由于我们无法获取您在中国境外的位置信息，位置相关的功能在中国境外无法使用，但不影响您使用其他功能。仅当您进入中国境内后，位置相关功能才可以使用）

1）即时通讯：

所有持注册卡用户均可使用即时通讯服务。如您使用此服务，我们需要获取您设备的麦克风权限，用于您发送语音消息、发送拍摄的视频、语音通话、视频通话，如您不同意访问您的麦克风，将无法使用发送语音消息、发送拍摄视频、语音通话、视频通话的功能；我们还需要获取您设备的相册权限，用于您发送相册中的图片或视频。如您不同意访问您的相册，将无法使用发送相册中的图片或视频的功能；我们还需要获取您设备的摄像头权限，用于您发送拍摄的图片、发送拍摄的视频、视频通话，如您不同意访问您的摄像头，将无法使用发送拍摄的图片、发送拍摄的视频、视频通话的功能；我们还需要获取您设备的位置权限，以使您在即时通讯时可以主动给对方发送位置信息，如您不同意访问您的位置信息，将无法使用发送位置信息的功能；我们还需要获取您设备的存储权限，用于您发送文件信息，如您不同意访问您的存储权限，将无法使用发送文件信息的功能。

2）信息分享

所有持注册卡用户均可使用信息分享服务。您可以将冬奥通下载地址或名片号分享给好友。分享渠道包括：微信、QQ、微博、短信。使用分享功能时，上述渠道方会检测您的设备中是否安装了微信、QQ、微博。若没有安装对应应用程序，将无法向对应渠道进行分享，但并不影响您使用冬奥通内的其他功能。我们只调用微信、QQ、微博的分享功能，不会收集也不会对外提供您的任何个人信息。

3）打卡：

北京冬奥组委工作人员可以使用打卡服务。如您使用此服务，我们需要获取您设备的位置权限并收集您的位置信息，用于判断您是否处于正确的打卡位置。如您不同意访问您的位置，可能会影响我们判断您的位置，您将无法使用打卡服务。根据疫情防控的需要，您在打卡前还需填报体温信息。如果您不填报体温信息，将无法使用打卡服务。

4）餐饮：

所有持注册卡用户均可使用餐饮服务。如您使用此服务，我们需要获取您设备的相机权限，用于扫描餐厅二维码进行用餐服务，如您不同意访问您的相机，可能会影响您在餐厅的用餐。

我们还需要获取您设备的位置权限并收集您的位置信息，用于显示场馆餐厅距您的距离，如您不同意访问您的位置，我们将无法按照距离远近向您提供餐厅清单，但并不影响您使用该服务内的其他功能。

5）注册信息：

所有持注册卡用户均可使用注册信息服务。该服务为持注册卡用户提供场馆注册服务和注册网点的位置指引。如您使用此服务，我们需要获取您设备的存储权限，用于保存本服务为您提供的文件，如您不同意访问您设备的存储，您将无法保存文件信息。我们需要获取您设备的位置权限并收集您的位置信息，用于为您提供附近注册网点位置信息及导航功能，如您不同意访问您的位置，可能会影响注册网点位置信息的准确性，也无法使用导航功能，但并不影响您使用该服务内的其他功能。

当您使用导航功能时，我们将通过第三方SDK实现该功能，且我们不会收集和使用您的任何个人信息，或调用您设备的任何权限。关于提供该SDK的第三方需要收集的个人信息和调用的设备权限，请见本政策第4.4条。

如您不同意第三方访问您的位置，将无法实现导航功能，但并不影响您使用该服务内的其他功能。

6）住宿：

持注册卡用户中的奥林匹克和/或残奥大家庭成员和贵宾、国际单项体育联合会官员、新闻媒体、持权转播商、工作人员、市场合作伙伴可以使用住宿信息服务。如您使用本服务，我们需要获取您设备的位置权限并收集您的位置信息，用于显示距离您最近的酒店信息及提供导航功能，如您不同意访问您的位置，可能会影响您与酒店距离信息的准确性，也无法使用导航功能，但并不影响您使用该服务内的其他功能。

当您使用导航功能时，我们将通过第三方SDK实现该功能，且我们不会收集和使用您的任何个人信息，或调用您设备的任何权限。关于提供该SDK的第三方需要收集的个人信息和调用的设备权限，请见本政策第4.4条。

如您不同意第三方访问您的位置，将无法实现导航功能，但并不影响您使用该服务内的其他功能。

7）约车：

所有持注册卡用户均可使用约车服务。在此项服务下，我们将向您提供约车功能（即时拼车、预约拼车、中巴约车），以方便您出行。我们需要获取您设备的位置权限并收集您的位置信息，用于确定您的具体位置，显示线路规划信息，如您不同意访问您的位置，可能会影响您位置信息和线路规划信息的准确性。

另外，如果您使用约车—即时拼车功能，我们需要额外获取您设备的相机权限，用于扫码车辆二维码。如您不同意我们访问相机，将无法使用约车—即时拼车功能。

8）健康监测：

所有持注册卡用户均可使用健康监测服务。为了您和他人的身体健康，根据《防疫手册》要求，我们需要收集您的以下信息：(i) 您进入中国之前：前往中国前14天的每日体温和症状、就诊或服药记录、是否有新冠肺炎确诊病例/疑似病例/无症状感染者的接触史、新冠疫苗接种信息（每剂疫苗的制造商名称、疫苗接种日期、疫苗接种证书）、起飞72小时内的测试结果、行程计划（计划入境航班号、计划入境日期、计划入境登机时间、计划离境时间、计划离境航班号）、实际行程（入境日期、入境航班号、入境座位号）；(ii) 您进入中国之后：每日体温和症状。进入中国后，您的每日核酸检测结果将由北京冬奥组委上传到健康检测系统，仅用于北京冬奥组委疫情防控使用。

我们需要获取您设备的相机权限，用于上传检测报告，如您不同意我们访问相机，将无法上传检测报告。

2.7　如果您是持注册卡用户，通过手机号码或注册卡号登录冬奥通后，可以使用以下由第三方提供的服务。为实现以下每一项服务，第三方将收集和使用的个人信息范围以及调用的设备权限如下，具体以第三方的个人信息保护政策为准（对于第三方服务，冬奥通不会收集您的任何信息，也不会与第三方共享您的任何信息）：

9）智能翻译：

所有持注册卡用户均可使用智能翻译服务。如您使用此服务，第三方需要获取您设备的麦克风权限，用于识别您的语音，从而为您提供实时翻译功能，如您不同意访问您的麦克风，可能会影响第三方为您提供实时翻译功能。

10）北京健康宝：

中国境内居民的持注册卡用户可以使用北京健康宝服务。如您使用此服务，第三方需要获取您设备的相机权限，用于识别您的面部识别特征，如您不同意访问您的相机，会影响第三方核验您的身份信息，无法为您提供北京健康宝服务。

11）河北健康码：

只能中国境内居民的持注册卡用户可以使用河北健康码服务。如您使用此服务，第三方需要获取您的手机号码和身份证号码，用于识别您的身份信息。如您不同意，将无法使用河北健康码服务。

12）行李查询：

所有持注册卡用户均可使用行李查询服务。如您使用此服务，第三方需要获取您设备的相机权限，用于识别您的行李二维码。如您不同意访问您的相机，第三方将无法识别您的行李二维码。

13）行程卡：

只能中国境内居民的持注册卡用户可以使用行程卡服务。如您使用此服务，第三方需要获取您的手机号码，用于查询您的14天内到访地信息。如您不同意提供手机号码，第三方将无法提供您的14天内到访地信息。

14）海关申报：

所有持注册卡用户均可使用海关申报服务。本服务由中华人民共和国海关总署（“海关总署”）提供。如您使用本服务，海关总署需要收集您的姓名、国籍、身份证件类型和身份证件号码、手机号码、居住地、过去14天行程、健康状况、新冠疫苗接种情况等。

15）智慧场馆：

所有持注册卡用户均可使用智慧场馆服务。本服务将为您提供智慧场馆功能（全景导览、室内导航）。全景导览向您展示冬奥会和冬残奥会的场馆内景象。当您使用眼镜模式时，第三方需要使用设备的陀螺仪功能，用于调整用户的导览视角，展示眼镜模式下的场馆内景象。若您不同意或您的手机不支持身体传感器，眼镜模式下的功能将会出现异常，但并不影响您使用此服务下的其他功能。室内导航向您提供场馆内的导航功能，第三方需要获取您手机的设备信息和位置信息，用于场馆内导航功能。如您不同意访问您手机的设备信息和位置信息，将无法使用室内导航功能。

16）绿色健康码：

所有持注册卡用户均可使用绿色健康码服务。本服务由中华人民共和国外交部领事司（“外交部”）提供。如您使用本服务，外交部需要收集您的姓名、国籍、身份证件类型和身份证件号码、手机号码、核酸检测情况等。

17）在线会议（瞩目）：

所有持注册卡用户均可使用在线会议（瞩目）服务。如您使用本服务，第三方会向您提供在线会议的功能。第三方需要获取您设备的麦克风权限，用于在线会议时语音功能。如您不同意访问麦克风，将无法在会议上语音。第三方还需要获取您设备的相机权限，用于在线会议时显示个人视频，如您不同意访问相机，将无法展示个人视频。

2.8　日志信息：

当您使用冬奥通时，冬奥通会记录您使用过程中出现的异常错误信息，用于分析冬奥通运行过程中的错误和异常情况，从而优化冬奥通的用户体验和冬奥通的稳定性。这些日志不会涉及您的个人信息。

2.9 客服及争议处理：

当您与我们联系时，为了保障您的账号及系统安全，我们需要您提供手机号码或注册卡号以核验您的注册身份。对于涉及账号相关的争议处理，我们还需要您提供您的姓名、手机号码或注册卡号以核验您的注册身份。我们可能会保存您与我们的通信/通话内容或您留下的联系方式信息，以便与您取得联系、帮助您解决问题，或记录相关问题的处理方案及结果。

（四）其他用途

除非法律法规规定或者本政策另有说明，我们不会将您的个人信息用于其他用途，否则我们将会征求您的同意。

三、我们如何使用 Cookie 或同类技术

我们没有使用 Cookie 技术。我们采用本地缓存方式，用以提升用户使用冬奥通的体验。在冬奥通首次启动时，会弹出存储权限申请，以用于本地缓存。冬奥通使用本地缓存一般出于以下目的：

3.1 身份验证

本地缓存可在您接入我们的服务时通知我们，以使我们可验证您的身份信息，从而确保您的账号安全。

例如，您成功登录冬奥通后，冬奥通会在本地缓存您的登录 token 信息（如注册卡号、手机号码等），在您访问冬奥通服务（如打卡服务、餐饮服务等）时，冬奥通服务会验证您本地缓存的登录 token 信息来识别是否您本人安全登录，验证通过后向您显示与您相关的信息（如打卡记录、餐券等）。

3.2 功能与服务

本地缓存可帮助我们为您提供更好的体验。

例如，本地缓存可以在您进行登录时，通过本地存储的信息，帮您填入您最后一次登录冬奥通的登录信息（如注册卡号、手机号码等），提高您的登录速度。

3.3 效率

本地缓存可以避免不必要的服务器负载，提高服务效率，节省资源、能源。

我们不会将缓存信息用于用户行为分析、生成用户画像或自动化决策等商业用途。如您认为缓存信息不应当被保留的，您可以通过以下方式清除您在使用冬奥通期间产生的缓存数据：

如果您使用的是安卓（Android）或鸿蒙（HarmonyOS）系统，您可以通过“设置”——“应用和服务”——“应用管理”——“冬奥通”——“存储”——选择“删

除数据”或“清空缓存”的路径来清除；

如果您使用的是苹果（iOS）系统，您可以通过“设置”——“通用”——“iPhone储存空间”——“冬奥通”——“删除App”的路径来清除。

四、我们如何对外提供、转移、公开您的个人信息

4.1 对外提供

除非法律法规另有规定或本政策另有说明外，我们不会向任何公司、组织或个人提供您的个人信息。

如果我们向任何第三方提供您的个人信息，我们将另行向您告知并取得您的单独同意(如适用)。

第三方将根据其各自的个人信息保护政策对您的个人信息进行处理和保护，除非第三方代表我们处理个人信息（在这种情况下，本政策应适用于该等处理)。我们会努力要求该第三方采取必要措施保护您的个人信息。同时建议您阅读相关第三方的个人信息保护政策，以了解第三方对您个人信息的处理情况以及您作为个人信息主体享有的权利。

4.2 转移

除非法律法规另有规定或本政策另有明确说明，我们不会将您的个人信息转移给任何公司、组织或个人，但在我们发生解散等事由时，我们可能会将您的个人信息转移给承继方（如有)，并由承继方继续履行我们作为个人信息处理者的义务。我们会在发生需要转移个人信息的情况时，通过系统消息等形式，向您告知承继方的名称和联系方式。

4.3 公开

我们仅会在以下情况下，公开您的个人信息：

4.3.1 根据您的主动要求，或在获取您的授权同意后，以您明确同意的方式公开您所指定的信息；

4.3.2 根据适用法律、法规的要求、强制性的行政执法或司法要求所必须提供您信息的情况下，我们可能会依据所要求的信息类型和方式公开您的信息。

4.4 冬奥通涉及嵌入第三方代码、插件传输个人信息的情形的使用说明

为保障冬奥通的稳定运行或实现相关功能，使您能够使用和享受更多的服务及功能，我们可能会接入由第三方提供的软件开发包（SDK）以实现上述目的。我们会对第三方SDK供应商获取信息的SDK进行严格的安全监测，并实施我们与合作伙伴约定严格的数据保护措施，令其按照本政策以及其他任何相关的保密和安全措施来处理个人信息。

我们接入的第三方SDK主要服务于您以及其他用户的需求。因此，为满足新的服务需求及业务功能变更，我们可能会调整我们接入的第三方SDK，并将及时在本政策中向您公开说明接入第三方SDK的更新情况。请注意，第三方SDK可能因为版本升级、策略调整

等原因导致其处理的数据类型存在一些变化，请以其公示的官方说明为准。目前冬奥通接入的第三方 SDK 列明如下：

1）为了您使用冬奥通的推送通知功能（包含即时通讯推送消息、系统推送消息、应用推送消息），根据您在使用冬奥通软件和服务时候使用的终端设备情况，冬奥通在向下述品牌的手机终端设备用户推送消息时，以下第三方机构会获取您的设备标识符、运营商信息。

华为

第三方机构名称：华为技术有限公司

隐私政策链接：https://www.huawei.com/cn/privacy-policy

小米

第三方机构名称：北京小米科技有限责任公司

隐私政策链接：https://dev.mi.com/console/doc/detail?pId=1822

OPPO

第三方机构名称：广东欢太科技有限公司

隐私政策链接：https://open.oppomobile.com/wiki/doc#id=10288

VIVO

第三方机构名称：维沃移动通信有限公司

隐私政策链接：https://dev.vivo.com.cn/documentCenter/doc/366

魅族

第三方机构名称：魅族科技有限公司

隐私政策链接：https://www.meizu.com/legal.html

2）为了帮助您实现信息分享功能，以下第三方机构会使用终端设备的运营商信息、设备标识符、已安装的应用程序。

腾讯

功能：用于帮助用户将信息分享至微信、QQ

第三方机构名称：深圳市腾讯计算机系统有限公司

隐私政策链接：http://weixin.qq.com/cgi-bin/readtemplate?lang=zh_CN&t=weixin_agreement&s=privacy

微博

功能：用于帮助用户将信息分享至微博

第三方机构名称：北京微梦创科网络技术有限公司

隐私政策链接：https://weibo.com/signup/v5/protocol/

3）您在使用冬奥通的即时通讯、打卡、餐饮、班车、注册信息、住宿、约车服务时，为了帮助您实现获取位置、导航功能，第三方机构会获取您的如下个人信息：

高德地图

功能：帮助用户获取位置信息、提供导航服务

收集个人信息类型：位置信息（当使用导航功能时，会实时收集位置信息，并会在后台收集位置信息）、设备信息（包含：WLAN状态信息、设备标识符、手机屏幕密度、尺寸、型号、品牌、系统版本）

第三方机构名称：高德软件有限公司

隐私政策链接：https://lbs.amap.com/home/privacy/

4）为确保冬奥通的稳定运行，并收集有关冬奥通服务使用情况的统计数据，第三方机构会获取您的如下个人信息：

腾讯 bugly

功能：提供系统瘫痪监测和分析

收集个人信息类型：设备标识符

第三方名称：深圳腾讯计算机系统有限公司

隐私政策链接：https://privacy.qq.com/document/preview/fc748b3d96224fdb825ea79e-132c1a56

5）为确保使用冬奥通时的安全性和稳定性以及网络安全，第三方机构会获取您的如下个人信息：

梆梆安全

功能：提供安全服务，加强网络环境

收集个人信息类型：设备标识符

第三方名称：北京梆梆安全科技有限公司

隐私政策链接：https://passport.bangcle.com/authcenter/users/agreement

6）为了向冬奥通提供系统支持框架，确保冬奥通的正常运行，第三方机构会获取您的如下个人信息：

OKHTTP

功能：为安卓（Android）或鸿蒙（HarmonyOS）系统提供网络框架。OKHTTP SDK是开源的，且仅适用于安卓（Android）或鸿蒙（HarmonyOS）系统，在苹果系统（iOS）上不可用。

收集个人信息类型：设备标识符

五、我们如何存储和保护您的个人信息

5.1 我们在中国境内运营冬奥通服务中收集和产生的个人信息，仅存储在中国境内。以下情形下，我们会在履行了法律规定的义务后，向境外传输您的个人信息：

1）向您告知境外接收方的名称或者姓名、联系方式、处理目的、处理方式、个人信息的种类以及您向境外接收方行使法律规定权利的方式和程序等事项，并获得您的单独同意；或

2）适用的法律有明确规定。

针对以上情形，接收您个人信息的一方将根据其个人信息保护政策对您的个人信息进行处理和保护，我们也会采取必要措施，保障境外接收方处理个人信息的活动达到中国法律规定的个人信息保护标准。同时建议您阅读境外接收方的个人信息保护政策，以了解其对您个人信息的处理情况以及您作为个人信息主体享有的权利。

5.2　我们仅在为您提供服务期间保留您的个人信息，保留时间为实现我们所提供服务之目的必需的时间，且不晚于2022年5月31日。在您的个人信息存储时间达到前述存储期限后，我们会根据适用法律的要求删除您的个人信息，或使其匿名化，除非法律法规另有规定或您另行授权同意。

5.3　在您终止使用冬奥通服务后，我们会停止收集和使用您的个人信息，法律或监管部门另有规定的除外。如我们停止运营，我们将及时停止收集您个人信息的活动，将停止运营的通知以公告形式送达您，并对所持有的您的个人信息进行删除或匿名化处理，除非法律法规另有规定或您另行授权同意。

5.4　我们将采取以下手段保护您的个人信息：

5.4.1　数据安全技术与管理措施

我们努力保障信息安全，以防个人信息遭到未经授权的访问、泄露、篡改、丢失（统称为“信息泄露”）。

1）在技术措施方面，我们采取符合业界标准、合理可行的安全防护措施以保障个人信息的安全。例如，我们将通过服务器密码加密等安全措施，防止信息泄露。

2）在安全管理制度与安全管理人员方面，我们建立严格的管理制度和流程以保障个人信息的安全。例如，我们严格限制访问信息的人员范围，并进行审计，要求他们遵守保密义务。

3）在安全事件处理方面，我们制定了安全事件报告和处置管理制度，如网络安全事件管理制度与网络安全应急预案。

5.4.2　我们提醒您，互联网并非绝对安全的环境，请注意保护您的设备和个人信息安全。请您尽量不要在社交网络平台向他人展示您的个人信息，或在披露时进行有效的信息遮挡，以避免不法分子利用您公开的信息进行诈骗。

5.4.3　个人隐私数据泄露事件处置

在不幸发生数据泄露事件后，我们将按照相关法律法规的要求，及时采取补救措施，向您告知并按照相关法律法规的要求向有关监管部门报告。

六、征得授权同意的例外

以下情况下，我们处理您的个人信息无需事先征得您的授权或同意：

1. 为我们履行法定义务所必需；
2. 与国家安全、国防安全直接有关的；
3. 与公共安全、公共卫生、重大公共利益直接有关的；
4. 与刑事侦查、起诉、审判和判决执行等司法或行政执法直接有关的；
5. 出于维护您或其他个人的生命健康和/或财产安全等重大合法权益所必需；
6. 依法在合理的范围内处理您自行公开或其他已经合法公开（如通过合法的新闻报道、政府信息公开渠道公开）的个人信息；
7. 为订立、履行您作为一方当事人的合同所必需；
8. 为公共利益实施新闻报道、舆论监督等行为，在合理的范围内处理您的个人信息；
9. 维护所提供产品或服务的安全稳定运行所必需的，如发现、处置产品或服务的故障；或
10. 法律法规规定的其他情形。

七、您如何管理个人信息

我们非常重视您对个人信息的关注，并尽力保护您对于您的个人信息查阅、复制、更正、补充、删除等权利，以使您拥有充分的能力保障您的隐私和安全。您的权利包括：

7.1　查阅、复制、更正或补充

我们鼓励您更新和修改您的信息以使其更准确有效。除非法律另有规定，您可以通过发送电子邮件至 my2022-service@ beijing2022. cn，申请查阅并复制您的个人信息。

在符合主管部门规定条件的情况下，您可以通过发送电子邮件至 my2022-service@ -beijing2022. cn，请求将您的个人信息转移至您指定的第三方。

如果您发现您向我们提供的个人信息不准确或者不完整的，您可以通过发送电子邮件至 my2022-service@ beijing2022. cn，申请更正或补充您的个人信息。

7.2　删除

在以下情形中，您可以通过发送电子邮件至 my2022-service@ beijing2022. cn，向我们提出删除个人信息的请求：

1）处理目的已实现、无法实现或者为实现处理目的不再必要；

2）我们停止提供产品或者服务，或者保存期限已届满；

3）您撤回同意；

4）我们违反法律、行政法规或者违反本政策处理您的个人信息；

5）法律、行政法规规定的其他情形。

对于您要求删除的个人信息，如果法律法规要求的保存期限未届满，或出于技术限制难以实现删除的，我们可能无法立即从备份系统中删除相应的信息，我们将停止除存储和采取必要的安全保护措施之外的处理。

7.3　要求解释说明

您可以通过向 my2022-service@ beijing2022. cn 发送电子邮件，要求我们对个人信息处理规则进行解释说明。

7.4　改变您同意的范围或撤回同意

如果我们基于您的同意处理您的个人信息，您可以改变您同意我们处理个人信息的范围或者撤回同意。改变您同意的范围或撤回您同意的路径为："手机设置"——"权限管理"，您可以撤回或取消之前的系统授权。您也可以通过向 my2022-service@ beijing2022. cn 发送电子邮件，改变您同意的范围或撤回您的同意。但请注意，冬奥通的每一项服务和功能需要一些基本的个人信息才能得以完成（详见本政策第二条），如果您改变同意的范围或撤回同意，可能会导致您无法使用冬奥通的相关服务或功能或无法获得相关服务或功能的最佳使用体验。

当您改变您同意的范围或撤回同意后，我们将不再处理相应的个人信息。但您改变您同意的范围或撤回同意的决定，不会影响此前基于您的同意而开展的个人信息处理。

7.5　注销账号

在您需要终止使用我们的服务时，您可以申请注销您的账号，您可以通过以下方式自行操作：在冬奥通中点击"我的"——"账号与安全"——"账号注销"——点击"我要注销"，根据界面提示进行个人账号的注销操作。

我们在此善意地提醒您，您注销账号的行为会使您无法继续使用冬奥通的相关服务。您注销账号后，我们会按照本政策上文第 7.2 条"删除"部分所述规则删除您的个人信息或对其进行匿名化处理。

7.6　响应您的上述请求

为保障安全，您可能需要提供书面请求，或以其他方式证明您的身份。我们可能会先要求您验证自己的身份，然后再处理您的请求。除非法律法规规定或本政策另有明确说明，我们将在 15 个工作日内对您的请求做出回复。如您对答复结果不满意，您可根据本政策第十条提供的外部纠纷解决途径处理。

对于您合理的请求，我们原则上不收取费用，但对多次重复、超出合理限度的请求，我们将视情收取一定成本费用。对于那些与您不直接关联的信息，或者无端重复、需要过多技术手段（例如，需要开发新系统或从根本上改变现行惯例）、给他人合法权益带来风险或者不切实际的请求，我们可能会予以拒绝。

在以下情形中，我们将无法响应您的请求：

1）与我们履行法律法规规定的义务相关的；

2）与国家安全、国防安全直接有关的；

3）与公共安全、公共卫生、重大公共利益直接有关的；

4）与刑事侦查、起诉、审判和执行判决等司法或行政执法直接有关的；

5）有充分证据表明您存在主观恶意或滥用权利的；

6）出于维护您或其他个人的重大合法权益，如生命、健康和/或财产安全的必要；

7）为维护我们自身的合法权益或实现合法目的；

8）响应您的请求将导致您或其他个人、组织的合法权益受到严重损害的；

9）严重妨碍我们提供相应服务；

10）涉及商业秘密或法律法规规定应当保密的。

八、未成年人个人信息的保护

8.1　我们重视未成年人的个人信息保护。如您系未成年人，您应当在征得您的监护人同意的前提下或由您的监护人代理您，使用我们的服务或向我们提供您的个人信息。对于经监护人同意使用我们的产品或服务而收集未成年人个人信息的情况，我们只会在监护人同意的前提下，按照本政策所述规则收集、存储、使用、转移、公开或以其他方式处理该等个人信息。我们将根据国家相关法律法规及本政策的规定保护未成年人个人信息。

8.2　对于儿童个人信息，我们采取以下措施予以保障：

1）除本政策所述处理方式之外，我们还将按照（包括但不限于）《儿童个人信息网络保护规定》等适用的中国法律法规对儿童个人信息进行保护，例如，在收集儿童个人信息时征得儿童监护人的同意，采用加密等措施存储儿童个人信息，确保信息安全等。

2）儿童监护人有权随时查阅和复制儿童个人信息，还可以向我们提出更正和删除的请求，或就儿童的个人信息行使其他权利。如您对儿童个人信息相关事宜有任何意见、建议或投诉、举报，请联系我们。我们会随时为您提供帮助。

3）由于现实中我们无法验证用户的真实年龄，如果我们在无意的情况下，未经儿童监护人同意收集了儿童的个人信息，您可以通过向 my2022-service@ beijing2022. cn 发送邮件的方式联系我们进行删除。

8.3　如果中国奥委会辖区外的个人信息主体根据其所在地的法律被视为未成年人，您可以通过本协议第10.1条中的联系信息与我们联系。在核实并确认您提交的请求和相关证明文件后，我们将按照本政策规定的未成年人个人信息处理标准处理您监护下的未成年人的个人信息。

九、本政策如何更新

随着法律法规的出台或修订、冬奥通技术和/或业务功能的更新或优化，本政策可能会随之更新。我们会在冬奥通的页面上发布对本政策所做的任何变更并向您做出提示。对于重大变更，我们还会通过在主页弹窗、消息推送的提示方式向您提供更为显著的通知。

本政策所指的重大变更包括但不限于：

1. 我们的服务模式发生重大变化，如处理个人信息的目的、处理方式和处理的个人信息种类发生变更、新增收集个人信息的服务或功能等；

2. 我们对外提供个人信息、转移或公开个人信息的接收方发生变化；

3. 您参与个人信息处理方面的权利及其行使方式发生重大变化。

本政策的更新版本自公布之日起生效。但是，如果涉及重大变更，我们将就此类变更内容重新取得您的同意。本政策的更新版本自您点击同意后生效。如您拒绝接受，您将无法继续使用对应的服务或功能。

十、如何联系我们以及纠纷解决途径

10.1 如您对本政策或我们如何处理个人信息有任何问题、意见或建议，或者需要就个人信息安全进行投诉、举报的，请通过发送邮件至 my2022-service@ beijing2022. cn 或通过邮寄等多种方式与我们联系。我们的邮寄联系地址如下：

地址：北京市石景山区石景山路 68 号

邮编：100041

10.2 如果您对我们的回复不满意，特别是我们的个人信息处理行为损害了您（或您的被监护人）的合法权益时，您还可以：

1）向履行个人信息保护职责的部门举报，例如：

国家网信办举报中心：www. 12377. cn

消费者投诉举报电话：12315

2）依法向有管辖权的法院提起诉讼。

10.3 本政策适用并根据中华人民共和国法律进行解释。

相约北京系列冬季体育赛事组织委员会关于规范相约北京系列冬季体育赛事合同管理工作的指导意见

（相约北京发〔2019〕6号文，自2019年9月30日起施行）

合同管理工作的规范化，对于防范合同风险、减少合同纠纷，维护相约北京系列冬季体育赛事组织委员会和各单项赛事组织委员会（以下统称相约北京系列赛事各组委会）的合法权益具有重要意义。为指导相约北京系列赛事各组委会做好合同管理工作，建立职责明确、管理规范的合同管理制度，提高合同管理工作效率，确保相约北京系列冬季体育赛事（以下简称相约北京系列赛事）顺利举办，根据相关法律法规，现就相约北京系列赛事各组委会合同管理工作提出指导意见。

一、基本原则

（一）依法依规。合同管理应当符合《中华人民共和国合同法》等法律法规，符合相约北京系列赛事相关规则文件要求，符合相约北京系列赛事各组委会的职责权限。

（二）注重效率。合同管理要与相约北京系列赛事需求和业务推进相匹配，定期评估和适时更新，确保管理高效、可操作。

（三）管理规范。科学合理界定相约北京系列赛事各组委会、合同管理部门、合同承办部门等主体的权利义务边界，推动合同管理的常态化、规范化、制度化，提升合同管理水平。

二、健全合同管理责任机制

（一）相约北京系列赛事各组委会的主体责任。相约北京系列冬季体育赛事组织委员会（以下简称相约北京组委会）、各单项赛事组织委员会（以下简称各单项赛事组委会）各自具有独立法人资格，可以以自己的名义签署合同，并独立承担法律责任。相约北京组委会和各单项赛事组委会的内设工作部门（工作组、办公室）（以下统称内设机构）不得以自己名义对外签订合同。

（二）相约北京系列赛事各组委会的监督和管理责任。相约北京组委会负责制定本级组委会合同管理制度，管理本级组委会合同，并对各单项赛事组委会合同管理和合同事项进行监督指导；各单项赛事组委会负责制定本级组委会合同管理制度，管理本级组委会合同，在签署赛会主办协议、市场开发协议前向相约北京组委会通报相关情况，完成签署后及时送相约北京组委会备案。

（三）相约北京系列赛事各组委会内设机构工作职责。相约北京系列赛事各组委会中提出合同事项需求的部门或者岗位（以下统称承办部门）是合同事项的主责部门，负责合同事项启动、合同谈判、合同文本起草、合同签署程序、合同履行等。负责本级组委会法律事务的部门或者岗位（以下统称法务部门）是本级组委会的合同管理部门，统一归口管理合同事务，负责合同法律条款审核工作，并根据合同承办部门的需求，提供必要的协助和支持；负责财务工作的部门或者岗位（以下统称财务部门），负责本级组委会合同财务条款审核工作；负责监察审计的部门或者岗位（以下统称监审部门），负责本级组委会合同管理相关监察审计工作。

三、优化合同管理制度流程

（一）合同谈判与订立。相约北京系列赛事各组委会要注重确定合同谈判的基本原则，明确承办部门、法务部门、财务部门、监审部门等各相关部门的职责边界；要注重对合同相对方资质和信用状况进行审核；明确合同订立形式、合同内容审核、合同签署报批、重大变更等环节的基本工作流程和关键控制点。

（二）合同履行。相约北京系列赛事各组委会要重视合同履行，承办部门对合同履行负主责，要密切关注合同履行情况，特别是对标的金额较大或者履行期限较长的合同，要随时进行监督和检查，既要监督合同相对方履约情况，也要检查自身履约情况。发现存在违约行为或者存在履约风险时，承办部门应当及时向法务部门、监审部门通报，及时解决履行中的问题。

（三）合同变更、解除。合同变更是指在保持合同主体不变的前提下，对合同内容所作的改变。如果客观情况发生变化，需要对原合同内容进行变更的，应当与合同相对方协商变更合同。合同解除是指在合同有效期内，尚未完全履行时提前终止合同的效力。相约北京系列赛事各组委会应当明确变更、解除的基本程序要求，本着简化流程、提高效率的原则，可以适当简化相关程序。

（四）合同争议处理。相约北京系列赛事各组委会应当加强预案管理，在合同中明确违约责任、争议解决方式等格式条款。在发生合同争议后，要特别关注管辖和诉讼时效等问题。

四、强化合同管理保障机制

（一）加强日常管理沟通。相约北京组委会与各单项赛事组委会之间要加强合同管理工作的日常沟通，相约北京组委会对各单项赛事组委会合同管理提供指导。

（二）提供制度示范。相约北京组委会制定《相约北京系列冬季体育赛事组织委员会合同管理办法暨各单项赛事组织委员会合同管理办法示范文本》（以下简称《办法》）作为相约北京组委会合同管理制度，各单项赛事组委会在制定本级组委会合同管理制度时可以直接适用，也可以根据《办法》，结合工作实际，制定本级组委会具体合同管理制度。

相约北京组委会负责提供常用合同模板或者合同示范文本，供各单项赛事组委会参考。

（三）使用法律服务机构。根据《相约北京系列冬季体育赛事采购管理办法（试行）》规定，相约北京系列赛事各组委会可以自担费用，直接使用北京冬奥组委选聘的法律服务机构。

附件：相约北京系列冬季体育赛事组织委员会合同管理办法暨各单项赛事组织委员会合同管理办法示范文本

附件

相约北京系列冬季体育赛事组织委员会合同管理办法暨各单项赛事组织委员会合同管理办法示范文本

第一章 总 则

第一条 为规范合同管理，防范合同风险，维护相约北京系列体育赛事组织委员会（以下简称相约北京组委会）及各单项赛事组织委员会（以下简称单项赛事组委会）的合法权益，根据《中华人民共和国合同法》等法律、法规的有关规定，结合相约北京组委会和单项赛事组委会工作实际，制定本办法。

第二条 本办法所称合同，是指相约北京组委会和单项赛事组委会对外与其他作为平等主体的自然人、法人或者其他组织（以下统称合同相对方）订立的设立、变更、终止民事权利义务关系的协议。

相约北京组委会和单项赛事组委会内设工作部门（工作组、办公室）（以下统称内设机构）不得以自己名义对外签订合同。

第三条 相约北京组委会和单项赛事组委会内设机构中，提出合同事项需求的部门或者岗位（以下统称承办部门）是合同事项的主责部门，负责合同事项启动、合同谈判、合同文本起草、合同签署程序、合同履行等。

负责本级组委会法律事务的部门或者岗位（以下统称法务部门）是本级组委会的合同管理部门，统一归口管理合同事务，负责合同法律条款审核工作，并根据合同承办部门的需求，提供必要的协助和支持；负责财务工作的部门或者岗位（以下统称财务部门），负责本级组委会合同财务条款审核工作；负责监察审计的部门或者岗位（以下统称监审部门），负责本级组委会合同管理相关监察审计工作。

第二章 合同谈判与订立

第四条 合同承办部门负责合同谈判及合同文本草拟；认为有必要的，可以邀请法务、财务、监审等部门参加合同谈判工作。

第五条 合同承办部门在合同谈判中应当坚持以下原则：

（一）遵守相约北京系列冬季体育赛事规则，注意保护相约北京系列冬季体育赛事知识产权及其相关权益，维护相约北京组委会、单项赛事组委会形象和合法权益；

（二）不得擅自减损相约北京组委会、单项赛事组委会、国家体育总局以及赛事所在地有关人民政府的权利或者增加其义务；

（三）适用法律应当为中华人民共和国法律。

涉外合同不受本条第一款第（三）项规定的限制。

第六条 签订合同前，合同承办部门应当对合同相对方主体资格、资信状况、履约能力进行调查，不得与合同所需履约能力不符的合同相对方订立合同。

第七条 合同原则上应当采用书面形式，即时结清的合同除外。根据相约北京组委会、单项赛事组委会相关财务制度、政策规定或者经本级组委会决策认为权利义务清晰、标的金额较小、履约风险较低的合同，也可以不采用书面形式。

相约北京组委会制定了合同模板或者合同示范文本的，单项赛事组委会可以参照适用。

第八条 合同一般应当包括以下条款：

（一）当事人的名称或者姓名和住所、法定代表人姓名、联系方式；

（二）订立日期和地点；

（三）标的，包括标的数量、质量、规格等内容；

（四）履行期限、地点和方式（包括价款支付方式和进度）；

（五）价款或者报酬；有转账支付要求的，应当写明开户银行名称和银行账号；

（六）有无市场开发权；

（七）可持续发展义务；

（八）相约北京系列冬季体育赛事知识产权保护义务和相约北京系列冬季体育赛事标志使用规则；

（九）保密义务；

（十）不可抗力；

（十一）合同生效；

（十二）合同的转让、变更及解除；

（十三）违约责任；

（十四）适用法律；

（十五）争议解决方式；

（十六）认为必要的其他条款。

第九条 合同承办部门根据谈判形成合同文本后，应当提请财务部门、法务部门审核。涉及其他业务部门的，合同承办部门还应当征求相关业务部门的意见。

第十条 合同审核完成后，合同承办部门应当制作拟签署合同的最终文本，填写《合同审批单》，附具就合同所涉事项履行报批手续的相关文件，依次报经本部门负责人、财务部门负责人、法务部门负责人签字后，按照本级组委会报批规则报请本级组委会主要负责人、相关负责人或者法定代表人批准、签署或者授权签署合同。

第十一条 在合同签署获得批准前，合同项下基本情况发生重大变更的，合同承办部门应当及时与法务部门、财务部门协商，重新确定合同最终文本，必要时，应当重新履行合同审核、报批程序。

第十二条　合同承办部门应当按照合同约定，制作合同文本若干份，并自行保存至少1份。

合同承办部门应当在合同签署后10个工作日内，将2份合同连同就合同所涉事项履行报批手续的相关文件、《合同审批单》、合同相对方主体资格文件送法务部门存档；法务部门负责将其中1份合同转送财务部门。

第十三条　各单项赛事组委会在签署赛会协议、市场开发协议后10个工作日内，应当将赛会协议送相约北京组委会法务部门备案，将市场开发协议送相约北京组委会市场开发部门备案。

第三章　合同履行

第十四条　合同承办部门负责合同的履行，相约北京组委会或者单项赛事组委会另有规定的除外。

合同生效前，除非有正当理由，合同承办部门不得提前履行合同；合同生效后，合同承办部门及其他负有履行义务的部门应当严格遵守合同条款，按照各自职责保证合同的实际、全面和适当履行。

第十五条　合同承办部门发现合同相对方可能发生违约的，应当及时向法务部门通报情况。有证据表明合同履行可能出现重大风险的，合同承办部门和法务部门应当及时向本级组委会报告，并提出或者请示处理对策。

合同履行过程中，合同承办部门应当注意保存合同双方往来的通讯记录、履约凭证及其他涉及合同履行的相关证明材料。

第十六条　财务部门根据合同约定和合同承办部门申请审核执行结算业务。存在合同相对方未按照合同约定履行义务的，合同承办部门不得提出支付申请；合同承办部门提出支付申请的，财务部门有权拒绝付款。

第四章　合同变更、解除

第十七条　合同变更、解除的程序与合同订立程序相同，应当符合法定或者约定的形式及程序。

第十八条　合同承办部门提出变更或者解除合同要求的，应当就变更或者解除合同的原因、由此可能给本级组委会造成的影响以及相关善后处理方案做出书面说明，经法务部门审核后，按照本级组委会规定履行报批手续。

因合同变更或者解除可能导致相约北京组委会或者单项赛事组委会向合同相对方退还款物或者做出相应赔偿的，合同承办部门在履行报批手续前应当征求财务部门的意见。

第五章　合同争议处理

第十九条　合同履行发生争议的，合同承办部门应当首先采用协商方式解决合同争议。协商能够达成一致时，应当依照合同订立程序签订书面协议；经协商不能达成一致意见，并且合同争议可能对本级组委会造成不利影响的，合同承办部门应当会同法务部门提出处理意见，并按照本级组委会的规定履行报批手续。

提起诉讼或者仲裁的，由法务部门负责办理，必要时，可以委托外聘法律服务机构具体办理相关事宜；合同承办部门应当积极配合，根据法务部门要求，派员参加诉讼或者仲裁。

第二十条　合同相对方逾期不履行生效法律文书的，法务部门经授权代表本级组委会向人民法院申请强制执行。

第六章　附　　则

第二十一条　相约北京组委会和单项赛事组委会各自对本级组委会合同实行统一管理。各内设机构应当建立健全内部合同管理制度，确定专人负责本部门合同的日常登记，汇总本部门合同履行情况等日常文件材料，按规定及时将合同有关资料汇总并制定卷宗送法务部门归档；法务部门负责合同的统一编号、登记、归档等工作。

第二十二条　本办法提及的“包括”一词，其含义均为“包括但不限于”。本办法提及的数字，均包括本数在内。

第二十三条　除特别说明外，本办法所提及的合同均包括附件、附录和其他合同附属文件。

第二十四条　本办法由相约北京组委会法务部门负责解释。

第二十五条　本办法自印发之日起施行。

相约北京系列冬季体育赛事权益保护指导意见

（自2020年10月20日起施行）

第一条 为保障相约北京系列冬季体育赛事组委会、各单项赛事组委会以及赞助企业等利益相关方的合法权益，参考国际奥委会、国际残奥委会以及国际冬季单项体育联合会相关规则，制定本意见。

第二条 本意见所称“权益”包括：

（一）相约北京系列冬季体育赛事组委会、各单项赛事组委会的名称、徽记；

（二）“相约北京”、“Experience Beijing”等注册商标专用权；

（三）国际冬季单项体育联合会赞助企业、相约北京系列冬季体育赛事组委会以及各单项赛事组委会赞助企业按照单项赛事主办协议以及相关市场开发计划享有的名称、徽记的展示权益；

（四）其他按照单项赛事主办协议要求保护的名称、徽记。

第三条 除法律、法规另有规定外，未经相约北京系列冬季体育赛事组委会、各单项赛事组委会许可，任何单位或者个人不得使用相约北京系列冬季体育赛事组委会、各单项赛事组委会的名称、徽记。

第四条 非营利法人或者组织不以营利为目的、在非商业活动中拟使用相约北京系列冬季体育赛事组委会、各单项赛事组委会的名称、徽记的，应当事先经相约北京系列冬季体育赛事组委会、各单项赛事组委会许可。

第五条 相约北京系列冬季体育赛事组委会以及各单项赛事组委会赞助企业按照相关赞助协议的约定，享有和使用本意见第二条规定的相关权益，不得使用奥林匹克标志及奥林匹克相关元素，以及残奥会标志及残奥会相关元素，避免产生混淆。

第六条 相约北京系列冬季体育赛事组委会法律事务部门负责相约北京系列冬季体育赛事组委会的权益保护工作，并负责指导各单项赛事组委会的权益保护工作。

各单项赛事组委会应当建立专业团队，负责本单项赛事的权益保护工作，并接受相约北京系列冬季体育赛事组委会法律事务部门的指导。

第七条 各单项赛事组委会权益保护团队与各相关团队相互配合，采取下列措施，做好场馆内外区域，特别是竞赛场地（包括但不限于出发区、赛道、终点区、冰场等区域）、仪式区、采访区、观众区以及安检区等区域的权益保护工作：

（一）于赛前合理期限内对场馆内外进行巡查，发现不符合权益保护规则的，与相关负责人员协商，要求及时整改；对不按要求进行整改的，请求相关团队进行处理。

（二）于赛时对竞赛场地、仪式区、采访区和观众区等进行巡查，发现不符合权益保护规则的，要求责任人自行遮盖、清除不当展示或者请求相关团队进行处理。

第八条 体育团队负责协助国际冬季单项体育联合会对进入比赛场地内的持证人员服装、比赛装备、体育器材上展示的名称、徽标进行检查，对不符合权益保护规则的，体育团队应当根据国际冬季单项体育联合会的规定，要求相关人员通过自行遮盖、清除或者更换比赛装备和器材等方式进行处理；有关人员拒不配合的，以不影响比赛为原则，但应当及时将有关情况报告单项赛事组委会和国际冬季单项体育联合会。

第九条 庆典仪式团队在颁奖仪式前负责对获奖运动员和颁奖嘉宾的服装和装备进行检查，对不符合权益保护规则的，庆典仪式团队应当通过要求相关人员自行遮盖、清除不当展示或者更换装备和体育器材等方式进行处理；有关人员拒不配合的，以不影响颁奖仪式为原则，但应当及时将有关情况报告单项赛事组委会和国际冬季单项体育联合会。

第十条 安保团队在场馆出入口对观众进行检查时，如发现带有禁限带物品清单中所列的广告宣传或者商业展示品，包括但不限于旗帜、横幅等，应当禁止相关人员携带相关物品进入场馆；如遇特殊情况，由安保团队商权益保护团队共同处理；对不听从劝告、不服从管理、扰乱现场秩序的行为，由安保团队依法妥善处置。

第十一条 各单项赛事组委会与单项赛事举办地行政执法部门建立合作机制，重点检查、处理赛时场馆周边区域未经授权售卖特许商品的行为。权益保护团队在场馆周边区域发现售假行为的，请求行政执法部门及时依法处理。

第十二条 各单项赛事组委会应当根据本意见、单项赛事主办协议、国际冬季单项体育联合会相关规则以及相约北京系列冬季体育赛事组委会和各单项赛事组委会市场开发计划制定专门的权益保护政策。

第十三条 本意见由相约北京系列冬季体育赛事组委会法律事务部门负责解释。

第十四条 本意见自印发之日起施行。